第3章 ● 時制(1)
第4章 ● 時制(2)
第5章 ● 助動詞
第6章 ● 態／準動詞
第7章 ● 不定詞
第8章 ● 動名詞
第9章 ● 分詞
第10章 ● 比較
第11章 ● 関係詞／句と節
第12章 ● 仮定法
第13章 ● 時制の一致と話法
第14章 ● 疑問詞と疑問文
第15章 ● 否定
第16章 ● 名詞構文と無生物主語の他動詞構文
第17章 ● 強調・倒置・挿入・省略・同格
第18章 ● 名詞
第19章 ● 冠詞
第20章 ● 代名詞
第21章 ● 形容詞
第22章 ● 副詞
第23章 ● 前置詞
第24章 ● 接続詞／付録

CROWN

クラウン総合英語 第3版

慶應義塾大学名誉教授
霜崎 實 [編著]

三省堂

はしがき

　英語は今や世界の事実上のlingua franca（共通語）となっています。4億もの人々が英語を第1言語として話し，第2言語話者を含めた数は，18億にも達しています。国際機関の公用語であり，ビジネス世界の共通語でもある英語は，世界を舞台に活躍しようとする人々にとって必要不可欠な言語となっています。英語力を養うことは，国際的な舞台での活躍を夢見る若者にとって，必須条件となっていると言っても過言ではないでしょう。

　さて，日本の環境で英語を学ぶにあたっては，いろいろな学習方法が考えられます。しかし，いかなる方法をとるにせよ，しっかりした英文法の知識の習得は必須要件となります。そうした認識に立ち，2008年に『クラウン総合英語』を刊行しましたが，この度改訂第3版を刊行するに至りました。多くの方々から寄せられた貴重なご意見を参考にさせていただき，かなり大胆な改訂を行った結果，今回，格段に充実した内容を盛り込むことができました。改訂のポイントは4つあります。

　第1は，他に類を見ない徹底した〈**用例主義**〉です。英語を使いこなすためには，抽象的な文法のルールを知るだけでは不十分です。実際の用例に親しむことが必須となります。そのため，さまざまな場面で使うことのできる膨大な量の例文・類例を取り上げました。

　第2は，〈**情報量の充実**〉です。英文法を理解するためには，文法の骨格を理解することが先決ですが，一方では，例外や注意すべきポイントにも細心の注意を払うことが必要です。そのために，**cf.**（参考），**⚠**（注意），**+α**（発展的な内容）を適宜取り上げることで，文法理解に役立つ高度な情報を提供しました。

　第3は，〈**充実したコラム**〉の実現です。①On a Street Corner（街角にある掲示板で実際に使われている英語表現の解説），②Scenes from Literature（文学作品の一節を引用しつつ解説），③Tips on Grammar（より深く英文法を学ぶための情報を提供），④One-point Advice（知っていれば役に立つ英文法に関する豆知識），⑤English & Japanese in Contrast（日本語と英語の違いに焦点をあてた情報），⑥For Conversation（英会話に役立つ表現と文法情報），⑦What's on Your Mind?（学習上の疑問に答える形で解説）など，読んで楽しめる内容を取り上げました。

　第4は，〈**検索性の向上**〉です。英文法に関する疑問を解消したいとき，目次から検索する場合もありますが，もっと的確に必要な情報を探すためには索引が重要です。今回の改訂によって，英文を書く時に役立つ日英語対照の表現索引を含め，より検索しやすい索引を実現できたものと確信しています。

　最後に，スペインの生んだ世界的な芸術家パブロ・ピカソの言葉を皆さんに贈りたいと思います。

Action is the foundational key to all success.
（行動こそ，あらゆる成功への基盤をなす鍵である。）

　本書を手にした皆さんにとって，英語学習を成功に導くための鍵は「行動」にあります。本書を通じて，皆さんの英語力が着実に上達し，やがては世界への扉を開く鍵を手に入れられることを期待しています。

2016年9月　編著者

目次

序章・文の要素と成り立ち

1 はじめに ………………… 16　　2 文の要素と成り立ち ………… 17

第1章・文の種類

Step1 導入　文の種類と機能
1 文の種類 ………………… 24　　4 命令文 ……………………… 25
2 平叙文 …………………… 24　　5 感嘆文 ……………………… 25
3 疑問文 …………………… 24

Step2 基礎　基本的な文の形
1 平叙文 …………………… 26　　3 命令文 ……………………… 31
2 疑問文 …………………… 27　　4 感嘆文 ……………………… 33

第2章・動詞と文型

Step1 導入　基本文型とは何か
1 英語の語順感覚 ………… 36　　3 文の構成要素 ……………… 37
2 基本文型 ………………… 36　　4 まとめ ……………………… 37

Step2 基礎　基本文型の要素
1 〈S＋V〉（主語＋動詞） …………………………………………… 38
2 〈S＋V＋C〉（主語＋動詞＋補語） ……………………………… 39
3 〈S＋V＋O〉（主語＋動詞＋目的語） …………………………… 40
4 〈S＋V＋O₁＋O₂〉（主語＋動詞＋目的語₁＋目的語₂） ………… 41
5 〈S＋V＋O＋C〉（主語＋動詞＋目的語＋補語） ……………… 44
6 〈There＋be動詞＋主語〉 ………………………………………… 45

Step3 発展　動詞の注意すべき用法
1 いろいろな文型に用いられる動詞 ………………………………… 47
2 注意すべき自動詞と他動詞 ………………………………………… 48

▶動詞の活用
1 be, have, do の活用 ……… 52　　2 一般動詞の活用 …………… 53

第3章・時制(1)

Step1 導入　「時」の表し方
1 時制とは ………………… 60　　3 過去形のイメージ ………… 61
2 現在形・現在進行形のイメージ　60

Step2 基礎　時制の基本的な用法
1 現在を表す ……………… 62　　3 未来を表す ………………… 67
2 過去を表す ……………… 66

Step3 発展　時制の注意すべき用法
1 現在形の注意すべき用法 …… 73　　3 未来を表すその他の表現 …… 76
2 進行形の注意すべき用法 …… 75

目次　3

第4章●時制(2)

Step1 導入 現在完了形の形と意味
1 現在完了形と過去形 …………………………………………………… 78
2 本動詞の have と現在完了形の have …………………………… 79

Step2 基礎 現在完了形と過去完了形
1 現在完了形 ……………………………………………………………… 80
2 現在完了進行形 ………………………………………………………… 84
3 現在完了形と共に使わない，過去を表す表現 ……………………… 85
4 過去完了形と過去完了進行形 ………………………………………… 86

Step3 発展 完了形の注意すべき用法
1 未来完了形と未来完了進行形 ………………………………………… 89
2 未来のことで使われる現在完了形 …………………………………… 91
3 継続を表す現在完了形と現在完了進行形の使い分け ……………… 91

第5章●助動詞

Step1 導入 助動詞の種類と機能
1 助動詞とは何か ………………… 94
2 助動詞の働き …………………… 94
3 助動詞の種類と意味 …………… 95
4 助動詞の性質 …………………… 95

Step2 基礎 助動詞の基本的な用法
1 can, could の用法 ……………… 96
2 may, might の用法 …………… 98
3 must の用法 ………………… 101
4 should, ought to の用法 …… 104
5 will, would の用法 ………… 106
6 shall の用法 ………………… 108
7 used to, had better の用法 … 109
8 〈助動詞＋have＋過去分詞〉の用法 111

Step3 発展 助動詞の注意すべき用法
1 need, dare の用法 …………… 114
2 should の注意すべき用法 …… 115
3 助動詞を使った慣用表現 ……… 117

第6章●態

Step1 導入 受動態の形と機能
1 受動態と能動態 ……………… 120
2 なぜ受動態を使うのか ……… 120

Step2 基礎 受動態の基本的な用法
1 受動態の肯定文・否定文・疑問文 ………………………………… 122
2 受動態の Wh- 疑問文・完了形・進行形・助動詞を含む文 ……… 123
3 by 以外の前置詞を用いる慣用表現 ………………………………… 126

Step3 発展 受動態の注意すべき用法
1 文型と受動態 ………………… 128
2 動作と状態 …………………… 129
3 句動詞の受動態 ……………… 130
4 say, think, believe などの受動態 131

▶準動詞

1 準動詞とは何か ……………… 132
2 動詞と異なる性質 ……………… 132
3 動詞としての性質 ……………… 134

第7章・不定詞

Step1 導入 不定詞とは何か
1 不定詞の基本的な用法 ………… 138
2 不定詞の名詞的用法 …………… 138
3 不定詞の形容詞的用法 ………… 139
4 不定詞の副詞的用法 …………… 139

Step2 基礎 不定詞の基本的な用法
1 名詞的用法 ……………………… 140
2 形容詞的用法 …………………… 142
3 副詞的用法 ……………………… 144
4 〈SVO ＋ to ＋動詞の原形〉…… 147
5 不定詞の意味上の主語 ………… 150
6 不定詞の否定形 ………………… 152
7 〈SVO ＋動詞の原形〉…………… 153

Step3 発展 不定詞の注意すべき用法
1 不定詞の完了形・進行形・受動態 … 157
2 〈自動詞＋ to 不定詞〉………… 161
3 不定詞を使ったさまざまな表現 … 163
4 独立不定詞 ……………………… 167
5 代不定詞 ………………………… 168

第8章・動名詞

Step1 導入 動名詞とは何か
1 動名詞の働き …………………… 170
2 動名詞と不定詞 ………………… 170

Step2 基礎 動名詞の基本的な用法
1 動名詞の基本 …………………… 172
2 動名詞の意味上の主語 ………… 174
3 動名詞の否定形 ………………… 175

Step3 発展 動名詞の注意すべき用法
1 動名詞の完了形 ……………………………………………………………… 177
2 動名詞の受動態 ……………………………………………………………… 178
3 動名詞を使ったさまざまな表現 …………………………………………… 178
4 目的語として使われる動名詞と不定詞 …………………………………… 182

第9章・分詞

Step1 導入 分詞とは何か
1 分詞とは ………………………… 188
2 分詞の形容詞的用法 …………… 188
3 分詞の副詞的用法 ……………… 189

Step2 基礎 分詞の基本的な用法
1 分詞の形容詞的用法 …………… 190
2 分詞の副詞的用法（分詞構文）… 195

Step3 発展 分詞の注意すべき用法
1 分詞の意味上の主語 …………… 200
2 〈with＋O＋分詞〉（付帯状況）… 202
3 分詞を使ったさまざまな表現 … 202

第10章・比較

Step1 導入 比較とは何か
1 比較とは ……………………………… 206
2 英語の比較表現 ……………………… 206

Step2 基礎 比較の基本的な表現
1 原級・比較級・最上級 ………… 208
2 原級を用いた比較の表現 ……… 211
3 比較級を用いた比較の表現 …… 214
4 最上級を用いた比較の表現 …… 217

Step3 発展 比較の注意すべき表現
1 最上級の意味を表す原級・比較級 …………………………… 221
2 原級を用いた注意すべき比較の表現 ……………………… 223
3 比較級を用いた注意すべき比較の表現 …………………… 225
4 no [not] と比較級を組み合わせた比較の表現 …………… 231
5 最上級を用いた注意すべき比較の表現 …………………… 234
6 同一の人[物]の中での比較 ……………………………… 238

第11章・関係詞

Step1 導入 関係詞とは何か
1 関係詞とは ……………………… 240
2 関係代名詞の働き ……………… 240
3 関係副詞の働き ………………… 241

Step2 基礎 関係詞の基本的な用法
1 関係代名詞の基本的な用法 …… 242
2 関係代名詞が前置詞の目的語になる場合 … 246
3 先行詞を含んだ関係代名詞 what … 247
4 関係代名詞の制限用法と非制限用法 … 249
5 関係副詞 ………………………… 252
6 複合関係詞 ……………………… 255

Step3 発展 関係詞の注意すべき用法
1 関係代名詞の注意すべき用法 … 259
2 疑似関係代名詞 ………………… 262

▶句と節
1 「句」と「節」 …………………… 264
2 句の種類 ………………………… 265
3 節の種類 ………………………… 267
4 主節・従属節・等位節 ………… 269

第12章・仮定法

Step1 導入 仮定法とは何か
1 現実の世界と仮定の世界 ……… 272
2 仮定法過去 ……………………… 272
3 仮定法過去完了 ………………… 273

Step2 基礎 仮定法の種類と用法
1 仮定法過去 ……………………… 274
2 仮定法過去完了 ………………… 275
3 願望を表す仮定法 ……………… 277
4 未来に関する仮定法 …………… 278
5 仮定法現在 ……………………… 280
6 丁寧表現に見られる仮定法 …… 282

Step3 発展 仮定法の注意すべき用法
1 if の省略 ………………………… 284
2 if 節に代わる表現 ……………… 285
3 仮定法を使った慣用表現 ……… 286

第13章・時制の一致と話法

Step1 導入 話法と時制の一致とは何か
1 時制の一致 …………………… 290
2 直接話法と間接話法 …………… 291

Step2 基礎 話法転換の基本
1 時制の一致の原則 …………… 292
2 時制の一致の例外 …………… 294
3 直接話法から間接話法へ ……… 296
4 疑問文の場合 ………………… 299

Step3 発展 話法転換の応用
1 命令文の場合 ………………… 301
2 感嘆文の場合 ………………… 302
3 重文・複文の場合 …………… 303
4 種類の異なる2文の場合 ……… 304

第14章・疑問詞と疑問文

Step1 導入 疑問文の種類と形
1 疑問文の種類 ………………… 306
2 疑問詞の種類 ………………… 306
3 Yes-No 疑問文の語順 ………… 307
4 Wh- 疑問文の語順 …………… 307

Step2 基礎 疑問詞の種類と用法
1 疑問代名詞 …………………… 308
2 疑問形容詞 …………………… 310
3 疑問副詞 ……………………… 311

Step3 発展 さまざまな疑問文
1 間接疑問 ……………………… 314
2 否定疑問 ……………………… 315
3 付加疑問 ……………………… 316
4 修辞疑問 ……………………… 318
5 慣用化された疑問文 ………… 318

第15章・否定

Step1 導入 英語の否定の特徴
1 英語の否定の特徴 …………… 322
2 否定表現の多様性 …………… 323

Step2 基礎 否定の基本的な用法
1 主な否定語とその用法 ……… 324
2 部分否定と全面否定 ………… 327
3 二重否定 ……………………… 328
4 否定語の位置 ………………… 329
5 否定を含む節を代用する not … 330

Step3 発展 否定を使った慣用表現
1 否定語を含む慣用表現 ……… 331
2 否定語を含まない慣用表現 … 334
3 準否定 ………………………… 336

第16章・名詞構文と無生物主語の他動詞構文

Step1 導入 名詞構文と無生物主語
1 名詞構文とはどのようなものか … 340
2 無生物主語の他動詞構文 ……… 341

Step2 基礎 名詞構文と無生物主語の他動詞構文
1 名詞構文 ……………………… 342
2 無生物主語の他動詞構文 …… 345

第17章 • 強調・倒置・挿入・省略・同格

Step1 導入 豊かな表現のために
1 強調 ……………… 352　　3 挿入 ……………… 353　　5 同格 ……………… 353
2 倒置 ……………… 352　　4 省略 ……………… 353

Step2 基礎 強調・倒置・挿入・省略・同格
1 強調表現 ……… 354　　3 挿入 ……………… 362　　5 同格 ……………… 367
2 倒置表現 ……… 358　　4 省略 ……………… 364

第18章 • 名詞

Step1 導入 名詞とは何か
1 名詞の種類と特性 …………………………………………………… 372
2「数えられる名詞」と「数えられない名詞」………………………… 372
3 可算性の判断はどこにあるのか？ ………………………………… 373

Step2 基礎 名詞の基本的な用法
1「数えられる名詞」と「数えられない名詞」… 374　　4 名詞の所有格 ………………… 385
2 名詞の種類 ……………………… 375　　5 不可算名詞の普通名詞への転用 … 386
3 名詞の複数形 …………………… 381

第19章 • 冠詞

Step1 導入 冠詞とは何か
1 不定冠詞と定冠詞の違い ……… 390　　2 定冠詞の用法 ………………… 391

Step2 基礎 冠詞の基本的な用法
1 定冠詞の用法 …………………… 392　　3 無冠詞の用法 ………………… 403
2 不定冠詞の用法 ………………… 399　　4 冠詞の位置 …………………… 406

第20章 • 代名詞

Step1 導入 代名詞とは何か
1 代名詞の種類 …………………… 410　　2 代名詞の使い方 ……………… 410

Step2 基礎 代名詞の基本的な用法
1 人称代名詞 ……………………… 412　　3 指示代名詞 …………………… 421
2 it の用法 ………………………… 417　　4 不定代名詞 …………………… 425

第21章 • 形容詞

Step1 導入 形容詞とは何か
1 形容詞とは ……… 440　　2 形容詞の種類 … 440　　3 形容詞の用法 … 441

Step2 基礎 形容詞の基本的な用法
1 形容詞の基本的な用法 ………… 442　　3 分詞形容詞 …………………… 449
2 形容詞の限定用法と叙述用法 … 444　　4 不定の数量を表す形容詞 …… 450

Step3 発展 数詞とさまざまな形容詞
1 数詞 ……………………………… 455　　2 さまざまな形容詞 …………… 460

第22章・副詞

Step1 導入 副詞とは何か
1 副詞とは ………………… 464
2 副詞の使い方 ………………… 465

Step2 基礎 副詞の基本的な用法
1 動詞を修飾する副詞 ………… 466
2 形容詞・他の副詞を修飾する副詞 … 471
3 句・節を修飾する副詞 ………… 472
4 文全体を修飾する副詞 ………… 473

Step3 発展 副詞の注意すべき用法
1 very, much ………………… 475
2 ago, before, later ………… 476
3 already, yet, still ………… 477
4 there, here ………………… 479
5 名詞や代名詞を修飾する副詞 … 479
6 文と文の論理関係を表す副詞 … 480
7 副詞の意味と形 ……………… 481

第23章・前置詞

Step1 導入 前置詞とは何か
1 前置詞とは ………………… 484
2 前置詞の目的語 …………… 484
3 前置詞句の働き ……………… 485

Step2 基礎 主な前置詞の意味と用法
1 場所・方向を表す前置詞 …… 486
2 時を表す前置詞 ……………… 496

Step3 発展 前置詞の注意すべき用法
1 前置詞の注意すべき用法 …… 501
2 群前置詞 ……………………… 510

第24章・接続詞

Step1 導入 接続詞とは何か
1 接続詞の種類 ……………… 514
2 等位接続詞 ………………… 514
3 従属接続詞 …………………… 515

Step2 基礎 接続詞の基本的な用法
1 等位接続詞 ………………… 516
2 名詞節を導く従属接続詞 …… 519
3 副詞節を導く従属接続詞 ……… 521

Step3 発展 接続詞の注意すべき用法
1 等位接続詞を含む表現 ……… 529
2 注意すべき that 節 ………… 532
3 注意すべき whether 節 ……… 533
4 その他の注意すべき接続詞 … 534

▶付録1　句動詞 …………………………………………………………… 537

▶付録2　接頭辞と接尾辞 ………………………………………………… 543

▶付録3　ラテン語由来の略語・用語 …………………………………… 546

▶付録4　英語の句読法 …………………………………………………… 548

コラム目次

English & Japanese in Contrast

日本語の命令文と英語の命令文	33
英語の目的語を日本語にすると…？	41
bring / take を日本語にすると？	43
"rise / raise"と「上がる / 上げる」	50
come / go と「来る / 行く」	72
any other ＋単数名詞	222
「ここはどこですか？」は，英語で何と言うか。	312
日本語の「ない」は形容詞	338
英語の類別詞と日本語の助数詞	379
名詞形の意味の違い	381
英語の代名詞と日本語の"代名詞"の違い	414
色を表す形容詞の比喩的・象徴的用法	447
人を主語に取らない形容詞	448
〈A and B〉の順番は？	528

For Conversation

丁寧表現としての未来進行形	71
〈May I～？〉と聞かれたら？	99
must の疑問文に対する答え	102
want の用法	148
"Nice to meet you."と"Nice meeting you."は同じ意味？	174
Would you mind ～？の使い方	186
Alice is taller than me. は誤りか？	214
I couldn't care less. はどんな意味なのか。	234
wish / hope / want の使い方	288
否定疑問への答え方	316
会話でよく使われる否定表現	338
相手の近況を問う表現	418

On a Street Corner

Keep this area clear	45

Please walk your bike	46
What's going on?	64
must の用法	103
Your number plate has been recorded	125
All shoes must be removed for X-ray inspection.	126
Watch for falling ice	171
All persons using this play area equipment	191
掲示板などの〈No + V-ing〉	327
Push bar to open	365
Do not trespass on the railway	393
These steps and grass may be slippery	414
We are Londoners	462
Don't even think of parking here.	470
Door is only for use in an emergency.	473
Walking on or across the track is forbidden	495
Please pick up after your pet.	500
CCTV in operation	502
Pets allowed on leash	503
Use seat bottom cushion for flotation	509
Priority over oncoming vehicles	510
Please wait here until construction traffic has passed	523
Please keep this area tidy by taking your rubbish away with you.	540

One-point Advice

主部と主語	18
文の要素を表す記号	20
Let's 〜 と Let us 〜の違い	32
隠れた may の用法	100
不定詞の否定	153
なぜ「不定詞」か？	156
新聞の見出し	168
〈be sure [certain] to *do*〉と〈be sure [certain] of *V-ing*〉の違い	185
なぜ participle と呼ばれるのか	195

比較の対象を表すための形〈that of 〜〉	215
なぜ I wish I were なのか？	278
描出話法	304
名詞の性（gender）	388
冠詞の起源	395
the ＋身体部位を表す語	408
listen が to を伴わない場合	493
「句動詞」の呼び方	538

Scenes from Literature

同族目的語	51
現在形と現在完了形	83
使役動詞 make の用法	156
分詞の用法と付帯状況の構文	204
〈no ＋比較級＋名詞＋ than〉	219
名詞構文のとらえかた	349
文学作品の中の倒置	370
動的な意味を表す英語	494

Tips on Grammar

〈SVOO〉と〈SVO〉の違い	42
make の注意すべき用法	45
動作動詞と状態動詞	65
過去形と過去進行形の違い	67
〈be ＋自動詞の過去分詞〉の用法	81
ever の用法	82
「完了・結果」「経験」「継続」の区別	88
「〜できた」はいつでも could を使える？	97
used to と would の違い	110
自動詞の受け身	127
意味上の主語は必要か？	152
seem と appear の使い分け	159
紛らわしい表現	163

2 通りの解釈 ……………………………………………………… 212
many more と much more ……………………………………… 216
最上級の後に続く前置詞は in か of か？ …………………… 218
〈形容詞＋名詞〉は，ひとかたまり扱い ……………………… 227
最上級と定冠詞 …………………………………………………… 238
関係詞の省略 ……………………………………………………… 260
who か whom か？ ……………………………………………… 261
仮定法と直説法の適切な使い分け …………………………… 275
伝達動詞 say / tell / talk / speak の使い分け ……………… 298
命令文の付加疑問 ………………………………………………… 317
情報の流れと倒置 ………………………………………………… 360
fish はなぜ単複同形なのか？ ………………………………… 378
冠詞の選択 ………………………………………………………… 394
不定冠詞のユニークな用法 ……………………………………… 401
別の品詞を名詞に変えてしまう冠詞 ………………………… 402
〈it is ＋形容詞＋ to 不定詞〉と〈it is ＋形容詞＋ that 節〉の使い分け ……… 420
one と it の使い分け …………………………………………… 426
再帰代名詞の発想 ………………………………………………… 438
形容詞の順序 ……………………………………………………… 454
副詞を列挙する場合の順番は？ ……………………………… 471

What's on your mind?

will と be going to の使い分け ………………………………… 69
see, hear は動作動詞？ ………………………………………… 72
hear の時制 ……………………………………………………… 75
must と have to は同じ意味？ ………………………………… 102
「推量」の may, must は疑問文に用いない ………………… 104
受動態にできない他動詞 ………………………………………… 121
動名詞と現在分詞の見分け方 ………………………………… 176
〈no more [less] 〜 than〉は実際に使われる表現？ ……… 233
money が不可算名詞である理由 ……………………………… 375
fairly と rather の使われ方 …………………………………… 472

本書の構成と利用法

本書は，全部で 24 の章から成っています。それぞれの章は Step1 [導入]，Step2 [基礎]，Step3 [発展] の 3 つのステップから構成され，導入→基礎→発展の順に，3 つの段階を踏んで学習できるようになっています。（章によっては Step1 と Step2 のみから構成されているものもあります。）

● 章と章との間に，サブレッスンとして序章「文の要素と成り立ち」，「動詞の活用」，「準動詞」，「句と節」，付録「句動詞」「接頭辞と接尾辞」「ラテン語由来の略語・用語」「英語の句読法」を配置しています。

Step1 導入

その章で取り上げる文法項目の形や意味について説明しています。細かな説明に入る前に，文法項目の大まかなイメージをつかむことを目的としています。だいたいのページをつかんだうえで，Step2 での学習に進みます。

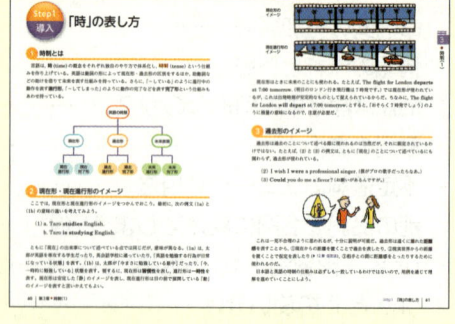

Step2 基礎

その章で扱う文法項目を理解するために必要な情報を盛り込みました。具体的な例文を示したうえで，簡潔な解説をほどこしてあります。また，必要に応じて補足的な例文を挙げましたので，理解を深める参考にしてください。

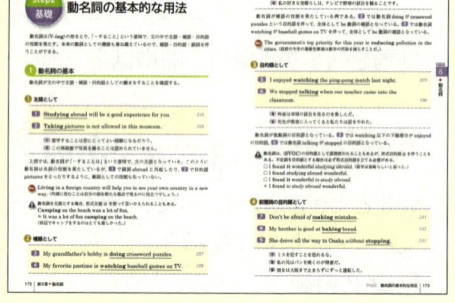

Step3 発展

基礎編での学習を前提に，より発展的な内容を扱います。その章で扱う文法項目についての理解をさらに深め，文法力を伸ばしていくことを目的にしています。

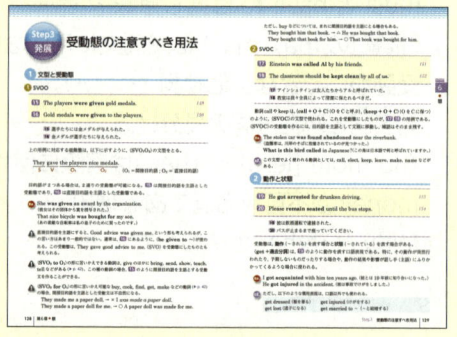

本書の構成

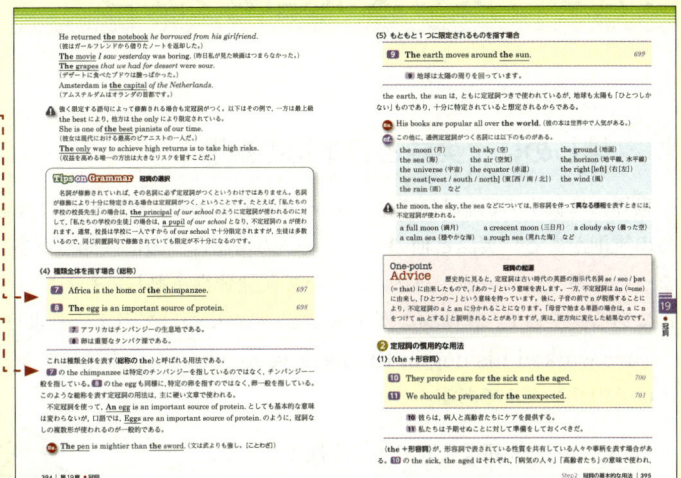

例文
文法項目を学習するための基本例文です。反復練習を通じて，暗記できるまで学習しておきましょう。

解説
基本例文をもとに，文法項目を理解するために必要な情報を整理して提示しています。しっかり読んで，理解を確かなものにしましょう。

- ⚠ 補足的な解説や注意すべき情報，例外的な情報などです。
- **cf.** 参考になる情報です。重要な内容も含まれていますので，必ず確認するようにしましょう。
- **Ex.** 本文の説明についての類例です。さまざまな表現を通じて，本文の内容を自分のものにしていきましょう。
- **+α** 発展的な内容を扱っています。

コラム

Tips on Grammar 文法の本質や発展的な内容について解説しています。

One-point Advice 特に誤りやすい点や，理解の助けになる情報を記しています。

- ●このほかに，街角の看板などで使われている英語表現を取り上げた On a Street Corner など，さまざまなコラムがあります。
- ●巻末に，「用語索引（日本語）」「用語索引（英語）」「表現索引（日本語）」を配置しています。ぜひ活用してください。

15

■ 序章　文の要素と成り立ち

1　はじめに：英語と日本語の語順

　世界には数千の言語が存在していると言われるが，それぞれの言語には文を組み立てる独自の規則がある。英語と他のヨーロッパの言語は語順に共通点が多いが，英語と日本語ではまったく異なっている。日本人にとって英語習得を難しいものにしている原因のひとつがここにある。そこで，具体的な例を挙げて，語順について考えてみよう。
　Taro walked his dog in the park yesterday. を日本語にするとどうなるだろうか。以下はそのサンプルである。

(1) a. 昨日，太郎は公園でイヌを散歩させた。
　　b. 昨日，太郎はイヌを公園で散歩させた。
　　c. 昨日，公園で太郎はイヌを散歩させた。
　　d. 太郎は，昨日，公園でイヌを散歩させた。
　　e. 太郎は，昨日，イヌを公園で散歩させた。

「散歩させた」という要素が文末に来ている点は共通しているが，他の要素は，比較的自由に文中での位置を変えることができる。もちろん英語でも，yesterday を文頭に移動して，Yesterday, Taro walked his dog in the park. などとすることもできるが，英語は相対的に語順の自由度が低い。というのも，英語では語順が文の意味を左右する重要な働きをしているからである。

(2) a. A dog bit a man.（イヌが男を噛んだ。）
　　b. A man bit a dog.（男がイヌを噛んだ。）

　(2a) と (2b) は，使っている語は共通しているが，その語順が異なることで，意味の違いが生じている。英語では，文を構成する要素が，文中での位置によって役割を与えられているからだ。
　したがって，英文法の基礎を身につけるためには，英語の語順の規則を習得することが重要である。そのためには，英語の文を構成する要素にはどのようなものがあるのか，どのようにそれらの要素を組み立てて文を作っていったらよいのかを知っておく必要がある。次に，そのような英語の文を構成する要素について確認しておこう。

2 文の要素と成り立ち

1 文の要素

　文 (sentence) は，一定の規則のもとに語が配列されて作られるもので，あるトピックについて何かを述べるという形をとる。書きことばでは，英語の文は，大文字で始まり，ピリオド (.)，疑問符 (?)，感嘆符 (!) のいずれかで終わるので，文という単位は形式上一目瞭然である。文の構成要素は，以下の図に示した 5 つである。

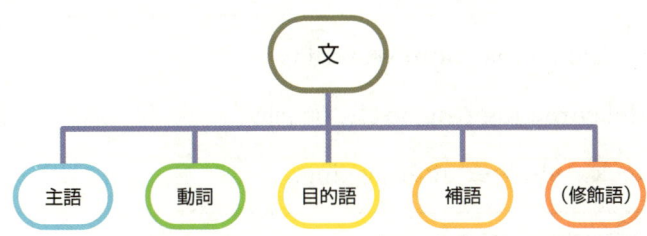

　このうち，主語・動詞・目的語・補語の 4 つは文を構成する中核的な要素であるが，修飾語は補足的 (選択的) な要素である。以下，これらの要素について解説する。

《1》 主部と述部，主語と述語動詞

1　**My house** / **is** near the station.
　　（主部）　　　　（述部）

2　**My sister** / **likes** cooking.
　　（主部）　　　（述部）

1　私の家は駅の近くです。
2　私の妹は料理が好きです。

　文は「～は[が]」に相当する**主部**と，「～である／～する」に相当する**述部**からなる。主部の中心となる語が**主語**であり，述部の中心となる語が**述語動詞**である。述語動詞は，上の例ではそれぞれ 1 語 (is, likes) であるが，活用と呼ばれるさまざまな語形変化をし，また 2 語以上になることもある。(▶ pp. 52-58 動詞の活用)。

　主語になるものは，名詞，代名詞，あるいは名詞の働きをするもの (名詞句・名詞節など) である (▶ pp. 264-270 句と節)。

> **One-point Advice**
>
> **主部と主語**
>
> 主部のうち中心となる語（前ページの例の house, sister）を**主語**と呼ぶこともありますが，現在では，〈**主部＝主語**〉として捉えて，主部全体（My house, My sister）を主語と呼ぶのが一般的です。また，述語動詞（上例の is, likes）は，略して**動詞**と呼ばれることもあります。

《2》目的語

> **3** Taro cleaned **his room** yesterday.
>
> **4** He did **some jogging** on the beach.
>
> **5** He took **a shower** after jogging.

> **3** 太郎は昨日，部屋を掃除した。
> **4** 彼は浜辺でジョギングをした。
> **5** 彼はジョギングの後でシャワーを浴びた。

目的語は動詞によって表される**動作の向けられる対象**を表し，動詞の後に続く。「X が Y を Z する」の Y に相当するものと考えると一応の目安になる。上例では，his room, some jogging, a shower が目的語である。

目的語になるものは，名詞，代名詞，あるいは名詞の働きをするもの（名詞句・名詞節など）である。

《3》補語

> **6** Kei Nishikori is **a tennis player**.
>
> **7** People call him **"Samurai."**
>
> **8** We find his games **exciting**.

> **6** 錦織圭はテニスの選手だ。
> **7** 人々は彼を「サムライ」と呼ぶ。
> **8** 彼の試合はとても興奮する。

6 を例にとると，Kei Nishikori is ...（錦織圭は…だ）では文が完結しない。文を完結させるためには，a tennis player のように意味を補う要素が必要となる。このように，「X は Y です」のような意味を表す構文で，Y に相当する要素を**補語**と呼ぶ。また，ここでは補語が主語について説明していることから，**主格補語**と呼ぶ。

7 では，We call him ... (私たちは彼を呼ぶ) と言っただけでは文が完結しない。完結させるためには，Samurai のような語句を補う必要がある。このように，「X を Y と呼ぶ」のような意味を表す構文で，Y に相当する要素を**補語**と呼ぶ。補語が目的語について説明を加えていることから，これを**目的格補語**と呼ぶ。

8 では，We find his games ... (私たちは彼のゲームを見つける) だけでは文が完結しない。完結させるためには，his games について説明を加える必要がある。ここでは，exciting が目的語 game について説明を加えているので，これは**目的格補語**である。

補語になるものは，名詞，代名詞，形容詞，およびそれらと同じ働きをするものである。

以上，これまで見てきた主語・動詞・目的語・補語は，文を構成する要素として中核的な働きをする。

《4》修飾語

> **9** The **little** cat **over there** is our pet, Tama.
> **10** Tama is sleeping **peacefully in the sun**.
> **11** Tama **always** purrs **when I pet her**.

9 向こうにいる小さなネコは私たちのペットのタマです。
10 タマは日向で穏やかに眠っている。
11 僕がなでてやると，タマはいつもごろごろのどを鳴らす。

主語・動詞・目的語・補語に意味を付け加える働きをするのが，**修飾語**である。修飾語は文の基本要素ではないので，原則として，削除しても文は成立する。そこで，実際に **9** ～ **11** の修飾語を削除してみると，文として成立していることがわかる。

> **9** ≒ The cat is our pet, Tama.
> **10** ≒ Tama is sleeping.
> **11** ≒ Tama purrs.

修飾語には，(1) 名詞を修飾して形容詞の働きをするものと，(2) 動詞や形容詞などを修飾して副詞の働きをするものがある。たとえば，**9** の little や over there は名詞 cat を修飾する形容詞の働きをしており，**10** の peacefully や in the sun は is sleeping を修飾する副詞の働きをしている。**11** の always や when I pet her も動詞 purrs を修飾する副詞の働きをしている。

> **One-point Advice**
>
> **文の要素を表す記号**
>
> 本章では，さまざまな文法用語が紹介されていますが，時に英語の略語が使われることもあります。本書でもしばしば使われますので，確認しておきましょう。
>
> 主　語：Subject (**S**)
> 動　詞：Verb (**V**)
> 目的語：Object (**O**)
> 補　語：Complement (**C**)
> 修飾語：Modifier (**M**)
>
> ただし，「主語」「目的語」「補語」「修飾語」のように，「～語」という形をしていても，必ずしも「語」を指すとは限りません。実際には，「語」(word)の場合もあれば「句」(phrase)や「節」(clause)の場合もあります。
>
> また，文型の要素として使われる「動詞」は，品詞分類での「動詞」とは捉え方が異なります。たとえば，I can swim. は，「主語 (S)」が I，「動詞 (V)」が can swim からなる〈**S+V**〉文型です。一方，品詞分類の観点からは，述部動詞が助動詞 can と動詞 swim から構成されていることになります。

❷ 品詞

文はさまざまな**語**（word）の集合から構成される。語は，大きく分けて，**内容語**（content words）と**機能語**（function words）に分類される。内容語は実質的な意味を表すもので，名詞・動詞・形容詞・副詞が含まれる。機能語は主に文法機能を担う役割を果たすもので，代名詞・冠詞・助動詞・前置詞・接続詞が含まれる。

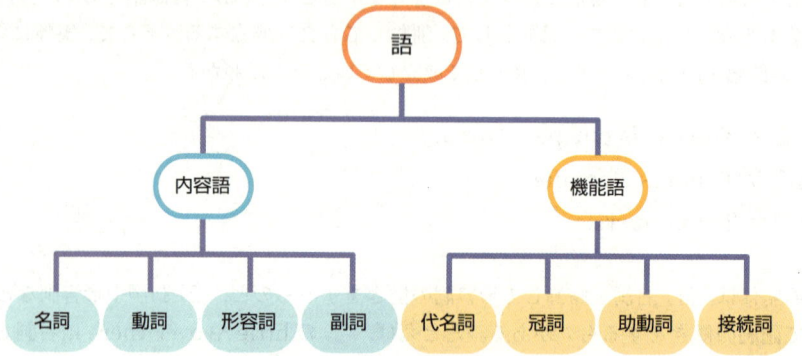

品詞の概要

品詞		機能・例・例文
(1) 名詞	働き	人や事物を表す。**主語・目的語・補語**になる（▶ p. 371）。
	例	student, dog, apple, family, salt, table, water など
	例文	I like playing **soccer**. （私はサッカーをするのが好きです。）

(2) 冠詞	働き	名詞の前につけ, 特定・不特定の意味などを表す (▶ p. 389)。
	例	a, an, the
	例文	Here's **an** apple and **a** knife. Cut **the** apple into three pieces. (ここにリンゴ１個とナイフ１本があります。そのリンゴを３つに切ってください。)
(3) 代名詞	働き	名詞の代わりをする。**主語・目的語・補語**になる (▶ p. 409)。
	例	I, you, he, she, they, it, who, what など
	例文	**You** and **I** work well together. (あなたと僕は仕事上の相性がよい。)
(4) 形容詞	働き	状態・性質・数量などを表し, 名詞・代名詞を修飾する。**補語**になることもある (▶ p. 439)。
	例	big, small, brave, beautiful, happy, many, few など
	例文	It's a **beautiful** day today. (今日は素晴らしい日だ。)
(5) 副詞	働き	様態・時・場所・頻度・程度などを表し, 動詞・形容詞・副詞・文などを修飾する (▶ p. 463)。
	例	fast, here, there, often, sometimes, slowly, very など
	例文	Drive **carefully**. (注意深く運転しなさい。)
(6) 動詞	働き	主語の動作・状態を表し, 述部の中心となる (▶ p. 35)。
	例	break, eat, get, give, have, make, run, walk など
	例文	I'll **call** you later. (後であなたに電話します。)
(7) 助動詞	働き	動詞の前に置き, 能力・可能・許可・義務・推量などの意味を表す (▶ p. 93)。
	例	can / could, may / might, will / would, shall / should, must など
	例文	I **will** see you tomorrow. (明日お会いしましょう。)
(8) 前置詞	働き	名詞・代名詞の前に置き, 修飾語をつくる (▶ p. 483)。
	例	in, at, on, off, of, to, over, under など
	例文	We'll get **to** the station **in** ten minutes. (10 分で駅に到着します。)
(9) 接続詞	働き	語と語, 句と句, 節と節などを結びつける (▶ p. 513)。
	例	and, but, if, that, though, because, when など
	例文	I'm sleepy **because** I stayed up late last night. (昨晩は遅くまで起きていたので, 眠いです。)
(10) 間投詞	働き	驚き・喜び・怒り・悲しみなどの感情を表す。
	例	ah, oh, wow, gosh, my, oops など
	例文	**Oops**, I did it again! (あら, またやっちゃった。)

❸ 句と節

英文の中で, 2語以上のかたまりが, 名詞・形容詞・副詞の働きをすることがある。そのようなかたまりのうち, 〈S＋V〉を含まないものを**句** (phrase), 〈S＋V〉を含むものを**節** (clause) と言う (▶ pp. 264-270 句と節)。

《1》句

12 **Taking a walk** is one of my favorite activities.
　　　　　S　　　　　V　　　　　　C

13 Do you know the guy **eating at the table over there**?

14 I saw my teacher **on my way to school**.

12 散歩することは, 私の好きな活動のひとつです。
13 あそこのテーブルで食事をしている男の人を知っていますか。
14 学校へ行く途中で私の先生を見かけました。

12 では, taking a walk が**名詞句**として主語の役割を果たしている。**13** では, eating at the table over there が**形容詞句**として the guy を修飾している。**14** では, on my way to school が**副詞句**として動詞 saw を修飾している。

《2》節

15 The problem is **whether he is willing to help her or not**.
　　　　S　　　V　　　　　　　　　C

16 Do you have the phone number **that I gave you**?

17 I was watching TV **when you called me**.

15 問題は, 彼が彼女を助ける気があるかどうかです。
16 君にあげた電話番号を持っていますか。
17 あなたが電話をしてきたとき, 私はテレビを見ていました。

15 では, whether 以下に〈S＋V〉の単位が含まれていることから節であることがわかる。また, The problem is **this**. (問題はこれだ。) と言いかえたときの代名詞 this と同じ働きをすることからわかるように, whether 以下は**名詞節**の働きをしている。

16 の that I gave you は, 直前の名詞句 the phone number を修飾しているので, こうした節を**形容詞節**と呼ぶ。

17 の when you called me は, 動詞句 was watching TV を修飾しているので, こうした節を**副詞節**と呼ぶ。

第1章

文の種類

導入 ● 文の種類と機能
   1. 文の種類   24
   2. 平叙文   24
   3. 疑問文   24
   4. 命令文   25
   5. 感嘆文   25

基礎 ● 基本的な文の形
   1. 平叙文   26
   2. 疑問文：Yes-No疑問文 / Wh-疑問文 / 選択疑問文   27
   3. 命令文：肯定の命令文 / 否定の命令文   31
   4. 感嘆文   33

文の種類と機能

Step1 導入

1 文の種類

英語の文は，その形式と表す内容から，**平叙文・疑問文・命令文・感嘆文**の4種類に分類される。

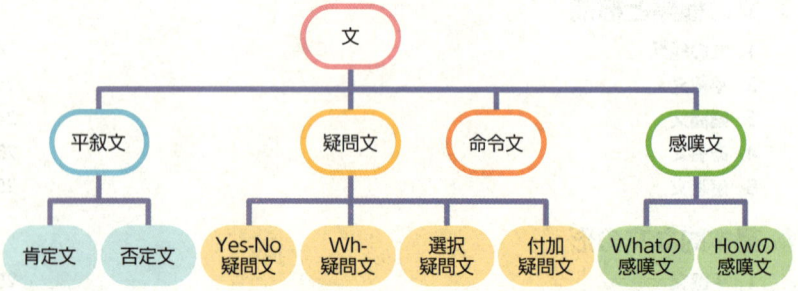

2 平叙文

平叙文は情報を伝える文で，**肯定文**（肯定の平叙文）と**否定文**（否定の平叙文）の2種類がある。

Mary plays the violin. （メアリーはバイオリンを弾く。）［肯定文］
John does not play the violin. （ジョンはバイオリンを弾かない。）［否定文］

3 疑問文

疑問文はものを尋ねるときに使う文で，**Yes-No 疑問文** (Yes-No で答えることのできる疑問文)，**Wh- 疑問文** (what や when など疑問詞を用いた疑問文)，**選択疑問文**（「A ですか，B ですか」のように選択肢を含む疑問文），**付加疑問文**（「～ですよね」のように相手に同意や確認を求めるときに使われる疑問文）がある。

Is it Friday today? (今日は金曜日ですか。) [**Yes-No 疑問文**]

What time is it? (何時ですか。) [**Wh- 疑問文**]

Which do you prefer, coffee or tea?
(コーヒーと紅茶では，どちらがお好みですか。) [**選択疑問文**]

It's hot today, isn't it? (今日は暑いですね。) [**付加疑問文**]

4 命令文

命令文は命令をしたり，依頼をしたりするときに用いられる。

Come over here. (こちらに来なさい。)

Please be seated. (お座りください。)

Wait until you finish college. (大学を卒業するまで待ちなさい。)

5 感嘆文

感嘆文は驚き・喜び・悲しみなど強い感情を表す。What で始まる感嘆文と How で始まる感嘆文があり，文末には感嘆符（！）をつける。

What a beautiful day it is! (何といい天気なんでしょう。)

How time flies! (時間の経つのは何て早いのだろう。)

Step2 基礎 基本的な文の形

ここでは，平叙文・疑問文・命令文・感嘆文の基本的な形について解説する。

1 平叙文

平叙文は事実や情報を相手に伝える文であるが，これには肯定文と否定文がある。

---

1 a. It's a nice day today.
　　b. It's **not** cold this morning.　　　　　　　　　　　　*1*

2 a. I **get** up at seven every morning.
　　b. We **don't** go to school on Sundays.　　　　　　　　*2*

3 a. I **can** speak English well.
　　b. I **can't** speak French.　　　　　　　　　　　　　　*3*

---

1 a. 今日は天気がいい。
　　b. 今朝は寒くはありません。
2 a. 私は毎朝 7 時に起きる。
　　b. 私たちは日曜日には学校に行きません。
3 a. 私は英語をじょうずに話すことができる。
　　b. 私はフランス語を話すことができません。

上例は，それぞれ be 動詞，一般動詞，助動詞を使った平叙文である。対になった文のうち，(a) を**肯定文**，(b) を**否定文**と呼ぶ。以下，否定文の形を表にまとめる。

	否定の形	主語の人称と数 / 動詞の時制
be 動詞	〈be 動詞＋ not〉	
一般動詞	〈do not [don't]＋動詞の原形〉 〈does not [doesn't]＋動詞の原形〉 〈did not [didn't]＋動詞の原形〉	1 人称・2 人称・3 人称（複数）/ 現在 3 人称（単数）/ 現在 1 人称・2 人称・3 人称 / 過去
助動詞	〈助動詞＋ not ＋動詞の原形〉	

be 動詞の場合は，〈be 動詞＋ not〉とする。一般動詞（be, do, have 以外の動詞）の場合は，〈do [does, did]＋ not ＋動詞の原形〉とする。主語が 1 人称・2 人称の場合には do not とし，3 人称単数の場合には does not，3 人称複数の場合には do not とする。また，過去時制の場合には，人称と数に関係なく，すべて did not とする。助動詞（can, will など）を伴う場合には，〈助動詞＋ not ＋動詞の原形〉とする。

Ex. My favorite sport **is (not)** soccer.
（私の好きなスポーツはサッカーです［～ではありません］。）
I **(do not) go** to school by bicycle.（私は自転車で通学します［～通学しません］。）
It **may (not) rain** this weekend.（今週末は雨が降る［降らない］かもしれません。）

現在形			過去形		
肯定形	否定形	否定短縮形	肯定形	否定形	否定短縮形
am	am not	—	was	was not	wasn't
are	are not	aren't	were	were not	weren't
is	is not	isn't	was	was not	wasn't
do	do not	don't	did	did not	didn't
does	does not	doesn't	did	did not	didn't
can	cannot	can't	could	could not	couldn't
will	will not	won't	would	would not	wouldn't
shall	shall not	shan't	should	should not	shouldn't
may	may not	—	might	might not	mightn't
must	must not	mustn't	—	—	—

【注】am と may には否定短縮形はない。主語が I の場合には，I'm not ～という形で短縮形が使われる。主語が 3 人称単数の場合には，It isn't ～，It's not ～という短縮形も存在する。cannot は 1 語でつづられる。mustn't は [mʌ́snt] と発音される。shall not の短縮形 shan't は《英》［＝イギリス英語］で使われることもあるが，やや古い用法。《米》［＝アメリカ英語］では，代わりに won't（発音は [wóunt]）が使われる。mightn't はごくまれ。

2 疑問文

疑問文は相手に物事を尋ねるときに使われる文で，文末に疑問符（？）をつける。ここでは Yes-No 疑問文，Wh- 疑問文，および選択疑問文の概略を説明する（▶第 14 章 疑問詞と疑問文）。

1 Yes-No 疑問文

> **4** **Are you** ready? 　　　　　　　　　　　　　　　　　　*4*
> **5** **Do you want** to go to the beach? 　　　　　　　　　 *5*
> **6** **May I borrow** your dictionary? 　　　　　　　　　　 *6*

4 準備はできていますか。
5 浜辺に行きたいですか。
6 あなたの辞書を借りてもいいですか。

質問に対して, Yes か No で答えることのできる疑問文のことを **Yes-No 疑問文**と言う。Yes-No 疑問文を作るには, 元の文が be 動詞を含んでいるのか, 一般動詞を含んでいるのか, または助動詞を含んでいるのかに注意する必要がある。

	Yes-No 疑問文の形
be 動詞	〈be 動詞＋主語〜？〉
一般動詞	〈Do [Does / Did]＋主語＋動詞の原形〜？〉
助動詞	〈助動詞＋主語＋動詞の原形〜？〉

be 動詞を含む文の場合, be 動詞が主語の前に移動し, 〈be 動詞＋主語〜？〉となる。一般動詞を含む文の場合には, do [does / did] を文頭に置き, 〈**Do [Does / Did]＋主語＋動詞の原形〜？**〉となる。助動詞を含む文の場合には, 助動詞を文頭に移動し, 〈**助動詞＋主語＋動詞の原形〜？**〉の形となる。

Ex. **Are they** your friends?（彼らはあなたの友人ですか。）
Are you ready to give a speech?（あなたはスピーチをする準備はできていますか。）
Do you think so?（あなたはそう思いますか。）
Can you believe that?（そんなこと信じられますか。）

cf. Yes-No 疑問文への答え方は以下のようにする。
(1) "Are you ready?"
　　"Yes, I am (ready)." / "No, I'm not (ready)."
(2) "Do you want to go to the beach?"
　　"Yes, I do." / "No, I don't."
(3) "May I borrow your dictionary?"
　　"Yes, you may." / "No, you may not."

⚠ Yes-No 疑問文を声に出して言う場合, 通常, 上昇イントネーションを伴う。日本語の場合よりも, 上がり方が顕著であることに注意しよう。

2 Wh- 疑問文

> 7 "**Who** wrote this haiku?" "Matsuo Basho did."
>
> 8 "**What** did you eat for breakfast?" "I ate scrambled eggs and toast."
>
> 9 "**When** did you buy your new computer?" "Two weeks ago."
>
> 10 "**Where** are you from?" "I'm from Seattle."
>
> 11 "**Why** can you speak English so fluently?" "Because I lived in America when I was small."
>
> 12 "**How** do you spell your name?" "T, A, R, O."

7 「誰がこの俳句を詠んだのですか」「松尾芭蕉です」
8 「朝食に何を食べましたか」「スクランブルエッグとトーストです」
9 「いつ新しいコンピューターを買ったのですか」「2週間前です」
10 「どこの出身ですか」「シアトルです」
11 「あなたはどうして英語をそんなに流暢に話せるのですか」「小さいとき, アメリカに住んでいたからです」
12 「お名前はどうつづりますか」「T, A, R, O です」

Wh- 疑問文とは, 相手から情報を聞き出したいときに使われる疑問文である。情報の種類によって, who（誰）, what（何）, when（いつ）, where（どこ）, why（なぜ）, how（どのように）, which（どちら）などが使われる。

Wh- 疑問文の語順については, 疑問詞が主語のとき, 〈疑問詞＋動詞〉の語順になる。疑問詞が主語でないとき, 疑問詞の後は Yes-No 疑問文の語順と同じ。一般動詞が使われている場合は, 〈疑問詞＋ **do**[**does** / **did**]＋主語＋動詞の原形〉。be 動詞が使われている場合には, 〈疑問詞＋ **be** 動詞＋主語〉, 助動詞が含まれている場合には, 〈疑問詞＋助動詞＋主語＋動詞の原形〉の語順となる。

> Ex. **What** kind of sports do you like?（どんな種類のスポーツが好きですか。）
> **When** did you read that book?（あの本をいつごろ読みましたか。）
> **When** does the second semester start?（2学期はいつ始まりますか。）
> **Why** were you absent from school yesterday?（なぜ昨日, 学校を休んだのですか。）

⚠ 疑問詞を持つ疑問文の場合, 文末は下降イントネーションを伴う場合が多いが, 子どもに親しみを込めて聞く場合などに上昇イントネーションが使われることもある。

❸ 選択疑問文

> **13** **Which** author do you like better, *Murakami Haruki* **or** *Yoshimoto Banana*?
>
> **14** **Would you like** to go to Kencho-ji Temple *by taxi* **or** *by bus*?

13 村上春樹と吉本ばななでは，どちらの作家が好きですか。
14 建長寺にはタクシーで行きたいですか，それともバスで行きたいですか。

選択疑問文は，〈**A or B?**〉のように，選択肢から答えを選択させる疑問文のことである。

13 は Which author do you like better... と質問を投げかけた上で，Murakami Haruki or Yoshimoto Banana? と選択肢を提示している。答えるときは，たとえば I like Murakami Haruki better. あるいは，I prefer Murakami Haruki. とする。

14 は How would you like to go to Kencho-ji Temple? でも質問の文になるが，ここでは選択肢を提示して質問している。答えるときは，I would like to go there by taxi. などとするが，日常会話では By taxi. でも十分である。

> **Ex. Which** do you like better, ham sandwiches **or** tuna sandwiches?
> （ハムサンドとツナサンドでは，どちらが好きですか。）
> **Which** car would you prefer, this one **or** that one?
> （この車とあの車と，どちらの車がお好きでしょうか。）
> **Would you like** this jacket **or** that one?
> （このジャケットかあのジャケットはいかがでしょうか。）

⚠ 口語では which のほかに what が使われることがある。
What do you usually eat for breakfast, rice or bread?
（あなたはたいてい朝食に何を食べますか，ご飯ですか，パンですか。）

⚠ 〈A or B〉のイントネーションは，通常，〈A ↗（上昇イントネーション）or B ↘（下降イントネーション）〉のようになる。たとえば，食後の飲み物について，紅茶とコーヒーのいずれかを選んでもらう時には，"Would you like tea (↗) or coffee (↘)?" "I'd like coffee, please."（「紅茶になさいますか，コーヒーになさいますか」「コーヒーをお願いします」）となる。これに対して，"Would you like tea (↗) or coffee (↗)?" とすると，「紅茶やコーヒー（のような飲み物）はいかがですか」という意味になる。これに対しては，"Yes, thank you. I'd like tea, please."（「はい，ありがとうございます。紅茶をお願いします」），"Thank you. Well, I'd prefer orange juice, please."（「ありがとうございます。そうですね，オレンジジュースをお願いします」）のように答えればよい。

3 命令文

1 肯定の命令文

> 15 **Come** over here.
> 16 **Listen** to me.
> 17 **Be** quiet, please.
> 18 **Let's sit** on the bench over there.

15 こちらに来なさい。
16 私の言うことを聞きなさい。
17 静かにしてください。
18 あそこのベンチに座りましょう。

「～しなさい」「～してください」のように，指示や依頼をする文を**命令文**と呼ぶ。一般動詞を含む文の場合，15 16 のように動詞が文頭に現れ，主語は省略される。be 動詞を含む文の場合，17 のように be 動詞の原形を文頭に置き，主語は省略される。

〈**Let's ＋動詞の原形**〉は，「～しましょう」という勧誘・提案の表現である。「勧誘文」とでも称したいところだが，ここでは便宜上，命令文として扱う。let's は let us の短縮形。応答の仕方は Yes, let's.（ええ，そうしましょう。）/ No, let's not.（いや，やめときましょう。）のようにする。

Ex. **Come** to the meeting on time.（会合には時間どおりに来てください。）
Stay in bed today.（今日は寝ていなさい。）
Be careful when you cross the street.（道路を横切るときは気をつけなさい。）

⚠ 語調をやわらかくするためには，please を文頭または文末に置いて，たとえば，Please listen to me. / Listen to me, please. とする。逆に，相手に強く命令するような場合には，You come over here!（君，ここへ来るんだ！）と You を文頭に置くことがある。その際，You は強く発音される。また，命令文の後に，～, will you? / ～, shall we? という付加疑問をつけると，「～してくださいね」「～しましょうか」のようにやわらかな語調になる（▶ p. 316）。

Give me a call when you arrive in Boston, **will you**?
（ボストンに着いたら電話してくださいね。）
Let's go out for a walk after breakfast, **shall we**?
（朝食のあと，散歩に出かけましょうか。）

> **One-point Advice**　**Let's ～ と Let us ～ の違い**
>
> 　let's と let us は一見同義のように見えますが，使い方が異なります。let's は勧誘を表し，us の中に相手を含みます。let us の場合，通例，「私たちに～させてください」のように許可を求める際に使われ，us の中に相手は含まれません。
> 　また，幼児に対して Let's wash our hands.（お手々を洗いましょう。）のように使われる場合がありますが，このとき us / our には話し手は必ずしも含まれません。
> 　ところで，Let me ～ と言えば「私に～させてください」ということです。進んで自分から行動したいという意思を相手に伝えるときに使います。相手に提案したり申し出たりする際に日常生活でよく使われる表現です。
>
> (1) **Let me** carry your bag.（バッグをお持ちしましょう。）
> (2) Please **let me** express my deepest gratitude.（心より感謝申し上げます。）

❷ 否定の命令文

19 **Don't** move.	*19*
20 **Don't** be silly.	*20*
21 **Never** be late for school.	*21*
22 **Let's not** swim in this river.	*22*

19 動くな。
20 ばかなことを言うな。
21 学校には決して遅刻してはいけません。
22 この川では泳がないことにしましょう。

　否定の命令文は，〈**Don't**[Do not]＋動詞の原形〉の形で用いられ，「～するな」という意味を表す。また，「決して～するな」のように強い禁止を表す場合には，**21** のように，Don't の代わりに Never を用いることもある。**22** の Let's not ～ は Let's ～ の否定形で，「～しないことにしましょう」の意味。

> **Ex.** **Don't** open the box.（箱を開けてはいけません。）
> **Don't** go beyond the speed limit.（制限速度を超えてはいけません。）
> **Don't** make noise while you are waiting here.
> （ここで待っているときに，騒音を立ててはいけません。）
> **Don't** be shy.（恥ずかしがるな。）
> **Don't** be lazy!（怠けるな。）

English & Japanese in Contrast
日本語の命令文と英語の命令文

　一言で「命令文」と言っても，日本語と英語とでは，その使い方が微妙に異なります。たとえば，料理のレシピを見ると，日本語では「～しなさい」といった命令文はめったに使われませんが，英語では頻繁に使われます。コンピュータのマニュアルなども同様で，英語のマニュアルでは命令文が多用されます。さらに，写真にもあるように，掲示板でもしばしば命令文が使われます。直訳すると，「火災発生の際にはエレベーターを使うな。階段を利用せよ」となりますが，日本語では，もう少し丁寧に「火災発生の際にはエレベーターの利用はご遠慮ください。階段をご利用ください」とした方が自然でしょう。
　これは，日本人が丁寧な表現を好み，英語話者がぶっきらぼうな表現を好むということではなく，命令文の使い方が言語によって異なるということなのです。したがって，英語で命令文が使われているからと言って，常に「～しなさい」と訳すと，状況によっては不自然になることがあります。

4　感嘆文

23　Wow! **What** *an amazing view* this is!
24　**How** *kind* you are!

23　ああ。何と素晴らしい眺めなんだろう！
24　君は何と親切なんでしょう！

　感嘆文は強く心が動かされたようなときに使われる。〈形容詞＋名詞〉の意味を強調したい場合には，23 のように，〈**What (a [an])**＋形容詞＋名詞＋S＋V〉の形を使う。［＊形容詞の後の名詞が複数形の場合や不可算（▶ pp. 372-373）の場合は名詞の前に a [an] はつかない。］また，形容詞・副詞の意味を強調したい場合には，24 のように，〈**How**＋形容詞[副詞]＋S＋V〉の形を使う。文末には普通感嘆符（!）をつける。

Ex.　**What** *a nice restaurant* this is!（何と素敵なレストランでしょう。）
　　What *a great athlete* she is!（彼女は何と偉大な運動選手でしょう。）
　　What *an impressive performance* it was!（何と印象的な公演だったのだろう。）
　　What *a nice pair of shoes* you bought!
　　（あなたは何とすてきな靴を買ったことでしょう。）
　　What *beautiful flowers* you have planted in your garden!
　　（あなたは庭に何ときれいな花を植えたのでしょう。）
　　What *antiquated furniture* he has in his house!
　　（彼は何と古風な家具を家に置いているのでしょう。）

How *messy* this room is!（この部屋は何と散らかっているのだ。）
How *difficult* this problem is!（この問題は，何と難しいのだろう。）
How *self-centered* he is!（彼は何と自己中心的なんでしょう。）

> ⚠ 感嘆文は文末に感嘆符（!）をつけるのが原則だが，つけない場合もある。また，〈**主語＋動詞**〉が省略されることもある。

Oh, how kind of you. Thank you very much.
（どうもご親切に。どうもありがとうございます。）
How pretty!（何ときれいなんでしょう。）
What a shame!（何と残念なことでしょう。）

For Conversation
さまざまな依頼表現

英語の命令文の使い方については，p. 33 のコラムで触れましたが，ここでは，相手に依頼するときの表現について見ておきましょう。[＊ここでは，表現を単純化する意味で do it に代表させて例文を示しますが，適当に表現を変えてみてください。]

丁寧に依頼するには，(1) のように，mind を使った依頼表現があります（▶ p. 186）。このとき，Do you mind ...? よりも，Would you mind ...? としたほうが，より丁寧になります。

(1) Do [Would] you mind doing it?

また，助動詞の過去形 would や could を文頭に置くだけでも，丁寧な表現になります。

(2) Would [Could] you do it?

直接的な依頼を避けて，I('d) suggest .... を使うこともできます。suggest は「提案する」という意味ですが，全体で，「〜したらいかがでしょう」といった意味合いです。

(3) I('d (like to)) suggest you do it.

依頼する際に遠慮の気持ちを出すことで，丁寧さを表すこともできます。I wonder ... とするよりも，I was wondering ... を用いることで，さらに丁寧な表現になります。possibly（ひょっとしたら）を挿入することで，一層丁寧になります。

(4) I wonder [was wondering] if you can [could (possibly)] do it.

この他に，「〜してもよろしいですか」という意味で，Would it be all right if ...? のような形式を用いることもできます。If 節の中の動詞は ask でもよいのですが，asked にするとさらに丁寧さが高まります。

(5) Would it be all right if I ask [asked] you to do it?

以上の例からわかるように，英語にも対人関係に配慮したさまざまな表現があるのです。

第2章

動詞と文型

導入 ● 基本文型とは何か	
1. 英語の語順感覚	36
2. 基本文型	36
3. 文の構成要素	37
4. まとめ	37

基礎 ● 基本文型の要素	
1. 〈S + V〉(主語+動詞)	38
2. 〈S + V + C〉(主語+動詞+補語)	39
3. 〈S + V + O〉(主語+動詞+目的語)	40
4. 〈S + V + O$_1$ + O$_2$〉(主語+動詞+目的語$_1$+目的語$_2$)	41
5. 〈S + V + O + C〉(主語+動詞+目的語+補語)	44
6. 〈There + be動詞+主語〉	45

発展 ● 動詞の注意すべき用法	
1. いろいろな文型に用いられる動詞	47
2. 注意すべき自動詞と他動詞：自動詞と間違えやすい他動詞 / 他動詞と間違えやすい自動詞 / 同族目的語	48

Step1 導入 基本文型とは何か

1 英語の語順感覚

　英語を学ぶ際の最も大きな問題は，語順の感覚を身につけることが難しい点にある。そもそも，日本語と英語とでは，語と語をつなぎあわせて文を作るために必要な〈語の配列規則〉がまったく異なっている。

　たとえば，日本語では「私はリンゴを食べた」のように，〈**主語＋目的語＋動詞**〉を基本とするが，英語ではI ate an apple. のように，〈**主語＋動詞＋目的語**〉を基本としている。日本語では文末に現れる動詞で文が完結するが，英語では主語の後に動詞がくることが多い。このような違いを理解し，語順感覚を体得することは，英語学習において避けて通れない道である。

2 基本文型

　英語の語順感覚を身につけるにはさまざまな方法がある。しかし，ここで強調しておきたいのは，基本文型を理解することの重要性である。もちろん，基本文型だけで英語のパターンをすべて網羅しているわけではないが，英語の語順感覚を体得する第一歩となる。その基本文型は，以下の5つのパターンからなる。

(1) Birds **fly**. （鳥は飛ぶ。）〈S＋V〉
(2) She **is** a singer. （彼女は歌手です。）〈S＋V＋C〉
(3) The cat **caught** a rat. （その猫はネズミを捕まえた。）〈S＋V＋O〉
(4) I **sent** her an e-mail. （私は彼女に電子メールを送った。）〈S＋V＋O＋O〉
(5) We **call** our dog Max.
　　（私たちは私たちの犬をマックスと呼ぶ。）〈S＋V＋O＋C〉

文を構成する要素は，**主語** (Subject = S)，**動詞** (Verb = V)，**目的語** (Object = O)，**補語** (Complement = C) の4つである。これらの要素の配列パターンが5つあり，それらが上で挙げた基本文型となる。

3 文の構成要素

　ここで，文の構成要素について理解を深めておこう。
　主語 (S) は動作の主体を表すもので，日本語の「～が…する」における「～が」に相当する。日本語では主語を表さないことも多いが，英語では必須要素のひとつである。
　動詞 (V) は，主語の動作を表すもので，「～する」に相当する。文を構成する最も重要な要素であり，文型は動詞の性質によって決まっている。
　目的語 (O) は，動作の及ぶ対象を表す。ただし，動詞の種類によって，目的語をとる場合とそうでない場合がある。上例 (1) と (2) で使われている動詞 (fly, is) は目的語を必要としない動詞で，**自動詞**と呼ばれる。それに対して，(3)～(5) で使われている動詞 (catch, send, call) は目的語を必要とする動詞で，**他動詞**と呼ばれる。
　補語 (C) は，動詞を助ける補完的な要素である。例文 (2) の a singer, 例文 (5) の Max は，補語として，それぞれ動詞を助けて文を完結させる働きをしている。

4 まとめ

以上を整理すると以下のようになる。

① ⟨S + V⟩　　　　　　（主語＋動詞）　　　　　　　⎫
② ⟨S + V + C⟩　　　　（主語＋動詞＋補語）　　　　⎬ 動詞が目的語をとらない
　　　　　　　　　　　　　　　　　　　　　　　　　⎭
③ ⟨S + V + O⟩　　　　（主語＋動詞＋目的語）　　　⎫
④ ⟨S + V + O + O⟩　　（主語＋動詞＋目的語＋目的語）⎬ 動詞が目的語をとる
⑤ ⟨S + V + O + C⟩　　（主語＋動詞＋目的語＋補語）⎭

Step2 基礎 — 基本文型の要素

文の形は動詞の種類によって決定される。ここでは動詞によって決められる基本的な文のパターンを取り上げる。

1 〈S＋V〉（主語＋動詞）

1 My sister jogs *in the morning*.   25
    S   V   (M)

2 She studies *in the library*.   26
    S   V   (M)

1 私の妹は朝ジョギングする。
2 彼女は図書館で勉強する。

この文型で使われる動詞は、補語を必要としない**自動詞**である。上の用例はいずれも主語（S）と動詞（V）を基本要素として成立している。in the morning, in the library は副詞の働きをする**修飾語**（Modifier ＝ M）であり、省略しても文が成立することから、基本要素としてはカウントしない。

> **Ex.** 以下、〈S＋V〉の文型をとる用例を示す。〔＊用例の斜体字部分は修飾語〕
> She **swims** *very fast*. （彼女はとても速く泳ぐ。）
> Our school **stands** *on top of a hill*. （私たちの学校は丘の上に建っている。）
> My father **works** *from morning till night*. （父は朝から晩まで働く。）
> We **talked** *about the problem many times*.
> （私たちは何度もその問題について話し合った。）
> I must **apologize** *to you*. （あなたに謝らなければなりません。）
> A man *in a black suit* **was standing** *in front of the door*.
> （黒いスーツを着た男がドアの前に立っていた。）
> *An old* lady *with a walking stick* **came** *down the stairs slowly*.
> （杖をもった年配の女性がゆっくりと階段をおりてきた。）

2 〈S＋V＋C〉（主語＋動詞＋補語）

3 <u>Einstein</u> <u>was</u> <u>a scientist</u>.　　　　　　　　　　　　　　27
　　　S　　V　　　C

4 <u>He</u> <u>became</u> <u>a professor</u> *at Princeton University*.　　28
　　S　　V　　　C　　　　　　(M)

5 <u>He</u> <u>was</u> *<u>very</u>* <u>creative</u>.　　　　　　　　　　　　　　29
　　S　　V　(M)　 C

3 アインシュタインは科学者だった。
4 彼はプリンストン大学の教授になった。
5 彼はとても独創的だった。

　上例は，主語（S）・動詞（V）・補語（C）を基本要素として成立している。この文型で使われる動詞は，補語を必要とする**自動詞**である。a scientist, a professor, creative のように，主語の状態や性質を表すものを**補語**（**主格補語**）と呼ぶ。

Ex. 〈S ＋ V ＋ C〉の文型をとる動詞のタイプと用例
　① 「状態」を表すもの：**be, keep, remain** など
　　　David **is** sick in bed.（デイビッドは病気で寝ている。）
　　　I **kept** busy during the weekend.（私は週末ずっと忙しくしていた。）
　　　Susan **remained** silent for a while.（スーザンはしばらく黙っていた。）
　② 「変化」を表すもの：**become, get, grow, turn** など
　　　We **became** very excited about the plan.
　　　（私たちはその計画にとてもわくわくした。）
　　　The tree **grew** taller.（その木は背丈が高くなった。）
　　　The leaves **turned** red and yellow.（木の葉が赤や黄色になった。）
　③ 「外見」を表すもの：**appear, look, seem** など
　　　She **appears** smart.（彼女は聡明のように見える。）
　　　He **looks** happy in this picture.（彼はこの写真では幸せそうに見える。）
　　　He **looks** young for his age.（彼は歳の割には若く見える。）
　　　Your suggestion **seems** reasonable to me.
　　　（あなたの提案は私には妥当なものに思える。）
　④ 「感覚」を表すもの：**feel, smell, sound, taste** など
　　　I **feel** much better today.（今日は，ずっと気分がいい。）
　　　That curry **smells** good.（あのカレーはいいにおいがする。）
　　　This room **smells** musty.（この部屋はかび臭いにおいがする。）
　　　That **sounds** interesting.（面白そうですね。）
　　　Her story may **sound** strange to you, but it's true.
　　　（彼女の話は奇妙に聞こえるかもしれないが，本当のことだ。）
　　　This coffee **tastes** bitter.（このコーヒーは苦い味がする。）

cf. look, seem, sound, smell, taste の後に〈**like**＋名詞〉を続けると、「〜のように見える /
思われる / 聞こえる / におう / 味がする」という意味になる。
That building **looks like** a dinosaur.（あの建物は恐竜のように見える。）
That **sounds like** a great idea.（それは素晴らしい考えのように思われる。）
It **smells like** lemon.（それはレモンのようなにおいがする。）
The fish **tasted like** chicken.（その魚はチキンのような味がした。）

3 〈S＋V＋O〉（主語＋動詞＋目的語）

6 Ichiro bought a computer *yesterday*.　　　　　　　　　　　30
　　　S　　V　　　O　　　　(M)

7 He played video games *all night*.　　　　　　　　　　　　31
　　S　　V　　　O　　　　(M)

6 一郎は昨日コンピューターを買った。
7 彼は一晩中ビデオゲームをした。

上例は、主語 (S) と動詞 (V) と目的語 (O) を基本要素として成立している。この文型で使われる動詞は、目的語を必要とする**他動詞**である。英語では〈**S ＋ V ＋ O**〉のパターンが最も使用頻度が高いので、この文型には十分に慣れ親しんでおく必要がある。

Ex. 以下、〈S ＋ V ＋ O〉の文型をとる用例を示す。
I **built** a big house for the dog.（私はその犬に大きな家を作ってやりました。）
I **left** Tokyo at nine and arrived at Kyoto before noon.
（私は 9 時に東京を出発し、昼前には京都に着いた。）
My brother **plays** baseball every day.（兄[弟]は毎日野球をする。）
He **hit** a home run yesterday.（彼は昨日ホームランを打った。）
His team **won** the game two to nothing.（彼のチームは 2 対 0 で試合に勝った。）
He **made** a great presentation.（彼は素晴らしいプレゼンテーションをした。）
She **explained** the problem to us.（彼女は私たちに問題について説明した。）
She **cooked** a delicious meal for us.（彼女は私たちのためにおいしい料理を作った。）
This dress **becomes** you.（このドレスはあなたに似合います。）
That hat will **suit** her.（あの帽子は彼女に似合うでしょう。）
A big typhoon is **approaching** the Kyushu area.
（大型台風が九州地方に接近している。）
My family **enjoyed** a trip to Singapore.
（私の家族はシンガポール旅行を楽しんだ。）

English & Japanese in Contrast
英語の目的語を日本語にすると…？

〈SVO〉のパターンを日本語で表現する場合，目的語にあたる部分が格助詞「を」に対応することが多いのですが，例外も少なからず存在します。次の用例をごらんください。

(1) My brother **likes** *swimming*. (兄は水泳**が**好きです。)
(2) We **reached** *the station* around noon. (私たちは正午頃駅**に**到着した。)
(3) The boys **entered** *the room* quietly. (少年たちは静かに部屋**に**入った。)
(4) He **married** *Judy* in June. (彼はジュディー**と**6月に結婚した。)

上例では，目的語（斜体字）に相当する部分に，格助詞の「が」「に」「と」などが使われています。つまり，英語の目的語と日本語の格助詞との対応は，必ずしも1対1の関係にあるわけではないのです。

4 〈S＋V＋O₁＋O₂〉（主語＋動詞＋目的語₁＋目的語₂）

8 John gave Mary a present.　　　　32
　　　S　　V　　O₁　　O₂

9 She bought her husband a necktie.　　　33
　　　S　　V　　　O₁　　　O₂

8 ジョンはメアリーにプレゼントをあげた。
9 彼女は夫にネクタイを買ってあげた。

　上例は，主語（S），動詞（V）に加えて，2つの目的語（O₁, O₂）を基本要素として成立している。この文型で用いられる動詞は，2つの目的語を必要とする**他動詞**である。「だれだれに」にあたる部分（O₁）を**間接目的語**と呼び，「何々を」（O₂）にあたる部分を**直接目的語**と呼ぶ。

Ex. 以下，〈S＋V＋O₁＋O₂〉の文型をとる用例を示す。
My uncle **bought** me an English dictionary.
（おじが私に英語の辞書を買ってくれた。）
My aunt **sent** me a birthday card. (おばが私に誕生日のカードを送ってくれた。)
My friend **threw** me a ball. (友達が私にボールを投げてよこした。)
Nick **lent** her the pen on his desk. (ニックは彼女に机の上のペンを貸した。)
The trip to Hawaii **cost** me 350,000 yen. (ハワイへの旅行は35万円かかった。)
A stranger **showed** me the way to the museum.
（見知らぬ人が私に美術館への行き方を教えてくれた。）

⚠ この種の動詞は，⟨S + V + O₂ ＋前置詞＋ O₁⟩の形に言いかえ可能な場合が多い。
　8 ≒ John **gave** a present to Mary.
　9 ≒ She **bought** a necktie for her husband.

⚠ ただし，直接目的語が代名詞の場合には，⟨S + V + O⟩を使う必要がある。
　○ Could you pass **it** to me?（私にそれを手渡していただけませんか。）
　× Could you *pass me it*?
　○ She left **it** for me.（彼女は私のためにそれを残しておいてくれた。）
　× She *left me it*.

Tips on Grammar　⟨SVOO⟩と⟨SVO⟩の違い

次の2つの文はどちらも「ジョンはメアリーにプレゼントをあげた」という意味になりますが，情報の焦点が異なっています。

(1) John **gave** Mary *a present*.　⟨SVOO⟩
(2) John **gave** a present *to Mary*.　⟨SVO⟩

英語は新情報（未知情報）を文末に置く性質がありますので，(1)では「プレゼント」が情報の焦点になり，(2)では「メアリー」が情報の焦点になります。ちなみに，× John gave Mary it. が使われないのは，代名詞 it で表された旧情報（既知情報）を，新情報がくることが期待される文末に置くことに違和感があるからなのです。

---

cf. 前置詞 to をとるのか，for をとるのかは動詞によって決まるが，to は「方向・到着点」，for は「利益・便宜」を表すと考えると目安になる。

1. ⟨**to** ＋間接目的語⟩をとる動詞：give, hand, lend, pass, pay, send, show, teach, tell など
   Could you pass me the salt?　→　Could you **pass** the salt **to** me?
   （私に塩を渡していただけませんか。）
   She sent him a thank-you note.　→　She **sent** a thank-you note **to** him.
   （彼女は彼にお礼の手紙を送った。）
   Jane handed her daughter a Christmas present.
   →　Jane **handed** a Christmas present **to** her daughter.
   （ジェーンは娘にクリスマスプレゼントを手渡した。）

2. ⟨**for** ＋間接目的語⟩をとる動詞：choose, cook, find, get, leave, make, sing など
   I will choose you a great wine.　→　I will **choose** a great wine **for** you.
   （あなたのために極上のワインを選んでさしあげましょう。）
   She left me a message.　→　She **left** a message **for** me.
   （彼女は，私のために伝言を残しておいてくれた。）
   Can you get me a ticket to the concert?
   →　Can you **get** a ticket to the concert **for** me?
   （私のためにコンサートのチケットを取ってくれませんか。）

I will find you a reasonable apartment.
→ I will **find** a reasonable apartment **for** you.
(あなたに手頃なアパートを見つけてあげましょう。)
She bought us a nice vase. → She **bought** a nice vase **for** us.
(彼女は私たちにすてきな花びんを買ってくれた。)

3. 〈to または for ＋間接目的語〉をとる動詞：bring
   I brought him a camera.
   → I **brought** a camera **to** him. (私は彼のところにカメラを持っていった。)
   → I **brought** a camera **for** him. (私は彼のためにカメラを持っていった。)

4. 〈of ＋間接目的語〉をとる動詞：ask
   I would like to ask you a big favor.
   → I would like to **ask** a big favor **of** you. (大変なお願いがあるのですが。)

⚠ get の場合、「手に入れる」の意味では、I will get the book for you. のように for が使われるが、「届ける」の意味では to が使われる。
We may be able to **get** the book **to** you by the end of next week.
(来週末までに、その本をあなたにお届けすることができるかもしれません。)

⚠ cost, take などは〈SVOO〉のみが可能で、〈SVO₂＋前置詞＋O₁〉にはならない。また、save が「(労力・時間・金などを) 節約する」の意味で使われる場合、〈SVOO〉となる場合がある (▶ p. 349)。
This dishwasher cost me 120,000 yen. (この皿洗い機は 12 万円した。)
The cleanup took us two hours. (掃除に 2 時間かかった。)
Taking a bus will save you a lot of money.
(バスに乗れば大いにお金の節約になるでしょう。)

English & Japanese in Contrast
bring / take を日本語にすると？

bring / take を日本語で言い表すとき、目的語の性質によって、「(～を) 連れてくる / 持ってくる」「(～を) 連れていく / 持っていく」と使い分けをしています。

(1) Bring *your dictionary* with you tomorrow. (明日は辞書を持ってきなさい。)
(2) Don't bring *your dog* along. (犬を連れてきてはいけません。)

通常、日本語では、「辞書を連れてくる」「犬を持ってくる」とは言いません。これは、移動の対象が〈有生〉(animate) の場合には、「連れてくる / いく」を使い、〈無生〉(inanimate) の場合には、「持ってくる / いく」を使う習慣になっているからです。
日本語には、このほかにも有生と無生の使い分けが、次のような例にも見られます。

(3) a. There is a *dictionary* on the desk. (机の上に辞書があります。)
    b. There is *a dog* in the park. (公園に犬がいます。)
(4) a. This is *my dictionary*. (これは私の辞書です。)
    b. This is *my friend Alice*. (こちらは私の友達のアリスです。)

5 〈S＋V＋O＋C〉（主語＋動詞＋目的語＋補語）

10 I called him a genius.　　　　　　　　　　　　　　　　　　　　　34
　　　S　V　　O　　　C

11 That made him happy.　　　　　　　　　　　　　　　　　　　　　35
　　　S　　V　　O　　C

10 私は彼を天才と呼んだ。
11 それが彼をうれしい気持ちにさせた。

　上例は，主語 (S)，動詞 (V)，目的語 (O) と補語 (C) を基本要素として成立している。この文型で用いられる動詞は，目的語と補語を必要とする他動詞である。**10** では him ＝ a genius (He is a genius.) という関係が成立しており，**11** では him ＝ happy (He is happy.) という関係が成立している。目的語の性質について説明しているため，このような要素を**目的格補語**と呼ぶ。

Ex. 〈S＋V＋O＋C〉の文型をとる動詞のタイプと用例

① **make 型 (O を C にする)**：get, keep, leave, paint など〔＊C は形容詞が多い。〕
The news of his return **made** her happy.
（彼が帰ってきたとの知らせを聞いて，彼女は喜んだ。）
I will **keep** your house clean. （私はあなたの家を清潔にしておきます。）
It will **keep** him busy during this term.
（そのことが今学期中ずっと，彼を忙しくするでしょう。〔そのために彼は今学期中ずっと忙しいでしょう。〕）
I **left** the door open. （私はドアを開けっ放しにしておいた。）
〔＊I **kept** the door open. の場合には，意図的に開けたままにしておいた，というニュアンスになる。〕
He **painted** the house green. （彼は家を緑色に塗った。）

② **call 型 (O を C と呼ぶ)**：appoint, elect, name など〔＊C は名詞が多い。〕
The board of directors **appointed** him president.
（取締役会は彼を社長に任命した。）
We **elected** her chairperson. （私たちは彼女を議長に選んだ。）
They **named** the ship "Kanrin-maru." （彼らは船を「咸臨丸」と名づけた。）

③ **think 型 (O を C と思う)**：believe, find など
People **thought** the plan unrealistic.
（人々はその計画を非現実的だと考えた。）
They **thought** him original. （彼らは彼が独創的だと考えた。）
I **believed** her honest. （私は彼女は誠実だと信じていた。）
I **found** the movie boring. （私はその映画が退屈だと分かった。）

On a Street Corner

〈keep＋目的語＋補語〉で，「〜を…の状態に保つ」という意味を表します。clear は「妨げるものがない／自由に通れる」状態を表します。したがって，この掲示は「この周辺にものを置くべからず」ということですが，歩道のそばに立てられていることから，状況によっては「駐車禁止」の意味にとることもできます。

> **Tips on Grammar**　make の注意すべき用法
>
> 次の 2 つの文は，同じ文型のように見えますが，実は異なっています。どの文型に属しているのか，ちょっと考えてみましょう。
>
> (1) I will **make** you *a nice cup of tea*.
> (2) I will **make** you *a member of the club*.
>
> I will make you までは共通していますので，問題は斜体字部分です。(1) では，you = a nice cup of tea という関係が成立しないので，〈SVOC〉ではないことが分かります。こちらは〈SVOO〉の文型で，I will make a cup of tea for you. と言いかえることができます。
> (2) では，you = a member of the club という関係が成立しますので，〈SVOC〉の文型です。文の表面的な形だけではなく，意味を考慮して初めて文型が特定できる場合がある，ということです。

6 〈There＋be 動詞＋主語〉

12 There is a public library in our neighborhood.　　36
　　　 V　　S　　　　　　　　　　　　(M)

13 There are many books in the library.　　37
　　　 V　　 S　　　　　　(M)

12 うちの近所に，公共図書館があります。
13 図書館にはたくさんの本があります。

　〈There＋be 動詞＋主語〉の形は，存在を表すときに使われる。この場合の there は「そこに」という意味ではなく，主語の位置に現れる形式上の主語で，実質的な主語は be 動詞の直後にくる名詞 (句) である。
　実質的な主語が単数の場合は〈there is 〜〉となり，複数の場合は〈there are 〜〉となる。疑問文，否定文は，それぞれ以下のようになる。

(1) 疑問文：Is [Are] there ～？(▶第14章)

Is there a public library in our neighborhood?

Are there many books in the library?

(2) 否定文：There isn't [aren't] ～．(▶第15章)

There isn't a public library in our neighborhood.

(cf. There is no public library in our neighborhood.)

There aren't many books in the library.

Ex. **There are** a lot of restaurants around here.
（このあたりにはたくさんのレストランがあります。）
There was nobody in the park.（公園には誰もいなかった。）
There were a lot of people in the ballpark.（野球場にはたくさんの人々がいた。）
Is there a post office near here?（この近くに郵便局はありますか。）

⚠ there 構文は，新しい情報を導入するために使われるので，その主語は定冠詞を伴わないのが普通である。ただし，ときに定冠詞つきの名詞句が使われることもある。
Then there is **the question** of privacy.（それからプライバシーの問題がある。）

⚠ there の後に be 動詞以外の，存在を表す動詞（exist, live, remain など），出現を表す動詞（come, happen など）が使われることがある。
There lived an old couple in the house.（その家には年老いた夫婦が住んでいた。）
There came three horses running across the field.
（3頭の馬が野原を走ってやってきた。）

On a Street Corner

　walk は自動詞として使われることが多い動詞ですが，写真の中の PLEASE WALK YOUR BIKE では他動詞として使われています。「自転車を押して歩いてください」という意味です。walk には他にも次のような他動詞の用法があります。

(1) I walk my dog every morning.
　　（私は，毎朝，犬を散歩させている。）
(2) I walked my sister to the station.
　　（私は，歩いて駅まで妹を送った。）
(3) I walk about two kilometers to school.
　　（私は，2キロメートル歩いて学校に通っている。）

Step3 発展 動詞の注意すべき用法

1 いろいろな文型に用いられる動詞

14	The windmill turned *slowly*. S　　　　V　　　(M)	⟨S + V⟩	38
15	She turned eighteen *in June*. S　　V　　　C　　　(M)	⟨S + V + C⟩	39
16	He turned the wheel *to the right*. S　　V　　　O　　　　(M)	⟨S + V + O⟩	40
17	The frost turned the leaves yellow. 　　S　　　V　　　　O　　　C	⟨S + V + O + C⟩	41

14 風車はゆっくり回った。
15 彼女は6月に18歳になった。
16 彼はハンドルを右に切った。
17 霜で葉が黄色に変わった。

ひとつの動詞がひとつの文型で使われることになっていれば分かりやすいが、現実は必ずしもそうではない。たとえば、上例の turn のように、複数の文型で使われる動詞もある。以下の用例に見られるように、find / become / run も複数の文型で使われる。

(1) a. I **found** the route easily. ⟨S + V + O⟩
　　　（僕はそのルートを容易に発見した。）
　　b. I **found** my grandmother a priority seat. ⟨S + V + O + O⟩
　　　（僕は祖母に優先席を探してあげた。）
　　c. I **found** the the book interesting. ⟨S + V + O + C⟩
　　　（僕はその本がおもしろいことが分かった。）
(2) a. She **became** a great environmentalist. ⟨S + V + C⟩
　　　（彼女は偉大な環境学者になった。）
　　b. Sarcasm does not **become** you. ⟨S + V + O⟩
　　　（皮肉は君には似合わない。）
(3) a. He **runs** every morning. ⟨S + V⟩
　　　（彼は毎朝走っている。）

Step3　動詞の注意すべき用法　47

b. He **runs** a restaurant in Tokyo. ⟨S + V + O⟩
(彼は東京でレストランを経営している。)

2 注意すべき自動詞と他動詞

日本語と英語では，自動詞と他動詞の分類が異なる場合がある。ここでは，自動詞と間違えやすい他動詞，他動詞と間違えやすい自動詞の例を取り上げる。

❶ 自動詞と間違えやすい他動詞

18	I **discussed** the problem with my boss.	42
19	We **reached** the top of the mountain early in the morning.	43
20	Jane **married** Jack last month.	44

18 私は上司とその問題について話し合った。
19 私たちは朝早く山頂に到達した。
20 ジェーンは先月ジャックと結婚した。

discuss は「～を議論する」という意味の他動詞で，直後に目的語をとる。日本語では「～について議論する」と言うので，これに影響されて × I discussed *about* the problem with my boss. と言いがちだが，これは間違い。

reach は「～に到着する」という意味の他動詞で，直後に目的語をとる。したがって，× We reached *at* [*to*] the top of the mountain early in the morning. とするのは間違い。arrive は意味が類似しているが，自動詞なので，arrive at [in] ～ という形で用いる。We arrived in Tokyo on September 24th. (私たちは 9 月 24 日に東京に着いた。)

marry は他動詞であるから，これも目的語をとる。日本語では「～と結婚する」と言うことから，× Jane married *to* [*with*] Jack last month. と言いたくなるが，これは間違い。ただし，Jane **got married to** Jack last month. とは言える。

⚠ その他の注意すべき用例を挙げておく。
○ I would like to **mention** his contribution.
(彼の貢献について述べたいと思います。)
× I would like to *mention about* his contribution.

○ We are **approaching** the end of the term. (学期末に近づいています。)
× We are *approaching to* the end of the term.

○ She **resembles** her mother. (彼女は母親に似ている。)
× She *resembles to* her mother.

○ Several students **entered** the classroom more than thirty minutes late.
（数人の生徒たちが 30 分以上遅刻して教室に入った。）
× Several students *entered into* the classroom more than thirty minutes late.
〔＊「協議などに入る，事業などに取り組む」という意味の場合は enter into を使う。
The committee members **entered into** discussion after lunch.
（委員会のメンバーは昼食後討議に入った。）〕

○ Are you going to **attend** his lecture?（彼の講義に出席するつもりですか。）
× Are you going to *attend to* his lecture?
〔＊なお，自動詞用法の attend to ～は，「～に注意する，～の世話をする」の意味。
Are you being attended to?（誰か対応しておりますでしょうか。）〕

○ He **explained** the plan to me.
× He *explained me* the plan.（彼は私に計画を説明した。）
〔＊explain は〈SVO〉に限定して使われる。〈SVOO〉の文型では使われない。〕

❷ 他動詞と間違えやすい自動詞

> **21** You should **apologize to** her. *45*
>
> **22** I'm **waiting for** the bus. *46*

21 君は彼女に謝罪すべきだ。
22 私はバスを待っています。

上例の **apologize** と **wait** はともに自動詞なので，直後に目的語を置くことはできない。apologize to ～ (for...)（～に（…について）謝罪する），waiting for ～（～を待つ）のように前置詞を伴って使われる。

Ex. The boy **apologized to** me **for** breaking the vase.
（その少年は花びんを割ったことを私に謝罪した。）

cf. wait on ～で「～に仕える，～に応対する」の意味になる。
A very well-mannered receptionist **waited on** us.
（たいへん礼儀正しい受付係が私たちに応対してくれた。）

⚠ その他の注意すべき用例を挙げておく。
○ I **agree with** you on this point.（この点に関して私は君の意見に賛成です。）
× I *agree you* on this point.
○ This shop used to **belong to** my father.（この店は以前は父が所有していた。）
× This shop used to *belong my father*.
○ Let's **hope for** the best.（最善を期待しよう。）
× Let's *hope the best*.
○ He was accused of **discriminating against** minorities.
（彼はマイノリティーを差別していると非難された。）
× He was accused of *discriminating minorities*.

⚠ graduate には，自動詞用法と他動詞用法があり，通例，My sister **graduated from** college last year.（私の姉は去年，大学を卒業した。）のように自動詞として使われる。ただし，《米》では，My sister graduated college. のような他動詞用法もある。

English & Japanese in Contrast
"rise / raise" と「上がる / 上げる」

自動詞・他動詞の区別は日本語にもありますが，意外なところで英語の自動詞・他動詞の区別と似ているところがあります。発音に注意して，以下の例をごらんください。

自動詞：rise [raiz] ＝上がる [agaru]
他動詞：raise [reiz] ＝上げる [ageru]

下線部に注目してみると，日英語ともに自動詞・他動詞を母音で区別していることが分かります。英語は自動詞 [-ai-]，他動詞 [-ei-]，日本語は自動詞 [-a-]，他動詞 [-e-] です。どちらも自動詞では [a]，他動詞では [e] が出てくる点が共通しています。次も同様の例です。

自動詞：lie [lai] ＝横たわる [yokotawaru]
他動詞：lay [lei] ＝横たえる [yokotaeru]

こうした対応は偶然によるものと思われますが，その一方で，言語の不思議さを感じさせる現象でもあります。このような事例が他にもあるか，探してみたら面白いでしょう。

---

❸ 同族目的語

23	They **lived** a happy **life** together.	47
24	Beth **sang** a traditional Irish **song** at the party.	48

23 彼らはともに幸せな生涯を過ごした。
24 ベスはパーティーで伝統的なアイルランドの歌を歌った。

動詞が，意味の上で密接な関係にある名詞を目的語とするとき，このような目的語を**同族目的語**と呼ぶ。上例では，life, song が同族目的語である。主に自動詞が同族目的語をとる。なお，同族目的語は形容詞を伴って使われるのが普通である。

> **Ex.** My grandfather **died** a peaceful **death**.（祖父は穏やかな死を迎えた。）
> cf. My grandfather died peacefully.
> The boxers **fought** a good **fight**.（ボクサーはよい闘いをした。）
> I **dreamed** a strange **dream** last night.（昨夜，私は奇妙な夢を見た。）
> 〔＊ただし，口語では have a dream という形を使うのが普通。〕

cf. **23** は次のように言いかえることができる。
23 ≒ They lived happily together.

Scenes from Literature
同族目的語

同族目的語は文学作品などで見かけることがあるので，形として知っておく必要があります。次の例文はフィッツジェラルドの『グレート・ギャツビー』（*The Great Gatsby*）の一節です。

Daisy watched him and **laughed** her sweet exciting **laugh** (...)
（デイジーは彼を見つめ，人の心をわくわくさせるような愛らしい笑い声を立てた。）

ここで，laughed her sweet exciting laugh のように her が使われていますが，これには「彼女に特有の～」あるいは「いつも彼女の見せるあの～」という意味が含まれています。

■ 動詞の活用

動詞の形には，**原形・現在形・過去形・過去分詞・現在分詞・動名詞**がある。動詞は主語の数（単数・複数）・人称（1人称・2人称・3人称）によって語形を変化させるが，このような動詞の語形変化を**活用**と言う。ここでは，動詞の活用形を確認しておく。

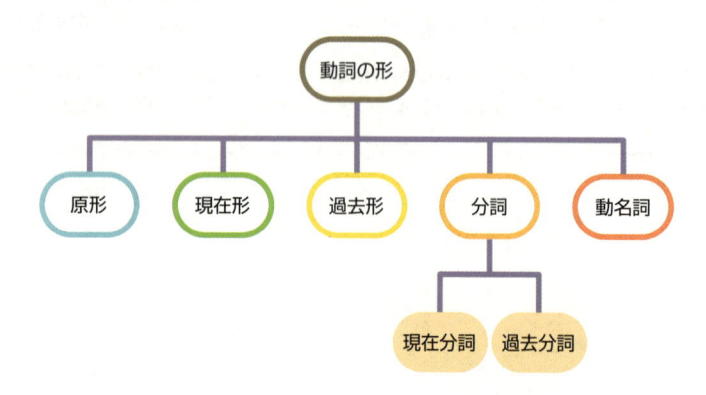

```
           動詞の形
  ┌────┬────┬────┬────┐
 原形  現在形 過去形  分詞  動名詞
                   ┌──┴──┐
                 現在分詞 過去分詞
```

1 be, have, do の活用

❶ be の活用

原形	人称	現在形 単数	現在形 複数	過去形 単数	過去形 複数	過去分詞形	-ing 形
be	1	I am	we } are	I was	we } were	been	being
	2	you are	you	you were	you		
	3	he she it } is	they	he she it } was	they		

【注1】人称とは，「話し手」(1人称)，「聞き手」(2人称)，「それ以外の第三者」(3人称) の区別をいう。

【注2】現在分詞と動名詞はいずれも原形の語尾に -ing をつけた形である。上の表では「-ing 形」と表示している (▶ p. 58 -ing のつけ方)。

> 短縮形は次の通り。
> **I'm** (= I am) / **you're** (= you are) / **he's** (= he is) / **she's** (= she is) / **it's** (= it is) / **we're** (= we are) / **they're** (= they are)

② have の活用

原形	人称	現在形 単数	現在形 複数	過去形 単数	過去形 複数	過去分詞形	-ing 形
have	1	I, you } have	have	had	had	had	having
	2						
	3	he, she, it } has					

> 短縮形は次の通り。
> **I've** (= I have) / **you've** (= you have) / **he's** (= he has) / **she's** (= she has) / **it's** (= it has) / **we've** (= we have) / **they've** (= they have) / **I'd** (= I had) / **you'd** (= you had) / **he'd** (= he had) / **she'd** (= she had) / **we'd** (= we had) / **they'd** (= they had)

③ do の活用

原形	人称	現在形 単数	現在形 複数	過去形 単数	過去形 複数	過去分詞形	-ing 形
do	1	I, you } do	do	did	did	done	doing
	2						
	3	he, she, it } does					

② 一般動詞の活用

be, do, have 以外のすべての動詞を**一般動詞**と言う。

❶ 現在形

　一般動詞の現在形は原形と同じ形であるが，主語が 3 人称・単数の場合は語尾に -s または -es をつける。-s [-es] のつけ方と発音の仕方は次の通り。

● **-s / -es のつけ方**
　(a) 通常は原形の語尾に -s をつける。
　　know → knows, like → likes, send → sends

(b) 原形の語尾が -s, -x, -ch, -sh, 〈子音字＋ o〉の場合は -es をつける。
miss → miss**es**, relax → relax**es**, teach → teach**es**, wash → wash**es**, go → go**es**

⚠️ a, e, i, o, u を母音字，母音字以外の文字を子音字と言う。

(c) 原形の語尾が〈子音字＋ y〉の場合は y を i に変えて -es をつける。
satisfy → satisf**ies**, study → stud**ies**, try → tr**ies**

⚠️ enjoy, pay などのように，〈母音字＋ y〉の場合はそのまま -s をつける。

● -s / -es の発音の仕方

-s / -es の発音は原形の語尾の音によって決まる。

(a) 原形の語尾が [z, ʒ, dʒ] 以外の有声音の場合は [z] と発音する。
call**s**, enjoy**s**, join**s**, love**s**, swim**s**

⚠️ says は [séiz] ではなく [séz], does は [dúːz] ではなく [dʌ́z] と発音する。

(b) 原形の語尾が [s, ʃ, tʃ] 以外の無声音の場合は [s] と発音する。
jump**s**, laugh**s**, pick**s**, sit**s**, take**s**

(c) 原形の語尾が [s, ʃ, tʃ, z, ʒ, dʒ] の場合は [iz] と発音する。
catch**es**, caus**es**, finish**es**, judg**es**, miss**es**

⚠️ 声帯の振動を伴う音を**有声音**と言う。[z, ʒ, dʒ, b, d, g, v, ð, l, m, n, ŋ] とすべての母音が有声音である。発音するときに声帯の振動を伴わない音を**無声音**と言う。[s, ʃ, tʃ, p, t, k, f, θ] などの子音は無声音である。

❷ 規則動詞の過去形・過去分詞形

語尾に -ed をつけて過去形・過去分詞形を作る動詞を**規則動詞**と言う。

● -ed のつけ方

(a) 通常は原形の語尾に -ed をつける。
listen → listen**ed**, need → need**ed**, talk → talk**ed**

(b) 原形の語尾が -e の場合は -d をつける。
change → chang**ed**, love → lov**ed**, smile → smil**ed**, prove → prov**ed**

⚠️ prove の場合は, prove — proved — proved / proven のように，過去分詞形が 2 通りある。

(c) 原形の語尾が〈子音字＋y〉の場合は y を i に変えて -ed をつける。
bury → bur**ied**, study → stud**ied**, try → tr**ied**

⚠ 原形の語尾が〈母音字＋y〉の場合はそのまま -ed をつける。
obey → obey**ed**, play → play**ed**, spray → spray**ed**

(d) 原形の語尾が〈1母音字＋1子音字〉の場合は最後の子音字を重ねて -ed をつける。
beg → beg**ged**, fit → fit**ted**, occur → occur**red**, plan → plan**ned**

⚠ 〈2母音字＋1子音字〉で終わる、1音節からなる動詞の場合は、そのまま語尾に -ed をつける。
［＊「音節」とは「子音＋母音＋子音」のように、1つの母音を中心にした音声のまとまりを言う。たとえば、permit は per-mit と区切り、2音節からなる。］
fear → fear**ed**, look → look**ed**, peel → peel**ed**

⚠ 〈1母音字＋1子音字〉で終わる動詞でも、最後の音節にアクセントのない場合は、そのまま語尾に -ed をつける。
bénefit → benefit**ed**, díffer → differ**ed**, límit → limit**ed**
なお、《英》では trávelled のように、子音を重ねる語もある。

(e) 原形の語尾が -c の場合は -ked をつける。
mimic → mimic**ked**, panic → panic**ked**, picnic → picnic**ked**

● **-ed の発音の仕方**

-ed の発音は原形の語尾の音によって決まる。

(a) 原形の語尾が [d] 以外の有声音の場合は [d] と発音する。
moved, played, seemed

(b) 原形の語尾が [t] 以外の無声音の場合は [t] と発音する。
kissed, liked, tipped, washed, watched

(c) 原形の語尾が [t / d] の場合は [id] と発音する。
acted, needed, wanted

❸ 不規則動詞の過去形・過去分詞形

過去形・過去分詞形が -ed を伴わない動詞を**不規則動詞**と言う。不規則動詞は使用頻度の高いものが多いので，確実に身につけておく必要がある。

《1》 A-B-B：過去形・過去分詞形が同形

bring ― brought ― brought
build ― built ― built
buy ― bought ― bought
catch ― caught ― caught
feel ― felt ― felt
fight ― fought ― fought
find ― found ― found
get ― got ― got [gotten]
hold ― held ― held
keep ― kept ― kept
lead ― led ― led
leave ― left ― left
lend ― lent ― lent
lose ― lost ― lost
make ― made ― made

meet ― met ― met
pay ― paid ― paid
sell ― sold ― sold
send ― sent ― sent
shine ― shone ― shone
shoot ― shot ― shot
sit ― sat ― sat
sleep ― slept ― slept
spend ― spent ― spent
stand ― stood ― stood
teach ― taught ― taught
tell ― told ― told
think ― thought ― thought
understand ― understood ― understood
win ― won ― won

⚠ 次の活用は発音に注意。
hear [híər] ― heard [hə́ːrd] ― heard [hə́ːrd]
mean [míːn] ― meant [mént] ― meant [mént]
say [séi] ― said [séd] ― said [séd]

《2》 A-B-C：原形・過去形・過去分詞形がすべて異なる形

begin ― began ― begun
break ― broke ― broken
choose ― chose ― chosen
draw ― drew ― drawn
drink ― drank ― drunk
drive ― drove ― driven
eat ― ate ― eaten
fall ― fell ― fallen
fly ― flew ― flown
forget ― forgot ― forgotten
　　　　　　　　　[forgot]

give ― gave ― given
go ― went ― gone
grow ― grew ― grown
hide ― hid ― hidden
know ― knew ― known
see ― saw ― seen
shake ― shook ― shaken
show ― showed ― shown
sing ― sang ― sung
speak ― spoke ― spoken
steal ― stole ― stolen

swim ― swam ― swum
take ― took ― taken
tear ― tore ― torn

throw ― threw ― thrown
wear ― wore ― worn
write ― wrote ― written

《3》A-A-A：原形・過去形・過去分詞形がすべて同じ形

cost ― cost ― cost
cut ― cut ― cut
hit ― hit ― hit
hurt ― hurt ― hurt
let ― let ― let

put ― put ― put
set ― set ― set
shut ― shut ― shut
suit ― suit ― suit

⚠ 次の語は発音に注意。(つづり字はA-A-Aだが，発音はA-B-B)
read [ríːd] ― read [réd] ― read [réd]

《4》A-B-A：原形・過去分詞形が同形

become ― became ― become
come ― came ― come

overcome ― overcame ― overcome
run ― ran ― run

《5》A-A-B：原形・過去形が同形（次の1語のみ）

beat ― beat ― beaten（またはbeat）

《6》特に注意を要する活用

【活用によって意味の違うもの】
{ bear（運ぶ，支える）― bore ― borne
{ bear（産む）― bore ― born
{ hang（掛ける）― hung ― hung
{ hang（絞首刑にする）― hanged ― hanged

【二通りの活用があるもの】
burn ― burned / burnt ― burned / burnt
dream ― dreamed / dreamt [drémt] ― dreamed / dreamt
[＊dreamtはまれ]
learn ― learned / learnt ― learned / learnt
light ― lighted / lit ― lighted / lit
smell ― smelled / smelt ― smelled / smelt
spell ― spelled / spelt ― spelled / spelt
spill ― spilled / spilt ― spilled / spilt

【自動詞と他動詞】
- lie（[自]横たわる）と lay（[他]横たえる）（▶ p. 50 コラム）
  [自]：lie [lái] — lay [léi] — lain [léin]
  [他]：lay [léi] — laid [léid] — laid [léid]

  ⚠ 「うそをつく」という意味の lie は規則動詞。lie — lied — lied と活用する。

- rise（[自]上がる）と raise（[他]上げる）
  [自]：rise [ráiz] — rose [róuz] — risen [rízn]（発音注意）
  [他]：raise [réiz] — raised — raised（規則動詞）

【語形の類似しているもの】
- find（見つける）と found（設立する）
  見つける：find — found — found
  設立する：found — founded — founded（規則動詞）
- wind（巻く）と wound（傷つける）
  巻く：wind [wáind] — wound [wáund] — wound [wáund]（発音注意）
  傷つける：wound [wú:nd] — wounded — wounded（規則動詞）

❹ -ing 形（現在分詞・動名詞）

原形に -ing をつけるときに，注意を要するものがある。

(a) 通常は原形にそのまま -ing をつける。
　　go → go**ing**, read → read**ing**, walk → walk**ing**
(b) 原形の語尾が〈**子音字＋ e**〉の場合は e をとって -ing をつける。
　　invite → invit**ing**, live → liv**ing**, ride → rid**ing**
(c) 原形の語尾が -ie（発音は [ai]）の場合は ie を y に変えて -ing をつける。
　　die → dy**ing**, lie → ly**ing**, tie → ty**ing**
(d) 原形の語尾が〈**1 母音字＋ 1 子音字**〉の場合は最後の子音字を重ねて -ing をつける。
　　beg → beg**ging**, fit → fit**ting**, plan → plan**ning**

  ⚠ 〈1 母音字＋ 1 子音字〉で終わる動詞でも，最後の音節にアクセントのない場合は，そのまま語尾に -ing をつける。
  díffer → differ**ing**, límit → limit**ing**, vísit → visit**ing**
  なお，《英》では trávelling のように，子音を重ねる場合もある。

(e) 原形の語尾が -c の場合は -king をつける。
　　mimic → mimic**king**, panic → panic**king**, picnic → picnic**king**

第3章

時制(1)

導入 ● **「時」の表し方**
   1. 時制とは　　　　　　　　　　　　　　　　　　　　　　　　　60
   2. 現在形・現在進行形のイメージ　　　　　　　　　　　　　　　60
   3. 過去形のイメージ　　　　　　　　　　　　　　　　　　　　　61

基礎 ● **時制の基本的な用法**
   1. **現在を表す**：現在形 / 現在進行形　　　　　　　　　　　　　62
   2. **過去を表す**：過去形 / 過去進行形　　　　　　　　　　　　　66
   3. **未来を表す**：will / be going to / 未来を表す現在進行形・現在形 / 未来進行形　　　　　　　　　　　　　　　　　　　　　　　　　67

発展 ● **時制の注意すべき用法**
   1. **現在形の注意すべき用法**：条件や時を表す副詞節での用法 / その他の現在形の用法　　　　　　　　　　　　　　　　　　　　　　　　　73
   2. 進行形の注意すべき用法　　　　　　　　　　　　　　　　　　75
   3. 未来を表すその他の表現　　　　　　　　　　　　　　　　　　76

Step1 導入 「時」の表し方

1 時制とは

　言語は，**時** (time) の概念をそれぞれ独自のやり方で体系化し，**時制** (tense) という仕組みを作り上げている。英語は動詞の形によって現在形・過去形の区別をするほか，助動詞などの助けを借りて未来を表す仕組みを持っている。さらに，「〜している」のように進行中の動作を表す**進行形**，「〜してしまった」のように動作の完了などを表す**完了形**という仕組みもあわせ持っている。

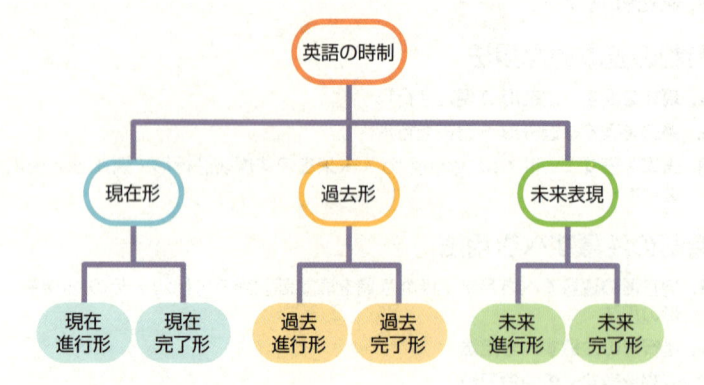

```
                    英語の時制
        ┌──────────────┼──────────────┐
      現在形          過去形         未来表現
     ┌───┴───┐      ┌───┴───┐      ┌───┴───┐
   現在    現在     過去    過去     未来    未来
   進行形  完了形   進行形  完了形   進行形  完了形
```

2 現在形・現在進行形のイメージ

　ここでは，現在形と現在進行形のイメージをつかんでおこう。最初に，次の例文 (1a) と (1b) の意味の違いを考えてみよう。

(1) a. Taro **studies** English.
　　b. Taro **is studying** English.

　ともに「現在」の出来事について述べている点では同じだが，意味が異なる。(1a) は，太郎が英語を専攻する学生だったり，英会話学校に通っていたり，「英語を勉強する行為が日常になっている状態」を表す。(1b) は，太郎が「今まさに勉強している最中」だったり，「今，一時的に勉強している」状態を表す。要するに，現在形は**習慣性**を表し，進行形は**一時性**を表す。現在形は安定した「静」のイメージを表し，現在進行形は目の前で展開している「動」のイメージを表すと言いかえてもよい。

現在形のイメージ

現在進行形のイメージ

　現在形はときに未来のことにも使われる。たとえば，The flight for London **departs** at 7:00 tomorrow.（明日のロンドン行き飛行機は7時発です。）では現在形が使われているが，これは出発時刻が安定的なものとして捉えられているからだ。ちなみに，The flight for London **will depart** at 7:00 tomorrow. とすると，「おそらく7時発でしょう」のように推量の意味になるので，注意が必要だ。

3 過去形のイメージ

　過去形は過去のことについて述べる際に使われるのは当然だが，それに限定されているわけではない。たとえば，(2) と (3) の例文は，ともに「現在」のことについて述べているにも関わらず，過去形が使われている。

　　(2) I wish I **were** a professional singer.（僕がプロの歌手だったらなあ。）
　　(3) **Could** you do me a favor?（お願いがあるんですが。）

　これは一見不合理のように思われるが，十分に説明が可能だ。過去形は遠くに離れた**距離感**を表すことから，①現在からの距離を置くことで過去を表したり，②現実世界からの距離を置くことで仮定を表したり（▶12章 仮定法），③相手との間に距離感をとったりするために使われるのだ。
　日本語と英語の時制の仕組みは必ずしも一致しているわけではないので，用例を通じて理解を進めていくことにしよう。

Step2 基礎 時制の基本的な用法

1 現在を表す

　現在形は単に「現在」の出来事・動作などを表すものではなく，「現在を中心として，過去から現在を通じて未来に至る時間の中での出来事・動作や状態」を表す。ここでは，現在形と現在進行形の基本的な用法を扱う。

1 現在形

> **1** I **am** a student at Washington High School.　　　　　　　　　　*49*
>
> **2** I **take** the 7:30 train every day. 　　　　　　　　　　　　　　　*50*
>
> **3** The teacher *told* them that water boils at 100 ℃. 　　　　　　　　*51*

　1 私はワシントン高校の生徒だ。
　2 私は毎日 7 時 30 分の電車に乗る。
　3 先生は彼らに，水は 100℃で沸騰すると教えた。

現在形は，以下の 3 つの基本的な意味を表す。

《1》現在の安定的状態

　1 の be 動詞（I **am** a student 〜）のように，現在の安定的状態を表す。

> **Ex.** I **live** in Yokohama.（私は横浜に住んでいる。）
> I **envy** you.（君のことをうらやましく思っています。）
> I **like** to study English.（私は英語の勉強が好きだ。）
> Bobby **knows** the name of these flowers.
> （ボビーはこれらの花の名前を知っている。）
> He never **thinks** of other people's feelings.（彼は他人の感情をまったく考えない。）

《2》現在の習慣的動作

　2 の take のように，動作動詞（▶ p. 65）を現在形で用いると，現在の習慣的動作を表す。

> **Ex.** Tom always **gets** up at six o'clock.（トムはいつも 6 時に起床する。）
> Whenever I **go** to Haneda, I **take** a bus.
> （羽田に行くときはいつもバスを使っています。）

Mary **swims** at the city pool.（メアリーは市営プールで泳ぐ。）
[＊「メアリーは市営プールで今泳いでいる」という意味では，swim を進行形にして，Mary **is swimming** at the city pool. とする必要がある。]

⚠ 現在の習慣的動作を表す場合，always, often, usually, sometimes, never, once a month など，頻度を表す副詞（句）が用いられることが多い。
My parents *often* go to the movies.（私の両親はよく映画を見に行く。）
My sister takes a violin lesson *once a week*.
（私の妹は週1回ヴァイオリンのレッスンを受けている。）

《3》不変の「真理」や「事実」である状態や動作

3 では，主節（The teacher told them）で過去形 told が使われているが，常に変わることのない真理・事実を表しているので that 以下では boils という現在形が用いられる（▶ pp. 294-295 時制の一致の例外）。

Ex. Water **consists** of hydrogen and oxygen.（水は水素と酸素からなる。）
Jupiter **is** the largest planet in the solar system.
（木星は太陽系で一番大きな惑星である。）

⚠ 出身を表す表現で，My father **comes** from Okinawa.（父は沖縄出身だ。）のように現在形が使われるのは，出身地が時の流れで変化することがないからである。

⚠ ことわざ・格言なども，一般的にどの時代においても通用する真理・真実を語っていると考えられるので，現在形が用いられることが多い。
Time and tide **wait** for no man.（歳月人を待たず。）
Seeing **is** believing.（百聞は一見に如かず。）
All roads **lead** to Rome.（すべての道はローマに通ず。）
A rolling stone **gathers** no moss.（転がる石には苔が生えぬ。）
The early bird **catches** a worm.（早起きは三文の得。）
cf. Curiosity **killed** the cat.（好奇心は猫を殺す。）

❷ 現在進行形

4	John **is playing** the guitar now.	*52*
5	I **am studying** really hard these days.	*53*
6	My father **is living** alone now.	*54*

4 ジョンは今，ギターを弾いている。
5 私は最近，すごく一生懸命勉強している。
6 父は今，単身で暮らしている。

Step2 時制の基本的な用法

現在進行形は〈am[are, is]＋V-ing〉の形をとり，以下の3つの基本的な意味を表す。

《1》現在進行中の動作

4 のように，現在進行中の動作を表す場合に用いられる。**現在形**を使って，John **plays** the guitar. とすると，「日常的な習慣としてギターを弾く」ということで，今実際に演奏していることにはならない。

> **Ex.** The phone **is ringing**. (電話が鳴っています。)
> Maybe she **is working** in the kitchen. (彼女はたぶんキッチンで仕事をしているよ。)
> Probably she **is studying** in the library. (彼女はたぶん図書館で勉強しています。)
> He **is playing** the piano in the living room. (彼は居間でピアノを弾いています。)

右の掲示は，公園の芝生への立ち入り禁止を知らせるものです。一番上に，現在進行形を用いて，WHAT'S GOING ON? (何が起きているのか？) とありますが，これは，芝生の周りにネットを張り巡らしているのを見た市民の疑問を代弁しているものです。一番下に，The turf will be off-limits throughout renovation. (芝生は養生している間はずっと立ち入り禁止) という説明がありますので，ここまで読めばその理由がはっきりします。

《2》現在の反復動作

5 のように，現在の反復動作を表す場合に用いられる。より厳密に言えば，「最近」という現在を中心とする一定の期間内に行われる反復動作を表している。

> **Ex.** What **is** your daughter **doing** these days? (娘さんは最近何をしていますか。)
> — She **is working** at a convenience store four times a week.
> 　(週に4回コンビニで働いています。)

《3》一時的な状態

動詞 live のような状態動詞は進行形にしないことを原則とする。ただし，6 のように一時的な状態を表す場合には，進行形が用いられる。

> **Ex.** I don't know why John **is being** so mean to her.
> (彼女に対してジョンがなぜそんなに意地悪くしているのか，分からない。)
> I **am thinking** of quitting my part-time job.
> (アルバイトを辞めようかと今思っているんだ。)

Tips on Grammar　動作動詞と状態動詞

動詞には kick, break, walk など動作を表す**動作動詞**と，have, feel, think など状態を表す**状態動詞**があります。以下は，代表的な状態動詞です。

① **継続的状態を表す動詞**：appear, be, belong to, consist of, contain, cost, differ, exist, have, live, own, possess, resemble, seem など
② **感覚・知覚を表す動詞**：feel, hear, look, see, smell, taste など
③ **思考・感情を表す動詞**：believe, dislike, envy, fear, hate, hope, know, like, love, remember, respect, think, understand, want, wish など

動作動詞は進行形をとって「～している」という意味を表すのに対し，原則として，状態動詞は進行形をとりません。

I **have** two brothers. (× I *am having* two brothers.)
I **like** dogs. (× I *am liking* dogs.)
They **know** each other. (× They *are knowing* each other.)

ただし，状態動詞が「動作」を表す場合には，進行形が使われます。

{ This cake **smells** good. ([状態]このケーキはいいにおいがする。)
{ The cat **is smelling** the fish. ([動作]猫が魚のにおいをかいでいる。)
{ This wine **tastes** bitter. ([状態]このワインは渋い味がする。)
{ He **is tasting** the wine. ([動作]彼はワインを試飲している。)
{ He **has** a big house. ([状態]彼は大きな家を持っている。)
{ He **is having** lunch now. ([動作]彼は今昼食を食べている。)
{ She **looks** happy. ([状態]彼女は幸せそうに見える。)
{ She **is looking** at the traffic outside. ([動作]彼女は外の車の流れを見ている。)

また，状態動詞であっても，その状態が「一時的」であることが含意される場合，進行形になることがあります。

{ She **lives** in New York. (彼女は (恒常的に) ニューヨークに住んでいる。)
{ She **is living** in New York. (彼女は (一時的に) ニューヨークに住んでいる。)
{ The small village **lies** on the coast. (その小さな村は (恒久的に) 海岸沿いにある。)
{ They **are lying** on the beach. (彼らは (一時的に) 海岸に横になっている。)

【注】want は「思考・感情を表す動詞」に分類される状態動詞ですので，原則的に進行形になりません。しかし，長い間待ち望んでいる気持ちを強調する場合には，以下のように進行形が使われる場合があります。

I've **been wanting** it so much. (私はそれを大いに待ち望んでいたのです。)
When writing your first draft, you need to express the main argument that you **are wanting** to make. (最初のドラフトを書くとき，提示したいと思っている主たる論点を言葉にする必要があります。)

② 過去を表す

現在形が「現在を中心として，過去から現在を通じて未来に至る時間の中での出来事・動作や状態」を表すのに対して，**過去形**は「現在とは無関係な過去の出来事・動作や状態」を表す。

❶ 過去形

> **7** I **loved** baseball when I was a child.   55
>
> **8** She **went** to school early yesterday.   56
>
> **9** Our team **practiced** almost every day last season.   57

   7 子供の頃，野球が好きだった。
   8 彼女は昨日，学校に早く行った。
   9 私たちのチームは昨シーズンは，ほとんど毎日練習した。

過去形は，以下の3つの基本的な意味を表す。

《1》過去の状態

  7 の loved のように，状態動詞の過去形は，過去の状態を表すのに用いられる。過去形を使うと「今は違う」という含意を持ち，「今は野球をしていない」と解釈されることがある。

> **Ex.** I **knew** nothing about physics then.（そのとき物理学については無知だった。）
> I **lived** in Osaka last year but now I live in Sapporo.
> （私は昨年大阪に住んでいましたが，今は札幌に住んでいます。）

《2》過去の動作

  8 の went のように，動作動詞の過去形は，過去の動作を表すのに用いられる。

> **Ex.** I **hit** a home run.（僕はホームランを打った。）
> He **gave** me a nice present.（彼は私に素敵なプレゼントをくれた。）
> Someone **grabbed** my bag and **ran** away.（誰かが私のバッグをつかんで走り去った。）
> I **traveled** to Africa twice ten years ago.
> （私は10年前に2度アフリカに旅行した。）
> I **saw** my old friend when I **went** to Kyoto.
> （私は京都に行ったときに昔の友達に会った。）
> Where **did** you **play** baseball yesterday?（あなたは昨日どこで野球をしましたか。）

  ⚠ 動作動詞の現在形は〈**習慣的な行為**〉しか表現できない。これに対して，上の用例が示すように，動作動詞の過去形は〈**1回きりの行為**〉を表すこともできる。

《3》過去の習慣的・反復的動作

  9 の practiced のように，動作動詞の過去形は，過去の習慣的・反復的動作を表す場合にも用いられる。

Ex. I **took** the same train every morning.（毎朝同じ電車に乗っていた。）
My baby often **cried** at night.（私の赤ちゃんは夜中によく泣いた。）

⚠ 動作が単発的か習慣的なものかは通常文脈で判断できる。反復動作の場合, usually, often, every day など頻度を表す表現を伴うことが多い。
I *often* **dropped** by at his house on my way to school.
（私は学校に行く途中, しばしば彼の家に立ち寄った。）

⚠ 過去形だけでなく, 助動詞 would, used to を用いて過去の習慣や反復動作を表すこともできる (▶ p. 107, p. 109)。

❷ 過去進行形

10 I **was taking** a bath when he called me last night. 　　　*58*

10 昨夜, 彼が電話をくれたとき, 私は入浴中だった。

過去進行形は〈was[were] ＋ V-ing〉の形をとり, **過去のある時点で進行中・継続中の動作**を表す。現在進行形の基準時の「今」を,「過去のある時点」に移したものと考えればよい。

Ex. I **was reading** a novel all afternoon.（私は午後ずっと小説を読んでいた。）
While I **was walking**, it started to rain.（私が歩いていたら雨が降り出した。）
When I **was listening** to the radio, he came into the room.
（ラジオを聴いていると, 彼が部屋に入ってきた。）
It suddenly started to rain when I **was swimming** in the pool today.
（今日プールで泳いでいたとき, 突然雨が降ってきた。）

> **Tips on Grammar**　過去形と過去進行形の違い
>
> What did you do this morning? と聞かれたときには, 以下のように, 過去形と過去進行形のどちらでも答えることができますが, 意味合いが異なります。
>
> （1）I **wrote** a report.（レポートを書きました。）
> （2）I **was writing** a report.（レポートを書いていました。）
>
> 過去形を使うと, レポートは書き終えたという含意が生じるのに対して, 進行形を使うと, 書く行為が継続中というニュアンスを伴うことから, まだ書き終えていないという含意が生じることになります。

❸ 未来を表す

英語には, 動詞自体の形としては現在形と過去形しかなく, 未来を表す動詞の変化形は存在しない。ただし, 助動詞 will や be going to などを用いて, 未来を表すことができる。

1 will

> **11** My sister **will** be twenty next year. *59*
>
> **12** "The telephone is ringing." "**I'll** get it." *60*
>
> **11** 姉は来年で 20 歳になる。
> **12** 「電話が鳴っている」「私が取ろう」

〈**will**＋動詞の原形〉には，以下の 2 つの基本的な用法がある。

《1》単純未来 (11)

主語や話し手の意志に関係なく，自然に起こるであろうことを述べる用法。単純未来は，**確実性のあること**だけではなく，以下の **Ex.** にあるように，**予測**にも使える。

> **Ex.** I think he **will** be able to invent the machine.
> (彼はその機械を発明できると思う。)

⚠ 確実性のある場合，現在形あるいは be going to も可能。
11 ≒ My sister **is** twenty next year.
　　 My sister **is going to** be twenty next year.

《2》意志未来 (12)

その場で決めた**主語の意志**を表す場合に使う用法。

> **Ex.** I **will** go to school on Saturday. (私は土曜日に学校へ行く。)
> I promise I'll never tell anyone about our secret.
> (私たちの秘密については誰にも言わないと約束します。)
> I **won't** buy any products made by that company.
> (あの会社の製品は，決して買わない。)

⚠ 単純未来, 意志未来ともに, 《英》では, 1 人称 (I / we) が主語の場合, will ではなく shall が使われることがある。

2 be going to

> **13** We **are going to** have a good harvest this year. *61*
>
> **14** I'm **going to** see the movie tonight. *62*
>
> **13** 今年の収穫はいいだろう。
> **14** 今夜は，その映画を見るつもりだ。

《1》 近い将来に起こりそうだと推量する (13)

現在の状況から判断して，近い将来に起こりそうだと推量する場合に用いられる。

Ex. The sky is getting dark. I think it's **going to** rain.
（空が暗くなってきたね。雨が降ると思う。）
You **are going to** have trouble unless you change your ways.
（あなたのやり方を変えないと困ったことになるよ。）
You **are not going to** understand these people.
（君はこれらの人々を理解できないだろう。）

《2》 決定済みの意志を表す (14)

すでに以前から決定済みの意志を表すために用いられる。

Ex. I'm **going to** be a dentist.（私は歯医者になるつもりです。）
What **are you going** to do tonight?（今夜は何をするつもりですか。）

⚠ 〈**be going to**〉は未来を表す形であるが，〈**was[were] going to ~**〉となると過去の一時点から見た未来のことを表す。
I **was going to** quit my job.（私は仕事を辞めようと思っていた。）

What's on your mind?

Q：will と be going to には，使い分けがあるのですか。
A：意味上，大差のない場合もありますが，使い分けがなされる場合もあります。第1に，どちらも**主語の意志**を表しますが，**will** はその場で決めた主語の意志，**be going to** はあらかじめ決めていた主語の意志を表します。

(1) "It's getting dark in here, isn't it?" "I'll turn on the light."
（「ここ，暗くなってきたね」「明かりをつけますよ」）
［＊暗くなってきたので，その場で明かりをつけようと考えた。］

(2) We're **going to** have a picnic this weekend. Would you like to join us?
（今週末にピクニックに行く予定です。一緒に行きませんか。）
［＊あらかじめ予定していたピクニックに相手を誘っている。］

第2に，どちらも**未来についての予測**を表しますが，**will** は話者の意見に基づいた予測，**be going to** はその時点での状況判断に基づいた予測を表します。

(3) Take this medicine. You **will** get better in a few days.
（この薬を飲んでみて。2, 3日でよくなりますよ。）
［＊薬を飲んだら，よくなるだろうと話者が思っている。］

(4) The glass is on the edge of the table. It's **going to** fall.
（グラスがテーブルの端にあります。落ちてしまいますよ。）
［＊グラスがテーブルの端に置いてあるので，今にも落ちそうだ。］

❸ 未来を表す現在進行形・現在形

> **15** She **is getting** married next month. *63*
>
> **16** The regular season **starts** on March 30th. *64*

15 彼女は来月結婚する。
16 レギュラーシーズンは3月30日に始まる。

現在進行形は，**実際の計画や具体的な予定**を表す場合に用いられることがある。現在進行していることの延長に未来の出来事がある，という考え方である。**15** では，結婚の準備が着々と進んでいるという前提がある。

> **Ex.** My family **is going** to Yonaguni Island this summer.
> （家族でこの夏，与那国島に行く。）
> My sister **is having** a baby next month.（姉は来月出産予定です。）
> 〔＊確実な予定を表す場合や arrive, come, go, leave, move, return など往来・発着を表す動詞で使われる。〕

> ⚠ 過去のある時から見た近未来は，過去進行形で表すことができる。
> My sister **was getting** married the following month.
> （姉はその翌月結婚することになっていた。）

現在形が**変更の可能性のない確定した未来**を表す場合がある。**16** では，予定変更の可能性がないことが，「現在の事実」と捉えられている。

> ⚠ 交通機関の発着時刻や確定している行事予定など，個人の意志で変えられることのない場合に使われる。
> The next train **arrives** in 10 minutes.（次の電車は10分後に到着する。）
> The new semester **starts** next Monday.（新学期は来週の月曜日に始まる。）

❹ 未来進行形

> **17** I **will be surfing** in Hawaii this weekend. *65*
>
> **18** This train **will be making** a brief stop at Hiroshima Station. *66*

17 今度の週末は，ハワイでサーフィンをしているだろう。
18 この列車は広島駅にしばらく停車いたします。

未来進行形は〈**will + be + V-ing**〉の形をとり，以下のような意味を表す。

《1》未来の基準時での動作の進行を表す（ 17 ）

17 では，「今週末」という未来の基準時を設けて，その時に「サーフィンをしているだろう」という意味になる。［＊ただし，基準時は明示されないこともある。］

Ex. I **will be waiting** for you at the entrance.（入り口でお待ちしています。）
They **will be using** organic vegetables in their restaurant.
（彼らはレストランで有機野菜を使用しているでしょう。）
My kids **will** already **be sleeping** by the time I get home tonight.
（今晩帰宅する頃には子供たちはもう寝ているだろう。）
Will you **be coming** to our exhibition?（私たちの展覧会にいらっしゃいますか。）
Will you be practicing diving this coming Friday?
（今度の金曜日にダイビングの練習をされますか。）
When **will you be leaving** the United States?（いつアメリカを発つのですか。）

《2》個人の意志と無関係に起こる予定を表す（ 18 ）

18 では動作の進行の含意はない。単に，This train **will make** a brief stop .... としても，大きな意味の差はない。

Ex. Let's hurry. The movie **will be starting** soon.
（急ごう。映画がもうすぐ始まってしまう。）

For **Conversation**
丁寧表現としての未来進行形

始めに，次の (1a) (1b) を比較してみましょう。

(1) a. When **will you be leaving** the United States?
　　b. When **will you leave** the United States?

相手の予定や計画を尋ねる場合，(1a) のように未来進行形を使うと，より丁寧に聞こえます。一方，(1b) は相手の意志を直接的に問うているように聞こえます。同様に，以下の (2a) (2b) でも，丁寧さの度合いに違いが感じられます。

(2) a. **Will you be coming** to our party tomorrow?
　　b. **Will you come** to our party tomorrow?

どちらも「明日パーティーにいらっしゃいますか」と言っている点は同じですが，未来進行形を使った (2a) は，相手に心理的負担をかけない丁寧な表現となります。(2b) は「来てください ませんか」と言っていると受け取られる可能性もありますので注意が必要です。

English & Japanese in Contrast
come / go と「来る / 行く」

　comeとgoの使い分けは簡単なようですが，意外な落とし穴があります。comeは発話時（または発話の中で話題になっている時点）において，話し手か聞き手のいる場所や話題になっている場所に近づいていくことを表し，goは離れていくことを表します。

(1) Are you coming to the concert tonight? (今夜，コンサートに行きますか。)
(2) Are you going to the concert tonight? (今夜，コンサートに行きますか。)

　(1) は話し手も行くつもりか，話し手が出演するような場合に，(2) はそうでない場合に使われます。「こっちに来て」に対して「今，行くよ」と言いたいときは，聞き手の方に近づくので，(3) のように come を使います。(4) のように go を使うと，話し手・聞き手の場所から離れてどこか別のところへ行くという意味になってしまいます。

(3) I'm coming. (今，行くよ。)
(4) I'm going. (今，行くよ。)

　ここで，日本語訳を見ると，(1) ～ (4) はいずれも「行く」となっていることから，必ずしも come =「来る」，go =「行く」ではないことが分かります。日本語の「来る」と「行く」は，発話時（または発話の中で話題になっている時点）において，話し手がいる場所に近づくか，離れるかということが問題になります。ですから，(1) では「来る」も使えますが，(3) では「来る」とは言えないのです。

What's on your mind?

Q：see, hear は動作動詞ではないのですか。
A：see は「見える」という意味で，自分の意志に関係なく，視界に入ってきている場合に使います。見ようと思って目を向けるときは，動作動詞の look (at ~)，watch を使います。
　同様に，hear は「聞こえる」という意味で，自然に耳に入ってくる音を感知するときに使います。自分で意識的に聞くときは listen (to ~) を使います。ただし，講演，講義，演説など人の話を聞く場合にはどちらも使います。

I **looked** at the sky but couldn't **see** any stars. (空を見たが，星は見えなかった。)
We **watched** the baseball game last night. (昨夜，野球の試合を見た。)
I **heard** the sound of a cellphone. (携帯電話の音が聞こえた。)
Can you **hear** me? (私の言っていることが聞こえますか。)
Listen to me. (私の話を聞きなさい。)

Step3 発展 時制の注意すべき用法

1 現在形の注意すべき用法

① 条件や時を表す副詞節での用法

> 19 **If** it **rains** tomorrow, we will not go cycling.　　67
>
> 20 What are you going to do **after** you **graduate**?　　68
>
> 21 Tell me **when** he **comes** back.　　69

19 もし明日雨なら，サイクリングには行かないつもりだ。
20 卒業したら何をするつもりですか。
21 彼が戻ったら教えてください。

　条件や時を表す副詞節内では，未来を表す場合でも動詞は現在形 (時に現在完了形) が使われる。上の用例で，if / after / when によって導かれている副詞節の中で，現在形が使われているのはそのためである。

Ex. **Before** I **go** back home next month, I'd like to visit Kamakura.
(来月，家に帰る前に，鎌倉に行ってみたい。)
Tom is absent today. **When** he **comes** to school tomorrow, please let me know. (トムは今日は休んでいる。明日学校に来たら私に知らせてください。)
Let's go **as soon as** he **arrives** tonight. (今晩彼が着いたらすぐに行こう。)
If the yen **becomes** stronger next year, our company will lose money.
(来年，円がもっと強くなると，私たちの会社は損失を被るだろう。)
If you **have** time next year, where will you go on vacation?
(もし来年時間がとれたら，休暇中にどこに行きますか。)
If it **rains** tomorrow, will you come? (明日雨が降ったらあなたは来ますか。)
Unless you **hand** in your assignment by Monday, you are going to fail.
(月曜までに宿題を提出しないと，落第です。)

cf. 条件や時を表す接続詞

after (〜してから)	as soon as (〜するとすぐに)	before (〜する前に)
by the time (〜するまでに)	if (もし〜ならば)	till (〜するまで)
unless (もし〜でなければ)	until (〜するまで)	when (〜するとき) など

⚠ ただし、if 節内で will が用いられている場合は、主語の意志を表し、「～してくれるならば」「～する気があるならば」「～したいならば」などの意味になる。
If you **will** forgive me, I'll be glad. (許してくれるならうれしいです。)
I'd be happy if you **will** give me another chance.
(もう一度チャンスをいただけるなら、うれしいのですが。)

⚠ 以下の例に見るように、名詞節においては現在形で未来を表すことはできない。
They want to know if it will rain (×*rains*) tomorrow.
(彼らは明日雨が降るかどうか知りたがっている。)
I don't know if my sister will begin (×*begins*) to work next year.
(姉が来年仕事をし始めるのかどうか、私は知らない。)
Ken has been in London for so many years. Do you know when he will come (×*comes*) back home?
(健はもう何年もロンドンにいる。いつ帰ってくるのか知っていますか。)

⚠ 次の2つの文は形が似ているが、意味がまったく異なる。
(1) Tell me when he **will come** back. ([名詞節] 彼がいつ戻るか教えてください。)
(2) Tell me when he **comes** back. ([副詞節] 彼が戻ったら教えてください。)

❷ その他の現在形の用法

> **22** Here **comes** the train. We have to hurry! 　　70
>
> **23** The cheetah **speeds** across the savanna in pursuit of its prey. 　　71

> **22** 電車が来た。急がなきゃ。
> **23** チーターが獲物を追ってサバンナを横切って疾走。

現在形の特殊用法で、**目の前で瞬時に終わってしまう動作**を表す。**22** のように、〈Here [There] + V + S〉の形で、come [go] などの動詞を伴い、目の前で到着や出発の出来事が起きていることを表すことがある (▶ p. 479)。

また、**23** のように、テレビの実況中継や料理番組など、目の前で起きている状況を描写するとき、しばしば現在形が使われる。

Ex. Kaka **kicks** a beautiful cross. Ronaldo **volleys** it into the net.
(カカの素晴らしいクロス。ロナウドがボレーで決めました。)
We **cut** the tomato into six pieces and **put** them into the pot.
(トマトを6つに切って鍋に入れます。)

cf. 小説などで過去の出来事を物語る際に、あたかも現在起きているかのような印象を与えるために、現在形が使われることがある。これを**歴史的現在**と呼ぶ。
The door slowly **opens**. He **walks** into the room and **stretches** out his arms toward his mother.
(ドアが静かに開く。彼は部屋に入ると母親に両腕を差し伸べる。)

What's on your mind?

Q：「あなたのお兄さんが大学入試に受かったと聞きました」と言いたいとき，以下のどれが適切ですか。

(1) I **hear** that your brother passed the entrance exam.
(2) I **have heard** that your brother passed the entrance exam.
(3) I **heard** that your brother had passed the entrance exam.

A：どれも正解です。(1) の現在形の hear は「伝え聞いている」という意味合い。(2) の現在完了には「聞いて今はもうそのことは知っている」というニュアンス。(3) の過去形は「聞いた」という過去の事実を述べるだけで，現在との関係については何も言及していません。ちなみに，「忘れた」と言いたいとき，forget が現在形で使われることがあります。

I **forget** my grandmother's telephone number.（祖母の電話番号を忘れてしまった。）

これは，「忘れて今思い出せない」という感覚で使われていると考えると納得できるでしょう。

2 進行形の注意すべき用法

24 My brother **is** always **complaining** about me.　　　72

25 I **was wondering** if you know anyone who can design websites.　　　73

---

24 兄はいつも私の文句を言っている。
25 ウェブサイトのデザインができる人をご存じではないでしょうか。

進行形の特殊用法として，次の2つの用法を確認しておこう。

《1》強い感情の表出（ 24 ）

進行形が頻度を表す副詞 (always, continually, constantly など) を伴って使われ，非難などの話し手の強い感情を表すことがある。

> **Ex.** My teacher **is** *always* **forgetting** names.
> （僕の先生は人の名前を忘れてばかりいる。）

《2》婉曲表現（ 25 ）

25 は，I **wonder**[**am wondering**] if you know anyone who can design websites. と言っても基本的な意味は変わらない。ただし，現在進行形にすることで断定が弱められ，より丁寧な表現となる。過去進行形ではさらに丁寧さが増す。

Ex. I **was wondering** if you could come to our school festival next month.
（来月私たちの学校の文化祭に来ていただけますでしょうか。）
I **was hoping** to drop by on Tuesday if you don't mind.
（もしよろしければ火曜日におじゃまさせてください。）

3 未来を表すその他の表現

> **26** The President **is to** visit Japan this autumn. *74*
>
> **27** The ceremony **is about to** start. *75*
>
> **26** 大統領は今秋, 日本を訪問する予定だ。
> **27** 式典が, まさに始まろうとしている。

- **be + to ～**（手はずが整っている予定）（▶ p. 162）(**26**)
- **be about to ～**（まさに～しようとしている）(**27**)
〈**be going to ～**〉よりもさらに近い近接未来を表す。

Ex. I **was about to** leave home when the phone rang.
（まさに家を出ようとしていたとき, 電話が鳴った。）

+α
- **be on the point of V-ing**（ちょうど～しようとするところだ）
We **are on the point of** leaving.（ちょうど出ようとしたところだ。）

- **be on the verge of V-ing**（今にも～しそうだ）
Alice **was on the verge of** crying.（アリスは今にも泣きそうだった。）

- **be due to ～**（～する予定だ）
The train **is due to** arrive in Paris at 9:30.
（電車はパリに9時30分に到着の予定だ。）

- **be likely to ～**（～しそうだ）
They **are likely to** win tomorrow.（明日彼らが勝ちそうだ。）

第4章

時制(2)

導入 ● 現在完了形の形と意味
  1. 現在完了形と過去形　　　　　　　　　　　　　　　　　　78
  2. 本動詞の have と現在完了形の have　　　　　　　　　　　79

基礎 ● 現在完了形と過去完了形
  1. 現在完了形：完了・結果 / 経験 / 状態の継続　　　　　　80
  2. 現在完了進行形　　　　　　　　　　　　　　　　　　　84
  3. 現在完了形と共に使わない，過去を表す表現　　　　　　85
  4. 過去完了形と過去完了進行形　　　　　　　　　　　　　86

発展 ● 完了形の注意すべき用法
  1. 未来完了形と未来完了進行形　　　　　　　　　　　　　89
  2. 未来のことで使われる現在完了形　　　　　　　　　　　91
  3. 継続を表す現在完了形と現在完了進行形の使い分け：状態動詞 / 動作動詞　　91

Step1 導入　現在完了形の形と意味

1　現在完了形と過去形

　英語には，日本語には存在しない**完了形**という形がある。ここでは，その基本的な考え方を確認するために，現在完了形に限定して説明する。

　現在完了形は〈**have [has]＋過去分詞**〉の形で表され，**過去の出来事を現在と関連づけて述べる**ときに使われる。

　ここで，現在完了形と過去形を比較しながら，両者の意味の違いを考えてみよう。

(1) a. He **went** to America. (過去形)
　　b. He **has gone** to America. (現在完了形)

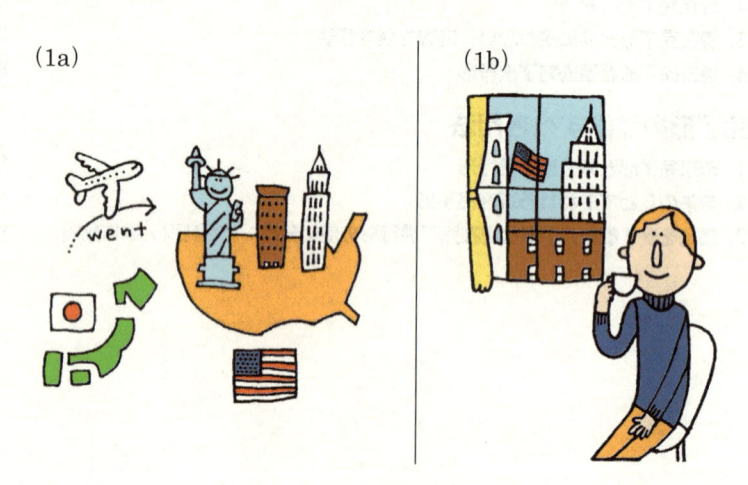

　　　(1a)　　　　　　　　　　(1b)

　(1a)は「彼はアメリカに行った」という過去の事実を述べているだけで，現在アメリカにいるかどうかについては語っていない。過去形には，過去の出来事を現在と関係づける働きがないからである。一方，現在完了形を用いた(1b)の場合，「彼が行ってしまって，その結果，今はもういない」という現在の状況に焦点が当てられることになる。

第4章 ● 時制(2)

今度は，(2a), (2b) の意味の違いを考えてみよう。

(2) a. I **lost** my wallet.（過去形）
　　b. I **have lost** my wallet.（現在完了形）

日本語ではどちらも「私は財布をなくした」と訳して差し支えないが，英語では明確な意味の違いがある。(2a) は財布をなくしたという過去の事実を述べているだけで，現在は戻ってきている可能性も排除できない。一方，(2b) は財布をなくした状態が今も続いていることが含意される。そのため，「財布をなくしたけど，幸運にも見つけた」と言いたいときには，過去形を使って I **lost** (× *I have lost*) my wallet but luckily I **found** it. としなければならない。

2　本動詞の have と現在完了形の have

現在完了形〈have [has]＋過去分詞〉の have は，もともと本動詞の have に由来したもので，今でも〈所有〉の意味が残っている。現在完了形は，いわば，**過去分詞の表す状況を現在持っている**ことを述べる形だと言える。とすると，以下の2つの文には，本質的なつながりがあると考えられる。

(3) a. I have [an apple].
　　b. I have [lost my wallet].

(3a) は本動詞 have の用法で，an apple という具体物を表す名詞句を目的語としている。(3b) は，I lost my wallet. という経験を現在所有 (have) していることを述べた文だと解釈できる。このように考えると，現在形と現在完了形の類似性が理解できるだろう。

Step2 基礎 現在完了形と過去完了形

ここでは，現在完了形と過去完了形，およびその進行形について扱う。

1 現在完了形

現在完了形は〈have [has]＋過去分詞〉で表される。短縮形(have → ～'ve, has → ～'s)は口語で用いられる。完了形には，(1) **完了・結果**，(2) **経験**，(3) **状態の継続**の3つの用法がある。

現在完了形の肯定文・否定文・疑問文

	形	用例
肯定文	〈have ＋過去分詞〉	I have [I've] finished it.
否定文	〈have ＋ not ＋過去分詞〉	I have not [haven't] finished it.
疑問文	〈Have ＋主語＋過去分詞～ ?〉	Have you finished it?

❶ 完了・結果

> **1** He **has** already **washed** the dishes. 　　　　　　　　　　76
> **2** **Have** you **finished** your homework yet? 　　　　　　　77

　1 彼は，もう皿洗いをしてしまった。
　2 もう宿題を終えてしまいましたか。

現在完了形は，ある動作が現在までに**完了**し，その結果が含意されることを示す。**1** は「洗う」という動作が完了し，そして結果として「皿がきれいになった」ことが含意される。**2** では，「今の時点で」宿題を終えているのかどうかを尋ねている。

> **Ex.** I **have** just **been** to the airport to see him off.
> （彼を見送りに空港に行ってきたところです。）
> I **have** not **decided** on my future. (将来についてはまだ決めていない。)
> Tracy **has** already **written** her report.
> (トレーシーはすでにレポートを書き終えた。)
> He **has gone** to Europe to study architecture.
> (彼は建築を学ぶためにヨーロッパに行った。)

My parents **have** not **arrived** on time. (私の両親は時間通りに到着していない。)
My sister **has** just **gone** out. (姉はちょうど外出したところだ。)
My mother **has gone** shopping. (母は買い物に出かけています。)
They **have** finally **won** the game. (彼らはとうとう試合に勝った。)
Have you **finished** with the book I lent you last week?
(先週あなたにお貸しした本は読み終えましたか。)

⚠ 完了・結果の現在完了形は，just（ちょうど）や already（もう），yet（[疑問文]もう，[否定文]まだ）などの副詞を伴うことが多い。already は肯定文で用いられ，yet は疑問文・否定文で用いられる。
Ken has **already** (×*yet*) washed the dishes. (ケンはもう皿洗いを済ませました。)
Has Ken washed the dishes **yet**? (ケンは皿洗いをもうしましたか。)
Ken has not washed the dishes **yet** (×*already*).
(ケンはまだ皿洗いをしていません。)
[*疑問文では，通常 yet が使われるが，Has Ken washed the dishes **already**?
(ケンはもう皿洗いしたの!?) のように，驚きの気持ちを込めて already が用いられる場合もある。]

⚠ just now は「ついさっき」という意味で，過去形とともに使われる。また，「たった今」という意味で，現在形・現在進行形とともに使われる。現在完了形とともに使われないとされるが，実際には使われるケースも少なくないので，これを誤用と決めつけることはできない。
Ken **washed** the dishes **just now**. (ケンはついさっき皿を洗った。)
Ken **is washing** the dishes **just now**. (ケンはたった今，皿を洗っているところです。)
cf. Ken **has finished** the dishes **just now**.

⚠ just および now はそれぞれ単独で現在完了形とともに使われることもある。
Ken has **just** washed the dishes. / Ken has washed the dishes **now**.

> **Tips on Grammar** 〈be＋自動詞の過去分詞〉の用法
>
> be 動詞が自動詞の過去分詞を伴って，動作が完了した後の結果を表すことがあります。以下，その用例を示しておきましょう。
>
> (1) Spring **is come**. (春が来た。) ≒ Spring has come. (cf. × The bus *is come*.)
> (2) Summer **is gone** and there are already signs of fall in the air.
>   (夏は過ぎ，すでに空気には秋の気配が感じられる。)
> (3) The pain **is** all **gone** now. (今では痛みはまったくなくなった。)
> (4) I'm **finished** with my homework. (宿題は終わっています。)

❷ 経験

3 My mother **has watched** that musical five times.　　　　78

4 **Have** you ever **been** to Egypt?　　　　79

Step2　現在完了形と過去完了形 | 81

3 母は，そのミュージカルを 5 回見たことがある。
4 エジプトに行ったことがありますか。

　現在完了形は**経験**を述べるときにも使われる。once（1 回），twice（2 回），three times（3 回），often（しばしば）など頻度や回数の表現を伴うことが多い。また，疑問文では，**4** のように，ever（かつて）がしばしば使われる。

> **Ex.** I **have been** to Korea three times.（私は韓国に 3 度行ったことがある。）
> **Have** you ever **seen** a whale?（あなたはクジラを見たことがありますか。）
> **Have** you ever **been** to China?（あなたは中国に行ったことがありますか。）
> **Have** you ever **been** married?（あなたは結婚したことがありますか。）

⚠ 「行ったことがある」という経験を述べるときは，**4** のように，have been to ~ を用いる。
He **has gone to** Egypt.（彼はエジプトに行ってしまった。）とすると，「完了・結果」と捉えられる。ただし，《米》では頻度を表す表現を伴い「経験」を表すこともある。
He **has gone to** Egypt three times.（彼はエジプトに 3 回行ったことがある。）

⚠ have been to ~ は「~ に行ってきたところだ」という「完了・結果」の意味を表すこともある。just などの副詞がともに使われることが多い。
"Where **have** you **been**?"（「どこに行ってきたのですか」）
"I **have** just **been to** the dentist."（「たった今，歯医者へ行ってきたところです」）

⚠ Have you ever ~ ? に対して，ever をつけて答えるのは誤り。また，肯定文では経験の意味を表す ever は使えない。否定文では，not ever とはせず never を使うのが一般的。
肯定：○ I have been there before. （× I have *ever* been there.）
否定：○ I have **never** been there. （△ I have *not ever* been there.）

cf. 完了・経験を表すときは現在完了形を使うのが基本だが，《米》口語ではしばしば過去形が代用される。
Did you write your report yet?（もう報告書を書きましたか。）
Did you ever ride on an elephant?（象に乗ったことはありますか。）

Tips on Grammar　ever の用法

上の ⚠ で，経験を表す現在完了形の肯定文では ever が使えないとありますが，これには例外があります。最上級や序数詞を修飾する形容詞節内，否定の意味を持つ文においては，以下の用例のように，ever が使われることがあります。

(1) Ms. Tanaka is the kindest teacher that I have **ever** known.
　　（田中先生は私が知っている先生の中で一番親切な先生です。）
(2) No one in this class has **ever** climbed Mt. Fuji in winter.
　　（このクラスで冬の富士山に登ったことのある人はいない。）

> ## Scenes from Literature
> ### 現在形と現在完了形
>
> 現在形と現在完了形が，同じ状況で使われる場合もあります。次の一節は，フィッツジェラルドの『グレート・ギャツビー』(*The Great Gatsby*) からの引用ですが，ガソリンスタンドを経営する Wilson が，知り合いの客に対して，次のように言っています。
>
> "I'm sick," said Wilson without moving. "I been sick all day."
> (「気分が悪いんです」ウィルソンは動こうともせずに言った。「1日中ずっと調子が悪いんです」)
>
> I'm sick. は「現在」に焦点を当てて，「今，気分が悪い状態にある」という意味。しかし，すぐに I been sick all day. (標準的な言い方では，I've been sick all day. のこと) と付け加えることで，気分が悪いのが「現在」に限定されているのではなく，「朝から今に至るまで」継続していることを明示しています。同じ状況であっても，現在形と現在完了形では，焦点の当て方が異なっているのです。

❸ 状態の継続

5 I **have known** him *since* 2012.   *80*

6 My parents **have been** married *for* twenty years.   *81*

    5 彼とは 2012 年以来の知り合いだ。
    6 両親は結婚して 20 年になる。

現在完了形が**継続**を表すことがある。
5 の know のように進行形にはならない動詞は，通常の現在完了形で継続を表す。

Ex. We **have known** about his singing ability for many years.
　　(私たちは彼の歌唱能力については何年も前から知っている。)
　　I **have been** a member of the kendo club for ten years.
　　(私は 10 年間剣道部のメンバーです。)
　　I've belonged to the tennis club for a long time.
　　(テニス部に昔から所属している。)
　　[＊ belong は状態動詞なので，× I've been belonging to the tennis club for a long time. とはならない。]

6 の be married は「結婚している」という状態を表すので，この場合も現在完了形で継続を表す。

Ex. My grandmother **has been dead** for five years. (祖母は亡くなって 5 年になる。)

⚠ 現在完了形が状態の継続を表す場合，**5** **6** にあるように，「基点となる時」を表すときは since を，「継続の期間」を表すときは for を用いる。
They have lived in Kyoto **since** (× *for*) *1980*.
(彼らは 1980 年から京都に住んでいる。)
They have lived in Kyoto **for** (× *since*) *twenty years*.
(彼らは 20 年間京都に住んでいる。)

⚠ 上の文の基本的な意味を変えずに，(1)〜(3) のように言いかえることもできる。
(1) Twenty years have [has] passed since they came to live in Kyoto.
(2) It has been [is] twenty years since they came to live in Kyoto.
(3) They came to live in Kyoto twenty years ago.

2 現在完了進行形

7 "How long **have** you **been studying** English?"
"I **have been studying** English for more than four years."   *82*

8 "From what time **have** you **been waiting** for me?"
"I **have been waiting** for you since twelve o'clock."   *83*

---

7 「英語をどのくらいの期間勉強していますか」
「私は 4 年以上英語を勉強しています」

8 「いつから私のことを待っていたの」
「12 時から待っていたよ」

現在完了進行形は⟨have [has] been + V-ing⟩で表される。過去のある時点から現在までの継続を表現するときに使われ，for（〜の間），since（〜以来）などを伴うことが多い（▶ p. 65 動作動詞）。

7 では，現在も英語を継続して勉強し続けていることが含意されている。

Ex. We **have been studying** English for four years since we entered junior high school. (中学校に入学して以来，4 年間英語を勉強しています。)
Her dog **has been barking** for more than an hour.
(彼女の犬は 1 時間以上もほえ続けている。)
Mr. Clark **has been trying** to become a lawyer for five years.
(クラーク氏は 5 年間，弁護士になろうと試みている。)
Their mother **has been baking** cookies since this morning.
(彼らのお母さんは今朝からクッキーを焼いています。)
It **has been raining** since last night. (昨夜からずっと雨が降り続いている。)
They **have been playing** soccer for ten years.
(彼らは 10 年間サッカーを続けている。)

8 の場合，発話時点で「待つ」という行為はすでに終了しており，厳密にはその直前までその行為が継続していたことになる。このように，現在完了進行形は，**行為の継続性に着目**している場合にも使われる。

Ex. They look exhausted; they **have been driving** for seven hours.
(彼らは疲れているようだ。7時間も車を運転してきたからね。)
I'm sorry I'm late. How long **have** you **been waiting** for me?
(遅れてすみません。どれぐらいの間，私を待っていたのですか。)

cf. 「いつから～したのですか」と聞くとき，〈**Since when...?**〉が使われることもある。その際，主節の動詞は現在完了形（継続・経験）を用いるのが原則だが，過去形を用いることもある。
Since when have you been living here? (いつからここに住んでいるのですか。)
Since when did the train schedule change?
(いつから電車のスケジュールが変わったのですか。)
Since when did you start to read Murakami Haruki's books?
(いつから村上春樹の本を読み始めたのですか。)

3 現在完了形と共に使わない，過去を表す表現

現在完了形は，過去の出来事を現在に関連づけて述べるときに使われる。したがって，以下の用例のように，**明らかに過去を表す表現とは一緒に使えない**。

I **finished** (×*have finished*) the report *last night*.
(私は昨夜レポートを書き終えた。)
I **visited** (×*have visited*) the temple *when I was* in elementary school.
(小学校時代に，その寺を訪ねたことがある。)
I **read** (×*have read*) the book *when I was a child*.
(子供のときにその本を読んだことがある。)
I **saw** (×*have seen*) her *a short time ago*.
(私はちょっと前に彼女を見かけた。)
We **saw** (×*have seen*) that movie twice *last year*.
(私たちは去年あの映画を2回見ました。)
They **went** (×*have been*) to Spain twice *in the 1990s*.
(彼らは1990年代に2度スペインに行った。)
They **traveled** (×*have traveled*) to Africa once *in 1999*.
(彼らは1999年に一度アフリカ旅行をした。)
He **went** (×*has gone*) out about *an hour ago*.
(彼は1時間ほど前に出て行った。)
The tragedy **happened** (×*have happened*) *not very long ago*.
(その悲劇はついこの前に起きた。)

cf. 現在完了形と一緒に使えない表現

ago	in 1999	in those days	last night [week / year]
on December 13th	then	yesterday	
When ~ ?		What time ~ ?	など

cf. When **did** you **buy** (× *have you bought*) that stereo?
（いつあのステレオを買ったのですか。）

cf. 現在完了形と相性のいい表現

before	for the past [last] ~ week(s) [month(s) / year(s)]
lately	recently	so far	this week [month / year]
today	up to now	など

4　過去完了形と過去完了進行形

9　The movie **had** already **started** when I arrived at the theater.　*84*

10　I **had** never **been** abroad before the school trip last year.　*85*

11　She **had lived** in Kyoto for four years before she moved to Nara.　*86*

12　I found the key which I **had lost** a few days before.　*87*

13　He **had been sleeping** until I woke him up at eleven o'clock.　*88*

　9　映画館に着いたとき，もう映画は始まっていた。[完了・結果]
　10　去年の修学旅行まで，私は外国に行ったことが一度もなかった。[経験]
　11　彼女は奈良に引っ越す前は，京都に4年間住んでいた。[継続]
　12　その数日前になくした鍵を見つけた。[大過去]
　13　彼は，私が11時に起こすまで寝ていた。[継続]

過去完了形と過去完了進行形の形と意味

	形	意味と用例
過去完了形	〈had ＋過去分詞〉	過去のある時点までの**完了・結果**, **経験**, **継続**を表す。(**9** ~ **12**)
過去完了進行形	〈had been ＋ V-ing〉	過去のある時点までの**継続**を表すのに使われる。(**13**)

《1》過去のある時点までの完了・結果(9)

Ex. I **had** not **finished** cleaning yet when the guest arrived.
（お客さんがいらしたとき，まだ掃除を終えていなかった。）
When I got to school, the class **had** already **started**.
（私が学校に着いたとき，もう授業は始まっていた。）
The plane **had taken** off already when we got to the airport.
（私たちが空港に着いたときに，飛行機はすでに飛び立ってしまっていた。）
They could not play computer games because their parents **had hidden** them away.（両親がコンピュータ・ゲームを隠してしまったので，彼らはゲームをすることができなかった。）

《2》過去のある時点までの経験(10)

Ex. He **had** not **been** able to speak English until he was ten years old.
（彼は10歳になるまで英語を話すことができなかった。）
Had you ever **seen** a Japanese movie before you came to Japan?
（日本に来る前に何か日本映画を見たことがありましたか。）
Had you ever **read** an American novel before you went to New York?
（あなたはニューヨークへ行く前にアメリカの小説を読んだことがありましたか。）

《3》過去のある時点までの継続(11 13)

Ex. My son **had lived** in Hawaii for three years before he came back to Japan.
（息子は日本に帰国する前に，ハワイに3年間住んでいた。）
Jiro **had been wandering** in the forest for two days before he was rescued.（次郎は救助されるまで，2日間森の中をさまよっていた。）
I **had been waiting** for him for thirty minutes before he came.
（彼が来るまで私は30分待っていた。）

《4》大過去(12)

　過去完了形が基準となる過去よりもさらに前に起きた出来事について述べるために使われている。つまり，「鍵を見つけた」という過去の時を基準にして，それよりもさらに前の過去に「鍵をなくした」と言っているのである。このように，「過去の過去」を表すために過去完了形が使われていることから，**大過去**を表す用法と言われることがある。

Ex. The police arrested the man who **had broken** into her house.
（警察は彼女の家に侵入した男を逮捕した。）
I found the game which my brother **had lost** the other day.
（弟が先日なくしたゲームを見つけた。）

⚠ 過去の出来事を時系列的に述べるときには，原則として過去形を使う。

My father **bought** a bag for me but I **gave** it to my sister.

しかし，話者が過去の時の一点を想定して，「その時までには～していた」と言いたいときには，過去完了形が使われることもある。

My father **had bought** a bag for me but I **gave** it to my sister.

もちろん，時系列的に述べないときには，以下のように過去完了形が使われる。

I **gave** my sister a bag which my father **had bought** for me.

ただし，文脈から前後関係が明らかな場合，過去完了形を使わないこともある。

I **went** to the gym after I **finished** my assignment.
（課題を終えてから体育館に行った。）

⚠ intend, expect, want, think などの動詞が過去完了形で使われると，実現されなかった含みを持つ場合がある。

I **had intended** to get the job done by last Friday.
（私は先週の金曜日までに仕事を終えるつもりだった[ができなかった]。）

I **had expected** Jane to come earlier.
（私はジェーンがもっと早く来ると期待していた[が来なかった]）。

Tips on Grammar 「完了・結果」「経験」「継続」の区別

現在完了形は通常，「完了・結果」「経験」「継続」の３つの用法に分類されます。ここで，次の例文 (1)～(3) がどの用法にあたるか考えてみましょう。

(1) I have lost my wallet. (私は財布をなくした。)
(2) I have lost my wallet three times. (私は財布を３度なくした。)
(3) I have lived in Tokyo since 2000. (私は東京に 2000 年から住んでいる。)

(1) は「なくしてしまった」結果，現在困っている状態にあることを述べているので「完了・結果」，(2) は「今まで３回なくした」という経験について語っているので「経験」，(3) は「住んでいる」という状態がまだ続いているので「継続」を表す用法だと考えられます。

ただし，この３用法はあくまでも便宜的な分類にすぎません。たとえば，I have read that book. という１文だけを見て，その用法を判断することはできません。次に示すように，already, before などの副詞をつけて初めて「完了・結果」なのか，あるいは「経験」なのかがはっきりします。

(4) I have read that book **already**. (もうその本を読んだ。[完了・結果])
(5) I have read that book **before**. (その本をかつて読んだことがある。[経験])

要は，こうした分類にはあまりこだわることなく，過去の出来事や状態を現在と関連づけて述べるという現在完了形の本質を理解することが大切なのです。

完了形の注意すべき用法

Step3 発展

1 未来完了形と未来完了進行形

　未来完了形は〈**will have** ＋過去分詞〉の形で表される。未来のある時点を基準にして，その時点での行為の完了・結果，経験，継続を表す。つまり，基準が現在にあれば現在完了，過去にあれば過去完了，未来にあれば未来完了というわけである。

- 現在完了：〈**have** ＋過去分詞〉
  I **have read** this book ten times.
  （私はこの本を10回読んだことがある。）

- 過去完了：〈**had** ＋過去分詞〉
  I **had read** this book ten times when I took the test.
  （テストを受けた時，私はこの本を10回読んでいた。）

- 未来完了：〈**will have** ＋過去分詞〉
  I **will have read** this book ten times if I read it again.
  （もう一度読んだら，私はこの本を10回読んだことになる。）

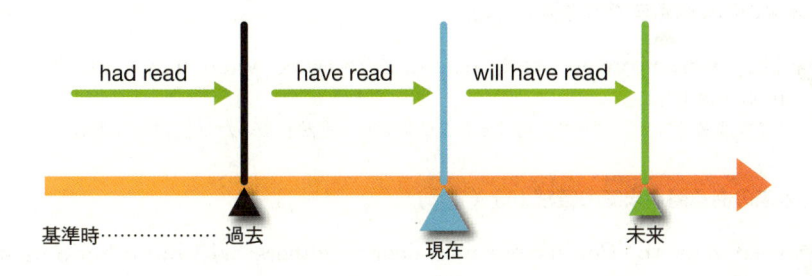

| had read | have read | will have read |

基準時………… 過去　　　現在　　　未来

cf. 未来完了形では，基準となる未来の時点が，when, if, by the time などによって導かれる副詞節（「～した時」，「～したら」，「～するまで」など）で導かれることが多い。この場合，副詞節内の動詞は現在形を使う（▶ p.73）。

4 時制(2)

> **14** The tickets **will have been sold out** by the time you get to the box office. *89*
>
> **15** I **will have been** to Sapporo three times if I go there again. *90*
>
> **16** My uncle **will have worked** for this company for thirty years next year. *91*
>
> **17** He **will have been playing** baseball for twenty years next season. *92*

14 窓口に着くまでに，券は売り切れているだろう。
15 もう一度札幌に行ったら，3度行ったことになるだろう。
16 おじは来年，この会社で30年働いたことになるだろう。
17 彼は来季で，20年間野球をやり続けたことになるだろう。

《1》未来のある時点までの完了・結果（**14**）

Ex. I **will have finished** my homework by tomorrow.
（明日までに宿題は終えているでしょう。）
You **will have heard** about the results by next week.
（あなたは来週には結果について聞いているでしょう。）

《2》未来のある時点までの経験（**15**）

Ex. They **will have visited** Ground Zero twice when they go to New York next month.
（彼らは来月ニューヨークに行くと，グランドゼロを訪れるのが2回目となる。）

《3》未来のある時点までの継続 (1)（**16**）

Ex. Next year, the Collins, our next-door neighbors, **will have been** in Japan for ten years.
（来年で私たちの隣人のコリンズさん一家は日本に10年いることになる。）

《4》未来のある時点までの継続 (2)（**17**）

未来完了進行形は〈will have been + V-ing〉の形をとり，未来のある時点までの継続を表す。

Ex. I **will have been living** in London for two years by the time I leave.
（ロンドンを発つ頃には，ロンドンに2年住んでいたことになる。）

2 未来のことで使われる現在完了形

> **18** Let's have a karaoke party when you **have finished** your paper. *93*
>
> **18** 君がレポートを終えたら、カラオケパーティーをしよう。

「時 (when...)」や「条件 (if...)」を表す副詞節の中で、未来の〈完了〉の意味を表すときは、未来完了形ではなく、現在完了形を使う。ただし、**18** の副詞節内の動詞の時制は、現在形でもよい。Let's have a karaoke party when you **finish** your paper.〔*副詞節の中で、現在形が未来を表すために使われることについては、▶ p. 73〕。

Ex. You can have dessert when you **have eaten** all your dinner.
(夕食をすべて食べ終えてしまったら、デザートを食べてもいいですよ。)
I expect to be promoted when I **have** successfully **completed** the project.
(プロジェクトを成功裏に終えたら、昇進することを期待している。)

⚠ **18** の副詞節で未来完了形〈**will have**＋過去分詞〉を使うことはできない。
× Let's have a karaoke party when you *will have finished* your report.
同様に、以下の文においても、未来完了形は使えない。
○ If you **have read** the book within a week, may I borrow it?
× If you *will have read* the book within a week, may I borrow it?
(君が 1 週間以内にその本を読み終えたら、借りてもいいですか。)

3 継続を表す現在完了形と現在完了進行形の使い分け

現在完了形と現在完了進行形は、ともに「継続」の意味を表す場合がある。この両者の使い分けについて、状態動詞と動作動詞の場合に分けて、解説しておこう。

1 状態動詞

状態動詞は進行形になりにくいが、一時的な状態を表すとき、進行形をとる場合があることを第 3 章で学んだ (▶ p. 64)。なかでも、状態動詞 **live**, **think**, **feel** などはしばしば現在完了進行形になる。以下、これらの動詞を使った現在完了形と現在完了進行形の意味の違いを考えてみよう。

(1) a. My brother **has been living** in Los Angeles since last year.
(兄は昨年来ロサンゼルスに住んでいる。)
b. I **have lived** in Los Angeles since I was born.
(私は生まれてからずっとロサンゼルスに住んでいる。)

(1a) では「一時的に住んでいる」というニュアンスが感じられる一方、(1b) では「長期間にわたって住んでいる」というニュアンスが感じられる。

(2) a. I **have been thinking** a lot about global warming recently.
(最近地球温暖化についてずいぶん考えている。)
b. They **have thought** about global warming all their lives.
(彼らは一生涯をかけて地球温暖化について考えている。)

(2a) では地球温暖化について考えることが最近多いと述べているが，将来も考え続けるだろうという含みが感じられる。一方 (2b) は，これまでの生涯ずっと考えてきたことは明示されているが，今後も継続していくかどうかまでは明らかではない。

> ⚠ 同じ状態動詞であっても know, need, want などは現在完了進行形にはしないのが普通である。ただし，want の場合，「(長い間) ずっと～したいと思っている」といった意味合いで，現在完了進行形が使われることもある (▶ p. 65)。
> I **have been wanting** to buy a smartphone for some time.
> (私はこのところずっとスマートフォンを買いたいと思っている。)

❷ 動作動詞

動作動詞の中で，rain, sleep, show, study, wait, work など，その行為自体に継続性が感じられる動詞の場合，継続を表すのに現在完了進行形のみならず，現在完了形が使われることもある。どちらの場合も，for (～の間) や since (～以来) などの期間を表す語句とともに使われることが多い (▶ p. 84 現在完了進行形)。

たとえば，「父は 15 年間弁護士として働いています」と言いたいとき，次の 2 つの言い方が可能であるが，若干意味合いの違いがある。

(3) a. My father **has been working** as a lawyer for fifteen years.
b. My father **has worked** as a lawyer for fifteen years.
(父は 15 年間弁護士として働いています。)

「弁護士としてずっと継続して働いてきた」のように**時間の流れを強調**したいなら進行形にすることもできるが，「弁護士としての職についている」という**安定的状態に焦点**を当てたいならば，現在完了形が使われる。

第5章

助動詞

導入 ● 助動詞の種類と機能
1. 助動詞とは何か　　　　　　　　　　　　　　　　　　　　94
2. 助動詞の働き　　　　　　　　　　　　　　　　　　　　　94
3. 助動詞の種類と意味　　　　　　　　　　　　　　　　　　95
4. 助動詞の性質　　　　　　　　　　　　　　　　　　　　　95

基礎 ● 助動詞の基本的な用法
1. can, couldの用法　　　　　　　　　　　　　　　　　　　96
2. may, mightの用法　　　　　　　　　　　　　　　　　　　98
3. mustの用法　　　　　　　　　　　　　　　　　　　　　101
4. should, ought toの用法：shouldの用法 / ought toの用法　　104
5. will, wouldの用法：will / would　　　　　　　　　　　　106
6. shallの用法　　　　　　　　　　　　　　　　　　　　　108
7. used to, had betterの用法：used to / had better　　　　　109
8. 〈助動詞＋have＋過去分詞〉の用法：過去の推量 / 過去の後悔・非難　111

発展 ● 助動詞の注意すべき用法
1. need, dareの用法　　　　　　　　　　　　　　　　　　　114
2. shouldの注意すべき用法　　　　　　　　　　　　　　　　115
3. 助動詞を使った慣用表現　　　　　　　　　　　　　　　　117

Step1 導入 助動詞の種類と機能

1 助動詞とは何か

英語の文の構成において，最も重要な働きをするのは動詞だが，その動詞を支えているのが**助動詞**である。助動詞は動詞の支え方の違いによって，2種類に分類される。

助動詞の種類と機能

助動詞の種類	機能	例
タイプA	動詞の前に置かれ，「可能・許可・義務・推量」などの意味を表す。	can / could, may / might, will / would, shall / should, must, など
タイプB	疑問文・否定文・完了形・受動態を作るときに使われる。〔＊本動詞としても使われる。〕	be, have, do

タイプBの助動詞 (be / have / do) については，第3章 (時制 (1))，第4章 (時制 (2))，第6章 (態)，第14章 (疑問詞と疑問文)，第15章 (否定) などで扱っているので，ここではタイプAの助動詞に限定して扱うことにする。

2 助動詞の働き

can / may / must など，タイプAの助動詞は，「**法助動詞**」(modal auxiliary) と呼ばれる。法助動詞の「法」は，英語では mood あるいは mode (modal はその形容詞) となるが，これは「気分」を意味する「ムード」という日本語にも関係がある。すなわち，発言内容に対する**話者の気持ち・考え・判断などを表す**ときに使われるのである。

たとえば，It's raining now. (今雨が降っている。) は，現実の世界についての描写であるのに対して，It **may** rain tomorrow. (明日雨が降るかもしれない。) は明日の天気について話者の判断を表している。

また，You are kind to others. (君は他人に親切だ。) が人物についての描写であるのに対して，You **must be** kind to others. (君は他人に親切でなければならない。) では，話者の主観的な態度表明がなされている。

3 助動詞の種類と意味

基本的な助動詞の種類と意味を一覧表にして以下に示す。

助動詞	基本的意味	派生的意味
can	【能力】〜することができる	【可能性】〜でありうる 【許可】〜してよい
may	【許可】〜してよい	【推量】〜かもしれない
must	【義務】〜しなければならない	【確信】〜に違いない
should	【義務】〜すべきだ / 〜した方がよい	【推量】〜するはずだ
will	【意志】〜しよう / 〜するつもりだ	【推量】〜だろう

may rain tomorrow

must rain tomorrow

4 助動詞の性質

助動詞にはいくつかの共通した性質がある。

(1) 助動詞の後には,動詞の原形がくる。

He **can swim**[×*can swims*]. (彼は泳げる。)

(2) 主語の人称や数によって変化しない。

He **can**[×*cans*] swim.

(3) 否定文は助動詞の後に not をつける。

You **must not** touch the picture. (その絵に触れてはならない。)

(4) 疑問文は,主語の前に助動詞を置く。

May I come in? (入ってもよろしいですか。)

(5) 助動詞は 2 つ続けて使えない。

You **will be able to**[×*will can*] pass the test.
(あなたは試験に合格できるだろう。)

Step2 基礎 助動詞の基本的な用法

ここでは，さまざまな助動詞の用法を見ていく。具体的には，can / could, may / might, must, should, ought to, will / would, shall, used to, had better などを取り上げる。

1 can, could の用法

1	I **can** answer the question. ［能力・可能］	94
2	"**Can** it be true?" "No, it **can't** be true." ［可能性・推量］	95
3	**Can** I open the window? ［許可］	96
4	**Can** you speak louder? ［依頼］	97

1 私は，その問題に答えることができる。
2 「それは真実でありうるだろうか」「いや，真実であるはずがない」
3 窓を開けてもいいですか。
4 もう少し大きな声で話してもらえますか。

《1》能力・可能：「〜できる」(**1**)

can, could は技能や知識などの**能力**や，外部状況などから**可能**であることを表す。

> **Ex.** I **can** smell something burning.（何か燃えているにおいがする。）
> You **can** play the guitar.（あなたはギターが弾けます。）
> He **could** write the alphabet at the age of four.
> （彼は4歳のときアルファベットが書けた。）
> They played well, but they **couldn't** win.（彼らは健闘したが勝てなかった。）
> **Can** they come to the concert?（彼らはコンサートに来られますか。）

⚠ can の否定形は can't または cannot となる。can not は強調や対照を表すなど，特別な場合を除いて用いられない。

⚠ 能力や可能を表すときには can が一般的だが，can は未来を表す will や完了形と一緒に使えないので，そのようなときには be able to を使う。
You **will be able to** climb Mt. Fuji soon.（すぐに富士山に登れるようになります。）
I **haven't been able to** get a driver's license.（私はまだ運転免許が取得できない。）
［* be able to を否定するときは able に否定の意味を表す un- をつけて，be unable to とすることもできる。cf. I have **been unable** to get a driver's license.］

Tips on Grammar 「〜できた」はいつでも could を使える？

　日本語で「〜できた」ということを英語で言いたいとき、いつでも could が使えるわけではありません。could は過去のある時点における「能力」を含意しており、実際にやってみてできたという意味にはなりません。たとえば、"They **could** swim one kilometer." は、1キロ泳ぐ能力があったと言っているだけで、実際泳ぐことができたかどうかについては、何も言っていません。「実際できた」ということを強調したいときは、〈**be able to 〜**〉、〈**manage to 〜**〉、〈**succeed in 〜**〉などを使い、次のように表現します。

(1) They **were able to** swim one kilometer.
(2) They **managed to** swim one kilometer.
(3) They **succeeded in** swimming one kilometer.

　ただし、「実際できなかった」ことを表すときは、〈**could not 〜**〉や、〈**be not able to 〜**〉を使ってもかまいません。

(4) They could not swim one kilometer.
(5) They were not able to swim one kilometer.

　また、知覚動詞 (see, hear, smell, taste, feel など) や認識動詞 (understand, remember, guess など) には、1回限りできたことにも could が使えますので、注意が必要です。

(6) I **could** understand his English. (彼の英語が理解できた。)
(7) We **could** see the beautiful moon. (美しい月が見えた。)

《2》可能性・推量 (2)

　外部状況から客観的に導かれる可能性・推量を表す。could は現在または未来に関する可能性・推量の確信度が can より低いときに使われる。過去の「時」を表しているわけではない。

I'm afraid your theory **could** be wrong.
(あなたの理論は間違っているのではないかと思います。)

肯定文・否定文・疑問文で使われると、以下のような意味合いになる。

① 肯定文：可能性がある→「〜はありうる」「〜かもしれない」
For some people English **can** [**could**] be an easy language to learn.
(ある人々にとって英語は習得の容易な言語でありうる。)

② 否定文：可能性がない→「〜のはずがない」[確信のある否定的推量]
That girl **can't** [**couldn't**] be Lucy. She is sick in bed now.
(あの子がルーシーのはずはない。彼女は今、病気で寝ているから。)

③ 疑問文：可能性について懐疑的→「〜はありうるのか？」[強い懐疑]
Can [**Could**] it be so simple? (そんなに単純って、ありうるのだろうか。)
Can [**Could**] it be true that sharks are sometimes seen in rivers?
(サメが時々川で見られるというのは本当なのでしょうか。)

《3》許可：「～してもよい」(3)

「能力・可能」(～できる) から意味が転じて，「許可」(～してもよい) を表すことがある。can の代わりに could を用いると，より婉曲的な表現になる。

> **Ex.** You **can** use my bike but you **cannot** use his.
> (私の自転車は使ってもいいですが，彼のはだめです。)
> "**Can** I sit here?" "Of course, you **can**."
> (「この席に座っていいですか」「もちろん，いいですよ」)
> **Could** I open the window? (窓を開けてもよろしいでしょうか。)
> **Could** I come in? (入ってもいいですか。)

《4》依頼 (4)

「能力・可能」(～できる) から意味が転じて，疑問文 Can you ～? で，「依頼」(～していただけませんか) を表す場合がある。なお，初対面の相手や目上の人には can ではなく could を使った方がより丁寧な表現になる。末尾に please を添えてもよい。

> **Ex.** **Can** you do me a favor? (お願いがあります。)
> **Can** you tell me more about Jane Goodall's study of chimpanzees?
> (ジェーン・グドールのチンパンジーの研究についてより詳しく教えていただけますか。)
> **Could** you tell me the truth? (本当のことを言っていただけませんか。)
> **Could** you show me how to get to Central Park, please?
> (セントラル・パークへの行き方を教えていただけませんか。)

2 may, might の用法

5	You **may** use my computer if you like. ［許可］	98
6	The train **may** be late. ［推量］	99
7	**May** we have a lasting peace! ［祈願］	100

> 5 よければ，私のコンピューターを使ってもよい。
> 6 電車は遅れるかもしれない。
> 7 ずっと平和でいられますように。

《1》許可：「～してもよい」(5)

may は「～してもよい」という意味で，許可を表す場合がある。否定形の may not は，「～してはいけない」という「不許可」の意味。強い禁止には，must not が使われる。

> **Ex.** You **may** take a rest whenever you feel tired.
> (もし疲れたらいつでも休憩をとって結構です。)

May I help you？（お手伝いいたしましょうか。）
May I have your name and address, please？
（お名前とご住所をお聞きしてもよろしいでしょうか。）
You **may not** practice dancing here.（ここでダンスの練習をしてはいけない。）

> 相手の許可を求めるときに，may, can, could を使って次のように表現することができる。ただし，一般的に①よりも②，③の方が，より丁寧な表現である。
> ① **Can** I take your picture？
> ② **Could** I take your picture？
> ③ **May** I take your picture？
> 　このほかにも，**Is it all right if** I take your picture？（あなたの写真をお撮りしてもよろしいでしょうか。）という丁寧表現もある。

For Conversation
〈May I ～ ?〉と聞かれたら？

　目上の人から，"May I use your pen？" と問いかけられた場合，"Yes, you may." / "No, you may not." と答えるのは失礼に響きます。may の基本は「上から下への許可」というニュアンスがあるからです。
　このような状況で，許可する場合は，"Yes, of course." / "Yes, certainly." などと対応すればよいし，断る場合は，"No, I'm afraid not." / "I'm sorry. I'm using it." などと答えればよいでしょう。英語を使いこなすには，文法的な知識だけではなく，英語の慣用表現についても知っておく必要があります。

《2》推量：「～かもしれない」（ 6 ）

　may は「～かもしれない」という**話し手の主観に基づく確信のない推量**を表すことがある。might は may よりさらに確信のないときに使う。

Ex. He **may** be able to climb Mt. Everest someday.
（彼はいつかエベレストに登頂できるかもしれない。）
I **may not** be able to finish my homework tonight.
（今夜，宿題を終えられないかもしれない。）
Australia **might** be better than England if you want to study abroad.
（もし留学したいのなら，イギリスよりオーストラリアの方がいいかもしれない。）
He **might** be preparing hard for the exam now.
（彼は今試験勉強を一生懸命しているかもしれない。）
It **might** be good for you to get some exercise.
（運動をした方がいいかもしれませんよ。）

⚠ 推量の may, might, can, could は，いずれも「～かもしれない」「～だろう」という日本語に相当するが，下の図が示すように，推量の確信度の高さは必ずしも同程度というわけではない。

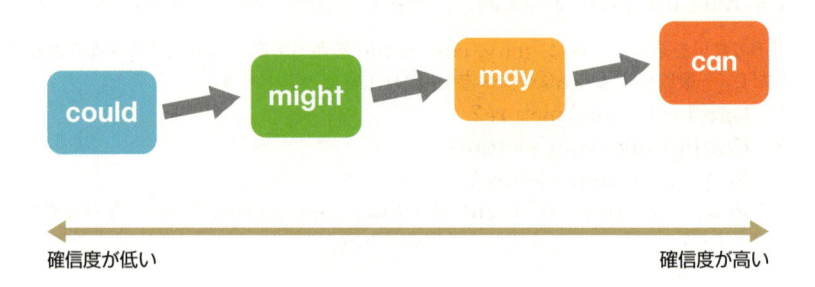

could → might → may → can

確信度が低い　　　　　　　　　　　　　　　　　　　　　確信度が高い

⚠ might だけでは過去のことは表せない。「～だったかもしれない」と言いたいときには，〈**might [may] have ＋過去分詞**〉を使う（▶ p. 111）。
The typhoon **may hit** Hokkaido. （台風は北海道を襲うかもしれない。）
The typhoon **might hit** Hokkaido. （台風はことによると北海道を襲うかもしれない。）
Thy typhoon **might have hit** Hokkaido. （台風は北海道を襲ったかもしれない。）

《3》祈願：「～でありますように」（ **7** ）

〈**May ＋ S ＋動詞の原形**〉の語順で，「～でありますように」という祈願を表す。また，決まり文句ではこの may が削除されることもある。

Ex. (**May**) God bless you！（神のご加護がありますように。）
May your voyage be pleasant and peaceful.（ご旅行が快適で平穏でありますように。）

One-point Advice　　**隠れた may の用法**

　"God Save the Queen" は，イギリスの国歌として広く知られていますが，このタイトルには実は祈願の may が省略されています。普通の言い方にすると，May God save the Queen.（神よ女王を護り賜え。）となります。
　ところで，アメリカの国歌は "The Star-Spangled Banner"（星条旗よ永遠なれ）ですが，第 2 の国歌とも言える曲に，"God Bless America"（神よ，アメリカを祝福し賜え）があります。この曲は大統領就任式や野球のワールドシリーズでも歌われますが，ここでも，May God bless America. の may が省略されています。これらの曲はインターネット上でも聴けますし，歌詞も確認できますので，チェックしてみるとよいでしょう。

3 must の用法

8　I **must** be home by 10:00.　[義務・必要]　　　　　　　　　101

9　He always gets A's.　He **must** be very smart.　[断定的推量]　102

8 10 時までに家に戻っていなければならない。
9 彼はいつも A を取る。とても頭がよいに違いない。

《1》義務：「〜しなければならない」（ **8** ）

　must は，肯定文で使われると，**話し手が主観的に判断している「義務」**を表し，「〜しなければならない」という意味を表す。否定文では「〜してはならない」という「**禁止**」の意味を表す。なお，省略形 mustn't は [mʌ́snt] と発音される。

Ex. We **must** study hard for the examination.
（テストのため一生懸命勉強しなければならない。）
Susan **must** take care of her sister's baby this afternoon.
（スーザンは今日の午後，彼女の姉[妹]の赤ちゃんの世話をしなければならない。）
You **must not** leave your children alone.（子供たちを放っておいてはいけない。）
"**Must** we go to bed by nine?" "Yes, you **must**. / No, you **need** not."
（「9 時までに寝なければならないの？」「はい，そうしなければなりません。/ いいえ，その必要はありません」）

⚠️ have to も「〜しなければならない」という「義務」を表す。must は活用変化をしないので，過去・未来・完了を表したり，他の助動詞と一緒に使ったりする場合には，have to（あるいはその変化形）を使う。なお，have to, has to はそれぞれ [hǽf tə], [hǽs tə] と発音する。
You **have to** start out immediately.（すぐに出発しなければなりません。）
The students **had to** clean the classroom.
（生徒は教室を掃除しなければならなかった。）
We **will have to** ride the bus until our car is fixed.
（私たちの車の修理が終わるまで，バスに乗らなければならないだろう。）

⚠️ 否定形〈**don't have to**〉は「〜する必要はない」という意味になる。
We **don't have to** wear formal clothes.（フォーマルな服を着る必要はありません。）
You **don't have to** catch that train.（あの電車に乗る必要はない。）

⚠️ 「〜しなければならなかった」と過去の「時」を表したい場合，must を使うことはできない。ただし，時制の一致の場合は使える（▶ p. 294）。
I **had to** (×must) water the flowers before I left home.
（家を出る前に，花に水をやらなければならなかった。）
He said I **must** water the flowers three times a day.
（彼は私に 1 日に 3 回花に水をやらなければならないと言った。）

What's on your mind?

Q：must と have to は同じ意味ですか。
A：must も have to も「～しなければならない」という意味で，ほぼ同じように使われますが，まったく同義というわけではありません。must には話者自身が，自発的に「～しなければならない」と思っているという意味合いがあり，以下のように使われます。

(1) I **must** study hard to pass the exam.
（試験に合格するために，一生懸命勉強しなければならない。）［＊「ぜひ試験に合格したいと思っているので，そのためには一生懸命勉強しなければならない」という意味合い。］

一方，have to には外的な状況のために「～しなければならない」という意味合いがあり，以下のように使われます。

(2) I cannot attend tonight's concert because I **have to** finish my report by tomorrow.
（明日までにレポートを仕上げなければならないので，今夜のコンサートには行けない。）
［＊「明日までにレポートを仕上げなければいけない」という，自分が置かれた外的な状況を表す。］

cf. 口語では have to の代わりに〈**have got to**＋動詞の原形〉が頻繁に使われることがある。
I've got to send an e-mail. (私はメールを送らなきゃだめなの。)
Snowboarding is so exciting. You**'ve** just **got to** try it.
（スノーボードはとても面白いよ。君もぜひやってみなくちゃ。）
また，歌詞や映画のスクリプトでは，got to が gotta になったり have が落ちたりして，I **gotta** go now. (行かなくちゃ。) のように使われることも多い。

cf. have to は，〈**all ... have to do is (to) ～**〉で，「～しさえすればいい」という意味で使われることがある。
All you have to do is (to) press this red button.
（この赤いボタンを押しさえすればいいのです。）
cf. **All you need to do** is press this red button.
　　You only **have to**［**have only to**］press this red button.
　　You **just have to** press this red button.

For Conversation
must の疑問文に対する答え

Must I go shopping with you? と聞かれて「行かなくていいよ」と言いたいのであれば，次のように答えます。

　　No, you don't have to.
　　No, you don't need to.
　　No, you need not.

No, you must not. では，「行ってはならない」という禁止を表してしまうので注意しましょう。

On a Street Corner
must の用法

いずれも must を用いて、禁止事項を明記しています。左の掲示は、Dogs **must** be leashed in these gardens.（この庭園では犬はつながなくてはなりません。）とあり、庭園内で犬を放すことを禁止しています。右の写真は、Los Angeles にある Getty Villa（広大な敷地に博物館などの施設を有する）の入り口で撮った掲示で、All visitors to Getty Villa **must** park at the Villa or arrive by bus or taxi.（ゲティヴィラを訪れる人はみな、ヴィラに駐車するかバスやタクシーを利用してお出でください。）とあります。次に、We regret that pedestrians are not allowed.（申し訳ありませんが、歩行者は入場できません。）とあるように、要は、自家用車やタクシーやバスを利用する人以外は、入場できないと言っているわけです。

《2》確信度の高い推量：「〜に違いない」(9)

must は「〜に違いない」という**話し手の主観に基づく確信のある推量**を表す。

Ex. That **must** be expensive.（それは高価に違いない。）
You **must** be hungry. You didn't eat anything.
（おなかがすいているでしょ。何も食べなかったから。）
They **must** be very happy, because they have just gotten married.
（彼らはとても幸せに違いない。なぜなら、結婚したばかりだから。）
They **must** be concentrating hard on the lesson.
（彼らは懸命にけいこに集中しているに違いない。）
There **must** be someone who knows the correct answer.
（正解を知っている人が誰かいるに違いない。）

⚠ 否定形の must not は、「〜してはならない」（禁止）という意味になってしまうので、「〜のはずがない」（否定の推量）と言いたいときには cannot を使う。
You **cannot**（× *must not*）be hungry. You ate so much.
（おなかがすいているはずがない。あんなに食べたんだから。）

> ### What's on your mind?
>
> Q：「推量」の may, must は疑問文にできないのですか。
> A：はい，できません。「許可」の may,「義務」の must は疑問文にできますが，「推量」の may, must は疑問文にできず，代わりに can を使います。
>
> ○ **May** I visit your house?（[許可] お宅に伺ってもいいですか。）
> ○ **Must** he come by 7:00?（[義務] 彼は 7 時までに来なければなりませんか。）
> ○ **Can** it be true?（[推量] それは真実でありえますか。）
> × *May* it be true?
> × *Must* it be true?
>
> may, must は個人の考えに基づく推量を述べるときに使われますから，相手に自分の推量を問うのは意味がありません。一方，can は個人の考えでなく，誰もが理論的に納得できることに基づく推量ですから，的確な表現になります。

4 should, ought to の用法

1 should の用法

10 You **should** go to the gym and get some exercise. ［義務・当然］ 103

11 They **should** be at the airport by now. ［推量］ 104

 10 君はジムに行って少し運動すべきだ。
 11 彼らは今頃はもう空港にいるはずだ。

《1》義務・当然：「〜すべきだ，〜した方がよい」（ **10** ）
　should は，話し手が主観的に判断している義務・当然を表す場合がある。must ほど強くはなく，「〜すべきだ」「当然 〜した方がいい」という助言や忠告に使われる。

Ex. You **should** buy that yellow bicycle.（あの黄色い自転車を買った方がいい。）
You **should not** eat your dessert before dinner.
（夕食の前にデザートを食べないようにしなさい。）
Should we leave the door open?（ドアを開けておくべきですか。）

語感を和らげるために must の代わりに should が使われることもある。
This document **should** be sent by the end of the month.
（この書類は月末までに提出です。）
You **should** be present in the studio at least thirty minutes before the recording starts.（録音が始まる少なくとも 30 分前にはスタジオに来てください。）

《2》推量：「～のはずだ」（ 11 ）

　should は，話し手の主観に基づく確信度のかなり高い推量を表す場合がある。must ほど確信度は高くないが，「当然 ～のはずだ」という意味になる。

> **Ex.** You **should** have a wonderful time at the photo exhibition.
> （その写真展では十分楽しめるはずだ。）
> They left thirty minutes ago. They **should** be at the airport by now.
> （彼らは 30 分前に家を出た。もう空港にいるはずだ。）
> There **should** be some snow in the Tohoku area.（東北地方には雪があるはずだ。）

❷ ought to の用法

> 12　Drivers **ought to** obey the traffic rules strictly.　［義務・当然］
> 13　I think it **ought to** cost more than 100 pounds.　［推量］

> 12　運転者は交通規則にきちんと従うべきだ。
> 13　それは 100 ポンド以上するはずだと思う。

《1》義務・当然：「～すべきだ」（ 12 ）

　ought to は，「～すべきだ」（義務），「～のはずだ」（当然）という意味で用いられる。should より硬い響きがある。

> **Ex.** You **ought to** cut down on fast food.
> （あなたはファーストフードの摂取を減らすべきだ。）

> ⚠ ought to の疑問文〈Ought S to ～？〉や否定文〈ought not to ～〉は格式ばっており，使用頻度は低い。
> **Ought** we **to** apply for the job？（その仕事に応募すべきですか。）
> They **ought not to** spend so much time on their cellphones.
> （携帯電話でそんなに長時間費やすべきではない。）

《2》推量：「～のはずだ」（ 13 ）

　ought to は，推量・見込みを表して，「～するはずである」を意味する。should よりも硬い表現である。

> **Ex.** He left home about an hour ago, so he **ought to** be here by now.
> （彼は 1 時間ほど前に家を出たので，そろそろ到着するはずだ。）

> **cf.** 「～のはずである」の意味を表す should や ought to の代わりに，be supposed to（～のはずである，～することになっている）という表現を使うこともできる。ちなみに，発音は [səpóus(t)tə] のようになる。
> We **are supposed to** have a meeting next week.
> （私たちは来週会合を持つことになっている。）

5 will, would の用法

1 will

> **14** It **will** be snowing in the mountains.　［現在の推量］　　107
>
> **15** The door **won't** open. It must be locked.　［現在の意志］　　108
>
> **16** **Will** you show me your passport?　［依頼・要請］　　109
>
> **17** My uncle **will** often take me to soccer games.　［現在の習慣・習性］　　110

> **14** 山間部では雪が降っているだろう。
> **15** ドアがどうしても開かない。鍵が掛かっているに違いない。
> **16** パスポートを見せてもらえますか。
> **17** おじはよくサッカーの試合に連れて行ってくれる。

《1》現在の推量：「～だろう」（**14**）

　will は話し手の現在における推量を表すことがある。以下の用例のように，〈**will ＋ have ＋過去分詞**〉の形でも使われる。

> Ex. The test **will** have finished by now.（もうテストは終わっているでしょう。）

《2》現在の意志（**15**）

　will は**現在の意志**を表す場合がある。話しことばでは will [won't] に強勢が置かれる。
［＊「未来」を表す will の用法については▶ p. 68］

> Ex. He **will** stick to his opinion because he is very stubborn.
> 　（彼はとても頑固だから自分の意見に固執する。）
> My computer **won't** work.（僕のコンピューターがどうしても動かない。）
> This rock **won't** move. It's too heavy.（この岩はどうしても動かない。重すぎるのだ。）

《3》依頼・要請（**16**）

　will は〈**Will you ～?**〉の形で，**依頼・要請**を表す表現として使われることがある。

> Ex. **Will you** pass me the salt?（塩を取ってくれますか。）
> **Will you** fill in the blanks, please?（空欄を埋めてください。）
> ［＊依頼に応じる際には，"Sure."（もちろんです。）と言ってもいいし，より格式ばった言い方では，"With pleasure."（喜んで。）と言うこともできる。］

> cf. 〈**Can you ～?**〉も依頼表現として使われるが，この表現では相手の能力を聞くようでぶしつけな響きがあると考え，will（あるいはもっと丁寧な would）を使うべきだとする人もいる。

cf. ⟨Won't you ～?⟩は勧誘（「～しませんか」という意味）を表す。
Won't you have some cake?（ケーキを召し上がれ。）
Won't you help yourselves to some dessert?
（デザートをご自分でお取りください。）

《4》現在の習慣・習性（ 17 ）

will は**現在の習慣・習性**を表すことがある。will に強勢が置かれることが多い。

Ex. Boys **will** be boys.（男の子はやっぱり男の子。［ことわざ］）

2 would

> 18 He left here two hours ago, so he **would** be home by now.
> ［現在の推量］ 111
>
> 19 She **wouldn't** listen to my advice.［過去の意志］ 112
>
> 20 I **would** often play soccer in the park after school.
> ［過去の習慣的な動作］ 113
>
> 21 **Would** you mind giving me a call this evening?［丁寧な依頼］ 114

18 彼は2時間前にここを出たから, 今ごろは家に着いているでしょう。
19 彼女は私の忠告を聞こうとしなかった。
20 放課後に, よく公園でサッカーをしたものだ。
21 今夜, 私に電話していただけませんか。

《1》現在の推量：「～だろう」（ 18 ）

形の上では過去形であるが, would が**現在の推量**を表すことがある。

Ex. If you talk to hear, you **would** be impressed with her intelligence.
（彼女と話せば, 彼女の知性に感心するでしょう。）

《2》過去の意志：「どうしても～しようとしなかった」〔＊否定形で〕（ 19 ）

would の否定形 wouldn't は**過去の強い意志**を表す。

Ex. That old car **wouldn't** start.（あのおんぼろの車は全然動かなかった。）

《3》過去の習慣的な動作：「よく～したものだった」（ 20 ）

would は**過去の習慣的な動作**を表すことがある。

Ex. My kids **would** often eat cornflakes.
（うちの子たちはよくコーンフレークを食べていた。）

We **would** often go camping in the summer.
（私たちは夏にしばしばキャンプに行ったものだ。）
I **would** sometimes listen to the Beatles when I was a child.
（子供の頃ときどきビートルズを聴いたものだ。）

⚠ 過去の習慣的な動作を表すときに used to が用いられることもある。（▶ p. 109）。
I **used to** go fishing in the river.（私は川で魚釣りをしたものだった。）

《4》丁寧な依頼（ 21 ）

　would は丁寧な依頼を表すことがある。時制は過去形だが，現在の「時」を表すので注意が必要である。

Ex. **Would** you help me with my homework?
（宿題をやるのを手助けしていただけますか。）
Would you give me some advice, please?（何か助言をいただけますか。）
It **would** be nice if you could babysit my daughter this afternoon.
（今日の午後，娘のベビーシッターをしていただけるとよいのですが。）

+α 自分の意見を述べるとき，say, suggest, think などに would をつけると丁寧表現になる。
I **would suggest** that the government cut spending more.
（政府はもっと支出を削減すべきだと提言したいと思います。）
I **would say** that he is rather inexperienced as a leader.
（彼は指導者としては経験不足だと申し上げたい。）
I **would think** she is the most suitable person for this position.
（彼女はこのポジションに最もふさわしい人だと思います。）

6　shallの用法

22　**Shall** I carry your bag? ［申し出］	115
23　**Shall** we eat out tonight? ［提案・勧誘］	116

22　かばんを運んであげましょうか。
23　今夜は外食しましょうか。

《1》申し出（ 22 ）

　「(私が) ～しましょうか」と相手の意向を尋ねる。肯定の返事は，"Yes, please."（ええ，お願いします）など，否定の返事は，"No, thank you." など。

Ex. **Shall** I show you around Seoul?（ソウルをご案内しましょうか。）
"**Shall** I go with you?" "Yes, please."
（「あなたと一緒に行きましょうか」「ええ，お願いします」）

《2》提案・勧誘（23）

「(一緒に)〜しましょうか」と提案する。肯定の返事は "Yes, let's." など，否定の返事は "No, let's not. / Sorry, I can't." など。〈Let's 〜〉は，相手に気安く提案する響きがあるが，〈Shall we 〜?〉は，丁寧さに加えて多少きどったような響きが加わることがある。

Ex. "**Shall** we dance?" "Yes, let's." (「踊りましょうか」「ええ，お願いします」)
"When **shall** we have our next meeting?" "How about on the 15th next month?"
(「次の会合はいつにしましょうか」「来月の 15 日はどうですか」)

+α shall のその他の用法
① 法律などの文書で使われ，格式ばった響きを伴い「強い義務」を表す。
Persons under 18 **shall** not be hired. (18歳未満は雇用を禁ず。)
② 「話者の強い意志」を表して，「〜するつもりだ」という意味を表す。
MacArthur declared, "I **shall** return." (マッカーサーは「絶対戻る」と宣言した。)
③ 「話者の意志」を表して，「〜することになろう」という意味を表す。
He **shall** die. (彼は生かしておかない。)
④ 法律文書などで使われ，「〜すべきである，〜するものとする」という意味を表す。
No one **shall** be subjected to arbitrary arrest.
(誰も恣意的に逮捕されないものとする。)
⑤ Let's 〜 (〜しましょう) のあとに付加疑問として〜, shall we? (〜しましょうか) をつけることがある (▶ p. 31, p. 317)。

7 used to, had better の用法

1 used to

24 I **used to** live in Thailand. *117*

24 私は以前はタイに住んでいた。

〈used to 〜〉は，**過去の習慣的な動作や状態**を表す。現在との対比が念頭にあり，「(今では違うが) かつては〜だった」という意味合いになることが多い。

Ex. I **used to** tutor a high school student in mathematics.
(私は以前，高校生に数学の家庭教師をしていた。)
I **used to** be on the volleyball team. (私は以前，バレーボールのチームに入っていた。)
Linda is much more interested in social science than she **used to** be.
(リンダは以前よりもずっと社会科学に興味を持っている。)

⚠ 〈used to 〜〉の否定文や疑問文は，以下の通り。
[1] 否定文：〈**didn't**[**never**] **use(d) to** 〜〉
He **didn't used to** play baseball, but now he does.
(彼は以前は野球をしなかったが，今はやっている。)
[2] 疑問文：〈**Did S use(d) to** 〜 **?**〉
Did they **used to** be close friends? (彼らは親しい友達だったのですか。)

ただし，《英》の正式な用法では，否定文で〈**used not to ~**〉，疑問文で〈**Used S to ~ ?**〉が用いられることもある。

He **used not to** play baseball, but now he does.
Used they **to** be close friends?

> **Tips on Grammar**　used to と would の違い
>
> 　used to は過去の習慣的動作・状態の両方で使えますが，would は過去の習慣的動作に限って使います。(1) は過去の習慣的動作を表していますので，used to, would ともに使うことができます。一方，(2) は，過去の状態を表していますので，used to しか使えません。
>
> (1) I **used to** (○ **would**) play chess when I was a kid.
> 　　(子供の頃はチェスをよくやっていた。)
> (2) I **used to** (× **would**) have a dog. (かつては犬を飼っていた。)
>
> 　さらに，used to は今との対比で客観的に過去に言及するときに使われますが，would はなつかしさなどの主観的想いを含みながら過去を振り返るときに使われます。

❷ had better

25　You **had better** plan carefully before you travel abroad.
　　［忠告・強い勧告］　　　　　　　　　　　　　　　　　　　　　　　　　　*118*

25 海外旅行に行く前に，綿密に計画した方がよい。

　had better は，**忠告・強い勧告**を表し，「~しなさい」「~した方がいい」という意味。現在の「時」を表すが，have better とはしない。話しことばで多用され，省略形〈**~'d better**〉になることが多い。1人称を主語にして had better を使うのは差し支えないが，目上の人に使うと失礼になるので要注意。少しやわらかな言い方としては，以下のような表現がある。

　It would [might] be better for you to take a taxi to the station.
　　(駅までタクシーで行った方がいいでしょう。)

Ex.　I feel sick. **I'd better** go home now. (気分が悪い。家に帰った方がいい。)

⚠️　had better は，否定文・疑問文では以下のように用いる。
　① 否定文：〈**had better not ~**〉〔＊ had not better ~ ではないので要注意。〕
　　You **had better not** stay up late. (夜ふかししない方がいい。)
　　You **had better not** mention it. (君はそのことを言わない方がいい。)
　　You**'d better not** tell her about his present condition.
　　(彼女には彼の現在の状況について話さない方がいい。)
　② 疑問文：〈**Had S better ~ ?**〉〔＊助言や勧告を表し，Hadn't S better ~ ? のように否定疑問の形で用いるのが一般的。〕
　　Hadn't we better start preparing for the presentation?
　　(そろそろプレゼンテーションの準備をした方がいいのでは？)

8 〈助動詞＋have＋過去分詞〉の用法

〈助動詞＋have＋過去分詞〉の形で，(1)過去のことを推量して「～だったに違いない」「～だったかもしれない」の意味を表したり，(2)過去に対する後悔や非難の気持ちを伴って「～すべきだった」「～してもよかった」の意味を表したりすることがある。

1 過去の推量

> **26** He **may have missed** the bus. 119
>
> **27** My cousin **must have arrived** in Sydney by now. 120
>
> **28** He **can't have cooked** the dinner by himself. 121
>
> **29** You were there. You **should have seen** what happened. 122

26 彼はバスに乗り遅れたのかもしれない。
27 いとこは，もうシドニーに到着したに違いない。
28 彼が，その夕食を自分で料理したはずがない。
29 あなたはそこにいた。何が起こったか目撃したはずだ。

《1》 **may [might] have ＋過去分詞（～したかもしれない）**（ 26 ）

must と同様に「推量」の意味で使われる。疑問文にはしないが，否定（may not have ～）はある。推量の確信度が低い場合や丁寧な響きを与えたい場合には，might を使って，He **might** have missed the bus. と言ってもよい。

> **Ex.** I **may have made** a mistake.（私は間違いを犯したかもしれない。）
> This building **may have been** destroyed by an earthquake.
> （このビルは地震で壊れたのかもしれない。）
> Jane **might** not **have heard** me.（ジェーンは私の声が聞こえなかったかもしれない。）

⚠ 〈**could have** ＋過去分詞〉も，同じような状況で使われることもある。
He is late. He **could have missed** the bus.
（彼は到着が遅れている。もしかしたらバスに乗り遅れたかもしれない。）

《2》 **must have ＋過去分詞（～したに違いない）**（ 27 ）

現在から見た「過去の推量」を表す。

> **Ex.** Cherry trees **must have** already **bloomed** in Okinawa.
> （沖縄では桜がすでに満開になっているに違いない。）
> I can't find my watch. I **must have left** it in the car.
> （時計が見つからない。車の中に置き忘れたに違いない。）
> The window **must have been broken** by the thief.
> （その窓はどろぼうに割られたに違いない。）

⚠ 「過去の義務」を表したいときは，had to を使う。「～だったはずがない」の意味では〈**cannot have** ＋過去分詞〉を用いる。

Step2 助動詞の基本的な用法 | 111

⚠️ ただし，次の例のように，〈**must have** ＋**過去分詞**〉が「義務」を表すこともまれにある。
Applicants **must have graduated** from a university.
（応募者は大学を卒業していなければならない。）

《3》 cannot [couldn't] have ＋過去分詞（～したはずがない）（ 28 ）

「推量」の can は，〈**cannot [couldn't] have ＋過去分詞**〉のように否定の形で使われ，「～だったはずがない」という意味になる。

> **Ex.** They **cannot have won** the race.（彼らがレースに勝ったはずがない。）
> My father **cannot have gone** to the concert because he was working in his office.（父は職場で働いていたのでコンサートに行ったはずがない。）
> The window **cannot have been broken** by the thief.
> （その窓はどろぼうに割られたはずがない。）

《4》 should [ought to] have ＋過去分詞（～したはずだ）（ 29 ）

should, ought to は「推量」（～のはずだった）の意味で使われることもある。

> **Ex.** They **shouldn't have left** school yet.（彼らはまだ学校を出ていないはずだ。）

❷ 過去の後悔・非難

> **30** I **should have studied** more before the test. *123*
> **31** You **could have sent** me an e-mail. *124*
> **32** You **need not have paid** so much. *125*

> **30** 試験前に，もっと勉強すべきだった。
> **31** メールくらい送れただろうに。
> **32** そんなに払う必要はなかったのに。

《1》 should [ought to] have ＋過去分詞（～すべきだった（のに））（ 30 ）

過去において実行されなかったことに対する後悔・非難の気持ちを伴って，「～すべきだったのに」を表す。

> **Ex.** You **should have seen** the movie.（あの映画を見るべきだったのに。）
> You **should have come** with me last night.（昨夜は，私と一緒に来るべきだった。）
> You **shouldn't have called** me so late at night.
> （そんなに夜遅く私に電話をすべきでなかった。）
> She **shouldn't have bothered** to come back.
> （彼女はわざわざ帰って来なくてもよかったのに。）
> They **ought to have reported** the accident to the police.
> （彼らは事故のことを警察に届けるべきだった。）

《2》 could [might] have ＋過去分詞（～できただろうに）(31)

過去において実行されなかったことに対する後悔・非難の気持ちを伴って，「～できたのに」「～してくれてもよかったのに」を表す。

> **Ex.** You **could have attended** our party.
> （パーティーに来てくれてもよかったのに。）
>
> You **could have** at least **sent** me a letter.
> （少なくとも手紙くらい書いてくれてもよかったのに。）
>
> You **might have told** me about the accident.
> （事故について教えてくれてもよかったのに。）

> ⚠ 状況によっては，〈**could have** ＋過去分詞〉が，単なる推量を表すこともある。
> We **could have taken** a bus, but we decided to walk.
> （私たちはバスに乗ることもできたが，歩くことにした。）
> I ran all the way to the bus stop and could narrowly catch the bus, but I **could have missed** it.（私はバス停までずっと走ってかろうじてバスに間に合ったが，ことによったら乗り遅れたかもしれない。）

《3》 need not have ＋過去分詞（～する必要はなかった（のに））(32)

過去に実行されたことに対する遺憾・非難の気持ちを伴って，「～する必要はなかったのに」を表す。主に《英》で使われる。〈**didn't have to ～**〉とすると，実際に実行されたかどうかは不明。

> **Ex.** You **need not have come** to school so early.
> （君はそんなに早く学校に来る必要はなかったのに。）
>
> You **need not have written** to him.
> （あなたは彼に手紙を書く必要はなかったのに。）
>
> He **need not have paid** the money.（彼はお金を払う必要がなかったのに。）

Step3 発展 助動詞の注意すべき用法

ここでは，need / dare の用法，should の注意すべき用法，助動詞を使った慣用表現について見ていく。

1 need, dare の用法

> **33** You **need not** apologize. 　　　　　　　　　　　　　　*126*
>
> **34** I **dare not** talk to that boy. 　　　　　　　　　　　　*127*

　33 君が謝る必要はない。
　34 あの男の子に話しかける勇気がない。

《1》need「〜の必要がある」(**33**)

need は動詞として用いられるのが普通だが，《英》では助動詞 need not が使われる。

動　詞：You **need to** come here.
　　　　You **don't need to** come here.
　　　　Do I **need to** come here?
助動詞：You **need not** come here.
　　　　Need I come here?

[＊なお，肯定文で，×I *need come here.* とすることはできない。]

《2》dare「大胆にも 〜する」(**34**)

dare も need 同様，動詞用法と助動詞用法がある。動詞として使われるのが一般的であるが，そのとき，to が脱落することも多い。

動　詞：He **dares (to)** say so.（彼はあえてそのように言う。）
　　　　He **does not dare (to)** say so./ **Does** he **dare (to)** say so?
助動詞：He **dare not** say so.
　　　　Dare he say so?

cf. dare を使った慣用表現
　● **How dare 〜 ?**（よくも〜できるね）
　　How dare you try to deceive me?（よくも私をだまそうとするなんて。）
　　How dare you laugh at me?（よくも私のことを笑えるな。）
　　How dare you treat me like a fool?（よくも私を愚か者扱いしてくれたね。）

How dare you do such a stupid thing!（よくもそんなばかなことをするね。）

- **I dare say [daresay]** ～（おそらく～だろう）〔＊《英》の口語表現〕
  I dare say he didn't notice me.（おそらく彼は私に気付かなかったのだろう。）

2 shouldの注意すべき用法

> **35** She **insisted** that her father (**should**) stop smoking. *128*
> **36** It is **necessary** that you (**should**) remember the password. *129*
> **37** It is **shocking** that you **should** be in the hospital. *130*

35 彼女は父親に禁煙すべきだと要求した。
36 パスワードを覚えておくことが必要だ。
37 君が入院中だなんて驚きだ。

《1》「提案」「要求」「命令」を表す動詞の後（**35**）

should は，提案・要求・命令などの内容を表す that 節の中で使われることがある。ただし，《米》では should をつけず，動詞の原形が用いられることが多い（▶ pp. 280-281　仮定法現在）。《英》でも should をつけない用法が一般的になってきている。

Ex. People **demanded** that the tax (**should**) **not** be raised.
（人々は増税しないように要求した。）
They **demanded** that the new school building (**should**) be built.
（新しい校舎を建設すべきだと彼らは要望した。）

cf. この種の that 節をとる動詞

advise（忠告する）	agree（同意する）	ask（求める）
beg（懇願する）	command（命令する）	decide（決定する）
decree（命ずる）	demand（要求する）	direct（指示する）
insist（主張する）	intend（意図する）	order（命令する）
plead（嘆願する）	pray（祈る）	prefer（～であることがよいと思う）
propose（提案する）	recommend（推奨する）	request（要請する）
suggest（提案する）	など	

《2》「必要」「重要」を表す形容詞の後（**36**）

should は，〈**It is necessary [important] that S should ～**〉などの構文において，必要性や重要性などの判断の内容を表す that 節で使われることがある。ただし，「要求・提案・命令」の場合と同様，《米》では should をつけず，動詞の原形が用いられることが多い。

Ex. It is **important that** we (**should**) not forget the key words.
(キーワードを忘れないことが重要だ。)
ただし, that 節内で直説法が用いられることもある。
It is **important that** we **don't become** too pessimistic.
(あまり悲観的にならないことが重要だ。)

cf. この種の that 節を導く形容詞

desirable (望ましい)	essential (不可欠の)	important (重要な)
necessary (必要な)	right (正しい)	など

《3》「話し手の感情・主観」を表す形容詞の後 (37)

ある事態に対して驚きや遺憾などの感情・主観を表すとき, that 節で should が使われる。

Ex. It is **strange** that he **should** get lost so easily.
(彼がそんなに簡単に道に迷うとは奇妙だ。)
It is **strange** that she **should** not protest. (彼女が抗議しないのは不思議だ。)
It is **natural** that she **should** decide to change jobs.
(彼女が転職を決意するのも当然だ。)

cf. この種の that 節を導く形容詞・名詞

lucky / unlucky (幸運な/不運な)	natural (当然の)	odd (変な)
regrettable (残念な)	sad (悲しい)	strange (奇妙な)
surprising (驚くべき)	a pity (残念なこと)	など

⚠ 「感情・主観」を表す形容詞の後では, should を省略して動詞の原形が来ることはない。過去のことについては, 〈**should have ＋過去分詞**〉が使われる。ただし, 事態に対して思い入れがなければ, 次の例文の [ ] 内で示すように直説法 (▶ p. 272) が使われる。
It is strange that we **should be allowed** [○ **are allowed**] to come in.
(私たちが入室を許可されるなんて奇妙だ。)
I am sorry that he **should have passed** away [○ **passed** away] so young.
(彼があんなに若くして亡くなってしまって残念だ。)

【should のさまざまな用法】

● **I should say ～**（～だと思う）（丁寧表現）

I should say he likes beer better than wine.
(彼はワインよりビールが好きだと思います。)

● **lest S should ～**（S が ～するといけないので）

He took an umbrella with him **lest** it **should** rain.
(彼は雨が降るといけないので傘を持っていった。)

We set up a monument to the victims of the war **lest** we **should** forget them.
(忘れないように戦争の犠牲者の記念碑を建てた。)

[＊《米》では should をつけないで, 動詞の原形にすることも多い。また, 《英》では should のほかに may, might が使われることもある。]

3 助動詞を使った慣用表現

[38] You **may well** be worried about it. *131*

[39] You **may as well** start working if you are not interested in studying. *132*

[40] We **may as well** throw it away **as** lend it to him. *133*

[41] I **would rather** eat at home **than** go to a restaurant. *134*

[38] そのことが心配なのももっともだ。
[39] 勉強に興味がないなら，働き始めてもよい。
[40] 彼に貸すくらいなら捨ててもいいくらいだ。
[41] レストランに行くより家で食べたい。

《1》 may [might] well ～（おそらく～だろう，～するのはもっともだ）（[38]）

Ex. The newspaper article **may well** be wrong.
（その新聞記事はおそらく間違いだろう。）

She **may well** be worried after her grandmother got sick.
（おばあちゃんが病気になって彼女が心配なのももっともだ。）

You **might well** be proud of your sister. She is so talented.
（あなたが姉[妹]を誇りに思うのはもっともです。彼女はとても才能がありますね。）

⚠ may を might にしてもほぼ同義だが，might の方が婉曲的な表現になる。[39] [40] についても同様。

《2》 may [might] as well ～（～してもかまわない，～する方がよいくらいだ）（[39]）

Ex. You keep buying clothes that you never wear. You **may as well** throw your money away.
（あなたは着もしない服を買い続けている。お金を捨てているようなものだ。）

You **may as well** go to Italy if you want to study architecture.
（建築の勉強がしたいならイタリアに行くのがいいですよ。）

You **might as well** try to do it again if you haven't given up yet.
（まだあきらめていないなら，もう一度やってみた方がいいですよ。）

It's raining now; we **might as well** take a taxi.
（雨が降っている。タクシーに乗るのもいいね。）

《3》 **may [might] as well ～ as ...**（…するのは～するようなものだ，…するなら～する方がましだ）(**40**)

> **Ex.** They **may [might] as well** eat a delicious meal at a nice restaurant **as** spend that money on clothes.
> （服にそんなにお金をかけるくらいならいいレストランでおいしい食事をする方がましだ。）
> You **may [might] as well** do your homework all by yourself **as** ask for his help.（君は彼の助けを求めるくらいなら自力で宿題をやった方がいい。）

《4》 **would rather ～ (than ...)**（(…するより) むしろ～したい）(**41**)

> **Ex.** **I'd rather** watch TV at home **than** play outside.
> （外で遊ぶなら家でテレビを見ていたい。）
> We **would rather** read **than** play ping-pong.
> （私たちは卓球をするよりむしろ読書をしたい。）

> **cf.** 同様の表現に would prefer ～（～の方がいい），would prefer to ～（～する方がいい）がある。〔*後に rather than... を伴うこともある。〕
> **I'd prefer** the brown shoes.（私は茶色の靴の方がいい。）
> **I'd prefer to** watch TV at home (**rather than** play outside).

> ⚠ would rather が (that) 節を伴って使われることがある。その際，that は省略されることが多い。(that) 節内は仮定法過去（▶ p. 274）または仮定法過去完了（▶ p. 275）となる。
> **I would rather** you went to bed now.（君はもう寝た方がいい。）
> **I would rather** you didn't smoke here.（ここで煙草を吸って欲しくないのですが。）
> **I would rather** you didn't make a loud noise here.
> （ここでは大きな音をたてないほうがいい。）
> **I would rather** you hadn't followed his advice.
> （私はあなたに彼の忠告に従うようなことはして欲しくなかったのですが。）

【その他の慣用表現】

● **would like to ＋動詞の原形**（～したいと思う）（丁寧表現）

I **would like to** introduce you to Mr. Johnson.
（あなたをジョンソンさんにご紹介したいと思います。）

● **would like ～ to ＋動詞の原形**（～に…してほしいと思う）（丁寧表現）

I **would like** *you* **to** help me with my research.
（あなたに調査の手伝いをお願いしたいのですが。）

● **would sooner ～ (than ...)**（(…するより) むしろ～したい）

I **would sooner** die **than** retire.
（私は引退するくらいなら死んだほうがよい。）

第6章

態

導入 ● **受動態の形と機能**
    1. 受動態と能動態   120
    2. なぜ受動態を使うのか   120

基礎 ● **受動態の基本的な用法**
    1. 受動態の肯定文・否定文・疑問文   122
    2. 受動態のWh-疑問文・完了形・進行形・助動詞を含む文：Wh-疑問文 / 進行形 / 完了形 / 助動詞を含む文   123
    3. by以外の前置詞を用いる慣用表現   126

発展 ● **受動態の注意すべき用法**
    1. 文型と受動態：SVOO / SVOC   128
    2. 動作と状態   129
    3. 句動詞の受動態   130
    4. say, think, believeなどの受動態   131

Step1 導入 受動態の形と機能

1 受動態と能動態

　英語には，〈SVO〉〈SVOO〉〈SVOC〉など，目的語を取る他動詞構文が存在するが，これらは「～する」という能動的な意味を持つ。一方，目的語を主語に転換することによって，「～される」という受動的な意味を表す形を作ることもできる。
　ここでピカソが絵を描いている状況を想像してみよう。この状況を英語で説明するとき，2通りの表現方法がある。

(1) Picasso **painted** the picture.（ピカソがその絵を描いた。）
(2) The picture **was painted** by Picasso.（その絵はピカソによって描かれた。）

　(1)のように「S（動作主）がO（対象）を ～した」という形を能動態と呼び，(2)のように「O（対象）がS（動作主）によって ～された」という形を受動態と呼ぶ。受動態では，動詞が〈**be動詞＋過去分詞**〉の形となり，動作主は前置詞句（by Picasso）で表される。

2 なぜ受動態を使うのか

　受動態を使うのには，いくつかの理由が関係している。第1の理由は話題の継続性である。たとえば，Look at the picture.（その絵を見てごらん。）と言った後で，その絵について説明するとしよう。

(3) Look at that picture. It was painted by Picasso.
(4) Look at that picture. Picasso painted it.

　最初の文で that picture が話題として提示されているので，続く文では，それを主語の It で受けた (3) の方が**話題の継続性**の点でより自然である。また，英語では重要な情報を文末に置く傾向があるので，その意味でも (3) の方がよい。一方，(4) では，後続する文の主語が Picasso となり，別の話題を提示しているかのような印象を与えてしまうので，文の流れが損なわれることになる。（ただし，日常会話では，強勢によって Picasso を強調すれば，(4) も不可能ではない。）

　第2の理由は**動作主**の性質に関係している。以下の例 (5) のように動作主が特定できないときや，(6) のように動作主が漠然としているときは，受動態が使われることが多い。

(5) My bicycle **was stolen** yesterday.（私の自転車は昨日盗まれた。）
(6) Portuguese **is spoken** in Brazil.（ブラジルではポルトガル語が話される。）

　(5) の代わりに，Someone stole my bicycle yesterday. としてもよいが，someone では，動作主を特定していることにはならない。(6) の場合も，They speak Portuguese in Brazil. とすることもできるが，they は情報価値が低いので，受動態の方が好ましい。

　以上の理由のほかに，事実を客観的に提示する場合に受動態が使われることがある。たとえば，「彼の理論は誤りだと証明されている」と述べるとき，受動態を使って His theory is proved to be wrong. のように表現するのが一般的である。受動態を避けて，できるだけ能動態を使う方がよい，と指摘されることがあるが，時と場合によりけりである。

What's on your mind?

Q：受動態にできない他動詞はありますか。
A：はい，すべての他動詞が受動態にできるわけではありません。たとえば，I climbed Mt. Fuji. を受動態にして，× Mt. Fuji was climbed by me.（富士山は私に登られた。）とすることは通常できません。（ただし，"I hear that your sister climbed Mt. Fuji." という発言を受けて，"No, Mt. Fuji was climbed by me." [me に強勢] と答えることはできます。）一般的に，受動態の主語となるものは，何らかの影響や変化を受けるものが想定されています。My father visited the Louvre. を，× The Louvre was visited by my father.（ルーブル美術館は父に訪問された。）とすることができないのも，同様の理由です。ところが，以下の文では事情が異なります。

(1) Mt. Fuji **is climbed** by many people every summer.
(2) The Louvre **is visited** by people from all over the world.

多くの人が来れば，富士山もルーブル美術館も何らかの影響を受ける対象として捉えることが可能になるのです。同じ他動詞が使われていても，文脈により受動態が許容される場合とそうでない場合があるのです。

Step2 基礎 受動態の基本的な用法

1 受動態の肯定文・否定文・疑問文

> 1　The cake **was baked** by my mother.　[肯定文]　　135
> 2　Rome **was not built** in a day.　[否定文]　　136
> 3　**Was** vitamin B₁ **discovered** by a Japanese scientist?　[疑問文]　137

1　そのケーキは母によって焼かれた。
2　ローマは1日にして成らず。　[ことわざ]
3　ビタミンB₁は日本人科学者によって発見されたのですか。

《1》受動態の肯定文（ 1 ）
受動態は〈be動詞＋過去分詞〉を基本とし、時制はbe動詞の変化によって表す。

> Ex. The Nobel Prize in Physiology or Medicine **was awarded** to Dr. Shinya Yamanaka in 2012.（ノーベル生理学・医学賞は、2012年に山中伸弥博士に贈られた。）
> Taro **was allowed** to sing at the festival.
> （太郎はフェスティバルで、歌うことを許可された。）

《2》受動態の否定文（ 2 ）
受動態の否定文は、〈be動詞＋not＋過去分詞〉となる。

> Ex. His visit **was not welcomed** by Okinawans.
> （彼の訪問は沖縄の人々から歓迎されなかった。）

《3》受動態の疑問文（ 3 ）
受動態の疑問文はbe動詞が文頭に置かれる。

> Ex. **Were** any accidents **reported**?　[過去]
> （事故は報告されましたか。）

2 受動態のWh-疑問文・完了形・進行形・助動詞を含む文

1 Wh-疑問文

> **4** When was this school established? 138
> **5** What was discussed at the meeting? 139
> **6** Who was this novel written by? 140
>
> **4** この学校は，いつ創立されたのですか。
> **5** 会議では何が話し合われましたか。
> **6** この小説は誰によって書かれましたか。

《1》「いつ(when)，どこで(where)，どうやって(how)，なぜ(why)」を尋ねる場合（**4**）
〈疑問詞＋be動詞＋S＋過去分詞〉の形にする。

Ex. Where was the concert held?（コンサートはどこで開かれたのですか。）
Why was Lucy scolded by the teacher?
（なんでルーシーは先生に叱られたのですか。）

《2》「何が～されるか」「誰が～されるか」のように主語を尋ねる場合（**5**）
〈疑問詞(What / Who)＋be動詞＋過去分詞～?〉の形にする。

Ex. Who was invited to the party?（誰がパーティーに招かれたのですか。）
Who was killed in the accident?（誰が事故で亡くなったんですか。）

《3》「誰によって～されるか」のように尋ねる場合（**6**）
〈Who＋be動詞＋主語＋過去分詞＋by〉の形にする。

Ex. Who was this picture painted by?（誰によってこの絵は描かれたのですか。）

> ⚠ 硬い表現では，〈By whom ～?〉となる場合もある。
> **By whom** was *Othello* **written**?（誰によって「オセロ」は書かれたのですか。）
> **By whom** were they **laughed at**?（彼らは誰に笑われたんですか。）
> ［＊〈**laugh at ～**〉（～を笑う）は句動詞（▶ pp. 537-542）と呼ばれるもので，単一の動詞の働きをする。したがって，このような疑問文においても，切り離すことはせずに，一体のものとして扱う（▶ pp. 130-131 句動詞の受動態）。］

❷ 進行形

> **7** The motor show **is being held** in Tokyo now.　　141

> **7** モーターショーが今，東京で開かれているところだ。

受動態の進行形は，〈**be 動詞＋ being ＋過去分詞**〉の形をとる。進行形〈**be + V-ing**〉と受動態〈**be 動詞＋過去分詞**〉が結合して，2 番目の be 動詞が being となったと考えると納得が行くだろう。

```
進行形：          be  +  V-ing
受動態：              be   + 過去分詞
受動態の進行形：be  +  being  +  過去分詞
```

Ex. The walls of my room **are being painted** now.
（私の部屋の壁は今ペンキが塗られている最中だ。）
The car **is being driven** not by Ken but by his wife now.
（今，その車は健ではなく彼の奥さんが運転している。）
My house **is being built** now.（私の家は現在建築中です。）
That song **is being sung** by Mary now.
（あの歌は今メアリーによって歌われている。）
Papers **are being prepared** for publication.
（出版に向けて，論文が作成されているところだ。）

❸ 完了形

> **8** This room **has** not **been used** for a long time.　　142
>
> **9** This room **had** already **been cleaned** before the guests arrived.　　143

> **8** この部屋は長い間，使われていない。
> **9** この部屋は客たちが到着する前にすでに掃除されていた。

受動態の現在完了形は，**8** のように，〈**have** (＋**not**[**never**]) **＋ been ＋過去分詞**〉の形をとる。また，受動態の過去完了形は，**9** のように，〈**had** (＋**not**[**never**]) **＋ been ＋過去分詞**〉の形をとる。

```
完了形：        have  +  過去分詞
受動態：             be   + 過去分詞
受動態の完了形：have  +  been  +  過去分詞
```

また，完了形の疑問文は have[has, had] が文頭に置かれる。

Ex. Jane **has been married to** Paul for three years.
（ジェーンはポールと結婚して 3 年になる。）
This room **has not been used** for a long time.
（この部屋は，長い間使われていない。）
England **has never been hit** by a serious earthquake.
（イングランドは大地震に襲われたことがない。）
Has any accident **been reported**？（事故は報告されていますか。）
Has the suspect **been arrested**？（容疑者は捕まっていますか。）

On a Street Corner

NO PARKING はよく見かける「駐車禁止」の表示ですが，ここでは下の赤い字に注目してください。YOUR NUMBER PLATE HAS BEEN RECORDED（あなたのナンバープレートは記録されています）と受動態の現在完了形が使われています。記録され，その結果が残っていると警告しているわけですから，現在完了形の「完了・結果」の用法だと考えられます。

❹ 助動詞を含む文

10 Every child **will be given** a present.　　　144

11 The fireworks **can be seen** from the roof.　　　145

10 子供たちはみんなプレゼントがもらえるでしょう。
11 花火が屋上から見える。

助動詞を含む受動態の肯定文は，〈**助動詞＋ be ＋過去分詞**〉の形をとる。

Ex. On a clear night, Mars **can be seen** in the sky.
（晴れた夜には，空に火星が見える。）
The question **must be answered**.（その疑問には答えなければならない。）
Your teeth **must be kept** clean.（歯は清潔にしておかなければならない。）
This room **must be cleaned** by tomorrow.
（この部屋は明日までに掃除しなければならない。）

⚠ 助動詞を含む受動態の疑問文は，助動詞を文頭に移動し〈**助動詞＋ S ＋ be ＋過去分詞**〉の形をとる。

Can the fireworks **be seen** from the roof?（花火は屋上から見えますか。）

Step2　受動態の基本的な用法　125

Can vegetables **be produced** in such a dry area?
(こんな乾燥地帯で野菜ができるのですか。)
Can't his words **be relied on**? (彼の言葉は信用できないのですか。)

⚠ ⟨have to⟩や⟨be going to⟩を含む文では，直後に⟨be ＋過去分詞⟩が来る。
This machine **has to be fixed**. (この機械は修理しなければならない。)
Is it **going to be repaired**? (それは修理することになっていますか。)

⚠ 助動詞を伴う受動態の完了形は，⟨助動詞＋ have been ＋過去分詞⟩となる。
It **must have been broken** by the dog. (その犬に壊されたに違いない。)
It **should have been discussed** first. (それを最初に話し合うべきだった。)

On a Street Corner
All shoes must be removed for X-ray inspection.

この掲示は空港の手荷物検査をする場所で見られるもので，X線検査により靴に異状がないかを確認する目的で出されているものです。ここで must be removed のように，助動詞を含む文の受動態が使われていることに注意しましょう。remove は「脱ぐ」という意味で，take off よりも硬い表現です。文全体では，「エックス線検査のため，靴はすべて脱いで下さい」という意味合いになります。

3 by 以外の前置詞を用いる慣用表現

12 My parents **were satisfied with** my grades.　　　　*146*

13 We **were surprised at** the news.　　　　*147*

14 His daughter **is married to** a rock musician.　　　　*148*

12 両親は私の成績に満足した。
13 私たちは，そのニュースに驚いた。
14 彼のお嬢さんはロック・ミュージシャンと結婚している。

be satisfied with ～（～に満足している），be surprised at ～（～に驚いている）のように，感情・心理状態を表すとき，受動態が使われることが多い。感情を表す動詞の多くが他動詞であるため，「満足している」や「驚いている」という状態を表すとき，受動態の形をとる。前置詞は動詞の種類によって異なるので要注意。

Ex. They **are satisfied with** their working conditions.
（彼らは労働条件に満足しています。）
I **was** so **bored with** his long lecture.（私は彼の長い講義にとても退屈していた。）
I **was delighted with**[at / by] the news.（私はその知らせに喜んだ。）
［＊ delight の場合には，with のほかにも，at や by が使われることもある。］

また，14 の be married to ~（~と結婚している）のように，感情表現以外でも by 以外の前置詞が使われることもある。受動態の形をとっているものの，「~の状態にある」という形容詞的意味合いの強い表現と言える。この点については 12 13 のような感情や心理状態を表す動詞も同様で，現在では形容詞化していると見なされている（▶ p. 449 分詞形容詞）。

Ex. Three people **were injured in** the accident.（3人が事故で負傷した。）
The land **is covered with** snow.（その土地は雪で覆われている。）
Fukuzawa Yukichi **is known to** almost everyone in Japan.
（福沢諭吉は日本ではほとんどの人に知られている。）
The tank **was filled with** gasoline.（タンクはガソリンでいっぱいだった。）
The battery **is made from** carbon nanotubes.
（そのバッテリーはカーボンナノチューブからできています。）
Her heart **was filled with** happiness.（彼女の心は幸福で満たされていた。）
The wall of her house **is covered with** ivy.
（彼女の家の壁は，つたで覆われている。）

cf. by 以外の前置詞をとる慣用的な受動態

be absorbed in ~（~に夢中になっている）	be amazed at ~（~に驚く）
be bored with ~（~に退屈している）	
be disappointed with ~（~にがっかりする）	
be excited about ~（~に興奮する）	be frightened at ~（~におびえる）
be interested in ~（~に興味を持つ）	be pleased with ~（~に喜ぶ）
be shocked at ~（~にショックを受ける）	
be worried about ~（~のことで心配している）	
be caught in ~（〔不快な状況などに〕あう）	
be crowded with ~（~で混み合っている）	be packed with ~（~でいっぱいだ）

Tips on Grammar　自動詞の受け身

自動詞でありながら，受け身の意味を表す動詞もあります。

(1) Iced tea **sells** well in the summer.（アイス・ティーは夏によく売れる。）
(2) That sentence **reads** two ways.（その文は2通りに読める。）

上例の sell や read は目的語を伴っていないことから，自動詞であることが分かります。しかし，意味の上では本は「売れる」わけですし，文は「読まれる」わけですから，受け身の意味が感じられます。ちなみに，この種の動詞は well, two ways など様態を表す語句を伴って使われる傾向があります。

Step3 発展 受動態の注意すべき用法

1 文型と受動態

❶ SVOO

> **15** The players **were given** gold medals.　　　　　　　　　　*149*
> **16** Gold medals **were given** to the players.　　　　　　　　　*150*

　　15 選手たちには金メダルが与えられた。
　　16 金メダルが選手たちに与えられた。

上の用例に対応する能動態は，以下に示すように，⟨SVO₁O₂⟩ の文型をとる。

　　They gave the players nice medals.
　　　S　　 V　　　O₁　　　　O₂　　　　(O₁ = 間接目的語 ; O₂ = 直接目的語)

目的語が2つある場合は，2通りの受動態が可能になる。**15** は間接目的語を主語とした受動態であり，**16** は直接目的語を主語とした受動態である。

Ex. She **was given** an award by the organization.
　　　(彼女はその団体から賞を授与された。)
　　　That nice bicycle **was bought for** my son.
　　　(あの素敵な自転車は私の息子のために買ったのです。)

⚠ 直接目的語を主語にすると，Good advice was given me. という形も考えられるが，この言い方はあまり一般的ではない。通常は，**16** にあるように，⟨**be given to** ~⟩ が使われる。この受動態は，They gave good advice to me. (SVO) を受動態にしたものとも考えられる。

⚠ ⟨SVO₂ **to** O₁⟩ の形に言いかえできる動詞は，give のほかに **bring, send, show, teach, tell** などがある (▶ p. 42)。この種の動詞の場合，**15** のように間接目的語を主語とする受動文を作ることができる。

⚠ ⟨SVO₂ **for** O₁⟩ の形に言いかえ可能な **buy, cook, find, get, make** などの動詞 (▶ p. 42) の場合，間接目的語を主語とした受動文は不自然になる。
　　They made me a paper doll. → × *I was made a paper doll.*
　　They made a paper doll for me. → ○ A paper doll was made for me.

ただし，buy などについては，まれに間接目的語を主語にとる場合もある。
They bought him that book. → △ He was bought that book.
They bought that book for him. → ○ That book was bought for him.

❷ SVOC

> **17** Einstein **was called Al** by his friends.   *151*
>
> **18** The classroom should **be kept clean** by all of us.   *152*

17 アインシュタインは友人たちからアルと呼ばれていた。
18 教室は我々全員によって清潔に保たれるべきだ。

動詞 call や keep は，⟨**call + O + C**⟩（O を C と呼ぶ），⟨**keep + O + C**⟩（O を C に保つ）のように，⟨SVOC⟩ の文型で使われる。これを受動態にしたものが，**17 18** の用例である。⟨SVOC⟩ の受動態を作るには，目的語を主語として文頭に移動し，補語はそのまま残す。

Ex. The stolen car **was found abandoned** near the riverbank.
（盗難車は，川岸のそばに放棄されているのが見つかった。）
What is this bird called in Japanese?（この鳥は日本語で何と呼ばれていますか。）

cf. この文型でよく使われる動詞としては，call, elect, keep, leave, make, name などがある。

❷ 動作と状態

> **19** He **got arrested** for drunken driving.   *153*
>
> **20** Please **remain seated** until the bus stops.   *154*

19 彼は飲酒運転で逮捕された。
20 バスが止まるまで座っていてください。

受動態は，**動作**（〜される）を表す場合と**状態**（〜されている）を表す場合がある。
⟨**get + 過去分詞**⟩は，**19** のように動作を表す口語表現である。特に，その動作が突然行われたり，予期しないものだったりする場合や，動作の結果や影響が話し手（主語）にふりかかってくるような場合に使われる。

Ex. I **got acquainted** with him ten years ago.（彼とは 10 年前に知り合いになった。）
He **got injured** in the accident.（彼は事故でけがをしました。）

cf. ただし，以下のような慣用表現は，口語以外でも使われる。

get dressed（服を着る）　　　get injured（けがをする）
get lost（迷子になる）　　　　get married to 〜（〜と結婚する）

〈**remain**[**lie**]＋過去分詞〉は，状態を表す場合に使われる。

Ex. Their eyes **remained glued** to the screen until the movie was over.
（映画が終わるまで，彼らの目はスクリーンに釘づけされていた。）
The soldiers **lay injured**. （兵士たちが負傷し倒れていた。）

⚠ 文脈によって，動作の解釈をとる場合と，状態の解釈を取る場合がある。
The antenna **was damaged** by lightning. （[動作]アンテナは雷で損傷した。）
The antenna **is damaged** now. （[状態]アンテナは今損傷を受けた状態にある。）
The shop **was closed** yesterday.
（[動作]店は昨日で閉店した。／[状態]店は昨日休みだった。）

⚠ 〈**have**[**get**]＋目的語＋過去分詞〉の形で「**被害**」の受け身（～される）を表したり，「**使役**」の意味（～させる，してもらう）を表したりすることがある（▶ p. 194）。
I **had** my car **broken** into yesterday. （昨日，私は自分の車を荒らされた。）
I **had** my car **repaired** at the garage. （私は修理工場で車の修理をしてもらった。）

3 句動詞の受動態

| 21 | The details should **be paid attention to**. | 155 |
| 22 | She **is looked up to** by her students. | 156 |

21 細部に注意が払われるべきだ。
22 彼女は生徒たちに尊敬されている。

pay attention to ～（～に注意を払う）や look up to ～（～を尊敬する）のような句動詞を含む文を受動態にするときには，前置詞を含む句動詞全体を 1 つの他動詞のように扱う（▶ p. 537 句動詞）。

Ex. Everything I do **is** always **found fault with** by her.
（私のやることは何でも，いつも彼女にあら探しをされる。）
That child must **be taken good care of**.
（その子はしっかり面倒を見てもらわなければならない。）
Steve **is looked down upon** by his colleagues.
（スティーヴは同僚から見下されている。）
My grandfather **was looked after** by my sister.
（祖父は，私の姉に世話をしてもらった。）
Who **was spoken to** by the foreign guest?
（外国からのお客さんに話しかけられたのは誰ですか。）
What should **be agreed on** by the committee?
（委員会によって何が決定されるべきですか。）

cf. 受動態でよく用いられる句動詞

account for ~（~の理由を説明する）	break into ~（~に押し入る）
call for ~（~を要求する）	deal with ~（~を取り扱う）
decide on ~（~に決める）	dispose of ~（~を処分する）
laugh at ~（~を笑う）	look after ~（~の面倒を見る）
look into ~（~を調査する）	refer to ~（~に言及する）
speak well of ~（~をほめる）	touch on ~（~に触れる） など

4 say, think, believe などの受動態

> **23** It is said that Japanese people love marathons.　*157*
>
> **24** Japanese people **are said to** love marathons.　*158*

23 24 日本人はマラソンが好きだと言われている。

上の例文のもとになった受動態は，They say that Japanese people love marathons. である。ここでの主語の They は漠然とした「人」を表す。

Ex. It is known that soccer is the most popular sport in Japan.
≒ Soccer **is known to** be the most popular sport in Japan.
（サッカーは日本で最も人気のあるスポーツとして知られている。）
It is often said that chicken soup is good to eat when you have a cold.
≒ Chicken soup **is often said to** be good to eat when you have a cold.
（チキンスープは風邪を引いたときに食べるとよい，とよく言われる。）
It is said that Japanese culture is unique.
≒ Japanese culture **is said to** be unique.
（日本の文化はユニークだと言われている。）

⚠ 次の (1) (2) (3) はほぼ同義である。なお，このパターンで使える動詞としては，believe, expect, know, report, say, see, think などがある。
　(1) They say [think / believe] that he is smart.
　(2) It is said [thought / believed] that he is smart.
　(3) He is said [thought / believed] to be smart.

■ 準動詞

1 準動詞とは何か

　動詞は述語動詞として使われるほかに，**不定詞・動名詞・分詞**（現在分詞・過去分詞）として特別の働き方をする場合がある。これらは動詞に準ずるものという意味で**準動詞**と呼ばれる。準動詞は，動詞の変化形でありながら，**主語の人称・数によって形をかえることがない**。また，機能の点では，動詞としての性質を残しつつ，次に示すように本来の動詞にはない多様な機能を担っている。

　(1) **不定詞**：⟨to＋動詞の原形⟩という形で，文の中で名詞・形容詞・副詞として使われる。
　(2) **動名詞**：⟨動詞の原形＋ing⟩という形で，文の中で名詞として使われる。
　(3) **分詞**：「現在分詞」と「過去分詞」があり，文の中で形容詞・副詞として使われる。現在分詞は動名詞と同じく⟨動詞の原形＋ing⟩という形をとり，基本的に「～する，～している」という能動的な意味を持つ。過去分詞は基本的に「～される，～されている」という受動的な意味を持つ。その形については「動詞の活用」（▶p.52）を参照のこと。

2 動詞と異なる性質

❶ 名詞的用法がある

準動詞のうち名詞として使われるのは不定詞と動名詞である。

《1》 不定詞（▶p.140）

　My father's dream was **to be** a baseball player.
　（私の父の夢は野球選手になることだった。）

to be (a baseball player) という不定詞が名詞の役割を持ち，「(野球選手に) なること」という意味になる。

《2》 動名詞（▶p.169）

　My favorite sport is **skating**.（私の好きなスポーツはスケートです。）

skating という動名詞が名詞の役割を持ち，「スケートをすること」という意味になる。

❷ 形容詞的用法がある

準動詞のうち形容詞として使われるのは不定詞と分詞である。

《1》不定詞 (▶ p. 142)

There were several assistants **to help** us.
（私たちを手伝ってくれる助手が何人かいた。）

to help という不定詞が，直前の名詞 assistants を修飾する形容詞の役割を持ち，「手伝ってくれる」という意味になる。

《2》分詞 (▶ p. 190)

There are a lot of people **waiting** in the lobby.
（ロビーには待っている人がたくさんいる。）

現在分詞 waiting が名詞 people を修飾する形容詞の役割を持っている。

I had a chance to chat with everyone **invited** to the party.
（私は，パーティーに招待されたすべての人と話をする機会があった。）

過去分詞 invited が代名詞 everyone を修飾する形容詞の役割を持っている。

❸ 副詞的用法がある

準動詞のうち副詞として使われるのは不定詞と分詞である。

《1》不定詞 (▶ p. 144)

John went to the library **to borrow** some books.
（ジョンは何冊か本を借りに図書館へ行った。）

to borrow (some books) という不定詞が動詞 went を修飾する副詞の役割を持ち，「(本を) 借りるために」という意味になる。

《2》分詞 (▶ p. 195)

Mary came **skipping**. （メアリーはスキップしながらやって来た。）

現在分詞 skipping が直前の動詞 came を修飾する副詞の役割を持つ。

3 動詞としての性質

準動詞は以上のように，文の中で名詞・形容詞・副詞の役割を持っているが，次に挙げるような動詞としての性質も兼ね備えている。

1 意味上の主語を持つ

文全体の主語と準動詞の主語が異なる場合，その準動詞に対する主語が「意味上の主語」として示される。

《1》不定詞（▶ p. 150）

> My parents want *me* **to study** art at college.
> （両親は私に大学で芸術を学んでほしいと思っている。）

主節の主語 my parents と不定詞 to study の主語が異なるために，me という意味上の主語を立てている。［＊構文上は me は動詞 want の目的語である。］

《2》動名詞（▶ p. 174）

> My parents don't like *my* **making** phone calls late at night.
> （私の両親は私が夜遅く電話をかけるのを好まない。）

主節の主語 my parents と動名詞 making の主語が異なるために，my という所有格を意味上の主語として立てている。

《3》分詞（▶ p. 200）

> His wife **being** busy with her work, he cooked for himself.
> （妻が仕事で忙しいために，彼は自分で料理をした。）

主節の主語 he と分詞 being の主語が異なるために，分詞の直前に his wife を意味上の主語として立てている。

2 否定形がある

準動詞の前に not を置くことによって否定形を作る。

《1》不定詞（▶ p. 152）

> I have decided *not* **to take** part in the contest.
> （私はコンテストに参加しないことに決めた。）

不定詞 to take の直前に not を置くことで，不定詞の意味が否定されている。

《2》動名詞（▶ p. 175）

He accused us of *not* **telling** the truth.
（彼は私たちが真実を語らないと責めた。）

動名詞 telling の直前に not を置くことで，動名詞の意味が否定されている。

《3》分詞（▶ p. 198）

Not **knowing** what to do, she just kept standing there.
（何をしたらいいのか分からなかったので，彼女はそこにただ立ち続けた。）

分詞 knowing の直前に not を置くことで，分詞の意味が否定されている。

❸ 完了形がある

準動詞の形を〈have ＋過去分詞〉にして完了形を作る。（不定詞：〈to have ＋過去分詞〉，動名詞：〈having ＋過去分詞〉，分詞：〈having ＋過去分詞〉）

《1》不定詞（▶ pp. 157-159）

He seems **to have sprained** his ankle while he was playing soccer.
（彼はサッカーをしているときに足首をくじいたようだ。）

主節の動詞 seems の「時」（＝現在）よりも前に足をくじいたことを示すために，不定詞の完了形が使われている。

《2》動名詞（▶ p. 177）

I am sorry for **having caused** you so much trouble.
（大変ご迷惑をおかけしてすみません。）

主節の動詞 am の「時」（＝現在）よりも前に相手に迷惑をかけたことを示すために，動名詞の完了形が使われている。

《3》分詞（▶ p. 198）

Having finished my homework, I went shopping with my sister.
（宿題を終えたので，私は妹と買い物に出かけた。）

主節の動詞 went の「時」（＝過去）よりも前に宿題を終えたことを示すために，分詞の完了形が使われている。

❹ 受動態がある

準動詞の形を〈be 動詞＋過去分詞〉にして受動態を作る。（不定詞 =〈**to be** ＋過去分詞〉; 動名詞 =〈**being** ＋過去分詞〉; 分詞 =〈(**being** ＋) 過去分詞〉）

《1》不定詞 (▶ p. 160)

Everybody wants **to be loved**. (誰でも愛されたいと思っている。)

「愛される」という受け身の意味を表すために，不定詞の受動態 to be loved が使われている。

《2》動名詞 (▶ p. 178)

I am tired of **being told** to clean my room.
(私は自分の部屋を掃除しろと言われることに，うんざりしている。)

「言われる」という受け身の意味を表すために，動名詞の受動態 being told が使われている。

《3》分詞 (▶ p. 197)

Published in 1995, the book instantly became a bestseller.
(1995 年に出版されると，その本はすぐにベストセラーとなった。)

「出版される」という受け身の意味を表すために，分詞の受動態が使われている。なお，上の例文では Being published ～の Being が省略されている。

第7章

不定詞

導入 ● **不定詞とは何か**
  1. 不定詞の基本的な用法　　　　　　　　　　　　　　　　　　138
  2. 不定詞の名詞的用法　　　　　　　　　　　　　　　　　　　138
  3. 不定詞の形容詞的用法　　　　　　　　　　　　　　　　　　139
  4. 不定詞の副詞的用法　　　　　　　　　　　　　　　　　　　139

基礎 ● **不定詞の基本的な用法**
  1. **名詞的用法**：主語として / 補語として / 目的語として　　140
  2. **形容詞的用法**：意味上の主語としての名詞を修飾 / 意味上の目的語としての名詞を修飾 / 直前の名詞の内容を説明　　142
  3. **副詞的用法**：目的を表す / 結果を表す / 感情の原因を表す / 判断の根拠を表す / 形容詞を修飾し意味を限定する　　144
  4. **〈SVO＋to＋動詞の原形〉**：want型 / tell型 / allow型 / believe型　　147
  5. **不定詞の意味上の主語**：意味上の主語を表示しない場合 / 意味上の主語を表示する場合　　150
  6. **不定詞の否定形**　　　　　　　　　　　　　　　　　　　152
  7. **〈SVO＋動詞の原形〉**：知覚動詞 / 使役動詞 / helpの用法　　153

発展 ● **不定詞の注意すべき用法**
  1. **不定詞の完了形・進行形・受動態**：不定詞の完了形 / 不定詞の進行形 / 不定詞の受動態　　157
  2. **〈自動詞＋to不定詞〉**：come [get] to 〜 / happen [prove, turn out] to 〜 / be to 〜　　161
  3. **不定詞を使ったさまざまな表現**：too ... to 〜 / ... enough to 〜 / so ... as to 〜 / have only to 〜 / have something [anything / nothing] to do with 〜 / 疑問詞＋to 〜　　163
  4. **独立不定詞**　　　　　　　　　　　　　　　　　　　　　167
  5. **代不定詞**　　　　　　　　　　　　　　　　　　　　　　168

Step1 導入 不定詞とは何か

1 不定詞の基本的な用法

不定詞(infinitive)は動詞の変化形の1つで，〈**to＋動詞の原形**〉の形をとる **to 不定詞**と，動詞の原形からなる**原形不定詞**がある。(特に断らない場合は，to 不定詞を指す。)

不定詞には，(1) 動詞を名詞句に転換する**名詞的用法**，(2) 動詞を形容詞句に転換する**形容詞的用法**，(3) 動詞を副詞句に転換する**副詞的用法**の 3 つの基本的な用法がある。

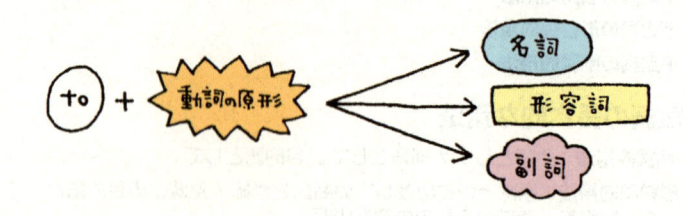

2 不定詞の名詞的用法

I need a computer.（私はコンピューターが必要です。）において，a computer という名詞句が動詞の目的語として使われている。

さて，「コンピューターを買う必要がある」と言うにはどうしたらよいのだろうか。「コンピューターを買う」なら，I buy a computer. でよいが，これをそのまま，× *I need [I buy a computer]*. と目的語にすることはできない。

そこで不定詞の助けを借りて，I need **to buy** a computer.（私はコンピューターを買う必要がある。）とすれば，need の目的語とすることができる。不定詞句の to buy a computer は，動詞の目的語になるという意味で，名詞句と同じ働きをしていることから，これを不定詞の**名詞的用法**と言う。

S	V	O（＝名詞相当語句）
I	need	**a computer**
I	need	**to buy a computer**

不定詞の名詞的用法は，動詞を名詞句に転換する用法だと述べたが，実は動詞としての性質を残している。先の例では，to buy は名詞化されているものの，一方では動詞としての性質を残しているため目的語 (＝ a computer) をとることができる。

3 不定詞の形容詞的用法

形容詞は名詞を修飾して，物事を具体的に描写する働きをする。たとえば，I had a chance.（私にはチャンスがあった。）に形容詞を付け加えることで，I had a **big** chance.（私には大きなチャンスがあった。）のように，描写をより具体的にすることができる。

しかし，以下の用例に見られるように，名詞を修飾するのは形容詞に限られているわけではない。

(1) I had a chance **to study** abroad.（私には留学するチャンスがあった。）

ここでは，to study abroad が a chance を後ろから修飾している。このような用法を不定詞の**形容詞的用法**と言う。修飾関係を図示すると以下のようになる。

S	V	O
I	had	a [big] chance
I	had	a chance [to study abroad]

4 不定詞の副詞的用法

次の (2) (3) において，下線部分はともに動詞 went を修飾する副詞としての働きをする修飾句である。

(2) I went to the park yesterday.（私は昨日公園に行った。）
(3) I went to the park **to jog**.（私はジョギングをするために公園に行った。）

(2) では yesterday が went を修飾する一般的な副詞であるが，(3) は不定詞が「～するために」という目的を表す副詞としての役割をしている。このように副詞の働きをする不定詞を不定詞の**副詞的用法**と言う。

S	V	修飾語
I	went to the park	yesterday
I	went to the park	to jog

以上見てきたように，不定詞は動詞でありながら，名詞・形容詞・副詞の3つの機能をあわせ持つことになる。

不定詞の基本的な用法

Step2 基礎

不定詞句は文中で名詞・形容詞・副詞の働きをする。ここでは基本となるこの3用法について確認する。

1 名詞的用法

不定詞句は名詞のように，文の中で主語・補語・目的語の働きをする場合がある。

❶ 主語として

> **1** <u>**To make** a hotel reservation on the Internet</u> was easy. *159*
>
> **2** *It* was easy <u>**to make** a hotel reservation on the Internet</u>. *160*
>
> **1** **2** インターネットでホテルを予約することは簡単だった。

不定詞を中心とする語句（これを**不定詞句**と呼ぶ）が，「～すること」の意味で文の主語の役割を果たしている。**1** では不定詞 to make を含む下線部全体が不定詞句である。

> Ex. <u>**To go** on a space trip</u> has been my dream since I was a child.
> （宇宙旅行に行くことが子供の頃からの夢だった。）

ただし，不定詞句を主語とすると，文頭の主語が長過ぎてしまうこともある。これを避けるため，**2** のように**形式主語** it を用いて，真の主語である不定詞句を述部の後に置くことがある。

> Ex. *It* is impossible **to stay** here any longer.
> （これ以上ここにとどまるのは不可能だ。）
> *It* was quite easy **to find** the solution. （解決策を発見するのはとても容易だった。）

❷ 補語として

> **3** His dream is <u>**to be** a professional baseball player</u>. *161*
>
> **4** Our plan is <u>**to stay** in Singapore for a week</u>. *162*

3 彼の夢はプロ野球選手になることだ。
4 私たちの計画はシンガポールに 1 週間滞在するということです。

〈SVC〉の構文で，不定詞句が補語の役割を果たしている。下線を施した不定詞句は，それぞれの主語 (His dream, Our plan) について説明を加えているので，**主格補語**と呼ばれる。主語になる名詞としては aim, dream, idea, plan, proposal など，「目的」「計画」「希望」などの意味を持つものが多い。

Ex. My goal **is to become** a world-famous pianist in the future.
（私の目標は将来世界的に有名なピアニストになることだ。）
The President's proposal was **to continue** peace talks.
（大統領の提案は和平会談を続けるということだった。）

+α to 不定詞の to は，方向や到達点を表す前置詞であったものが，〈**to ＋動詞の原形**〉という形になったものである。前置詞としての元の意味は完全に失われているわけではなく，aim, dream, idea, plan, proposal などと一緒に使われるのは，これらの名詞が**未来志向**（▶ p. 170）であることと関係がある。

⚠ be 動詞の補語に不定詞がくると，原形不定詞が用いられることもある。
All you have to do is **(to) sit** there quietly.
（あなたは，そこに静かに座っているだけでいいのです。）

③ 目的語として

5 She wants **to study** music at music college. [SVO]　　163

6 We have decided **to leave** an hour earlier. [SVO]　　164

7 My brother thinks *it* difficult **to find** a job. [SVOC]　　165

8 I found *it* easy **to make** a hotel reservation on the Internet. [SVOC]　　166

5 彼女は音大で音楽を勉強したいと思っている。
6 私たちは 1 時間早く出発することに決めた。
7 兄は仕事を見つけるのは難しいと思っている。
8 インターネットでホテルを予約することは簡単だと分かった。

例文 5 6 は，〈**SVO**〉の構文で，不定詞句が want, decide の目的語となっている。目的語として不定詞句をとる動詞としては，aim, choose, decide, hope, learn, plan, promise, want など，未来志向的な意味を持つものが多い。

> **Ex.** We decided **to meet** at the station at three o'clock tomorrow.
> （私たちは明日 3 時に駅で会うことにした。）
> We have decided **to reduce** our budget.（私たちは予算を切り詰めることにした。）
> You must learn **to be** punctual.（あなたは時間厳守することを学ばなければならない。）
> I cannot afford **to buy** such an expensive car.
> （私にはそんな高価な車を買う余裕はありません。）

例文 **7** **8** は，〈**SVOC**〉の構文で，不定詞句が目的語として使われている。この際，目的語の位置に**形式目的語** it を置き，真の目的語（不定詞句）は補語の後に置く。

> **Ex.** John thought *it* impossible **to finish** his report by Monday.
> （ジョンは月曜日までにレポートを仕上げることは不可能だと思った。）
> She found *it* impossible **to talk** to him.（彼女は彼に話すのは不可能だと分かった。）
> I make *it* a rule **to get** up at six every morning.
> （私は朝 6 時に起きるようにしている。）

⚠ 形式目的語を使わないで，次のように言うことはできない。
　× My brother thinks *to find a job* difficult.
　× I found *to make a hotel reservation on the Internet* easy.

⚠ 不定詞句は前置詞の目的語にはならないので，前置詞の後は動名詞にする。ただし，「～を除いて」という意味の前置詞 but, except は例外的に不定詞句（ときに原形不定詞）を従える。
We had no option **but**[**except**] **(to) take** this job.
（私たちはこの仕事に就くしか選択肢がなかった。）
He did nothing **but**[**except**] **(to) complain** about it.
（彼は不平を言うだけだった。）

2 形容詞的用法

不定詞句は名詞を修飾する形容詞としての働きをする場合がある。

❶ 意味上の主語としての名詞を修飾

> **9** There were *several assistants* **to help** us.　　　　　　　　167
> **10** There was *no one* **to clean up** after the party. 　　　　　　168

> **9** 私たちを手伝ってくれる助手が何人かいた。
> **10** パーティーの後に片付けをする者は一人もいなかった。

不定詞句によって修飾される名詞句が，不定詞句の**意味上の主語**となっている (▶ p. 150)。例文 **9** では，several assistants が to help us の意味上の主語，**10** では no one が to clean up after the party の意味上の主語となっている。

Ex. We are looking for *someone* **to take care of** our child while we are away.
（私たちが出かけている間, 子供を世話してくれる人を探している。）

❷ 意味上の目的語としての名詞を修飾

11 We have *a lot of work* **to do** today.   *169*

12 Please give me *something* **to drink**.   *170*

13 I have *something* **to talk about.**   *171*

11 私たちは, 今日しなければならない仕事がたくさんある。
12 何か飲むものをください。
13 話したいことがある。

　上例では, a lot of work, something, something がそれぞれ to do, to drink, to talk about の意味上の目的語となっている。このような用法では, 不定詞句が「～すべき」という意味合いを持つことが多い。

Ex. Our teacher assigned us *a lot of homework* **to do** for the summer vacation.
（私たちの先生は夏休みにする宿題をたくさん課した。）
Mr. Brown assigned us *a poem* **to learn** by heart.
（ブラウン先生は暗記するための詩を私たちに課した。）
I don't have anything **to write with**. （書くものを持っていません。）

cf. 「この家には掃除すべき部屋がたくさんある」と言うときは, 次の 2 通りの言い方ができる。
1. There are so many rooms **to clean**. （rooms が不定詞の意味上の目的語）
2. There are so many rooms **to be cleaned**. （rooms が不定詞の意味上の主語）

⚠ 「話したいことがある」と言いたいとき, × *I have something to talk.* にならないのは, I talk about something. という文を考えれば分かる。something to talk では, about が宙に浮いてしまう。逆に discuss は他動詞で, We discuss something. が基本なので, We have something to discuss. が正しく, × *We have something to discuss about.* は誤り。

⚠ 以下の例を確認しよう。

   a CD to listen **to** （聞くべき CD）
   a knife to cut apples **with** （リンゴを切るナイフ）
   a house to live **in** （住む家）　　a suggestion to think **about** （考えるべき提言）

以上が原則だが,「手段」の with,「場所」の in, on などは, 省略されることも多く, a place to live, a knife to cut apples のように前置詞を落として使われることもある。
   cf. Fujisawa is a good place to live. （藤沢は住みやすい所だ。）

Step2　不定詞の基本的な用法 | 143

③ 直前の名詞の内容を説明

> **14** Our teacher rejected *our request* **to make** snow cones at the school festival.　*172*
>
> **15** I had *a chance* **to talk** with Dr. Kanto at the meeting. 　*173*
>
> **16** We didn't have *time* **to go** to the soccer game. 　*174*

> **14** 先生は文化祭でかき氷を作りたいという私たちの要望を拒否した。
> **15** 私は貫戸医師と会議で話をする機会があった。
> **16** サッカーの試合へ行く時間がなかった。

不定詞句が直前の名詞の具体的な内容について説明している。例文 **14** では, our request の内容が不定詞句によって示されている。**15** では, a chance の内容が不定詞句によって示されている。このように先行する名詞の意味内容を不定詞句が具体的に説明している場合, この両者の関係を**同格**と言う。

16 では何のための「時間」なのかを不定詞句が説明している。これは同格ではないが, 不定詞句が time を修飾する関係にある。

Ex. Youth is *a time* **to study** and prepare for life.
（青春時代は勉強して人生の準備をする時だ。）
We could not find *a place* **to park** our car.
（私たちは車を駐車する場所が見つからなかった。）
All our attempts **to persuade** her were useless.
（彼女を説得しようとする私たちの試みはすべて無駄だった。）
I had a *chance* **to talk** to the pianist after the concert.
（私はコンサートの後で, ピアニストと話す機会があった。）
This robot has *the ability* **to play** catch.
（このロボットはキャッチボールをする能力がある。）

③ 副詞的用法

不定詞句は副詞として, 述語動詞・形容詞・副詞あるいは文全体を修飾する働きをする。

❶ 目的を表す

> **17** Makoto is studying hard **to be** a lawyer. 　*175*
>
> **18** I went to the library **to borrow** some books. 　*176*

17 誠は弁護士になるために一生懸命に勉強している。
18 何冊かの本を借りるために，図書館に行った。

不定詞は基本的に未来志向の意味合いを持っている。そのため，動作が行われている時点でこれから実現しようと思っている目的を表すことがある。

Ex. My sister went to Miyazaki **to study** wild ponies.
（私の妹は野生のポニーの研究をするために宮崎へ行きました。）

She used the Internet **to write** her report.
（彼女はレポートを書くためにインターネットを利用した。）

He used the microphone **to speak** to the audience.
（彼は聴衆に話すためにマイクロフォンを使用した。）

cf. 「目的」をより明確に表すためには，不定詞の代わりに〈**in order to** ～〉を用いることもある。〈**so as to** ～〉を用いる場合もあるが，〈**so as not to** ～〉と否定で使うことが多い。

She is studying hard **in order to** be a lawyer.
（彼女は法律家になるために一生懸命勉強している。）

Jane caught the earlier train **so as not to** be late for her class.
（ジェーンは授業に遅れないように早い電車に乗った。）

❷ 結果を表す

19 The man entered the room **to find** it empty. 177
20 Her grandfather lived **to be** eighty-five years old. 178
21 Hoshino Michio grew up **to be** a famous photographer. 179

19 男は部屋に入ってみたがそこには何もなかった。
20 彼女の祖父は 85 歳まで生きた。
21 星野道夫は成長して有名な写真家になった。

不定詞句が「～して，その結果…」という結果を表す用法である。

Ex. He woke up **to find** that the windows of his room had been left open.
（彼が目を覚ましてみると，部屋の窓が開けっ放しになっているのが分かった。）

cf. 結果を表す表現として，〈**only to** ～〉（結局～しただけだった），〈**never to** ～〉（その後～することはなかった）のような表現が使われることもある。

He has tried a lot of diets, **only to** fail.
（彼は多くのダイエットを試みたが，結局失敗した。）

Some cats go missing, **never to** return.
（ネコの中には行方不明になって，そのまま帰らないものもいる。）

❸ 感情の原因を表す

> **22** We were *delighted* <u>**to find**</u> him in good spirits. *180*
>
> **22** 私たちは，彼が機嫌がよいのが分かって喜んだ。

感情を表す形容詞の後に不定詞句を置いて，その感情の原因を表す用法である。この種の形容詞には delighted, glad, pleased, sad, sorry, surprised などがある。

> **Ex.** The old man was *pleased* **to hear** about his son's promotion.
> （その老人は息子の昇進の知らせを聞いて喜んだ。）
> She was *disappointed* **to find** that she had failed the exam.
> （彼女は試験に落ちたことを知ってがっかりした。）
> He was *happy* **to find** that many of his students had submitted well-written essays.
> （彼は自分の学生の多くがよく書けたエッセイを提出したことを知って満足した。）

❹ 判断の根拠を表す

> **23** He was *careless* <u>**to do**</u> such a thing. *181*
>
> **24** He must be *a well-trained engineer* <u>**to design**</u> such a computer system. *182*
>
> **23** そんなことをするとは，彼は不注意だった。
> **24** こんなコンピューター・システムを設計するなんて，彼は十分に訓練を積んだエンジニアに違いない。

初めに話者の判断を提示し，その後で判断の根拠を不定詞句で表している用法である。

> **Ex.** How *lucky* you are **to live** in a safe and peaceful country!
> （安全で平和な国に住んでいるとは，あなた方は何と幸運なことだろうか。）

❺ 形容詞を修飾し意味を限定する

> **25** The lecture was *difficult* <u>**to understand**</u>. *183*
>
> **26** This chair is *comfortable* <u>**to sit**</u> on. *184*
>
> **25** その講義は理解するのが難しかった。
> **26** この椅子は座り心地がよい。

25 では不定詞 to understand が形容詞 difficult を修飾して、「どういう点で難しかったのか」を補足・限定している。また、26 では to sit on が comfortable を修飾して、「どういう点で快適なのか」を補足・限定している。

Ex. The reality was *hard* **to accept**. (現実を認めることは難しかった。)
I'm *apt* **to catch** a cold. (私は風邪を引きやすい体質だ。)
He is *slow* **to understand**. (彼は理解が遅い。)
She is *quick* **to seize** the opportunity. (彼女は機を見るに敏である。)

cf. 形式主語の it を用いて、25 26 を次のように言いかえることができる。
  25 ≒ It was *difficult* **to understand** the lecture.
  26 ≒ It is *comfortable* **to sit** on this chair.
  この用法で用いられる形容詞は easy, difficult, impossible, dangerous, safe, comfortable, convenient のように、「難易」「危険度」「快適さ」などを表すものである。

⚠ It を主語にする構文と人を主語にする構文は紛らわしいので、要注意 (▶ p. 448)。
○ It is impossible for him *to talk*. (彼はしゃべることができない。)
○ He is impossible *to talk to*. (彼に話しかけることはできない。)
× *He is impossible to talk.*
○ It is dangerous *to swim* in that river. (あの川で泳ぐのは危険だ。)
× *We are dangerous to swim* in that river.

cf. 〈be ＋形容詞＋ to ＋動詞の原形〉の形で、主語の心的状態を表す慣用表現がある。
I'm **anxious to** visit Sri Lanka. (私はスリランカを訪れることを切望している。)
I'm **certain to** win. (僕が勝つことは確かだ。)
I'm **willing to** write a letter of recommendation for you.
(君のために推薦状を書くことはいとわない。)
She **is eager to** have a date with you. (彼女はあなたとデートしたがっている。)
I **am keen to** work with you. (私はあなたと仕事することを熱望している。)
Are you **free to** talk now？(今、お話しできますか。)
Are you **ready to** make a presentation？
(プレゼンテーションする準備はできていますか。)

4 〈SVO ＋ to ＋動詞の原形〉

〈SVO ＋ to ＋動詞の原形〉においては、目的語が to 不定詞の意味上の主語の働きをしている。ここでは意味の上から、want 型、tell 型、allow 型、believe 型の 4 つに分けて解説する。

1 want 型

| 27 | We **want** *them* **to come** to the fireworks display. | *185* |
| 28 | My girlfriend **wants** *me* **to become** a dog trainer. | *186* |

Step2 不定詞の基本的な用法 | 147

27 彼らに花火大会に来てほしい。
28 私のガールフレンドは私に犬の訓練士になってほしいと思っている。

want, wish など「希望」を表す動詞を用いた〈SVO ＋ to ＋動詞の原形〉で、「O に～してほしい」という意味になる。O と不定詞句が、〈主語＋動詞〉の関係にある。この種の動詞としては、他に desire, hate, like, love, prefer などがある。

Ex. Our parents **want** *us* **to take** care of the dog.
（両親は私たちに犬の世話をしてほしいと思っている。）

《米》口語では目的語の前に for をつけて使われることもある。
I want *for them* **to climb** the mountain by themselves.
（彼らには自力で登山してもらいたい。）
I wish *for you* **to keep** on making efforts.（あなたが努力を継続することを望む。）

For Conversation
want の用法

want は本来「欠けている」という意味を表し、やがて「必要である」「ほしい」というように意味変化してきたものです。そのため、〈**want** ＋**目的語**＋ **to** ＋**動詞の原形**〉には「是が非でも～してもらいたい」のように、話者の強い願望が表出されます。したがって、婉曲的に依頼するときは、この言い方は避けた方がいいでしょう。たとえば、「作文を書いたので先生に見ていただきたい」と言いたいときは、I **want** you to read through my composition. とすると、「依頼」ではなく「命令」に近いものになってしまいます。

丁寧に依頼するためには、以下のような表現がお勧めです。

(1) **I was wondering if** you could read through my composition.
(2) **May I ask you to** read through my composition?
(3) **Would you be able to** read through my composition?

---

❷ tell 型

29 The teacher **told** *us* **to finish** the paper by Thursday.　　*187*

30 The doctor **advised** *the man* **to stop** smoking.　　*188*

29 先生は私たちにレポートを木曜日までに仕上げるように言った。
30 医者はその男性に喫煙をやめるように勧めた。

tell, advise など「命令」「依頼」「忠告」を表す動詞を用いた〈SVO ＋ to ＋動詞の原形〉で、「O に～するように言う」という意味になる。O と不定詞句が〈主語＋動詞〉の関係にあることに注意。この種の動詞としては、他に ask, order, recommend, require などがある。

Ex. My mother **told** *me* **to wash** the dishes.
（母は私に食器を洗っておくようにと言った。）
He **recommended** *us* **to read** Natsume Soseki.（主に《英》）
（彼は私たちに夏目漱石を読むように勧めた。）
He **encouraged** *me* **to study** abroad.（彼は私に留学するように励ました。）
She **persuaded** *me* **to apply** for the job.
（彼女はその仕事に応募するよう私を説得した。）

cf. 29 30 は, that 節を使って, 以下のように言いかえることができる。
29 ≒ The teacher told us that we (should) finish the paper by Thursday.
30 ≒ The doctor advised the man that he (should) stop smoking.

③ allow 型

| 31 | My father **allowed** *me* **to use** his computer. | 189 |
| 32 | He **forced** *his eldest son* **to take** over the family business. | 190 |

31 父は私にコンピューターを使わせてくれた。
32 彼は最年長の息子に家業を無理やり継がせた。

allow, force など,「許可」「強制」を表す動詞を用いた〈**SVO ＋ to ＋動詞の原形**〉で,「Oに～するようにさせる」という意味になる。O と不定詞句が〈**主語＋動詞**〉の関係にある。この種の動詞としては, 他に cause, compel, enable, forbid, get, invite, permit, teach などがある。なお, この文型は to 以下を that 節で言いかえることはできない。

Ex. My boss **allowed** *me* **to take** a one-week vacation.
（上司は私に1週間休暇をとることを認めてくれた。）
The teacher **allowed** *us* **to take** a fifteen-minute break.
（先生は私たちに15分間休憩をとらせてくれた。）

④ believe 型

| 33 | We **believe** *him* **to be** an honest man. | 191 |
| 34 | They **thought** *her* **to be** a university student. | 192 |

33 私たちは彼が正直者だと信じている。
34 彼らは彼女を大学生だと思った。

believe, think など,「思考」を表す動詞を用いた〈**SVO ＋ to ＋動詞の原形**〉で,「Oが～であると思う」という意味になる。O と不定詞句が〈**主語＋動詞**〉の関係にある。この文型

ではtoの後は〈**be**＋補語〉という形をとるのが一般的である。なお，この種の動詞としては，他にconsider, feel, find, know, understandなどがある。

> ⚠ 上の用例は，that節を用いてそれぞれ次のように言いかえられる。
> 33 ≒ We believe that he is an honest man.
> 34 ≒ They thought that she was a university student.

> ⚠ 〈**SVO ＋ to ＋動詞の原形**〉の構文ではOが不定詞の意味上の主語だが，動詞promiseは例外で，文の主語が不定詞の主語になる。
> I promised my teammates to win the next match.
> （私は次の試合に勝つとチームメイトに約束した。）〔＊I promised my teammates that **I** would win the next match. とほぼ同義。〕

5 不定詞の意味上の主語

不定詞の基本的な性質の1つとして，「不定詞が主語をとる」という性質がある。まず，前節で取り扱った〈**SVO ＋ to ＋動詞の原形**〉を取り上げよう。

My parents want **me** *to study* art at college.
（両親は私に大学で芸術を学んでほしいと思っている。）

ここでmy parentsは文全体の主語であり，meは動詞wantの目的語である。to study art at college（大学で芸術を学ぶ）と続くが，誰が大学で芸術を学ぶのかと言うと，文の主語であるmy parentsではなくmeが学ぶ，ということである。つまり，文の構造上の目的語が，意味的には不定詞の主語になっている。これを**不定詞の意味上の主語**と呼ぶ。

① 意味上の主語を表示しない場合

35　I want *to study* art at college.	193
36　It is rude *to interrupt* someone's conversation.	194

　　35 私は大学で芸術を勉強したい。
　　36 人の会話のじゃまをするのは失礼だ。

意味上の主語は，文の要素として必ずしも表示されるわけでない。35 では，文全体の主語と不定詞句 to study art at college の意味上の主語とが同じなので，わざわざそれを表示する必要がない。36 では，「人の会話のじゃまをする」ことは，誰がやっても失礼であることには変わりはない。このように，意味上の主語が「一般の人」の場合も表示されないのが普通である。

❷ 意味上の主語を表示する場合

> **37** It was *impossible* **for us** *to catch* the train.　　　*195*
>
> **38** It was *careless* **of him** *to do* such a thing.　　　*196*

37 私たちがその電車に乗ることは不可能だった。
38 そんなことをするとは，彼は不注意だった。

不定詞の意味上の主語を表示するためには，前置詞 for がよく使われる。**37** では，for us が意味上の主語を示しており，for us to catch the train で「私たちがその電車に乗ること」という意味になる。

Ex. It was quite *easy* **for me** to solve the puzzle.
（私にはそのパズルを解くのはまったく簡単だった。）

一方，**38** では，for の代わりに of が使われている。careless のように**人物を評価する形容詞**が使われている場合，〈**It is ... of [人] to 不定詞**〉（～するとは，[人]は…だ）という形になる。〈of ...〉で意味上の主語を示す形容詞には，brave, careless, foolish, kind, nice, polite, right, rude, stupid, wrong などがある。

Ex. It's very *kind* **of you** to help me carry this bag. (▶ p. 155 help の用法)
（このバッグを運ぶのを手伝ってくださるとは，実にご親切なことです。）
It was *nice* **of her** to prepare dinner for us.
（彼女は親切にも私たちに夕食を用意してくれた。）

⚠ 〈**It is ... of [人] to 不定詞**〉は，判断の根拠を示す不定詞を使って，以下のように言いかえられることがある。
He was careless to do such a thing. (≒ **38**)
You are very kind to help me carry this bag.

cf. 〈**for ... to 不定詞**〉の形は，口語では，主語，補語，目的語として使われている不定詞の意味上の主語を表すために使われることもある。
For you to tell the truth would be important. ［主語］
（あなたが真実を言うことが重要でしょう。）
What I want is **for her to join** us. ［補語］
（私が望むのは，彼女が仲間に入ってくれることだ。）
We want **for all of you to have** a good vacation. ［目的語］
（私たちはみなさんがよい休暇を過ごされることを望む。）
［＊ただし，目的語にする際，この for はつけない方が一般的。］

> **Tips on Grammar**　意味上の主語は必要か？
>
> 　文脈上，意味上の主語が明らかな場合には，しばしば省略されることがあります。たとえば，以下の文において，意味上の主語を表す for you は，あってもなくても適格な文になります。 ただし，一般論としてではなく，聞き手にとって「～（のような）人だ」という場合には，主語を明示しておいた方がよいでしょう。
>
> (1) She is a good person (for you) **to talk to**.（彼女は話しやすい人だ。）
> (2) He is a great person (for you) **to have fun with**.（彼は一緒に楽しむにはいい人だ。）
> (3) He is an ideal person (for you) **to consult with**.（彼は相談するには理想的な人だ。）
>
> 　ちなみに，to talk **to**, to have fun **with**, to consult **with** の前置詞を忘れないようにしましょう。もともと，to talk to a person, to have fun with a person, to consult with a person という句があり，a person が前に移動したと考えると，前置詞が残ることが分かるでしょう。

6　不定詞の否定形

39　I have decided **not** *to take* part in the contest.　　197

40　You must be careful **not** *to drop* your cellphone again.　　198

41　I talked to her gently **in order not to** *upset* her.　　199

> **39** 私は競技に参加しないことに決めた。
> **40** 携帯電話をまた落とさないように注意しないといけない。
> **41** 彼女を怒らせないように，私は穏やかに話しかけた。

　不定詞を否定する場合は否定語 not や never を不定詞の直前に置く。**39** では not が to take part in the contest を否定し，不定詞句全体が have decided の目的語となっている。**40** では not が to drop your cellphone again を否定し，be careful を修飾する副詞句の役割を果たしている。

> **Ex.** He told us **not to** *repeat* the same mistake.
> （彼は私たちに同じ間違いを繰り返さないようにと言った。）
> She **told** us **not to** *be* afraid of making mistakes when speaking English.
> （英語を話すときには間違いを恐れないようにと彼女は私たちに言った。）
> The doctor advised the patient **not to** *eat* junk food.
> （医者は患者にジャンクフードを食べないよう忠告した。）
> He promised **never to** *tell* a lie again.
> （彼は決して二度とうそをつかないと約束した。）

また、「目的」を表す不定詞を否定し、「～しないように」と言いたい時には **41** のように、〈**in order not to ～**〉や〈**so as not to ～**〉などが使われることもある。

Ex. He went out of the room quietly **in order not to** *wake* up his baby.
（彼は赤ん坊を起こさないように静かに部屋から出て行った。）

One-point Advice

不定詞の否定

不定詞の否定形は、〈**not to ＋動詞の原形**〉となりますが、日常会話ではときに〈**to not ＋動詞の原形**〉の形が使われることもあります。その理由の1つは、意味の曖昧性の回避にあります。たとえば、次の文は2通りに解釈できます。

His decision was **not to cancel** the plan.
(1) 彼の決断は、その計画をキャンセルすることではなかった。
(2) 彼の決断は、その計画をキャンセルしないことだった。

(2) の意味に限定したい場合には、His decision was **to not cancel** the plan. とすれば、曖昧性を回避することができる、というわけです。

第2の理由として、話し手の側に否定の意味を強調しようという意識が強く働いていることも考えられます。たとえば、次の2つの文を比較すると、〈**to not ＋動詞の原形**〉の方が、否定の効果が強く感じられることになります。

He decided **not to allow** his children to go swimming.
He decided **to not allow** his children to go swimming.
（彼は、自分の子供たちに水泳に行かせないと決心した。）

ただし、このような用法については事実を知っておくだけで十分でしょう。実際、〈**to not ＋動詞の原形**〉は、〈**not to ＋動詞の原形**〉と比べると使用頻度がかなり低いという事情もありますから、当面は、〈**not to ＋動詞の原形**〉の基本形をしっかりと身につけることが肝心です。

7 〈SVO＋動詞の原形〉

ここでは、知覚動詞や使役動詞が関係する構文における**原形不定詞**（to のつかない不定詞）の使い方を取り上げる。

① 知覚動詞

42 We **saw** a lot of people **enter** the building. *200*

43 Just as I was getting ready to go out, I **heard** the telephone **ring**. *201*

42 多くの人々がその建物に入るのを見た。
43 ちょうど出かけるしたくをしていたら、電話が鳴るのが聞こえた。

Step2 不定詞の基本的な用法 | 153

see, hear など知覚器官の働きを表す動詞を**知覚動詞**と言う。〈知覚動詞(see [hear] など)＋目的語＋動詞の原形〉で，「O が〜するのを見る[聞く]」という意味を表す。知覚動詞には see, hear のほかに feel, listen to, look at, notice, watch などがある。
[＊なお，〈知覚動詞＋目的語＋分詞〉の形が使われることもある。▶ p. 193]

Ex. I have never **seen** him **cry**. (私は彼が泣くのを見たことがない。)
I have never **heard** her **sing**. (私は彼女が歌うのを聞いたことがない。)

知覚動詞を使った文の受動態では，to 不定詞を使う。たとえば，42 を受動態で表すと次のようになる。

42 ≒ A lot of people *were seen* **to enter** the building.
(大勢の人が建物に入っていくのが見られた。)

なお，受動態にできる知覚動詞は see, hear などで，feel, listen to, look at, notice, watch などは通常は受動態にはならない。

例文 42 43 のように「O が〜するのを見た，聞いた」という文を that 節で代用することはできない。〈S see [hear] that 〜〉という文は，通常「〜という事実を理解した / うわさに聞いた」という意味に理解される。
We saw him speak English fluently. (彼が流暢に英語をしゃべるのを見た。)
cf. We saw that he spoke English fluently.
(彼が流暢に英語をしゃべることは分かった。)
I heard them play the guitar. (彼らがギターを弾くのを耳にした。)
cf. I heard that they played the guitar. (彼らがギターを弾いたと聞いた。)

2 使役動詞

44 The police officer **made** *the man* **wait** in the room. *202*

45 My father **let** *me* **use** his computer. *203*

46 I **had** *the waiter* **bring** me a glass of water. *204*

44 警官はその男を部屋で待たせた。
45 父は私にコンピューターを使わせてくれた。
46 ウェイターに水を1杯持ってきてもらった。

make, let, have は「〜させる」という意味で使われ，**使役動詞**と呼ばれる。この種の動詞は〈**使役動詞＋O＋原形不定詞**〉という文型で，「O に〜させる」という意味を表す。ただし，同じ使役動詞でも意味合いが異なる。

make は，相手本人の意志にかかわらず「強制的に〜させる」という意味。44 は「その男を強制的に待たせた」ということ。

let は，相手本人が「(望むように)〜するのを認める」という意味。45 は「私の望みどおりにコンピューターを使わせてくれた」ということ。

have は、「(当然のこととして) ～してもらう」という意味。**46** は「ウェイターの果たすべき仕事として水を持ってきてもらった」ということ。

Ex. Her father doesn't **let** her **drive** his car.
(彼女の父は自分の車を彼女に運転させない。)
We shouldn't **let** minority languages die out.
(少数話者の言語を死に絶えさせるべきではない。)〔＊この用例のように、「～のような事態を引き起こさせてはならない」という意味合いで、let が使われる場合もある。〕
I **had** the sales clerk **show** me another pair of shoes.
(私は店員に別の靴を見せてもらった。)
I **had** Mr. Baker **check** my essay and **correct** my mistakes.
(私はベーカー先生に作文を見てもらい、間違いを正してもらった。)

cf. get は、〈get ＋ O ＋ to ～〉で「O に～してもらう」という意味。
I **got** my brother **to drive** me to the station. (私は兄に駅まで車で送ってもらった。)
〔＊have とは違い、get には相手に「何とか (説得して) ～してもらう」という意味があるので、「兄を何とか (説得して) 駅まで送ってもらった」という意味合い。〕

cf. 使役動詞の cause は、〈**cause ＋ O ＋ to ～**〉で、「O に～させる」という意味で使われる (▶ p. 345)。
His sincerity **caused** her **to smile**. (彼の真面目さが彼女にほほえみをもたらした。)

⚠ 使役動詞を使った文を受動態にする場合は、to 不定詞を使う。
44 ≒ The man **was made to wait** in the room (by the police officer).
　　(その男は警察官によって部屋で待たされた。)
なお、let と have は通常は受動態にはならない。

❸ help の用法

47 I **helped** my mother **(to) prepare** for the party. 205

47 母がパーティーの準備をするのを手伝った。

〈**help ＋ O ＋ (to) ～**〉の形で「O が～するのを手伝う」という意味になる。to を伴う場合と原形不定詞の場合がある。一般的に、《米》では原形不定詞が使われるが、《英》でもその傾向が強くなっている。なお、受動態では必ず to 不定詞を用いて、My mother **was helped to prepare** for the party. のようにする。

Ex. My father **helped** me **(to) become** confident with myself.
(父は私が自信を持つようになるのを手伝ってくれた。)
Her mother **helped** her **(to) realize** what her strengths were.
(彼女のお母さんは、彼女が自分の強みが何なのかを理解する手助けをした。)
They **helped** me **(to) become** aware of my true feelings.
(彼らは私が自分の本当の気持ちに気づく手助けをしてくれた。)

One-point Advice

なぜ「不定詞」か？

「不定詞」は，文字どおり，「定まっていない（＝不定）」「ことば（＝詞）」ということですが，これはどのような意味でしょうか。

現代英語と違って，古い時代の英語では，時制・人称・数によってそれぞれ異なった語形が定められており，こうした動詞の形は「定形動詞」(finite verb) と呼ばれています。一方，不定詞は時制や主語の人称・数に関係なく用いられる（つまり時制・人称・数によって特定の決められた形をとらない）ので「不定詞」(infinitive) と呼ばれているのです。

Scenes from Literature

使役動詞 make の用法

若い芸術家の卵 Sudie と Johnsy は，画家としての成功を夢見て共同生活をしている。そんな中，不運にも病気に倒れた Johnsy は，窓から見えるつたの葉が落ちるのを見ながら，最後の一枚が落ちた時に自分も死ぬものと思い込む。しかし，嵐の後でもなお壁に張り付いている最後の一葉から，Johnsy は生きる勇気をもらう。次の引用は，オー・ヘンリーの「最後の一葉」("The Last Leaf") の一節です。

"I've been a bad girl, Sudie." said Johnsy. "Something has made that last leaf stay there to show me how wicked I was. It is a sin to want to die. You may bring me a little broth now, and some milk with a little port in it, and — no; bring me a hand-mirror first, and then pack some pillows about me, and I will sit up and watch you cook."

(「わたしは，とても悪い子だったわ，スーちゃん」とジョンジーは言いました。「何かが，あの最後の葉を散らないようにして，わたしが何て悪いことを思っていたか教えてくれたのね。死にたいと願うのは，罪なんだわ。ねえ，スープを少し持ってきて，それから中にワインを少し入れたミルクも，それから——ちがうわ，まず鏡を持ってきて。それから枕を何個か私の後ろに押し込んで。そしたら体を起こして，あなたが料理するのが見られるから」) 日本語訳 Copyright ©1999 Hiroshi Yuki (結城 浩)

下線部分で使役動詞 make が使われていますが，「私がどんなに間違っていたかを教えるために，何かがあの最後の一葉をそこに残させた」といった意味合いです。Johnsy は最後の一葉が残ったのは偶然ではなく，何か意図を持った存在のなせる技だと受け止めているようです。その存在とは神だったのでしょうか。実は同じ建物に住む老画家の Behrman が Johnsy を勇気づけるために，決して落ちることのない写実的な葉の絵を壁に描いた，というのが真相です。

Step3 発展 不定詞の注意すべき用法

1 不定詞の完了形・進行形・受動態

不定詞は完了形・進行形・受動態の形で使われることがある。以下，動詞 eat を例にとって，それぞれの形を示す。

	能動態	受動態
単純不定詞	(to) eat	(to) be eaten
進行形	(to) be eating	(to) be being eaten*
完了形	(to) have eaten	(to) have been eaten
完了進行形	(to) have been eating	(to) have been being eaten*

【注】「単純不定詞」は，〈(to) +動詞の原形〉のこと。また，星印（*）で示したものについては，めったに使われないが，形を示しておく。

❶ 不定詞の完了形

《1》 述語動詞が現在形

> 48 He *seems* **to be** busy. 206
> 49 He *seems* **to have been** busy. 207

48 彼は（現在）忙しいようだ。
49 彼は忙しかったようだ。

述語動詞が現在形の場合，単純不定詞は述語動詞と「同じ時」を表し，完了不定詞〈**to have** +**過去分詞**〉は，述語動詞よりも「以前の時」を表す。

48 seems と to be が同じ時を表すので「彼が忙しい」ことと，そのように「思える」ことが同じ「現在」であることが分かる（次ページ，図1を参照）。

49 完了不定詞（to have been）は，文脈によって2つの解釈が可能。すなわち，「彼が（以前）忙しかったと（現在）思われる」，および「彼が（ずっと）忙しかったと（現在）思われる」の2つである（次ページ，図2を参照）。

（図1）　seems to be busy

seems busy
現在

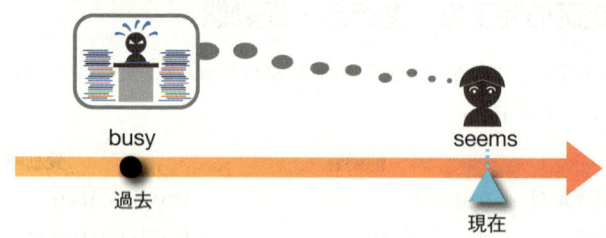

（図2）　seems to have been busy

busy
過去

seems
現在

〈It ... that 〜〉を使って **48** **49** を言いかえると，述語動詞の時制と不定詞で表されている動詞の時の関係が明確になる。

48 ≒ It seems that <u>he **is** busy</u>.

49 ≒ It seems that <u>he **was** busy</u>. / It seems that <u>he **has been** busy</u>.

Ex. (1) The bus seems **to be** late. ≒ It seems that the bus **is** late.
（バスは遅れているようだ。）［現在］
(2) He seems to **have been** ill since last week. ≒ It seems that he **has been** ill since last week.
（彼は先週からずっと具合が悪いようだ。）［現在までの継続］
(3) He seems to **have sprained** his ankle while he was playing soccer.
≒ It seems that he **sprained** his ankle while he was playing soccer.
（彼はサッカーをしている時に足首をくじいたようだ。）［過去］
(4) She seems to **have spent** a lot of money on her trip to Italy.
≒ It seems that she **spent** a lot of money on her trip to Italy.
（彼女はイタリア旅行で大金を使ったようだ。）［過去］
(5) Ken seems to **have been** satisfied with the results of the exam.
≒ It seems that Ken **was** satisfied with the results of the exam.
（健は試験の結果に満足していたようだ。）［過去］

《2》 述語動詞が過去形

50　He *seemed* **to be** busy.　　　　　　　　　　　　　　　　　　*208*

51　He *seemed* **to have been** busy.　　　　　　　　　　　　　　*209*

158　第7章 ● 不定詞

50 彼は (その時) 忙しいようだった。
51 彼は (それ以前に [それまでずっと]) 忙しかったようだった。

述語動詞が過去形でも，不定詞の「時」の解釈は，現在形の場合と同じである。つまり，単純不定詞は述語動詞と「同じ時」を表し，完了不定詞〈to have ＋過去分詞〉は述語動詞よりも「以前の時」を表す。

50 では，「忙しかった」のと「～と思われた」のが，同時に過去のある時であることが示されている。一方，**51** は過去，あるいは過去の時点までの継続の 2 通りの解釈が可能で，いずれの解釈をとるかは文脈による。

cf. 〈It ... that ～〉を使って **50** **51** を言いかえると以下のようになる。**51** については，いずれの解釈をとるにせよ，形の上では，過去完了形が使われる。
  50 ≒ It *seemed* that he **was** busy.
  51 ≒ It *seemed* that he **had been** busy.

> **Tips on Grammar**　seem と appear の使い分け
>
> seem と appear は構文の上でも意味の上でも，同じように使われることがあります。
>
> (1) He **seems**[**appears**] to be busy. / He **seems**[**appears**] to have been busy.
> (2) It **seems**[**appears**] that he is busy. / It **seems**[**appears**] that he was busy.
>
> 両者はほとんど同じ意味で使われていると考えて差し支えないですが，若干のニュアンスの違いがあるとも言えます。appear の名詞形 appearance が「容貌，外見」を表すことから分かるように，appear は，「外見などから客観的に判断して～のようだ」という意味合いで使われます。それに対して，seem は「見る人の主観的判断で～のようだ」という意味で使われます。

cf. 〈It is said that ～〉は，〈... is[are] said to ～〉とほぼ同義になる (▶ p. 131)。この構文も seem を伴う構文と同様に，単純不定詞をとるのか，完了不定詞をとるのかは，主節の動詞の時制との関係によって決まる。

  It is said that the deer in Nara are the messengers of the Shinto gods.
  ≒ The deer in Nara **are said to** be the messengers of the Shinto gods.
   (奈良の鹿は神道の神の使者だと言われている。)
  It is said that Mozart lived in this house.
  ≒ Mozart **is said to** have lived in this house.
   (モーツァルトがこの家に住んでいたと言われている。)
  It is said that Takeda Shingen **came** to this hot spring.
  ≒ Takeda Shingen **is said to have come** to this hot spring.
   (武田信玄はこの温泉を訪れたと言われている。)
  It is said that he was the national ping-pong champion when he was only fifteen years old.
  ≒ He **is said to have been** the national ping-pong champion when he was only fifteen years old.
   (彼はわずか 15 歳のときに卓球のナショナル・チャンピオンだったと言われている。)

❷ 不定詞の進行形

> **52** All the guests *seem* **to be enjoying** the meal. *210*
>
> **53** The girl *appeared* **to be daydreaming** during the lecture. *211*

52 客はみな食事を楽しんでいるようだ。
53 少女は講義の間ずっと空想にふけっているようだった。

不定詞の進行形は，〈**to be** ＋現在分詞〉という形になる。

Ex. Japan's economy *seems* **to be improving**.
（日本経済はよくなりつつあるように見える。）
When I met her last week, she *seemed* **to be doing** very well.
（先週彼女に会ったとき，とてもうまくやっているようだった。）
She *appeared* **to be losing** her stamina in the second half of the match.
（彼女は試合の後半でスタミナをなくしつつあるように見えた。）

⚠ 上例を次のように言いかえることもできる。
52 ≒ It *seems* that all the guests **are enjoying** the meal.
53 ≒ It *appeared* that the girl **was daydreaming** during the lecture.

⚠ 完了不定詞の進行形は，〈**to have been** ＋現在分詞〉となる。この形を使って，上例を言いかえると，以下のようになる。もちろん，時制が異なるので意味も異なる。
52 → All the guests seem **to have been enjoying** the meal.
（客はみんな食事を楽しんでいたようだ。）
53 → The girl appeared **to have been daydreaming** during the lecture.
（その少女は講義の間ずっと空想にふけっていたようだった。）

❸ 不定詞の受動態

> **54** She wants **to be liked** by everybody. *212*
>
> **55** An agreement seems **to have been reached**. *213*

54 彼女は誰からも好かれたがっている。
55 合意に到達したようである。

不定詞の受動態は〈**to be** ＋過去分詞〉，完了不定詞の受動態は〈**to have been** ＋過去分詞〉という形をとる。**55** では，合意が「(たった今) なされた」のか，「(過去に) なされた」のか，2通りの解釈が可能であるが，文脈により判断する。

2 〈自動詞＋to不定詞〉

❶ come[get] to ～

> **56** We **came to** *know* him better each day.　　　*214*
>
> **57** How did you **get to** *know* each other?　　　*215*

　56 私たちは日ごとに彼をよく知るようになった。
　57 どのようにして，あなたたちは知り合うようになったのですか。

〈**come to ～**〉〈**get to ～**〉は，どちらも「～するようになる」という意味。

Ex. The boy has **come to** *understand* his mother's situation.
（少年は母親の状況を理解するようになった。）

⚠ 〈**come to ～**〉は feel, know, like, live, love などの状態動詞しかとらないが，〈**get to ～**〉は，状態動詞・動作動詞ともにとることができる。動作動詞が続く場合，「～する機会が得られる」「～することが許される」「～することができる」という意味になり，口語ではよく使われる。

I **got to** *meet* the president of your company.
（あなたの会社の社長に会う機会に恵まれた。）

⚠ become も「～になる」という意味だが，〈become to 不定詞〉とは言えない。
× We became to know him better each day.

❷ happen[prove, turn out] to ～

> **58** I **happened to** *see* her on my way to school yesterday.　　　*216*
>
> **59** The plan **proved [turned out] to** *be* difficult.　　　*217*
>
> **60** Last year's economic growth **proved to** *be* much weaker than had been expected.　　　*218*

　58 昨日，学校へ行く途中で，偶然彼女に会った。
　59 その計画は困難であると判明した。
　60 去年の経済成長は期待されていたよりもずっと小さいと分かった。

　〈**happen to ～**〉は「たまたま～する」「偶然～する」という意味。〈**prove to ～**〉,〈**turn out to ～**〉はどちらも「～ということになる」「～ということが分かる」という意味。ただし，prove の場合には，The plan proved difficult. のように，to be を省略することもあるが，turn の場合，× The plan turned out difficult. とすることはできない。

Step3　不定詞の注意すべき用法　｜　161

Ex. The woman who sat next to me on the train **happened to** *be* my daughter's teacher.（電車で隣に座った女性はたまたま娘の学校の先生だった。）

cf. 58 59 を以下のように言いかえることもできる。
58 ≒ **It happened that** I saw her on my way to school yesterday.
59 ≒ **It turned out that** the plan was difficult.

The explanation **proved** (to be) wrong. の prove は他動詞「証明する」ではなく，自動詞「～ということが分かる」の意。
○ その説明は誤りだと分かった。
× その説明は誤りだと証明された。

❸ be to ～

> 61 We **are to meet** here at eight o'clock tomorrow morning. *219*
> 62 You **are to hand** in your paper by Wednesday. *220*
> 63 No one **was to be seen** in the park early in the morning. *221*
> 64 The boy **was to play** an important role in the history of physics. *222*
> 65 If you **are to perform** well in the concert, you must practice every day. *223*

61 私たちは明日の朝 8 時にここで会うことになっている。
62 君は水曜日までにレポートを提出することになっている。
63 早朝の公園には誰の姿も見えなかった。
64 その少年は物理学の歴史において重要な役割を演じる運命にあった。
65 もしコンサートでうまく演奏しようと思うなら，毎日練習しなければいけない。

〈**be to ～**〉という形は，文脈によって，今後の**予定・義務・可能・運命・意図**などを表す硬い表現である。to が今後の方向性を表していると考えるとよい。

61〈**予定**〉「～することになっている」

We **are to leave** Osaka at 11:30 tomorrow.
（私たちは明日 11 時 30 分に大阪を出発することになっている。）
Our plane **is to arrive** in San Francisco at 10:20.
（私たちの飛行機は 10 時 20 分にサンフランシスコに到着する予定だ。）

62〈**義務・命令**〉「～しなければならない」

You **are supposed to** hand in your paper by Wednesday. と言いかえも可能。ただし，〈**be to ～**〉の方が，「義務」の意味が強い。

63 〈可能〉「~できる」
否定文で使われ, 不定詞は受動態〈**to be** ＋過去分詞〉になることが多い。

64 〈運命〉「~することになっている」

65 〈意図〉(if 節の中で)「もし~するつもりならば」

⚠ 〈**be yet to ~**〉で,「これから~することになっている」「まだ~していない」という意味を表す。
The best **is yet to** *come*. (最高のものはこれからくる。)
Your time **is yet to** *come*.
(君の時はまだ訪れていない。→君が活躍できる時はこれから先に訪れるだろう。)
The decision **is yet to** *be made*. (結論はまだ出ていない。)

⚠ 〈**be to have** ＋過去分詞〉で, 実現しなかった予定を表す。
He **was to have returned** from New Zealand in August.
(彼は 8 月にニュージーランドから戻るはずだった。)

Tips on Grammar　紛らわしい表現

to 不定詞の用法に注意して, 次の文を比べてみましょう。

(1) Our plane is to leave Narita at 10 tonight.
(2) Our plan is to leave Narita at 10 tonight.

両者は plane と plan が違うだけで, 他は構造的に同じように見えます。しかし, 実際はまったく異なる構造になっています。
(1) は be to ~で「~することになっている」と「予定」を表し, 文全体では,「私たちの飛行機は今夜 10 時に成田を出発することになっている」という意味になります。これに対して, (2) の to leave は名詞的用法で be 動詞の補語となっており,「私たちの計画は今夜 10 時に成田を出発することだ」という意味になります。

3　不定詞を使ったさまざまな表現

1 too ... to ~

66 I was **too** tired **to do** my homework last night.　　*224*

67 That word is **too** difficult for me **to spell**.　　*225*

66 昨晩はあまりにも疲れていたので宿題ができなかった。
67 その語は難し過ぎて私にはつづれない。

〈**too ... to ~**〉で,「…過ぎて~できない」「~するには…過ぎる」という意味を表す。**67** の for me は to 以下の意味上の主語。

Ex. It's **too** hot **to go** outside. (あまりにも暑くて外に出られない。)
The old woman was **too** tired **to carry** the bag by herself.
(その老婦人はあまりに疲れていたので自分でバッグを運ぶことができなかった。)

cf. ⟨so ... that ~ not⟩を使って言いかえると，以下のようになる。
66 ≒ I was **so tired** last night **that** I could *not* do my homework.
67 ≒ That word is **so difficult that** I *cannot* spell it.

⟨so ... that ~ not⟩で言いかえた文には目的語 (it) が表示されているのに対して，**67** では spell の後に目的語が示されていない。これは「⟨too ... to ~⟩では主節の主語が不定詞内の目的語と一致する場合，その目的語は表示しない」という原則があるためである。

⚠ ⟨**too ... to ~**⟩，⟨**so ... that ~**⟩で間に単数名詞が来るときの語順は要注意。
That's *too good a story* for me to believe.
That's *so good a story* that I cannot believe it.
(話が出来すぎていて私には信じがたい。)

⚠ ⟨**not too ... to ~**⟩で「~するほど…ではない」という意味を表す。
He was not too stubborn to be persuaded.
(彼は説得されないほど頑固ではなかった。)

❷ ... enough to ~

> **68** The man was kind **enough to** accompany me to the post office.
> *226*

68 その人は親切にも郵便局までついて来てくれた。

⟨形容詞[副詞] + enough to ~⟩で，「~するくらいに十分…な」という意味を表す。

Ex. I was careless **enough to** leave my bag unattended.
(私は不注意にもバッグを置きっ放しにした。)
The boy is old **enough to** go to college. (その少年は大学に入学する年齢だ。)
The parents were foolish **enough to** leave the baby alone in the car.
(その両親は愚かにも赤ちゃんを車に置きざりにした。)

⚠ ⟨**enough to ~**⟩の場合も，主節の主語が不定詞内の目的語と一致する場合には，その目的語を表示しない。
The baggage was so light that I could carry it. (荷物は軽いので私でも運べた。)
→ ○ The baggage was light enough for me to carry.
　× The baggage was light enough for me to carry it.

The problem is easy enough for me to solve.
(その問題は私にも解けるほど易しい。)
→ ○ The problem is so easy that I can solve it.
　× The problem is so easy that I can solve.

❸ so ... as to ～

> **69** The man was **so** kind **as to** accompany me to the post office.　　*227*

> **69** その人は親切にも郵便局までついて来てくれた。

〈**so** ＋形容詞［副詞］＋ **as to** ～〉で，「～するくらいに…」「とても…なので～」という意味を表す。

> **Ex.** Would you be **so** kind **as to** translate this passage into English?
> （この一節を英語に翻訳していただけないでしょうか。）

❹ have only to ～

> **70** You **have only to** apologize to her.　　*228*

> **70** あなたは彼女に謝りさえすればよいのです。

〈**have only to ～**〉は，「～しさえすればよい」という意味合い。次のように言いかえることもできる。

> **70** ≒ You only have to apologize to her.
> 　　All you have to do is (to) apologize to her.

❺ have something [anything / nothing] to do with ～

> **71** Carbon dioxide **has something to do with** global warming.　　*229*
> **72** Do you **have anything to do with** this project?　　*230*
> **73** I **have nothing to do with** the matter.　　*231*

> **71** 二酸化炭素は地球温暖化と関係している。
> **72** あなたはこのプロジェクトに関係していますか。
> **73** 私はその問題には関係していません。

〈**have something to do with ～**〉は，「～と（いくぶんか）関係している」という意味合いの慣用表現。疑問文では，**72** のように，通例 anything が使われる。否定文では，〈**do [does] not have anything to do with ～**〉とすることもできるが，**73** のように，〈**have nothing to do with ～**〉としてもよい。

Step3　不定詞の注意すべき用法 | 165

cf. 「大いに関係がある」という場合には，⟨**have a lot to do with** ～⟩という形が使われる。
Carbon dioxide has a lot to do with global warming.
（二酸化炭素は地球温暖化と大いに関係している。）

6 疑問詞＋to ～

> **74** The clerk showed us **how to** operate the new computer. *232*

74 店員は，私たちに新しいコンピューターの操作の仕方を教えてくれた。

⟨how＋to ～⟩は，「どのように～すべきか」という意味。how 以下は showed の直接目的語。The clerk showed us how we should operate the new computer. と言いかえることもできる。

Ex. I don't know **how to** start my story.
（私はどのように話を始めたらいいのか分からない。）
I don't know **how to** play the violin.（私はバイオリンの弾き方を知らない。）

⟨疑問詞＋to ～⟩は目的語として使われることが多いが，主語や補語にもなる。使われる疑問詞としては，ほかに次のようなものがある。

● **what to ～**（何を～すべきか）
My father wrote down on a piece of paper **what to** buy at the supermarket.
［**what** 以下は **wrote down** の目的語］（父はスーパーで何を買うのかを紙切れに書き留めた。）

● **which to ～**（どちら（の…）を～すべきか）
Would you tell me **which** bus **to** take to go to Shinjuku?［**which** 以下は **tell** の直接目的語］（新宿へ行くのにはどのバスに乗ったらいいか教えていただけますか。）

● **who(m) to ～**（誰を～すべきか）
We haven't yet decided **whom to** invite to the party.［**whom** 以下は **have decided** の目的語］（私たちはパーティーに誰を招くかまだ決めていない。）

● **where to ～**（どこへ［どこで］～すべきか）
Where to hold the meeting is not important.［**Where to hold the meeting** は主語］（どこで会合を開くかは重要ではない。）

● **when to ～**（いつ～すべきか）
The problem is **when to** start our project.［**when** 以下は補語］（問題はいつ我々のプロジェクトを始めるかということだ。）
You have to know **when to** quit.（やめる潮時を知らなければならない。）

接続詞の whether を使って，⟨**whether to ～**⟩（～すべきかどうか）という表現もできる。［＊ただし，疑問詞 why を使った⟨**why to ～**⟩という言い方はできない。］
We will have to decide **whether to** rent an apartment or buy a condominium.
（私たちはアパートを借りるべきかマンションを買うべきか決定しなければならないだろう。）

4 独立不定詞

> **75** **To tell the truth**, I didn't understand what he was talking about. *233*

> **75** 実を言うと，彼が何を言っているのか分からなかった。

独立不定詞とは，不定詞が文のほかの部分とは独立した位置に置かれ，文全体を修飾する慣用的な表現のことを言う。to tell the truth は「実を言うと」という意味の慣用表現。書くときにはコンマで区切られる。文頭に置かれるほか，文中，文末にも現れる。

Ex. **Needless to say**, he is one of the most famous actors in the world.
（言うまでもなく，彼は世界で最も有名な俳優のうちの一人だ。）
Strange to say, all their children were born on January 1.
（奇妙な話だが，彼らの子供たちはみな1月1日に生まれた。）
To begin with, please write your name and address on the form.
（まず初めに，書類に名前と住所を書いてください。）
To be frank with you, I was bored with my job.
（率直に言えば，私は自分の仕事に退屈していた。）
To tell the truth, I've never heard of him.
（実は，私は彼のことを聞いたことがない。）
Stretching exercises could be boring, **to be sure**, but they will keep you in good shape.
（確かにストレッチ運動は退屈かもしれないが，体調をいい状態に保つことになる。）
His brothers and sisters didn't come to say goodbye to him, **to say nothing of** his friends.
（彼の友人は言うに及ばず，彼の兄弟姉妹でさえ，彼のところに別れのあいさつにこなかった。）

cf. 独立不定詞を用いた慣用表現

needless to say（言うまでもなく）	strange to say（不思議なことに）
so to speak（言うなれば）	to be brief（手短に言うと）
to be blunt（はっきり言うと）	to be frank with you（率直に言えば）
to be honest（正直なところ）	to be sure（確かに）
to begin [start] with（まず初めに）	
to make matters worse（さらに悪いことに）	
to say nothing of ～（～は言うまでもなく）	
not to mention ～（～は言うまでもなく，さらにまた～）	
not to say ～（～とは言えないまでも）	
not to speak of ～（～はもちろんのこと）	to say the least（控えめに言っても）

5 代不定詞

> **76** My father tells me to be an engineer but I don't want **to**. *234*

76 父は私にエンジニアになるように言うが，私はなりたくない。

同じ動詞がすでに前に出ている場合，反復を避けるためにその動詞を省略して to のみで不定詞の役割をさせる表現を**代不定詞**と言う（▶ p. 366 不定詞の省略）。**76** では，本来ならば (...) but I don't want to be an engineer と言うところだが，反復を避けて be 以下を省略している。

Ex. "We're having a party at our place tomorrow night. Won't you come?" "Yes, I'd be glad **to**."（「明日の夜，私たちの家でパーティーがあるんですが，いらっしゃいませんか？」「ええ，喜んで参ります」）

You don't have to attend the meeting, if you don't want **to**.
（もし出たくなければ，その会合には出なくてもいいですよ。）

⚠ 以下のような定型表現では，代不定詞の to も省略されることが多い。
Please come here whenever you want (to).
（来たい時にはいつでもここに来てください。）
She can enter that university if she really wishes (to).
（彼女が本当に望めばあの大学に入れる。）

One-point Advice　新聞の見出し

英字新聞の見出しは簡略化した表現が使われます。to 不定詞は「未来」を表す場合が多くあります。名詞を修飾する形容詞用法ではないので注意しましょう。

(1) President **to Visit** Japan in May（大統領，5 月に訪日へ）
　　(= The president is going to visit Japan in May.)
(2) Raw Beef Liver **to Be Banned**（生レバー，禁止の方向）
　　(= Raw beef liver is to be banned.)

なお，見出しの現在形は「過去」を，過去分詞は「受け身」を表している。

(3) Prime Minister **Asks** for Support（首相，支援要請）
　　(= The Prime Minister asked for support.)
(4) Prime Minister's Comment **Criticized** in EU（首相発言，EU で批判）
　　(= The Prime Minister's comment was criticized in EU countries.)

第8章

動名詞

導入 ● **動名詞とは何か**
　1. 動名詞の働き　　　　　　　　　　　　　　　　　　　　　　　170
　2. 動名詞と不定詞　　　　　　　　　　　　　　　　　　　　　　170

基礎 ● **動名詞の基本的な用法**
　1. **動名詞の基本**：主語として / 補語として / 目的語として / 前置詞の目的
　　　語として　　　　　　　　　　　　　　　　　　　　　　　　172
　2. 動名詞の意味上の主語　　　　　　　　　　　　　　　　　　　174
　3. 動名詞の否定形　　　　　　　　　　　　　　　　　　　　　　175

発展 ● **動名詞の注意すべき用法**
　1. 動名詞の完了形　　　　　　　　　　　　　　　　　　　　　　177
　2. 動名詞の受動態　　　　　　　　　　　　　　　　　　　　　　178
　3. 動名詞を使ったさまざまな表現　　　　　　　　　　　　　　　178
　4. **目的語として使われる動名詞と不定詞**：動名詞を目的語とする他動詞 / 不
　　　定詞を目的語とする他動詞 / 動名詞・不定詞を目的語とする他動詞（意味
　　　が大きく異ならない場合）/ 動名詞・不定詞を目的語とする他動詞（意味が
　　　大きく異なる場合）　　　　　　　　　　　　　　　　　　　182

Step1 導入　動名詞とは何か

1 動名詞の働き

まず，次の2つの文を比べてみよう。
(1) I like soccer. (私はサッカーが好きです。)
(2) I like **watching** soccer. (私はサッカーを見ることが好きです。)

　両者はともに〈S + V + O〉の形をしている点では共通している。ここで目的語に着目すると，(1)では soccer という名詞が使われているのに対して，(2)では watching soccer（サッカーを見ること）という形が使われている。本来，watch のような動詞は目的語になれないが，-ing を動詞の語尾につけることで，名詞としての性質を獲得し，目的語として働くことができるようになる。しかも，soccer を目的語としてとっていることからも分かるように，動詞としての性質も残している。このように，〈動詞の原形 + -ing〉（以下，V-ing）の形をとり，名詞と動詞の機能を兼ね備えているものを**動名詞**（gerund）と呼ぶ。
　動名詞は名詞としての機能を持つので，文中で目的語としてだけではなく，主語や補語になることもできる。

2 動名詞と不定詞

　本来，動詞であるが，名詞のような働きをするものとして，動名詞のほかに不定詞がある。動名詞と不定詞は，「名詞的な振舞いをする」という点では似ているが，微妙な差異もある。
　不定詞の to はもともと前置詞の to から変化してきたものであるため，現在でも方向を示す意味を含んでいる。それゆえに，hope, want, wish など，「これから〜をしたい」といった意味の動詞とは相性がよい。いわば，不定詞は**未来志向性**を持つと言える。

それに対して，動名詞には「実際にある行為を行う（あるいは行った）」という意味合いがあり，**現実志向性**が強いと言える。それゆえに，enjoy, finish, stop などの動詞と相性がよい。

ここで，次の例を比較してみよう。

(3) Please remember **to practice** the piano this afternoon.
（今日の午後，忘れずにピアノの練習をしてください。）

(4) I remember **practicing** the piano every day.
（私は毎日ピアノの練習をしたことを覚えている。）

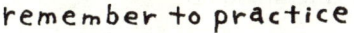

(3) では，今日の午後に練習することを覚えておきなさい，ということで未来志向の不定詞が使われている。(4) では，過去に毎日練習したことを覚えている，ということで現実（過去）志向の動名詞が使われている。不定詞と動名詞の志向性の違いが明瞭に現れている例である。

動詞の中には，to 不定詞のみと共起するもの，動名詞のみと共起するもの，その両者と共起するものとがある。動詞の意味的な性質に注意しながら，動名詞の用法について学ぶことが重要である。

On a Street Corner

さて，ここで問題です。屋根から落ちてくるツララなどに注意を促す警告文，Watch for falling ice.（落下する氷に注意）の falling は動名詞でしょうか。分詞でしょうか。正解は現在分詞です。Ice that is falling. という関係が成り立つことに注意しましょう。(なお，動名詞と現在分詞の見分け方については，p. 176 のコラムで扱います。)

Step1　動名詞とは何か　171

Step2 基礎 動名詞の基本的な用法

動名詞は〈**V-ing**〉の形をとり，「～すること」という意味で，文の中で主語・補語・目的語の役割を果たす。本来の動詞としての機能も兼ね備えているので，補語・目的語・副詞を伴うことができる。

1 動名詞の基本

動名詞が文の中で主語・補語・目的語としての働きをすることを確認する。

1 主語として

> **1** **Studying** abroad will be a good experience for you. 　　235
> **2** **Taking** pictures is not allowed in this museum. 　　236

> **1** 留学することは君にとってよい経験になるだろう。
> **2** この美術館で写真を撮ることは認められていません。

上例では，動名詞が「～することは」という意味で，文の主語となっている。このように動名詞は名詞の役割を果たしているが，**1** で副詞 abroad と共起したり，**2** で目的語 pictures をとったりするように，動詞としての役割も失っていない。

Ex. **Living** in a foreign country will help you to see your own country in a new way.（外国に住むことは自分の国を新たな視点で見るのに役立つでしょう。）

⚠ 動名詞を主語とする場合，形式主語 it を使って言いかえられることもある。
Camping on the beach was a lot of fun.
≒ It was a lot of fun **camping** on the beach.
（浜辺でキャンプをするのはとても楽しかった。）

2 補語として

> **3** My grandfather's hobby is **doing** crossword puzzles. 　　237
> **4** My favorite pastime is **watching** baseball games on TV. 　　238

3 祖父の趣味はクロスワードパズルをすることだ。
4 私の好きな気晴らしは，テレビで野球の試合を観ることです。

動名詞が補語の役割を果たしている例である。3 では動名詞 doing が crossword puzzles という目的語を伴って，全体として be 動詞の補語となっている。4 では動名詞 watching が baseball games on TV を伴って，全体として be 動詞の補語となっている。

Ex. The government's top priority for this year is **reducing** pollution in the cities. (政府の今年の最優先事項は都市の汚染を減らすことだ。)

❸ 目的語として

5 I enjoyed **watching** the ping-pong match last night. 　　239

6 We stopped **talking** when our teacher came into the classroom. 　　240

5 昨夜は卓球の試合を見るのを楽しんだ。
6 先生が教室に入ってくると私たちは話をやめた。

動名詞が他動詞の目的語となっている。5 では watching 以下の下線部分が enjoyed の目的語，6 では動名詞 talking が stopped の目的語となっている。

⚠ 動名詞は，⟨SVOC⟩の目的語として直接使われることもあるが，形式目的語 it を伴うこともある。不定詞を目的語とする場合は必ず形式目的語を立てる必要がある。
○ I found **it** wonderful *studying abroad*. (留学は素晴らしいと思った。)
○ I found studying abroad wonderful.
○ I found **it** wonderful *to study abroad*.
× I found *to study abroad* wonderful.

❹ 前置詞の目的語として

7 Don't be afraid *of* **making** mistakes. 　　241

8 My brother is good *at* **baking** bread. 　　242

9 She drove all the way to Osaka *without* **stopping**. 　　243

7 ミスを犯すことを恐れるな。
8 私の兄はパンを焼くのが得意だ。
9 彼女は大阪まで止まらずにずっと運転した。

前置詞は名詞を従えるのが一般的だが，動名詞は名詞的性質を持つために，前置詞の目的語になることもできる。

Ex. We are all fond *of* **going** shopping.
（私たちはみな，買い物に行くのが大好きです。）

名詞用法の不定詞は動詞の目的語にはなるが，前置詞の目的語にはならない。前置詞の後には名詞（相当語句）が来るが，動名詞と不定詞の名詞用法では，動名詞の方がより名詞に近いことの表れである。× Don't be afraid of *to make mistakes*.　× My brother is good at *to bake bread*.

For Conversation

"Nice to meet you." と "Nice meeting you." は同じ意味？

"It's nice **to meet** you." という表現は，人に初めて出会ったときの決まり文句としてよく使われます。これとよく似た表現に "It is[was] nice **meeting** you." という決まり文句がありますが，これは出会いの後で別れる間際によく使われる表現で，「出会えたことが光栄でした」といった意味になります。前者には未来志向の意味合いを持つ不定詞が使われているのに対して，後者には現実志向の動名詞が使われていることに注意すると，不定詞と動名詞の意味の違いがはっきりとするでしょう。なお，後者は "It is[was] nice **to have met** you." のように完了の不定詞が使われることもあります。

---

2 動名詞の意味上の主語

10 My parents don't like **my talking** for a long time on the phone.　*244*

11 They don't like **their son('s) talking** for a long time on the phone.　*245*

> **10** 両親は私が長電話することを好まない。
> **11** 彼らは息子が長電話することを好まない。

文の主語と動名詞の意味上の主語が一致しない場合，動名詞の前に意味上の主語を置く。その際，**10** のように意味上の主語を「代名詞」で表す場合は，**my** talking のように，所有格をとる。ただし，口語では，My parents don't like **me** talking for a long time on the phone. のように，目的格をとるのが普通である。

Ex. I am sure of **his passing** the entrance examination.
（私は彼が入学試験に合格することを確信している。）

一方，**11** のように動名詞の意味上の主語を「名詞」で表す場合は，そのままの形を使って their son talking とする場合と，所有格を使って their son's talking とする場合がある。

Ex. He is proud of **his daughter being** a lawyer.
（彼は娘が弁護士をしていることを誇りに思っている。）
She is proud of **her son having succeeded** in climbing Mt. Everest.
（彼女は息子がエベレスト登頂に成功したことを誇りに思っている。）

⚠ 動名詞の意味上の主語は目的格・所有格のいずれも可能だが，以下の場合には注意が必要。
(1) 動名詞が文全体の主語の場合は，原則として所有格をとるが，時に目的格をとる場合もある。目的格をとる場合には，そこに強勢が置かれる。
　　His[Him] knowing too little about Japan was shocking to the students.
　　（彼が日本についてほとんど知らないことは，生徒にとってはショックだった。）
(2) 意味上の主語が無生物・抽象名詞の場合は，目的格をとる。
　　She is sure of **her new book** (× *her new book's*) selling well.
　　（彼女は自分の新刊本がよく売れるだろうと確信している。）
(3) 耳で聞いた場合，意味上の主語が単数であっても，所有格を使うと複数形と誤解されることもある。混乱を避けるには，名詞句をそのまま使うとよい。
　　They don't like **their son's talking** for a long time on the phone. (**11**)
　　cf. They don't like **their sons talking** for a long time on the phone.

⚠ 以下のような場合には，意味上の主語を表示しない。
(1) 意味上の主語が文の主語と一致する場合
　　I like chatting on the Internet.
　　（私はインターネットでおしゃべりするのが好きだ。）
(2) 意味上の主語が述語動詞の目的語と一致する場合
　　Thank you for helping me with my homework.
　　（宿題を手伝ってくれてありがとう。）
(3) 意味上の主語が「一般の人々」の場合
　　Seeing is believing. （百聞は一見にしかず。[ことわざ]）
(4) 意味上の主語が文脈から自明の場合
　　My father's favorite pastime is fishing.
　　（父の好きな気晴らしは釣りです。）

3 動名詞の否定形

12 **Not exercising** regularly may harm your health. *246*

13 My father is proud of **never riding** the elevator to his office. *247*

　12 定期的に運動しないと，健康を害する場合がある。
　13 父は，職場まで行くのに決してエレベーターを使わないことを自慢している。

動名詞の否定形を作るには，動名詞の前に not や never を置く。

Ex. I am sorry for **not being** able to attend the meeting.
（会議に出席できなくて申し訳ありません。）

He accused us of **not telling** the truth.
(彼は私たちを真実を語らないということで責めた。)
He apologized for **not coming** on time.
(彼は時間どおりに到着しなかったことをわびた。)

What's on your mind?

Q：動名詞と現在分詞は，どちらも動詞に -ing のついた形 (V-ing) をしています。両者を見分けるには，どのようにしたらいいですか。

A：文中での機能と意味を基準に判断します。まず，機能の点に注目すると，動名詞は「動詞的な名詞」で，主語・目的語・補語として用いられます。一方，現在分詞は「動詞的な形容詞」で，進行形を作るときなどに使われます（▶第9章）。ここで，具体例を見てみましょう。

(1) My favorite hobby is **playing** shogi. (私の好きな趣味は将棋をすることです。)
(2) My sister is **playing** shogi in the living room.
 (私の妹は居間で将棋をしています。)

(1) では，playing (shogi) が補語として使われ，加えて「(将棋を) すること」という名詞的な意味合いで使われていることから動名詞であることが分かります。一方，(2) では，be 動詞とともに進行形を作っていますので，現在分詞の用法です。

次に，V-ing の形が，名詞と一緒に使われている場合を確認してみましょう。まず，動名詞は名詞を修飾して，その用途を示すときなどに使われます。前置詞句を使って言いかえると，その性質が明らかになります。また，発言に際しては，V-ing に第1強勢が置かれ，続く名詞に第2強勢が置かれます。

a dining car ≒ a car for dining (食堂車)
a driving school ≒ a school for driving (自動車学校)
a sewing machine ≒ a machine for sewing (ミシン)
a sleeping car ≒ a car for sleeping (寝台車)
a smoking [non-smoking] room ≒ a room for smoking [non-smoking] (喫煙室 [禁煙室])
a smoking [non-smoking] seat ≒ a seat for smoking [non-smoking] (喫煙席 [禁煙席])
a swimming pool ≒ a pool for swimming (水泳用のプール)
a waiting room ≒ a room for waiting (待合室)
a washing machine ≒ a machine for washing (洗濯機)
dancing shoes ≒ shoes for dancing (ダンスシューズ)

一方，現在分詞については，名詞が V-ing の表す動作や状態の意味上の主語となっています。関係詞節を使って言いかえると，その関係がはっきりします。また発音に際しては，動名詞の場合とは違って，V-ing と後続の名詞がともに第1強勢を受けて発音されます。

a sleeping baby ≒ a baby who is sleeping (眠っている赤ん坊)
a walking dictionary ≒ a dictionary that walks (歩く辞書，生き字引)
a dancing girl ≒ a girl who is dancing (ダンスをしている少女)
[＊ただし，「踊り子」という意味での a dancing girl は，動名詞用法になります。]

Step3 発展 動名詞の注意すべき用法

1 動名詞の完了形：〈having ＋過去分詞〉

> **14** I am sorry for **having given** you so much trouble.　　　*248*
>
> **15** She was proud of **having worked** as a journalist.　　　*249*

14 大変ご迷惑をおかけしてすみません。
15 彼女はジャーナリストとして働いていたことを誇りに思っていた。

　動名詞の完了形は，〈**having ＋過去分詞**〉の形で表される。上の例文では，主節の動詞（現在形の am）よりも，「前の時」を表すために動名詞の完了形〈**having ＋過去分詞**〉が使われている。**14** は，I am sorry that I gave [have given] you so much trouble. とほぼ同じ意味を表す。

Ex. I am ashamed of **having been** so rude to you.
（私はあなたに対してとても無礼だったことを恥じています。）
I was exhausted from **having worked** for six hours without a break.
（私は休憩をとらずに6時間働いたので，すっかり疲れてしまった。）
Having won the semi-final match gave us confidence.
（準決勝に勝ったことで，私たちは自信がついた。）

⚠ 述語動詞より前のことを表す場合，動名詞は常に完了形を使う，と考えるのは誤りである。文脈から判断できる場合，わざわざ完了形にしないことも多い。
I am sorry for **waking** you up so early this morning.
（今朝あんなに早く起こしてごめんなさい。）
They are proud of **winning** first place in the choral contest.
（彼女たちは合唱コンテストで優勝したことを誇りに思っている。）
　また，動詞の意味によって，V-ing が述語動詞よりも「以前」の内容を表すことができる場合も多い。
I remember **seeing** that man somewhere.
（あの男にどこかで会ったことを覚えている。）
　「覚えている」のは通常過去の出来事なので，動名詞の完了形を使わずに表現するのが通例。ただし，時制を明確に表したいときには，I remember **having seen** that man somewhere. とする。
　この種の動詞としては，他に admit（認める），recollect（思い出す），regret（後悔する），forget（忘れる），deny（否定する）などがある。

⚠ 動名詞の完了形の否定は〈**not having** ＋過去分詞〉となる。ただし，never の場合，〈**having never** ＋過去分詞〉も〈**never having** ＋過去分詞〉のいずれも可能。
I'm proud of **having never** lied. ≒ I'm proud of **never having** lied.
（私は決してうそをついたことがないことを誇りにしている。）

2 動名詞の受動態：〈being ＋過去分詞〉

> **16** I am tired of **being told** to clean my room. *250*
>
> **16** 部屋を掃除するように言われることに，うんざりしている。

動名詞の受動態は，〈**being** ＋過去分詞〉という形で表される。上の例文では，動名詞の受動態 being told（言われること）が前置詞 of の目的語になっている。

Ex. The *ninja* silently entered the castle without **being seen**.
（忍者は見られることなく音を立てずに城に入った。）
Being elected chairperson of the committee made him even busier.
（委員会の議長に選ばれたということで，彼はいっそう忙しくなった。）

⚠ 動名詞の完了形の受動態は，〈**having been** ＋過去分詞〉となる。
He complained of **having been assigned** to that position.
（彼はその職に配属されたことについて不平を言った。）

⚠ need, require, want など，「～を必要とする」という意味の動詞が動名詞を目的語にとる場合，動名詞は受動的な意味を持つ。
This printer **needs**[**wants**] *repairing*.（このプリンターは修理の必要がある。）
cf. This printer **needs** to be repaired.
［＊〈**want** ＋ **V-ing**〉の形は主に《英》で使われる。］

3 動名詞を使ったさまざまな表現

> **17** **How about** *meeting* next Saturday? *251*
>
> **18** I **feel like** *going* out for a walk. *252*
>
> **19** **There is no** *telling* which team will win. *253*
>
> **17** 今度の土曜日に会うのはどうですか。
> **18** 散歩に行きたい気分だ。
> **19** どちらのチームが勝つか分からない。

上例のように，英語には動名詞を使った定型表現が多い。以下，類例を挙げる。

- **How about V-ing?**（〜するのはどうですか）
  How about *going* for a walk with me?（私と散歩に出かけるのはどうですか。）
  ≒ **What about** *going* for a walk with me?
  ≒ **What do you say to** *going* for a walk with me?

- **feel like V-ing**（〜したい気がする）［＊この場合の like は前置詞。］
  I don't **feel like** *going* shopping in this heavy rain.
  （この大雨の中，買い物に出かける気がしない。）
  I found a nice painting at the shop, and I **felt like** *purchasing* it.
  （その店でいい絵を見つけ，購入してみたいと思った。）

- **there is no V-ing**（〜することはできない）
  There is no *denying* the truth.（真実を否定することはできない。）
  19 ≒ It is impossible to tell which team will win.
     We cannot tell which team will win.

【動名詞を使ったその他の慣用表現】

- **be [get] used to V-ing**（〜するのに慣れている）
  He **is used to** *getting* up early in the morning.
  （彼は朝，早起きするのに慣れている。）

  ⚠ この場合の to は前置詞であり，「〜ということに対して」という意味を持つ。後には，動名詞（ないしは名詞）が来る。
  People around here **are used to** *the long rainy season*.
  （このあたりの人たちは長い雨期に慣れている。）

  ⚠ 助動詞 used to 〜（かつて〜した）と混同しないこと。
  I **used to** *live* in Kobe.（私は以前神戸に住んでいた。）

- **be [get] accustomed to V-ing**（〜するのに慣れている［慣れる］）
  She **is accustomed to** *being treated* like a princess.
  （彼女はお姫様のように扱われることに慣れている。）
  They **got accustomed to** *doing* hard work.（彼らはきつい仕事をするのに慣れた。）
  ［＊この形では動名詞が使われるのが標準だが，時に to ＋動詞の原形も使われる。］

- **be opposed to V-ing**（〜に反対している）
  I'm **opposed to** *sacrificing* life in the name of research.
  （私は研究の名において生命を犠牲にすることに反対する。）

- **come near to V-ing**（あやうく〜しそうになる）
  He **came near to** *being hit* by a car.（彼はあやうく車にぶつかりそうになった。）

Step3 動名詞の注意すべき用法 | 179

- **look forward to V-ing**（〜することを楽しみにしている）
  I'm **looking forward to** *hearing* from you.
  （あなたから便りが来るのを楽しみにしている。）
  cf. I'm **looking forward to** *her next concert*.
  （私は彼女の次のコンサートを楽しみにしている。）
  〔＊前置詞 to の後には，名詞相当語句が来る。to ＋動詞の原形と混同しないこと。〕

- **object to V-ing**（〜に反対する）
  We **object to** *building* a new factory in our neighborhood.
  （私たちは近所に新しい工場を建設することに反対する。）

- **when it comes to V-ing**（〜することになると）
  He is an expert **when it comes to** *painting* walls.
  （壁のペンキ塗りとなると彼はエキスパートだ。）

- **with a view to V-ing**（〜するつもりで）
  She went to Paris **with a view to** *studying* modern art.
  （彼女は現代美術を学ぶつもりでパリに行った。）

- **blame 〜 for V-ing ...**（…ということで〜を非難する）
  He **blamed** me **for** *having missed* the bus.
  （彼はバスに乗り遅れたことで私を非難した。）

- **criticize 〜 for V-ing ...**（…ということで〜を非難する）
  She **criticized** him **for** *having failed* to deal with the problem.
  （その問題に対処することができなかったことで，彼女は彼を非難した。）

- **praise 〜 for V-ing**（…のことで〜をほめる）
  He was **praised for** *helping* the police to catch the thief.
  （彼は警察がどろぼうを捕まえるのを助けたことでほめられた。）

- **punish 〜 for V-ing**（…のことで〜を罰する）
  He **punished** the boy **for** *playing* truant.
  （学校をずる休みしたことで彼は少年を罰した。）

- **make a point of V-ing**（決まって〜するように努力する）
  I **make a point of** *sleeping* at least eight hours a day.
  （私は 1 日に少なくとも 8 時間睡眠をとるようにしている。）
  cf. 〈**make it a rule to** ＋動詞の原形〉（▶ p. 142）も同じ意味。

● **on the point of V-ing**（まさに～しようとして）
I was **on the point of** *leaving* when it began to rain.
（まさに出かけようとしていたら，雨が降りだした。）
≒ I was about to leave when it began to rain. (▶ p. 76)

● **in V-ing**（～するとき）
You must be careful **in** *choosing* your job.
（仕事を選ぶときには慎重でなければいけない。）
≒ You must be careful when you choose your job.

● **on V-ing**（～するとすぐに）
On *arriving* at the hotel, he made a reservation for dinner.
（ホテルに着くとすぐに，彼は夕食の予約をした。）
≒ As soon as he arrived at the hotel, he made a reservation for dinner.

● **it is no use V-ing**（～するのはむだだ）
It is no use *complaining* to me about your part-time job.
（アルバイトの不満を僕に言ってもむだだ。）

● **be worth V-ing**（～する価値がある）
Harajuku **is worth** *visiting* if you go to Tokyo.
（東京へ行くなら，原宿は訪れる価値がある。）
≒ It is worth visiting Harajuku if you go to Tokyo.
≒ It is worthwhile [worth while] visiting Harajuku *if you go to Tokyo*.
［＊ to 不定詞を使って，It is worthwhile to visit Harajuku *if you go to Tokyo*. とすることもできる。］

● **it goes without saying that ～**（～は言うまでもない）
It goes without saying that honesty is the best policy.
（正直が最善の策であることは言うまでもない。）

● **of one's own V-ing**（自分自身で～した）
The unpleasant situation is **of your own making**.
（その不愉快な状況は，君自身が作ったものだ。）

4 目的語として使われる動名詞と不定詞

動名詞も不定詞もいずれも文の中で動詞の目的語として使われるが，動詞の種類によって動名詞か不定詞かの使い分けがある。

❶ 動名詞を目的語とする他動詞

20	I have just **finished** *cleaning*.	*254*
21	We **enjoyed** *singing* "Auld Lang Syne."	*255*
22	We had to **put off** *leaving* because of the heavy snow.	*256*
23	Taro **suggested** *going* by bicycle instead of by car.	*257*

20 ちょうど今，掃除を終えたところだ。
21 私たちは「オールド・ラング・ザイン」を歌うことを楽しんだ。
22 私たちは大雪のために出発を延期しなければならなかった。
23 太郎は車ではなく自転車で行くことを提案した。

《1》finish, enjoy の類

動名詞によって表される内容が現実の事実であることが含意されることがある。この種の他動詞としては finish, enjoy の他に，complete（終える），forgive（許す），give up（やめる），practice（練習する）などがある。ちなみに，**21** の "Auld Lang Syne" はスコットランドの詩人 Robert Burns の詩。この詩につけた曲のメロディを借用して使ったのが「蛍の光」。

《2》put off の類

その時点で行われる可能性のあった動作を「やめる」「しない」という場合も動名詞を使って表す。この種の他動詞としては，他に avoid（避ける），delay（遅らせる），escape（避ける），mind（気にかける），miss（しそこなう），postpone（延期する）などがある。

《3》suggest の類

「提案する」「考慮する」「想像する」などを意味する動詞は，動名詞を目的語にとる。この種の動詞には，他に admit（認める），consider（考慮する），deny（否定する），imagine（想像する）などがある。

⚠️ suggest の類の動詞は，動名詞の代わりに，that 節で表現することもできる。
23 ≒ Taro suggested that we (should) go by bicycle instead of by car.

❷ 不定詞を目的語とする他動詞

> **24** I **want** *to visit* my grandmother this summer.　　*258*
>
> 　**24** この夏に祖母を訪ねたい。

未来志向の動詞の目的語としては不定詞が使われる。目的語として不定詞をとる動詞としては want の他に，次のようなものがある。

《1》これからすることへの希望・意図
　hope（望む），expect（期待する），desire（欲する），wish（願う），aim（目指す），mean（意図する）など

《2》これからすることへの決意・計画
　decide（決める），determine（決める），plan（計画する），promise（約束する），offer（提案する），agree（同意する）など

《3》これからの達成などを想定
　learn（身につける），manage（何とかする），fail（失敗する），pretend（ふりをする），refuse（断る），ask（頼む）など

> ⚠ dream, suggest は不定詞を目的語に取らないので要注意。
> 　× He dreams *to be* a lawyer.
> 　○ He dreams of *becoming* a lawyer.（彼は弁護士になることを夢見ている。）
> 　× She suggested *to discuss* it right now.
> 　○ She suggested *discussing* it right now.
> 　　（彼女は今すぐそれについて話し合うことを提案した。）
>
> propose の目的語は，不定詞でも動名詞でも可。
> 　○ She proposed *discussing* [*to discuss*] it right now.

❸ 動名詞・不定詞を目的語とする他動詞（意味が大きく異ならない場合）

> **25** George **likes** *playing* [*to play*] the guitar.　　*259*
>
> **26** The prime minister **started** *speaking* [*to speak*].　　*260*
>
> 　**25** ジョージはギターを演奏するのが好きだ。
> 　**26** 首相は話し始めた。

《1》 like, hate, love, prefer の類

「好き・嫌い」を表す動詞は目的語として不定詞・動名詞のいずれもとることができる。ただし，動名詞は現在あるいは過去の事実を語る場合が多く，不定詞は未来志向の傾向があるため，若干の意味の違いが認められることがある。

> George **likes** *playing* the guitar.
> （ジョージは[趣味として]ギターを弾くことが好きだ。）
> George **likes** *to play* the guitar.
> （ジョージは[今，これから]ギターを弾いてみたいと思っている。）

> ⚠️ like と違って，dislike の目的語は動名詞のみをとる。
> ○ I **dislike** *being taught* English by my sister.
> （私は姉に英語を教えられるのが嫌いだ。）
> × I dislike *to be taught* English by my sister.

《2》 start, begin, continue の類

「開始・継続」を表す動詞も目的語として不定詞・動名詞いずれも使うことができる。この場合，意味の違いはほとんどないが，不定詞は動作の開始に，動名詞は動作の継続に着目している。従って，何かの動作を中断した後，再開して続ける場合，〈**continue** ＋動名詞〉より，〈**continue** ＋ **to** ＋動詞の原形〉が使われる傾向がある。また，「中止」を意味する cease も不定詞・動名詞のいずれも目的語となる。

> The machine ceased operating.
> The machine ceased to operate.
> （その機械は作動をやめた。）

❹ 動名詞・不定詞を目的語とする他動詞（意味が大きく異なる場合）

> **27** a. I **remember** *packing* my umbrella.
> b. Please **remember** *to pack* your umbrella. *261*

> **28** a. I **tried** *jogging* this morning, and it felt good.
> b. I **tried** *to jog* this morning, but I couldn't because of the pain in my knee. *262*

> **29** a. I **regret** *saying* that you were wrong.
> b. I **regret** *to say* that you are wrong. *263*

27 a. 傘を荷物に入れたのを覚えている。
　　 b. 傘を荷物に入れておくのを覚えておいてください。
28 a. 今朝ジョギングしてみたが，気持ちよかった。
　　 b. 今朝ジョギングしようとしたが，膝の痛みのためにできなかった。
29 a. 君が間違っていると言ったことを後悔している。
　　 b. 残念だが，君は間違っていると言わねばならない。

　動名詞・不定詞のいずれも目的語として使用できる場合でも，両者の間で大きな意味の違いが生じる場合がある。基本的には動名詞は「現在・過去」を，不定詞は「未来」を志向する傾向がある。

目的語に動名詞をとる場合と不定詞をとる場合

動詞	動名詞の目的語	不定詞の目的語
remember	「(過去に) ～したことを覚えている」	「(これから) ～することを覚えておく」「忘れずに～する」
forget	「(過去に) ～したことを忘れる」	「(これから) ～することを忘れる」
regret	「～したことを後悔している」	「～するのを残念に思う」「残念ながら～する」
try	「試しに～してみる」(実際にその行為を行う)	「～しようと試みる」(実際にその行為を行ったかどうかは不明)

⚠️ 〈**stop + V-ing**〉と〈**stop + to** +動詞の原形〉の意味の違いに注意。
　I **stopped** *drinking* coffee. (私はコーヒーを飲むことをやめた。)
　I **stopped** *to drink* coffee. (私はコーヒーを飲むために立ち止まった。)

One-point Advice　〈**be sure[certain] to** *do*〉と〈**be sure[certain] of** *V-ing*〉の違い

　be sure[certain] の後に to +動詞の原形が続く場合と, of V-ing が続く場合とでは, 意味が大きく異なるので注意が必要です。両者の違いを簡単にまとめると, 以下のようになります。

〈**be sure[certain] to** *do*〉→〈話し手〉が確信している
　He is sure[certain] to pass the test. (彼は確実に合格するだろう。)
　≒ I am sure[certain] that he will pass the test.
　≒ It is certain that he will pass the test.
　ただし, sure をこの形で使うことはできません。
　× *It is sure that* he will pass the test.

〈**be sure(certain)** *of V-ing*〉→〈主語〉が確信している
　He is sure[certain] of passing the test. (彼は合格を確信している。)
　≒ He is sure[certain] that he will pass the test.

For Conversation
Would you mind ～? の使い方

　英語の依頼表現の 1 つとして，Would you mind ～？(～していただけませんか。) という表現がありますが，この場合の動詞 mind は動名詞を目的語にとります。

(1) "Would you mind opening the window?" "Certainly not."
　　 (「窓を開けていただけませんか」「もちろんです」)

　mind は，もともと「～を気にする」「～がいやだ」という意味を表すため，「あなたは窓を開けるのがいやですか」と聞いているわけです。"Yes." と答えると，依頼を断っていることになりますので，注意が必要です。Certainly に強勢を置いて，"Certainly not." と言えば，依頼に同意することになります。逆に not を強く言うと依頼を断ることになります。
　「私が窓を開けてもかまいませんか」のように，相手の許可を求めるときには，意味上の主語を表示して次のように言えばよいでしょう。

(2) "Would you mind **my** opening the window?" (窓を開けてもかまいませんか。)

　これに対して「どうぞ」と許可する場合は，"No, not at all. Go ahead." のように，許可しない場合には，"I'd rather you didn't." のように答えればよいでしょう。

第9章

分詞

導入 ● **分詞とは何か**
　1. 分詞とは　　　　　　　　　　　　　　　　　　　　　　　　　188
　2. 分詞の形容詞的用法　　　　　　　　　　　　　　　　　　　　188
　3. 分詞の副詞的用法　　　　　　　　　　　　　　　　　　　　　189

基礎 ● **分詞の基本的な用法**
　1. **分詞の形容詞的用法**：限定用法（名詞を修飾する用法）/ 叙述用法（動詞の補語になる用法）　　　　　　　　　　　　　　　　　　　　　　　190
　2. **分詞の副詞的用法（分詞構文）**：分詞構文の基本的な形と働き / 分詞構文の意味 / 分詞構文のさまざまな形　　　　　　　　　　　　　　　195

発展 ● **分詞の注意すべき用法**
　1. **分詞の意味上の主語**：独立分詞構文 / 慣用的な分詞構文　　200
　2. 〈with＋O＋分詞〉（付帯状況）　　　　　　　　　　　　　　202
　3. 分詞を使ったさまざまな表現　　　　　　　　　　　　　　　202

Step1 導入 分詞とは何か

1 分詞とは

分詞(participle)には，現在分詞〈**動詞の原形＋ -ing**〉と，過去分詞〈**動詞の原形＋ -ed，または不規則変化形**〉がある。すでに学んだように，現在分詞は**進行形**を作るのに必要とされ，過去分詞は**完了形**や**受動態**を作るのに必要とされる。

(1) He is **jogging** in the park.（彼は公園でジョギングしている。）［現在分詞］
(2) He has **jogged** more than three miles this morning.
 （彼は今朝3マイル以上ジョギングした。）［過去分詞］
(3) He was **given** first prize in the race.（彼はレースで優勝した。）［過去分詞］

このほかにも，分詞は名詞を修飾する形容詞の働きをしたり，副詞の働きをしたりすることがある。本章では，これらの用法を中心に扱うことにしよう。

2 分詞の形容詞的用法

分詞が名詞を修飾して形容詞の役割を果たす用法を**分詞の形容詞的用法**と言う。現在分詞が名詞を修飾すると「～している」という能動的な意味，過去分詞が修飾すると「～された」という受動的な意味になる。

(4) Look at *the man* **drinking** coffee over there.
 （向こうでコーヒーを飲んでいる男性）［現在分詞］

(4)では，現在分詞 drinking（厳密には，現在分詞を含む句 drinking coffee over there）が，能動的な意味で直前の the man を修飾している。

(5) These are *pictures* **taken** by her.
 （彼女によって撮られた写真）［過去分詞］

(5)では過去分詞 taken（厳密には過去分詞を含む句 taken by her）が受動的な意味で直前の pictures を修飾している。

3 分詞の副詞的用法〜分詞構文をなぜ使うのか？

　分詞を含む句が，副詞として文（主節）を修飾する用法について説明しておこう。ここで，下のイラストのように，電車を待ちながら新聞を読んでいる状況を英語で表現してみよう。

(6) a. I was reading a newspaper **and** (I was) waiting for my train.
　　b. I was reading a newspaper **while** I was waiting for my train.
　　c. I was reading a newspaper, **waiting** for my train.

　(6) の3つの文はほぼ同じ意味を表すが，(6a) では，対等の関係にある2つの節が接続詞 and で結合されている。(6b) では，接続詞 while（〜の間）によって導かれている節が，副詞句として主節を修飾している。情報の焦点が主節に置かれ，while 以下は副次的な情報を提供しているに過ぎない。これに対して (6c) では，現在分詞 reading を含む分詞句（下線部分）が，副詞として主節を修飾しているが，分詞句は軽い情報を付加しているに過ぎない。(6c) のような構文を**分詞構文**と言う。

　分詞構文は，主節に対してさまざまな意味を付加する時に使われるが，(6c) のように，2つのことが**同時に進行**していることを表すばかりでなく，ある事柄について**理由**を付け加える場合にも使われる。以下の例を見てみよう。

(7) a. **Since** I had no money with me, I had to walk home.
　　b. **Having** no money with me, I had to walk home.

　どちらも「お金の持ち合わせがなかったので，家まで歩いて帰らなければならなかった」という意味だ。理由を述べている部分に着目すると，(7a) は接続詞 since（〜なので）を用いているのに対して，(7b) は分詞を使って表現している。

　分詞構文は「〜している時」（同時），「〜しているので」（原因・理由）の他にも，さまざまな意味情報を付加する時に使われるが，そもそも接続詞のかわりに，なぜ分詞構文を用いる必要があるのだろうか。ひとつの理由は，スタイルの違いにある。接続詞を用いた形は，話し言葉としても，書き言葉としても使われるが，分詞構文は主に書き言葉として使われる。また，分詞は文頭・文中・文末のいずれの場所にも使われ，神出鬼没の自由さを持っており，その結果，文章のリズムを作る際にも効果的である。同じような意味を表現する形が2つ（以上）あるときには，それなりの棲み分けがなされているのである。

Step2 基礎 分詞の基本的な用法

分詞の用法は大きく分けて，名詞を修飾する〈形容詞的用法〉と文を修飾する〈副詞的用法〉の2種類に分類することができる。

1 分詞の形容詞的用法

❶ 限定用法（名詞を修飾する用法）
分詞は名詞の前または後ろに置かれ，名詞を修飾し，意味を限定する形容詞の働きをする。この用法を**限定用法**と呼ぶ。

《1》〈分詞＋名詞〉

1	The campers gathered around the **burning** *fire*.	*264*
2	She bought a lot of **frozen** *foods* at the supermarket.	*265*

1 キャンパーたちは燃えている火の周りに集まった。
2 彼女はスーパーでたくさんの冷凍食品を買った。

分詞が1語で名詞を修飾する場合には，名詞の前に置くのが一般的である。**burning** fire（燃えている火）のような現在分詞は「～している」という能動的な意味になる。一方，**frozen** foods（冷凍された食品）のような過去分詞は「～された」という受動的な意味になる。

> **Ex.** a **flying** saucer（飛んでいる円盤／空飛ぶ円盤）　　the **setting** sun（夕日）
> **spilt** milk（こぼされたミルク／こぼれたミルク）
> A **watched** kettle never boils.（見張られているやかんは沸騰しない。[ことわざ]）

> ⚠ frozen foods（冷凍食品）のように分詞が前置されると，名詞の「恒常的性質」を表し，"I don't have any **frozen** foods." なら，「冷凍食品が何もない」という意味になる。一方，分詞1語が後置修飾するときは，「状態・行為が一時的」という含みを持つ。冷蔵庫の故障で冷凍食品が（一時的に）溶けてしまっている状況なら，分詞を後置して "I don't have any foods **frozen**."（凍っている食品が何もない。）となる。

> ⚠ 恒常性と一時性の差は以下の例文にも現れている。
> I swept a lot of **fallen** leaves on the ground.（地面のたくさんの落ち葉を掃いた。）
> I swept a lot of leaves **fallen** on the ground.
> （地面に落ちているたくさんの葉っぱを掃いた。）

falling leaves が「今, 落ちつつある葉」を指すのに対して, **fallen** leaves は, すでに地面に落ちてしまっている葉, つまり「落ち葉」を指す。fallen のような自動詞の過去分詞は完了の意味を持つ。

  a **retired** player（引退選手） a **grown** man（大人）
  a **developed** country（先進国） an **advanced** class（上級クラス） など。

⚠ 動詞の変化形である分詞が, 形容詞としての性質を持つようになったものを〈**分詞形容詞**〉と言う（▶ p. 449）。

  disappointing（がっかりさせる） exciting（わくわくさせる）
  disappointed（がっかりした）   excited（わくわくした） など。

《2》〈名詞＋分詞句〉

> **3** Do you know *the boy* **playing** with the dog over there?　　266
>
> **4** This is *the house* **designed** by Tadao Ando.　　267

  3 向こうで犬と戯れている少年を知っていますか。
  4 これが安藤忠雄によって設計された家だ。

　分詞句（分詞を中心に構成された句）が名詞を修飾する場合, 分詞句は名詞の後ろに置く。意味的には, 1語の分詞の場合と同様に, 現在分詞の場合（~ **playing** with the dog over there）は能動的な意味を, 過去分詞の場合（~ **designed** by Tadao Ando）は受動的な意味を持つ。

> **Ex.** a fox **running** after a rabbit（ウサギを追いかけているキツネ）
>   a novel **written** by Daniel Defoe（ダニエル・デフォーによって書かれた小説）

On a Street Corner

　ALL PERSONS USING THIS PLAY AREA EQUIPMENT とありますが, 現在分詞 using が直前の all persons を修飾する限定用法として使われ,「この広場にある遊具を利用するすべてのみなさんへ」という意味になります。DO SO ENTIRELY AT THEIR OWN RISK は「完全に自己責任のもとでご利用ください」といった意味。at one's own risk は「自分の責任において」という意味で, この種の掲示でよく使われます。

　この掲示は大学のキャンパスでの違反駐輪への警告文で,「この柵につながれた自転車は撤去されます」という意味になります。過去分詞 attached が bicycles を修飾する限定用法として使われています。

❷ 叙述用法（動詞の補語になる用法）

分詞は〈**SVC**〉や〈**SVOC**〉の文型で，補語として使われることがある。このような分詞の用法を**叙述用法**と呼ぶ。

《1》〈S + V + C（＝分詞）〉

> **5** It **kept raining** all day yesterday. *268*
>
> **6** The restaurant has **remained closed** for three months. *269*

5 昨日は1日中，雨が降り続いた。
6 そのレストランは3か月間，閉鎖されたままだ。

〈**keep**＋現在分詞〉「〜し続ける」，〈**remain**＋過去分詞〉「〜された状態のままである」において，それぞれの分詞は動詞の補語として使われている。このほかにも，appear, be, feel, look, seem などの動詞も補語をとる。

> **Ex.** He **looked surprised** at my sudden appearance.
> （彼は私の突然の出現に驚いたように見えた。）

《2》〈S + V + [C]（＝分詞）〉

> **7** A huge rock **came rolling** down the hill. *270*
>
> **8** The castle **stood surrounded** by small mountains. *271*

7 巨大な岩が丘を転がり落ちて来た。
8 その城は小さな山に囲まれて立っていた。

本来は，〈**SV**〉の文型で使われる動詞 come や stand に分詞がついて，「〜しながら」という意味を表す補語のような働きをする場合がある。（便宜上，一括して〈**SVC**〉の文型として扱う。）come rolling down 〜「〜を転がりながら落ちてくる」, stand surrounded by 〜「〜に囲まれて立っている」という意味。sit, lie などの動詞も同じように使われることがある。

> **Ex.** The beach **lay deserted** for many miles.
> （海岸は何マイルにもわたって人気がない状態で広がっていた。）

⚠ 〈**go**＋現在分詞〉は，「〜しに行く」という意味で使われる。

go shopping（買い物に行く）　　go fishing（釣りに行く）
go skating（スケートに行く）　　go windsurfing（ウィンドサーフィンに行く）

They went windsurfing in Hawaii.（彼らはハワイにウィンドサーフィンに行った。）
[＊ちなみに，× They went windsurfing *to* Hawaii. は間違い。]

また、〈**get** +現在分詞〉は、「～し始める」という意味の決まり文句として使われる。

get going（行き始める）　　　　　get moving（動き始める）
get working（働き始める）

Let's get going.（さあ、行こう。）

⚠ 以下の会話表現の finished, gone は過去分詞から転じた形容詞に分類される。have でなく be 動詞の補語になっていることに注意。
"Are you finished?" "Yes, I'm finished."（「もう終わった？」「はい、終わりました」）
"Is Beth here?" "No, she is gone somewhere."
（「ベスはいる？」「いや、どこかに行ってるよ」）

《3》〈S + V + O + C（=分詞）〉：知覚動詞の場合

> **9** We **saw** a squirrel **carrying** a nut in its mouth. 　　272
>
> **10** He **felt** his legs **trembling**. 　　273
>
> **11** She **felt** herself **thrown** into the air. 　　274

9 リスが木の実を口にくわえて運んでいるのを見た。
10 彼は自分の脚が震えているのを感じた。
11 彼女は自分が空中に投げ出されるのを感じた。

知覚動詞（see / hear / feel / smell など）が〈SVOC〉の文型で使われ、現在分詞が補語となる場合は、「O が～しているのを見る［聞く / 感じる…］」という能動的な意味を表す。一方、過去分詞が補語となる場合は、「O が～されるのを見る［聞く / 感じる…］」という受動的な意味を表す。なお、〈知覚動詞＋ O ＋原形不定詞〉が使われることもある（▶詳しくは p. 153）。

Ex. I **saw** a family of ducks **crossing** the street.
（私はアヒルの家族が通りを横切っているのを見た。）
I **saw** him **walking** toward me across the street.
（私は彼が通りを横切って、私の方に向かって歩いてくるのを見た。）
I awoke to **find** a kid **speaking** to me in a language I could not understand.
（目覚めると、私の理解できない言葉で子供が私に話しかけているのに気付いた。）
I **heard** my name **called**.（自分の名前が呼ばれるのを聞いた。）

⚠ 〈keep [find, want] + O + 分詞〉においても、能動的な意味の現在分詞と受動的な意味の過去分詞の使い分けがある。

She **kept** me **waiting** for two hours.（彼女は私を2時間待たせたままにしておいた。）
I **found** her **studying** in the library.（彼女が図書館で勉強しているのを見つけた。）
Please **keep** me **informed** about your progress.
（あなたの進歩の様子を私に知らせるようにしてください。）
The citizens **want** the resources **reused** properly.
（市民は資源が適正に再利用されることを望んでいる。）

《4》〈S + V + O + C（＝過去分詞）〉：使役動詞の場合

12 I **had** my watch battery **replaced** at the shop. 275

13 He is going to **get** his blood **checked** by a doctor. 276

14 She **had** her bicycle **stolen**. 277

15 I couldn't **make myself understood** in English. 278

12 その店で腕時計の電池を取り替えてもらった。
13 彼は医者に血液を検査してもらうつもりだ。
14 彼女は自転車を盗まれた。
15 私は，英語で言っていることを理解してもらえなかった。

● **have[get]＋ O ＋過去分詞（ 12 13 14 ）**

「O を～してもらう / ～させる / ～される」という意味で使われる。「～してもらう / ～させる」という**使役**の意味をとるのか，「～される」という**被害**の意味になるかは，文脈により決まる。

> **Ex.** My son **had** his PC **repaired** two weeks ago.
> （息子は 2 週間前にパソコンを修理してもらった。）
> I **want** my watch **fixed** immediately.（私は今すぐに時計を修理してほしい。）

> ⚠ 〈**get ＋ O ＋過去分詞**〉では，「（自分で）～する」という完了の意味になる場合もある。
> **Get** the work **done** at once. ≒ Do the work at once.（仕事をすぐにやれ。）
> I'll **get** it **finished** by noon. ≒ I'll finish it by noon.（昼までに終わらせます。）

> ⚠ 〈**have[get]＋ O ＋現在分詞**〉「O を～している状態にする」の用例にも注意。
> ［＊ make, let にこの用法はない。］
> I can't **have** him **talking** like that.
> （私は彼にあのように話させておくことはできない。）
> They finally **got** the ball **rolling**.（彼らはようやく活動を軌道に乗せた。）

● **make oneself understood（ 15 ）**

「自分の言っていることを相手に理解してもらう」という意味で使われる。understood という過去分詞が使われるのは，「自分自身を（相手から）理解された状態にする」という意味があるためである。

> ⚠ 使役動詞を使う〈SVOC〉で，〈C ＝過去分詞〉と〈C ＝原形〉の用法の使い分けに注意。
> I had the battery replaced by the dealer.
> ≒ I had the dealer replace the battery.
> （私はバッテリーを業者に交換してもらった。）

I had my watch battery replaced by my daughter.
≒ I had my daughter replace my watch battery.
(時計のバッテリーを娘に換えてもらった。)

> **One-point Advice**　**なぜ participle と呼ばれるのか**
> 「分詞」のことを英語で participle と呼びますが，語源的には動詞の participate と関係しています。participate は parti-（部分）と -cipate（～を取る）から構成され，「部分を取る，関与する」という意味合いを持っています。分詞が形容詞の働きに関与していることから，このように呼ばれるようになったのです。日本語の「分詞」の「分」は「部分」という意味合いを汲んだもので，全体として「部分的に（形容詞としての働きに）関与する品詞」を表すことになります。

2 分詞の副詞的用法（分詞構文）

❶ 分詞構文の基本的な形と働き

> **16** I was relaxing in my room, **listening** to music. 　　　279

> **16** 私は自分の部屋で，音楽を聴きながらくつろいでいた。

分詞（句）が副詞のように文を修飾する働きをすることがある。このような構文を**分詞構文**と呼ぶ。

たとえば，I was relaxing in my room, **listening** to music. では，分詞句 (listening to music) が，主節 (I was relaxing in my room) を副詞のように修飾している。主節と分詞句を逆にして，I was listening to music in my room, relaxing. (私はくつろいで，自分の部屋で音楽を聴いていた。) としても，立派に文として成立する。分詞構文では，主節に**情報の焦点**が置かれるので，どちらに焦点を置いて表現するのかという問題である。

> ⚠ 分詞（句）の位置は，主節の後に来ることもあれば，主節の前に置かれることもある。時には挿入句的に文中に来ることもある。
> Jill watched, **giggling**, from behind the tree.
> (ジルはクスクス笑いながら，木の後ろから見ていた。)

❷ 分詞構文の意味

分詞構文の意味は文脈によって決まるが，接続詞を使って連結する場合と違い，論理的関係が明示されているわけではない。むしろ論理的関係を明確に示さないところに分詞構文の本質がある。ここでは便宜上，以下の《1》～《4》に分類して説明するが，それぞれの境界線は必ずしも明瞭ではない。

《1》「〜しながら」〈付帯状況〉

> **17** I was driving to work, **listening** to the radio. 　　280
>
> 　17 ラジオを聴きながら，勤務先に向かって車を運転していた。

drive to work と listen to the radio という2つの行為が同時に行われている。「ラジオを聴きながら」という分詞句の内容が，主節についての状況説明をしていることから，**付帯状況**を表す分詞構文と言う。

> **Ex.** They shook hands, **saying** goodbye.（さよならと言いながら，彼らは握手した。）
> **Lying** down on a sofa, I watched TV.（ソファーに横になって，テレビを見ていた。）

《2》「〜している時」〈時（同時）〉

> **18** **Looking** out of the window, I suddenly realized that it was fall. 　　281
>
> 　18 窓から外を見ていて，秋になっていることに突然気がついた。

接続詞を用いて While [When] I was looking out of the window, I suddenly realized that it was fall. と言いかえが可能。分詞句は，「〜している時」という意味合いを表す。

> **Ex.** **Reading** his essay, I noticed a lot of grammatical errors.
> （彼のエッセイを読んでいるとき，私は多くの文法的な誤りに気付いた。）
> **Walking** along the street, I came across an antique shop.
> （通りを歩いていると，骨董店に出くわした。）

《3》「…し，そして〜」〈連続した動作〉

> **19** I woke up, **finding** myself lying on a bench. 　　282
>
> 　19 目が覚めると，ベンチに横になっているのに気付いた。

woke up（目覚める）という行為と，finding myself 〜（自分が〜しているのに気付く）という行為が続いて起こったことを表す。I woke up and found myself lying on a bench. あるいは I woke up to find myself lying on a bench.（▶ p. 145）と言いかえることもできる。

> **Ex.** **Bending** down, he picked up a little stone.
> （腰をかがめて彼は小石を拾い上げた。）
> The yen went up sharply, **causing** a lot of companies to shut down their business.（円が急騰し，多くの会社が事業から手を引いた。）

196　第9章 ● 分詞

《4》「～しているので」〈原因・理由〉

20 **Feeling** tired, he sat down on the ground.　　　　　　283

20 疲れていたので，彼は地面に腰を下ろした。

Feeling tired が主節 he sat down on the ground の理由を提示している。Because he felt tired, he sat down on the ground. のように言いかえることもできる。

Ex. **Having** no time left for eating lunch at a restaurant, I decided to buy *onigiri* at a convenience store.
（レストランで昼食をとる時間がなかったので，私はコンビニでおにぎりを買うことにした。）
Being very busy, he had little time to spend with his family.
（とても忙しかったので，彼は家族と過ごす時間がほとんどなかった。）
Recognizing the danger, we decided to climb down the mountain.
（危険を察知して，私たちは下山することに決めた。）

⚠ このほかに，分詞構文が〈譲歩〉や〈条件〉を表す場合がある。
Granting that your schedule is tight, you should still try to find time to relax.
（たとえ予定がぎっしり詰まっているにせよ，くつろぐための時間を探そうとすべきだ。）
Going straight for 10 minutes, you'll see the police station.
（まっすぐ10分行けば警察署が目に入るでしょう。）

❸ 分詞構文のさまざまな形：〈受動態〉・〈否定形〉・〈完了形〉

《1》分詞構文の受動態

21 **Shocked** at the sight, she stood speechless. 　　　　　　284

21 その光景に衝撃を受け，彼女は言葉を失って立ち尽くした。

分詞構文の受動態は〈**being**＋過去分詞〉（主節の「時」と同じ場合）または〈**having been**＋過去分詞〉（主節の「時」より以前の場合）となる。ただし，以下の類例のように，being, having been はしばしば省略される。

Ex. **Located** in Kyoto, the temple is visited by many tourists.
（その寺は京都にあって，多くの観光客によって訪問される。）
Written in the early 17th century, the novel has not lost its power yet.
（その小説は17世紀の初頭に書かれたが，今も力を失っていない。）

cf. 〈being / having been の省略〉は，形容詞が補語の場合でも起こりうる。
Sure of the team's victory, they started singing.
（チームの勝利を確信して，彼らは歌い始めた。）
Aware that something was wrong, we called the police right away.
（何かおかしいと気付いて，すぐに警察に電話した。）

Step2 分詞の基本的な用法 　197

《2》分詞構文の否定形

> **22** **Not** *knowing* how to solve the puzzle, I asked my brother.　　*285*

　　22 パズルの解き方が分からなかったので，兄に尋ねた。

分詞構文を否定形にするには，分詞の直前に not あるいは never を置くだけでよい。

Ex. He stood still, **not** *knowing* which way to go.
（どちらに進むべきか分からずに，彼は立ち尽くした。）
Not *having* enough time, we decided to eat at a fast-food restaurant.
（十分な時間がなかったので，ファーストフードの店で食べることにした。）

⚠ ごくまれに分詞の後に not をつけて否定する場合もある。
Knowing **not** what to say, he stood still.
（何を言ったらいいか分からなかったので，彼はじっと立っていた。）

《3》分詞構文の完了形

> **23** **Having studied** French for a few years, he tried out his French in Paris.　　*286*
>
> **24** **Not having seen** her for many years, I could hardly recognize her.　　*287*

　　23 フランス語を数年間勉強した［してきた］ので，彼はパリで自分のフランス語を試してみた。
　　24 何年も彼女に会っていなかったので，ほとんど彼女だと分からなかった。

分詞の表す「時」が主節の「時」よりも前の場合には，分詞の完了形〈**having ＋過去分詞**〉を使う。例文 **23** は，以下のように書きかえることができる。〔＊従属節で過去完了形 had studied が使われているのは，主節の動詞 tried よりも以前の「時」であることを示すためである。〕

　　23 ≒ As he had studied French for a few years, he decided to try out his French in Paris.

完了形の分詞構文の否定形を作るには，例文 **24** のように，否定の not（あるいは never）を having の直前に置く。接続詞を使って，次のように言いかえることができる。

　　24 ≒ As I had not seen her for many years, I could hardly recognize her.

198 ｜ 第9章 ● 分詞

Ex. **Having lived** in Los Angeles once, Jun speaks good English.
≒ As she lived in Los Angeles once, Jun speaks good English.
（かつてロサンゼルスに住んでいたので，ジュンは英語が上手い。）

　cf. Living in Los Angeles, Jun speaks good English.
　　≒ As she lives in Los Angeles, Jun speaks good English.
　　（ロサンゼルスに住んでいるので，ジュンは英語が上手い。）

⚠ 完了形の分詞の否定は〈**not having** ＋過去分詞〉の語順であるが，never の場合，〈**never having** 過去分詞〉も〈**having never** ＋過去分詞〉も可能である。
Never having been abroad, they are looking forward to the trip next month.
Having never been abroad, they are looking forward to the trip next month.
≒ As they have never been abroad, they are looking forward to the trip next month. （彼らは海外に行ったことがないので，来月の旅行を楽しみにしている。）

《4》〈接続詞＋分詞〉

25 You must be careful **when crossing** the street.　　　　*288*

　25 その通りを渡るときは注意しなければならない。

主節との意味的な関係を明確にするために，分詞句の前に when, while, if, though, although などの接続詞を置くことがある。

Ex. **Although** very much **discouraged**, she kept looking for a job.
（ひどく落胆したが，彼女は仕事を探し続けた。）
While flying in the plane, he did nothing but see the movies.
（飛行機で飛んでいる間中，彼は映画をずっと見ていた。）
If asked for a tip, I would just give one dollar.
（チップを求められたら，ほんの 1 ドルばかり渡すだろう。）

⚠ because, since など理由を表す接続詞が，この形で使われることはない。

⚠ 前置詞の after, before の後に動名詞の V-ing は来るが，過去分詞は来ない。過去分詞を用いる場合は，〈**being** ＋過去分詞〉にする必要がある。
○ After **being attacked** by a bear, he was immediately hospitalized.
× After *attacked* by a bear, he was immediately hospitalized.
（熊に襲われた後，彼はすみやかに入院した。）
一方，分詞構文なら，接続詞 when を伴って，When attacked ～とすることも可能。
○ **When attacked** by a bear, he suffered injuries to his head.
（熊に襲われたとき，彼は頭にけがを負った。）

Step3 発展 分詞の注意すべき用法

1 分詞の意味上の主語

1 独立分詞構文

26 **It being** cold and windy, we decided to stay home. *289*

27 **My father being** out of town on business, I asked my mother to go with me. *290*

26 とても寒くて風が強かったので、私たちは家にいることに決めた。
27 父は出張で町にいなかったので、母に一緒に行ってくれるよう頼んだ。

分詞構文において、分詞句の主語と主節の主語は一致していることを原則とする。ただし、両者が一致していない場合、分詞の意味上の主語を分詞の前に置く。このような分詞構文を**独立分詞構文**と呼ぶ。硬い表現であり、慣用表現となっているものが多い。

Ex. **There being** no money, we have to do it on a voluntary basis.
（お金がないので、私たちはそれをボランティアでやらなければならない。）
Weather permitting, we'll go whale watching tomorrow.
（天気が許せば、明日、クジラを見に出かけます。）
The class having been canceled, I decided to go to the library to study.
（授業が休講になったので、私は図書館に行って勉強することにした。）
Other things being equal, I would rather work with someone who is easy to work with. （他の条件が同じならば、私は働きやすい人と一緒に仕事をしたい。）
All things considered, this hotel is the best choice.
（すべてを考慮に入れると、このホテルが最善の選択だ。）
That done, she went out to walk her dog. （それを終えると、彼女は犬の散歩に出かけた。）〔＊ That having been done の having been が省略された形。〕
His speech was empty of content. **This said**, I still support him.
（彼のスピーチは内容に欠けていた。とは言うものの、私はそれでも彼を支持する。）
〔＊ This said の代わりに、Having said this と言うこともできる。〕

❷ 慣用的な分詞構文

> **28** **Frankly speaking**, you are too lazy. *291*
>
> **29** **Speaking of** vacations, I'm planning to visit Las Vegas this summer. *292*

28 率直に言って，君は怠惰過ぎる。
29 休暇と言えば，この夏にラスベガスを訪れる予定です。

Frankly speaking, ...（率直に言って）のように，慣用的な分詞構文では，分詞句の主語と主節の主語が異なっていても，分詞の意味上の主語は表示しない。

Ex. **Generally speaking**, Italians are warm and friendly.
（一般的に言って，イタリア人は温かくて友好的だ。）
Strictly speaking, the earth is not round.
（厳密に言うと，地球はまん丸ではない。）
Judging from the photo, the house looks new.
（写真から判断すると，その家は新しそうに見える。）
He is rather immature, **considering** that he is eighteen.
（18 歳だということを考慮すると，彼はかなり未成熟だ。）
Taking everything **into consideration**, your decision makes a lot of sense to me.（あらゆることを考慮すると，あなたの決断はなるほどもっともです。）
Considering his age, he is rather immature.
（年齢を考慮すると，彼はかなり未熟だ。）

⚠️ 上記の慣用表現以外で，分詞の意味上の主語が文の主語と異なるような文もある。このような文は〈懸垂分詞構文〉と呼ばれ，文法的には避けるべき表現と言われる。ただし，文学作品などで使用例が見かけられる。

○ Jogging along the beach, he got involved in that accident.
× *Jogging along the beach, that accident happened to him.*
（海岸沿いを走っているとき，あの事故が彼に起きた。）
〔＊分詞 jogging の主語と主節の主語（that accident）が異なる。〕

○ Turning right, you can see a beautiful castle.
× *Turning right, a beautiful castle can be seen.*
（右に曲がると，美しい城が見える。）
〔＊分詞 turning の主語と主節の主語（a beautiful castle）が異なる。〕

2 〈with ＋ O ＋分詞〉(付帯状況)

> **30** She usually brushes her teeth **with** the water **running**.　　*293*
> **31** He sat **with** his legs **crossed**.　　*294*

> **30** 彼女は，たいてい水を流しっ放しにして歯を磨く。
> **31** 彼は脚を組んで座っていた。

〈with ＋ O ＋現在分詞[過去分詞]〉は付帯状況を表すために使われる。現在分詞の場合は「O が〜している状態で」という能動的な意味で，過去分詞の場合は「O が〜された状態で」という受動的な意味を表す。

Ex. He was eating **with** *his eyes fixed on the TV screen*.
(彼はテレビ画面に目を釘付けにして，食べていた。)
Eddy said good luck **with** *his fingers crossed*.
(エディーは指を交差させて，「幸運を」と言った。)

⚠ 分詞の代わりに形容詞や副詞が使われることもある。
The child was smiling **with** his hands **full of cookies**.
(その子供は両手いっぱいにクッキーを抱えてニコニコしていた。)
My grandmother was reading the newspaper **with** her glasses **on**.
(祖母はメガネをかけて新聞を読んでいた。)

⚠ 同様の構文が，「理由」を表す場合もある。
With the snow falling so silently, we did not notice it.
(雪が本当に静かに降っていたので，私たちは気付かなかった。)

3 分詞を使ったさまざまな表現

> **32** My sister **is busy putting on** her makeup now.　　*295*
> **33** I **have trouble finding** the time for exercise.　　*296*
> **34** She **spent** the summer **traveling** across Canada.　　*297*
> **35** **There is** some cheese **left** in the refrigerator.　　*298*

> **32** 姉は今，化粧するのに忙しい。
> **33** 運動の時間を見つけるのに苦労している。
> **34** 彼女はカナダ横断旅行をして夏を過ごした。
> **35** 冷蔵庫にチーズが少し残っている。

前ページの例に見られるように，分詞を伴う定型表現にはさまざまなものがある。

- **be busy V-ing**（〜するのに忙しい）
  He **is busy** *preparing* for the bar exam.
  （彼は司法試験の準備に忙しい。）

- **have trouble V-ing**（〜するのに苦労する）
  She **had trouble** *persuading* her son to go to college.
  （彼女は息子を大学に行くよう説得するのに苦労した。）

- **spend ＋ O ＋ V-ing**（〜することに〜を費やす）
  He **spent his final years** in Kyoto *listening* to Mozart, *reading* Shakespeare, and *visiting* temples and shrines.
  （彼はモーツァルトを聴いたり，シェイクスピアを読んだり，お寺や神社を訪れたりしながら，晩年を京都で過ごした。）

- **There is 〜＋分詞**（〜が…の状態で存在する）
  There are some kids *playing* basketball in the backyard.
  （何人かの少年が裏庭でバスケットボールをしている。）

〔分詞を使ったその他の慣用表現〕

- **have a hard time V-ing**（〜するのに苦労する）
  I **had a hard time** *sleeping* last night.（昨晩は眠れなくてたいへんだった。）

- **have difficulty V-ing**（〜するのに困難を感じる）
  He **had** great **difficulty** *breathing*.（彼は息をするのがとても大変だった。）

- **have fun V-ing**（〜して楽しむ）
  We **had** a lot of **fun** *playing* tennis.（私たちはテニスをして大いに楽しんだ。）

- **keep V-ing**（〜し続ける）
  Keep the ball *rolling*.
  （転がるボールが止まらないようにしなさい。→ 話[仕事]をうまく続けていきなさい。）

- **kill time V-ing**（〜して時間をつぶす）
  I **killed time** *walking* in the park.（公園を散歩して時間をつぶした。）

- **waste time V-ing**（〜して時間を浪費する）
  He **wasted time** *playing* pachinko.（彼はパチンコをして時間をむだにした。）

Scenes from Literature

　次の英文はルイス・キャロルの『不思議の国のアリス』(*Alice's Adventures in Wonderland*)からの一節です。下線部を施した部分には，現在分詞や過去分詞の用法，また付帯状況を表す構文が使われています。文学作品にとって，こうした表現が必須の要素であることが納得されるでしょう。ここで，下の【注】を参考にしながら，この一節を日本語に翻訳してみましょう。

It was the White Rabbit <u>returning</u>, splendidly <u>dressed</u>, <u>with a pair of white kid-gloves in one hand and a large fan in the other</u>: he came trotting along in a great hurry, <u>muttering</u> to himself, as he came, "Oh! The Duchess, the Duchess! Oh! *Won't* she be savage if I've <u>kept her waiting</u>!"

【注】冒頭の It は「パタパタという足音」を指す。 kid-glove「子ヤギの皮でできた手袋」/ trot along「小走りする」/ mutter「ぶつぶつ言う」/ duchess「公爵夫人」/ savage「かんかんに怒った (= angry)」

　参考までに日本語訳を挙げておきますので，自分の翻訳と比較してみてください。

　それは，さっきのあの白ウサギだった。すっかりきれいに着飾って，片手に子ヤギ革の手袋を，もう一方の手には大きな扇子を持って，せかせかとした足取りでこちらへ急ぎながらもこんなことをつぶやいていた。
「ああ，公爵夫人が，公爵夫人が！　ああもう！　きっと怒り狂っておいでだよ，こんなにお待たせしちまって！」

— ルイス・キャロル『不思議の国のアリス』村上由佳訳，
株式会社メディアファクトリー，2006 年

第10章

比較

導入 ● 比較とは何か
1. 比較とは　　　　　　　　　　　　　　　　　　　　　　　　　206
2. 英語の比較表現　　　　　　　　　　　　　　　　　　　　　　206

基礎 ● 比較の基本的な表現
1. 原級・比較級・最上級：規則変化① / 規則変化② / 不規則変化　　　208
2. 原級を用いた比較の表現：〈as＋原級＋as ～〉/〈not as＋原級＋as ～〉/〈as many [much]＋名詞＋as ～〉/〈数詞＋times as＋原級＋as ～〉　　　211
3. 比較級を用いた比較の表現：〈比較級＋than ～〉/〈not＋比較級＋than ～〉/ 程度の差の表し方 / 数量の差の表し方 /〈less＋原級＋than ～〉　　　214
4. 最上級を用いた比較の表現：〈the＋最上級〉/ 最上級の意味を強調する表現 /〈one of the＋最上級＋名詞(複数形)〉/〈the＋序数詞＋最上級〉/ 〈the least＋原級〉　　　217

発展 ● 比較の注意すべき表現
1. 最上級の意味を表す原級・比較級：〈No (other) B ～ as [so]＋原級＋as A〉/〈No (other) B ～ 比較級＋than A〉/〈A ～ 比較級＋than any other B〉/〈Nothing ～ as [so]＋原級＋as A〉等 /〈Nobody [No one] (else) ～ as[so]＋原級＋as A〉等　　　221
2. 原級を用いた注意すべき比較の表現：〈as＋原級＋as any (other) ～〉/〈as＋原級＋as ever〉/〈as＋原級＋as possible〉/〈not so much A as B〉/ 〈as many [much] as＋数詞〉/〈as many [much] ～〉　　　223
3. 比較級を用いた注意すべき比較の表現：〈the＋比較級＋of the two ～〉/ 〈比較級＋and＋比較級〉/〈the＋比較級 ～，the＋比較級 ...〉/〈all the ＋比較級 ～〉/ toを使う比較の表現 / 比較対象を明示しない比較級(絶対比較級) /〈much [still] less ～〉/〈more or less〉/〈sooner or later〉/ 〈know better than to ～〉/〈more＋原級＋than＋原級〉　　　225
4. no [not] と比較級を組み合わせた比較の表現：〈no＋比較級＋than ～〉/ 〈no more [less] ～ than ...〉/〈no more [less] than ～〉/〈not more [less] than ～〉　　　231
5. 最上級を用いた注意すべき比較の表現：〈the＋最上級＋名詞〉/〈at (the) most〉〈at (the) least〉/〈at best〉〈at worst〉/〈at one's best〉/〈make the most [best] of ～〉/〈not (in) the least ～〉　　　234
6. 同一の人[物]の中での比較　　　　　　　　　　　　　　　　　238

Step1 導入 比較とは何か

1 比較とは

　ある幼児に「大きいのと小さいのを比べると，どちらが大きいの？」と尋ねたところ，しばらく考えてから，「大きいの」という答えが返ってきた。「それなら，ネズミの大きいのと象の小さいのを比べると，ネズミの方が大きいんだね」と問うと，何とも困惑した表情を浮かべていた。そもそも「大きい／小さい」は相対的な概念だから，比較のポイントが明示されて初めて「〜と比べて大きい／小さい」と言えることになる。

　この点では，日本語も英語も同じだが，以下の用例が示すように，英語は日本語と違って語形変化によって比較を表す。

　（1）Mt. Everest is **higher than** Mt. Fuji.（エベレスト山は富士山より高い。）
　（2）Mt. Everest is **the highest** mountain in the world.
　　　　（エベレスト山は世界で一番高い山だ。）

　high のような辞書の見出し語の形を**原級**，higher のような「より〜」という意味を表す形を**比較級**，そして highest のように「最も〜」という意味を表す形を**最上級**と呼ぶ。

2 英語の比較表現

　比較するためには，**比較の対象**と**比較のポイント**が必要である。つまり，「AとBとをCという点において比較する」ということである。以下の用例で考えてみよう。

(3) Tokyo is **as hot as** Cairo in August.
（8月は，東京はカイロと同じくらい暑い。）

　ここでは比較の対象が「東京」と「カイロ」，比較のポイントが「暑さ」であり，その程度が同じだということを〈as ＋原級＋ as〉で表している。

(4) The Pacific Ocean is **bigger than** the Atlantic Ocean.
（太平洋は大西洋より大きい。）

　ここでは「太平洋」と「大西洋」を「大きさ」という点で比較し，太平洋の方がその程度が高いということを表している。一方が他方より程度が高いことを表すために，〈**比較級＋than**〉という形が使われている。

(5) Tokyo Skytree is **the tallest** building in Japan.
（東京スカイツリーは日本で最も高い建物だ。）

　ここでは「スカイツリー」を「ほかの建物」と「高さ」の点で比べて「最も高い」と述べている。最上級の意味を表すために，形容詞の最上級 (tallest) が使われている。

　以上，原級・比較級・最上級の使い方の基本を確認したが，この3つの語形は，**形容詞や副詞が表す性質・状態・数量などの程度を比べる**ときに使われる。本章では，比較を巡る多彩な表現の世界を探索してみることにする。

10 比較

Step1　比較とは何か　207

Step2 基礎 比較の基本的な表現

形容詞や副詞は，性質や状態の程度を比較するときに語形が変化する。この変化を比較変化と呼び，原級・比較級・最上級の3つがある。ここでは，こうした語形変化を伴うさまざまな比較表現を扱う。

1 原級・比較級・最上級

1 規則変化① : -er, -est

> 1　The Nile is a **long** river. [原級]　　　　　　　　　　　　　　　299
> 2　The Nile is **longer** than the Shinano. [比較級]　　　　　　　　300
> 3　The Nile is **the longest** river in Africa. [最上級]　　　　　　　301

1　ナイル川は長い川だ。
2　ナイル川は信濃川より長い。
3　ナイル川はアフリカで一番長い川だ。

多くの形容詞や副詞は**原級・比較級・最上級**の形を持つ。上例にあるように，形容詞 long は，long（原級），longer（比較級），longest（最上級）のように語形変化をする。原級は辞書の見出し語の形，比較級は「より~」，最上級は「最も~」といった意味を表す。

1音節の語と2音節の語の一部（-y, -er, -ow, -le などで終わる語）は原級に -er をつけて比較級，-est をつけて最上級に変える。〔＊音節とは一まとまりに発音される最小の単位で，普通母音を中心としてその前後に子音を伴う。辞書では eas-y などのようにハイフンで音節の区切りを示している。〕

-er, -est のつけ方

	原級	比較級	最上級
1音節の語	high	high**er**	high**est**
	tall	tall**er**	tall**est**
2音節の語	clever	clever**er**	clever**est**
	easy	eas**ier**	eas**iest**
	narrow	narrow**er**	narrow**est**
	noble	nobl**er**	nobl**est**

⚠ -er, -est のつけ方

(1) **-e で終わる語**：e をとって -er, -est をつける。
safe − saf**er** − saf**est** / wide − wid**er** − wid**est**
(2) 〈**1 母音字＋1 子音字**〉で終わる語：子音字を重ねて -er, -est をつける。
big − big**ger** − big**gest** / hot − hot**ter** − hot**test**
(3) 〈**子音字＋y**〉で終わる語：y を i に変えて -er, -est をつける。
busy − bus**ier** − bus**iest** / early − earl**ier** − earl**iest**

❷ 規則変化② : more, most

4	This map is **useful**. [原級]	302
5	This map is **more useful** than that one. [比較級]	303
6	This map is **the most useful** of the five. [最上級]	304

4 この地図は役に立つ。
5 この地図はあの地図より役に立つ。
6 この地図は 5 枚のうち最も役に立つ。

　規則変化をする語の中には, useful のように, 原級の前に more を置いて比較級, most を置いて最上級となるものがある。-ful, -less, -ish, -ous などで終わる 2 音節の語の大部分と 3 音節以上の語, および〈**形容詞＋-ly**〉の形の副詞はこの型を使う。

more / most をつける形容詞

	原級	比較級	最上級
2 音節の語	careless	**more** careless	**most** careless
	famous	**more** famous	**most** famous
	foolish	**more** foolish	**most** foolish
3 音節以上の語	expensive	**more** expensive	**most** expensive
	important	**more** important	**most** important
〈形容詞＋-ly〉の副詞	quickly	**more** quickly	**most** quickly
	slowly	**more** slowly	**most** slowly

⚠ 上の規則から外れる例外もある。

① 1 音節でありながら more, most 型のもの
　bored (退屈した) [* -ed で終わる過去分詞由来のもの]　like (似た)
　real (本当の)　　　right (正しい)　　　wrong (間違った)

② 2 音節で, -er, -est 型, more, most 型のどちらもあるもの
　angry (怒った)　　clever (利口な)　　common (普通の)
　pleasant (愉快な)　polite (礼儀正しい)　simple (単純な)

❸ 不規則変化

> **7** This is a **good** cellphone. ［原級］　　　　　　　　　　　*305*
>
> **8** This cellphone is **better** than that red one. ［比較級］　　*306*
>
> **9** This is the **best** cellphone in this shop. ［最上級］　　　*307*

7 これはよい携帯電話です。
8 この携帯電話はあの赤いのよりよい。
9 これはこの店で一番よい携帯電話だ。

good は good － better － best のように語形がまったく別の形に変わる。このような変化を**不規則変化**と呼ぶ。

不規則変化の代表例

原級	比較級	最上級
good［形］（よい）	better	best
well［形］（元気な）［副］（じょうずに）	better	best
bad［形］（悪い）	worse	worst
badly［副］（ひどく）	worse	worst
ill［形］（病気の）［副］（悪く）	worse	worst
many［形］（多数の）	more	most
much［形］（多くの）［副］（大いに）	more	most
little［形］（少量の）［副］（少し）	less	least

意味によって比較級・最上級の形が異なるもの

原級	比較級	最上級
late〈時間が〉（遅い, 遅く）	later	latest
late〈順序が〉（遅い, 遅く）	latter	last
old〈年齢／古さが〉（年上の, 古い）	older	oldest
old〈兄弟姉妹が〉（年上の, 年長の）	elder /《米》older	eldest /《米》oldest
far〈距離が〉（遠い, 遠くに）	farther / further	farthest / furthest
far〈程度が〉（それ以上の, さらに）	further	furthest

+α See you **later**. (また後で。)
This incident happened in the **latter** half of the 19th century.
(この事件は 19 世紀の後半に起きた。)
This is the **latest** news. (これが最新のニュースだ。)

I missed the **last** bus. (最終バスに乗り遅れた。)
He is my **elder**[**older**] brother. (彼は私の兄です。)
〔＊ elder は than を伴って用いられないので，He is **older**[×*elder*] than I am. (彼は私より年上だ。) となる。〕
Who can jump the **farthest**[**furthest**]? (誰が一番遠くまで跳べるかな。)
For **further** information, contact Mr. Ito. (さらなる情報は伊藤さんまで。)
I don't want to discuss this matter any **further**.
(これ以上この問題について話したくない。)

2 原級を用いた比較の表現

❶ 〈as ＋原級＋ as ～〉:「～と同じくらい…」

> **10** I am **as tall as** my father (is). (形容詞の比較) 308
> **11** Charlie types just **as fast as** Dick (does). (副詞の比較) 309

> **10** 私は父と同じくらいの背の高さだ。
> **11** チャーリーはディックとちょうど同じくらいの速さでタイプする。

〈**as ＋原級＋ as**〉で，2つのものを比べたとき，形容詞や副詞が示す程度が同じことを表す。これを**同等比較**と言う。tall, fast が使われているからと言って，「背が高い」「速い」という含意はなく，「高さ」「速さ」について中立的に比較のポイントを指定しているにすぎない。

⚠️ 2つ目の as は接続詞なので，その後には〈主語＋動詞〉が続く。ただし，誤解が生じない場合，省略されることがある。
　① 主語だけ残して，動詞を省略する (cf. **10** **11**)。
　② 時を表す語句がある場合，SV を省略する。
The seawater is as cold as (it was (cold)) yesterday.
(海水は昨日と同じくらい冷たい。)

⚠️ 〈**as ＋原級＋ as ～**〉の前には，about (だいたい), almost[nearly] (ほとんど), exactly (まったく), just (ちょうど) など，程度を表す副詞を置くことも多い。
He is **just as tall as** his older brother.
(彼はお兄さんとちょうど同じくらいの背の高さだ。)
My son earns **nearly as much** money **as** I do.
(息子は私とほぼ同じくらい稼いでいる。)

⚠️ 〈**as ＋原級＋ as**〉の原級の部分に形容詞や副詞の代わりに名詞句が来る場合がある。語順は，〈**as ＋形容詞＋ a**[**an**]**＋名詞＋ as**〉となる。
That's not quite **as funny a joke as** mine. (それは私の冗談ほど面白くはない。)
That is **as fast a car as** the bullet train. (あれは新幹線と同じくらい速い車だ。)

Step2　比較の基本的な表現 | 211

> **Tips on Grammar**　**2通りの解釈**
>
> 　I like him as much as you. は，次の (1)(2) が示すように，2通りの解釈が可能になります。
>
> 　(1) I like him as much as **you like him**. (≒ I like him as much as you do.)
> 　(2) I like him as much as **I like you**.
>
> 　このように，曖昧性を残す場合は，(1) あるいは (2) のように表現した方が無難です。

❷ 〈not as ＋原級＋ as ～〉：「～ほど…ない」

12	Fumi is **not as brave as** Gen.	*310*
13	She does**n't** cook **as well as** her mother (does).	*311*

　12 フミはゲンほど勇敢ではない。
　13 彼女は母親ほど料理がうまくない。

　〈**not as** ＋原級＋ **as**〉は，〈**as** ＋原級＋ **as**〉を否定したもので，程度が同じではないことを表す。

Ex. She is **not as shy as** her younger sister. （彼女は妹ほどシャイではない。）
　　She can't swim **as fast as** her cousin. （彼女はいとこほど速く泳げない。）

cf. 原級の前の as の代わりに so が使われることもあるが，最近では比較的まれ。
　12 ≒ Fumi is **not so brave as** Gen.
　13 ≒ She does**n't** cook **so well as** her mother (does).

❸ 〈as many[much]＋名詞＋ as ～〉：「～と同じくらいの…」

14	I have **as many** DVDs **as** you (do).	*312*
15	He had **as much** money **as** she (did).	*313*

　14 私は，あなたと同じくらいの数の DVD を持っている。
　15 彼は，彼女と同じくらいの額のお金を持っていた。

　〈**as many[much]**＋名詞＋ **as**〉で，数や量を比べて同じだということを表す。「数」を比べる場合は as many ～ as を，「量」を比べる場合は as much ～ as を用いる。

⚠ 形容詞は名詞を修飾しているので〈形容詞＋名詞〉でひとかたまりと考え，両者を離さないことに注意。
　　× *I have DVDs as many as you have.*
　　× *He had money as much as she did.*

❹ 〈数詞＋ times as ＋原級＋ as ～〉：「～の一倍…」

16	Indonesia is **five times as large as** Japan.	*314*
17	My essay is only **half as long as** yours.	*315*
18	He has read about **three times as many** books **as** I (have).	*316*

16 インドネシアは日本の5倍の大きさだ。
17 私の作文は，あなたのものの半分の長さしかない。
18 彼はだいたい私の3倍くらいの数の本を読んでいる。

倍数を言うには，〈数詞＋ times as ＋原級＋ as ～〉という**倍数表現**が使われる。ただし，2倍は twice，3倍以上は three times（古い表現では thrice），four times などを使う。

Ex. Turkey is about twice **as large as** Japan.
（トルコは日本のほぼ2倍の大きさだ。）
He received three times **as many** chocolates **as** I did on Valentine's Day.
（バレンタインデーに彼は，私の3倍のチョコレートをもらった。）
Our classroom is half [one-third / a [one] quarter] **as large as** yours.
（私たちの教室はあなたがたの教室の半分[3分の1 / 4分の1]の大きさだ。）

分数の場合，2分の1は half，3分の1は one-third，4分の1は a [one] quarter で表す。

cf. 倍数は以下のような名詞で表現することも可能。

large → size	long → length	wide → width
high → height	heavy → weight	many → number
much → amount		

16 ≒ Indonesia is five times **the size of** Japan.
17 ≒ My essay is only half **the length of** yours.
Our classroom is twice [three times / half] **the size of** yours.
（私たちの教室はあなたがたの教室の2倍[3倍 / 半分]の大きさだ。）
This turkey is twice [three times / half] **the weight of** that one.
（この七面鳥はあの七面鳥の2倍[3倍 / 半分]の重さだ。）

3 比較級を用いた比較の表現

1 〈比較級＋ than ～〉：「～より…」

> **19** Nancy is **taller than** I (am). *317*
>
> **20** She drives **more carefully than** her sister (does). *318*

19 ナンシーは私より背が高い。
20 彼女は姉よりも慎重に運転する。

〈比較級＋ than ～〉で，2つのものを比べたとき，形容詞や副詞が示す程度に差があり，一方が他方より程度が高いことを示す。

Ex. A memory chip is **smaller than** a memory card.
（メモリーチップはメモリーカードより小さい。）

⚠ than の後に SV が続く場合もある。
The bad weather lasted much **longer than** *we had expected*.
（悪天候は私たちが予想したよりもずっと長く続いた。）
ただし，誤解が生じない場合は，以下のように省略できる。

① 主語だけ残して，動詞を省略 (cf. **19** **20**)。
② 時を表す語句がある場合，〈SV〉を省略。
　 Cellphones are smaller today than (they were) twenty years ago.
　（今日の携帯電話は20年前より小さい。）

For Conversation
Alice is taller than me. は誤りか？

　文法書の中には「この形は非標準であり，Alice is taller than I (am). とすべきである」と記述しているものもあります。

　たしかに，比較を表す than が接続詞だと考えると，me という目的格が使われる正統性が存在しないことになります。しかしながら，ことに口語用法では me が一般的に使われる傾向があります。こうした使用実態を反映して，現在では《略式》用法として than me が認められるようになっています。その場合，than は接続詞ではなく，前置詞として扱われることになります。

　初めに文法ありきではなく，文法は言語の使用実態を反映したものでなければならないという考え方が背後にあるのです。

> **One-point Advice** 比較の対象を表すための形〈that of ~〉
> 比較の対象は同じ形で表す必要があります。以下、比較してみましょう。
>
> (1) ○ The climate of Greece is milder than **that of** Sweden.
> (2) △ The climate of Greece is milder than Sweden.
> 　　　(ギリシアの気候はスウェーデン(の気候)より温暖だ。)
>
> 　厳密に言うと、ギリシアの気候とスウェーデンの気候を比較しているわけですから、(1) のように that [= the climate] of Sweden とするのが正しいと言えます。ただし、会話などではしばしば (2) のような形も使われます。
> 　ちなみに、(the) climate のような単数名詞は that で受けますが、複数名詞の場合は those で受けることになります。
>
> (3) Elephants in Africa are much bigger than **those** in India.
> 　　　(アフリカの象はインドの象よりもはるかに大きい。)

❷〈not +比較級+ than ~〉:「~より…ということはない」

| 21 | He is **not smarter than** you. | 319 |
| 22 | I do **not** get up **earlier than** my mother (does). | 320 |

　21 彼は君より頭がいいということはない。
　22 私は母より早く起きることはない。

　〈not +比較級+ than ~〉は、〈比較級+ than〉を否定したもので、「~より…ということはない」という意味を表す。

❸ 程度の差の表し方

23	It is **much colder** today **than** yesterday.	321
24	These shoes are **a little smaller than** those black ones.	322
25	My mother has **many more friends than** I (do).	323

　23 今日は昨日よりずっと寒い。
　24 この靴はあの黒いものより少し小さい。
　25 母は私より友達がずっと多い。

　比較する2つのものの差が大きいことを表すには、much (ずっと), far (はるかに), even (さらに), still (さらに) などの副詞を〈比較級+ than〉の前に置く。口語では a lot

や lots も使われる。また、差が小さいことを表すには、a little, a bit, slightly（少し）などを使う。

Ex. This classroom is **much larger than** ours.
（この教室は私たちの教室よりずっと大きい。）

The population of Yokohama is **a lot larger than** that of Paris.
（横浜の人口はパリよりずっと多い。）

It is **a lot [a bit]** *hotter* today than yesterday.
（今日は昨日よりずっと[少し]暑い。）

> **Tips on Grammar** many more と much more
>
> 「ずっと多くの〜」と言いたいとき、数えられる名詞の場合は〈**many more** ＋複数形名詞〉、数えられない名詞の場合は〈**much more** ＋単数形名詞〉を使います。
>
> (1) John has **many more comic books than** I (do).
>   （ジョンは私よりずっと多くの漫画雑誌を持っている。）
> (2) My grandfather has **much more free time than** my grandmother does.
>   （祖父は祖母より暇な時間がずっと多い。）
>
> 「少し多くの〜」は、〈**a few more** ＋複数形名詞〉、〈**a little more** ＋単数形名詞〉、「いくらか多くの〜」は、〈**some more** ＋単数形・複数形名詞〉となります。

❹ 数量の差の表し方

26	He is *five centimeters* **taller than** his father.	*324*
27	My sister is *three years* **older than** I (am).	*325*

26 彼は父親より5センチ背が高い。
27 姉は私より3歳年上だ。

比較対象の差を数値で表すには、数量を表す表現を〈**比較級＋than**〉の前に置く。ただし、〈**by ＋数量**〉で表すこともできる。

26 ≒ He is taller than his father *by five centimeters*.
27 ≒ My sister is older than I am *by three years*.

cf. 比較級を使って「〜倍」を表すときは、〈**〜 times**〉を用いる。
The human brain is about **four times** *larger than* that of a chimpanzee.
（人間の脳はチンパンジーの脳の約4倍の大きさだ。）

❺ 〈less ＋原級＋ than ～〉：「～ほど…でない」

> **28** Computers are **less** expensive today **than** (they were) ten years ago.　　*326*
>
> **29** We visit our grandparents **less** often **than** (we did) before.　*327*

　　28 最近のコンピューターは 10 年前ほど値段が高くない。
　　29 私たちは以前ほど祖父母を訪問しなくなった。

「～ほど…でない」と表現したいときには，〈less ＋原級＋ than ～〉を使う。

Ex. For some reason, I'm **less** sleepy **than** I was an hour ago.
（私はなぜか 1 時間前ほど眠くない。）
cf. For some reason, I'm not **as** sleepy **as** I was an hour ago.

⚠ Your paper is **less good than** mine.（君の論文は私のと比べて出来が悪い。）は 2 つの論文の質を比較しているだけだが，Your paper is **worse than** mine. とすると，2 つの論文はともに出来が悪いが，君の論文の方がさらにひどい，という意味になる。

⚠ 上例 **28** **29** の less は形容詞・副詞を修飾する副詞であるが，形容詞として単独で使われる場合もある。
The restaurant is **less than** three kilometers from our hotel.
（そのレストランは私たちのホテルから 3 キロ以内にある。）

❹ 最上級を用いた比較の表現

❶ 〈the ＋最上級〉：「最も～な」

> **30** Taro is **the brightest** student *in* our class.　　*328*
>
> **31** This computer works **(the) fastest** *of* the five.　　*329*

　　30 太郎はクラスの中で一番頭がよい生徒だ。
　　31 このコンピューターは，その 5 台の中で一番速く動く。

最上級を使った表現は 3 つ以上を比べ，その中で形容詞や副詞の表す程度が最も高いことを表す。最上級の前に定冠詞 the をつけるかどうかについては，以下の原則に従う。

(a) 名詞を修飾する形容詞の場合（ **30** ）
　　最上級はひとつに限定されているので，定冠詞 the がつく。ときに名詞が省略されることもある。
　　Taro is the brightest in our class.

(b) 副詞の最上級の場合（ **31** ）

the はつけてもつけなくてもよいが，つけない形が一般的。

⚠ 最上級の比較の範囲や対象は，in ~ や of ~ で示すことが多い。
This is the latest news *in our town.* （これは私たちの町の最新のニュースだ。）
Jupiter is the largest planet *in our solar system.*
（木星は私たちの太陽系の中で最も大きな惑星だ。）
Hanako is the youngest *of all the club members.*
（花子は全部員のうちで最も若い。）

> **Tips on Grammar** 最上級の後に続く前置詞は in か of か？
>
> 前置詞 in と of の違いを簡単にまとめると，以下のようになります。
>
> (1) **in**：所属している集団や地域などが来る。
> the tallest in the world（世界で最も高い）
> the most beautiful in his school（彼の学校で最も美しい）
> the worst in Tokyo（東京で最悪な）
>
> (2) **of**：all や〈**the ＋数字**〉などが来る。
> the heaviest of them all（それらすべてのうち最も重い）
> the most useful of the four（4つのうちで最も役に立つ）
> the best of the three ideas（3つのアイデアのうち最善な）
>
> また，「～のうち」という意味合いで of が文頭に来る場合もあります。
>
> Of the three, Jane is the tallest.（3人のうち，ジェーンが最も背が高い。）
>
> さらに，all などがつかず名詞が直接来る of の使い方もあります。
> You can see the funniest of performers on that stage.
> （その舞台で，芸人の中でも一番面白い人が見られるよ。）

⚠ 最上級の比較の範囲や対象を，経験を表す完了形を導く関係代名詞で表すこともある。
This is the most interesting story *that I have ever read.*
（これは私がこれまでに読んだ中で最も面白い話だ。）

⚠ 最上級に ever をつけて「今までで一番の」という意味を表すことがあるが，このとき ever の位置は，最上級の後でも名詞の後でもよい。
It is the best **ever** invention. ≒ It is the best invention **ever**.
（それは今までで一番の発明だ。）

❷ 最上級の意味を強調する表現

32 He is **by far** *the most famous* actor in this country. *330*

32 彼は，この国では飛び抜けて有名な俳優だ。

最上級を強調するには，by far（はるかに），much（断然）などが使われる。〈the very best（＋名詞）〉も強調の意味で使われ，「まさに最善の」といった意味になる。

cf. She is **the very best** person to ask about fashion.
（彼女はファッションについて尋ねるのにまさにうってつけの人だ。）
This is **the very best** room in our hotel.
（これは私どものホテルで最高のお部屋です。）

Scenes from Literature
〈no ＋比較級＋名詞＋ than ～〉

次の文は『赤毛のアン』（*Anne of Green Gables*）からの引用です。アンが樹々の梢を吹き抜けていく風の音ほど心地のよい音楽はない，といった意味のことを言っています。〈no ＋比較級＋名詞＋ than ～〉の形は，not を用いたときよりも強い否定表現になり，全体として最上級の意味を表しています。

The winds were out in their tops, and there is **no sweeter music** on earth **than** that which the wind makes in the fir trees at evening.
（風が，樹々の梢をそよがせている。夕暮れどき，もみの樹をそっと揺らす風の音は，この世で最も甘やかな音楽なのだった。）
― L. M. モンゴメリ『赤毛のアン』松本侑子訳，集英社文庫

---

❸〈one of the ＋最上級＋名詞（複数形）〉：「最も～なもののひとつ」

33 Nikko is **one of the best** *sightseeing areas* in Japan. *331*

33 日光は日本で最も素晴らしい観光地のひとつだ。

最上の部類に属するものが複数あって，その中のひとつという意味を表すには，〈one of the ＋形容詞の最上級＋複数名詞〉を使う。最上級を使っているからと言って，その対象は必ずしもひとつに限定されない。

Ex. Rembrandt is **one of the greatest** artists of the 17th century.
（レンブラントは17世紀の最も偉大な芸術家の一人だ。）
It was **one of the worst** days of my life.（私の人生で最悪の一日だった。）
She is **one of the greatest** jazz singers in the world.
（彼女は世界で最も偉大なジャズ歌手の一人だ。）

❹〈the ＋序数詞＋最上級〉：「～番目に…」

34 Hokkaido is **the second largest** island in Japan. *332*

34 北海道は日本で2番目に大きい島だ。

Ex. Mt. Kita in Yamanashi is **the second highest** mountain in Japan.
（山梨県の北岳は日本で 2 番目に高い山だ。）

This temple is **the third oldest** in Kamakura.
（この寺は鎌倉で 3 番目に古い。）

The Ishikari is **the third longest** river in Japan.
（石狩川は日本で 3 番目に長い川だ。）

After corn and wheat, rice is **the third most important** crop in the world.（トウモロコシと小麦に次いで，米は世界で 3 番目に重要な穀物である。）

⚠ 数詞の他に，next が最上級を伴って使われることもある。

After speed and alcohol abuse, driver fatigue is **the next most frequent** cause of car accidents.
（スピードの出しすぎと飲みすぎに次いで，ドライバーの疲労が自動車事故の最大の原因である。）

5 〈the least ＋原級〉:「最も～でない」

> **35** I start with **the least difficult** question in math exams. *333*
>
> **35** 数学の試験では一番難しくない問題から始める。

形容詞や副詞が表す程度が最も低いことを表すには〈the least ＋原級〉を使う。

Ex. I reserved **the least expensive** seat for the concert.
（コンサートのために最も安い席を予約した。）

Work in the order of the most important to **the least important**.
（最も重要なものから，そうでないものの順番で取り組みなさい。）

Step3 発展 比較の注意すべき表現

1 最上級の意味を表す原級・比較級

原級や比較級をほかの語句と組み合わせて，最上級に相当する意味を表すことがある。

❶ 〈No (other) B 〜 as [so] ＋原級＋ as A〉

> **36** No (other) lake in Japan is **as [so] large as** Lake Biwa. 　334
>
> 　36 琵琶湖ほど大きい湖は日本には（他に）ない。

〈**no (other) ＋名詞の単数形**〉を主語にして原級を使い，「AほどBなものはない」という意味を表す。as の代わりに so を用いて，〈**No 〜 so large as ...**〉とすることもできるが，《米》では古い用法である。

❷ 〈No (other) B 〜比較級＋ than A〉

> **37** No (other) lake in Japan is **larger than** Lake Biwa. 　335
>
> 　37 琵琶湖より大きい湖は日本には（他に）ない。

〈**no (other) ＋名詞の単数形**〉を主語にして比較級を用い，「AよりBなものはない」という意味を表す。厳密に言うと，**36** とは違って，**37** では琵琶湖と同じ大きさの湖が存在する可能性を否定していない。

❸ 〈A 〜比較級＋ than any other B〉

> **38** Lake Biwa is **larger than any other** lake in Japan. 　336
>
> 　38 琵琶湖は日本の他のどの湖よりも大きい。

比較するものを主語にして，〈**比較級＋ than**〉の後に〈**any other ＋名詞の単数形**〉を置くと，「Aは他のどのBよりも〜」という意味になる。

> ### English & Japanese in Contrast
> **any other ＋単数名詞**
>
> 「太郎はクラスの誰よりも速く走る」は, Taro runs faster than any other student in his class. となり, any other の後は単数形となります。日本人の感覚からすると, ここは「クラスのみんな」という感覚で, Taro runs faster than (all the) other students in his class. と複数形をつい使いたくなりますが, 英語ではそれぞれ一人ひとりとの比較で, any other student と単数にするのが通例です。これは every の後が単数形になるのと通じています。every には, all のように十把一からげにするのではなく, each に近く「それぞれ一人ずつみんな」という感覚があります。集団に重きを置く文化と個に重きを置く文化の違いの一側面が表れているのかもしれません。

❹ 〈Nothing ～ as[so]＋原級＋ as A〉;〈Nothing ～比較級＋ than A〉;〈A ～比較級＋ than anything else〉

39	Nothing is **as[so] precious as** love.	*337*
40	Nothing is **more precious than** love.	*338*
41	Love is **more precious than anything else**.	*339*

> **39** 愛ほど貴いものはない。
> **40** 愛より貴いものはない。
> **41** 愛は他の何よりも貴い。

原級や比較級を nothing (else) や anything (else) と組み合わせて, 最上級の意味を表すことができる。上の3つの例文は, Love is the most precious of all things. (愛はすべてのものの中で最も貴い。) と同じ意味を表す。

❺ 〈Nobody[No one] (else) ～as[so]＋原級＋ as A〉;〈Nobody[No one] (else) ～比較級＋ than A〉;〈A ～比較級＋ than anyone[anybody] else〉

42	**Nobody (else)** in his class is **as[so] tall as** Tony.	*340*
43	**No one (else)** in his class is **taller than** Tony.	*341*
44	Tony is **taller than anyone else** in his class.	*342*

> **42** クラスでトニーほど背が高い人は一人もいない。
> **43** クラスでトニーより背が高い人は一人もいない。
> **44** トニーはクラスの誰よりも背が高い。

原級や比較級を nobody [no one] (else) や anyone [anybody] (else) と組み合わせて使うことで,「人」について最上級の意味を表すことができる。上の3つの例文は, Tony is the tallest (person) in his class.（トニーはクラスで最も背が高い。）と同じ。

Ex. George plays the guitar **better than anyone else** in his class.
（ジョージはクラスの誰よりもギターをじょうずに弾く。）

2 原級を用いた注意すべき比較の表現

❶ 〈as ＋原級＋ as any (other) ～〉

45 She is **as** popular **as any (other)** singer in her country. *343*

45 彼女は自国で（他の）どの歌手にも劣らず人気がある。

〈as ＋原級＋ as any (other) ＋単数形の名詞〉で,「（他の）どの～に比べても程度が劣らない」ことを表す。程度を強調する意味合いを持つため,「きわめて～」「非常に～」と訳されることもある。

Ex. He works **as hard as any (other)** employee in this company.
（彼はこの会社で（他の）どの従業員にも負けないほど熱心に働く。）
　　cf. He works (the) hardest of all the employees in this company.
　　　（彼はこの会社で一番熱心に働く。）

❷ 〈as ＋原級＋ as ever〉

46 Your homemade pie is **as delicious as ever**. *344*

46 あなたのお手製のパイは相変わらずおいしい。

〈as ＋原級＋ as ever〉は「これまでと同じくらい～」ということで,「相変わらず」という意味になる。

Ex. She looks **as fine as ever**.（彼女は相変わらず元気そうだ。）
You look **as young as ever**.（あなたは相変わらず若く見える。）

cf. 〈as ＋《原級＋ a [an]＋名詞》＋ as ever ～〉で,「これまで～した誰[何]にも劣らず…」ということを表す。つまり,「きわめて…」「並外れて…」ということ。
This is **as great a book** on the history of sumo **as** has **ever** been written.
（これは相撲の歴史について書かれた最も優れた本だ。）

❸ 〈as ＋原級＋ as possible〉

47 I'll call you **as soon as possible**.　　　　　　　　　　　345

　　47 できるだけ早く電話します。

〈**as soon as possible**〉は，「できるだけ早く」という意味を表す定型表現。

　　47 ≒ I'll call you **as soon as I can**.

Ex. I will send you a reply **as soon as possible**.
（できるだけ早くお返事を差し上げます。）

cf. soon を別の副詞と置きかえることによって，表現の幅を広げることができる。
He tried to throw the ball **as far as** he **could**.
（彼はできるだけ遠くへボールを投げようとした。）

⚠ 〈形容詞＋名詞〉の場合は，ひとかたまりと考えて，〈**as** ＋《形容詞＋名詞》＋ **as possible**[**as one can**]〉という型を使う。
　○ She is going to read **as** *many books* **as possible** during the vacation.
　× She is going to read *books as many as possible* during the vacation.

❹ 〈not so much A as B〉

48 He is **not so much** *a pianist* **as** *a composer*.　　　　　346

　　48 彼はピアニストというよりはむしろ作曲家だ。

ある人や事物について，AかBのどちらかで表すとしたら「AよりむしろBだ」と言いたいときに使われる。A, Bは文法的に同等の語句を使う。

cf. 同じ意味を，次のような形で表現することもできる。
He is not a pianist so much as a composer.
He is a composer rather than a pianist.
He is more (of) a composer than a pianist. (▶ p. 230)

+α ① 〈**not so much as** ＋動詞の原形〉「～さえしない」
She would **not so much as** look at me. (≒ She would not even look at me.)
（彼女は私を見ようとさえしなかった。）
② 〈**without so much as** ＋ V-ing〉「～さえしないで」
She left **without so much as** saying a word.
（彼女は一言も言わないで去っていった。）

5 ⟨as many[much] as ＋数詞⟩

> **49** **As many as** eighty thousand people came to the exhibition.　*347*
>
> **50** The ticket cost me **as much as** ten thousand yen. 　*348*

49 8万人もの人がその展覧会に来た。
50 そのチケットは1万円もした。

程度が甚だしいことを強調する表現。数の多さは many を，量の多さは much を使う。

+α
〈長さ〉　The Seikan Tunnel is **as long as** 54 kilometers.
　　　　（青函トンネルの長さは 54 キロもある。）
〈頻度〉　She goes to the movies **as often as** six times a month.
　　　　（彼女は月に6回も映画に行く。）
〈時間〉　Metal type printing started **as early as** the 15th century.
　　　　（活版印刷は早くも 15 世紀に始まった。）
〈距離〉　The cherry-blossom front is **as far as** Aomori now.
　　　　（桜前線は今や青森にまで達した。）

cf. ⟨**as good as** ～⟩は「ほとんど～と同じ」「～も同然だ」の意味で使われる。
This T-shirt is **as good as** new.（この T シャツは新品同様だ。）
We were all **as good as** dead.（私たちは皆，死んだも同然だった。）

6 ⟨as many[much] ～⟩

> **51** They have *three dogs* and **as many** *kennels*. 　*349*

51 彼らは3匹の犬を飼っていて，犬小屋も3つある。

前にある数量表現を指して，「それと同数[同量]の～」という意味を表す。

Ex. I drank *three glasses of lemonade*, and my father drank **as many** *glasses of wine*.（私はレモネードを3杯，父はワインを3杯飲んだ。）
We prepared *five liters of tea* and **as much** *orange juice* for the party.
（パーティー用に5リットルのお茶と同量のオレンジ・ジュースを用意した。）

3 比較級を用いた注意すべき比較の表現

1 ⟨the ＋比較級＋ of the two ～⟩

> **52** Which is **the taller of the two** boys?　*350*

52 その2人の少年のうち，どちらが背が高いですか。

〈the ＋比較級＋ of the two ～〉で，「その2つの～のうち，より…な方」という意味を表す。

> **Ex.** Which is **the cheaper of these two** computers?
> (この2台のコンピューターのうち安いのはどっちですか。)

❷ 〈比較級＋ and ＋比較級〉

> **53** The days are getting **shorter and shorter**.　　　*351*
> **54** Global warming is becoming **more and more serious**. 　　*352*

> **53** 日が，ますます短くなっている。
> **54** 地球温暖化はますます深刻になってきている。

〈比較級＋ and ＋比較級〉は，程度が徐々に甚だしくなっていくことを表す。比較級が -er 型の場合は，形容詞や副詞を and でつなぐだけでいいが，more 型の場合は，〈**more and more ＋原級**〉となる。なお，この構文ではしばしば現在進行形が用いられる。

> **Ex.** These plants are growing **taller and taller**.
> (これらの植物はますます高く伸びてきている。)
> The price of gasoline has been getting **higher and higher** these days.
> (このところガソリンの値段がますます高くなってきている。)
> **More and more** people are getting interested in learning foreign languages.
> (ますます多くの人が外国語学習に興味を持つようになってきている。)

> **cf.** 〈**less and less ＋原級**〉は，次第に程度が低くなっていくことを表し，「ますます～でなくなる」という意味を表す。
> Our cat became **less and less obedient**.
> (我が家の猫はますます従順でなくなっていった。)

❸ 〈the ＋比較級～, the ＋比較級 …〉

> **55** **The older** a guitar gets, **the better** it sounds. 　　*353*
> **56** **The more** you have, **the more** you want. 　　*354*
> **57** **The more famous** he became, **the less** privacy he had. 　　*355*

> **55** ギターは古くなればなるほど，いい音がする。
> **56** 手に入れれば入れるほど，ますますほしくなる。
> **57** 彼は有名になればなるほど，ますますプライバシーがなくなっていった。

2つの関連する動作や状態が，相関的に変化する場合に使い，「～すればするほど，ますます…」という意味を表す。

Ex. **The higher** you go up, **the lower** the temperature becomes.
（上に行けば行くほど，それだけ気温が低くなる。）

cf. 時間の経過に伴う変化を表す場合には，接続詞 as（～につれて）を使った文とほぼ同じ内容を表す。

57 ≒ **As** he became more famous, he had less privacy.
（彼は有名になればなるほど，ますますプライバシーがなくなっていった。）

cf. ことわざや慣用表現の場合，〈主語＋動詞〉が省略されることがある。
The more, the better.（多ければ多いほどよい。）
The sooner, the better.（早ければ早いほどよい。）

> **Tips on Grammar** 〈形容詞＋名詞〉は，ひとかたまり扱い
>
> 名詞を修飾する形容詞の場合，形容詞と名詞が離れないようにする必要があります。たとえば，「水を飲めば飲むほど，それだけ体重が増える」と表現するときには，次のようになります。
>
> ○ **The more water** you drink, **the more weight** you gain.
> × *The more you drink water, the more you gain weight.*

4 〈all the ＋比較級～〉

58 I feel **all the better** *for* having volunteered. *356*

59 He studied **all the harder** *because* the exam was coming up soon. *357*

58 自ら申し出たので，それだけいっそう気持ちがいい。
59 試験が近づいていたので，彼はそれだけいっそう熱心に勉強した。

〈all the ＋比較級～〉で程度が甚だしくなることを示し，「それだけいっそう～」という意味を表す。直後に前置詞 for や接続詞 because などを使って理由を述べることが多い。

Ex. I like him **all the better** *for* his faults.
（私は彼に欠点があるので，彼のことがいっそう好きだ。）
They studied Chinese **all the harder** *because* they wanted to speak with the locals on their trip to Guilin.（桂林に旅行したときに現地の人と話したいので，彼らはそれだけいっそう中国語を熱心に勉強した。）

+α (1) 〈**none the ＋比較級＋ for [because]** ～〉「～という理由で，それだけいっそう…というわけではない」

I felt **none the better for** having taken the medicine.
≒ I felt **none the better because** I had taken the medicine.
（薬を飲んだからと言って，それだけ気分がよくなったわけではない。）

(2) 〈～ **none the less for [because]** ...〉=「…だが，やはり～」
We like him **none the less for** his faults.
≒ We like him **none the less because** he has faults.
（私たちは，その欠点にもかかわらず彼が好きだ。）

5 to を使う比較の表現

60	This photo is **superior [inferior] to** that one in composition.	*358*
61	I **prefer** playing music **to** just listening.	*359*

60 この写真は，あの写真よりも構成において優れて[劣って]いる。
61 私はただ音楽を聞くより演奏する方が好きだ。

60 の superior [inferior] to ～のように，比較の意味を含む形容詞や動詞の中には比較の対象を示すのに，than ではなく前置詞 to を使う比較表現もある。

Ex. Chimpanzees are **superior to** monkeys in intelligence.
（チンパンジーは知能の点で小型の猿より優れている。）
These products are **inferior to** those in quality.
（これらの製品は，品質においてそれらの製品より劣っている。）

cf. superior の類の形容詞としては，他に次のようなものがある。
　　junior to ～（～より年下の，～の後輩の，～より地位が下の）
　　senior to ～（～より年上の，～の先輩の，～より地位が上の）

+α She is two years **senior to** me.（彼女は私より2歳年上だ。）
[＊ただし，She is two years older than me. の方が普通。]
He is my **senior [junior]** by three years.（彼は私より3歳年上[年下]だ。）
She is five years my **senior [junior]**.（彼女は私より5歳年上[年下]だ。）

61 のように，動詞 prefer も to を使う比較表現である。〈**prefer A to B**〉の型で「B よりも A の方が好きだ」という意味を表す。

Ex. I **prefer** fish **to** meat.（私は肉より魚の方が好きだ。）
≒ I like fish better than meat.
The younger generation tends to **prefer** fast food **to** traditional food.
（若い世代は伝統食よりファーストフードを好む傾向がある。）

❻ 比較対象を明示しない比較級（絶対比較級）

> **62** They visited a small village in the **upper** Mekong region last year. *360*
>
> **62** 昨年，彼らはメコン川上流地域の小さな村を訪れた。

比較対象をはっきりと示さず，漠然と程度が高いことを示す用法で，**絶対比較級**と呼ぶ。名詞の前に置き，than ～を使わない。また，much で修飾できない。

Ex.
the **younger** generation（若い世代）　　the **upper** class（上層階級）
the **lower** class（下層階級）　　　　　　the **greater** part（大部分）
the **higher** animals（高等動物）　　　　the **lower** animals（下等動物）
higher education（高等教育）

❼ 〈much[still] less ～〉

> **63** He doesn't like fish, **much[still] less** sliced raw fish. *361*
>
> **63** 彼は魚が嫌いだ。まして刺身はもっと嫌いだ。

否定的な内容の直後に置いて，「ましてや～でない」という意味を表す。

Ex. I can't read Russian, **much less** speak it.
（私はロシア語を読めないのだから，ましてや話すことなどできない。）

❽ 〈more or less〉

> **64** I **more or less** understand what you are trying to say. *362*
>
> **64** あなたの言おうとしていることは，いくらか分かる。

「多かれ少なかれ」「ある程度は」という意味を表し，発言内容を和らげる。

cf. She **more or less** misunderstood him.（彼女はある程度は彼を誤解していた。）
I've **more or less** finished my homework.（宿題はだいたい終わった。）
The room was **more or less** empty.（その部屋には実際のところ何もなかった。）
〔＊これらの用例では，「だいたい」「実際のところ」といったニュアンスで使われているが，基本的意味は同じである。〕

⑨ 〈sooner or later〉

> **65** **Sooner or later** you must make a decision on what to do next. *363*
>
> **65** 遅かれ早かれ，次に何をすべきか決めなくてはならない。

「遅かれ早かれ」「いつか必ず」という意味を表す。

> **Ex.** They'll come to an agreement **sooner or later**.
> （遅かれ早かれ，彼らは合意に達するだろう。）

⑩ 〈know better than to ～〉

> **66** I **know better than to** say such a thing to her. *364*
>
> **66** 私は彼女にそんなことを言うほど愚かではない。

「～するほど愚かではない」「～しないくらいの分別はある」という意味を表す。

> **Ex.** We **know better than** to cheat on the test.
> （私たちはテストでカンニングをするほど愚かではない。）
> He should have **known better than to** commit such a crime.
> （彼はそんな罪を犯さないくらいの分別があるべきだった。）

⑪ 〈more ＋原級＋ than ＋原級〉

> **67** The movie was **more** silly **than** funny. *365*
>
> **67** その映画は面白いというよりはばかげていた。

同じ人や事物が持っている2つの性質を比較するときに，〈more ＋原級＋ than ＋原級〉を使う。原級に -er をつける語であっても，この構文では〈more ＋原級〉の形を使う。

> **Ex.** His new novel is **more** instructive **than** entertaining.
> （彼の新しい小説は，面白いというよりためになる。）

> ⚠ 名詞を比較する場合は，〈**more [less] (of) A than B**〉という形を使うこともある。
> He is **more (of)** a scholar **than** a lecturer.
> （彼は講師というよりはむしろ研究者だ。）
> She is **less (of)** an authority on Japanese history **than** he is.
> （彼女は彼ほどの日本史の権威ではない。）

4 no[not] と比較級を組み合わせた比較の表現

❶ 〈no ＋比較級＋ than ～〉

> **68** This radio is **no bigger than** a credit card.　　　　　*366*
>
> **68** このラジオはクレジットカードと同じくらいの大きさしかない。

〈no ＋比較級＋ than ～〉で「～と同じくらい…」という意味を表す。比較級の形を no で否定することによって，比較対象の間に程度の差がないことを表す。また **68** を言いかえて This radio is as small as a credit card. としても，ほぼ同義となる。

+α ① **no later than ～**（～までに）
　　Hand in the homework **no later than** May 1st.
　　（5月1日までにはその宿題を出してください。）
② **no longer than ～**（～の間だけ，～の期間だけ）
　　This shop is busy **no longer than** a few hours each day.
　　（この店が混雑するのは1日数時間だけだ。）
③ **no better than ～**（～も同然である，～と同じくらい悪い）
　　He is **no better than** a hacker.（彼はハッカーも同然だ。）

❷ 〈no more[less] ～ than ...〉

> **69** He is **no more** foolish **than** you (are).　　　　　*367*
>
> **70** She is **no less** kind **than** you (are).　　　　　*368*
>
> **69** 彼は，あなたと同様に愚かでない。
> **70** 彼女は，あなたと同様に親切だ。

〈A is no more ～ than B is (...)〉は，「Aが～ではないのは，Bが…ではないのと同じである」「AはB同様に～ではない」という意味を表す。no は比較級を否定し，比較している2つの間に程度の差がないことを示す。

Ex. They are **no less** hardworking **than** you are.
　　（彼らはあなたがたと同様に，勤勉だ。）

cf. **69** を以下のように言いかえることもできる。
　　≒ He is **not any more** foolish **than** you are (foolish).
　　≒ He is **not** foolish **any more than** you (are).

⟨A is no less ～ than B is (...)⟩は、「Aが～であるのは、Bが…であるのと同じである」「Aは、Bに劣らず～である」という意味を表す。noが比較級lessを否定することにより、「Aが～である程度はBが～である程度に劣らない」ということになる。

⚠️ ⟨no more [less] ～ than ...⟩の構文では、「～」の部分に名詞や動詞がくることもある。
Messi is **no less** *a special soccer player* **than** Maradona is.
（メッシはマラドーナ同様特別なサッカー選手だ。）
We can **no more** *swim* across Tokyo Bay **than** you can.
（君が東京湾を泳いで渡れないように私たちもできない。）
I can **no more** *be* a professional soccer player **than** you can enter Harvard University.
（君がハーバード大学に入れないのと同様に僕はプロサッカー選手にはなれない。）

❸ ⟨no more [less] than ～⟩

71	There were **no more than** ten cookies in the jar.	*369*
72	There were **no less than** ten cookies in the jar.	*370*

71 ビンの中にはクッキーは10枚しかなかった。
72 ビンの中にはクッキーは10枚もあった。

実際の数量は同じ場合でも、話者の捉え方の違いによって、⟨**no more than ～**⟩（～しかない）ということもあれば、⟨**no less than ～**⟩（～もある）ということもある。

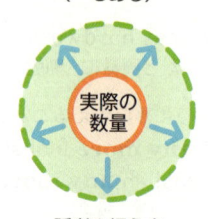

⚠️ 「少ない」と言うとき、⟨**a few** ＋可算名詞（複数）⟩、⟨**a little** ＋不可算名詞⟩が原則である。この原則に従えば、**72** は、There were *no fewer than* ten cookies in the jar. となるところだが、比較級・最上級では、fewer, fewest の代わりに less, least が使われることが多い。

cf. 上例は、それぞれ以下のように言いかえることもできる。
71 ≒ There were **only [as few as]** ten cookies in the jar.
72 ≒ There were **as many as** ten cookies in the jar.

⟨no more than ～⟩　　　　⟨no less than ～⟩
（～しかない）　　　　　　（～もある）

話者の　　　　　　　　　　実際の
捉え方　　　　　　　　　　数量

実際の数量　　　　　　　　話者の捉え方

What's on your mind?

Q:〈no more [less] 〜 than〉は，私たち日本人には分かりにくい表現ですが，実際の英語表現でもよく使われるのでしょうか。
A：現代英語でもよく使われます。たとえば，オバマ大統領の就任演説でも，その用例があります。やや難しいですが，生の英語を感じてみましょう。

> This is the journey we continue today. We remain the most prosperous, powerful nation on Earth. Our workers are **no less** productive **than** when this crisis began. Our minds are **no less** inventive, our goods and services **no less** needed **than** they were last week or last month or last year.

（これが，我々が今日も続ける旅なのです。我々は今も，地球上で最も栄えた力ある国なのです。我々の労働者は，この危機が始まった時よりも生産性が低いわけではありません。先週，先月，昨年よりも，我々の考えは独創性に欠けるわけではなく，我々のモノやサービスが必要とされていないわけではないのです。）

4 〈not more [less] than 〜〉

| 73 | There were **not more than** ten rice crackers in the can. | 371 |
| 74 | There were **not less than** ten rice crackers in the can. | 372 |

73 缶の中には，せんべいは多くても 10 枚しかなかった。
74 缶の中には，せんべいは少なくとも 10 枚はあった。

〈not more than 〜〉は，「〜を超えない，〜以下の」と数量の上限を表す。一方，〈not less than 〜〉は，「〜を下回らない，〜以上の」と数量の下限を表す。

cf. 上例は，それぞれ以下のように言いかえることもできる。
73 ≒ There were **at most** twenty rice crackers in the can.
74 ≒ There were **at least** twenty rice crackers in the can.

〈not more than 〜〉
（〜を超えない，〜以下の）
（上限）

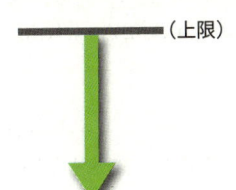

〈not less than 〜〉
（〜を下回らない，〜以上の）
（下限）

⚠ 以下の対になった文は，ほぼ同じ意味で使われる。
1. a. He is **as friendly as** you.
   b. He is **no less friendly than** you.
2. a. He is **not any more nasty than** they are.
   b. He is **no more nasty than** they are.
3. a. The bag cost me **as little as** 300 yen.
   b. The bag cost me **no more than** 300 yen.
4. a. He gave me **as much as** 30,000 yen as a New Year's gift.
   b. He gave me **no less than** 30,000 yen as a New Year's gift.
5. a. She speaks **at least** three languages.
   b. She speaks **not less than** three languages.

⚠ 〈no more [less] than ~〉と〈not more [less] than ~〉はしばしば同義で用いられることもある。以下の例のような場合は，普通〈no more [less] than ~〉が使われるが，否定を強調したい場合は〈not more [less] than ~〉が使われる。
The article should be **no [not] less than** 100 words and **no [not] more than** 500 words. （記事は少なくとも100語，多くても500語までとする。）

For Conversation
I couldn't care less. はどんな意味なのか。

「全然，気にしていない」という意味で使われる会話表現です。care less は「(今も気にしていないが) それ以上に気にしない」ということで，それを I couldn't で否定しているわけです。したがって，「これ以上に気にしないなんて不可能」，つまり「まったく気にしていない」という意味になるのです。ちなみに couldn't は過去の時を表しているわけではなく，「そうしようと思ってもできない」という意味合いです。同様の発想に基づいた表現として，以下のようなものもあります。

(1) I couldn't agree less. （絶対反対だ。）
(2) I couldn't agree more. （大賛成だ。）

5 最上級を用いた注意すべき比較の表現

❶〈the ＋最上級＋名詞〉：「どんなに～でも」

75 **The healthiest people** catch a cold once in a while.　　　*373*

　75 どんなに健康な人でも時には風邪を引く。

主語が〈the ＋形容詞の最上級＋名詞〉の場合，「どんなに～でも」という意味を表すことがある。

⚠ 上の例文を直訳して、「最も健康な人は時には風邪を引く」とすると、日本語として奇妙な文になる。ここでは、「どんなに健康な人でも」という「譲歩」の意味が含意されていると理解する必要がある。文頭に even を補って、Even the healthiest people catch a cold once in a while. とすると理解しやすくなる。

❷ ⟨at (the) most⟩ ⟨at (the) least⟩

76 It will take ten minutes **at (the) most** to get to the station.　*374*

77 It will take ten minutes **at (the) least** to get to the station.　*375*

76 駅まで行くのに、多くて 10 分くらいしかかからないだろう。
77 駅まで行くのに、少なくとも 10 分はかかるだろう。

数量を表す表現とともに用いて、⟨at (the) most⟩ は「最大でも」「せいぜい」、⟨at (the) least⟩ は「最低でも」「少なくとも」という意味を表す。後者を強調して、⟨at the very least⟩ という言い方もある。

⚠ **76** is not more than ten minutes、**77** は not less than ten minutes と同じ内容を表す。**77** は、It will take **at least** ten minutes to get to the station. と言いかえても意味は変わらない。

cf. 次のような慣用表現もよく使われるので、確認しておこう。

　at (the) earliest（早くとも）　　at (the) latest（遅くとも）
　at (the) longest（長くとも）

I cannot finish my homework before nine o'clock **at the earliest**.
（早くとも 9 時前に宿題を終えることはできない。）
He will pay five dollars **at least**. (≒ He will pay **at least** five dollars.)
（彼は少なくとも 5 ドルは支払うでしょう。）
Let me know the results by Friday **at the latest**.
（その結果を遅くとも金曜日までに知らせて下さい。）
It will take you thirty minutes **at the longest**.
（せいぜい , かかっても 30 分でしょう。）

❸ ⟨at best⟩ ⟨at worst⟩

78 His grade is average **at best**[**worst**].　*376*

79 He will be fined 30,000 yen **at worst**.　*377*

78 彼の成績は、最高[最悪]でも平均点だ。
79 最悪の場合には彼は 3 万円の罰金だろう。

〈at best〉は「どんなによくても」「せいぜい」という意味を表す。
　〈at worst〉は「最悪の場合には」という意味 (at the very worst) を表す場合と，「最悪の場合でも」という意味を表す場合とがある。どちらの解釈をとるかは，文脈による。

> **Ex.** He is a second-rate pitcher **at best**. (彼はせいぜい二流のピッチャーだ。)
> Don't eat strange mushrooms. **At worst**, they can kill you.
> (変なきのこを食べてはいけません。最悪の場合には命を落とすことになりかねません。)
> **At worst**, you'll only be a little late if you take the bus.
> (最悪の場合でも，バスで行けば少し遅れるだけで済む。)

❹ 〈at one's best〉

> **80** She is not **at her best** early in the morning.　　　378
>
> **80** 彼女は早朝，調子が出ない。

ある人や物事が最高・最良の状態にあることを表す。

> **Ex.** The cherry blossoms will be **at their best** this weekend.
> (この週末，桜の花が最高でしょう。)
>
> **cf.** 〈at one's worst〉で「最悪の」を表す。
> She always smiles even when things are **at their worst**.
> (彼女は最悪の状況でもいつも笑っている。)

❺ 〈make the most [best] of ～〉

> **81** They **made the most of** the money they had. 　　　379
>
> **82** They tried hard to **make the best of** the limited natural resources. 　　　380
>
> **81** 彼らは手持ちのお金を最大限に活用した。
> **82** 彼らは限られた天然資源を最大限に活用しようとした。

〈make the most of ～〉は，「～を最大限に活用する」という意味を表す。〈make the best of ～〉は，「厳しい状況の中，できるだけのことをする」というときに使う。

> **Ex.** Let's **make the most of** this chance. (このチャンスを最大限に活用しよう。)
> You should **make the best of** this bad situation.
> (君はこの悪い状況を最大限なんとかすべきだ。)

236 | 第10章 ● 比較

❻ 〈not (in) the least ～〉

> **83** I'm **not in the least** afraid of snakes. *381*
>
> **83** ヘビなんて少しも怖くない。

「少しも～ない」と否定を強調する表現。

Ex. He is **not in the least** romantic.（彼は少しもロマンチックではない。）

⚠ **83** を言いかえて、I'm **not the least** afraid of smokes. とすることもできる。この際、アクセントは nòt the léast となる。

【その他の関連表現】

● **for the most part**（大部分は、たいていは）
The freshmen this year are serious and hardworking, **for the most part**.
（今年の1年生の大部分は真面目でよく勉強する。）

● **most of all**（何より、とりわけ）
What matters **most of all** is that you keep training.
（何より大切なことは訓練を継続することだ。）

● **at last**（やっと、ついに）
At last rescue teams arrived at the scene of the accident.
（ついに救助隊が事故現場に到着した。）

● **to the best of my knowledge**（私の知る限りでは）
To the best of my knowledge, she returned to England for good in 1988.
（私の知る限りでは、彼女は1988年にそれを限りとしてイギリスに帰った。）

● **had best** *do*（～するのが一番よい、～すべきである）
You **had best** stop complaining about your job.
（君は自分の仕事について不平不満を言うのは止めるべきだ。）

● **the last ～ but one**（最後からふたつ目[2人目]の～）
I was most impressed by the speech of **the last** speaker **but one**.
（私は最後から2人目の演者のスピーチにもっとも感銘を受けた。）

● **to say the least (of it)**（控えめに言っても）
He has only a mediocre talent **to say the least**.
（彼は控えめに言っても、とりたてて何の才能もない人だ。）

- **last but not least**（最後になるが，決して軽んじられないこととして）
  Last but not least, I would like to thank my family for their support.
  （最後になりましたが，私を支援してくれた家族に感謝したいと思います。）

6 同一の人［物］の中での比較

> **84** This lake is **deepest** here. *382*

84 この湖は，ここが一番深い。

同一の人や物の中での最上級は the をつけないことが多い。

Ex. I felt **saddest** when my dog died last month.
（先月私のイヌが死んだ時，ひどく悲しい想いをした。）
He is **most lively** when he plays baseball.
（野球をしている時，彼は一番活き活きしている。）

cf. 以下の例も同一人物の中での比較表現である。(cf. **67**)
- **more ＋原級 (A) ＋ than ＋原級 (B)**（B というよりもむしろ A）
  The professor is **more** *cynical* **than** *witty*.
  （その教授は機知があるというよりはシニカルだ。）
  She is **more** *an artist* **than** *a teacher*.（彼女は教師というより芸術家だ。）
- **as ＋原級 (A) ＋ as ＋原級 (B)**（B であるだけでなく A でもある）
  He is **as** *nice* **as** *friendly*.（彼は友好的でもあり，すてきでもある。）

Tips on Grammar　最上級と定冠詞

最上級に定冠詞はつきものですが，以下の場合は要注意です。

(1) 副詞の最上級は，the はつけてもつけなくてもいい。
   I tried to work (the) hardest in my class.
   （私はクラスで一番がんばるように努めた。）
(2) 他との比較ではなく，very のような感覚で most が使われるときは，the はつけない。
   My boss is a most wonderful person.（私の上司は本当に素晴らしい人です。）
(3) 同一の人や物の中での比較では，the はつけない。［＊ただし《米》ではつくこともある。］
   I am happiest when I play the guitar.（ギターを弾いているときが一番幸せだ。）

第11章

関係詞

導入 ● **関係詞とは何か**
　　1. 関係詞とは　　　　　　　　　　　　　　　　　　　　　240
　　2. 関係代名詞の働き　　　　　　　　　　　　　　　　　　240
　　3. 関係副詞の働き　　　　　　　　　　　　　　　　　　　241

基礎 ● **関係詞の基本的な用法**
　　1. **関係代名詞の基本的な用法**：who, whom [who], whose / which [that],
　　　 whose [of which] / that が好んで用いられる場合　　　　242
　　2. **関係代名詞が前置詞の目的語になる場合**　　　　　　　246
　　3. **先行詞を含んだ関係代名詞 what**：what の基本的な用法 / what を使った
　　　 慣用表現　　　　　　　　　　　　　　　　　　　　　　247
　　4. **関係代名詞の制限用法と非制限用法**：制限用法と非制限用法の区別 / 非制
　　　 限用法の関係代名詞 / 句や節を先行詞とする関係代名詞 which　　249
　　5. **関係副詞**：関係副詞の制限用法 / 関係副詞の非制限用法　　252
　　6. **複合関係詞**：複合関係代名詞 / 複合関係副詞　　　　　　255

発展 ● **関係詞の注意すべき用法**
　　1. **関係代名詞の注意すべき用法**：目的格以外の関係代名詞の省略 / 関係節の
　　　 中に I think などの節が入る場合 / 関係代名詞の二重限定　　259
　　2. **疑似関係代名詞**：as の用法 / than の用法 / but の用法　　262

Step1 導入 関係詞とは何か

1 関係詞とは

名詞を修飾する場合，英語では，以下のような方法がある。

(1) 形容詞を使う。
　　an interesting book （面白い本）

(2) 形容詞句を使う。
　　a book on the table （机の上の本）

(3) 関係節を使う。
　　the book which I bought yesterday （昨日，私が買った本）

(1)では形容詞が名詞を修飾し，(2)では形容詞句(前置詞句)が名詞を修飾している。しかし，(3) のように，which I bought yesterday という節が名詞を修飾することもできる。このとき，名詞を修飾するときに必要とされる which のような働きをするものを**関係詞**と呼ぶ。また，関係詞節によって修飾される名詞を**先行詞**と呼ぶ。関係詞には，**関係代名詞**と**関係副詞**がある。

2 関係代名詞の働き

ここで，関係代名詞の働きを確認するにあたり，(4a) の 2 文をひとつの文にまとめると，(4b) あるいは (4c) のようになる。

(4) a. This is the book . I bought the book yesterday.
　　b. This is the book **and** I bought **it** yesterday.
　　c. This is the book **which** I bought yesterday.

(4b) は，接続詞 and を使って 2 文をまとめ，さらに the book を代名詞 it で受けている。これでも意味は十分に通じるが，関係代名詞 which を使った (4c) の方が簡潔に同じ意味内容を表現している。which は，接続詞 and と代名詞 it の働きを兼ね備えることで，2 文を関係づける働きをすることから，関係代名詞と呼ばれる。

240 | 第11章 ● 関係詞

❸ 関係副詞の働き

今度は，関係副詞の働きを確認するにあたり，(5a) の2文をひとつの文にまとめると，(5b) あるいは (5c) のようになる。

(5) a. This is the town . I grew up in the town .
　　b. This is the town **and** I grew up **there**.
　　c. This is the town **where** I grew up.

(5b) は，接続詞 and を使って2文をまとめ，さらに副詞句 in the town を there で受けている。これでも意味は十分に通じるが，関係副詞 where を使った (5c) の方が簡潔に同じ意味内容を表現している。where は，接続詞 and と副詞 there の働きを兼ね備えることで，2文を関係づける働きをすることから，関係副詞と呼ばれる。

　以上，ごく簡単に関係代名詞と関係副詞について説明したが，関係詞は先行詞の性質や関係節の中での働きによって，さまざまな種類と形がある。関係節を学ぶことによって，名詞をさまざまな形で修飾することができるようになり，英語の表現力の飛躍が期待できるので，しっかりと学んでおこう。

Step1　関係詞とは何か　241

Step2 基礎 関係詞の基本的な用法

本章では，関係代名詞と関係副詞の用法を取り上げる。

1 関係代名詞の基本的な用法

英語には名詞を修飾する方法がさまざまある。そのひとつが**関係代名詞**である。関係代名詞は名詞の後ろに置かれ，節の形で説明を加えるときに使われる。関係代名詞が修飾する名詞のことを**先行詞**と呼ぶ。

どの関係代名詞を使うのかは，次の2つの条件によって決まる。
(1) 先行詞が人なのか，人以外の動物や事物を指すのか。
(2) 関係代名詞が後続する節の中で，どんな役割（主格・所有格・目的格）を果たしているのか。

関係代名詞

先行詞	主格	所有格	目的格
人	who	whose	whom / who
人以外（動物・事物）	which	whose / of which	which
人・人以外（動物・事物）	that	—	that

⚠ 目的格の関係代名詞は省略されることがある。

❶ who, whom [who], whose：先行詞が「人」

関係代名詞 who は，先行詞が「人」の場合に用いられ，who, whom, whose の形がある。

《1》who（主格）の用法

> **1** That man is *the photographer* **who** used to live next door.   *383*
>
> **2** *The tall man* **who** is doing exercise over there is a yoga instructor.   *384*
>
>   **1** あの人は，以前隣に住んでいた写真家だ。
>   **2** あそこで運動をしている背の高い男の人は，ヨガの先生です。

242 | 第11章 ● 関係詞

1 では the photographer が，**2** では The tall man が，それぞれ関係代名詞 who の先行詞となっている。who は関係節の中で主語の役割を果たしているので，**主格の関係代名詞**と言う。

> **Ex.** Do you know the composer **who** wrote this piano concerto?
> （このピアノ協奏曲を書いた作曲家を知っていますか。）
> The man **who** invented the hybrid car is going to be on TV tonight.
> （ハイブリッドカーを発明した人が今夜テレビに出るよ。）

> ⚠ 関係代名詞は，時に省略されることがあるが，主格の関係代名詞は省略できない。

《2》whom（目的格）の用法

> **3** He is a *man* **who**[**whom**] you can trust completely. 　　　*385*

> **3** 彼は完全に信頼できる人だ。

上の例文は，He is a man. と You can trust him completely. の 2 つの文が，関係代名詞 whom を使って結合されたものである。whom は trust の目的語としての役割を果たしているので，**目的格の関係代名詞**と言う。ただし，現代英語では whom の代わりに，who を用いることが多い。

> ⚠ 目的格の関係代名詞は省略できるので，He is a man you can trust completely. とすることもできる。
> Do you know the girl he is talking with?
> （彼が話しているあの女の子を知っていますか。）

> **cf.** who の目的格は whom という特別な形をしているが，これは人称代名詞 he の目的格 him が "m" で終わっていることと関連づけると面白い。

《3》whose（所有格）の用法

> **4** They have *a daughter* **whose** name is Megumi. 　　　*386*

> **4** 彼らは，その名前がめぐみである娘を持つ。

They have a daughter. と Her name is Megumi. の 2 つの文が，whose を使って結合されたもの。whose は her name の her（所有格の代名詞）の役割を果たしているので，**所有格の関係代名詞**と言う。ただし，この用法は，口語ではあまり見られない。むしろ，上に挙げたように，2 文に分けて言った方がより自然である。

> **Ex.** She is the girl **whose** father is principal of this school.
> （彼女は，父親がこの学校の校長をしている女の子です。）
> That's the man **whose** car has been stolen.
> （あれは車を盗まれた男の人です。）

Leonardo da Vinci was an Italian artist **whose** areas of interest included invention, painting, architecture, music, mathematics, anatomy, etc.
（レオナルド・ダ・ヴィンチはイタリアの芸術家で，彼の関心領域は，発明，絵画，建築，音楽，数学，解剖学などを含んでいた。）

❷ which [that], whose [of which]：先行詞が「人以外（動物・事物）」

関係代名詞の which と that は，先行詞が主として「人以外（動物・事物）」の場合に用いる。that は「人」にも使うことがあるが，通常は who を使う。

《1》which, that（主格）の用法

> **5** I'm fixing *a laptop* **which** isn't working.　　　　387
>
> **5** 私は，動かないラップトップ・コンピューターを修理している。

I'm fixing a laptop. と It is not working. の2つの文が，関係代名詞 which を使って結合されたものである。先行詞 a laptop は「物」，代名詞 it は主語であるから，主格の関係代名詞 which（または that）を用いて結合することができる。

> **Ex.** In this town, there are many places **which** attract tourists.
> （この町には，旅行客を引き付ける多くの場所がある。）
> Hurry up! Otherwise, you will miss the train **which** leaves at 10:00.
> （急ぎなさい。さもないと，10時発の列車に間に合いませんよ。）
> I pointed at the sign **which** said: OPEN 7 A.M. TO MIDNIGHT.
> （「7時から夜の12時までオープン」と書いた表示を私は指差した。）

《2》which [that]（目的格）の用法

> **6** I'm fixing *a laptop* **which[that]** I bought in that shop.　　　388
>
> **6** 私は，あの店で買ったラップトップ・コンピューターを修理している。

上の例文は，I'm fixing a laptop. と I bought it in that shop. の2つの文が，関係代名詞 which[that] を使って結合されたものである。先行詞 a laptop は「物」，it は bought の目的語になっているので，目的格の関係代名詞 which[that] を使って結合することができる。

> **Ex.** That is the mountain **which** I climbed when I was young.
> （あれが私が若い頃登った山だ。）
> South Africa is the country **which** I would like to visit someday.
> （南アフリカは，いつか訪れてみたい国です。）

⚠ 目的格の関係代名詞は，a laptop (which [that]) I bought のように省略することができる。

《3》whose [of which]（所有格）の用法

> **7** I'm fixing *a laptop* **whose** keyboard is broken. *389*
>
> **7** 私は，キーボードが壊れているラップトップ・コンピューターを修理している。

上の例文は，I'm fixing a laptop. と Its keyboard is broken. の2つの文が，関係代名詞 whose を使って結合されたものである。先行詞は「物」，its は所有格なので所有格の関係代名詞 whose を用いて結合することができる。

Ex. Look at that mountain **whose** top is covered with snow.
（頂上が雪で覆われているあの山をごらんなさい。）

cf. 「物」を先行詞とする所有格の関係代名詞としては，whose の他に of which がある。これを使って，**7** を以下のように言いかえることもできる。
7 ≒ I'm fixing a laptop the keyboard **of which** is broken.
ただし，of which や whose を使った表現は使用頻度が低い。口語ではこれを避けて，I'm fixing a laptop because its keyboard is broken. などとする方が普通である。

❸ that が好んで用いられる場合

先行詞に強い限定の意味を持つ修飾語がついている場合には，関係代名詞 that が使われることが多い。

> **8** This is **the most** *magnificent view* **that** I have ever seen in my life. *390*
>
> **9** That was **the only** *solution* **that** came to my mind. *391*
>
> **10** I had **nothing that** would help me kill time on the train. *392*
>
> **8** これは，私が人生でこれまでに見た最も雄大な眺めだ。
> **9** それが頭に浮かんだ唯一の解決策だった。
> **10** 電車内で時間をつぶすのに役立つものが何もなかった。

先行詞に**限定的な修飾語**がつく場合には，関係代名詞も限定の意味の強い that が用いられることが多い。

⚠️ 以下の場合には，関係代名詞 that が使われる傾向にある。ただし，(1)～(3) の場合，先行詞が「人」のときは who を用いることが多い。
(1) 先行詞に**最上級の形容詞**がついている場合。
(2) 先行詞に **the first**（最初の），**the second**（第2の），**the last**（最後の），**the only**（唯一の），**the very**（まさにその），**the same**（同じ）などがついて，唯一の対象に限定される場合。
(3) 先行詞に **all**, **any**, **every**, **no** などがついている場合。(anything, everything, nothing の場合も同様。)
  All that glitters is not gold. (光るもの必ずしも金ならず。[ことわざ])
(4) 先行詞が**疑問詞 who** の場合。
  Who that has pride in his ability can stand such an insult?
  （自分の能力に誇りのある人で，誰がそのような侮辱に耐えられるだろうか。）
(5) 先行詞が〈人＋動物・事物〉の場合。
  This is a story of three men and a dog **that** sailed along the Thames in a boat. (これは，ボートでテムズ川を下った3人の男と1匹の犬の物語である。)

2 関係代名詞が前置詞の目的語になる場合

11 This is *the house* **which** my father was born **in**. ［先行詞＝もの］　*393*

12 I don't know *the girl* **who**[**whom**] you were talking **about**.
［先行詞＝人］　*394*

11 これは父が生まれた家だ。
12 あなたたちが話していた少女を私は知らない。

前置詞の目的語（▶ p. 484）として，関係代名詞の目的格が使われる場合がある。

11 は，This is *the house*. と My father was born **in** *the house*. を，関係代名詞を用いて結合したもの。また，the house in which ～ とすることもできる。

  11 ≒ This is the house **in which** my father was born.

12 は，I don't know the girl. と You were talking about the girl. を関係代名詞を用いて結合したもの。また，the girl about whom ～ とすることもできる。

  12 ≒ I don't know the girl **about whom** you were talking.

Ex. This is the house **in which** Fukuzawa Yukichi was brought up.
（これは福澤諭吉が育った家だ。）
It was the year **in which** Barak Obama became the first African-American president of the United States.
（バラク・オバマがアメリカ合衆国初のアフリカ系アメリカ人の大統領になった年だった。）

Hashioki is a small item **on which** you place your chopsticks.
（はし置きは，はしを置くための小さな品物です。）
He paid the man **from whom** he had borrowed the money.
（彼はお金を借りていた男に弁済した。）
Is this the man **of whom** you spoke?（この方があなたが話題にした男性ですか。）
The people **with whom** he worked were all helpful.
（彼が一緒に仕事した人たちはみな助けになった。）

cf. 時に関係代名詞は省略される。この時，前置詞は後ろに残したままとする。
  11 ≒ This is the house my father was born in.
  12 ≒ I don't know the girl you were talking about.

cf. look forward to ～（～を楽しみにしている）のような句動詞の中の前置詞を切り離して，〈前置詞＋関係代名詞〉の形にすることはできない（▶ pp. 537-542）。
  ○ the party **which** I *look forward to*（私が楽しみにしているパーティー）
  × *the party to which I look forward*

3 先行詞を含んだ関係代名詞 what

1 what の基本的な用法

13	**What** is important is to be prepared for the future.［主語］	395
14	She is not **what** she used to be ten years ago.［補語］	396
15	Tell me **what** you have in mind.［目的語］	397
16	He is thinking about **what** he is going to do next.［前置詞の目的語］	398

13 重要なことは将来への準備をしておくことだ。
14 彼女は10年前の彼女ではない。
15 あなたが思っていることを私に言ってごらん。
16 彼は次にすることを考えているところだ。

関係代名詞 what はそれ自体で「～するもの［こと］」「～であるもの［こと］」の意味を表す。先行詞はとらない。what によって導かれる関係節は名詞節となり，主語・補語・他動詞の目的語・前置詞の目的語となる。

Ex. **What** seems hard at first turns out to be easier with practice.
（初めは難しいと思われることも，練習するにつれてやさしくなるものです。）
What you have is not as important as **what** you are.
（財産は人柄ほど重要なものではない。）
Tokyo is not **what** it used to be twenty years ago.
（東京は 20 年前の東京とは違う。）
I can't believe **what** she just said.（彼女が今言ったことは信じられません。）
I am curious (about) **what** you are going to say.
（あなたが言おうとしていることに興味があります。）

⚠️ what には名詞を伴う形容詞的な用法がある。このような what を**関係形容詞**と呼ぶことがある（▶ p. 252）。

He gave me **what** *money* he had. ≒ He gave me all the money he had.
（彼は私に手持ちの金を全部くれた。）
He gave me **what** *little money* he had.（彼は私になけなしの金をくれた。）
She made good use of **what** *few skills* she had.
（彼女は自分が身につけていた数少ない技術をうまく利用した。）

❷ what を使った慣用表現

> **17** They are **what we call** the baby boomers. *399*
>
> **18** She is intelligent, and **what is more**, she is a good actress. *400*
>
> **19** It started to rain, and **what was worse**, we couldn't get a taxi. *401*
>
> **20** I couldn't sleep well, **what with** the wind **and** rain. *402*
>
> **21** The pen **is to** the journalist **what** the sword **is to** the warrior. *403*

17 彼らは，いわゆる団塊の世代だ。
18 彼女は知的で，そのうえ演技もうまい。
19 雨が降り始め，さらに悪いことにはタクシーを捕まえられなかった。
20 風やら雨やらで，よく眠れなかった。
21 ペンのジャーナリストに対する関係は，剣の戦士に対する関係と同じだ。

関係代名詞 what は，さまざまな慣用表現として使われる。

- **what we call**（いわゆる）（ **17** ）　cf. what is called
- **what is more**（おまけに，さらに）（ **18** ）
- **what is worse**（さらに悪いことには）（ **19** ）

- **what with A and (what with) B** (AやらBやらで)（**20**）

否定的な意味合いで使われ，原因・理由を表す。

20 ≒ I couldn't sleep well **because of** the wind and rain.

> ⚠ 同じような形の表現として，〈**what by A and (what by) B**〉がある。
> 「AやらBを使って」という意味合いで，方法・手段を表す。
> What by threats and (what by) entreaties, he finally attained his goal.
> （脅したり懇願したりして，彼はついに目的を遂げた。）

- **A is to B what C is to D** （AのBに対する関係は，CのDに対する関係に等しい）（**21**）

「A：B＝C：D」という比例関係を表す慣用表現。

4 関係代名詞の制限用法と非制限用法

関係代名詞には，**制限用法**と**非制限用法**がある。両者の違いを以下の表にまとめておく。

制限用法と非制限用法の違い

	制限用法	非制限用法
用法	先行詞の意味を限定する。	先行詞に補足的情報を付加する。
形式	関係代名詞の前にコンマがない。	関係代名詞の前にコンマをつける。

① 制限用法と非制限用法の区別

22 He had two sons **who** became doctors. ［制限用法］　　　*404*

23 He had two sons**, who** became doctors. ［非制限用法］　　*405*

22 彼には医者になった息子が2人いた。
23 彼には2人の息子がいたが，その2人は医者になった。

制限用法では，後ろの関係節が前の先行詞を修飾することによって意味を限定するが，非制限用法では先行詞の内容自体は限定せずに，付加的情報を提供する。なお，関係代名詞のthatは，原則として，制限用法にのみ用いられる。

22 は，医者になった2人の息子の他に，医者にならなかった息子がいる可能性も暗示。
23 は，息子が2人だけいたことを表す。続く関係節は，その2人の息子たちについての補足説明。He had two sons, and they became doctors. と言いかえることも可能。

> ⚠ 制限用法の場合は先行詞と関係節を区切ることなく一息で発音するのに対して，非制限用法の場合は，関係節の前に軽いポーズが置かれることが多い。

2 非制限用法の関係代名詞

> **24** This is Professor Koshiba**, who** was awarded the Nobel Prize in physics in 2002. *406*
>
> **25** Noguchi Hideyo**, whose** portrait appears on the 1,000 yen note, studied yellow fever in Africa. *407*
>
> **26** I recently read *Botchan***, which** I found very entertaining. *408*
>
> **27** He bought a used car**, for which** he paid 2,000 dollars. *409*
>
> **28** She has three children**, all of whom** have become artists. *410*

24 こちらは小柴教授ですが，2002 年にノーベル物理学賞を受賞されました。
25 野口英世は，その肖像が千円札に見られるが，アフリカで黄熱病を研究した。
26 最近『坊っちゃん』を読んだが，非常に面白いと思った。
27 彼は中古車を買ったが，それに 2 千ドル支払った。
28 彼女は 3 人の子供がいるが，その全員が芸術家になっている。

関係代名詞の非制限用法は，先行詞について補足的な説明を加える。先行詞が固有名詞の場合であっても，**24** ～ **26** の例に見られるように，非制限的な用法の関係代名詞がしばしば使われる。〈**接続詞＋代名詞**〉を使って，以下のように言いかえることもできる。

24 ≒ This is Professor Koshiba, **and he** was awarded the Nobel Prize in physics in 2002.
25 ≒ Noguchi Hideyo studied yellow fever in Africa, **and his** portrait appears on the 1,000 yen note.
26 ≒ I recently read Botchan, **and** I found **it** very entertaining.
27 ≒ He bought a used car, **and** he paid 2,000 dollars for **it**.
28 ≒ She has three children, **and** all of **them** have become artists.

例文 **28** では目的格の関係代名詞 (all of **whom**) が使われているが，これは whom が前置詞 of の目的語になっているからである。all of who とはしない。主格の関係代名詞 who を使って，次のように言いかえることもできる。

28 ≒ She has three children, **who** all have become artists.

> **Ex.** Maki, **who** is still in college, is going to get married soon.
> （マキはまだ大学に行っているが，まもなく結婚する予定だ。）
> I bought a cheap watch, **which** stopped working after one week.
> （安い時計を買ったが，一週間もすると止まってしまった。）

Mother Teresa is a well-known nun, **about whom** many books have been written. (マザー・テレサは有名な修道女だが、彼女については多くの本が書かれている。)
I am grateful for the support of my advisor, **to whom** I am deeply indebted. (私はアドバイザーの援助に対して感謝しており、彼には深く恩義を感じている。)
He established the Department of Foreign Languages, **of which** he was the first dean. (彼は外国語学部を設立したが、その初代学部長でもあった。)

> cf. 例文 28 のように先行詞が「人」の場合は〈～ **of whom**〉という形が使われるが、先行詞が「人以外」の場合は〈～ **of which**〉の形が使われる。なお、〈～〉の部分にはさまざまな代名詞（名詞の一部）が来る。

both of whom [which]　　one of whom [which]　　either of whom [which]
neither of whom [which]　all of whom [which]　　some of whom [which]
many of whom [which]　　most of whom [which]　half of whom [which]
none of whom [which]　　each of whom [which]　part of which
much of which　　　　　　most of which　　など

We can take a very close look at the birds, **some of which** are quite rare. (私たちは鳥を間近に見ることができますし、中にはとても珍しいものもいます。)
While in Spain, he wrote many short stories, **some of which** were published a few years later. (スペインにいる間、彼は多くの短編を書いたが、そのうちのあるものは数年後に出版された。)
She gave me two books on astrophysics, **neither of which** I could understand. (彼女は宇宙物理学の本を2冊くれたが、どちらも私は理解できなかった。)

❸ 句や節を先行詞とする関係代名詞 which

> **29** I tried *to persuade him to accept the offer*, **which** I found impossible.　　　　　　　　　　　　　　　　　　　　　　*411*
>
> **30** *My joints ached from the cold*, **which** made it hard for me to think clearly.　　　　　　　　　　　　　　　　　　　*412*

29 彼を説得して提案を受け入れさせようとしたが、それが不可能だと分かった。
30 風邪で関節が痛んで、はっきりとものを考えることが難しかった。

非制限用法の which は、句や節を先行詞にとる場合がある。**29** では不定詞句 (to persuade him to accept the offer) が、**30** では主節 (My joints ached from the cold) が、which の先行詞となっている。

> Ex. Mary said she was a college student, **which** was not true. (メアリーは自分が大学生だと言ったが、それは真実ではなかった。)
>
> cf. この用法は、発言の後でコメントを付け加えるときにも使われる。
> She was very nervous before the presentation, **which** was only natural. (彼女はプレゼンテーションの前はとても緊張していたが、それはごく自然なことだった。)

> ⚠ 非制限用法では関係代名詞 that を使うことはできない。また、関係代名詞を省略することもできない。

> +α 非制限用法で使われる関係代名詞 which が、形容詞的に使われることもある。このような which を**関係形容詞**と呼ぶこともある（▶ p. 248）。

We kept talking until midnight, at **which** *point* I fell asleep.
（私たちは真夜中までおしゃべりを続けたが、その時点で私は眠ってしまった。）

The typhoon may hit the Kanto area, in **which** *case* our flight may be canceled. （台風が関東地方を襲うかもしれないが、その場合、私たちのフライトはキャンセルされるかもしれない。）

The inflation rate may go up sharply, in **which** *case* you should buy gold.
（インフレ率が跳ね上がるかもしれないが、その場合は金を買うとよい。）

5 関係副詞

関係代名詞が〈接続詞＋代名詞〉の働きをするのに対して、関係副詞は〈接続詞＋副詞〉の働きをする。関係副詞には、where, when, why, how がある。

関係副詞と先行詞の関係

関係副詞	先行詞	〈先行詞＋関係副詞〉の例
where	場所・状況	the place [house / town / country / ...] where
when	時	the time [day / month / year/ ...] when
why	理由	the reason why　［* why の先行詞は the reason のみ］
how	—	先行詞を含む　　　　　　　［* the way については ▶ p. 254］

❶ 関係副詞の制限用法

《1》where

> **31** This is *the house* **where** my father was born.　　　*413*

> **31** ここは父が生まれた家だ。

　上の用例では、「場所」を表す先行詞 the house を、where 以下の関係節が修飾している。This is the house. と My father was born there. を結合したものと考えるとよい。場所を表す副詞（＝ there）の役割を代行しつつ文を結合する働きをするのが関係副詞である。
　関係代名詞を使って、This is *the house* **in which** my father was born. と言うこともできるが、口語では関係副詞を用いた文の方が一般的である。

> **Ex.** They went to *the conference room* **where** the meeting was being held.
> （彼らはミーティングが開かれている会議室へ行った。）

⚠ where は「場所」のみならず,「状況」などについても使うことができる。
This is *a situation* **where** the family has to work together.
(これは家族が協力しなければならないような状況だ。)
We have come to *a point* **where** we need to ask you for your help.
(私たちはあなたの援助を乞う必要があるところまで来てしまった。)
It's one of *the cases* **where** common sense fails.
(それは常識がうまく当てはまらないケースだ。)

《2》when

> **32** There are *times* **when** work must come before pleasure. 　　*414*
>
> **32** 仕事が楽しみに優先しなければならない時がある。

関係副詞 when は「時」を表す先行詞をとり,その時について説明を加える。

Ex. I'm looking forward to *the day* **when** he will graduate from high school.
(私は彼が高校を卒業する日を楽しみにしている。)

⚠ that が when の代わりとして,関係副詞的に使われることもある。
My cousin was born in *the year* **that** I entered elementary school.
(いとこは私が小学校に入った年に生まれた。)

⚠ 関係節は先行詞の直後にくるのが一般的だが,主語を軽くするため後置される場合もある。
The time will soon come **when** everybody has a smartphone.
(みんながスマホを持つ時代がすぐ来るだろう。)
The day will come **when** people live on Mars.
(人々が火星に住むような日が来るでしょう。)

《3》why

> **33** That's *the reason* **why** he was successful in the examination. 　*415*
>
> **33** それが,彼が試験に合格した理由だ。

関係副詞 why は reason を先行詞にとり,理由について説明を加えるときに使われる。

Ex. Do you know *the reason* **why** she is not coming to practice today?
(彼女が今日練習に来ない理由を知っていますか。)

cf. that が why の代わりとして,関係副詞的に使われることもある。ただし,この that はしばしば省略される。
33 ≒ That's *the reason* (**that**) he was successful in the examination.

《4》how

> **34** This is **how** we cook rice. *416*

> **34** これが、ご飯を炊く方法だ。

関係副詞 how は先行詞を含み、「～する方法」という意味を表す。

cf. **34** を以下のように言いかえることもできる。
34 ≒ This is **the way in which** we cook rice.
This is **the way** we cook rice.
This is **the way to** cook rice.
〔＊ただし、the way と how を同時に用いて ×This is *the way how* we cook rice. とすることはできない。〕

《5》when, where, why が先行詞を含む用法

> **35** Now is **when** we should start to make plans. *417*
> **36** That's **where** I found my bike. *418*
> **37** That's **why** you are eager to go to Spain. *419*

> **35** 今こそ私たちが計画を立て始めるべき時です。
> **36** そこで僕は自分の自転車を見つけたんだ。
> **37** それで君はスペインに行きたがっているんだ。

関係副詞の when, where, why が先行詞を含む用法である。ここでの関係節は名詞節の働きをしている。

Ex. That's **why** they have been successful in their business.
（そんなわけで彼らはビジネスに成功したのです。）
I want to help people suffering from sickness. That's **why** I became a nurse.
（病気で苦しんでいる人々を助けたい。そんなわけで、私は看護師になったのです。）

cf. 先行詞を明示して上の例文を言いかえると、以下のようになる。
35 ≒ Now is *the time* **when** we should start to make plans.
36 ≒ That's *the place* **where** I found my bike.
37 ≒ That's *the reason* **why** you are eager to go to Spain.

❷ 関係副詞の非制限用法

> **38** He went to the Louvre, **where** he saw the Mona Lisa. *420*
> **39** I turned on the TV at seven, **when** Honda shot a beautiful goal. *421*

38 彼はルーブル美術館に行き、そこでモナ・リザを見た。
39 7時にテレビをつけたが、そのとき本田が見事なシュートを決めた。

関係副詞の when, where には、先行詞について補足的な情報を付け加える非制限用法がある。書きことばでは、関係副詞の前にコンマを置くことが多い。why と how に関しては、制限用法のみで非制限用法はない。

Ex. She spent Christmas in Nagasaki, **where** she lived before her family moved to Tokyo.（彼女はクリスマスを長崎で過ごしたが、彼女は家族が東京に引っ越す前は長崎に住んでいたのだ。）
He was about to leave the house, **when** all of a sudden the doorbell rang.
（彼は出かけようとしていたが、その時突然ドアの呼び鈴が鳴った。）

cf. 接続詞と副詞を使って、上の例文を次のように言いかえることもできる。
38 ≒ He went to the Louvre, **and** he saw the Mona Lisa **there**.
39 ≒ I turned on the TV at seven, **and then** Honda shot a beautiful goal.

⚠ 節全体が関係副詞の先行詞となる場合がある。
I was riding my bicycle home, **when** I heard fireworks in the distance.
（家に向かって自転車をこいでいたら、遠くに花火の音が聞こえた。）

6 複合関係詞

複合関係詞は関係詞に -ever をつけたもので、**複合関係代名詞**と**複合関係副詞**がある。what と同じく先行詞を含むので、先行詞をとることはない。

1 複合関係代名詞：whoever, whichever, whatever

複合関係代名詞 whoever, whichever, whatever は、それぞれ「〜する人は誰でも」「〜するものはどれでも」「〜するものは何でも」を表し、名詞節を導く。

《1》名詞節を導く用法

40 **Whoever** climbs Mt. Fuji will be impressed with the view below.　　　　　　　　　　　　　　　　　　　　　　　*422*
41 Choose **whichever** you prefer.　　　　　　　　　　　*423*
42 Do **whatever** you like.　　　　　　　　　　　　　　　*424*

40 富士山に登るどの人も、眼下の眺めに感銘を受けるだろう。
41 どちらでも好きな方を選びなさい。
42 何でも好きなことをしなさい。

複合関係詞は文中で主語・目的語・前置詞の目的語となる。上例 **40** では主語，**41** **42** では目的語として使われている。

Ex. **Whoever** is holding a boarding pass, please go to Gate 15 immediately.
（搭乗券を持っている方は，ただちに 15 番ゲートにお進みください。）
Whoever comes first will be served first. （最初に来た人が最初に応対を受ける。）
cf. First come, first served. （早いもの勝ち。）
Invite **whoever** you want to. （誰でも招待したい人を招待しなさい。）
Help yourself to **whichever** you like. （どれでも好きなものをお取りください。）
She throws away **whatever** has become old-fashioned.
（彼女は流行遅れになったものは何でも捨てる。）

cf. 複合関係詞を普通の関係詞を用いて言いかえても，ほぼ同義である。
40 whoever ≒ anyone who ~ （~する人は誰でも）
41 whichever ≒ any one that ~ （~するものはどれでも）
42 whatever ≒ anything that ~ （~するものは何でも）

⚠ whichever と whatever は，直後に修飾する名詞を伴って使われることがある。
You may choose **whichever** *restaurant* you like.
（どれでも好きなレストランを選んでいいですよ。）
Feel free to express **whatever** *opinion* you may have.
（どんな意見であれ，自分の持っている意見を自由に述べてください。）
I'd appreciate **whatever** *suggestions* you can give me on my report.
（私のレポートについて，あなたからもらえる提案ならどんな提案でも感謝します。）

⚠ 複合関係詞ではないが，whatever や whatsoever が否定の意味を強める働きをする用法もある（▶ p. 355）。
I have no interest **whatever** [**whatsoever**] in American football.
（私はアメリカンフットボールには全然興味がない。）

《2》「譲歩」の副詞節を導く用法

43 **Whoever** you meet at the party, try not to talk about politics. *425*

44 **Whatever** happens, you must arrive there by six. *426*

45 **Whichever** you choose, I'm sure you'll be satisfied. *427*

43 パーティーで誰に会おうとも，政治のことについては話さないようにしなさい。
44 何が起きようとも，6 時までにそこに着かなければならない。
45 どちらを選んでも，きっとご満足されるでしょう。

複合関係代名詞 whoever, whatever, whichever が副詞節を導いて，それぞれ「誰が[を]〜しても」「何が[を]〜しても」「どれが[を]〜しても」という譲歩を表すことがある。

cf. 〈**no matter** ＋疑問詞〉の形で言いかえることができる。
- **43** ≒ **No matter who** you meet at the party, try not to talk about politics.
- **44** ≒ **No matter what** happens, you must arrive there by six.
- **45** ≒ **No matter which** you choose, I'm sure you'll be satisfied.

⚠ 譲歩節中の動詞は，whoever you **may** meet at the party 〜のように，しばしば may を伴って使われる。

⚠ 形容詞としての whatever と whichever にも譲歩を表す用法がある。
Whatever decision you make, I will support you.
(≒ No matter what decision ...)
(どのような決心をしようと，私はあなたを支持します。)
Whichever plan you choose, you will receive great service.
(≒ No matter which plan ...)
(いずれのプランを選択しても，素晴らしいサービスを受けるでしょう。)

❷ 複合関係副詞：wherever, whenever, however

複合関係副詞には，wherever, whenever, however がある。「場所」「時」を表す副詞節を導く用法と，譲歩を表す副詞節を導く用法がある。

《1》「場所」「時」を表す副詞節を導く用法

| **46** | Sit **wherever** you like. | *428* |
| **47** | You can call me **whenever** you want. | *429* |

46 どこでも好きなところに座りなさい。
47 いつでも必要なときに電話しなさい。

wherever, whenever が，それぞれ「場所」「時」を表す副詞節を導き，「〜するところはどこでも」「〜するときはいつでも」という意味を表す。

I will always keep in touch with you **wherever** I go.
(どこに行っても，君にコンタクトをとるようにします。)

Ex. She gives me a smile **whenever** I talk to her.
(彼女に話すときはいつでも彼女は僕にほほえんでくれる。)

cf. 上の例文は，それぞれ次のように言いかえられる。
- **46** ≒ Sit (**in**) **any place** you like.
- **47** ≒ You can call me **anytime** you want.
    《英》You can call me (**at**) **any time** you want.

《2》「譲歩」の副詞節を導く用法

> **48** In Sanuki, **wherever** you go, you can eat tasty *udon*.   *430*
>
> **49** **Whenever** he talks with her, he becomes very shy.   *431*
>
> **50** **However** long it takes, this project must be completed.   *432*

48 讃岐では，どこへ行ってもおいしいうどんを食べることができる。
49 彼女と話すときはいつでも，彼はひどくシャイになる。
50 どんなに長くかかろうとも，このプロジェクトは完成しなければならない。

wherever（どこで[に]～しても），whenever（いつ～しても），however（どんなに～しても）は，譲歩を表すことがある。

Ex. **Wherever** you go, I'll stay by your side.
（君がどこに行こうとも，僕は君のそばにいるよ。）

Please come to see me **whenever** it is convenient for you.
（いつでもご都合のよい時にお越し下さい。）

I'd like to read any of his works, **however** badly written they may be.
（彼の作品なら，どんなに駄作でも読みたい。）

cf. 〈**no matter ＋疑問詞**〉の形で，上の例文を言いかえることもできる。

48 ≒ In Sanuki, **no matter where** you go, you can eat tasty *udon*.
49 ≒ **No matter when** he talks with her, he becomes very shy.
50 ≒ **No matter how** long it takes, this project must be completed.

Step3 発展 関係詞の注意すべき用法

1 関係代名詞の注意すべき用法

❶ 目的格以外の関係代名詞の省略

> **51** I got a totally false impression of the sort of woman she is.　*433*
>
> **52** This is the best book there is on that subject.　*434*

51 彼女がどういう女性であるのかについて，まったく間違った印象を持ってしまった。
52 これは，そのテーマに関する本の中で最良のものです。

目的格の関係代名詞はしばしば省略されるが，目的格以外でも省略されることがある。
51 は，I got a totally false impression of the sort of woman (**that**) she is. の that が省略されたもの。関係代名詞が関係節の中で be 動詞の補語となっている。

Ex. I am not the girl (**that**) I was when I was seventeen.
（私は 17 歳の時の少女ではない。）
John swam like the champ (**that**) he was and won the race for his team.
（ジョンは事実そうであったのだが，チャンピオンのように泳ぎ，チームを勝利へと導いた。）

52 は，This is the best book (**that**) there is on that subject. の that が省略されたもの。関係代名詞の直後に there is [are] が来ると，関係代名詞が省略されることが多い。

Ex. I have seen all (**that**) there is to see.
（私は見るべきものはすべて見てしまった。）
You have learned all (**that**) there is to know about cars.
（あなたは車について知らなければならないことすべてを学んだ。）

+α 上例の他にも There is [are] で始まる文の中で関係代名詞が省略される場合がある。
There is a shop (**that**) sells old books.（古本を売っている店があります。）
There's somebody (**who**) wants you on the phone.（君に誰かから電話ですよ。）

Tips on Grammar　関係詞の省略

　目的格の関係代名詞はしばしば省略されますが、主格は原則として省略できません。理由は簡単です。たとえば、The man **who** is talking to her is a famous actor. (彼女に話している人は有名な俳優だ。) から who を省略すると、× *The man is talking to her is a famous actor.* となり、文の動詞が is talking のように誤解されかねません。一方、目的格の場合、The man she is talking to is a famous actor. となり、紛らわしさはありません。

　ただし、主格の関係代名詞でも、ときに省略されることもあります。たとえば、The man **who** I think is a famous actor is talking to her. (私が有名な俳優だと思う人が彼女と話している。) の場合、I think は挿入句なので who は主格にあたります。けれどもこの who は省略可能です。The man I think is a famous actor is talking to her. としても、先行詞 (the man) の直後に動詞が来ないので、意味のあいまいさが生じないからです。

　次に関係副詞の省略ですが、why の先行詞は the reason に限定されており、how の先行詞は the way に限定されています。そうなると、わざわざ the reason why, the way how と言う必要がないため、先行詞 (the reason, the way) のみで使われたり、関係副詞 (why, how) のみで使われたりすることが多くなるのです。

　where は原則として省略できません。これは先行詞となる場所や状況を表す名詞が無数にあることと関連しています。とはいえ、先行詞が the place, somewhere, anywhere などの場合、省略されることもよくあります。一方、when の先行詞は time, day, month, year などある程度限定的であるため、when が省略されることもあります。つまり、わざわざ the place where, the time when としなくても、先行詞あるいは関係副詞のいずれかを言えば済む、という心理が働いているのです。

❷ 関係節の中に I think などの節が入る場合

> **53** Those bold statements, **which I think** are typical of him, were not received well by his colleagues.　　　*435*
>
> **53** それらの大胆な発言は、私が思うにいかにも彼らしいのだが、彼の同僚たちには好意的に受け取られなかった。

関係代名詞の直後に、I think [know / suppose] などの短い節が挿入されることがある。このような場合には、挿入された節を (　　) に入れると理解しやすくなる。

Ex. He is the only person **who I think** can solve this problem.
(彼は、この問題を解くことができると思われる唯一の人物だ。)
The man **who I supposed** was your boss came to see me this morning.
(あなたの上司だと思った男の人が、今朝私に会いにやってきた。)
Charlie Brown did **what he thought** was right.
(チャーリー・ブラウンは自分が正しいと思うことをやった。)

Tips on Grammar　who か whom か？

ここで試しに，次の文の（　　）内の who あるいは whom を選択して，文を完成させてみましょう。

(1) The man (who / whom) I thought to be honest turned out to be a liar.
(2) The man (who / whom) I thought was honest turned out to be a liar.

さて，基本的には(1)は whom，(2)は who が正解ですが，その理由を考えてみましょう。(1)は，(a) The man turned out to be a liar. と，(b) I thought the man to be honest. が関係代名詞を用いて結合されたものです。ここで，(b) における the man は動詞 thought の目的語になっていますので，2文を結合するとき，目的格の whom が使われることになります。ただし，口語英語では who が目的語としても使われることがしばしばありますので，実はこれも正解になります。

(2) は，もともと The man turned out to be a liar. という文が基本的な構造で，先行詞の the man を関係節 who I thought was honest が修飾しています。I thought は挿入された節ですので，これを（　　）に入れると，who (I thought) was honest という関係節の構造が見えてくるでしょう。the man は関係詞の中で主語の働きをしているので，主格の who が使われることになるのです。

以上述べたことが who と whom の使い分けの原則ですが，実際には (2) の場合も whom が使われることがあり，これを正用法として認めている学者がいることも事実です。以上のようなわけで，(1) (2) の答えとしてはどれをとっても正解となるのですが，学校英語としては，最初に述べたように (1) の正解は whom，(2) の正解は who としておくのが無難でしょう。

❸ 関係代名詞の二重限定

54 Do you know anyone (**that**) you can trust **who** might be interested in this project?
436

54 あなたが信頼できる人の中で，このプロジェクトに興味を持ちそうな人を知っていますか。

制限用法の関係代名詞が，同一の先行詞を二重に限定することがある。**54** では，先行詞の anyone を第1の関係節 (that) you can trust が修飾し，次に anyone (that) you can trust 全体を，第2の関係節 who might be interested in this project が修飾している。このような場合，第1の関係代名詞は省略できるが，第2の関係代名詞を省略することはできない。

Ex. He sold the fish (**that**) he caught **which** are the specialty in that region.
（彼は自分で獲った，その地域の特産品の魚を売った。）
She is the only woman (**that**) I know **who** can handle the situation.
（彼女はその状況に対処することのできる，私の知っている唯一の女性だ。）

2 疑似関係代名詞：as, than, but

as, than, but はもともと接続詞であるが，関係代名詞と同じような働きをする場合がある。これを**疑似関係代名詞**と呼ぶ。

❶ as の用法

> **55** I went to London in **the same** *year* **as** you did.   *437*
>
> **56** Choose **such** *friends* **as** will help you in times of need.   *438*
>
> **57** She was from a foreign country, **as** I could tell from her accent.   *439*

> **55** 私は，あなたが行ったのと同じ年にロンドンに行った。
> **56** 困ったときに助けてくれるような友人を選びなさい。
> **57** 彼女の訛りから分かったが，彼女は外国の出身だった。

疑似関係代名詞の as は，the same, such, as と相関的に用いられる。**55**〈**the same … as ～**〉（～するのと同じ…），**56**〈**such … as ～**〉（～するような…）は，その典型的な用法である。いずれも制限用法で，先行詞の意味を限定する。これに対して **57** の as は非制限用法で，主節全体を受けて補足的説明を加えている。

> **Ex.** She looks **the same as** she did thirty years ago.（彼女は30年前と同じに見える。）
> He is **as** great an artist **as** ever lived.（彼は史上最高の偉大な芸術家だ。）

> **cf.** 非制限用法で，次のような慣用的な表現もある。
> **As is often the case with** lawyers, they tend to see things only in legal terms.（法律家にはよくあることだが，彼らは法律の観点だけでものを見る傾向がある。）
> **As was usual with her**, she solved the problem with ease.
> （いつものことだが，彼女は簡単に問題を解決した。）
> John came late to school, **as is usual with** him.
> （いつものことだが，ジョンは学校に遅刻してやってきた。）
> **As was expected**, he was promoted to *yokozuna* that year.
> （予想されたように，彼はその年に横綱に昇進した。）
> **As was my custom**, I got up at seven and fixed my breakfast.
> （いつものように，私は7時に起きて朝食を作った。）

❷ than の用法

> **58** He has *more money* **than** he needs.　　　*440*
>
> **58** 彼は自分が必要とする以上のお金を持っている。

疑似関係代名詞 than は比較級に続いて使われる。上例では，more money が先行詞で，than 以下がそれを修飾している。

Ex. More people **than** we had expected came to the conference.
（私たちが予想していた以上の人々が会議にやってきた。）
Never say more **than** is necessary.（必要以上のことをしゃべるな。）
Obama talked much longer **than** they had thought.
（オバマは彼らが想定していたよりはるかに長く話した。）

⚠ more のみが先行詞となる場合もある。
This year, the rainy season is lingering more **than** is welcome.
（今年は梅雨が歓迎される以上に長引いている。）
cf. more than (is) necessary（必要以上に），more than (is) needed（必要以上に）

❸ but の用法

> **59** There is **no** rule **but** has exceptions. 　　　*441*
>
> **59** 例外のない規則はない。

疑似関係代名詞の but は，それ自体に否定の意味を含んでいる。先行詞に no や few など否定の意味を持った語が来るので**二重否定**の文となる。現在ではあまり使われなくなっているが，用法としては知っておいた方がよい。

Ex. There is nobody **but** has some faults.（欠点のない人はいない。）

cf. 上の例文を通常の関係代名詞を使って，次のように言いかえることもできる。
59 ≒ There is no rule that does not have exceptions.
　　cf. There is no rule without exceptions.

⚠ but には擬似関係代名詞の他にも注意すべき用法がある。
① 前置詞「〜を除いて，〜以外」（≒ except）
There was nobody **but** me in the garden.（庭には私以外誰もいなかった。）
② 副詞「ほんの，たった」（≒ only）
She is **but** a small child.（彼女はほんの子供だ。）

■ 句と節

1 「句」と「節」

英語の文を構成する要素には主語・述語動詞・補語・目的語・修飾語がある。述語動詞は動詞を中心に構成されるが，その他の文の構成要素となる品詞は，以下の通りである。

文の要素	品詞
主語	名詞・代名詞
補語	名詞・代名詞・形容詞
目的語	名詞・代名詞
修飾語	形容詞・副詞

文の構成要素は1語からなる場合もあるが，複数の語がまとまって1つの品詞（名詞・形容詞・副詞）と同等の役割を果たす場合もある。その際に，語のまとまりが〈S + V〉の構造を持つものを**節** (clause) と呼び，持たないものを**句** (phrase) と呼ぶ。

1. My father taught me Spanish. ［名詞］
2. He taught me how to speak Spanish. ［句］
3. He taught me how wonderful Spanish is. ［節］

1. 父は私にスペイン語を教えてくれた。
2. 彼は私にスペイン語の話し方を教えてくれた。
3. 彼は私にスペイン語がどんなに素晴らしいものかを教えてくれた。

文の中において，語・句・節はそれぞれ構造を異にするが，文中の機能の点では，同じ働きをする場合がある。たとえば，上の例文はすべて〈S + V + O_1 + O_2〉の文型であるが，下線部分の目的語は，それぞれ「語」「句」「節」という単位で構成されている。

この関係を表で表すと，次のページの表のようになる。

目的語となる語・句・節

	S	V	O₁	O₂
1	My father	taught	me	Spanish（名詞）
2	He	taught	me	how to speak Spanish（名詞句）
3	He	taught	me	how wonderful Spanish is（名詞節）

1 では Spanish という名詞が単独で目的語となり，**2** では how to speak Spanish という句が目的語となり，**3** では how wonderful Spanish is という節が目的語となっている。**2** **3** の目的語は，**1** の名詞 Spanish と文法上同じ役割を果たしていることから，それぞれ「名詞句」「名詞節」と呼ぶ。

　この他にも，句や節は文の中において形容詞の働きをするもの（「形容詞句」「形容詞節」）や副詞の働きをするもの（「副詞句」「副詞節」）がある。以下，それぞれの具体例を見ていくことにする。

2 句の種類

1 名詞句

4 **Singing** *karaoke* with friends is a lot of fun．［主語］

5 My dream *is* **to open** my own bakery．［補語］

6 Do you *know* **how to use** this camera？［他動詞の目的語］

7 I am thinking *of* **studying** abroad．［前置詞の目的語］

4 友達とカラオケを歌うのは大変楽しい。
5 私の夢は自分のパン屋を始めることだ。
6 このカメラの使い方を知っていますか。
7 私は留学することを考えている。

名詞句は，文中で名詞に相当する働きをして，文の主語・補語・目的語になる。

(a) **主語**
　　4 singing karaoke with friends（友達とカラオケを歌うこと）
(b) **補語**
　　5 to open my own bakery（自分のパン屋を始めること）
(c) **他動詞の目的語**
　　6 how to use this camera（このカメラの使い方）
(d) **前置詞の目的語**
　　7 studying abroad（留学すること）

句と節

名詞句を構成するものとしては，次のようなものがある。
- (1) **動名詞句**
    4 singing karaoke（カラオケを歌うこと），**7** studying abroad（留学すること）
- (2) **不定詞句**
    5 to open my own bakery（自分のパン屋を始めること）
- (3) 〈疑問詞＋不定詞句〉
    6 how to use this camera（このカメラの使い方）

❷ 形容詞句

形容詞句は，文中で形容詞に相当する働きをして，名詞・代名詞を修飾したり補語になったりする。

> **8** My parents have agreed with my plan **to study** abroad.　［不定詞句］
>
> **9** The girl **playing** the piano is my friend.　［現在分詞句］
>
> **10** These books **on my desk** belong to the library.　［前置詞句］
>
> **11** Trying to change her mind will be **of no use**.　［前置詞句］

　8 両親は留学するという私の計画に賛成してくれた。
　9 ピアノを弾いている女の子は私の友人だ。
　10 私の机の上にあるこれらの本は図書館のものです。
　11 彼女の考えを変えようとすることはムダでしょう。

形容詞句は通常，修飾される名詞の後に置かれる。**8** では不定詞句 to study abroad が，**9** では現在分詞句 playing the piano が，**10** では前置詞句 on my desk が，それぞれ後ろから名詞句を修飾している。また，**11** では前置詞句 of no use（≒ useless）が，〈S＋V＋C〉の文型の補語となっている（▶ p. 380）。

> ⚠ **11** の前置詞句 of no use のように，〈**of**＋抽象名詞〉の形で，全体として形容詞の働きをする場合がある。
> This book is **of** great **value**.（この本はとても貴重だ。）
> She will be **of** great **help** to you.（彼女はあなたの大きな助けとなるでしょう。）

❸ 副詞句

> **12** School *begins* **in April**.　［前置詞句］
>
> **13** I *went* to Italy **to study** cooking.　［不定詞句］
>
> **14** I *am pleased* **to meet** you.　［不定詞句］
>
> **15** <u>Generally speaking</u>, this novel is popular among teenagers.
> ［分詞句］

12 学校は4月に始まる。
13 私は料理を勉強するためにイタリアへ行った。
14 お会いできてうれしいです。
15 一般的に言えば，その小説は10代の若者に人気がある。

副詞句は文中で副詞に相当する働きをして，動詞・形容詞・ほかの副詞・文全体を修飾する。**12** では，前置詞句 in April が副詞として begins を修飾している。**13** **14** では，不定詞句 to study cooking, to meet you が，動詞句 went to Italy, am pleased をそれぞれ修飾している。また，**15** では分詞句が文全体を修飾する副詞句として使われている（▶ p. 201, pp. 473-474）。

❸ 節の種類

❶ 名詞節

> **16** **What** you have done for your family *is* so wonderful.　［主語］
>
> **17** The problem *is* **that** we don't know his current address.　［補語］
>
> **18** He *told* me **that** the concert was to be held in Kobe.
> ［他動詞の目的語］
>
> **19** I was moved *by* **what** the principal said at our graduation.
> ［前置詞の目的語］

16 あなたが家族のためにしたことは実に素晴らしい。
17 問題は私たちが彼の現住所を知らないことだ。
18 彼はそのコンサートは神戸で開かれることになっていると私に教えてくれた。
19 卒業式で校長先生が言ったことに私は感動した。

名詞節は，文中で名詞に相当する働きをして，主語・目的語・補語などになる。
　(a) **主語**
　　　16 what you have done for your family（あなたが家族のためにしたこと）
　(b) **補語**
　　　17 that we don't know his current address
　　　　（私たちが彼の現住所を知らないこと）
　(c) **他動詞の目的語**
　　　18 that the concert was to be held in Kobe
　　　　（そのコンサートは神戸で開かれることになっていること）
　(d) **前置詞の目的語**
　　　19 what the principal said at our graduation
　　　　（卒業式で校長先生が言ったこと）

名詞節となるものは次のようなものがある。
　(1) 関係代名詞（**what**）が導く節　（ **16** **19** ）
　(2) 接続詞（**that**）が導く節　（ **17** **18** ）

⚠ この他に，if, whether などの接続詞（▶ p. 520），what, when, who などの疑問詞（▶ p. 308）などが導く節も名詞節となる。
Do you know **what** she is planning to do this weekend?
（彼女がこの週末に何を計画しているのか知っていますか。）
Let me know **when** you will arrive at the airport.
（空港にいつ到着するのか知らせて下さい。）

❷ 形容詞節

> **20** *This lacquer tray* **which** I bought on sale was 20 percent off the retail price.
> **21** This is *the university* **where** I studied political science.

　　　20 私がセールで買ったこの漆の皿は小売価格より2割安かった。
　　　21 これは私が政治学を学んだ大学です。

形容詞節は，文中で形容詞に相当する働きをして，名詞の後に置かれて，その名詞を修飾する。形容詞節を導く働きをするものは，関係代名詞（▶ pp. 242-252）と関係副詞（▶ pp. 252-255）である。
　20 では関係代名詞 which によって導かれる節が，名詞句 this lacquer tray を修飾している。**21** では関係副詞 where によって導かれる節が，名詞句 the university を修飾している。

❸ 副詞節

> 22　Please call me **when** you get to the airport.
> 23　**If** you speak with him, you will find him a gentle person.

>　22　空港に着いたら私に電話をしてください。
>　23　彼と話してみれば、彼が優しい人物だと分かるだろう。

副詞節は文中で副詞に相当する働きをして、主として動詞や主節を修飾する。
22 では接続詞 when によって導かれる節が、直前の主節を修飾し「時」を表している。一方、23 では接続詞 if に導かれる節が後続の主節を修飾し、「条件・仮定」を表している。

> ⚠ 副詞節は接続詞によって導かれるほか、複合関係詞 wherever, whichever, whoever などによっても導かれる (▶ pp. 255-258)。

❹ 主節・従属節・等位節

文の中心となる節である**主節** (main clause) に対して、それ自体では中心的な役割を果たし得ない節を**従属節** (dependent clause) と呼ぶ。従属節はあくまでも文の中心となる節ではなく、副次的な形で文の要素を修飾する働きをしているのである。たとえば、22 23 の副詞節は、従属節として、主節を修飾する働きをしている。

> 22　Please call me　when you get to the airport.
> 　　　　主節　　　　　　従属節

> 23　If you speak with him, you will find him a gentle person.
> 　　　　従属節　　　　　　　　　主節

ちなみに、2つ以上の節が対等の関係で結合されているとき、そのような節を**等位節**と呼ぶ。たとえば、and や but によって結びつけられた次の文は、それぞれ下線で示した2つの等位節からできている。

> They took a vacation **and** (they) went to Hawaii.
> 　　等位節　　　　　　　　　等位節
> (彼らは休暇をとってハワイに行った。)

> I went to a restaurant for lunch, **but** the food wasn't so good.
> 　　　等位節　　　　　　　　　　　　　等位節
> (昼食をとるためにレストランに行ったが、料理はあまりおいしくなかった。)

このような等位節については、いわば独立した文が接続詞によって結びつけられたものと考えればよい。

⚠ 文の種類を**単文・重文・複文**に分けることがある。これらの分類基準は，節の構造に関係しているので簡単に触れておく。

① **単文**：〈主語＋述語動詞〉の関係がひとつだけで，主節以外の節を含まない文。
I took a walk early in the morning.（私は早朝に散歩をした。）

② **重文**：2つ以上の節が等位接続詞により結ばれている文。
John keeps a cat, and Mary keeps a dog.
　　　等位節　　　　　　　等位節
（ジョンはネコを飼っており，メアリーは犬を飼っている。）

③ **複文**：主節の他に従属節を含む文。
I stayed indoors all day because it was so hot outside.
　　　　主節　　　　　　　　　　従属節
（外がとても暑かったので，私は1日中家の中にいた。）

第12章

仮定法

- **導入** ● **仮定法とは何か**
    1. 現実の世界と仮定の世界　　272
    2. 仮定法過去　　272
    3. 仮定法過去完了　　273

- **基礎** ● **仮定法の種類と用法**
    1. 仮定法過去　　274
    2. 仮定法過去完了：基本形 / 帰結節が現在についての推測を表す場合　　275
    3. 願望を表す仮定法：〈I wish ＋ S ＋ 仮定法過去〉/〈I wish ＋ S ＋ 仮定法過去完了〉　　277
    4. 未来に関する仮定法：〈If ＋ S ＋ should 〜〉/〈If ＋ S ＋ were to 〜〉　　278
    5. 仮定法現在：「要求」「提案」「忠告」などを表す動詞に続くthat節で /「重要」「必要」など判断を表す形容詞に続くthat節で　　280
    6. 丁寧表現に見られる仮定法：過去形の助動詞を使った表現 /〈I wonder if 〜〉を使った表現　　282

- **発展** ● **仮定法の注意すべき用法**
    1. ifの省略　　284
    2. if節に代わる表現　　285
    3. 仮定法を使った慣用表現：if it were not for 〜, if it had not been for 〜 / as if [though] 〜 / if only 〜 / it is (high) time 〜　　286

Step1 導入 仮定法とは何か

1 現実の世界と仮定の世界

　私たちは現実の出来事をそのまま語ることもあれば，現実には起きていないことについて仮定的に語ることもある。たとえば，「もしも10万円あれば，あのコンピューターが買えるのに」と言えば，**事実に反する仮定**をしていることになる。このような場合，英語では，If I **had** 100,000 yen, I **could buy** that computer. のような言い方をする。ここでは，このような表現方法とその発想について学ぶ。

2 仮定法過去

　まず，次の例を比較してみよう。

(1) I **don't have** 100,000 yen, so I **cannot buy** that computer. ［直説法］
　　（私は10万円持っていないので，あのコンピューターが買えない。）

(2) If I **had** 100,000 yen, I **could buy** that computer. ［仮定法］
　　（もしも10万円あれば，コンピューターが買えるのに。）

　(1)のように，現実のことについて述べる形式を**直説法**と呼ぶ。これに対して，(2)のように，事実に反することを仮定して述べるような形式を**仮定法**と呼ぶ。**現在の事実に反する仮定**においては，動詞の過去形が使われるため，**仮定法過去**と呼ぶ。

❸ 仮定法過去完了

次に、時間を過去にさかのぼって、「あのとき10万円持っていればあのコンピューターが買えたのに」と仮定すると、以下のようになる。

(3) I **didn't have** 100,000 yen, so I **couldn't buy** that computer. ［直説法］
（私は10万円持っていなかったので、あのコンピューターが買えなかった。）

(4) If I **had had** 100,000 yen, I **could have bought** that computer. ［仮定法］
（もしも（あの時）10万円あったら、あのコンピューターが買えたのに。）

直説法の(3)では、動詞・助動詞の過去形が使われているのに対して、仮定法の(4)では、if節の中で過去完了形が使われ、主節の中では〈**could ＋ have ＋過去分詞**〉の形が使われている。このように、**過去の事実に反する仮定**については、過去完了形が使われるため、**仮定法過去完了**と呼ぶ。

ところで、if節があれば必ず仮定法というわけではない。たとえば、If it's sunny tomorrow, I **will go** on a hike. は動詞が現在時制をとる直説法の表現で、「明日晴れるか晴れないか、はっきりとは分からないが、もし晴れたらハイキングに行く」という事実を述べているにすぎない。

ここでは**事実とは異なる仮定**に限定して、仮定法について説明してきた。しかし、仮定法は、**願望・可能性・不確実性**など、話者の思いを反映する形式で、会話においても頻繁に使われる。具体例に接することで、仮定法の表現と発想を理解するようにしたい。

Step2 基礎 仮定法の種類と用法

仮定法は，事実に反する仮定を行ったり，現実には実現しそうもないことを願望したりするときに使われる。動詞や助動詞が，現実の「時」とはズレるところにその特徴がある。仮定法には，**仮定法過去**，**仮定法過去完了**，**仮定法現在**がある。

1 仮定法過去

> **1** If I **lived** in Izu, I **could visit** my aunt more often. *442*
> **2** If I **were** you, I **would apologize** to her. *443*
>
> **1** もし伊豆に住んでいたら，もっと頻繁におばを訪問できるだろう。
> **2** もし私が君だったら，彼女に謝るだろう。

仮定法過去は，「現在の事実」とは異なることを仮定するときに使われ，「もし…なら，～だろうに」という意味を表す。「仮定法過去」と呼ばれるのは，if 節（条件節）の中の動詞が，現在のことに関する仮定であるにもかかわらず，過去形が使われるためである。

過去形は，本来，**現在から離れていること**を表すが，仮定法過去においては，**現実から離れていること**を表すと考えると理解しやすい。〈距離感〉を表す点においては，背後に共通の発想がある。

仮定法過去の基本形は〈If＋S＋動詞の過去形，S＋助動詞の過去形＋動詞の原形〉である。〈条件節＋帰結節〉が一般的だが，〈帰結節＋条件節〉となることもある。

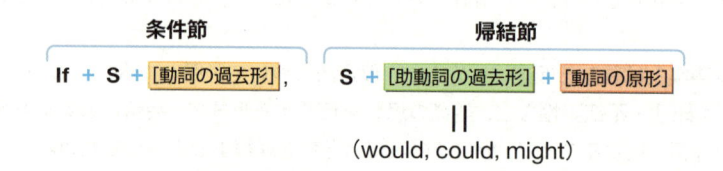

条件節	帰結節
If ＋ S ＋ [動詞の過去形] ,	S ＋ [助動詞の過去形] ＋ [動詞の原形]
	‖
	(would, could, might)

Ex. If I **were** you, I **would complain** to him.
（私があなたの立場だったら，彼に文句を言いますよ。）
If I **were** you, I **would not quit** the job.
（もし私があなたなら，仕事を辞めることはしないのだが。）

If I **had** more time, I **would rewrite** my report.
（もっと時間があれば、レポートを書き直すのだが。）

If I **had** more money, I **would buy** a new house.
（もっとお金を持っていれば、新しい家を買うのだけれども。）

If the dress **were** not so expensive, I **would buy** it.
（そんなに高くなければ、そのドレスを買うんだけど。）

I **would make** cheesecake **if** I **knew** the recipe.
（レシピを知っていれば、チーズケーキを作るのだが。）

cf. 1 2 を直説法であえて言いかえると以下のようになる。
1 ≒ As I don't live in Izu, I cannot visit my aunt so often.
2 ≒ As I am not you, I will not apologize to her.

⚠ 〈**If I were** ～〉のように、主語が1人称のIであるにもかかわらず、動詞はwasではなくwereを用いる。一般的に、if節の中でbe動詞は、主語の人称や数に関係なくwereを用いる。[＊ただし、1人称・3人称の単数の場合、口語ではwasが用いられることが多い。]

Tips on Grammar　仮定法と直説法の適切な使い分け

仮定法と直説法は、話者の事態に対する「心持ち」によって使い分けされます。たとえば、「母がこれを知ったら怒るだろう」と言いたいとき、2通りの言い方ができます。

母が知る可能性があり、「困ったことになりそうだ」と思っているなら、"**If** my mother **knows** this, she **will get** angry." と直説法を使います。「知られることはまずないだろうが…」という前提があれば、"**If** my mother **knew** this, she **would get** angry." と仮定法過去を使うことになります。

「もし1日3時間以上勉強したら、私は奨学金を得られるかもしれない」の場合は、どうでしょうか。ここでも話者の心持ちによって、使い分けが行われます。"**If** I **study** more than 3 hours a day, I **may be able to** get a scholarship." とすると、実際努力する気があり、奨学金を受ける可能性について、現実的に考えていることが含意されます。これに対して、"**If** I **studied** more than 3 hours a day, I **might be able to** get a scholarship." は、単なる仮定の話として、「もし仮に努力すれば、奨学金を受ける可能性もなくはない」といった意味合いになります。

2 仮定法過去完了

1 基本形

3 **If** you **had rehearsed** more, you **might have passed** the audition.
444

3 もしもっと練習していたら、君はオーディションに通っていたかもしれない。

Step2　仮定法の種類と用法 | 275

仮定法過去完了は、「過去の事実」とは異なることを仮定するときに使われ、「もし…だったなら、〜だったろうに」という意味を表す。「仮定法過去完了」と呼ばれるのは、条件節の中の動詞が、過去のことに関する仮定であるにもかかわらず、過去完了形が使われるためである。

過去完了形は、本来、時間の流れの中で**過去から離れていること**を表すものだが、仮定法過去完了においては、**過去の事実から離れていること**を表すものと考えると理解しやすい。ともに〈距離感〉を表す点においては共通である。

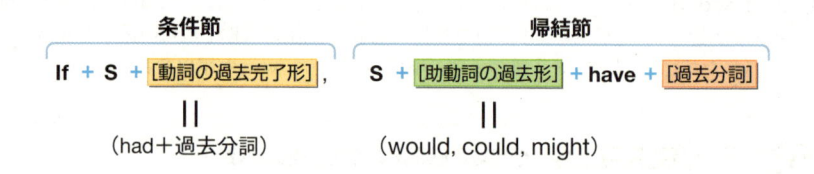

仮定法過去完了の基本形は〈**If ＋ S ＋動詞の過去完了形, S ＋助動詞の過去形＋ have ＋動詞の過去分詞**〉である。

```
           条件節                      帰結節
    If ＋ S ＋[動詞の過去完了形],  S ＋[助動詞の過去形]＋ have ＋[過去分詞]
              ‖                         ‖
         （had＋過去分詞）          （would, could, might）
```

Ex. If we **had started** out earlier, we **could have avoided** the traffic jam.
（もっと早く出発していれば、交通渋滞を避けることができたのに。）
If I **had known** that you were in trouble, I **could have helped** you.
（君が困っていることを知っていたら、助けてあげることができたのに。）
If I **had been** with you then, I **could have helped** you paint the house.
（その時君と一緒にいたら、家のペンキ塗りを手伝ってあげられたのに。）
If I **had known** you better, I **could have written** a letter of recommendation.
（あなたのことをもっとよく知っていたら、推薦状を書いてあげることができたのだが。）

❷ 帰結節が現在についての推測を表す場合

> **4** If I **had followed** your advice then, I **wouldn't be** in such trouble now.
> 445

> **4** もしあのとき君の忠告に従っていたら、今こんな苦労はしていないだろう。

条件節が仮定法過去完了の場合でも、帰結節が常に〈**助動詞の過去形＋ have ＋過去分詞**〉の形をとるとは限らない。「もし（あの時）…だったら、（今）〜だろうに」のように、帰結節が現在についての推測を表す場合には、〈**助動詞の過去形＋動詞の原形**〉の形をとる。

4 を直説法で言いかえると、I didn't follow your advice then, so I'm in such trouble now. となる。

3 願望を表す仮定法

仮定法の中には，if 節を伴わない用法もある。「（今）〜であればよいのに」「（あの時）〜であったらよかったのに」のように，実現できそうにない願望を表すとき，〈I wish 〜〉の形が使われる。

❶ 〈I wish ＋ S ＋仮定法過去〉

5 **I wish** she **were** not so busy every weekend. 　　　　　　　　　*446*

6 **I wish** I **could speak** English more fluently. 　　　　　　　　　　*447*

5 彼女が毎週末，こんなに忙しくなければよいのだが。
6 もっと流暢に英語が話せたらよいのだが。

〈I wish ＋ S ＋仮定法過去〉の形で，「（今）〜であればよいのに」のように，現在の事実とは異なることについての願望を表す。

5 は「実際には，毎週末忙しい」という含意がある。be 動詞が were になっているが，主語の人称にかかわりなく仮定法過去の were が使われる。〔＊ただし，主語が 1 人称・3 人称の単数のとき，口語では was となることも多い。〕

6 は「実際には，英語を流暢に話せない」という含意がある。現在の事実とは異なることを表すために，could speak のように，〈助動詞の過去形＋動詞の原形〉の形となる。

Ex. **I wish** there **were** no exams! （試験なんかなければいいのに！）
I wish I **knew** where he lives. （彼がどこに住んでいるか分かればなあ。）
I wish it **did not snow** so much here! （ここにこんなに雪が降らなければいいのに。）

⚠ wish の主語は 1 人称の I に限定されているわけではない。
She wishes she had a younger brother. （弟がいればいいのに，と彼女は思っている。）

⚠ 〈I wish S would ＋動詞の原形〉で，「S が（自ら進んで）〜してほしい」という意味を表すことがある。
I wish Bill **would listen** to me. （ビルが私の言うことに耳を傾けてくれればいいのだが。）
I wish you **would keep** your room tidy.
（あなたが部屋をきれいにしていてくれればいいのだが。）

❷ 〈I wish ＋ S ＋仮定法過去完了〉

7 **I wish** I **had been** there to help you. 　　　　　　　　　　　　　*448*

8 **I wish** I **could have stayed** longer. 　　　　　　　　　　　　　　*449*

7 （あのとき）君を助けるために，私がその場にいたらよかったのだが。
8 （あのとき）もっと長く滞在できたらよかったのだが。

〈I wish + S +仮定法過去完了〉の形で,「(あの時)～であったらよかったのに」のように,過去の事実とは異なることについての願望を表す。

7 は「あの時, 実際にはそこにいなかったので君を助けることができなかった」という含意がある。be 動詞は had been となる。

8 は「あの時, 何らかの事情でそれ以上長く滞在できなかった」という含意がある。過去の事態と異なることを示すために, could have stayed のように,〈助動詞の過去形＋have ＋過去分詞〉の形となる。

> **Ex.** I **wish** you **had not written** that in your e-mail to him.
> (君が彼への電子メールでそんなことを書かなければよかったのに。)
> I **wish** you **could have seen** him run.
> (彼が走るのをあなたが見ることができればよかったのに。)

One-point Advice

なぜ I wish I were なのか？

　I wish I **were** a bird. のような仮定法の表現で, どうして主語が単数なのに was ではなくて were という複数形を使うのかと疑問に思われるかもしれません。

　実は, 仮定法の形はもともと直説法とは区別されていたのですが, 歴史の中で発音が変化したために, 直説法の were と同じ形になってしまったのです。

　ただ, 主語が単数なのに複数の動詞を使うことには, 英語の母語話者も違和感を覚えるのか, I wish I **was** a bird. という言い方も聞かれます。しかし, 正式にはあくまでも I were ですので, 基本的にはこちらの形を使うようにしましょう。

---

4 未来に関する仮定法

未来のことについて,「もし万が一～だとすれば」と仮定する場合, 条件節は〈If S should ＋動詞の原形〉あるいは〈If S were to ＋動詞の原形〉となる。仮定法過去の用法のひとつである。

1 〈If + S + should ～〉

> **9** If you **should** meet her again, what **would** you say to her? *450*

9 万一彼女に再び会うことがあれば, 彼女に何と言いますか。

この形は, 実現性の低い事柄に対して,「万一～すれば」「ひょっとして～なら」という意味合いを伝える。未来のことはまだ事実として定まっていないことで, 事実と異なる仮定ということではない。

Ex. If I **should** forget to bring my ID card, what **should** I say at the front desk?
（万一身分証明書を持ってくることを忘れたら、受付で何と言ったらいいのでしょう。）
If a burglar **should** break into your house, what **would** you do to defend yourself?（もし強盗が家に押し入ったとしたらどうやって身を守りますか。）
If you **should** happen to see Tom, tell him to come to see me.
（トムに会うことがあれば、私に会いにくるように伝えて下さい。）

⚠️ 〈If S **should** ＋動詞の原形〉の形を受ける帰結節の助動詞は、 9 のように過去形でもよいし、If you should meet her again, what **will** you say to her? のように現在形が使われる場合もある。過去形の場合、仮定の気持ちがより強く表現される。また、帰結節で should が使われる場合もある。
If I should meet her again, what **should** I say to her?
（もし彼女にもう一度会うことがあったら、私は何と言うべきでしょうか。）

❷ 〈If ＋ S ＋ were to 〜〉

10 If I **were to** become a scientist, I **would** like to be someone like Einstein. *451*

10 もし科学者になるとしたら、アインシュタインのような人になりたい。

〈If S were to 〜〉の形は、予定を表す〈be to 〜〉（▶ p. 162）の仮定法の形である。「仮に〜なら」という単なる仮定を表したり、実現性が低い（あるいはまったくない）ことを表したりする。どの意味で使われているのかは、状況と文脈から判断する。

Ex. If they **were to** win again, it **would** be their third straight season as league champions.
（もし彼らが再び勝つとすれば、3シーズン連続のリーグチャンピオンとなるだろう。）
If this **were to** happen, we **would** be losing our house.
（これが起こるなら、私たちは家を失うことになるだろう。）

⚠️ 〈If S were to 〜〉の形を受ける帰結節では、助動詞の過去形が使われる。助動詞の現在形は使われない。
If you **were to** come to Tokyo, I **would**［× *will*］welcome you.
（もしあなたが東京に来ることがあれば、歓迎します。）
cf. If you **should** come to Tokyo, I **would**［will］welcome you.

5 仮定法現在

仮定法現在は，現在あるいは未来についての不確実な状況について述べるために使われる。特に，〈要求・提案〉などを表す動詞や，〈重要性・必要性〉など判断を表す形容詞に続く that 節の中で動詞の原形が用いられる。

❶ 「要求」「提案」「忠告」などを表す動詞に続く that 節で

> **11** They **demanded** that he (should) **tell** them the truth. *452*
>
> **12** I **suggest** that we (should) **reschedule** our plan. *453*
>
> **13** The doctor **advised** him that he (should) **be** hospitalized at once. *454*

11 彼らは，彼が真実を語るように要求した。
12 計画を作り直すことを提案する。
13 医師は，彼にすぐに入院するように忠告した。

「要求」「提案」「忠告」などを表す動詞に続く that 節で，仮定法現在（動詞の原形）が使われる。《米》ではごく一般的だが，《英》では〈**should ＋動詞の原形**〉とするのが普通（▶ pp. 115-116 should の注意すべき用法）。

Ex. I **suggest** that he (should) **eat** dinner with his family.
（私は彼が家族と夕食をともにすることを提案します。）
Mary **suggested** that John (should) **go** there alone.
（メアリーは，ジョンにそこに一人で行くべきだと提案した。）
I **request** that you (should) **look** into this matter as soon as possible.
（できるだけ早急にこの問題を調査するようお願いします。）
The court **ordered** that the land (should) **be** given back to her.
（裁判所は，その土地は彼女に返されるべきであると命じた。）
They **proposed** that some action (should) **be** taken immediately.
（彼らはただちに何らかの行動をとろうと提案した。）

cf. この種の動詞としては，以下のようなものがある。

advise（忠告する）	ask（頼む）	beg（懇願する）
desire（〜であれと願う）	declare（宣言する）	demand（要求する）
direct（指示する）	expect（期待する）	insist（主張する）
order（命令する）	propose（提案する）	recommend（推薦する）
request（依頼する）	require（要求する）	suggest（提案する）　など

⚠️ 仮定法現在を使いこなす第一歩として以下の文の正誤に注目しよう。
(1) 彼らはすぐ支払いがされるべきだと要求した。
  ○ They demanded that the money **be paid** immediately.
  × They demanded that the money *was paid* immediately.
(2) 医者は、そんなにたくさん食べないように彼女に忠告した。
  ○ The doctor advised her that she **not eat** so much.
  × The doctor advised her that she *did not eat* so much.
  × The doctor advised her that she *would not eat* so much.

❷ 「重要」「必要」など判断を表す形容詞に続く that 節で

> **14** It is **important** that she (should) **take** the medicine regularly.　　455
>
> **15** It is **necessary** that you (should) **be** patient.　　456

14 彼女が薬を規則正しく服用することが大切だ。
15 君は忍耐強くあることが必要だ。

〈**It is important**[**necessary**] **that** ～〉の that 節において、仮定法現在が用いられることがある。《英》では〈**should** ＋動詞の原形〉が使われることもある。

cf. この種の形容詞としては、他に desirable（望ましい）, essential（不可欠な）, proper（適切な）, vital（不可欠な）などがある。

+α 提案・要求などを意味する名詞を修飾する形容詞節内でも仮定法現在が使われる。
He will not accept their **demand** that he **tell** them the truth.
（彼は真実を語るという要求を受け入れないだろう。）
The **proposal** that the consumption tax **be** abolished immediately is not realistic.（消費税をすぐに廃止するという提案は現実的ではない。）

⚠️ It is important[necessary] that ～の文では、仮定法現在のみならず、直説法が来ることもある。
It is necessary that he **stays**[**stay**] in the hospital.（彼が入院を続けることは必要だ。）［＊どちらも同じ意味で使われることもあるが、直説法なら「入院継続という事実」があり、それを評して必要だと言っている可能性が高く、仮定法現在なら「入院継続か否かは未定」の状況で「入院継続すべし」と主張している。］

⚠️ 祈願や条件を表す定型表現として、仮定法現在が使われることがある。
God **bless** you!（あなたに神の祝福がありますように。）
Long **live** the Queen!（女王陛下万歳。）
Truth **be** told, I didn't graduate from college.
（本当のことを言うなら、私は大学を出ていない。）
Change the time and place, if need **be**.（必要なら時間と場所を変更してください。）

I don't like their fashion, **be** it their shoes, shirts, or hairstyle.
(靴にしろ，シャツにしろ，髪型にしろ，彼らのファッションは好きじゃない。)
Be it ever so humble, there is no place like home.
(どんなにみすぼらしくとも，我が家ほどよいところはない。)
Suffice it to say that he is talented. (彼には才能があるとだけ言っておこう。)

6 丁寧表現に見られる仮定法

英語では，仮定法を使った婉曲的な丁寧表現が日常会話で頻繁に使われる。

1 過去形の助動詞を使った表現

16	**Would you** do me a favor?	457
17	**Would it be possible to** change my reservation now?	458
18	**Would you mind if** I **turned** on the air conditioner?	459
19	**Could you** pass me the salt?	460

16 お願いがあるのですが。
17 今，予約を変更することは可能でしょうか。
18 エアコンを入れてもよろしいでしょうか。
19 塩を取っていただけますか。

助動詞の過去形を使うことで，直接的な言い回しを避け，丁寧さを表すことができる。なかでも would を用いた表現は，きわめて頻繁に使われる。

18 については，if 節の中においても turned という過去形が使われているが，これも丁寧さを表すことに役立っている。ただし，Would you mind if I **turn** on the air-conditioner? のように現在形を使うこともある。

> **Ex.** **Would** you take a look at my car? (ちょっと車を見ていただけませんでしょうか？)
> **Would** it be all right if I sit here? (ここに座ってもよろしいでしょうか。)
> **Wouldn't** it be better to put it off until after high school?
> (高校卒業後までそれを延期した方がよくないだろうか。)
> **Could** you kindly tell me the way to Grand Central Station?
> (グランド・セントラル・ステーションへの行き方を教えていただけますか。)
> **Could** I have your comment on that, please?
> (それについて，どうかコメントをいただけないでしょうか。)

❷ 〈I wonder if 〜〉を使った表現

> **20** **I wonder if** I could borrow your pen.　　　*461*
>
> **21** **I was wondering if** you could fix this for me. 　*462*

20 ペンをお借りできますでしょうか。
21 これを直していただけないかと思っていたんですが。

〈I wonder if 〜〉や〈I was wondering if 〜〉（〜かしらと思う）を文頭に置くと間接性が高まり，結果として丁寧な表現となる。さらに条件節の助動詞を could にすることで，いっそう丁寧さの度合いが高まる。英語でも対人関係に配慮した表現が発達している点は，日本語と同様である。

Ex. **I wonder if** you could give me a ride to the station.
（駅まで車で送っていっていただけますでしょうか。）
I was wondering if you could phone me.
（お電話いただければありがたいのですが。）

⚠ 〈I was wondering if 〜〉のように，過去進行形が使われているからと言って，現実に過去のことについて語っているわけではない。ここでは間接性を高める目的で過去進行形が使われていることに注意。〈I wonder if 〜〉とほぼ同義と考えてよいが，よりいっそう丁寧な表現となる。

cf. wonder 以外にも appreciate（感謝する）などを使う丁寧な依頼表現もある。
I'd appreciate it if you could fix this for me.
≒ **It would be appreciated if** you could fix this for me.
（これを直していただけたら誠に感謝申し上げます。）
[＊上例の it は if 以下の内容を表す。]
I'd be grateful if you could write a letter of recommendation for me.
（推薦状を書いていただければありがたいと思います。）

Step3 発展 仮定法の注意すべき用法

仮定法には，if 節が使われていなくとも，現実とは異なる仮定の意味を表す重要な構文や慣用表現がある。すでに扱った〈I wish ～〉などは，その代表的なものであるが，ここではさまざまな表現を取り上げる。

1 if の省略

22	**Were I** you, I **would** not take a taxi but walk there.	463
23	**Had I known** this, I **wouldn't have accepted** the proposal.	464
24	**Should you** study abroad, what country **would** you like to go to?	465

22 僕が君だったら，タクシーには乗らずそこまで歩くだろう。
23 これを知っていたら，その提案を受け入れなかっただろう。
24 留学するとしたら，どの国に行きたいですか。

条件節の中の if が省略されることがある。その場合，条件節の主語と助動詞（または，were）が入れかわった形になる。if の省略が行われるのは，were, 助動詞の had, should の場合に限定される。

22 は仮定法過去で If I were you, ～と同義。If の省略に伴い，were と主語の I が倒置されたものである。**23** は仮定法過去完了で If I had known this, ～と同義。助動詞の had と主語の I の倒置が行われたものである。**24** は If you should study abroad, ～と同義。should と主語の you が倒置されたものである。

> **Ex.** **Were you to quit** school, your family would be shocked.
> (≒ If you were to quit school, ～)
> (君が学校を辞めるなら，ご家族がショックを受けるでしょう。)
> **Were I** younger, I would join you. (≒ If I were younger, ～)
> (もっと若ければ参加するでしょうに。)
> **Had you asked** for help, we would have helped you.
> (≒ If you had asked for help, ～)
> (助けを求めてきたなら，助けてあげたでしょうに。)
> **Had I gone** to Okinawa, I might have gotten a good suntan.

(≒ If I had gone to Okinawa, ~)
(もし沖縄に行っていたら,しっかり日焼けしていたかもしれない。)
Should my sister become a movie star, I would be her manager.
(≒ If my sister should become a movie star, ~)
(妹が映画スターになるようなことがあれば,私は彼女のマネージャーをやる。)

> were, 助動詞の had, should 以外のif節の省略は不可。たとえば,「パリに住んでいたらルーブル美術館に毎日行けるのだが」と言いたいとき,ifを省略することはできない。
> ○ If I lived in Paris, I could visit the Louvre Museum every day.
> × *Lived I* in Paris, I could visit the Louvre Museum every day.
> × *Did I live* in Paris, I could visit the Louvre Museum every day.

2 if節に代わる表現

25 **Without** water, no living things **could** live. *466*

26 **To hear her talk,** you **would** think she was Japanese. *467*

27 **Ten years ago**, such an operation **would have been** impossible. *468*

28 We started at once; **otherwise** we **would have missed** the plane. *469*

25 水がなければ,どんな生き物も生きられないだろう。
26 彼女が話すのを聞けば,日本人だと思うでしょう。
27 10年前だったら,そのような手術は不可能だっただろう。
28 私たちはすぐに出発した。さもなければ,飛行機に乗り遅れていただろう。

if節の代わりに,さまざまな表現が仮定の意味を表すことがある。**25** は, If it were not for water, ~ のように言いかえることができる (cf. **29**)。**26** は, If you heard her talk, ~ と言ってもよい。**27** は, Ten years ago という副詞句が,「10年前だったら」という仮定の意味を表している。**28** の otherwise は,「(もし) そうでなければ」という意味合いで, if we had not started at once と言いかえることもできる。

> **Ex.** **Without** the car navigation system, we might have gotten lost on our way.
> (もしカーナビがなかったら,私たちは途中で道に迷っていたかもしれない。)
> I wouldn't have been able to complete this project **without** your help.
> (あなたの援助なくして,このプロジェクトを完成させることはできなかったでしょう。)
> **In your place,** I would have done the same thing.
> (君の立場に立っていたとしても,同じことをしたでしょう。)
> **One more bite**, I would have exploded.
> (もう一口食べていたら,おなかが破裂するところだった。)

A spy wouldn't tell his real name.
（スパイならば本当の名前を言わないだろう。）

3 仮定法を使った慣用表現

❶ if it were not for ～, if it had not been for ～

> **29** **If it were not for** music, I **could** not live a day! 470
>
> **30** **If it had not been for** your help, I **might have been** in trouble. 471

> **29** 音楽がなかったら，1日も生きられないだろう。
> **30** 君の助けがなかったら，困ったことになっていたかもしれない。

〈**if it were not for ～**〉は，「もし（今）～がなかったら」という意味を表す仮定法過去の定型表現。〈**if it had not been for ～**〉は，「もし（あの時）～がなかったら」という意味を表す仮定法過去完了の定型表現である。

Ex. Life **would** be boring **if it were not for** music.
（音楽がなければ人生は退屈だろう。）

cf. **29** **30** の if を省略して書きかえると，それぞれ以下のようになる。
29 ≒ Were it not for music, I could not live a day!
30 ≒ Had it not been for your help, I might have been in trouble.

cf. 「もし（今・あの時）～がなかったら」という意味を，〈**without ～**〉あるいは〈**but for ～**〉を使って表現することもできる。この場合，仮定法過去と仮定法過去完了の区別は，帰結節の動詞の形で判断する。
29 ≒ Without [But for] music, I could not live a day!
30 ≒ Without [But for] your help, I might have been in trouble.

❷ as if [though] ～

> **31** She talks **as if** she **knew** everything. 472
>
> **32** It looks **as though** castles **had been built** in the clouds. 473
>
> **33** He talked **as if** nothing **had happened**. 474

> **31** 彼女は，まるで何でも知っているかのように話す。
> **32** まるで城が雲の中に作られたかのように見える。
> **33** 彼は，まるで何事もなかったかのように話した。

〈**as if** [**though**] 〜〉は，仮定法過去で「まるで〜であるかのように」の意味を表し，仮定法過去完了で「まるで〜であったかのように」という意味を表す。

31 のように仮定法過去を使うのは，この節の内容が主節の動詞の表す「時」と同時の場合である。また，**32** **33** のように仮定法過去完了を使うのは，この節の内容が主節の動詞の表す「時」よりも以前の場合である。

Ex. He looked **as if** he **had won** the lottery.（彼は宝くじに当たったかのように見えた。）
The boy looked **as if** he **hadn't slept** at all.
（男の子は，全然寝ていないかのように見えた。）
She looked **as if** something **had been** on her mind.
（彼女は何か気にかかっているようだった。）

⚠ 仮定法は時制の一致を受けないので，主節の動詞の時制によって，〈**as if** [**though**] 〜〉の中の仮定法の形は変わらない。
She **talked** as if she **knew** everything.
（彼女は，まるで何でも知っているかのように話した。）
It **looked** as though castles **had been built** in the clouds.
（まるで城が雲の中に作られたかのように見えた。）（▶ p. 295 《4》）

⚠ as if [though] に続く節の中で，現実と反しないことであれば直説法が用いられる。
It looks as if he **is** in big trouble.（彼は大きな問題を抱えているように見える。）
〔＊口語では，as if の代わりに like を用いて，It looks **like** he is in big trouble. のように言うこともできる。〕

❸ if only 〜

> **34** **If only** he **were** more self-confident.　　　　　*475*
>
> **35** **If only** you **had followed** my advice.　　　　　*476*

　　34 彼がもっと自信を持ってくれればなあ。
　　35 君が私の忠告に従ってさえいたらなあ。

〈**if only** 〜〉は，現在実現することのできない願望や，過去に実現することのできなかった願望を表す。いずれも無念の気持ちが込められる。仮定法過去で「〜さえすればなあ」の意味を，仮定法過去完了で「(あの時)〜さえしていたらなあ」という意味を表す。〈**I wish** 〜〉で言いかえてもほぼ同義。

　　34 ≒ I wish he were more self-confident.
　　35 ≒ I wish you had followed my advice.

❹ it is (high) time ～

> **36** **It is (high) time** you **took** up studying more seriously.　　*477*

36 そろそろ勉学に真剣に取り組む時期だ。

「そろそろ～する時だ」という意味で使われる〈It is (high) time ～〉の構文でも仮定法過去が使われる。これからやることに対して過去形が使われることに違和感があるかもしれないが, 相手に注意喚起する慣用表現としてよく使われる。

time の前に high, about などの修飾語がつくこともある。「すぐにすべきだ」という気持ちが強い場合, 〈**It's high time** ＋仮定法過去〉。「そろそろしてもいい頃」という気持ちなら, 〈**It's about time** ＋仮定法過去〉。また, It's time to take up studying more seriously. と不定詞で表すことも可能だが, その場合, 相手への注意喚起のニュアンスは薄れる。

For Conversation
wish / hope / want の使い方

〈I **wish** (that) S ＋ V〉の文では, may または仮定法の would / should / might が使われる一方, 〈I **hope** (that) S ＋ V〉の文では may または直説法が使われます。「ハーバード大学に入れればなあ」と言いたいときの違いを見てみましょう。

(1) I **wish** I **could** enter Harvard University.
(2) I **hope** I **can** enter Harvard University.

(1) は「入れる可能性がほぼない空想」を表しているのに対して, (2) は「入れる可能性がある前向きな希望」を表します。ただし, wish は「実現しそうもない希望にしか使われない」と考えるのは早計です。以下のように, 「実現しそうな希望」に使う用法も一般的です。

(3) I **wish** to see my son's teacher.（息子の先生に会いたい。）
(4) They **wish** you to go to church.（あなたが教会に行くことを彼らは望んでいる。）
(5) We **wish** you a Merry Christmas.（よいクリスマスをお過ごしください。）

なお, (3) の代わりに, I **want** to see my son's teacher. と言うこともできますが, この場合, wish よりも直接的な願望が感じられます。

ちなみに, hope は wish や want と異なり, 〈**hope ＋ O ＋ to 不定詞**〉の形はとれないので注意しましょう。

(6) ○ I **hope** to enter Harvard University.
(7) ○ I **hope** that my daughter will enter Harvard University.
(8) × *I hope my daughter to enter Harvard University.*

第13章

時制の一致と話法

導入 ● 話法と時制の一致とは何か	
1. 時制の一致	290
2. 直接話法と間接話法	291

基礎 ● 話法転換の基本	
1. **時制の一致の原則**：主節の動詞が現在時制の場合／主節の動詞が過去時制の場合	292
2. 時制の一致の例外	294
3. 直接話法から間接話法へ	296
4. **疑問文の場合**：疑問詞のある疑問文／疑問詞のない疑問文	299

発展 ● 話法転換の応用	
1. 命令文の場合	301
2. 感嘆文の場合	302
3. 重文・複文の場合	303
4. 種類の異なる2文の場合	304

Step1 導入 話法と時制の一致とは何か

1 時制の一致

英語では，従属節の動詞の時制が主節の動詞との関係で決まる。これを**時制の一致**と呼ぶ。具体例を見てみよう。

(1) a. Jane *thinks* she **saw** a UFO. （ジェーンは UFO を見たと思っている。）
　　b. Jane *thought* she **had seen** a UFO.
　　　（ジェーンは UFO を見たと思った。）

　主節の動詞が現在形であれば，それに続く従属節の動詞は，現在のことなら現在形，過去のことなら過去形といったように，主節の動詞の時制に影響されることはない。(1a) では，主節の動詞が現在形であるから，従属節ではジェーンが過去に経験したことがそのまま過去形で語られている。

　これに対して，主節の動詞が過去形の場合，従属節の動詞は主節の動詞を基準にして表すことになる。(1b) の場合，主節の動詞（過去形）を基準にすると，ジェーンが UFO を見たのはそれよりも以前のことであるから，従属節の動詞は過去完了形になる。

　このように，英語は，常に主節の動詞の時制との関連で従属節の動詞の形が決められるという仕組みを持っているので，こうした発想に慣れ親しむ必要がある。

過去完了　　過去　　現在

2 直接話法と間接話法

　人の言ったことを別の人に伝える方法を**話法**と呼ぶ。話法には人の言葉をそのまま引用する形で伝える**直接話法**と，伝達する人の立場で人の言葉を言いかえて伝える**間接話法**がある。ここで，具体例を見てみよう。

(2) a. Yumi said, "I am so happy."（由美は「私はとても幸せです」と言った。）
　　b. Yumi said that she was so happy.
　　　（由美は，私はとても幸せですと言った。）

　(2a)は由美の言葉をそのまま引用した直接話法で，引用符（" "）で囲まれた発言内容は由美の視点から述べたものになっている。(2b)は，伝達者が由美の発言内容を自分の視点から言いかえた間接話法で，that節で発言内容を表す。発言内容は，伝達者の視点から言いかえられ，I → she, am → was のように変わっている。このように，英語では，直接話法と間接話法では**視点の違い**が表現形式の違いに反映しているが，日本語では必ずしも明確な区別がされるわけではない。

　ここでは，英語の話法の仕組みをしっかりと理解し，その背後にある視点の取り方についての意識を磨いておくことにしよう。

Step2 基礎 話法転換の基本

時制の一致は，英語においてきわめて重要な文法法則である。特に話法の転換の際には，時制の一致と代名詞・副詞の扱いに注意する必要がある。

1 時制の一致の原則

❶ 主節の動詞が現在時制の場合

1	I **think** that he **is** an actor.	*478*
2	I **think** that he **was** an actor.	*479*
3	I **think** that he **has been** an actor.	*480*
4	I **think** that he **will be** an actor.	*481*

1 私は彼が俳優だと思う。［現在，俳優である。］
2 私は彼が俳優だったと思う。［過去において俳優だった。］
3 私は彼が俳優だったと思う。［現在までずっと俳優だった。］
4 私は彼が俳優になるだろうと思う。［将来，俳優になる。］

主節の動詞が現在時制の場合，従属節の動詞は，現在・過去・現在完了・未来のいずれをもとることができる。この際，従属節の時制は主節の時制の影響を受けない。

上の例文の従属節の時制は，**1** 現在，**2** 過去，**3** 現在完了，**4** 未来である。意味内容はそれぞれ［　］内で示した通りである。

主節 "I think" の時点を現在とし，"he = an actor"（●で示す）の事態を時間軸に位置づけると以下のようになる。

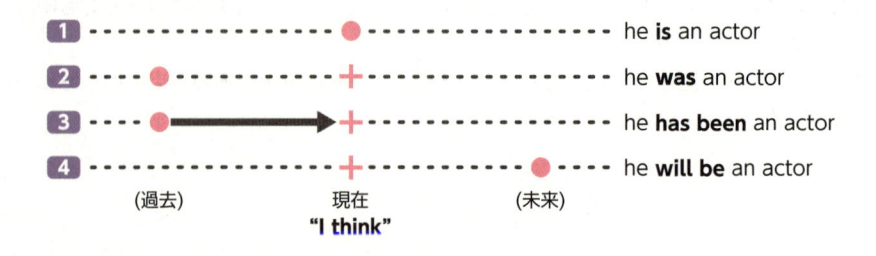

```
1 ········································●················································· he is an actor
2 ····●···································+················································· he was an actor
3 ····●━━━━━━━━━━━━▶+················································· he has been an actor
4 ········································+·······················●····················· he will be an actor
      (過去)                           現在                    (未来)
                                    "I think"
```

❷ 主節の動詞が過去時制の場合

> 5 I **thought** that he **was** an actor.　　　　　　　　　　*482*
>
> 6 I **thought** that he **had been** an actor. 　　　　　　　　*483*
>
> 7 I **thought** that he **would be** an actor.　　　　　　　　*484*

5 私は彼が俳優だと思った。[その時点において俳優だった。]
6 私は彼が俳優だったと思った。[その時点以前において俳優だった。／その時点までずっと俳優だった。]
7 私は彼が俳優になるだろうと思った。[その時点以降において俳優になるだろう。]

　従属節の意味内容は 1 ～ 4 と同じだが，主節の動詞が過去形であるため，従属節の動詞の時制が，5 現在→過去，6 過去／現在完了→過去完了，7 未来→〈助動詞の過去形＋動詞〉のように変化している。これを**時制の一致**と呼ぶ。

　ここで，"I thought" の時点を起点とし，"he = an actor"（●で示す）の事態を時間軸に位置づけると以下のようになる。

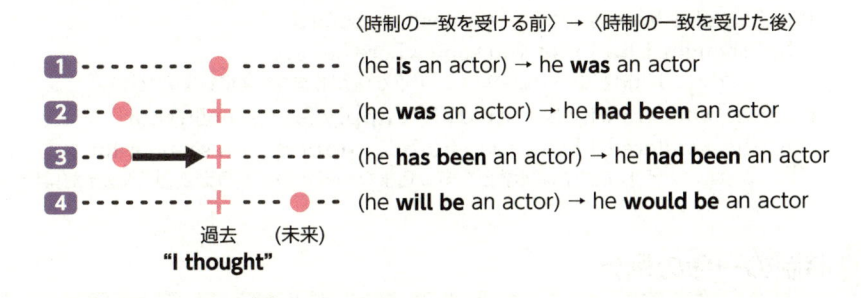

〈時制の一致を受ける前〉 → 〈時制の一致を受けた後〉

1　(he **is** an actor) → he **was** an actor
2　(he **was** an actor) → he **had been** an actor
3　(he **has been** an actor) → he **had been** an actor
4　(he **will be** an actor) → he **would be** an actor

過去　　（未来）
"I thought"

⚠ 6 の I thought that he had been an actor. については，時制の一致を受ける前の形として，過去形と現在完了形の2つ（= 2 3 に対応）が考えられる。時制の一致により，両者の区別が消失しているわけである。解釈上，いずれをとるかは文脈や状況による。

⚠ 7 のように，助動詞の現在形が時制の一致を受けると，それに応じて過去形になる。
[例] can → could, may → might, shall → should, will → would

ただし，should（～すべきだ），ought to（～すべきだ），had better（～した方がよい），used to（～したものだ）などについては，主節の動詞の時制によって影響を受けない。

⚠ 「～しなければならない」という意味で must が使われているときは、主節が過去形で時制の一致を受ける場合、had to にすることがある。
I *thought* you **had to** leave at once.
（私は、あなたはすぐ出発しなければいけないと思った。）
cf. I *think* you **must** leave at once.
　（私は、あなたはすぐに出発しなければいけないと思う。）
　ただし、「～に違いない」という意味で must が使われている場合には、もともと過去形を持たないので形の変化はない。
cf. I *thought* that he **must** be an actor.（私は、彼が俳優に違いないと思った。）

⚠ 仮定法において、主節が仮定法過去の場合は、これに続く動詞も過去を用いる。
If you heard him talk, you would think he **was** an American.
（彼が話すのを聞けば、彼がアメリカ人だと思うでしょう。）
ただし、時制の一致を受けない形もかなり一般的に用いられる。
cf. If you heard him talk, you would think he **is** an American.

Ex. 以下、主節の動詞が現在の場合と過去の場合を対比して示す。
(1) a. I don't know when we **can meet** again.
　　b. I didn't know when we **could meet** again.
　　　（私たちがいつまた会えるのか、私には分からない[分からなかった]。）
(2) a. We have no idea which team **will win**.
　　b. We had no idea which team **would win**.
　　　（どちらのチームが勝つのか、私たちには分からない[分からなかった]。）
(3) a. I think I **have met** you somewhere before.
　　b. I thought I **had met** you somewhere before.
　　　（あなたには以前どこかでお会いしたような気がします[気がしました]。）
(4) a. She wonders why her son **didn't apply** for a scholarship.
　　b. She wondered why her son **hadn't applied** for a scholarship.
　　　（彼女は、どうして息子は奨学金を申し込まなかったのだろうかと思う[思った]。）

2 時制の一致の例外

8 Copernicus **discovered** that the earth **revolves** around the sun. *485*

9 She **didn't know** that the *soba* shop **is closed** on Mondays. *486*

10 We **learned** that the French Revolution **broke out** in 1789. *487*

11 I **thought** that if he **had** more confidence in himself, he **would be** more successful. *488*

8 コペルニクスは地球が太陽の周りを回っていることを発見した。
9 彼女はそのそば屋が月曜日は休みだということを知らなかった。
10 私たちはフランス革命が1789年に起こったということを習った。
11 もし彼が自分にもっと自信を持っていれば, もっと成功するだろうにと私は思った。

主節の動詞が過去形であっても, 以下の場合, 従属節の動詞は時制の一致を受けない。

《1》現在も変わらない真理・事実を表す場合（ 8 ）
"the earth **revolves** around the sun" は, 不変の真理・事実を表していると捉えられている。

Ex. These birds **migrate** south in the fall. (これらの鳥は秋に南に渡る。)

cf. ことわざの場合も, これに準じて時制の一致を受けない。
My father used to say honesty **is** the best policy.
（父は, 正直は最善の策だと言っていた。）

《2》現在も行われている習慣・事柄を表す場合（ 9 ）
"the *soba* shop **is** closed on Mondays" が, 現在も行われている店の決まりとして捉えられている。

Ex. I asked the station attendant what time the last train **leaves**.
（私は駅員に最終の電車がいつ出るのか聞いた。）
He told me that school **starts** in April and **ends** in March in Japan.
（彼は私に, 日本では学校は4月に始まり, 3月に終わると言った。）

《3》歴史上の事実を表す場合（ 10 ）
"the French Revolution broke out in 1789" は, 歴史上の事実を表している。

Ex. We visited the house where Mozart **was** born.
（私たちはモーツァルトが生まれた家を訪れた。）
He explained that the first modern Olympic Games **took place** in Athens in 1896. （彼は最初の近代オリンピックは1896年にアテネで開催されたと説明した。）

《4》仮定法の表現が使われている場合（ 11 ）
"if he had more confidence in himself, he would be more successful" は, 仮定法の表現なので, 時制の一致の適用外となる。

Ex. She said that if she **could** play the violin better, she **would** join an orchestra.
（彼女はバイオリンがもっとじょうずに弾ければオーケストラに入るのだけど, と言った。）
The teacher emphasized that human beings **could** not live without oxygen. （先生は, 人間は酸素がなければ生きられないと強調した。）

Step2 話法転換の基本 | 295

3 直接話法から間接話法へ

> **12** Jane said, "**I'm** fed up with all **this** junk mail." *489*
>
> **13** Jane **said that she was** fed up with all **that** junk mail. *490*

12 ジェーンは「こんな迷惑メールにはうんざりよ」と言った。
13 ジェーンはそんな迷惑メールにはうんざりしていると言った。

12 のような直接話法では，引用符で囲まれた部分は，発話内容をそのまま引用したものである。したがって，発話時点が過去であったとしても，発話内容を表す形が影響を受けることはない。しかし，これを間接話法で表すと，時制の一致も含めてさまざまな調整が必要となる。

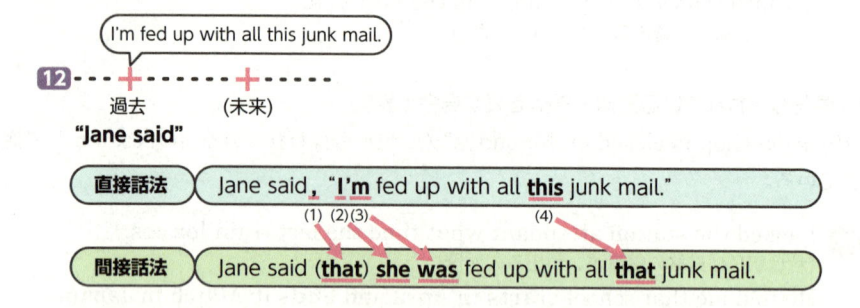

```
         ┌ I'm fed up with all this junk mail. ┐
  12 ----+--------------------+----
         過去                 (未来)
      "Jane said"
```

直接話法	Jane said, "I'm fed up with all this junk mail."
	(1) (2)(3) (4)
間接話法	Jane said (that) she was fed up with all that junk mail.

以下，直接話法から間接話法への転換のポイントを，上例に沿って説明する。

(1) **接続詞 that**：直接話法を間接話法にするには，まず直接話法の引用符をはずし，接続詞 that を挿入する。ただし，省略されることもある。

(2) **人称代名詞**：直接話法では発話部分の I は Jane 自身のことを指す。間接話法にすると，I が she に置きかえられ，〈I → she〉のように人称代名詞が変わる。

(3) **時制**：直接話法の発話内容は現在形だが，間接話法では，時制の一致により〈現在形→過去形〉となる。

(4) **指示代名詞**：直接話法の **this** junk mail は，間接話法では伝達者の視点から再構成し，**that** junk mail となっている。

> **cf.** say は伝達内容の後に来ることもある。このような場合，リズム等の関係で，しばしば主語と動詞の倒置が起こる。ただし，主語が代名詞の場合には不可。
>
> **12** ≒ "I'm fed up with all this junk mail," **Jane said**.
>   "I'm fed up with all this junk mail," **said Jane**.
> × "I'm fed up with all this junk mail," *said she*.

14 He **said** to me, "I **had** lunch **here yesterday**."　*491*

15 He **told** me that he **had had** lunch **there the day before**.　*492*

14 彼は私に「昨日僕はここで昼食を食べた」と言った。
15 彼は私に前日にそこで昼食を食べたと言った。

直接話法で，He said to me のように発話の聞き手が示されている場合，間接話法では，He told me とすることがある。ただし，He **said to me that** he had had lunch there the day before. としてもよい。時制一致による変化，および here → there, yesterday → the day before など，副詞（句）の調整についても要注意。

cf. 伝達動詞は，say や tell のほか，数多く存在する。ただし，talk や speak は使えないので注意すること。

add（付け加える）	admit（認める）	advise（アドバイスする）
agree（同意する）	announce（知らせる）	answer（答える）
argue（議論する）	ask（尋ねる）	assure（請けあう）
boast（自慢する）	claim（主張する）	comment（コメントする）
complain（不平を言う）	conclude（結論を言う）	declare（宣言する）
explain（説明する）	grumble（不平を言う）	insist（主張する）
observe（述べる）	point out（指摘する）	promise（約束する）
remark（述べる）	reply（答える）	report（報告する）
suggest（提案する）	warn（警告する）　など	

cf. 直接話法で使われる時や場所を表す言葉が，間接話法では次のようになる。

now → then
tonight → that night
yesterday → the day before [the previous day]
tomorrow → the next day [the following day]
last night → the night before [the previous night]
next week → the next week [the following week]
this → that
here → there
today → that day
ago → before
these → those

⚠️ このような言いかえは絶対的ではなく，状況に応じてふさわしい表現を選択する必要がある。たとえば **14** で，発言が「今日」の場合，間接話法で the day before は使われず，He told me that he had had lunch there **yesterday**. となる。また，発言の場所が同じ場合，間接話法でも here を使って，He told me that he had had lunch **here** the day before. となる。

13　●時制の一致と話法

Step2　話法転換の基本　297

Tips on Grammar　伝達動詞 say / tell / talk / speak の使い分け

英語の伝達動詞は数多く存在するのですが，そのうち最も基本的なものが，say, tell, talk, speak の4つです。ここでは，これらの動詞の使い分けを整理しておきましょう。

① **say**
- 人の言葉をそのまま伝えることに焦点があり，言葉そのものを目的語にとることができる。伝える相手は省略されることもある。
  He said goodbye.（彼はさようならと言った。）
  He said (to me), "Thank you for everything."
  （彼は（私に）「いろいろありがとう」と言った。）
- 発言内容を that 節で表すこともできる。
  The weather forecast says that it will rain this afternoon.
  （午後，雨になると天気予報が言っている。）

② **tell**
- 〈SVOO〉の文型で，「誰かに向かって情報を伝える」という意味を表す。
  Our grandmother told us a fairy tale.
  （私たちの祖母は私たちにおとぎ話を語った。）
- 同じ意味内容を，〈SVO〉の文型で表すこともできる。（間接目的語は，to ～で表す。）
  Our grandmother told a fairy tale to us.
  （私たちの祖母は私たちにおとぎ話を語った。）
- 人を表す目的語の後に to ～を伴うと，「～に…するように言う」という意味になる。
  He told us to wait for his return.
  （彼は私たちに自分の帰りを待つように言った。）
- 伝える内容を that 節で表すこともある。
  He told me that he would come on Friday.
  （彼は金曜日に来ると私に言った。）
- 伝える内容の主題を about ～で示すこともある。
  The police officer told us about the accident.
  （警察官はその事故について私たちに話した。）
- 伝える相手が示されない場合もある。
  He's always telling jokes.（彼はいつも冗談を言っている。）

③ **talk**
- 自動詞として「誰かと話をする」という意味を表す。うちとけた間柄同士で話し合うというニュアンスがある。（speak 同様，話す相手は to ～，with ～，話す内容は about ～で表される。）
  I talked with my friends about the school festival.
  （私は学園祭について友人たちと話した。）
  The students were talking while the teacher was speaking.
  （先生が話している間，生徒たちはおしゃべりをしていた。）
  Don't talk in the library.（図書館では話をしないで。）
- 他動詞の用法では，「～について話す」という意味になるが，自動詞の用法で talk about ～とする方が一般的。

The man I met on the train was talking (about) politics all the way.
(私が電車で出会った男性はずっと政治について話をしていた。)
- 他動詞用法の talk は〈talk ～ into V-ing〉(～を説得して…させる),〈talk ～ out of V-ing〉(～を説得して…をやめさせる) という形で使われることがある。
I talked him into accepting the offer. (私は彼を説得して申し出を受けさせた。)
I talked him out of applying for the job.
(私は彼を説得してその仕事への応募をやめさせた。)

④ speak
- 自動詞の用法で,「誰か相手に向かって何かを話す」という意味を表す。(話す相手は to ～, 話す内容は about ～で表す。)
The architect spoke to us about the new office building.
(その建築家は新しい社屋について私たちに話した。)
- speak with ～で「～と話し合う」という意味になる。
I spoke with my father about my future career.
(私は将来の進路について父と話し合った。)
- 他動詞の用法で言語の名前を伴って,「～語を話す」という意味を表す。
They speak English, Chinese, Malay, and Tamil in Singapore.
(シンガポールでは, 英語, 中国語, マレー語, タミール語を話す。)
- 自動詞の用法で, 単に「話す」という意味を持つ。
The old man spoke very slowly. (その老人は非常にゆっくりと話した。)

4 疑問文の場合

1 疑問詞のある疑問文

16 Taro held his stomach and **said**, "**When will** the pizza arrive?" 493

17 Taro held his stomach and **asked when** the pizza **would arrive**. 494

16 太郎はおなかを押さえて「ピザはいつ来るのだろう?」と言った。
17 太郎はおなかを押さえてピザはいつ来るのかと尋ねた。

発話内容が **Wh- 疑問文**(疑問詞のある疑問文)の場合, 間接話法では ask が使われる。疑問詞以下の語順は平叙文のように,〈S + V〉となる。なお, 文末には疑問符を置かず, ピリオドにする。

Ex. My friend Jane **said**, "**How**'s your family?"
(友人のジェーンが,「ご家族はいかがですか」と言った。)
My friend Jane **inquired how** my family was.
(友人のジェーンが私の家族の様子を尋ねた。)
〔* inquire は ask よりも硬い語。〕

> ⚠ 疑問詞が主語の場合は疑問詞以下の語順は変わらない。
> Taro looked at the empty bowl and said, "**Who ate** my *unagi*?"
> (太郎は空のどんぶりを見て「僕のウナギを食べたのは誰？」と言った。)
> Taro looked at the empty bowl and asked **who had eaten** his *unagi*.
> (太郎は空のどんぶりを見て彼のウナギを食べたのは誰と尋ねた。)

❷ 疑問詞のない疑問文

> **18** Little Jane **said to** her mother, "**Can I** have just one cookie before dinner?"　　　*495*
>
> **19** Little Jane **asked** her mother **if** [**whether**] **she could** have just one cookie before dinner.　　　*496*
>
> **18** ジェーンちゃんは「夕食の前にクッキーを1つだけ食べてもいい？」と母親に言った。
> **19** ジェーンちゃんは夕食の前にクッキーを1つだけ食べてもいいかと母親に尋ねた。

発話内容が **Yes-No 疑問文** の場合，伝達動詞の say を ask に変える。発話内容は，if, whether で始める（▶ p. 520）。疑問詞以下の語順は〈SV〉となる。

> **Ex.** 以下，直接話法とそれに対応する間接話法の文を対で示す。
> I **said**, "Can I go out?"（「外出してもいいですか」と私は言った。）
> I **asked if** I could go out.（私は外出してよいかどうか尋ねた。）
>
> The teacher **said** to me, "Are you interested in chemistry?"
> (先生は「君は化学に興味がありますか」と言った。)
> The teacher **asked** me **whether** I was interested in chemistry.
> (先生は私に化学に興味があるかどうか尋ねた。)
>
> He **said** to me, "Did you enjoy the movie?"
> (彼は「映画は楽しかったですか」と私に言った。)
> He **asked** me **if** I had enjoyed the movie.
> (彼は映画が楽しかったかどうか私に尋ねた。)

Step3 発展 話法転換の応用

1 命令文の場合

20	The teacher **said to** us, "Hand in your reports next week."	497
21	The teacher **told** us **to** hand in our reports the next week.	498
22	The teacher **said to** us, "Don't be afraid of making mistakes."	499
23	The teacher **told** us **not to** be afraid of making mistakes.	500

20 先生は私たちに「来週レポートを提出しなさい」と言った。
21 先生は私たちに次の週にレポートを提出するようにと言った。
22 先生は私たちに「間違えることを恐れてはいけません」と言った。
23 先生は私たちに間違えることを恐れないようにと言った。

発話内容が命令文の場合，⟨say to A ～⟩を，間接話法では⟨tell A to ＋動詞の原形⟩に変える。ただし，⟨Don't ～⟩という否定の命令文の場合は，⟨tell not to ＋動詞の原形⟩にする。

Ex. The mother **told** her sons **not to** quarrel.
（その母親は息子たちに，口げんかしてはいけないと言った。）

cf. ⟨伝達動詞＋人＋to 不定詞⟩の形で使われる動詞

advise（忠告する）	ask（頼む）	beg（懇願する）
command（命令する）	forbid（禁止する）	instruct（指示する）
order（命令する）	tell（告げる）	warn（警告する）　など

24	The flight attendant **said to** me, "Please fill out your immigration card."	501
25	The flight attendant **asked** me **to** fill out my immigration card.	502
26	The teacher **said to** us, "Let's take a break."	503
27	The teacher **suggested to** us **that** we (should) take a break.	504

Step3 話法転換の応用 301

24 客室乗務員は私に「出入国カードを記入してください」と言った。
25 客室乗務員は出入国カードを記入するようにと私に言った。
26 先生は私たちに「休憩をとりましょう」と言った。
27 先生は私たちに休憩をとろうと提案した。

発話内容が please のついた依頼文の場合，間接話法では動詞を ask にする。〈Will you ～ ?〉〈Would you ～ ?〉のような文の場合も同様である。また，発話内容が〈Let's ～〉という提案・勧誘を表す場合，suggest を用いて〈suggest to ～ that ...〉とする。

Ex. The woman **asked** us **to** take off our shoes when entering the house.
（女性は私たちに，家に入るときは靴を脱ぐようにと言った。）
The orchestra conductor **asked** the violinists **not to** play too loud.
（オーケストラの指揮者は，バイオリニストたちに音を大きくしすぎないように言った。）
The tour guide **suggested to** us **that** we should meet here at three o'clock.
（ツアーガイドは3時にここで会うよう私たちに提案した。）

⚠️ 間接話法で that 節を伴って使われる伝達動詞

command（命令する）	demand（要求する）	insist（主張する）
order（命令する）	propose（提案する）	request（依頼する）
suggest（提案する）	urge（強く迫る）	など

2 感嘆文の場合

28 My sister **said,** "**How** beautiful that rainbow is!" 505
29 My sister **cried with joy over how** beautiful that rainbow was. 506

28 妹は「あの虹は何てきれいなんでしょう！」と言った。
29 妹はあの虹は何ときれいなのだろうと喜びの声をあげた。

発話内容が感嘆文の場合，間接話法では伝達動詞の選択に工夫が必要である。exclaim, cry, sigh といった動詞を選択したり，with joy（喜んで），with delight（大喜びして），with regret（後悔して），in sorrow（悲しんで），in anger（怒って）など，感情を表す表現を加えたりすることもできる。

Ex. The detective **said,** "**What** a fool I am!" and sank into the sofa.
（その探偵は「私はなんて愚かなのだろう！」と言って，ソファに身を沈めた。）
The detective **sighed with regret** what a fool he was and sank into the sofa.
（その探偵は，私はなんて愚かなのだろうと後悔のため息をついて，ソファに身を沈めた。）

3 重文・複文の場合

> **30** My brother said, "I have a lot of homework to do, **and** I can't watch TV." *507*
>
> **31** My brother said that he had a lot of homework to do **and that** he couldn't watch TV. *508*
>
> **32** My brother said, "I can't watch TV **because** I have a lot of homework to do." *509*
>
> **33** My brother said that he couldn't watch TV **because** he had a lot of homework to do. *510*

- **30** 弟は「宿題がたくさんあって，テレビが見られないよ」と言った。
- **31** 弟は宿題がたくさんあってテレビが見られないと言った。
- **32** 弟は「宿題がたくさんあるのでテレビが見られないよ」と言った。
- **33** 弟は宿題がたくさんあるのでテレビが見られないと言った。

###《1》重文の場合 （ 30 31 ）

and, but, or などの等位接続詞(▶p. 514)でつながれている文(**重文**)を間接話法にすると，その接続詞の後にさらに that を置く。

> **Ex.** The artist **said that** he didn't know how long it would take him to finish that work **but that** he would do his best.（その芸術家はあの作品を完成させるのにどれほどの時間がかかるか分からないが，最善を尽くすと言った。）

> ⚠ 伝達動詞の後の that は省略できるが等位接続詞の後の that は省略できない。省略すると意味が変わってしまう。
> **31** ≠ My brother said that he had a lot of homework to do **and** he couldn't watch TV.
> （弟は宿題がたくさんあると言い，彼はテレビを見ることができなかった。）

《2》複文の場合 （ 32 33 ）

because, until などの従属接続詞(▶p. 515)や関係詞で従属節がつながれている文(**複文**)の場合，従属節をそのまま続ける。その際，従属節にも時制の一致が適用される。

> **Ex.** She said, "I have lost the umbrella **which** you lent me yesterday."
> （彼女は「昨日あなたが貸してくれた傘を無くしてしまった」と言った。）
> She said that she had lost the umbrella **which** I had lent her the day before.（彼女は前日私が貸した傘を無くしてしまったと言った。）

4 種類の異なる２文の場合

34 The customer said to the shop clerk, "This shirt is too small for me. Can you show me a larger one?" *511*

35 The customer **told** the shop clerk that the shirt was too small for him and **asked if** she could show him a larger one. *512*

34 客は店員に「このシャツは私には小さ過ぎます。もっと大きいのを見せてくださいますか」と言った。
35 客は店員にそのシャツは彼には小さ過ぎると言い，もっと大きいのを見せてくれないかと頼んだ。

発話内容が種類の異なる２つの文からなる場合，その内容にふさわしい動詞を用いて間接話法にする。**34** の前半は平叙文，後半は疑問文なので，伝達動詞にはそれぞれ tell と ask を用いる。

Ex. He **asked** me what my dream was **and said that** I should go for it.
（彼は私の夢は何かと聞き，その夢を実現すべくがんばれと言った。）

cf. **35** は，〈ask ～ to ...〉という形で言いかえることもできる。
35 ≒ The customer told the shop clerk that the shirt was too small for him and **asked her to show** him a larger one.

One-point Advice　描出話法

小説では引用符を用いた直接話法がしばしば使われますが，ときに発話内容があたかも作者自身の言葉であるかのように表現されることがあります。

Noriko got off the train and came out of the station, when she found her dog, Taro, waiting for her in the rain. **How did he ever know that she was coming back on that train?**
（ノリコは列車から降りて，駅から出てきたが，そのとき彼女の犬のタローが雨の中で彼女を待っているのに気が付いた。タローはどうして彼女がその列車で帰ってくるということが分かったのだろう。）

太字で表した文は作者の気持ちではなく，ノリコの気持ちを表現しています。直接話法にすれば "How did he ever know that I was coming back on this train?" となるところですが，実際は声に出して発言したわけではないので，直接話法を使わずに表現されています。
引用符がなく，時制の一致や代名詞の変換があるという点で間接話法に似ていますが，疑問文などの語順は直接話法と同じなので，ちょうど直接話法と間接話法の中間的な特徴を持っています。このような表現の仕方を**描出話法**（または**中間話法**）と言います。

第14章

疑問詞と疑問文

導入 ● 疑問文の種類と形
- 1. 疑問文の種類　　306
- 2. 疑問詞の種類　　306
- 3. Yes-No 疑問文の語順　　307
- 4. Wh- 疑問文の語順　　307

基礎 ● 疑問詞の種類と用法
- 1. 疑問代名詞：主格の who と what / 主格の which / 目的格の who [whom], what, which / 所有格の whose　　308
- 2. 疑問形容詞　　310
- 3. 疑問副詞：when, where, why の用法 / how の用法　　311

発展 ● さまざまな疑問文
- 1. 間接疑問　　314
- 2. 否定疑問　　315
- 3. 付加疑問　　316
- 4. 修辞疑問　　318
- 5. 慣用化された疑問文　　318

Step1 導入　疑問文の種類と形

1　疑問文の種類

コミュニケーションの基本は，話し手と聞き手の間で何らかの情報交換が行われることにある。**疑問文**は，相手から情報を引き出したいときに使われるが，情報の種類によって，さまざまな疑問文を使い分ける。

(1) **Yes-No 疑問文**：「はい / いいえ」で答えることのできる疑問文
　　"Do you like ice cream?" "Yes, I do." ("No, I don't.")
　　(「あなたはアイスクリームが好きですか」「ええ，好きです」(「いいえ，好きではありません」))

(2) **Wh- 疑問文**：疑問詞を用いた疑問文
　　"Where is my bicycle?" "It's in the backyard."
　　(「僕の自転車はどこ？」「裏庭にあるよ」)

(3) **選択疑問文**：選択肢から答えを選ぶ疑問文
　　"Should I write it in Japanese or in English?" "In English, please."
　　(「日本語で書くべきですか，それとも英語で書くべきですか」「英語でお願いします」)

(4) **付加疑問文**：「～ですね」のように，相手の確認や同意を求める疑問文
　　"You are happy to see her, aren't you?" "Yes, I am."
　　(「彼女に会えて嬉しいでしょう」「ええ，嬉しいです」)

2　疑問詞の種類

「いつ / どこで / 誰が / 何を / どのように / なぜ」を問うときには，**疑問詞**が必要となる。疑問詞は以下の3種類に分類される。

(1) **疑問代名詞**：who / whose / whom / what / which
　　Who painted this picture?（誰がこの絵を描いたのですか。）
　　What do you know about it?（君はそれについて何を知っているのですか。）

(2) **疑問形容詞**：whose / what / which
　　Whose bicycle is this?（これは誰の自転車ですか。）
　　What kind of music do you like?（あなたはどんな種類の音楽が好きですか。）

(3) 疑問副詞：when / where / why / how
When did you get to know her? (いつ彼女と知り合ったのですか。)
How did you find the solution?
(あなたはどのようにして解決法を発見したのですか。)

3 Yes-No 疑問文の語順

疑問文の語順は，(1) be 動詞を含む文，(2) 一般動詞を含む文，(3) 助動詞を含む文で，それぞれ異なる。

Yes-No 疑問文の語順

文の種類	疑問文の語順	用例
be 動詞を含む文	be 動詞を主語の前に移動する。	He is a student. → **Is he** a student?
一般動詞を含む文	〈do [does / did]＋主語＋動詞の原形〉の形にする。	She enjoyed the party. → **Did she** enjoy the party?
助動詞を含む文	助動詞を主語の前に移動する。	I should talk to her. → **Should I** talk to her?

4 Wh-疑問文の語順

疑問詞を含んだ文は，(1) 疑問詞が主語の働きをしているのか，(2) 主語以外の働きをしているのかによって，語順が異なる。

Wh- 疑問文の語順

	疑問文の語順	用例
疑問詞＝主語	語順を変えずに，主語を疑問詞に置きかえる。	John broke the window. → **Who** broke the window?
疑問詞≠主語	Yes-No 疑問文を作った上で，疑問とする要素を疑問詞に代えて文頭に置く。	Mary cooked *sukiyaki*. → Did Mary cook [*sukiyaki* ⇒ What]? → **What** did Mary cook?

Step2 基礎 疑問詞の種類と用法

ここでは疑問詞について，その種類と用法を確認する。疑問詞は，文における役割から**疑問代名詞・疑問形容詞・疑問副詞**に分類される。

1 疑問代名詞

疑問代名詞には，who, what, which があり，主格（≒「～が」）・所有格（≒「～の」）・目的格（≒「～を，～に」）で形の変わるものがある。

疑問代名詞の種類と格

	主格	所有格	目的格
人	who	whose	who / whom
人・事物	what	―	what
人・事物	which	―	which

❶ 主格の who と what

> **1** "**Who** is that girl standing next to you in the photo?"
> "She is my girlfriend."　　　　　　　　　　　　　　*513*
>
> **2** "**What** is your father's name?" "It's Harry."　　*514*

1「その写真の中で君の隣に立っている女の子は誰ですか」
　「僕のガールフレンドです」
2「あなたのお父さんのお名前は何と言いますか」「ハリーです」

疑問詞が主語となり，「誰が？」「何が？」と問う疑問文である。**1**は人についての質問なのでwhoが使われ，**2**は事物について質問なのでwhatが使われる。

> **Ex.** **Who** is going to take care of your cat when you are away?
> （あなたがたが不在の間，誰がネコの面倒を見るのですか。）
> **What** is the problem with this plan? （この計画のどこが問題なのですか。）

❷ 主格の which

> 3 "**Which** is the correct answer, A or B?" "I think it's A." 515
>
> 4 "**Which** are your favorite foods?" "*Unagi, natto*, and clam chowder." 516

> 3 「AとBのどちらが正解ですか」「Aだと思います」
> 4 「どれがあなたの好きな食べ物ですか」
> 　「ウナギと納豆とクラムチャウダーです」

疑問詞 which が主語になり、人・事物について「どちらが？」と問う疑問文である。3 の場合、選択肢 A or B を示しつつ、「どちらが？」と聞いているが、4 のように選択肢を示さないこともある。Which is ~ ? とするか、Which are ~ ? とするかは、答えとして一人（1個）を選択することを期待しているのか、複数の人・事物を選択することを期待しているのかによる。

❸ 目的格の who [whom], what, which

> 5 "**Who [Whom]** are you looking for?" "I'm looking for my little brother." 517
>
> 6 "**What** are you going to do this weekend?" "I'm going shopping with my friends." 518
>
> 7 "**Which** do you like better, this one or that one?" "I prefer this one." 519

> 5 「誰を捜しているのですか」「弟を捜しているのです」
> 6 「今週末は何をするのですか」「友達と買い物に行く予定です」
> 7 「どちらがお好きですか。こちら、それともあちら？」
> 　「こちらの方が好きです」

動詞の目的語となる人・事物について、「誰を？」「何を？」「どちらを？」と聞く場合には、疑問詞 who [whom], what, which が使われる。5 では look for の目的語として「誰を？」と聞いているので、who [whom] が使われる。〔＊格式ばった文章では whom が使われる。〕6 では do の目的語として「何を？」と聞いているので、what が使われる。7 では like の目的語として「どちらを？」と聞いているので、which が使われる。

> **Ex.** **Who**[**Whom / Which**] are you going to interview?
> （誰に［どちらに］インタビューするのですか。）
> **What** are you reading now?（あなたは今，何を読んでいるのですか。）
> **Which** do you prefer, wooden flooring or *tatami*?
> （木製のフローリングと畳では，どちらが好きですか。）

❹ 所有格の whose

> **8** "I found these gloves in the bathroom. **Whose** are they?"
> "They're probably John's." *520*

> **8** 「トイレでこの手袋を見つけたんだ。誰の？」「たぶんジョンのよ」

8 のように，「誰のもの？」と聞く場合には，who の所有格 whose が使われる。時に名詞を伴って，Whose gloves are they? と言うこともできる。

❷ 疑問形容詞

> **9** "**Whose** *bag* is this?" "It's mine." *521*
> **10** "**What** *kind of teacher* is she?" "She is very gentle and kind." *522*
> **11** "**Which** *cartoon* do you recommend?"
> "Personally, I like *Peanuts*." *523*

> **9** 「これは誰のかばんですか」「僕のです」
> **10** 「彼女はどんな先生ですか」「とても優しくて親切です」
> **11** 「どの漫画を薦めますか」「個人的には『ピーナッツ』が好きです」

疑問詞の whose, what, which は名詞を従えて，「誰の〜ですか？」「どんな〜ですか？」「どちらの〜ですか？」といった意味を表す。名詞を修飾する形容詞と同等の働きをしていることから，**疑問形容詞**と呼ぶ。

　9 は，状況から何を指しているか推測できる場合には，Whose is this? とすることもできる。**10** の〈**What kind of 〜？**〉（どんな種類の〜）はよく使われる定型表現。**11** は，Which do you recommend? とすることも可能。

> **Ex.** **Whose** *toothbrush* is this?（これは誰の歯ブラシですか。）
> **Whose**[**Which**] *plan* seems better to you?
> （あなたには誰の［どちらの］計画の方がよいと思われますか。）
> **What** *kind of shoes* should I wear?（どんな靴をはくべきですか。）
> **What** *kind of Japanese food* do you like?（どんな和食が好きですか。）

What *kind of fashion* is she into these days?
（彼女は最近どんなファッションに関心を持っているのですか。）
What *type of music* do you listen to at home?
（家ではどんな音楽を聴いていますか。）

3 疑問副詞

「いつ？」「どこ？」「なぜ？」「いかに？」と問う場合には，when, where, why, how が使われる。これらは副詞の役割を果たすので，**疑問副詞**と呼ばれる。

時 〈いつ？〉	場所 〈どこ？〉	理由 〈なぜ？〉	方法・状態 〈いかに？〉
when	where	why	how

1 when, where, why の用法

12 "**When** does the next show start?" "At four thirty." *524*

13 "**Where** is the bathroom?" "It's right over there." *525*

14 "**Why** did you miss your class this morning?" "Because I overslept." *526*

12 「次の上映はいつ始まりますか」「4 時 30 分です」
13 「お手洗いはどこですか」「ほら，あそこです」
14 「今朝，どうして授業を休んだの」「寝坊しちゃったんだ」

時間を聞く場合には，12 のように when を用いるが，より具体的に尋ねるときには，〈**疑問形容詞 what ＋名詞**〉を用いて，次のように聞くこともできる。

What time does the next show start?（次のショーは何時から始まりますか。）
What month were you born in? ≒ In **what month** were you born?
（何月生まれですか。）
What year was this school founded in?
≒ In **what year** was this school founded?
（この学校は何年に創立されましたか。）

場所を尋ねる場合には，13 のように where を用いる。なお，出身地を尋ねる場合には，以下のような聞き方をする。

Where do you come from? / **Where** are you from?（ご出身はどちらですか。）
　［＊いずれの質問にも，I'm from Hokkaido.（北海道です。）のように答えることが多い。］

Step2　疑問詞の種類と用法　311

⚠️ "Where **did** you come from?" "From the gym."（「どこから来たの」「体育館からだよ」）の場合，現時点でどこから来たかを聞いているわけで，出身地を聞いているわけではない。

理由を尋ねる場合には，**14** のようにwhyを用いる。"Why ～ ?" に対しては，"Because ～" で応じるのが普通だが，〈to ＋動詞の原形〉で答える場合もある。

"**Why** are you in such a rush?" "**To catch** the 7 o'clock train."
（「どうしてそんなに急いでいるの」「7 時の電車に乗るためだよ」）

⚠️ because は従属節を導く接続詞なので，主節を必要とする。したがって，"Because ～ ." のみでは文が完結しない。[＊ただし，"Why ～ ?" に対して，"Because ～ ." で応じるのは問題ない。]

I missed my class this morning **because** I overslept.
（寝坊してしまったので，今朝，授業を休んだ。）

English & Japanese in Contrast
「ここはどこですか？」は，英語で何と言うか。

地図を示しながら自分のいる場所を人に尋ねるとき，日本語では普通「ここはどこですか？」と言います。しかし，英語では，"Where is here?" とは言いません。"Where am I?" とする必要があります。このような表現の違いは，実は，〈視点〉の取り方が日本語と英語では異なることを示唆しています。

英語の "Where am I?" という表現は，「私」も含めた全体を上から俯瞰(ふかん)しているかのような視点を前提として表現しています。地図を提示しながら，自分のいる場所を指差してもらうような状況を想像してみてください。

一方，日本語の「ここはどこですか？」という表現では，話者は空間の中に取り込まれており，その中であたりを見回している状況が想定されます。日本語では自分の存在は消えてしまい，言葉の上でも「私」は表現されていません。

このように考えてくると，日英語の表現上の違いを観察し，掘り下げていくと，視点の違いといった問題を含めてさまざまな興味深い問題の発見が期待できるかもしれません。

---

❷ how の用法

15 "**How** did you cook this?" "I just followed the recipe."　　*527*

16 "**How**'s everything with you?" "Just fine, thanks. How about you?"　　*528*

17 "**How** long is the Nile?" "It's 6,695 kilometers long."　　*529*

---

15 「これはどのように料理したのですか」「単にレシピに従っただけです」
16 「調子はどう？」「いいですよ，ありがとう。君はどうですか」
17 「ナイル川の長さはどのくらいですか」「6,695 キロの長さです」

疑問詞 how には，(1) 方法，(2) 状態，(3) 程度・数値を尋ねる用法の3つがある。

《1》方法：「どのように？」

Ex. **How** did you fix your car?（どのようにして車を修理したのですか。）
How did you pass the exam?（どのようにして試験に合格したのですか。）

《2》状態：「どんな具合で？」

Ex. **How** do you feel? ≒ **How** are you feeling today?（今日の気分はいかがですか。）
How's the weather?（天気はいかがですか。）
"**How** do you like your eggs?" "Sunny-side up, please."
（「卵をどのように料理しましょうか」「目玉焼きでお願いします」）

《3》程度・数値：「どのくらい？」

〈**How** +形容詞〜?〉は〈**How** +副詞〜?〉とともに日常会話でも頻繁に使われる。

Ex. **How many** brothers and sisters do you have?（兄弟姉妹は何人ですか。）
How many times did you practice your speech?
（あなたは何回スピーチの練習をしましたか。）
How often do you go swimming?（水泳にはどのくらい頻繁に行っていますか。）
How old is your cousin?（あなたのいとこは何歳ですか。）
How tall is Tokyo Skytree?（東京スカイツリーの高さはどれくらいですか。）
How large is the population of Shanghai?（上海の人口はどれくらいですか。）
How much did you pay?（いくら支払ったのですか。）
How long does it take to go to school on foot?
（学校まで歩いてどのくらい時間がかかりますか。）
How far is the station from here?（ここから駅までどのくらいの距離ですか。）

cf. How far 〜? は中立的な疑問文で用いられ，「遠い」ということが前提になっていない。ところが，How near 〜? と聞くと，「近い」ということが前提とされ，どのくらい近いのかを聞くことになる。同様に，tall — short, large — small, long — short, heavy — light などの対のうち，前者は中立的な意味で用いられ，後者はそれぞれの語の意味が前提となっている場合にのみ用いられる。
How far is the station?（駅まではどのくらいの距離ですか。）
cf. **How near** is the station?（駅はどのくらい近いのですか。）

⚠️ 相手の意見を聞く時，日本語では「〜についてどう思いますか」と言うが，この場合の「どう」にあたる英語の疑問詞は，how ではなく what を用いる。
What[×How] do you think about his opinion?
（彼の意見についてどう思いますか。）（▶ p. 318 慣用化された疑問文）

⚠️ 〈**How can you be so** 〜?〉は直訳すると「あなたはどうしてそんなに〜なのですか」となるが，相手の答えを求めているわけではなく，「〜」の部分を強調し，皮肉や非難などの意味を加える修辞疑問である（▶ p. 318）。
How can you be so optimistic?（どうして君はそんなに楽観的でいられるのかねぇ。）

Step3 発展 さまざまな疑問文

1 間接疑問

> 18 I don't know **who he is**.　　　　　　　　　　　　　*530*
> 19 I can't imagine **why she likes him**.　　　　　　　*531*
> 20 **Who** do you think I am?　　　　　　　　　　　　*532*

18 私は彼が誰なのか知りません。
19 どうして彼女が彼を好きなのか想像できません。
20 私を誰だと思っているのか。

Wh- 疑問文が文の中に組み込まれて名詞節の働きを果たしているとき，これを**間接疑問** (indirect question) と呼ぶ。

18 19 では，疑問詞を含む名詞節が，動詞 (know / imagine) の目的語になっている。通常の疑問文では，Who is he? / Why does she like him? となるが，間接疑問の中は〈**疑問詞＋S＋V**〉とする必要があるため，それぞれ，who he is / why she likes him となる。

Ex. Do you know **who** started the Grameen Bank?
（誰がグラミン銀行を始めたのか知っていますか。）
I can't tell **which** is more expensive.
（どちらがより値段が高いのか，私には分からない。）
I don't know **how** long she waited.
（彼女がどれくらい待ったのか，私は知りません。）
No one knows **how** this machine works.
（どうやってこの機械が動くのか，誰も知らない。）
I wonder **how** I can understand others better.
（どうすればもっと他人をよく理解できるのだろう。）
I can't imagine **why** she canceled the plan.
（彼女がなぜ計画を中止したのか，私には想像できない。）
Tell me **why** she rejected your proposal.
（なぜ彼女があなたの提案を拒否したのか，教えてください。）
Can you tell me **where** the post office is?
（郵便局がどこにあるのか教えてくれませんか。）
I wonder **where** he lives now.（彼が今どこに住んでいるのだろうかと思う。）

⚠ 間接疑問をとるのは〈SVO〉だけに限定されているわけではなく，〈SVOO〉でも使われる場合がある。
The writer told us **how** he had developed his writing skills.
(その作家は，いかにして文章技法を身につけたのかを私たちに話してくれた。)

20 は，Who is he? という基本文の中に do you think が挿入された形である。このような場合，〈疑問詞＋ do you think ＋ S ＋ V〉の語順になる。したがって，× Who do you think *am I*? とはせずに，Who do you think **I am**? とする。

Ex. Who *do you think* has broken the vase?（誰が花びんを壊したと思いますか。）
What time *do you think* it is now?（今何時だと思いますか。）
Why *do you think* she missed the class today?
（彼女が今日授業に来なかったのはなぜだと思いますか。）

cf. 動詞は think のほかに，believe, imagine, suppose などが使われることもある。
Which team *do you believe* will win today?
（今日どちらのチームが勝つと思いますか。）
Where *do you imagine* he lives now?（彼が今どこに住んでいるか想像できますか。）

2 否定疑問

21 "**Can't you give** me one more chance?" "Okay, but this is the last time." 533

22 "**Don't you like** my beef stew?" "I do, but I'm so full." 534

21「もう一度チャンスをいただけませんか」「いいよ，でもこれが最後だよ」
22「私のビーフシチューが気に入らないの？」
「好きだけど，おなかがいっぱいなんだ」

通常の疑問文では「～ですか？」となるが，「～ではないのですか？」のように否定を伴う質問をする場合がある。これを**否定疑問** (negative question) と呼ぶ。

Can you give me one more chance? が中立的な依頼文であるのに対して，**21** では，相手が自分にチャンスをくれそうにないことが分かっていながら，執拗にそれを求めているという意味合いがある。同様に，Do you like my beef stew? が中立的な質問であるのに対して，**22** では，相手が自分の料理を気に入ってくれるのを期待していたのに，どうもそうではないらしい，という状況で使われる。

Ex. **Isn't there** any problem with this plan?（この計画に問題はないのですか。）
Haven't we met before?（以前にお会いしたことがありませんか。）

> ## *For* Conversation
> **否定疑問への答え方**
>
> 　日本人は，自分の意志を Yes / No ではっきりと示すことが苦手だと言われます。断りづらいときには，相手に自分の気持ちを察してくれることを期待することもあります。しかし，英語では，むしろはっきりと自分の意志を表明することが当然のことと考えられています。
>
> 　これに関連して，日本語と英語では，否定疑問への答え方の論理が異なっています。日本語では，「好きではないのですか？」に対して，「はい，好きではありません」「いいえ，好きです」のように答えます。つまり，相手の質問形式に対して「はい / いいえ」で答えていることになります。
>
> 　一方，英語では，答えの文が肯定文か否定文かによって，Yes / No の選択を行います。たとえば，"Don't you like it ?" と聞かれた場合，好きならば "Yes, I do." となり，嫌いならば "No, I don't." となります。理屈では分かっていても，実際の会話では，日本語の影響から，つい逆のことを言ってしまいがちになりますので，注意が必要です。

3 付加疑問

23	"You are from Okinawa, **aren't you**?" "Yes, I am."	535
24	"You don't like bacon, **do you**?" "No, I don't."	536
25	"John has been to Australia, **hasn't he**?" "Yes, he has."	537
26	"There's no exam tomorrow, **is there**?" "No, there isn't."	538

　23「君は沖縄出身ですよね」「ええ，そうです」
　24「あなたはベーコンが好きではないのですね」「はい，好きではありません」
　25「ジョンはオーストラリアに行ったことがあるよね」「ええ，あります」
　26「明日，試験はないですよね」「ええ，ありません」

　発言内容について相手の同意や確認を求めるときに用いられるのが，**付加疑問** (tag question) である。日本語の「〜ですよね」に相当し，主に会話や友人同士の手紙のやりとりなどで使われる。付加疑問の形は，〈**助動詞[be 動詞]＋主語?**〉となり，主語は文の主語を指す代名詞を使う。肯定文の後には否定の疑問形を，否定文の後には肯定の疑問形を付加する。

　23 You are from Okinawa が肯定なので，be 動詞を否定形にして aren't you? とする。You are from Okinawa, **are you not?** という付加疑問もあるが，一般的ではない。
　24 You don't like bacon が否定なので，肯定で do you? とする。
　25 John has been to Australia が肯定なので，否定で hasn't he? とする。

26 There's **no** exam 〜 に否定の意味が含まれているので，付加疑問は肯定にして is there? とする。

Ex. You are in a hurry, **aren't you**?（あなたは急いでいるのですよね。）
You don't believe what I said, **do you**?（私の言ったことを信じていないでしょう。）
Taro forgot to hand in his assignment, **didn't he**?
（太郎は宿題を提出するのを忘れましたよね。）
We've got a lot to learn before we grow up, **don't we**?
（大人になる前に学ばなければならないことがたくさんあるのですね。）
[＊ haven't we? が正式だが，日常会話では，don't we? の方が一般的。]
You haven't changed your mind, **have you**?（心変わりをしていませんよね。）
I must attend the meeting, **mustn't I**?（会合に出席しなくてはなりませんね。）
The students should go to the computer room in the second session, **shouldn't they**?（学生は2時間目にコンピュータ室へ行かねばなりませんね。）

⚠ 否定的な意味を持つ little, few, hardly, scarcely, rarely, seldom などが使われている場合は，付加疑問は肯定となる（▶ p. 336 準否定）。
Few people responded to the request, **did they**?
（その依頼に応じた人々はほとんどいなかったでしょう。）

⚠ I am hungry. の付加疑問文としては，I am hungry, **am I not**? と I am hungry, **aren't I**? の2つの形が可能。前者は格式ばった言い方で，後者は口語的。ちなみに，amn't という短縮形は存在しない。

⚠ イントネーションにも要注意。発言内容に自信が持てない場合には，上昇調を用いる。たとえば，You are Mr. Smith, aren't you?（↗）と言うと，「ことによると間違っているかもしれないが…」といった気持ちが出るのに対して，逆に下降調（↘）で言うと，「間違いないと思いますが，確かにそうですよね」という同意を求める気持ちが出る。

> **Tips on Grammar** 命令文の付加疑問
>
> 付加疑問の中には，ここで述べた原則がそのまま適用できないものもあります。たとえば，命令文の場合には肯定・否定にかかわらず will you? となります。
>
> (1) Pass me the salt, **will you**?（塩を手渡していただけませんか。）
> (2) Don't be late for the party, **will you**?（パーティーに遅れないでね。）
>
> しかし，緊急性の気持ちがある場合には，will you? の代わりに won't you? が使われることもあります。
>
> (3) Be careful when you drive downtown, **won't you**?
>   （ダウンタウンで車の運転をするときには気をつけてね。）
>
> また，let's を用いた勧誘の文には shall we? が使われます。
>
> (4) Let's start out early in the morning, **shall we**?（朝早く出発しようね。）

4 修辞疑問

| 27 | How should I know? | 539 |
| 28 | Don't you know any better? | 540 |

27 そんなこと知るものか。
28 もっと分別がないものかな。

修辞疑問 (rhetorical question) は，相手の返事を聞くことを目的としたものではなく，話し手が，相手を叱ったり，たしなめたり，反省を促したりするような状況でしばしば使われる。
27 は肯定が使われているので，否定的な意味 (=I don't know.) が含意される。逆に，28 は否定が使われているので，肯定的な意味 (=You should know better.) が含意される。英語では慣用化された修辞疑問が数多く存在するので，そうした表現に慣れ親しんでおくとよい。

Ex. Who knows?（知ったことではない。）
Who cares?（誰も気にしない。/ かまうもんか。）
Have you no shame?（恥を知らないのか。）
Are you kidding me?（からかっているのか。）

5 慣用化された疑問文

29	"**Do you mind** if I sit here?" "No, please go ahead."	541
30	**What** is this little ceramic piece **for**?	542
31	"**What** is your new coach **like**?" "He is very friendly to us."	543
32	**How come** you didn't eat breakfast?	544
33	**Why don't you** take a break?	545
34	**What do you think of** your new class?	546
35	**What is the matter with** you? You look pale.	547
36	"**What's wrong with** your finger?" "I got it caught in the door."	548
37	**What will become of** the earthquake victims?	549

29 「ここに座ってもよろしいですか」「ええ，どうぞ」
30 この小さな磁器の品物は何のためのものですか。
31 「新しいコーチはどんな人ですか」「とても親切にしてくれます」
32 どうして朝食を食べなかったの。
33 休憩をとったらいかがですか。
34 あなたの新しいクラスについてはどう思いますか。
35 どうかしましたか。顔色がよくありませんよ。
36 「指をどうかしたの」「ドアに挟んでしまったんだ」
37 地震の被災者はどうなるのだろう。

● **Do you mind ～ ? (29)**

　「～してもよいか」と相手に許可を求めるときの表現。「どうぞ」と応じる際には，No, please go ahead./ No, not at all. のように No で答えるのが基本。もともと mind は「～をいやだと思っている，迷惑がっている」という意味なので，「どうぞ」のつもりで Yes と答えると，誤解を生むことになりかねない (▶ p. 186)。丁重に断る場合には，I'd rather you didn't. とする。
　Do you mind if I borrow your pen?（あなたのペンをお借りしてもいいですか。）

　⚠ **29** は Do you mind **me [my] sitting here**?（(私が) ここに座ってもいいですか。）としてもよい。me [my] を削除して，Do you mind sitting here? とすると，「あなたはここに座るのはいやですか」と相手に聞いていることになる。

● **What ～ for? (30)**

　「～は何のためですか」と目的を尋ねるときに使われる。**30** は，「はし置き」を見た外国人がその用途を質問している場面を想定した例文。これに対して，"It's a *hashioki*, or chopstick rest. You put your chopsticks on it at the table." などと答えればよい。
　What is this wooden box **for**?（この木箱は何のためのものですか。）

● **What is [are] ～ like? (31)**

　「～はどうですか」と人や物の性質や様子について意見を求めるときの定型表現。

　cf. これに似た表現として，What do [does] ～ look like? があるが，これは外見を尋ねるときの定型表現である。
　"**What does** your new coach **look like**?" "He is tall and looks like my uncle."
　（「新しいコーチはどんな感じの人ですか」「背が高くて，私のおじに似ています」）

● **How come ～ ? (32)**

　「どうして～」と理由を聞くために，How come ～ ? が使われることがある。口語表現に限定される。How come 以下は〈S + V〉の語順になる。**32** は Why didn't you eat breakfast? と言いかえられる。

How come you changed your phone number? (なぜ電話番号を変えたのですか。)
How come you missed the class this morning?
(なぜ今朝は授業を欠席したのですか。)
How come you stayed up late last night?
(昨晩はどうして遅くまで起きていたのですか。)

● **Why don't you [we] ~ ?**（ 33 ）

　　Why don't you ~ ? は，「~するのはどうですか」と提案するときの定型表現。一方，Why don't we ~ ? とすると，「~しませんか」のような勧誘の意味が出る。
Why don't we go out for dinner tonight? (今夜，一緒に食事に行きませんか。)
Why don't you go skiing with us this weekend?
(今度の週末に私たちと一緒にスキーに行きませんか。)

　cf.　「~したらいかがですか」と提案する表現としては，以下のようなものがある。
　　Why not take a break?
　　How about taking a break?
　　What about taking a break?
　　What do you say to taking a break?
　　What if we take a break?

● **What do you think of [about] ~ ?**（ 34 ）

　　「~についてはどう思いますか」と意見を求めるときの定型表現。個別の内容について意見を求めるときは of，一般的な内容について尋ねるときは about が使われることが多い。
What do you think of interactive robots?
(対話型ロボットについてはどう思いますか。)
What do you think of this problem? (この問題についてどう思いますか。)
What do you think about his idea? (彼のアイデアについてどう思いますか。)

● **What is the matter with ~ ?**（ 35 ）

　　相手の体調などを気遣って声をかけるときの定型表現。より丁寧に言う場合には，Is (there) something wrong with you? (何かお加減でも悪いのですか。) とする。

● **What's wrong with ~ ?**（ 36 ）

　　体の具合が悪そうな相手を気遣って声をかけるときの定型表現。機械などの物の調子が悪いときにも使う。
What's wrong with my new smartphone? (新しいスマートフォンがおかしいな。)

● **What will [has] become of ~ ?**（ 37 ）

　　人の安否や物事の行く末などを気遣うときの定型表現。
I wonder **what has become of** him. (彼はどうしているだろう。)

第15章

否定

導入 ● **英語の否定の特徴**
 1. 英語の否定の特徴   322
 2. 否定表現の多様性   323

基礎 ● **否定の基本的な用法**
 1. 主な否定語とその用法：not / never / no / 否定の意味の強調   324
 2. 部分否定と全面否定   327
 3. 二重否定   328
 4. 否定語の位置   329
 5. 否定を含む節を代用するnot   330

発展 ● **否定を使った慣用表現**
 1. 否定語を含む慣用表現：notを伴うもの / nothingを伴うもの / noを伴うもの   331
 2. 否定語を含まない慣用表現   334
 3. 準否定：数・量に関するもの / 程度に関するもの / 頻度に関するもの 336

Step1 導入 英語の否定の特徴

1 英語の否定の特徴

　否定表現は, ある事物が存在しないとか, ある意味内容が事実ではないと述べるときに使われる。世界で話されている言語で, 「否定」を表す仕組みを持たない言語はないだろうが, 仕組みそのものは言語によって異なる。

　このことは日本語と英語についても言える。日本語は, 「～が…した[しなかった]」のように文を組み立てるので, 文が肯定なのか否定なのかは文末の述語で初めて明らかにされる。つまり, 肯定文なのか, 否定文なのかを見極めるには, 文末まで読む（聞く）必要がある。

　一方, 英語では否定の要素をできるだけ前に置く傾向がある。英語の否定文は, 動詞・助動詞の否定形によって表すため, 以下の例のように, 結果として文頭に近い位置に否定表現が来ることになる。

(1) He **is** an actor. → He **is not** an actor.
(2) She **goes** to school by bus. → She **does not go** to school by bus.
(3) I **will call** him tomorrow. → I **will not call** him tomorrow.

2 否定表現の多様性

以下の表は，英語の否定表現の概略をまとめたものである。

否定の種類と方法

否定の種類	否定の方法	用例
動詞・助動詞の否定	否定辞(not, never)を用いる	I **do not**[**don't**] understand what he means. (私は彼が言っていることが分からない。) He **cannot**[**can't**] swim. (彼は泳げない。) My father **never** smokes. (父は決してタバコを吸わない。)
名詞の否定	否定を表すnoを名詞の前に置く	There were **no** students in the classroom. (教室には生徒は1人もいなかった。) The man had **no** money when he entered the church. (その男は教会に入ったとき，お金をまったく持っていなかった。)
否定の意味を持つ代名詞	nothing, nobodyなどを用いる	There was **nothing** in the drawer. (引き出しの中には何もなかった。) I knocked on the door of his apartment, but **nobody** answered. (彼のアパートのドアをノックしたが，誰も出てこなかった。)
否定に準ずる表現	few, little, hardly, rarelyなどを用いる	I have **few** friends in my neighborhood. (私は近所に友達がほとんどいない。) I had **little** money with me. (手持ちのお金がほとんどなかった。) I **hardly** remember what happened in the accident. (私は事故で起きたことをほとんど覚えていない。) He **rarely** does exercise. (彼はめったに運動をしない。)

　この他にも**否定の意味を伴う接続詞**(neither ~ nor, unlessなど)や，**接頭辞**(*un*happy, *im*possible, *dis*honestなど ▶ p.543)・**接尾辞**(use*less*, end*less*など ▶ p.544)で否定の意味を表す場合もある。

　以上で述べてきたように，英語の否定表現は，日本語の否定表現と比べると，かなり多様性に富んでおり，中には日本語では見られない否定表現も存在する。本章では英語の否定表現の発想に慣れ親しんでいくことにしよう。

Step2 基礎 否定の基本的な用法

ここでは，英語の否定表現の基本を整理し，その用法について確認する。

1 主な否定語とその用法

1 not

> 1 She **was not** tall enough to ride the roller coaster last year. 　550
>
> 2 He **doesn't** like haunted houses. 　551
>
> 3 We **will not** be able to go to the amusement park tomorrow. 　552

> 1 昨年，彼女はそのジェットコースターに乗れる身長ではなかった。
> 2 彼は幽霊屋敷が好きではありません。
> 3 私たちは明日，遊園地へ行けないだろう。

否定には，文全体を否定する場合と特定の語・句・節を否定する場合がある。上の用例では，述語動詞や助動詞が否定されることで，結果として文全体の内容が否定されている。

否定される要素	not を用いた否定の形	例
be 動詞	〈be 動詞＋ not〉	1
一般動詞	〈do [does / did] not ＋動詞の原形〉	2
助動詞	〈助動詞＋ not ＋動詞の原形〉	3

⚠ 特定の語・句・節を否定する場合には，その直前に not を置く。

I am **not** *very good* at mathematics.（私は数学があまり得意ではない。）
Our father told us **not** *to travel by ourselves*.
（父は私たちに自分たちだけで旅行しないようにと言った。）
My father, **not** *my mother*, taught me how to play the cello.
（母ではなく父が私にチェロの弾き方を教えてくれた。）
I wrote to him **not** *because I missed him*, but because he had written to me.
（≒ I did not write to him because I missed him, but because he had written to me.）
（私が彼に手紙を書いたのは彼のことが恋しかったからではなく，彼が書いてくれたからだ。）

❷ never

4	She **never** eats at fast-food restaurants.	*553*
5	He is **never** punctual.	*554*
6	I will **never** forget your kindness.	*555*
7	I have **never** tried skydiving.	*556*

> 4 彼女はファーストフードの店では決して食事をしない。
> 5 彼は決して時間を守らない。
> 6 あなたのご親切は決して忘れません。
> 7 私はスカイダイビングをやってみたことがない。

never は「一度も〜ない」「決して〜ない」という意味で，強い否定を表す。

Ex. We **never** go shopping on weekdays. (私たちは平日には決して買い物に行かない。)
Never say never. (できないとは決して言うな。)

否定される要素	never を用いた否定の形	例
be 動詞	〈be 動詞＋ never〉	5
一般動詞	〈never ＋動詞〉	4
助動詞	〈助動詞＋ never ＋動詞の原形〉	6

⚠ 現在完了の否定は，7 のように，〈have [has]＋ never ＋過去分詞〉となる。ただし，never を強調するために，I **never** have tried skydiving. のように，have の前にくることがある。また，there 構文においては，通例，〈there ＋ be 動詞＋ never〉の語順であるが，強調のため〈there ＋ never ＋ be 動詞〉となることがある。
There **never** was a good war or a bad peace. ― Benjamin Franklin
(いい戦争や悪い平和があった試しはない。― ベンジャミン・フランクリン)

❸ no

8	We have had **no** *snow* this winter in Tokyo.	*557*
9	There were **no** *students* in the cafeteria.	*558*
10	It was **no** *small job* filling out all these forms.	*559*

> 8 今年は東京では雪が降っていない。
> 9 カフェテリアには学生は一人もいなかった。
> 10 これらの書類にすべて記入するのは決して簡単な仕事ではなかった。

8 9 のように，〈**no** ＋名詞〉で，「まったく～ない」「一人［ひとつ］も～ない」という強い否定を表す。この場合，名詞は数えられる名詞（cf. student / job）・数えられない名詞（cf. snow）のいずれも使うことができる。

> 〈**no** ＋名詞〉において，数えられる名詞が来る場合，単数形が一般的であるが，9 のように複数形が来る場合もある。これは通常，カフェテリアには複数の学生がいることが想定されるからである。このような想定がない場合には，単数形が使われる。
> I left my dictionary on the desk last night, but there was **no** *dictionary* when I came back.
> （昨夜机の上に私の辞書を置いてきたが，戻ってきた時には辞書が一冊もなかった。）

10 のような〈**no** ＋形容詞＋名詞〉で，「決して…でない～」のように強い否定を表す。

Ex. It was **no** *easy job* arranging all the books on the shelves.
（本棚の本を全部整理するのは簡単な仕事ではなかった。）

cf. 〈**no** ＋固有名詞〉で，「決して～でない」という強い否定を表す。
He's a great baseball player, but he's **no** *Ichiro*.
（彼はすごい野球選手だけど，イチローほどじゃない。）

> nobody, no one, nothing のような代名詞も〈**no** ＋名詞〉と同じく，強い否定を表す。nobody と no one は同義。なお，nobody は 1 語としてつづる。
> **Nobody**［**No one**］was against our plan.
> （私たちの計画に反対する人は誰もいなかった。）

❹ 否定の意味の強調

11 There is **no** problem **at all**.	*560*
12 She was **not** surprised **at all**.	*561*

11 まったく問題はない。
12 彼女はまったく驚いていなかった。

no や not の後に at all などの表現を置いて，「まったく～でない」「少しも～でない」のように否定の意味を強調することができる。

Ex. The *kabuki* performance was **not** boring **at all**.
（その歌舞伎の上演は全然退屈ではなかった。）
"Thanks for your help." "**No** problem **at all**."
（「手伝ってくれてありがとう」「どういたしまして」）

cf. 他に次のような表現がある（▶ p. 327 部分否定と全面否定）。
I'm **not (in) the least** worried about it.
（そのことについて私は全然心配していない。）
He is **not by any means** impolite. ≒ He is **by no means** impolite.
（彼は決して失礼な人ではない。）

On a Street Corner

掲示板などでは，⟨No + V-ing⟩の形で「〜禁止」を表すことがあります。左は NO SWIMMING（遊泳禁止），右は NO HUNTING（狩猟禁止）とあります。このほかにもこの形はさまざまな状況で使われます。

No trespassing. (立ち入り禁止)
No parking. (駐車禁止)
No smoking. (禁煙)
[＊ Thanks for not smoking. という掲示もある。]

2 部分否定と全面否定

13 **Not all of** the students can understand the novel. ［部分否定］ 562

14 **None** of the students can understand the novel. ［全面否定］ 563

15 Oe Kenzaburo's novels are **not always** easy to understand. ［部分否定］ 564

13 すべての生徒が，その小説を理解できるわけではない。
14 生徒は一人もその小説を理解できない。
15 大江健三郎の小説は，いつも理解しやすいとは限らない。

⟨部分否定⟩は「すべてが〜というわけではない」のように，叙述内容の一部を否定する形である。一方，⟨全面否定⟩は「一人も［ひとつも］〜ない」のように，叙述内容のすべてを否定する形である。

初めに名詞句の否定が関係する **13** と **14** を比較してみよう。All of the students can understand the novel. (すべての生徒がその小説を理解できる。) は，全面的に肯定する文であるが，**13** のように⟨not all 〜⟩とすると，「すべて〜というわけではない」という部分否定となる。(**13** ≒ **Not every** student can understand the novel.)

これに対して，**14** のように⟨none of 〜⟩を使うと，「一人も〜ない」という全面否定の意味を表す。なお，none は物を表すこともあるので⟨none of 〜⟩で「ひとつも〜ない」という意味を表すこともある。

I have read **none of** these books. (これらの本は1冊も読んでいない。)

15 では，⟨not always⟩という副詞の否定が使われている。この場合，not は always のみを否定して，「常に〜というわけではない」という部分否定を表す。

Step2　否定の基本的な用法　327

Ex. Not all the books he wrote are difficult.
（彼の書いた本のすべてが難しいわけではない。）
　I haven't read **all** these books.（これらの本をすべて読んだというわけでない。）
〔＊ not が all を否定して、「全部というわけではない」という意味の部分否定。〕
I can't carry **both** suitcases at one time.（一度に両方のスーツケースは運べない。）
〔＊ not が both を否定して、「両方は～ない」という部分否定。〕
What the Internet says is **not always** correct.
（インターネットが言うことは常に正しいとは限らない。）

例外的に，not が all の後に来ることもある。
All that glitters is **not** gold.（光るもの必ずしも金ならず。［ことわざ］）

部分否定と全面否定でよく使われる表現

部分否定	not all（すべて～というわけではない）
	not every（すべて～というわけではない）
	not both（両方とも～というわけではない）
	not altogether（まったく～というわけではない）
	not completely（完全に～というわけではない）
	not entirely（まったく～というわけではない）
	not necessarily（必ずしも～ない）
	not quite（まったく～というわけではない）
	not really（あまり［そんなに］～ない）
	not very（あまり～でない）
全面否定	no / none / not any（まったく～ない）
	never（決して～ない）
	not ～ at all（まったく～ない）
	not (in) the least（少しも～ない）
	not by any means（決して～ない）
	by no means（決して～ない）

3 二重否定

16 It is **not unreasonable** to expect a raise after working for three years. *565*

17 My sister **never** leaves home **without** carrying her cellphone. *566*

18 There is **no** rule **without** exceptions. *567*

> **16** 3年間働いた後で昇給を期待するのは，不当なことではない。
> **17** 妹は外出するときは必ず携帯電話を持っていく。
> **18** 例外のない規則はない。[ことわざ]

　ひとつの文の中に否定の言葉を2つ重ねて用いる語法のことを，**二重否定**と言う。否定を重ねることで，結果として肯定の意味を持つ。使われる否定語によって肯定の度合いに違いが現れることがある。

　16 では否定の意味を持つ unreasonable を not が否定しているので，「不当ではない」という二重否定となる。ただし，「正当である」と強く主張しているわけではない。

　17 では否定の意味を持つ without を never が否定して，「携帯電話を持つことなく外出することは決してない」という二重否定。「外出する時は必ず携帯電話を持参する」という強い肯定を表す。(**17** ≒ Whenever my sister leaves home, she carries her cellphone.)

　18 では否定の意味を持つ without を no が否定し，「例外のない規則はない」という二重否定となる。「あらゆる規則には例外がある」という強い肯定。(**18** ≒ Every rule has exceptions.)

> **Ex.** It is **not impossible** for them to reach an agreement.
> （彼らが合意に達するのは不可能なことではない。）
> It is **not unusual** for him to skip breakfast.
> （彼が朝ごはんを食べないのは珍しいことではない。）
> She **never** talks to me **without** smiling at me.
> （彼女は私に話しかけてくるときはいつもほほえんでいる。）
> He **never** visits us **without** letting us know in advance.
> （彼は私たちを訪れるときは，必ず前もって私たちに知らせてくれる。）
> I **can't** get up in the morning **without** an alarm clock.
> （私は目覚まし時計がなければ朝起きることができない。）

4 否定語の位置

> **19** I **don't** think that he is old enough to drive.　　568
> **20** I hope that you will **not** miss the train. 　　569

> **19** 彼は運転できる年齢ではないと思います。
> **20** あなたがその電車に乗り遅れないように望んでいます。

《1》主節の動詞を否定する場合

　日本語では「～ではないと思う」と言うところを，英語では **19** のように，否定を前に持っていき，I don't think ～ と表現する傾向がある。一般的に，主語の判断・意思を表している場合，主節の動詞を否定することが多い。〔＊ that 以下の従属節を否定して，I think that he is **not** old enough to drive. とするのはまれ。〕

Ex. **I don't think** Mars can support life.
（私は火星は生命を維持することができないと思う。）
I don't think he can finish the job in a week.
（彼は1週間でその仕事を終えられないと私は思う。）

cf. 同じタイプの動詞としては, 他に believe（〜と信じる）, expect（〜と期待する）, imagine（〜と想像する）, suppose（〜と思う）などがある。
I don't believe science will ever be able to explain everything.
（私は科学がすべてを説明できるようになるとは思わない。）

cf. 会話では, 相手の誘いを断るときに, I don't think so. という形が使われることがある。
"Would you like to go shopping with me?" "No, I don't think so."
（「私と一緒に買い物に行きませんか」「いや, やめておきます」）

《2》従属節の動詞を否定する場合

20 の hope のように, 主節の動詞を否定せず, 従属節内の動詞を否定する場合もある。以下も同様の例である。

Ex. **I'm afraid** she **won't** be able to make it to the party.
（残念ながら, 彼女はパーティーに来られないと思う。）
I **fear** we are **not** going to have much snow this winter.
（今年の冬はあまり雪が降らないのではないかと恐れている。）

5 否定を含む節を代用するnot

21 "Will he arrive in time for the meeting?" "I'm afraid **not**." *570*

22 "Will she be late for the meeting?" "I hope **not**." *571*

21「彼は会議に間に合うだろうか」「間に合わないだろうと思う」
22「彼女は会議に遅れるだろうか」「遅れないといいのだが」

主に会話表現で, not が否定を含む節の代用となる場合がある。**21** の I'm afraid not. や **22** の I hope not. がそれで, それぞれ that 節の形にすると, 以下のようになる。

21 I'm afraid not.
≒ I'm afraid *that he will not arrive in time for the meeting.*

22 I hope not.
≒ I hope *that she will not be late for the meeting.*

⚠️ **22** の I hope not. を × *I don't hope so.* とはしない。なお, that 節の内容を肯定して答える場合は, so を使って以下のように言う。
I'm afraid **so**.（残念ながらそうだと思う。）／ I hope **so**.（そうであることを望む。）

Step3 発展 否定を使った慣用表現

1 否定語を含む慣用表現

❶ not を伴うもの

> **23** I **cannot help** *thinking* that he is a genius. 572
>
> **24** We **cannot** stress **too** much how important the Internet is in today's world. 573

> **23** 彼は天才だと思わずにはいられない。
> **24** 今日の世界でインターネットがいかに重要か，どんなに強調してもしすぎることはない。

● **cannot help V-ing**（～せずにはいられない）
　help は「助ける」という意味ではなく，「避ける」の意味。not を伴って「～を避けられない」→「～せずにはいられない」という意味になる。この文は以下のように言いかえができる。

　　23 ≒ I **cannot but** think that he is a genius.

I **cannot help** wondering if we have made a good decision.
（私たちはよい決定をしたのだろうかと思わずにはいられない。）
I **couldn't help** laughing when I saw his photos.
（彼の写真を見たとき笑わずにはいられなかった。）

● **cannot ～ too ＋形容詞[副詞]**（どんなに…しても～しすぎることはない）
　too の後には形容詞または副詞が来る。**24** では，how 以下の節が動詞 stress の目的語である。

> **Ex.** You **cannot** be **too** careful when you drive in heavy rain.
> （大雨の中，自動車を運転するときには，いくら気をつけても気をつけ過ぎるということはない。）

> **cf.** too much の代わりに，〈**cannot ～ enough**〉,〈**cannot be overemphasized**〉という言い方もある。
> I **cannot** thank him **enough**.（彼にいくら感謝しても感謝しきれない。）
> The importance of peace **cannot be overemphasized**.
> （平和の重要性はいくら強調してもしすぎることはない。）

25 **It was not long before** she published her second novel. *574*

26 The meeting **didn't** start **until** all the members showed up. *575*

27 She **didn't** send **a single** reply to them. *576*

25 まもなく彼女は2作目の小説を出版した。
26 すべてのメンバーがそろうまでは会議は始まらなかった。
27 彼女は彼らに返信をまったく送らなかった。

● **it is not long before ~**（～する前には長い時間はかからない）
　25 は，「2作目の小説を出版する前に長い時間はかからなかった」，つまり「まもなく出版した」という意味になる。

● **not ... until ~**（～するまでは…しない，～して初めて…する）
　26 の訳文は，「すべてのメンバーがそろってようやく会議が始まった」としてもよい。
　（**26** ≒ It was not until all the members showed up that the meeting started. / Not until all the members showed up did the meeting start. (▶ p. 358)）

> **Ex.** The teacher did **not** start talking **until** all the students were ready to listen.（先生は生徒たちが全員聞く準備ができてから話を始めた。）
> I did**n't** know how serious global warming is **until** I read this book.
> （この本を読んで初めて地球温暖化がいかに深刻であるかが分かった。）

● **not a (single) ~**（たったひとつの～もない，全然～ない）(▶ p. 453 ⟨not a few⟩)

> **Ex.** **Not a** soul was to be seen on the street.（通りには人っ子ひとりいなかった。）
> **Not a single day** has passed without thinking about you.
> （あなたのことを想わない日は1日としてなかった。）

❷ nothing を伴うもの

28 There was **nothing but** a desk and a chair in his office. *577*

29 We could **do nothing but** wait until rescue arrived. *578*

30 There is **nothing like** going to a hot spring when you want to refresh yourself. *579*

28 彼の事務所には机と椅子しかなかった。
29 私たちは救援隊が到着するまで待っているしかなかった。
30 気分を一新したいときは，温泉に行くことに勝るものはない。

332　第15章 ● 否定

● **nothing but ~**（ただ~だけ）(28)
　onlyと同義。butは「~を除いて」の意味を表す前置詞。全体で，「~以外には何もない」「~だけしかない」という意味。
He had **nothing but** a small amount of money when he reached home.
（彼は家に着いたとき，わずかなお金しか持っていなかった。）

● **do nothing but ~**（~する以外には何もしない，~ばかりしている）(29)
　butの後は動詞の原形が来る。

● **nothing like ~**（~のようなものはない，~に勝るものはない）(30)
　likeの後のgoingは動名詞。名詞句が来る場合もある。
There is **nothing like** a homemade apple pie.
（手作りのアップルパイに勝るものはない。）

❸ no を伴うもの

> 31　He is **no longer** the renowned novelist that he used to be.　*580*
>
> 32　We had **no sooner** arrived at the movie theater **than** the movie started.　*581*
>
> 33　They **had no other choice but to** postpone the game.　*582*

　31　彼はもはやかつてのように高名な小説家ではない。
　32　私たちが映画館に着くとすぐ映画が始まった。
　33　彼らは試合を延期するしかなかった。

● **no longer ~**（もはや~ではない）(31)
　〈not ~ any longer〉を使って言いかえることもできる。
　31 ≒ He is **not** the renowned novelist that he used to be **any longer**.
She knew that she would **no longer** be able to see us.
（彼女は私たちにもう会えないだろうということを知っていた。）
I can **no longer** wait for her. (≒ I **can't** wait for her **any longer**.)
（これ以上，彼女を待てない。）

● **no sooner ~ than ...**（~するとすぐに…）(32)
I had **no sooner** finished writing a letter to Noriko **than** she came into my room. （私が典子への手紙を書き終えると，すぐに彼女が私の部屋に入ってきた。）

> **cf.** no soonerを文頭に置き，主語・助動詞を倒置させる言い方もある（▶ p. 359）。
> 　32 ≒ **No sooner** had we arrived at the movie theater **than** the movie started.

Step3　否定を使った慣用表現

● **have no other choice but to ~**（~するより仕方がない、~せざるをえない）(**33**)
We **had no other choice but to** accept the proposal.
（私たちには、その提案を受け入れざるをえなかった。）

2 否定語を含まない慣用表現

34	Astro Boy is **anything but** an ordinary child.	583
35	His new film was **far from** successful.	584
36	Dr. King was dreaming of a world **free from** racial discrimination.	585
37	The old man was **too** weak **to** walk to the station.	586
38	He would be **the last** person **to** make such a negative statement.	587
39	The members of the committee **failed to** reach an agreement.	588
40	I **have yet to** give him financial help.	589

34 鉄腕アトムは決して並の子供ではない。
35 彼の新作映画は成功作からは程遠かった。
36 キング牧師は人種差別のない世界を夢見ていた。
37 その年老いた男性は衰弱していたので駅まで歩いていけなかった。
38 彼は決してそのような後ろ向きの発言をするような人ではないだろう。
39 委員会のメンバーは合意に達することができなかった。
40 私はまだ彼に財政的な援助を与えていない。

● **anything but ~**（決して~ではない）(**34**)
but は「~を除いて」という意味の前置詞。
His lecture was **anything but** easy to understand.
（彼の講義は決して分かりやすくなかった。）

● **far from ~**（決して~ではない）(**35**)
The defendant is **far from** innocent.（被告は決して潔白ではない。）
He is **far from** being independent.（彼は決して一人立ちしているとは言えない。）

334 第15章 ● 否定

- **free from ~**（~を免れている，~がない）(36)
  Your paper is **free from** spelling mistakes.
  （君のレポートにはつづりの間違いがまったくない。）

- **too ~ to ...**（…するには~過ぎる，~過ぎて…ない）(37)
  He was **too** exhausted **to** continue working.
  （彼はあまりに疲れて仕事を続けられなかった。）

- **the last ~ to ...**（最後に…する~，決して…しない~）(38)
  　仮定法と共に用いられることが多い。〈**the last ~** ＋関係節〉で言いかえることもできる。
  She would be **the last** person **to** quit in the middle.
  ≒ She is **the last** person **who** would quit in the middle.
  （彼女は決して途中であきらめるような人ではない。）

- **fail to ~**（~し損なう，~できない）(39)
  「本来できるはずであったことができなかった」という場合に使われる。
  He **failed to** call his brother at the station. （彼は駅で弟に電話をしそびれた。）

  > cf. **never fail to ~**（決して~し損なわない，必ず~する）
  > He **never fails to** send me a New year's card every year.
  > （彼は毎年，必ず年賀状を送ってくる。）

- **have[be] yet to ~**（まだ~していない）(40)
  He **has yet to** discuss his future plan with his parents.
  （彼はまだ将来の計画について両親と話し合っていない。）
  　40 ≒ I still haven't given him financial help. 〔＊より口語的な言い方〕

[その他の慣用表現]
- **above one's understanding**（~の理解を超えている）
  His philosophy was **above my understanding**.
  ≒ His philosophy was **above me**.
  （彼の哲学は私には理解できなかった。）

- **beyond description**（言葉にできない）
  The beauty of the sunset was **beyond description**.
  ≒ The beauty of the sunset was **beyond words**.
  （夕日の美しさはことばで表現できないほどだった。）

- **remain to ~**（まだ~ない）
  It **remains to be seen** whether the project will end up with success.
  （プロジェクトが成功裏に終わるかどうかまだわからない。）

15 否定

3 準否定

ここでは「ほとんど〜ない」などの否定に準ずる表現を取り上げる。

1 数・量に関するもの：few, little

> **41** **Few** students knew the meaning of the idiom "cry over spilt milk." *590*
>
> **42** We have had **little** snow this winter. *591*
>
> **41** ほとんどの生徒は "cry over spilt milk"（済んでしまったことを悔やむ）という慣用句の意味を知らなかった。
> **42** この冬は雪がほとんど降らなかった。

few も little も名詞の前に置かれ、「ほとんど〜ない」という意味を表す。**41** の few は、few books, few children など数えられる名詞について使われる。**42** の little は、little water, little rain など数えられない名詞について使われる。

> **Ex.** The library has **few** books about psychology.
> （その図書館には心理学に関する本がほとんどない。）
> **Few** people were against our plan.
> （私たちの計画に反対する人はほとんどいなかった。）
> There was **little** water left in the bottle.（ビンには水がほとんど残っていなかった。）
> There was **little** evidence that he was involved in the crime.
> （彼がその犯罪に関与しているという証拠はほとんどなかった。）

> ⚠ few, little の前に不定冠詞がつくと、a few books（何冊かの本）, a little water（少しばかりの水）のように、「いくつかの〜」「いくらかの〜」という肯定的な意味になる。

2 程度に関するもの：hardly, scarcely, barely

> **43** We could **hardly** see anything in the thick fog. *592*
>
> **44** He could **scarcely** say a word when he saw her on TV. *593*
>
> **45** The doorbell is **barely** audible in this room. *594*
>
> **43** 濃い霧で、ほとんど何も見えなかった。
> **44** 彼女をテレビで見かけたとき、彼はほとんど一言も発することができなかった。
> **45** 玄関のベルはこの部屋でかろうじて聞こえる。

hardly, scarcely, barely はいずれも程度を表す副詞で，「ほとんど〜ない」という意味。一般動詞の場合はその前に，be 動詞・助動詞の場合はその後に置かれる。

Ex. The old man could **hardly** walk because of the injury.
（その老人はけがのためほとんど歩けなかった。）
I **could hardly** believe what he was saying.
（彼の言っていることはほとんど信じられなかった。）

⚠ barely は「かろうじて〜」「やっと〜」という意味を表すので，否定の意味合いが強い場合は hardly, scarcely を使う。
The doorbell is **hardly**[**scarcely**] audible in this room.
（玄関のベルはこの部屋ではほとんど聞こえない。）

cf. 〈**hardly**[**scarcely**] 〜 **when** ...〉は定型表現で，「〜するとすぐに…」という意味。主節には過去完了が使われることが多い。また，when の代わりに before が使われることもある。
I had **hardly** entered the hall **when**[**before**] the concert started.
（私がホールに入るとすぐにコンサートが始まった。）
The pianist had **scarcely** sat on the chair **when**[**before**] she began to play.
（ピアニストは椅子に座るとすぐに弾き始めた。）

cf. 〈**hardly**[**scarcely**] **any** 〜〉は，few, little よりも否定の意味合いが強い。
We have **hardly**[**scarcely**] **any** evidence that water exists on that planet.
（その惑星に水が存在しているという証拠はほとんどない。）

❸ 頻度に関するもの：rarely, seldom

46 I **rarely** see them although we live next door.　　　595

47 He usually works until late at night, and **seldom** has time to cook for himself.　　　596

46 私は彼らのすぐ隣に住んでいるのだが，めったに会うことはない。
47 彼はふだん夜遅くまで仕事をするので，めったに自分で料理する時間はない。

rarely, seldom はいずれも頻度を表す副詞で，「めったに〜ない」という意味。一般動詞の場合はその前に，be 動詞・助動詞の場合はその後に置かれる。

Ex. I **seldom** wake up early on Sundays. （私は日曜日にはめったに早起きしない。）
We **seldom** watch TV at home. （私たちは家でめったにテレビを見ない。）

cf. 〈**hardly**[**scarcely**] **ever** 〜〉は頻度が低いことを表す。
We **hardly**[**scarcely**] **ever** eat out. （私たちはめったに外食しない。）

Step3　否定を使った慣用表現　337

English & Japanese in Contrast
日本語の「ない」は形容詞

　日本語の動詞・形容詞・形容動詞の否定形は，すべて形容詞の活用をします。そもそも形容詞は，事物の性質や状態などを安定的なものとして捉えることから，否定も安定的な状態として捉えられているのかもしれません。

(1) 動詞：分かる→分から<u>ない</u> / 分かった→分からな<u>かった</u>
　　動詞：ある→<u>ない</u> / あった→な<u>かった</u>
　　形容詞：おいしい→おいしく<u>ない</u> / おいしかった→おいしくな<u>かった</u>
　　形容動詞：静かな→静かではな<u>ない</u> / 静かだった→静かではな<u>かった</u>

　ちなみに，過去のことを話している場合でも，否定形では＜現在＞の形が使われることがあります。このような用法ができるのも，否定の安定性に関係しているものと思われます。

(2)「東京では，8月に雨が降りましたか」「降りませんね」

For Conversation
会話でよく使われる否定表現

　英語では会話のやり取りの中で，否定表現が使われることがよくあります。いずれも頻繁に使われる慣用的な表現ですので，練習して使えるようにしておきましょう。

(1) "How's your hamburger?" "**Not bad**."
　　（「そのハンバーガー，どう？」「けっこう，いけるよ」）
(2) "Can I use your dictionary?" "Sure, **no problem**."
　　（「辞書を見せてもらってもいい？」「ええ，どうぞ」）
(3) "Thank you very much." "**Not at all**."
　　（「どうもありがとう」「どういたしまして」）
(4) "Is it hot outside?" "**Not really**." （「外，暑い？」「そうでもない」）
(5) "What's up?" "**Nothing much**." （「元気？」「変わりないよ」）
(6) "Do handstand." "**No way!**" （「逆立ちして」「無理！」）

第16章

名詞構文と無生物主語の他動詞構文

導入 ● **名詞構文と無生物主語**
　1. **名詞構文とはどのようなものか** 340
　2. **無生物主語の他動詞構文** 341

基礎 ● **名詞構文と無生物主語の他動詞構文**
　1. **名詞構文**：take a restの類 / a good cookの類 / your decisionの類 342
　2. **無生物主語の他動詞構文**：〈させる〉の類 / 〈させない〉の類 / 〈告げる・知らせる〉の類 / 〈許す〉の類 / 〈感情表現〉の類 / 〈導く〉の類 / その他の類 345

Step1 導入 名詞構文と無生物主語

1 名詞構文とはどのようなものか

日本語と英語では，異なった発想のもとに文が組み立てられることがある。たとえば日本語では〈動詞中心の構文〉で表現するところを，英語では〈名詞中心の構文〉で表現することがある。ここでは，英語に特有の名詞構文の例を 3 つ紹介する。

《名詞構文 1》
「彼女は時計を見た」と英語で表現すると，英語では，(1) a, b のように表現できる。

(1) a. She **looked** at the clock.
b. She **took a look** at the clock.

ただし英語では，(1a) のように動詞 look で表現するよりも，(1b) の take a look のように名詞を伴う表現がしばしば好まれる。

Ex. choose → make a choice（選択する）
decide → make a decision（決心する）
visit → pay a visit to ~（~を訪れる）

《名詞構文 2》
英語では，動作に着目するよりも，動作を行う人に着目して表現する傾向がある。「彼は歌がうまい」を英語で表現すると，(2a) (2b) となる。

(2) a. He is **good at singing**.
b. He is **a good singer**.

どちらもほぼ同じ意味だが，英語では，(2b) の a good singer のように人を表す名詞を中心にして考えをまとめる傾向がある。

Ex. He walks fast. → He is a fast walker.（彼は歩くのが速い。）
He drives safely. → He is a safe driver.（彼は安全運転だ。）

《名詞構文 3》
英語では，(3) のような名詞構文が使われるが，これを日本語に翻訳するとどのようになるだろうか。

(3) I apologize for **my ignorance** *of the traffic rules*.

下線部は，I am ignorant of the traffic rules.（私は交通規則を知らない）を名詞句に転換したもので，英語では自然な言い方である。一方，日本語では，「私は交通規則についての自分の無知を謝ります」とするよりも，「私は自分が交通規則を知らないことについて謝ります」とする方が自然である。ここでも，名詞表現を好む英語と動詞表現を好む日本語との違いが見て取れる。

2　無生物主語の他動詞構文

英語では，(4) のような，無生物主語の他動詞構文がしばしば使われる。

(4) **Lack of training** causes serious accidents.

英語では，〈無生物主語 (Lack of training) ＋他動詞 (caused) ＋目的語 (serious accidents)〉のように，〈**SVO**〉の文型が使われている。日本語では「訓練不足が重大な事故を引き起こす」とも言えるが，むしろ「訓練不足のために，重大な事故が起きる」とする方が自然である。本章では，英語に特有の名詞構文とその背後にある英語的な発想に触れていくことにする。

Step2 基礎 名詞構文と無生物主語の他動詞構文

1 名詞構文

日本語と英語では，異なった発想のもとに文を組み立てることがある。日本語では動詞を中心に，英語では名詞を中心にして表現する傾向がある。

1 take a rest の類

> **1** I **took a rest** after exercising.　　　　　　　　　　　　*597*
>
> **2** I **took a bath** for relaxation. 　　　　　　　　　　　　　*598*
>
> **3** **Take a close look at** the bill. 　　　　　　　　　　　　　*599*

1 運動の後で休んだ。
2 リラックスするために入浴した。
3 請求書はよく見なさい。

動詞1語で表現できるところを，英語では〈**動詞＋名詞**〉で表現することがしばしばある。上例は，以下のように動詞を中心にした構文に言いかえることもできるが，英語としては，名詞構文の方が好まれる傾向がある。

1 ≒ I **rested** after exercising.　[＊ take [have] a rest は主として《英》の用法。]
2 ≒ I **bathed** for relaxation.
3 ≒ **Look** at the bill closely.

Ex. We **had a chat** in a cafe.（私たちは喫茶店でおしゃべりをした。）
Let's **give it a try**.（試しにやってみよう。）
He **made remarkable progress** in English.（彼の英語は際立って進歩した。）
I **made a good choice**.（私はいい選択をした。）
Would you like to **take a walk** with me?（僕と一緒に散歩しませんか。）
I **made a promise** to play with my cousin on Sunday.
（私はいとこと日曜日に遊ぶ約束をした。）

⚠️ 〈動詞＋名詞〉構文は，**3** のように，形容詞を伴って使われることも多い。
I **took a good rest** after exercising.（運動の後でゆっくり休んだ。）
I **took a long bath** for relaxation.（リラックスするために長い入浴をした。）

⚠️ take のほかに have, make, give などが〈動詞＋名詞〉の構文で使われる。
I **had a good sleep** last night.（≒ I slept well last night.）
（昨夜はよく眠った。）
He finally **made a decision** to accept our proposal.
（≒ He finally decided to accept our proposal.）
（彼はついに我々の提案を受け入れる決心をした。）
She **made a joke** about her husband's necktie.
（≒ She joked about her husband's necktie.）
（彼女は夫のネクタイについて冗談を言った。）
She **gave me a call** yesterday.（≒ She called me yesterday.）
（彼女は昨日私に電話をかけてきた。）
Give me a break!（いい加減にしてくれ。）

cf. 名詞構文でよく使われる定型表現

take	take a walk（散歩する）/ take an interest（興味を持つ）　など
have	have a look（見る）/ have a rest（休憩する）/ have a talk (with ～)（(～と)話をする）/ have a try（やってみる）　など
make	make a call（電話をする）/ make a choice [selection]（選択する）/ make a promise（約束する）/ make a speech（話をする, 演説する）/ make progress（進歩する）/ make a mistake（間違える）　など
give	give ～ a push（～を一押しする）/ give a shout（叫ぶ）/ give a smile（にっこり笑う）/ give it a try（やってみる）　など

❷ a good cook の類

4 She is **a good dancer**. 　　　　　　　　　　　　　　　　*600*

5 He is **a good speaker of Hawaiian**. 　　　　　　　　　　*601*

4 彼女はダンスがじょうずだ。
5 彼はハワイ語をじょうずに話す。

　人の能力や性質を表すときによく使われる表現。**4** は She is good at dancing. を名詞中心の表現で表したもの。日本語で「ダンサー」と言うと，プロの職業人を指すが，英語で a good dancer と言ってもそのような含みはない。**5** は He is good at speaking Hawaiian. としてもほぼ同義。

> **Ex.** She is **a careful driver**. (≒ She drives carefully.)
> （彼女は注意深く運転する。）
>
> President Obama is **an eloquent speaker**.
> (≒ President Obama speaks eloquently.)
> （オバマ大統領は雄弁に話す。）
>
> You are **a good swimmer**. (≒ You swim well.)
> （君は泳ぎがじょうずだ。）

❸ your decision の類

> **6** **His decision** to leave the company surprised everyone.
> ［主語］ *602*
>
> **7** We are excited about **his discovery** of a new planet.
> ［前置詞の目的語］ *603*
>
> **8** We appreciate **your willingness** to let us use your facility.
> ［動詞の目的語］ *604*

6 彼が会社を辞めると決断したことで，みな驚いた。
7 私たちは彼が新しい惑星を発見したことに興奮している。
8 快く施設を使わせてくださることを，感謝しています。

6 の下線部は，もともと He decided to leave the company.（彼は会社を辞めることにした。）という文を，名詞句に転換したものである。このように，名詞句への転換によって，文の主語や前置詞・動詞の目的語にすることができるようになる。英語では，この種の名詞構文が頻繁に使用される。

cf. 上例の下線部の名詞句と対応する文の形を以下に示す。

例文	文	名詞句
6	He decided to leave the company.	**his decision** to leave the company
7	He discovered a new planet.	**his discovery** of a new planet
8	You are willing to let us use your facility.	**your willingness** to let us use your facility

> **Ex.** I request **your presence** at the meeting.
> （私はあなたが会議に出席することを要請します。）
>
> He has **confidence** in his ability to carry on with the project.
> （彼はプロジェクトを推進する自分の能力に自信を持っている。）

2 無生物主語の他動詞構文

英語は，日本語とは異なった発想と表現をすることがある。たとえば，日本語では「緊急の用事のために，私は東京に戻った」と言うところを，英語では Urgent business brought me back to Tokyo. のように言うことがある。無生物（「人」以外）の主語が他動詞構文で使われることから，これを**無生物主語の他動詞構文**と呼ぶ。ここでは，無生物主語の他動詞構文で使われる他動詞を7つのタイプに分けて紹介する。

❶ 〈させる〉の類

> **9** *What* **makes you think** that the yen will still go up? 605
>
> **10** *The scholarship* **enabled him to pursue** his studies abroad. 606

9 君は，なぜ円がまだ上がると考えるのか。
10 奨学金のおかげで，彼は外国で研究を続けることができた。

使役動詞 make は，〈make + O + 原形不定詞〉（～に…させる）という構文で使われる（▶ p. 154）。

Ex. The idea **made** him laugh.（そのことを考えると，彼は笑ってしまった。）
What **made** you do that?（どうしてそんなことをしたのですか。）

一方，enable は〈enable + O + to + 動詞の原形〉（～が…することを可能にする）という構文で使われる。

Ex. A little thought will **enable** you **to** answer the question.
（ちょっと考えれば，その問題に答えることができるでしょう。）
The magic ring **enabled** Solomon **to** speak to the animals in their own language.
（魔法の指輪によって，ソロモンは動物の言葉で動物と話すことができるようになった。）

cf. 〈**SVO + to** + 動詞の原形〉の形をとる動詞には，enable のほかに cause, force, compel, oblige などがある（▶ p. 147）。
The scandal **caused** him *to resign* from politics.
（スキャンダルのために，彼は政界から身を引くことになった。）
Global warming will **cause** sea levels *to rise*.
（地球温暖化のため，海水面が上昇することになるだろう。）
Jewelry can **cause** a person *to smile*.（宝石は人に笑顔をもたらすことができる。）
[＊〈**cause** + O + to 不定詞〉の形は，意味内容が否定的な場合に限定されているわけではない。]
Lack of employment **forced** the villagers *to move* to the city.
（仕事がないために村人たちは町に引っ越さざるをえなかった。）
The results of the experiment **compelled** us *to accept* his new theory.
（実験結果から，私たちは彼の新理論を受け入れざるをえなくなった。）

The contract **obliges** me *to leave* the position in three years.
（契約により，3年でこの職を辞さなければならない。）

> 他動詞構文は，継続用法の関係代名詞の先行詞を受けて使われることもある。
> He inherited a large amount of money, which **enabled** him *to live* without working.
> （彼は大金を相続したが，それによって仕事をせずに暮らすことができるようになった。）

❷ 〈させない〉の類

> **11** *The noise* **kept me from concentrating** on my studies.　　607
>
> **12** *The typhoon* **prevented us from going swimming** in the ocean.　　608

11 騒音のために勉強に集中することができなかった。
12 台風のために，私たちは海に泳ぎに行けなかった。

　無生物主語があたかも意志を持った存在のように扱われ，「…が〜することを妨げる」という表現形式をとっている。日本語にはあまり馴染まない発想である。この種の動詞には，keep, prevent のほかに stop, hinder, prohibit などがある。
　基本的に，〈**keep**[**prevent, stop, hinder, prohibit**]＋ O ＋ **from** V-ing〉の形で使われ，「O が〜しないようにしておく」「O に〜させない」の意味を表す。なお，この V-ing は動名詞である。

> **Ex.** The thought **kept** me **from** falling asleep.
> （その考えのために眠りにつくことができなかった。）
> A dental appointment **prevented** me **from** attending the meeting.
> （歯医者の予約のため，会議に出席することができなかった。）
> Lack of time **prevented** us **from** visiting the museum.
> （時間がなかったため，美術館を訪れることができなかった。）
> Nothing **stopped** Dr. King **from** expressing his opinions in public.
> （キング牧師はどんなことがあっても，自分の意見を公表することを止めなかった。）
> Her physical condition **hindered** her **from** accepting the invitation.
> （彼女は体調が悪いために，招待を断った。）
> School regulations **prohibit** students **from** coming to school by car.
> （校則により，学生は自動車で通学することを禁止されている。）

> 日本語でこの種の構文が使われることはまれである。上例の日本語訳にも表れているように，他動詞構文の主語を，理由を表す「〜のために」に対応させることが多い。

❸ 〈告げる・知らせる〉の類

> **13** *Today's paper* **says** that the prime minister is going to resign. *609*
>
> **14** *The transcript* **will inform you** of the number of credits you have earned. *610*

13 今日の新聞によると，首相が辞任するとのことだ。
14 成績証明書を見ると，あなたが取得した単位数が分かります。

本来，人が情報発信の主体となるのが普通だが，英語では上例のように，人以外の無生物主語が，情報発信の主体として，文の主語になる場合がある。この種の動詞には，say, inform のほかに tell, show, remind などがある。

Ex. *The speedometer* **tells** how fast you are driving.
（速度計はどのくらいの速さで運転しているのかを示す。）
The statistics **show** that our economy is improving.
（統計はわが国の経済が好調になっていることを示している。）

⚠ 動詞 remind は〈**remind A of B**〉の形で，「A に B を思い出させる」という意味で使われる。
This smell **reminds** me **of** my childhood.
（このにおいは私に子供時代のことを思い出させる。）
This song always **reminds** me **of** my favorite aunt.
（この歌を聞くと，いつも私の大好きなおばのことを思い出す。）

❹ 〈許す〉の類

> **15** *The Shinkansen* **allows us to reach** Hakodate in about four hours. *611*
>
> **16** *The airport* regulations do not **permit passengers to carry** liquids on board. *612*

15 新幹線のおかげで，函館まで4時間で行ける。
16 空港での規制のため，乗客は液体を機内に持ち込むことができない。

日本語では，「許す」という動詞の主体は人を原則とするが，英語で対応する動詞 allow や permit は，人のみならず，無生物をとる場合がある。〈allow [permit] ＋人＋ to ＋動詞の原形〉の形で用いられ，「人が～することを許す」という意味を表す（▶ p. 149）。

⚠ allow は〈allow ＋ O_1 ＋ O_2〉の形でも用いられることがある。
This sport may **allow** *you a chance* to go to the Olympics.
（このスポーツでオリンピックに出場するチャンスが得られるかもしれない。）

❺〈感情表現〉の類

> **17** *Soseki's sense of humor* **delights** *his readers.*　　　613
>
> **18** *Her sudden change of hairstyle* **shocked** *her friends.*　　614

17 漱石のユーモアのセンスは，読者を大いに喜ばせる。
18 彼女が急に髪型を変えたことに，友人たちはショックを受けた。

上の例に見るように，英語では，感情や心理状態を表すために無生物主語の他動詞構文が使われることがある。

cf. この種の動詞は，他に以下のようなものがある。

astonish（驚かす）	disappoint（がっかりさせる）	excite（興奮させる）
frighten（怖がらせる）	please（喜ばせる）	satisfy（満足させる）
shock（ショックを与える）	surprise（驚かせる）　など	

⚠ 上掲の動詞の過去分詞は，形容詞的な働きをすることになり，人を主語にする構文でも使われる。
I was astonished at the news.（私はそのニュースに驚愕した。）
I am satisfied with the results.（私は結果に満足している。）

❻〈導く〉の類

> **19** *This trail* will **lead you to** *the picnic area.*　　615
>
> **20** *What* **brought** *you here?*　　616
>
> **21** *This road* will **take you to** *the campus.*　　617

19 この小道を行くと，ピクニック場に出ます。
20 どうしてこちらにいらっしゃったんですか。
21 この道を行くと，キャンパスに出ます。

英語では，無生物主語が「人を導いて〜に連れて行く」主体として現れることがある。使われる動詞は，bring（〜を連れてくる），lead（〜を導く，先導する），take（〜を連れて行く）など。

Ex. *This news* **brought** *him to the point of panic.*
（この知らせを聞いて彼はパニックを起こした。）
The number 20 bus will **take** *you there in about 10 minutes.*
（20番のバスに乗れば，約10分でそこに着きます。）

⚠ lead は比喩的な意味で使われることもある。
Emotion can **lead** people *to do* things that they later regret.
（人は感情によって，後で後悔するようなことをしてしまう場合がある。）

Scenes from Literature

フィッツジェラルドの『グレート・ギャツビー』(*The Great Gatsby*) という小説に，次のような一節があります。

An instinct toward his future glory had **led** him, some months before, **to** the small Lutheran college of St. Olaf in southern Minnesota.

細部を省略して骨子だけを日本語にすると，「本能が，彼を小さな大学に導いた」ということになりますが，これでは，日本語らしさが感じられないかもしれません。そこで，「本能に導かれて，彼は小さな大学に行くことになった」とすると，少し落ち着きが出てくるでしょう。ちなみに，この文を翻訳者はどのような日本語に転換するのか，その例を以下に挙げておきます。

(1) これより幾月か前のこと，未来の栄光を夢見る本能に導かれて彼は，ミネソタ州南部の聖オウラフという小さなルーテル派の大学に行ったことがある。(野崎孝訳)
(2) 未来の栄光に対する本能が，彼を何ヶ月か前に，ミネソタ州南部にあるセント・オーラフという小さなルター派の大学に導いていた。(村上春樹訳)
(3) さて，話はその何ヶ月か前にさかのぼるが，輝かしき将来への本能が働いたと見て，彼はセント・オラフ大学へ行っていた。ミネソタ州南部の小規模なルター派の大学だ。
(小川高義訳)

同じ原文を元にした翻訳でも，訳者が異なると，まったく別の翻訳になることが多々あります。みなさんだったら，どのように翻訳しますか。

❼ その他の類

22	*This software* will **save you** a lot of time.	*618*
23	*The repairs* **cost me** 50,000 yen.	*619*
24	I hope *this letter* will **find you** in good health.	*620*

22 このソフトウェアを使えば，時間をかなり節約できます。
23 修理に5万円かかった。
24 この手紙があなたのお手元に着くときに，ご健勝でありますように。

英語の無生物主語の他動詞構文は，幅広い表現の可能性を持っている。
22 の save は「(労力・時間・金など) を節約する」の意味合い。

Ex. *A stitch in time* **saves** nine.
（早めに1針縫えば，9針の手間が省ける。→ 転ばぬ先のつえ [ことわざ]）

23 の cost は「(費用が)かかる」という意味だが,「~を失う原因となる」という意味で使われる場合もある。

> **Ex.** *His carelessness* almost **cost** him his life.
> (彼は不注意のために,あやうく命を落とすところだった。)

24 は手紙のあいさつで使われる定型表現。「この手紙が元気なあなたを発見することを望む」というのが直訳。日本語にはこのような発想はない。

> **Ex.** I pray that next year will **find** you well and happy.
> (来年も健康で幸せでありますようお祈りします。)

【熟語として覚えておきたい名詞構文】

- **absence from ～**（～への欠席）
  Nobody noticed **her absence from** the meeting.
  (彼女が会議に欠席したことに誰も気づかなかった。)

- **anxiety for [about] ～**（～についての心配,気懸かり）
  This portrait of hers reflects her **anxiety for** her family.
  (彼女のこの肖像は,家族への気懸かりを反映している。)

- **dependence on ～**（～への依存）
  You should learn to outgrow your **dependence on** your parents.
  (君は,両親への依存から脱することを学ぶべきだ。)

- **failure to ＋動詞の原形**（～をしないこと）
  The accident was caused by **his failure to** obey the traffic signal.
  (その事故は,彼が信号に従わなかったことによって引き起こされた。)

- **ignorance of ～**（～を知らないこと）
  I'm willing to admit my **ignorance of** politics.
  (私は自分が政治のことを知らないことを認めましょう。)

- **insistence on ～**（～を主張すること）
  I cannot stand their **insistence on** traditional values.
  (私は彼らが伝統的な価値を主張することにがまんができない。)

- **objection to ～**（～に反対すること）
  He expressed his **objection to** all forms of warfare.
  (彼はあらゆる種類の戦争に反対を表明した。)

第17章

強調・倒置・挿入・省略・同格

導入 ● **豊かな表現力のために**
1. 強調 352
2. 倒置 352
3. 挿入 353
4. 省略 353
5. 同格 353

基礎 ● **強調・倒置・挿入・省略・同格**
1. **強調表現**：強調構文 / 疑問詞の強調 / 否定の強調 / 動詞・名詞の強調 / 繰り返しによる強調 / その他　354
2. **倒置表現**：否定の副詞(句)を文頭へ / 場所・方向などを表す副詞(句)を文頭へ / 目的語・補語を文頭へ / 慣用的な倒置　358
3. **挿入**：語の挿入 / 句の挿入 / 節の挿入　362
4. **省略**：並行的な構文における省略 / 副詞節の中での省略 / 不定詞の省略 / 慣用表現における省略 / 日常表現における省略　364
5. **同格**：名詞(句)との同格 / 同格のthat節 / 同格の疑問節　367

Step1 導入 豊かな表現力のために

ここでは豊かな表現力を身につけるために，文をさまざまな形に展開する方法を取り上げる。具体的には，強調・倒置・挿入・省略・同格の仕組みを扱う。

1 強調

日常会話である部分を強調したいときには，その部分に強勢を置けばよい。一方，書かれた文章の場合は，**強調のための語句を付け加えたり**，**文全体のパターンを変える**ことで，強調を表すことができる。

(1) Please **do** come and visit us. (私たちの家にぜひお越しください。)

(2) **It was** Nishikori **who** won the game, not Djokovic.
（試合に勝ったのは錦織で，ジョコビッチではない。）

2 倒置

英語は〈S + V + O〉の語順を基本としているが，①語句を強調するため，②英文のリズムを整えるため，③慣用により倒置が要求されるためなどの理由で，倒置が行われることがある。

(3) **Little did anyone think** that he would win the Wimbledon championship. (彼がウィンブルドンで優勝するとは誰も思いもしなかった。)

(4) "I'll come right away," **said my brother** enthusiastically.
 (cf. My brother said enthusiastically, "I'll come right away.")
 （「今すぐそちらに行くよ」と弟は意気込んで言った。）

3 挿入

文の途中に，語・句・節を差しはさむことを**挿入**と呼ぶ。挿入部を削除しても残りの部分のみで文として成立する。

(5) He is, **to the best of my knowledge**, the leading expert in American studies.
（彼は私が知る限りにおいて，アメリカ研究の卓越したエキスパートである。）

4 省略

英語は文の構成要素を確実に文に盛り込むことを要求する言語であるが，ときに，省略もある。繰り返しを避けることで，簡潔な文を作ることができる。（△は省略箇所）

(6) Please feel free to use my computer, if you'd like to (△).
（もしよければ，私のコンピューターを自由にお使いください。）

5 同格

ある語句について，意味を補足したり，言いかえを行う場合，**同格**の表現が使われる。

(7) William Shakespeare, **the greatest playwright of all time**, wrote a total of 37 plays. （歴史上最も偉大な劇作家であるウィリアム・シェイクスピアは，全部で37編の戯曲を書いた。）

Step2 基礎 強調・倒置・挿入・省略・同格

1 強調表現

❶ 強調構文：〈It is ～ that ...〉

> **1** It was *John* that I saw in the library yesterday. 621
>
> **2** It was *this watch* that I lost last week. 622

1 昨日私が図書館で見たのはジョンだった。
2 私が先週なくしたのは，この時計だ。

強調構文は〈It is[was] ～ that ...〉の形で，強調箇所を「～」の位置に置くことによって作る。**1** **2** を通常の文にすると，以下のようになる。

1 ≒ I saw John in the library yesterday.
2 ≒ I lost this watch last week.

強調部分の名詞・代名詞が「人」を表すときには，that の代わりに who[whom] を用いることもできる。また，「事物」を表すときには，which を用いることもできる。

> **cf.** I saw John in the library yesterday. について，**1** 以外の強調構文を以下に挙げる。
> **It was** I **that**[**who**] saw John in the library yesterday.
> 〔＊ It was me that ... のように目的格にすることもある。〕
> **It was** in the library **that** I saw John yesterday.
> **It was** yesterday **that** I saw John in the library.

> **Ex.** **It was** last summer **that** Taro took a trip to Italy.
> (≒ Taro took a trip to Italy last summer.)
> (太郎がイタリア旅行をしたのは，昨年の夏だった。)
> **It was** in Italy **that** he visited a lot of art museums.
> (≒ He visited a lot of art museums in Italy.)
> (彼がたくさんの美術館を訪れたのは，イタリアにおいてだった。)
> **It was** Leonardo da Vinci **that**[**who**] painted a portrait of a young woman.
> (≒ Leonardo da Vinci painted a portrait of a young woman.)
> (ある若い女性の肖像を描いたのは，レオナルド・ダ・ヴィンチだった。)

It was when he was in his forties **that** he painted *the Mona Lisa*.
(≒ He painted *the Mona Lisa* when he was in his forties.)
(彼がモナ・リザを描いたのは、彼が 40 歳代のことだった。)

⚠ 強調構文の疑問文・否定文を作るときは、be 動詞を伴う文の場合と同様である。
Was it yesterday **that** you saw John in the library?
(あなたがジョンを図書館で見たのは昨日でしたか。)
It wasn't yesterday **that** I saw John in the library.
(私が図書館でジョンを見たのは昨日ではありません。)
When was it that you saw John in the library?
(ジョンを図書館で見たのは（いったい）いつでしたか。)
What is it that you lost last week? (先週なくしたのはいったい何ですか。)

⚠ 強調構文で、強調を受ける部分に節が来る場合もある。
It was *because I had to finish my report* **that** I stayed up late last night.
(≒ I stayed up late last night because I had to finish my report.)
(昨夜、遅くまで起きていたのは、レポートを仕上げなければならなかったからだ。)

❷ 疑問詞の強調：〈on earth〉,〈in the world〉など

| 3 | Who **on earth** do you think you are? | 623 |
| 4 | What **in the world** were you thinking? | 624 |

3 いったい全体、君は自分が誰だと思っているんだ。
4 いったい全体、君は何を考えていたんだ。

疑問詞の直後に、on earth や in the world を置くことによって「いったい全体」という強調のニュアンスを出すことができる。

Ex. Where **in the world** is my wallet? (僕の札入れはいったいどこなんだ。)
What **in the world** are you talking about? (いったい何を話しているですか。)
Why **on earth** did you do such a thing?(いったいなぜそんなことをしたのですか。)
Where **the heck** are you right now? (お前、いったい今どこなんだ。)
〔＊ the heck は、軽い嫌悪感を伴って使われる。〕

❸ 否定の強調：〈not 〜 at all〉,〈no 〜 whatever〉,〈no 〜 whatsoever〉

5	He doesn't like cheese **at all**.	625
6	She has **no** interest **whatever** in *shogi*.	626
7	I have **no** idea **whatsoever** what she is trying to say.	627

5 彼はチーズがまったく好きになれない。
6 彼女は将棋にはまったく関心がない。
7 僕は彼女が何を言おうとしているのか，まったく見当がつかない。

英語には，否定表現を強調して「まったく〜ではない」という意味を表すさまざまな表現がある。最も一般的なものは，〈**not 〜 at all**〉だが，whatever や whatsoever を使うこともある（▶ p. 326 否定の意味の強調）。

Ex. His presentation was **not at all** impressive.
（彼の発表は感銘を与えるところが全然なかった。）
I had **no** doubt **whatsoever** about what he told me.
（彼が私に話したことについて，私はまったく疑いを持っていなかった。）
I'm **not a bit** worried about it.（私はそれについては少しも心配していない。）
This dictionary is **not the least bit** useful.
（この辞書は全然役に立たないが，とても高価だった。）
He is **not (in) the least** interested in economics.
（彼は経済学にはまったく興味がない。）

⚠ 否定語 nothing の直後に ever を置いて，否定を強調する場合がある。
Nothing ever makes him change his mind.（何事も彼の決意を変えることはない。）

4 動詞・名詞の強調：〈do ＋動詞〉，〈the very ＋名詞〉

8 Please **do** make yourself at home during your stay. *628*
9 This is **the very** essence of the problem. *629*

8 滞在中は，ぜひおくつろぎください。
9 これがその問題のまさに核心なのです。

8 のように，動詞の前に do を置くことによって，動詞の意味を強調する場合がある。ただし，主語の人称と動詞の時制によって，do / does / did を使い分ける必要がある。たとえば，I **enjoyed** my stay at your place.（あなたのお宅での滞在を満喫しました。）を強調する場合は，I **did enjoy** my stay at your place. とする。

Ex. She **does** look smart with her glasses on.
（彼女はメガネをかけると本当に賢く見える。）

9 のように，名詞の前に very を置くことによって，「まさにその〜」という強調の意味合いを出すことができる。〈**the [this / that / one's]＋ very ＋名詞**〉の形で使われる。

cf. 副詞（句）を強調する場合，right が使われることもある。
The magician turned water into wine **right** *before our very eyes*.
（マジシャンは私たちのまさに私たちの目の前で水をワインに変えた。）

❺ 繰り返しによる強調

10	I practiced writing *kanji* **over and over again**.	630
11	We drove **on and on** until we came to a fork in the road.	631
12	We **laughed and laughed** until our stomachs hurt.	632

10 私は漢字を書く練習を何度も何度もやった。
11 私たちは車を延々と走らせ，やがて道の分岐点に到達した。
12 私たちはおなかが痛くなるまで笑い続けた。

同じ語を〈～ and ～〉の形で反復することで，**動作などの反復や継続**を表す。語の反復が動作の反復や継続を含意した表現形式である。

❻ その他：〈every ～ imaginable〉，〈best possible ～〉

13	She has tried **every** remedy **imaginable**.	633
14	This is **the best possible** location for camping.	634

13 彼女は考えうる限りの治療法を試みた。
14 ここはキャンプのためには最善の場所だ。

〈every ～ imaginable〉，〈best possible ～〉で，それぞれ every, best をさらに強調する表現となる。

Ex. You should consider **every danger imaginable** when you climb a mountain.
（登山するときには，考えられるあらゆる危険を考慮すべきだ。）
This is **the best possible** choice for all of us.
（これは，私たちすべてにとって考えられる最善の選択だ。）

cf. 次のような形の強調もある（▶ p. 219）。
By far the best proof is experience. — Francis Bacon
（あらゆるものの中で最善の証明は経験である。―フランシス・ベーコン）
This is **the very best** game I have ever played in my life.
（これは私がこれまでの人生で経験した最高の試合だ。）

2 倒置表現

英語では、〈S + V + O〉の語順を基本とするが、ときにはこの基本から外れて、倒置が行われることがある。倒置の理由としては、ある語句などを強調するため、英文のリズムを整えるため、慣用により行われる場合などがある。

1 否定の副詞（句）を文頭へ

> **15** **Never** *have I seen* such modest winners. *635*
>
> **16** **Little** *did I know* that I would become a journalist ten years later. *636*
>
> **17** **Hardly** *had I entered* the hall when the ceremony started. *637*

15 こんなに謙虚な勝者は見たことがない。
16 私が10年後にジャーナリストになるとは、知る由もなかった。
17 私がホールに入るとすぐに儀式が始まった。

強調のために否定の副詞が文頭に置かれると、これに続く語順は Yes-No 疑問文と同じようになる。

Ex. **Never** have I dreamed that he would receive the Nobel Prize in literature.
（彼がノーベル文学賞を受賞するとは、夢にも思わなかった。）
Never did anyone see her cry.（誰も彼女が泣くのを見なかった。）
Little did I expect that our car would run out of gas in the middle of nowhere.
（どこにあるか分からないような場所で、私たちの車がガソリン切れになるとは少しも想像しなかった。）
Little did I dream that he would become a famous musician.
（彼が有名なミュージシャンになろうとは夢にも思わなかった。）
Hardly had I left home when it started raining.
（私が家を出るとすぐに雨が降りだした。）

cf. **15** ～ **17** の例文を普通の語順の文にすると、以下のようになる。
15 ≒ I have never seen such humble winners.
16 ≒ I little knew that I would become a journalist ten years later.
17 ≒ I had hardly entered the hall when the ceremony started.
なお **16** の言いかえの I little know ... の場合、little が動詞の前に置かれて「まったく～ない」の意味を表す。little と共起する動詞としては、この他に believe, dream, expect, imagine, realize, suspect, think などがある。

⚠ never, little, hardly の他に, rarely [seldom]（めったに～ない）, scarcely（ほとんど～ない）も倒置構文でよく使われる（▶ p. 337）。
Rarely have I heard such a ridiculous story.
（そんなばかげた話はめったに聞いたことがない。）
Scarcely had I reached the station when the train left.
（私が駅に着くか着かないうちに, 列車が出発した。）

⚠ 否定を含む副詞句が倒置構文で使われることもある。
At no other time in history has Japan enjoyed greater economic affluence than the present.（今日ほど日本が経済的な豊かさを享受したことは歴史上なかった。）
No sooner had the chime rung than the teacher came into the classroom.
（ベルが鳴ったとたん先生が教室に入ってきた。）
Not only is he good at his job but (also) pleasant.
（≒ He is *not only* good at his job but (also) pleasant.）
（彼は仕事ができるだけでなく, 愛想もよい。）

❷ 場所・方向などを表す副詞（句）を文頭へ

| 18 | **Down** *went Alice after the rabbit.* | 638 |
| 19 | **Behind the church** *stood a red brick building.* | 639 |

18 ウサギの後を追ってアリスは落ちていった。
19 教会の後ろには赤レンガの建物が建っていた。

副詞（句）が文頭に置かれると, それに伴って主語と（助）動詞の位置が入れかわる。

cf. 上の例文を普通の語順の文にすると以下のようになる。
18 ≒ Alice went down after the rabbit.
19 ≒ A red brick building stood behind the church.

Ex. **Here** *comes the train.*（電車が来たよ。）
[＊ただし, Here he comes. のように, 主語が代名詞のときは倒置しない。]

⚠ here や there が文頭に来る平叙文では,〈V + S〉の語順になることが多い。
Here's little something for you.（あなたにちょっとしたプレゼントです。）
Once upon a time, **there** lived an old man and his wife.
（昔々, おじいさんとおばあさんが住んでいました。）
Suddenly, **there** appeared a man in black from nowhere.
（突然, 黒い服を着た男がどこからともなく現れた。）

⚠ 倒置構文では, 場所や方向を表す副詞だけでなく, 順番を表す副詞が来る場合もある。
First came two police officers carrying guns. **Next** came a police car with its siren on.（最初にピストルを持った2人の警察官がやって来た。次にサイレンを鳴らしたパトカーがやって来た。）

Tips on Grammar　情報の流れと倒置

　倒置によって否定語や目的語，補語が文頭に来るときは，文頭部分が強調されるのが通例ですが，「文頭に来るものがいつでも強調される」と考えるのは誤りです。例文で見てみましょう。

　In the town where he lived, there was <u>an old church</u>. Behind <u>the church</u> stood **a small brick building**.（彼が住んでいた町には古い教会がありました。教会の後ろには，小さなレンガ造りの建物が建っていました。）

　ここでは倒置が行われていますが，There was a church in the town where he lived. A small brick building stood behind the church. とするよりも，はるかに自然です。英語では，**旧情報**（既知の情報）を前に置き，**新情報**（未知の情報）は後置するという傾向があります。ここでは，旧情報である the church が文頭近くに来て，新情報である a small brick building が後置され，そこに情報の焦点が置かれているのです。つまり，情報の流れをスムーズにするために倒置が行われているわけで，文頭の置かれた部分が強調されているわけではありません。

❸ 目的語・補語を文頭へ

20　**Not a word of thanks** *did he utter*.　　　　　　　　　　　　　640

21　**Happy** *is the man* who learns from his folly.　　　　　　　641

22　So **impressive** *was her performance* that she was awarded first prize.　　　　　　　　　　　　　　　　　　　　　　　　　　　642

　20 彼はお礼の言葉を一言も発しなかった。
　21 自らの愚行から学ぶ人は幸せである。
　22 彼女の演奏はとても素晴らしかったので，1 等賞を受けた。

倒置により，補語や否定語を含む目的語が文頭に置かれて強調される場合もある。このような倒置は口語英語ではあまり使われない。

Ex.　So **convincing** *was his presentation* that we agreed to make a contract.
　　（彼のプレゼンテーションはとても説得力があったので，我々は契約を結ぶことに同意した。）
　　Blessed *are the peacemakers*.（平和をつくる者は幸いである。）
　　Not a single person *did she meet* yesterday.（彼女は昨日誰にも会わなかった。）

cf.　上の例文を普通の語順の文にすると以下のようになる。
　　20 ≒ He uttered not a word of thanks.　[目的語]
　　　　[* He didn't utter a word of thanks. という言い方もできる。]
　　21 ≒ The man who learns from his folly is happy.　[補語]
　　22 ≒ Her performance was so impressive that she was awarded first prize.
　　　　[補語]

4 慣用的な倒置

> **23** "I'm thinking of working for an NGO." "**So am I.**" *643*
>
> **24** "I enjoyed watching the baseball game yesterday." "**So did I.**" *644*
>
> **25** "I cannot speak a word of Portuguese." "**Neither can I.**" *645*

> **23**「NGO で働きたいと思っています」「私も」
> **24**「私は,昨日野球観戦を楽しみました」「私もです」
> **25**「私はポルトガル語は一言もしゃべれません」「私もそうです」

発話を受けて,「〜もそうだ」と言うとき,〈So ＋助動詞[be 動詞]＋主語〉の語順となる。**23** のように先行する発話に **be 動詞**が用いられている場合には, "So am I." "So are you." "So were they." など, 主語の人称と時制によって形を変える。**24** のように**一般動詞**が用いられている場合には, "So do I." "So does she." "So did they." など, do / does / did を適切に選択する。

Ex. "I'm a high school student." "**So am I.**"（「私は高校生です」「私もそうです」）
"She is left-handed." "**So is my brother.**"（「彼女は左利きです」「私の弟もそうです」）
"I visited the Oirase Gorge to enjoy the fall colors." "**So did my family.**"
（「紅葉を楽しむために奥入瀬渓谷を訪ねました」「私の家族もです」）

25 は, 助動詞を含む文を受けて,「〜もそうではない」と否定している表現で, 否定の neither が文頭に移動したために倒置が起きて, "Neither can I." となったものである。〔＊ "I cannot, either." と言いかえることもできる。〕

Ex. "I don't like bicycle riding." "**Neither do I.**"
（「僕は自転車に乗るのが嫌いだ」「私もです」）
"For some reason I don't have any appetite." "**Neither do I.**"
（「なぜか食欲がないんだ」「私も」）
"I can't make out what he is trying to say." "**Neither can I.**"
（「彼が何を言おうとしているのか, 私には分からない」「私も」）
"I'm not going to the concert." "**Neither am I.**"
（「僕はコンサートには行かない」「私も」）

cf. neither は以下のような文でも用いられるが, nor を使ってもよい。
I don't like sushi, (and) **neither** does my wife.
（≒ I don't like sushi, **nor** does my wife.）
（私は寿司が好きではないし, 妻も寿司が好きではない。）

3 挿入

付加的な情報を加えるために，文の途中に語・句・節を差しはさむことを**挿入**と言う。挿入部は付加的な情報であるため，削除しても残りの部分のみで文として成立する。挿入部の前後には，コンマ（, ）を用いるのが慣例であるが，ダッシュ（—）や括弧を用いることもある。

❶ 語の挿入

> **26** It was, **indeed**, a great step forward in the history of humanity. *646*
>
> **27** He wrote many short stories. None of them, **however**, was successful. *647*

26 本当にそれは人類の歴史において大きな前進の一歩だった。
27 彼は多くの短編を書いた。しかしながら，1編も成功したものはなかった。

26 の indeed や **27** の however（▶ p. 480）は，文中に挿入されて補足情報を付け加えている。ともに，文中に挿入されるだけではなく，文頭や文末に置かれることもある。

26 ≒ **Indeed**, it was a great step forward in the history of humanity.
　　　It was a great step forward in the history of humanity, **indeed**.

27 ≒ **However**, none of them was successful.
　　　None of them was successful, **however**.

Ex. It was, **indeed**, a great pleasure working with you over the past five years.
（これまでの5年間，あなたがたと共に仕事をすることができたのは，実に大きな喜びでした。）
My plan, **however**, was not approved by the committee.
（しかしながら，私の計画は委員会の承認を得られなかった。）

cf. therefore（したがって）も，文頭のみならず，文中に挿入して使われることがある。
Emily had nobody to support her financially. **Therefore**, she had to work her way through college. (≒ She, **therefore**, had to work her way through college.)
（エミリーには経済的に援助してくれる人がいなかった。したがって，彼女は仕事をしながら大学に行かなければならなかった。）

❷ 句の挿入

> **28** He is, **after all**, a jack-of-all-trades. *648*
>
> **29** Take, **for example**, the following cases. *649*

28 彼は，何と言っても，何でも屋さんなんです。
29 たとえば，次の事例を例にとってみなさい。

28 の after all, **29** の for example など，定型句が挿入される場合もある。これらは文頭や文末に使われる場合もある。

28 ≒ **After all**, he is a jack-of-all-trades.
　　　He is a jack-of-all-trades, **after all**.

29 ≒ **For example**, take the following cases.
　　　Take the following cases, **for example**.

cf. 挿入に用いられる定型表現（句）

above all（とりわけ）	by the way（ところで）
for instance（たとえば）	in fact（実際のところ）
in general（一般的に）	in particular（とりわけ）
in short（手短かに言うと）	in the long run（長い目で見れば）
no doubt（疑いもなく）	on the contrary（それに反して）
on the other hand（他方）	on the whole（概して）
so to speak（いわば）	to be sure（確かに）　など

This book is difficult, **to be sure**, but it will give you a lot of information on environmental problems.
（確かにこの本は難しいが，環境問題について多くの情報を提供してくれるだろう。）

We must leave here at seven tomorrow. Oh, **by the way**, would you like some more coffee?（明日は7時にここを出ないといけませんね。あ，ところで，コーヒーをもう少しいかがですか。）

Isaac Newton is, **so to speak**, the father of physics.
（アイザック・ニュートンは，いわば，物理学の父だ。）

This project will, **in the long run**, benefit a lot of people.
（このプロジェクトは，長い目で見れば，多くの人のためになるだろう。）

What is of importance, **in particular**, is whether we can secure employment opportunities.
（重要なのは，特に，われわれが雇用機会を確保することができるかどうかである。）

❸ 節の挿入

> **30** He is, **as it were**, a baby lost in the woods. *650*
>
> **31** Unfortunately, **as is often the case with** great artists, van Gogh's talent was not recognized until after his death. *651*

> **30** 彼はいわば森の中で迷子になった赤ん坊のようなものだ。
> **31** 偉大な芸術家についてはしばしばあることだが，不運なことにヴァン・ゴッホの才能は生前に認められることはなかった。

節が文中に挿入されることもある。**30** の〈as it were〉は定型表現で「いわば」という意味を表す。**31** の〈as is often the case with ～〉は「～についてはしばしばそうなのだが」という意味合い。

cf. 挿入に用いられる定型表現（節）

as it is（今のままで）　　　　　　　I'm afraid（残念ながら / 申し訳ないですが）
I'm sure（確信しているのですが）　　I think（私は思うのですが）
it seems（そのように思われるのですが）
if you don't mind（(依頼・許可を求めるときに) 差し支えなければ）　　など

〔＊ I demand, I regret など強い主張を意味する語句は用いない。〕

❹ 省略

発話の場面や文脈から理解可能な場合には，省略が行われることがある。省略によってむだな反復を回避し，より簡潔な文を作ることができる。

❶ 並行的な構文における省略

> **32** Some of us *decided to go* by bus, and **others** (decided to go) **by train**. *652*
>
> **33** They preach one *thing* and do **another** (thing). *653*

> **32** 私たちの中には，バスで行くことにした人もいれば，電車で行くことにした人もいた。
> **33** 彼らは言うこととやることが別だ。

同じような形式が繰り返されている場合，復元可能な語句が省略される場合がある。**32** では，〈some ～ others ...〉（～する人もいれば，…する人もいる）という並列的な構文の中で，decided to go が省略されている。**33** では，preach one thing（あることを

を説教する）と do another thing（別のことをやる）が並列的なので，後者の thing が省略されている。

❷ 副詞節の中での省略

> **34** **When** (I was) **young**, I used to go ice fishing with my father.　*654*
>
> **35** If you have any problems, give me a call. **If** (you do) **not** (have any problems), I'll see you at the meeting.　*655*

34 若い頃には，僕は父とアイスフィッシングに行ったものだ。
35 問題があれば私に電話をください。問題がなければ会議で会いましょう。

34 のように，主節と従属節の主語が同じ場合，従属節の中の〈**主語＋ be 動詞**〉はしばしば省略される。

Ex. **When** (you are) **in Nara**, you should really try to see the statue of Ashura at Kofuku-ji Temple.
（奈良に行ったら，興福寺の阿修羅像をぜひ見るようにすべきです。）
When in Rome, do as the Romans do.（郷に入っては郷に従え。［ことわざ］）
（≒ When *you are* in Rome, do as the Romans do.）

35 では先行する副詞節との重複を避けて，〈**If not, ～**〉（そうでなければ～）という形が使われている。

Ex. I'll be in the library after school today. **If** (I am) **not** (in the library), I'll be in the computer room.
（今日の放課後は図書館にいます。そうでなければ，コンピュータ室にいます。）

cf. If not を1語で表して，〈**otherwise ～**〉を使うこともできる。
Otherwise I'll see you at the meeting.
これとは反対に，〈**If so, ～**〉（そうであれば～）という形もある。
It might rain this afternoon. **If so**, we'll work out indoors.
（午後は雨が降るかもしれません。そうであれば，運動は室内で行います。）

On a Street Corner

掲示板は，省略表現の宝庫です。限られたスペースに，必要十分な情報を盛り込もうとすると，省略が不可欠になるのです。この掲示は，横棒（バー）を押して開けるタイプのドアに書かれたもので，「ドアを開けるには，バーを押してください」といった意味合いです。省略された語を補うと，Push *this* bar to open *the door*. ということになります。

Step2 強調・倒置・挿入・省略・同格　365

❸ 不定詞の省略

> **36** You may leave early, **if you want to** (leave early). *656*
>
> **37** You may invite your friends to dinner, **if you'd like to** (invite your friends to dinner). *657*

> **36** もしきみが早退したければ, そうしてもいいよ。
> **37** もしあなたが友達を夕食に招きたかったら, そうしてもいいですよ。

不定詞句は to を残してほかの部分が省略されることがあるが, 先行する部分から情報が復元できる (▶ p. 168 代不定詞)。

Ex. I'm supposed to *take this medicine three times a day*, but I **forgot to** (take this medicine three times a day).
（私はこの薬を 1 日に 3 回飲むことになっているが, そうすることを忘れてしまった。）

❹ 慣用表現における省略

> **38** I seldom, **if ever**, play the lottery. *658*
>
> **39** I would like to ask for a refund, **if possible**. *659*
>
> **40** I will sue for damages, **if necessary**. *660*

> **38** 僕は, まずめったに宝くじをやらない。
> **39** できるなら, 払い戻しをお願いしたいのですが。
> **40** 必要ならば, 損害賠償の訴訟を起こします。

if 節においては, 慣用的に省略を伴う表現が使われることがある。〈if ever〉は「仮にあるとしても」,〈if possible〉は「もし可能ならば」,〈if necessary〉は「もし必要ならば」という意味を表す。

Ex. His parents rarely, **if ever**, eat out. (彼の両親は, まずめったに外食しない。)
Your plan is very difficult, **if not impossible**, to carry out.
（君の計画は実現が不可能でないにしても, かなり難しい。）
What other problems, **if any**, have you experienced?
（もしあるとすれば, ほかにどのような問題を経験しましたか。）
〔* if any は, if there are any の省略形である。〕

5 日常表現における省略

> **41** (I will) See you tomorrow. *661*
>
> **42** (Wait) Just a moment. *662*
>
> **43** (It is) Nice to meet you. *663*

41 明日お会いしましょう。
42 ちょっとお待ちください。
43 はじめまして。(お会いできてうれしいです。)

日常会話では，省略を伴う慣用表現が使われることが多い。上の3例は，慣用化が進んでいるために，省略されていることすら意識しないほどである。また，英語では主語が省略されることはないとされるが，会話では省略されることも珍しくない。

Ex. "Got it." (≒ "I got it.")
〔＊文脈によって解釈が異なる。例えば電話の呼び出し音が鳴っている状況で使うと，「私が出ます」という意味に，"Did you get it?" ≒ "Did you understand it?"（「わかりましたか」）に対しての答えとして使うと，「わかりました」という意味になる。〕

5 同格

文中の語句 (A) について，意味を補足したり言いかえたりするために，文法的に同じ働きをする語句 (B) が使われることがある。このとき，(A) と (B) との関係を**同格**と呼ぶ。

① 名詞(句)との同格

> **44** *My colleague*, **John**, is starting a new project. *664*
>
> **45** This summer I'm going to take a trip to *Philadelphia*, **the City of Brotherly Love**. *665*

44 私の同僚のジョンは新しいプロジェクトを始めている。
45 この夏，私は「兄弟愛の街」と呼ばれるフィラデルフィアに旅行するつもりです。

44 では，My colleague = John，**45** では，Philadelphia = the City of Brotherly Love という関係が成立し，両者は同格の関係にある。

Ex. Murakami Haruki, the author of *Norwegian Wood*, taught a course on Japanese literature.
(『ノルウェイの森』の作者，村上春樹は，日本文学の講座を教えた。)

cf. 同格の関係を明確に示すために，言いかえ表現の前に「すなわち」の意味で，or, namely, that is, i.e., that is to say などを置く場合がある。

If you have a chance to come to Japan, I would recommend you to visit old capitals, **namely**(,) Nara and Kyoto.
(もし日本に来る機会があったら，古都，すなわち，奈良と京都へ行くといいですよ。)

Futon, **or** a Japanese style mattress, is getting more popular in the U.S.
(アメリカでは蒲団，すなわち日本式のマットレスがより広く親しまれるようになっている。)

❷ 同格の that 節

46 *The fact* **that** China has the largest population in the world is known to many people. *666*

47 I heard *the news* **that** there was a big earthquake in Alaska. *667*

48 There is *a rumor* **that** they are getting married next month. *668*

46 中国が世界で人口が最も多いという事実は多くの人々に知られている。
47 私はアラスカで大きな地震があったというニュースを聞いた。
48 彼らは来月結婚するといううわさがある。

上例では，名詞句 the fact, the news, a rumor の内容を，それに続く that 節が説明している。このように，先行する名詞句と that 節の関係も，同格の関係にあるとされる。

cf. 同格の that 節を導く名詞

that 節は「内容節」と言われ，先行する名詞の具体的な内容を表す。that 節を導く名詞は「事実」「思考」「感覚」「判断」などを表すものが来るとされるが，具体的な用例を通して学んだ方がよい。

advantage (利点)	agreement (協定)	apprehension (懸念)
assumption (前提)	belief (信念)	chance (機会)
comment (コメント)	concept (概念)	conclusion (結論)
condition (条件)	decision (決心)	demand (要求)
desire (願望)	doubt (疑念)	evidence (証拠)
expectation (期待)	feeling (気持ち)	hope (希望)
idea (考え)	implication (含意)	impression (印象)
information (情報)	instruction (指示)	knowledge (知識)
likelihood (可能性, 見込み)	message (メッセージ)	opinion (意見)
plan (計画)	possibility (可能性)	probability (見込み)
proof (証明)	proposal (提案)	record (記録)
report (報告)	story (話)	suggestion (提案)
thought (考え)	warning (警告) など	

❸ 同格の疑問節

> **49** I have *no idea* (of) **what**'s going on in her mind. *669*
>
> **50** We are not satisfied with *the politician's explanation* of **how** he spent the money. *670*
>
> **49** 彼女が何を考えているのかさっぱり分かりません。
> **50** 我々はその政治家が金をどのように使ったのかについての説明に満足していない。

同格の疑問節は，例文が示すように，〈名詞＋前置詞＋疑問節〉の形で用いられるのが基本。この形でよく使われる前置詞としては，of, about, as to, concerning などがあるが，ときに前置詞が省略されることもある。

> **Ex.** Do you have *any information* about **how** this accident happened?
> （この事故がどのようにして起きたのかについて，何か情報を持っていますか。）
> It is just *a question* (of) **when** we start the project.
> （いつそのプロジェクトを始めるのかが問題だ。）

[その他の同格表現]

● 〈名詞＋ of ＋動名詞〉

He has **a dream of becoming** an astronaut.
（彼は宇宙飛行士になる夢を持っている。）
The idea of abolishing nuclear weapons is gradually gaining support.
（核兵器廃絶の考え方が次第に支持を増やしている。）

● 〈名詞＋ to 不定詞〉　(▶ p.144)

Do you have **any plans to send** your kids to cram school?
（子供たちを塾に通わせる予定はありますか。）
I have **no desire to work** in a company. （私には会社で働きたい気持ちはない。）
What do you think of **the plan to spend** our holiday in Hawaii?
（休暇をハワイで過ごすという案はどうですか。）

● 〈名詞＋ of ＋名詞〉

Anne is **an angel of a girl**. （アンは天使のような少女だ。）
Feynman was **a man of genius**. （ファインマンは天才だった。）

Scenes from Literature
文学作品の中の倒置

　倒置と情報の流れについては Tips on Grammar (p. 360) で扱いましたが，ここではオスカー・ワイルドの作品『幸福の王子』(*The Happy Prince*) からの用例を紹介しましょう。
　倒置は物語の冒頭部や物語の中の新しいエピソードの始まりの部分によく使われますが，この作品も例外ではありません。次は冒頭の1文です。

　High above the city, on a tall column, stood **the statue of the Happy Prince**.
　（町の上に高く柱がそびえ，その上に幸福の王子の像が立っていました。）

文の主語である the statue of the Happy Prince を文末に後置することで，そこに情報の焦点が当てられます。大事な情報を最後まで控えておくことで，ある種の劇的な効果も期待できます。次の倒置文も同様です。

　One night there flew over the city **a little Swallow**.
　（ある晩，その町に小さなツバメが飛んできました。）

「何が飛んできたのかというと……そう，小さなツバメが飛んできたのです」といった雰囲気が伝わってきます。次は王子の言葉ですが，ここでも倒置が見られます。

　My courtiers called me the Happy Prince, and **happy** indeed I was, if pleasure be happiness.（廷臣たちは私を幸福の王子と呼んだ。実際，幸福だったのだ，もしも快楽が幸福だというならば。）

　本来ならば補語の happy は be 動詞の後に来て，indeed I was happy あるいは I was happy indeed となるはずです。ところが，補語である happy を前置することで，幸福だったことを強調する効果がもたらされているのです。
　文学作品を読む際には，こんな修辞的技法に注意をすると，作品の味わいも一層深くなるでしょう。

　　　　　　　　　　　―日本語訳『幸福の王子』Copyright © 2000 Hiroshi Yuki (結城浩)

第18章

名詞

導入 ● **名詞とは何か**
　1. 名詞の種類と特性　　　　　　　　　　　　　　　　　　　　372
　2. 「数えられる名詞」と「数えられない名詞」　　　　　　　　　372
　3. 可算性の判断はどこにあるのか？　　　　　　　　　　　　　373

基礎 ● **名詞の基本的な用法**
　1. 「数えられる名詞」と「数えられない名詞」　　　　　　　　　374
　2. 名詞の種類：普通名詞 C / 集合名詞 C U / 物質名詞 U / 抽象名詞 U / 固有名詞 U　　　　　　　　　　　　　　　　　　　　　　　375
　3. 名詞の複数形：規則変化 / 不規則変化 / 注意すべき複数形　　381
　4. 名詞の所有格：所有格（人や動物など）/ 所有格の表す意味　　385
　5. 不可算名詞の普通名詞への転用：物質名詞→普通名詞 / 抽象名詞→普通名詞 / 固有名詞→普通名詞　　　　　　　　　　　　386

Step1 導入　名詞とは何か

1 名詞の種類と特性

人や事物の名前を表す**名詞**はその数も多いが，その意味や性質から，以下の図表のように分類される。詳しくは p. 374 以降で扱うので，ここではだいたいのイメージをつかんでおこう。

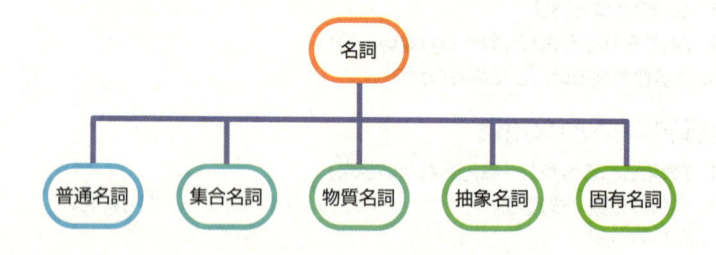

```
                    名詞
    ┌─────┬─────┼─────┬─────┐
  普通名詞 集合名詞 物質名詞 抽象名詞 固有名詞
```

種類	表すもの	例	可算性
普通名詞	一定の形があって数えられるもの	rose, star, house	○
集合名詞	複数のメンバーからなる集合体	family, class, staff	○×
物質名詞	一定の形を持たないもの	water, tea, wood	(×)
抽象名詞	抽象的な概念や性質	beauty, freedom, kindness	(×)
固有名詞	氏名・地名など固有の存在	John, Mary, Kyoto	(×)

⚠️ 〈可算性〉はその名詞が数えられるのか，数えられないのかを表す。ここでは，○は基本的に数えられるもの，×は基本的に数えられないものを指す。数えられる名詞を**可算名詞**（countable noun），数えられない名詞を**不可算名詞**（uncountable noun）と呼ぶ。しかし，可算性の区別は絶対的なものではない。実際には，不可算名詞とされるものが可算名詞に転用される場合も多いが，これについては pp. 386-388 で詳しく扱うことにする。

2 「数えられる名詞」と「数えられない名詞」

日本語と英語の名詞には，根本的な違いが存在する。すなわち，日本語は名詞の可算性に頓着しないのに対して，英語は名詞の可算性にきわめて厳格な区別を要求する。日本語では，「1匹[3匹] の**犬**を飼っている」のように，単複によって名詞の形を義務的に変える必要はない。一方，英語では，I have a dog[three dogs]. のように，単複の形を選択する必要がある。

もちろん，日本語でも複数を表す形がないわけではない。たとえば，「私たち」,「我々」,「私ども」,「あなたがた」,「子供たち」,「子供ら」,「家々」,「人々」,「島々」,「諸島」のように複数を表す形を持つものもあるが，これは個々の語について決まっているもので，文法規則といったものではない。

3 可算性の判断はどこにあるのか？

名詞の可算性の判断については，比較的簡単な場合もあるが，直感的な判断が難しい場合もある。たとえば，以下の名詞は数えられるだろうか。

advice（アドバイス）　　baggage（手荷物）　　furniture（家具）
homework（宿題）　　　information（情報）　　news（ニュース）
rice（米）　　　　　　　research（調査）　　　sand（砂）
traffic（交通）

英語では，これらの名詞はすべて不可算名詞である。たとえば advice を例にとると，「たくさんのよいアドバイス」は a lot of good advice となり，複数形をとることはない。あえて数えたい場合には，two pieces of advice（2つのアドバイス）のようにする必要がある。次に rice を例にとると，「米1粒」「米2粒」と言いたい場合にも，×a rice とか×two rices とすることはできない。数えるには，可算名詞の grain を使って，**a grain** of rice, **two grains** of rice としなければならない。

two grains of rice

以上のような例からわかるように，何が可算名詞で何が不可算名詞であるのかを客観的な基準をもって判断することが困難な場合も少なくない。

さらに言えば，可算名詞の中には，状況によって不可算扱いされる場合もある。たとえば, turkey（七面鳥）は可算名詞だが，食材としての turkey は不可算名詞扱いで, I ate turkey [×a turkey] for dinner. のようになる。a turkey とすると，丸ごと一羽ということになってしまう。

名詞はその具体性ゆえに簡単に習得できそうだが，可算性の区別は英語という言語のものの見方を反映しているので，意外に難しい。こまめに辞書を引いたり，用例で確かめたりすることで，語のイメージを作っていくことが大切である。

Step2 基礎 — 名詞の基本的な用法

　名詞は**人や事物を表す語**であるが，英語の名詞の大きな特徴は，「**数えられるもの**」と「**数えられないもの**」に分類できる，ということである。この特徴と，名詞の表す意味の性質から，次のように分類される。

名詞の分類

種類	C / U	意味的特徴	例
普通名詞	C	一定の形や区切りがあり，人や物を表す。	book, chair, apple, car, cat, dog など
集合名詞	C / U	人や物の集合体を表す。	family, class, team, police, staff など
物質名詞	U	一定の形のない物質を表す。	air, water, bread, coffee, tea, wood など
抽象名詞	U	抽象的な概念を表す。	education, information, love, honesty, beauty など
固有名詞	U	人名・地名など固有の名前を表す。	Tom, Mary, New York, Sunday, June など

＊ C は数えられる名詞（C = Countable），U は数えられない名詞（U = Uncountable）を表す。

1 「数えられる名詞」と「数えられない名詞」

　名詞は，「数えられる名詞」としての**可算名詞**（countable noun）と「数えられない名詞」としての**不可算名詞**（uncountable noun）に大別される。

> **1** I have a **cat** and two **dogs**.　　　　*671*
>
> **2** The ground was covered with **snow**.　　　　*672*
>
> 　**1** 私は1匹の猫と2匹の犬を飼っている。
> 　**2** 地面は雪に覆われていた。

　可算名詞（cat, dog など）は，単数なら必ず冠詞（the / a[an]）やそれに代わる語（this / that / my / your など）がつき，単独では使われない。複数の場合，不定冠詞はつかない。

374　第18章 ● 名詞

不可算名詞（snow など）は，単数形で使われる。不定冠詞がついたり，複数形になったりすることはないが，定冠詞は状況に応じてつくことがある。

> ⚠️ 同じ語でも意味によって可算名詞になったり不可算名詞になったりするものがある。（詳しくは，▶ pp. 386-388)。
> a chicken（ニワトリ）- chicken（鶏肉）
> an iron（アイロン）- iron（鉄）
> a paper（レポート，論文）- paper（紙）
> a work（作品，著作）- work（仕事，労働）

What's on your mind?

Q：お金は数えることができるのに，なぜ money は不可算名詞なのですか。
A：coin（硬貨），bill（《米》紙幣），note（《英》紙幣）は可算名詞ですが，money は不加算名詞です。お金は数えることができるのに，なぜ不加算名詞なのでしょうか。money は coin / bill [note] / electronic money（電子マネー）などからなる〈集合体〉を指す名詞だから，というのがその理由です。その意味では，furniture（家具類）や baggage [luggage]（手荷物類）と似ています。

　お金を数えるときは，a ten-yen coin（10 円玉），two thousand-yen bills（1,000 円札 2 枚）のように可算名詞の coin や bill を使ったり，three dollars（3 ドル），four pounds（4 ポンド）のように通貨単位を使ったりします。単位を使って数えるものとして扱う点では物質名詞に似ています。ちなみに，time（時間）も数えることができませんが，時間の単位である second / minute / hour などを使えば，数えることができるのとも似ています。

2 名詞の種類

名詞はその性質によって，**普通名詞・集合名詞・物質名詞・抽象名詞・固有名詞**に分類される。

❶ 普通名詞 C

> **3** Nowadays, many **classrooms** have **computers**.　　*673*
>
> **3** 今日では，コンピューターのある教室が多い。

普通名詞は，book（本），chair（椅子），dog（犬）など，「人や物」の名前を表す。一定の形や区切りを持つものを表す可算名詞で，単数形・複数形の区別が必要である。

> cf. 「単位」を表すものも「一定の区切り」を表すので，普通名詞として扱う。
>
> | day（日） | week（週） | month（月） | |
> | minute（分） | hour（時間） | gram（グラム） | meter（メートル）　など |
>
> It's about two **kilometers** from the station to my house.
> （駅から家までは約 2 キロメートルです。）

❷ 集合名詞 [C] [U]

> **4** My **family** is a very important part of my life.　　　　*674*
> **5** My **family** are all musicians. 　　　　　　　　　　　　*675*
> **6** The **police** are in pursuit of a stolen car. 　　　　　　　　*676*
> **7** There was not *much* **furniture** in his apartment. 　　　　*677*

> **4** 私の家族は私の人生でとても大切な部分です。
> **5** うちの家族は全員，音楽家です。
> **6** 警察は盗難車を追跡している。
> **7** 彼のアパートには家具はあまりなかった。

集合名詞は，family（家族），police（警察），furniture（家具）など，「人や物」の集合体を表す。可算名詞として，単数・複数の両方の形を持つものと，不可算名詞として単数形しか持たないものがある。

《1》 family の類

family の類の集合名詞は，単数・複数の両方の形を持つ。**4** では，家族をひとつの単位として捉えているので，単数扱い。**5** では，家族の構成員について語っているので，複数扱い。

cf. この種の集合名詞としては，class（クラス[の生徒]），club（クラブ），committee（委員会[の委員]），crew（乗務員），crowd（群衆），government（政府），jury（陪審），public（公衆），team（チーム）などがある。

⚠ audience（聴衆）も集合名詞。「500 人の聴衆」は an audience of 500 となる。500 audiences とはしない。[cf. She feels nervous in front of *a large audience*.（彼女は多数の聴衆の前では緊張する。）] staff を数えるには，たとえば，five staff members となり，five staffs とはしない。なお，jury（陪審）も集合名詞だが，個々の陪審員を指すときには juror を使う。

⚠ 「ご家族はいかがですか」と聞くときに，《米》では，How's your family? と単数扱い。《英》では，How are your family? のように，複数扱いが一般的。

《2》 police の類

police の類の集合名詞は，単数形の形をとるが，意味的には複数扱い。単数形でも，a[an]がつくことはない。「警察官」個人を指すときは，There were many **police officers** around the embassy building.（多くの警察官が大使館の建物の周りにいた。）のようにする。

cf. この種の集合名詞としては，people（人々），folk（人々），cattle（家畜，ウシ）などがある。

⚠ people は「国民, 民族」の意味では, 単数形にも複数形にもなり, a people, peoples と単数形にも複数形にもなる。もちろん,「人々」の意味では, people で複数扱いとなる。
The Samoans are a Polynesian people who are related to the native **peoples** of Hawaii and Tahiti.
(サモア人は, ハワイやタヒチの先住民と関係のあるポリネシア民族である。)
Many **people** [×*peoples*] attended the graduation ceremony.
(多くの人が卒業式に参加した。)

⚠ folk は country folks (田舎の人たち) のように複数形を取ることもある。

《1》《2》の集合名詞について, グループを指すときと個々の構成員を表すときの言い方の例を以下に掲げる。

グループ / 構成員

グループ	個々の構成員
class	a student, a pupil
club, committee, staff など	a club [committee, staff] member a member of the club [committee, staff]
jury	a juror
police	a police officer

《3》 furniture の類

　furniture の類の集合名詞は, 常に単数形で単数扱い。ただし, 単数形でも a [an] がつくことはないので要注意。

⚠ furniture は, table や chair などの集合体としての「家具類」のこと。「多い少ない」を表すときには much [a lot of] や (a) little を使う。個々の家具を指すときには, a piece [an item] of furniture (家具一点) のように言う。
They had a lot of nice **furniture** [×*furnitures*] in their house.
(彼らは家に多くの素敵な家具を持っていた。)

⚠ fruit も集合的に扱われ, 通例, 単複同形。ただし, 種類に注目している場合には fruits となる。fish も同様。
We have many kinds of **fruits** and vegetables in this shop.
(この店にはたくさんの種類のフルーツと野菜があります。)

集合名詞と個々のものを表す表現

集合名詞	個々のものを表す表現
baggage [luggage] (手荷物類), clothing (衣類), furniture (家具類) など	a piece [an item] of 〜 an article of 〜 (硬い表現)
jewelry (宝石類)	a jewel (a piece of jewelry が一般的)
machinery (機械 (類))	a machine
poetry (詩・詩歌)	a poem

> **Tips on Grammar**　fish はなぜ単複同形なのか？
>
> 　fish, deer, sheep などは単複同形の名詞です。たとえば、「たくさんの羊がいる」と言いたいときは、○ There are **many sheep**. となり、× There are many sheeps. / × There are much sheep. は誤りです。
> 　これは、「群れて存在」していることと関連していると思われます。羊や魚は集団でひとかたまりになって生息しているイメージがありますが、そのような存在については単複同形名詞がよく見られます。
> 　魚は fish だけでなく、salmon（鮭）、tuna（鮪）、trout（鱒）、carp（鯉）なども単複同形です。〔＊プロ野球チームの Hiroshima Carp の carp は単複同形ですが、Hanshin Tigers, Yomiuri Giants, Softbank Hawks などは、どれも複数形の -s がついています。〕
> 　魚類は単複同形の可算名詞で使われることが多いですが、それは「まるまる1匹」を念頭に置いている場合です。切り身になっていたり、食材として考える場合は、不可算名詞になります。「鮭が食べたい」と言いたいときに、"I'd like to eat a salmon." と言ったら「あなたは熊？」と聞かれるかもしれません。"I'd like to eat salmon." と不可算名詞を使いましょう。
> 　ちなみに、fishes という形がないわけではありません。There are many **fishes** in the aquarium.（水族館には多様な魚がいる。）のように、魚の種類を念頭に置いている時は、fishes という形が使われます。

❸ 物質名詞　U

8　He filled the pot with **water**.　　　　　　　　　　　　　　　　　　　　　*678*

　8　彼はポットに水を入れた。

物質名詞は、air（空気）, water（水）, soup（スープ）, bread（パン）, butter（バター）など一定の形のない物質を表す。不可算名詞なので、a [an] はつけず複数形にもならない。単数扱いをする。

Ex.　The printing machine is out of **paper**.（この印刷機は紙を切らしている。）

⚠　物質名詞は原則として数えないが、例外的な用法もある。たとえば、water は物質名詞だが、「多量の水」というニュアンスで複数形 waters が使われることもある。
Houses were washed away by flood **waters**.（家々が洪水によって流された。）

cf.　物質名詞は、1つ2つと数えることはできないが、「量の多少」を表現することは可能。その際には、a lot of, a great deal of, a large quantity of, much, some, any, a little, little, no などを用いる。
We had **a little gas** left in the tank.
（タンクにはガソリンが少し残っていた。）（▶ pp. 451-454）

cf.　物質名詞は、「容器」などを表す名詞を指定することで、数えるものとして扱うことができる。以下は、その代表的なもの。

　（1）**容器**
　a can of soup [paint]（スープ [ペンキ] 1缶）　　a carton of milk（牛乳1パック）

a cup of coffee [tea]（コーヒー[紅茶] 1 杯）　　a bottle of juice（ジュース 1 本）
a glass of water [milk / wine]（水 [牛乳 / ワイン] 1 杯）
a spoonful of sugar（砂糖 1 さじ）　　　a bag of flour（小麦粉 1 袋）　など

(2) 形状
a bar of chocolate [soap]（チョコレート 1 枚 [石鹸 1 個]）
a sheet of paper（紙 1 枚）
a loaf [two loaves] of bread（パン 1 斤 [2 斤]）
a lump of sugar [iron]（角砂糖 1 個 [鉄 1 かたまり]）
a slice of bread [cheese]（パン 1 枚 [チーズ 1 切れ]）
a cake of soap [ice]（石鹸 1 個 [氷 1 個]）
a piece of chalk [cake / cheese / chicken / paper]
（チョーク 1 本 / ケーキ 1 切れ / チーズ 1 切れ / 鶏肉 1 切れ / 紙切れ 1 枚）　など

(3) 単位
a kilogram of beef [gold / cotton]（牛肉 [金 / 綿] 1 キログラム）
a gallon of regular gasoline（レギュラー・ガソリン 1 ガロン）
a tablespoon of butter（バター小さじ 1）　など

(4) 量
a bit of tea（紅茶一口）　　　a pinch of salt（塩ひとつまみ）
[＊複数形にする場合には，単位を表す名詞を複数形に変えて，two cups of coffee, three loaves of bread 等とする。]

English & Japanese in Contrast
英語の類別詞と日本語の助数詞

　不可算名詞として扱われる集合名詞・物質名詞・抽象名詞の共通点は，一定の形を持つ個体として認識されていないということです。英語ではそのような名詞を単数扱いにし，a [an] がつくことも複数形にすることもありません。rice が不可算名詞となるのも，1 つ 1 つの粒を問題にしているわけではなく，さまざまな種類の米（short-grain rice（短粒米）/ long-grain rice（長粒米）/ wild rice（野生種米）など）の集合体として認識されているからなのです。

　米の粒を数えるときは，grain（粒）という可算名詞を使って a grain of rice, two grains of rice とします。日本語でも「米 1 粒，米 2 粒」のように「粒」という語を使うのと似ているところがあります。

　ちなみに，a grain of salt は慣用句として使われると，You should take it with a grain of salt.（物事を少しは疑って聞くべきですよ。）のような意味になります。また，a piece of cake は「容易な」という意味の慣用句として使われることもあります。

　数えるときに使う grain や「粒」などの語は**類別詞**（classifier）と呼ばれていますが，日本語では，類別詞のことを**助数詞**と呼んでいます。英語に比べて種類も多く，音が変化する（しかも「1 本，2 本，3 本」「1 泊，2 泊，3 泊」「1 階，2 階，3 階」など）ので，外国語として日本語を学ぶ人には難しいようです。

4 抽象名詞 U

> **9** We need to find a way to deal with **inflation**. *679*

9 私たちはインフレ対策の方法を見つけなければならない。

抽象名詞は，人や物事の性質や状態などを，抽象的な概念として表す名詞である。一定の形がなく，見たり触れたりすることもできない。不可算名詞で，常に単数扱い。a [an] はつかない。

cf. 抽象名詞のリスト

anger（怒り）	confidence（自信）	death（死）
education（教育）	experience（経験）	favor（お願い・頼み）
fun（楽しみ）	happiness（幸福）	homework（宿題）
honesty（誠実）	information（情報）	intelligence（知性）
kindness（親切〔心〕）	love（愛）	news（ニュース）
peace（平和）	power（力）	pride（誇り）
respect（尊敬）	room（余地）	truth（真実）
value（価値）	wealth（富）	
work（仕事［＊具体的な仕事は a job / jobs となる］）		youth（若さ） など

⚠ 抽象名詞の程度を表すには，a lot of, much, some, any, a little, little, no などを用いる。
We have experienced **some inflation** over the past ten years.
（我々は過去10年間にある程度のインフレを経験してきた。）
Do you have **any experience** in translation?（翻訳の経験はありますか。）
That hurricane caused a lot of **damage** to the town.
（そのハリケーンは，町に大損害をもたらした。）

⚠ a piece [bit] of ～を使って，抽象名詞を数える場合もある。a piece [bit] of advice（助言），good luck（幸運），trouble（困ったこと）など。
cf. He gave us **two useful pieces of information**.
　　（彼は私たちに2つの有益な情報をくれた。）
なお，複数形にする場合は，pieces [bits] にして，two pieces of economic news（経済ニュース2つ），three important bits of information（大切な情報3つ）などとする（▶ p. 378 物質名詞）。

⚠ 〈前置詞＋抽象名詞〉で形容詞や副詞の働きをすることがある（▶ p. 504, p. 507）。
〈**of**＋抽象名詞〉＝ 形容詞の働き（▶ p. 266）
　　of value（価値のある ＝ valuable), of importance（重要な ＝ important),
　　of use（役に立つ ＝ useful)　など
cf. This issue is of importance to us all.（この問題は，私たち全員にとって重要だ。）

〈**with**[**without**]＋抽象名詞〉＝ 副詞の働き
　with care（注意深く ＝ carefully）, with ease（容易に ＝ easily）
　without doubt（疑うことなく ＝ doubtlessly），
　without patience（性急に ＝ impatiently）　など

❺ 固有名詞 U

10 I recently read a book on **Leonardo da Vinci**. 　　　　　*680*

　10 私は最近，レオナルド・ダ・ヴィンチに関する本を読んだ。

　固有名詞は，人名（Leonardo da Vinci），国名・地名（Morocco, Paris），組織名（International Energy Agency [IEA] 国際エネルギー機関）など，固有の名前を表す。必ず語頭を大文字で表記し，原則として，a [an] をつけず，複数形にもならない。
　なお，特殊用法については，後で扱う（▶ p. 388）。

English & Japanese in Contrast
名詞形の意味の違い

　日本語には，「うま（旨さ）／うまみ（旨味）」，「暖かさ／暖かみ」，「厚さ／厚み」，「深さ／深み」のように，〈ーさ〉と〈ーみ〉で微妙な意味の違いを表す一群の名詞があります。両者の意味の違いを説明することは難しいですが，〈ーさ〉の方がより客観的で，〈ーみ〉の方がより感覚的と言えるかもしれません。この違いは英語で説明することはできても，必ずしも対応する一対の語が存在するわけではありません。最近は海外でも umami という日本語がそのまま使われるようになってきているのも，そのためでしょう。
　英語でも，似た意味の名詞が 2 つあることがあります。たとえば，「美しさ」を表す名詞として，beauty と beautifulness がありますが，前者が抽象的な「美」のみならず，具体的な「美しいもの・美人」をも表すのに対して，後者は抽象的な意味しかありません。同様に，rigid の形容詞形には，rigidity と rigidness がありますが，前者が「硬直性・頑固さ・不屈・剛性」など多様な意味を表すのに対して，後者は，「硬さ・固いこと」のように，意味範囲が狭くなっています。
　言語には，「形が違えば意味も違う」という原則がありますが，言葉の持つ微妙な意味・用法の違いに着目すると，英語の味わいもよりいっそう深いものになるでしょう。

---

❸ 名詞の複数形

　数えられる名詞には，単数形と複数形がある。複数形を作るには単数形に -s [-es] をつけて作る**規則変化**の名詞と，それ以外の形をとる**不規則変化**の名詞がある。

❶ 規則変化

> **11** Aboriginal **paintings** tell **stories** of their history and tradition.　　　*681*

　　11 アボリジニの絵画は彼らの歴史と伝統について語っている。

　規則変化名詞の複数形は，原則として**単数形の語尾に -s [-es] をつける**ことによって作る。上の paintings（複数形）はその例。ただし，story → stories のように語尾の形によっては，注意を要する場合もある。

注意すべき規則変化名詞の複数形

単数形の語尾	語尾の変化	例
s, sh, ch, x, z	-es をつける（発音は [iz]）	glass → glasses　　wish → wishes search → searches　　box → boxes buzz → buzzes　　house → houses
	〔例外〕 -s をつける（発音は [s]）	stomach → stomachs　　epoch → epochs
o	-es をつける（発音は [z]）	potato → potatoes　　tomato → tomatoes
	〔例外〕 -s をつける（発音は [z]）	dynamo → dynamos　　photo → photos piano → pianos　　solo → solos
子音+y	y を i に変えて -es をつける（発音は [z]）	city → cities　　lady → ladies baby → babies　　delivery → deliveries

⚠ 特別用法の固有名詞を複数形にする場合，語尾にかかわらず Kato → Katos, Judy → Judys のように，そのまま -s をつける（▶ p. 388）。ただし，[s][z][ʃ] で終わる語については，Jesus → Jesuses, Jones → Joneses, Macintosh → Macintoshes のように -es をつける。

❷ 不規則変化

> **12** I had to have two **teeth** pulled at the dentist.　　　*682*

　　12 歯医者で歯を2本抜いてもらわなければならなかった。

　不規則変化をする名詞としては，tooth → teeth のように母音変化を伴うもの以外に，語尾に -en [-ren] をつけるもの，単複同形のもの，外国語から英語に入ったもので特殊な変化をするものなどがある。

cf. 不規則変化の名詞の補足例

(1) 母音変化を伴うもの
foot → feet（足）　　　　　goose → geese（ガチョウ）
man → men（男性）　　　　mouse → mice（ハツカネズミ）
tooth → teeth（歯）　　　　woman → women（女性）　など

(2) 語尾に -en [-ren] をつけるもの
child → children（子供）　　ox → oxen（雄牛）　など

(3) 単複同形のもの
carp（鯉）　　　　deer（鹿）　　　　fish（魚）　　　Japanese（日本人）
means（手段）　　salmon（鮭）　　　sheep（羊）　　species（種）
trout（鱒）　　　　yen（円）　　など

cf. Sheep **are** [× *is*] very gentle and easily frightened.
　（羊はとてもおとなしく，すぐに怖がる。）

(4) 外国語から英語に入ったもの
analysis（分析）→ analyses　　　　crisis（危機）→ crises
criterion（基準）→ criteria
curriculum（カリキュラム）→ curricula [curriculums]
medium（メディア）→ media [mediums]
phenomenon（現象）→ phenomena
datum（データ）→ data　など
〔* data については，this data, these data のように単複同形で用いる方が普通。数える場合には，a piece of data とする。〕

(5) 複合語
editor-in-chief → editors-in-chief（編集長）
grown-up → grown-ups（大人・成人）
runner-up → runners-up（2位の者）　　　passer-by → passers-by（通行人）
son-in-law → sons-in-law（義理の息子）　など
〔*両方を複数形にする複合語もある：man servant → men servants（男の召し使い），woman writer → women writers（女性作家）　など〕

❸ 注意すべき複数形

13 I need **glasses** when I watch television.　　　　　*683*

　13 私はテレビを見るときメガネが必要です。

英語には，「メガネ」の意味の glasses のように，常に複数形で用いられる名詞がある。この種の名詞の特徴は，対になった部分から作られていることで，数える場合には，a pair of glasses, two pairs of glasses のようにする。

　The hairstylist owns **a pair of scissors** worth 150,000 yen.
　（そのヘアスタイリストは15万円の価値のあるハサミを所有している。）

cf. 複数形で用いられる名詞

binoculars（双眼鏡）	boots（ブーツ）	clippers（植木バサミ）
compasses（コンパス）	contents（中身・内容）	gloves（手袋）
goggles（ゴーグル）	groceries（日用雑貨[食料]品）	pants（ズボン）
pliers（ペンチ）	scissors（ハサミ）	shoes（靴）
sneakers（スニーカー）	socks（靴下）	
trousers（ズボン・パンツ）	など	

以下，注意すべき複数形を挙げる。

(1) 複数形になると，別の意味が加わるもの

air（空気・雰囲気）→ airs（偉そうな態度)　　arm（腕）→ arms（武器）
cloth（布）→ clothes（衣服)　　　　　　　　color（色）→ the colors（国旗・軍隊）
custom（習慣）→ customs（関税・税関)　　　force（力）→ forces（武力・軍隊）
good（善・利益）→ goods（商品）
letter（手紙・文字）→ letters（文学・学識)　manner（方法）→ manners（作法）
sand（砂）→ sands（砂地)　　　　　　　　　water（水）→ waters（海・領海）　など

cf. I have solved the problem in this **manner**. （このようにして問題を解決した。）
　　You need to improve your **manners**. （君は態度を改めなくてはならない。）

(2) -ics で終わる学問を表す名詞：単数扱い

acoustics（音響学）,	aeronautics（航空学）	athletics（体育理論）
economics（経済学）	electronics（電子工学）	ethics（倫理学）
genetics（遺伝学）	linguistics（言語学）	mathematics（数学）
mechanics（力学）	physics（物理学）	statistics（統計学）　など

[＊ statistics については，「統計（の数字）」の意味で用いられると複数扱いとなる。]

(3) 名詞の複数形が使われる慣用表現

become friends with ～（～と友達になる）　change trains（電車を乗り換える）
come to terms with ～（～と合意に達する）　take turns（交代する）
make friends with ～（～と親しくなる）　　shake hands with ～（～と握手する）

cf. Does anyone want to **change seats**? （席を代わりたい人はいますか。）
[＊これらの慣用表現は，2人または2つ以上のものが関わって成立する行為などを表す。]

(4) 略語・文字・数字

基本的に -'s をつけるが，最近は単に -s をつけるだけのこともある。

CD-ROMs（シーディーロム）
the ABCs（アルファベット）
the 1970s（1970年代）
the three R's（= Rs とも）（読み・書き・算術，reading, writing, arithmetic）

[＊最近では，the three R's of the environment: reduce（廃棄物の発生抑制），reuse（再使用），recycle（再資源化）の意味でも使われる。]

> There are many **A's** and **B's** in her transcript.（彼女の成績証明書には，多くの A や B がある。）の場合は，As and Bs とすると分かりにくいので，-'s をつけた方が無難。

> 以下のような用法も注意を必要とする。
> **a bunch of** bananas [grapes]（バナナ[ブドウ] 1 房）
> **a bunch of** flowers [keys]（花[鍵] 1 束）
> **a bouquet of** flowers（花束）
> **a box of** chocolates [paper clips]（チョコレート菓子[クリップ] 1 箱）
> **a carton of** eggs [tomatoes]（卵[トマト] 1 パック）

4 名詞の所有格

名詞の所有格は，日本語の「～の」にほぼ相当し，所有関係などを表す。人や動物を表す名詞の所有格は，名詞に -'s（アポストロフィエス）をつけることを原則とする。

1 所有格（人や動物など）

14	This is probably **Judy's** bag.	*684*
15	The teacher corrected his **students'** spelling errors.	*685*

　14 これはたぶんジュディーのかばんです。
　15 先生は自分の学生のつづりの間違いを訂正した。

単数名詞の所有格は，語尾の形にかかわらず，-'s をつけ，Judy's のようにする。

> -s で終わる固有名詞の所有格は，そのまま -'s をつける。
> Professor Collins's book（コリンズ教授の本）　　Charles's wife（チャールズの妻）
> 《例外》Jesus' twelve disciples（イエスの十二使徒）

複数名詞の所有格の場合は，-s で終わるものについては -' だけをつけ，a girls' magazine（女の子向け雑誌）のようにする。それ以外の場合は，men's room（男性用トイレ），children's toys（子供のおもちゃ）のように，-'s をつける。

> 無生物を表す名詞については，〈**A of B**〉という形で「B の A」という関係を表す。
> the lid of a box（箱のふた）　　　　　the legs of a table（テーブルの脚）
> the foot of the mountain（山の麓）　　the mouth of the river（河口）
> the top of the tree（梢）　など

> 無生物を表す名詞であっても〈**A of B**〉の形にせずに，-'s を使って所有格を作る場合がある。
> (1) 時間・距離・金額など
> 　　five minutes' break（5 分の休憩）
> 　　today's event（今日の催し）
> 　　last night's message（昨夜のメッセージ）

　　　　one hour's walk（歩いて1時間の距離）
　　　　fifty dollars' worth of coupons（50ドル分のクーポン券）
　　　　by a hair's breath（間一髪で）　など。
　　　　The hotel is located within **five minutes' walk** from here.
　　　　（そのホテルはここから歩いて5分以内のところにあります。）

　　(2) 国名など
　　　　Japan's industry（日本の産業）　　America's destiny（アメリカの運命）
　　　　a country's economy（国の経済）　など

> ⚠ 「私の友人の一人」は a friend of mine とするが, 「太郎の友人の一人」は a friend of Taro's のように名詞の所有格を用いる。a friend of Taro とはしない。
> This old-fashioned **watch of mine** was a present from my mother.
> （この古めかしい私の時計は母からの贈り物だった。）

❷ 所有格の表す意味

> **16** He was disappointed at the **publisher's** *rejection* of his work.　　*686*
> **17** We were surprised at **John's** *appointment* as president.　　*687*

　　16 彼は自分の作品を出版社が却下したことに落胆した。
　　17 私たちはジョンが社長に任命されたことに驚いた。

所有格は, 所有を表すばかりではない。**16** のように, 所有格の名詞（publisher's）が, 次の名詞（rejection）に対して**主格の関係**を表す場合もある。（≒ He was disappointed that the publisher had rejected his work.）
また, **17** のように, 所有格の名詞（John's）が, 次の名詞（appointment）に対して**目的格の関係**を表す場合もある。（≒ We were surprised to find that they appointed John as president.）

> **Ex.** I'm happy to hear about **your family's** *support* for your work.
> （私は家族が君の仕事をサポートしていることを聞いてうれしく思います。）

5 不可算名詞の普通名詞への転用

本来数えられない名詞である物質名詞・抽象名詞・固有名詞に a [an] をつけたり, 複数形にしたりすることで普通名詞（可算名詞）のように扱うことがある。

❶ 物質名詞→普通名詞

> **18** Did you finish the history **paper**?　　*688*

　　18 歴史の論文を書き終えましたか。

物質名詞を普通名詞のように用いて具体的な物を表すことがある。paper は「紙」という意味では物質名詞だが、上例では「論文」という意味の普通名詞である。

Ex. She has to submit three **term papers** by next Monday.
(彼女は来週の月曜日までに、学期末レポートを3本提出しなければならない。)

次の例では、抽象名詞の wine (ワイン) が普通名詞化され、「ワインの種類」という意味で複数形になっている。
California produces many excellent **wines**.
(カリフォルニアは多くの素晴らしいワインを生産している。)
他に、fire (火) → a fire (火事), glass (ガラス) → a glass (グラス), coffee (コーヒー) → a coffee (コーヒー1杯) などの用法もある (▶ p. 400)。

❷ 抽象名詞→普通名詞

19 It's **a pity** that you cannot make it to the wedding. 689

19 あなたが結婚式に来られないのは残念なことだ。

抽象名詞が普通名詞のように用いられ、具体的な事例や種類を表すことがある。pity は「哀れみ」という意味の抽象名詞だが、上例では具体的な事例 (「残念なこと」) を指す。
他に、kindness (親切) → a kindness (親切な行為), shame (恥) → a shame (恥になること[人]、残念なこと), business (商売・商取引) → a business (会社・店) など。

cf. I thank you for your many **kindnesses**.
(数多くのご親切に対してお礼を申し上げます。)

Ex. It's **a shame** that Hasegawa lost. (長谷川が負けたのは残念なことだ。)
It's **a shame** that landmines still kill and injure so many innocent people today. (今日でもまだ地雷が多くの罪のない人々の命を奪ったり、傷つけたりするのは残念なことだ。)
My father runs **a small business** in Shizuoka.
(父は静岡で小さな店を経営しています。)

形容詞がつくと具体的な事例として普通名詞のように用いられることが多い。
Recent years have seen **a rapid development** in the software industry.
(近年、ソフトウェア産業は急速な発展を遂げた。)
There was **a long silence**, and then he said, "God bless you!"
(長い沈黙があって、彼は言った。「神のご加護のあらんことを」)

逆に、普通名詞が抽象名詞的に使われる場合もある。
There is some **room** for doubt. (疑問の余地が少しある。)
[＊room は本来「空間、部屋」を意味する普通名詞だが、この用例では、「余地、可能性」という意味の抽象名詞として使われている。]

3 固有名詞→普通名詞

20 I have a replica of **a Magritte** in my living room. *690*

20 私は居間にマグリットの複製を飾っています。

人や事物の固有の名前である固有名詞を普通名詞化することによって，「～の作品・製品」「～という名前の人」「～のような人」などの意味を表すことがある。用例の Magritte は芸術家の名前であるが，これを「マグリットの作品」という意味で使っている。

Ex. **A Mr. Leech** is waiting for you downstairs.
（リーチさんという方が階下でお待ちですよ。）
He realized that he could never be **an Einstein**.
（彼は自分が決してアインシュタイン（のような偉大な物理学者）にはなれないと悟った。）
He is **the Edison** of Japan（彼は日本のエジソンだ。）
There are **two Satos** in this class. （このクラスには佐藤さんが2人いる。）
［＊「佐藤という名前の人」という意味。］

くだけた用法で代名詞や接続詞などが普通名詞扱いになる場合がある。
The baby is **a she**. （その赤ん坊は女の子だ。）
This plan is only **an if**. （この計画は仮定の話にすぎない。）
I don't want to hear "**ifs**" and "**buts**." （私は「もしも」とか「でも」は聞きたくない。）

One-point Advice　　名詞の性 (gender)

英語の名詞には，男性・女性・通性・中性の区別があります。「男性」「女性」は自然界における性の区別に対応するもので，man（男）− woman（女），son（息子）− daughter（娘），husband（夫）− wife（妻）など対をなす独立した語もあれば，prince（王子）− princess（王女），waiter（ウェイター）− waitress（ウエイトレス），hero（ヒーロー）− heroine（ヒロイン）のように，男性名詞に接辞をつけて女性名詞を作るものもあります。

「通性」は，男性にも女性にも用いられる名詞で，child, friend, parent, person など。「中性」は性別による区別のない名詞で，pencil, river, sky, stone, table などがあります。

職業名を表す一部の語については，性差別につながるおそれがあるということで，近年，通性の語に差し替えられています。

chairman → chairperson [chair]（議長）　　　fireman → firefighter（消防士）
fisherman →《英》fisher（漁師）　　　policeman → police officer（警察官）
housewife / househusband → homemaker（主婦・主夫）
spokesman → spokesperson（代弁者・スポークスマン）
steward / stewardess → flight attendant（客室乗務員） など。

また，どちらかに偏ることが多い職業の場合は，共通に使える語が好まれます。
actress（女優）→ actor（俳優）
waitress（ウエイトレス）→ waitperson, server（接客係） など。

［＊ doctor（医師・博士），actor（俳優），nurse（看護師），secretary（秘書）は，本来男女共通に使えます。］

第19章

冠詞

導入 ● 冠詞とは何か	
1. 不定冠詞と定冠詞の違い	390
2. 定冠詞の用法	391

基礎 ● 冠詞の基本的な用法	
1. 定冠詞の用法：定冠詞の基本的な用法 / 定冠詞の慣用的な用法 / 定冠詞を伴う固有名詞	392
2. 不定冠詞の用法：不定冠詞の基本的な用法 / 不定冠詞を伴う慣用句	399
3. 無冠詞の用法：無冠詞の基本的な用法 / 普通名詞の単数形で無冠詞の場合 / 無冠詞の慣用句	403
4. 冠詞の位置：注意すべき冠詞の位置 /「一組になったもの」につける冠詞	406

Step1 導入　冠詞とは何か

1　不定冠詞と定冠詞の違い

冠詞とは，文字どおり，名詞につける「冠」のような言葉で，名詞を軽く限定する働きをする。冠詞には，**定冠詞**の **the** と，**不定冠詞**の **a[an]** の2種類がある。

ここで，ネコが座布団に座っている状況を述べた (1) と (2) を比較してみよう。

(1) **A cat** is sitting on a cushion. (1匹のネコがクッションの上に座っている。)
(2) **The cat** is sitting on a cushion. (そのネコがクッションの上に座っている。)

ともに同じ状況について述べたものだが，聞き手がそのネコについて了解しているのか，了解していないのかが冠詞の使い分けの決め手になる。ネコがまだ話題に挙がっていなければ，a cat のように不定冠詞が使われ，すでに話題となっている特定のネコについて述べる場合には，the cat のように定冠詞が使われる。

一般的に言えば，話題の中に初めて導入された名詞 (単数の可算名詞) には不定冠詞が使われ，すでに話題となっているものには定冠詞が使われる。言い方をかえれば，聞き手にとっての**新情報** (未知の情報) には不定冠詞が使われ，**旧情報** (既知の情報) については定冠詞が使われるのである。

2　定冠詞の用法

　話題の中に初めて導入された名詞であっても，文脈から特定される場合には，**旧情報扱い**となり定冠詞が使われる。たとえば，通りで見かけた特定の車を指して，「その車を見て！」という場合，"Look at **the car**!" となる。状況からどの車なのか明白であることから，旧情報扱いになる。

　また，初めて現れた名詞でも，関係節などで十分に限定されている場合，旧情報扱いになる。たとえば，**The camera** that I bought yesterday was reasonable.（昨日私が買ったカメラは手頃な値段だった。）においては，camera が関係節により十分に限定されていると考えられるので定冠詞が使われる。

　このほか，慣用的に旧情報扱いとなる用法もある。

(3) He sailed across **the Pacific** in 1962.
　　（彼は 1962 年に太平洋を船で横断した。）
(4) **The earth** moves around **the sun**.（地球は太陽の周りを回る。）
(5) I will take **the train** to Fujisawa.（藤沢まで電車で行きます。）

　(3) の the Pacific は，「(私たちの知っている) あの太平洋」という意味で，定冠詞が使われる。(4) の the earth や the sun については，「あの地球や太陽」は宇宙に 1 つしか存在しないものという前提で，定冠詞が使われる。(5) の the train については，「(私たちの知っている) あの鉄道という交通手段」という意味で，定冠詞が使われる。

　これに関連して，冠詞の用法に社会常識が関与している場合もある。たとえば，アメリカ人の友人の家に初めて招かれたとしよう。その際，家の中をすみずみまで案内してくれることがあるが，台所と寝室では冠詞の使われ方が違うことが多い。

(6) This is **the kitchen**.（これが台所です。）
(7) This is **a bedroom** for my soon.（これは息子の寝室です。）
(8) This is **the master bedroom**.（これが夫婦の寝室です。）

　通例，台所はひとつだから定冠詞を伴うが，寝室は複数あるのが普通なので，不定冠詞つきになる。ただし，夫婦の寝室は一部屋なので，定冠詞つきになる。もちろん，住宅展示場などで，さまざまな master bedroom を紹介している場合には不定冠詞がついてもおかしくない。

　以上見てきたように，冠詞の用法は一筋縄ではいかない。また，その用法を体得するのは容易ではない。しかし，「習うより慣れろ」(Practice makes perfect.) という言葉の通り，慣れも大切である。

Step2 基礎 冠詞の基本的な用法

1 定冠詞の用法

定冠詞 the は，名詞の種類が何であれ，話し手（書き手）と聞き手（読み手）が**何を指しているのか特定できる**人や**事物**を表す名詞につけられる。

定冠詞 the の発音については，以下のようになる。
 (1) 子音の前：[ðə]　（例）the mountain, the river
 (2) 母音の前：[ði]　（例）the action, the expression
 (3) 強調：[ðíː]　（例）*the* Stephen Hawking（▶ p. 398）

① 定冠詞の基本的な用法

《1》 すでに出てきた名詞を受ける場合

> **1** I saw *a big fat cat* on the street. **The** cat was carrying a fish in its mouth. *691*
>
> **2** *A red sports car* smashed into a house last night. **The** driver was going over the speed limit. *692*

> **1** 通りで大きな太ったネコを見た。そのネコは魚を口にくわえていた。
> **2** 昨夜赤いスポーツカーが民家に突っ込んだ。運転手は制限速度を超えて運転していた。

文脈上，名詞が何を指しているのか特定できる場合，定冠詞が使われる。**1** では，a big fat cat について言及していることが文脈上明白なので，定冠詞が使われる。**2** で the driver とあるが，前文で a red sports car と提示されているので，当然その運転手だろうと想定することができるため定冠詞が使われている。

《2》 状況から指しているものが明確な場合

> **3** Open **the** door, please. *693*
>
> **4** Could you turn **the** light off? *694*

3 そこのドアを開けてください。
4 明かりを消していただけませんか。

状況から何を指しているのか特定できる場合にも、定冠詞が使われる。

3 で、the door とあるのは、どのドアを指しているのか、聞き手にも分かるだろうと想定されているからである。

4 の場合も同様で、その場の状況からどの light を指しているのか分かるものと想定されている。

On a Street Corner

（左）駅の柵に掲げられていた掲示。鉄道内に立ち入ることを禁じる警告で、罰金は1,000ポンドとあります。"the Railway" と定冠詞がつくのは、状況からどの線路を指しているのか、明白だからです。

（右）バスの窓に貼られた掲示。Please keep your feet off the seats.（足を座席に乗せないでください）のように、"the seats" が定冠詞つきです。バスの座席を指すことが状況から明白であることがその理由です。

《3》修飾によって限定される場合

5 Do you know **the** man *sitting on the bench over there?*　　695

6 This is **the** watch *that I received for my birthday present.*　　696

5 あそこのベンチに座っている男性を知っていますか。
6 これが私が誕生日プレゼントでもらった時計です。

名詞が修飾され、内容が十分に特定されている場合には定冠詞がつく。**5** では、現在分詞 sitting 以下が the man を修飾しているため、誰を指しているのかが明らかに特定できる。**6** では、関係節によって the watch が十分に特定されている。

Ex. I have to send her a thank-you note for **the** present *she gave me.*
（私は彼女がくれたプレゼントに対する礼状を送らなくてはならない。）

Step2　冠詞の基本的な用法　393

He returned **the** notebook *he borrowed from his girlfriend.*
(彼はガールフレンドから借りたノートを返却した。)
The movie *I saw yesterday* was boring. (昨日私が見た映画はつまらなかった。)
The grapes *that we had for dessert* were sour.
(デザートに食べたブドウは酸っぱかった。)
Amsterdam is **the** capital *of the Netherlands.*
(アムステルダムはオランダの首都です。)

⚠ 強く限定する語句によって修飾される場合も定冠詞がつく。以下はその例で，一方は最上級 the best により，他方は the only により限定されている。

She is one of **the** best pianists of our time.
(彼女は現代における最高のピアニストの一人だ。)
The only way to achieve high returns is to take high risks.
(収益を高める唯一の方法は大きなリスクを冒すことだ。)

Tips on Grammar　冠詞の選択

名詞が修飾されていれば，その名詞に必ず定冠詞がつくというわけではありません。名詞が修飾により十分に特定される場合は定冠詞がつく，ということです。たとえば，「私たちの学校の校長先生」の場合は，**the** principal *of our school* のように定冠詞が使われるのに対して，「私たちの学校の生徒」の場合は，**a** pupil *of our school* となり，不定冠詞の a が使われます。通常，校長は学校に一人ですから of our school で十分限定されますが，生徒は多数いるので，同じ前置詞句で修飾されていても限定が不十分になるのです。

《4》種類全体を指す場合（総称）

7　Africa is the home of **the** chimpanzee.　　　　　　　　　　　　*697*

8　**The** egg is an important source of protein.　　　　　　　　　　*698*

　　7　アフリカはチンパンジーの生息地である。
　　8　卵は重要なタンパク源である。

これは種類全体を表す〈総称の the〉と呼ばれる用法である。
　7 の the chimpanzee は特定のチンパンジーを指しているのではなく，チンパンジー一般を指している。**8** の the egg も同様に，特定の卵を指すのではなく，卵一般を指している。このような総称を表す定冠詞の用法は，主に硬い文章で使われる。
　不定冠詞を使って，**An** egg is an important source of protein. としても基本的な意味は変わらないが，口語では，**Eggs** are an important source of protein. のように，冠詞なしの複数形が使われるのが一般的である。

　Ex. **The** pen is mightier than **the** sword. (文は武よりも強し。[ことわざ])

《5》もともと1つに限定されるものを指す場合

9 <u>The</u> earth moves around <u>the</u> sun. *699*

9 地球は太陽の周りを回っています。

the earth, the sun は,ともに定冠詞つきで使われているが,地球も太陽も「ひとつしかない」ものであり,十分に特定されていると想定されるからである。

Ex. His books are popular all over **the world**. (彼の本は世界中で人気がある。)

cf. この他に,通例定冠詞がつく名詞には以下のものがある。

the moon (月)	the sky (空)	the ground (地面)
the sea (海)	the air (空気)	the horizon (地平線, 水平線)
the universe (宇宙)	the equator (赤道)	the right [left] (右[左])
the east [west / south / north] (東[西/南/北])		the wind (風)
the rain (雨) など		

⚠ the moon, the sky, the sea などについては,形容詞を伴って**異なる様相**を表すときには,不定冠詞が使われる。

a full moon (満月)　　a crescent moon (三日月)　　a cloudy sky (曇った空)
a calm sea (穏やかな海)　　a rough sea (荒れた海)　など

One-point Advice　冠詞の起源

歴史的に見ると,定冠詞は古い時代の英語の指示代名詞 se / seo / þæt (= that) に由来したもので,「あの〜」という意味を表します。一方,不定冠詞は ān (=one) に由来し,「ひとつの〜」という意味を持っています。後に,子音の前で n が脱落することにより,不定冠詞の a と an に分かれることになります。「母音で始まる単語の場合は,a に n をつけて an とする」と説明されることがありますが,実は,逆方向に変化した結果なのです。

---

❷ 定冠詞の慣用的な用法

《1》〈the ＋形容詞〉

10 They provide care for <u>the</u> sick and <u>the</u> aged. *700*

11 We should be prepared for <u>the</u> unexpected. *701*

10 彼らは,病人と高齢者たちにケアを提供する。
11 私たちは予期せぬことに対して準備をしておくべきだ。

〈the ＋形容詞〉が,形容詞で表されている性質を共有している人々や事柄を表す場合がある。**10** の the sick, the aged はそれぞれ,「病気の人々」「高齢者たち」の意味で使われ,

Step2　冠詞の基本的な用法　**395**

複数扱い。**11** の the unexpected は「予想外のこと」「予期せぬ出来事」という意味合い。

> **Ex.** They did all they could do to rescue **the** *injured*.
> （彼らはけが人を救出するためにできる限りのことをした。）

> ⚠️ ただし、あらゆる形容詞がこの形をとるわけではなく、下記の例のような特定の形容詞に限定されている。
>
> | | |
> |---|---|
> | the blind（目の見えない人たち） | the deaf（耳の聞こえない人たち） |
> | the handicapped（障害を持った人たち） | the unemployed（失業者） |
> | the old（老人） | the dead（死者）　など |

《2》身体の部分

> **12** She hit him in **the** face with a bunch of flowers. 　　　*702*
>
> **12** 彼女は花束で彼の横っ面を張った。

人の身体の一部に対してある行為が及ぶとき、〈S＋V＋O（人称代名詞）＋前置詞＋the＋身体部位〉の形が使われる。**12** のように、She hit him（彼女は彼を張った）とまず大ざっぱに言ってから、次に張った部位を具体的に in the face と特定する。

> **Ex.** She kissed him on the cheek.（彼女は彼のほおにキスをした。）
> The man grabbed him by the shoulder.（その男は彼の肩をつかんだ。）
> The police officer took me by the hand.（その警察官は私の手をつかんだ。）

> **+α** hit him in the nose（彼の鼻に一撃をくらわす）
> hit him on the head（彼の頭をなぐる）
> hit me on the shoulder（私の肩を打つ）
> hold her by the arm（彼女の腕をつかむ）
> pat her on the shoulder（彼女の肩を軽くたたく）
> punch him in the eye（彼の目をなぐる）
> slap him in the face（彼の顔をひっぱたく）
> take him by the arm（彼の腕をつかむ）

> ⚠️ arm や shoulder など、対になっているもののうちの 1 つを指す場合は、不定冠詞を伴って使われることもある。
> hold her by an arm（彼女の腕をつかむ）
> pat her on a shoulder（彼女の肩を軽くたたく）

《3》演奏のための楽器

> **13** Eric plays **the** guitar for hours every day. 　　　*703*
>
> **13** エリックは毎日、何時間もギターを弾く。

396　第19章 ●冠詞

楽器を演奏することを語る場合〈**play the ＋楽器**〉の形をとる。play the guitar の場合，個別のギターが問題とされているのではなく，「ギターという楽器」という意味で使われている。

Ex. play the piano（ピアノを弾く）　　play the violin（バイオリンを弾く）
play the oboe（オーボエを吹く）など

⚠ 「1 つの」という意味を表そうとすると不定冠詞を使って play a piano と言うこともある。また，まれに無冠詞で使われることもある。
Playing piano tonight is Keith Jarrett.
（今晩ピアノを演奏するのはキース・ジャレットさんです。）

《4》単位

14 Eggs are sold by **the** dozen.　　　　　　　　　　　　　　704

14 卵は 1 ダースいくらで売られる。

〈by the ＋単位を表す名詞〉の組み合わせで，「～という単位で」という意味。by the dozen（1 ダースという単位で）はその一例である。

Ex. Students board **by the month**.（学生は月払いで下宿する。）〔＊《英》の用法〕
The house is rented **by the month** to Mr. Jackson.
（その家は月極めでジャクソンさんに貸されている。）
They sell salt **by the kilogram**.（塩は 1 キロいくらで売っている。）
Sugar is sold **by the pound**.（砂糖は 1 ポンドいくらで売られる。）
You will be paid **by the hour**.（時給で支払われます。）

cf. 定冠詞を伴う慣用句

at the expense of ～（～を犠牲にして）　　in the morning（朝）
in the afternoon（午後）　　　　　　　　in the evening（夕方）
in the rain（雨の中を）　　　　　　　　　in the shade（日陰で）
in the sun（日向で）　　　　　　　　　　in the dark（暗がりで）
in the distance（遠方に）　　　　　　　　in the long run（長い目で見れば，結局）
in the way（じゃまになって）
on the contrary（これに反して；それどころか）
to the contrary（それと反対に；にもかかわらず）
on the increase（増加して）
on the decrease（減少して）　　　　　　on the one hand（一方では）
on the other hand（他方では）　　　　　on the spot（ただちに）
on the way（途中で，進行して）　　　　 on the whole（全体的に）
on the [one's] way to ～（～の途中で）　out of the question（問題にならない）
make the most of ～（～を最大限利用する）
to the point（要領を得た）

Step2　冠詞の基本的な用法　｜　397

❸ 定冠詞を伴う固有名詞

> **15** **The** Tokyo of today is very different from that of 1945.　　　705
>
> **16** Did you actually talk to **the** Stephen Hawking?　　　706

15 今の東京は1945年当時の東京とずいぶん違っている。
16 本当に，あのスティーブン・ホーキングと話したんですか。

通常，固有名詞に冠詞をつけることはないが，ある側面や種類を表すために冠詞をつけることがある。**15** の The Tokyo of today は，「今という特定の時期における東京」という意味合い。

Ex. I like **the Paris** that ordinary tourists do not see.
（私は，普通の旅行客が見ないようなパリが好きだ。）

16 では，Stephen Hawking に定冠詞がついているが，「その名前の人物のうち，最も有名な」という意味合いである。the は強勢を伴い [ðíː] と発音される。

+α 修飾句を伴わなくとも，慣習として the をつける場合がある。

〈**the ＋単数固有名詞**〉
(a) 河川・海洋・海峡・運河・半島・砂漠など

the Thames（テムズ川）	the Mississippi（ミシシッピ川）
the Pacific (Ocean)（太平洋）	the Atlantic (Ocean)（大西洋）
the Suez Canal（スエズ運河）	the Noto Peninsula（能登半島）
the Sahara（サハラ砂漠）	など

【注】「山・湖・湾」は通例，無冠詞：Mt. Everest（エベレスト山），Lake Michigan（ミシガン湖），Hudson Bay（ハドソン湾）など。ただし，the Matterhorn（マッターホルン），the Jungfrau（ユングフラウ〔＊ young woman の意〕）のように，定冠詞がつく場合もある。

(b) 船舶・列車・鉄道名

the Kanrin-maru（咸臨丸）	the Queen Elizabeth（クイーン・エリザベス号）
the Nozomi（のぞみ号）	the Yamanote Line（山手線）　など

(c) 公共建築物・ホテル・劇場

the New York Public Library（ニューヨーク公立図書館）
the Intercontinental Hotel（インターコンチネンタル・ホテル）
the Meiji Shrine（明治神宮）　など

【注】「駅・通り・空港・公園」は通例，無冠詞：Shinjuku Station（新宿駅），Park Avenue（パーク・アベニュー），Haneda Airport（羽田空港），Grand Canyon National Park（グランドキャニオン国立公園）　など

(d) 新聞・雑誌

  The New York Times（ニューヨーク・タイムズ）
  The Atlantic Monthly（アトランティック・マンスリー誌）　など
  【注】Time（タイム誌），Life（ライフ誌）は無冠詞

(e) 国民全体

  the Japanese（日本人）   the Chinese（中国人）
  the Portuguese（ポルトガル人） the Vietnamese（ベトナム人）　など

(f) 国名・都市名

  the United Kingdom（連合王国）
  the Republic of South Africa（南アフリカ共和国）
  The Hague（ハーグ）〔＊オランダ語の Den Haag より。定冠詞は大文字で始める。〕
  など

〈the ＋複数固有名詞〉

(a) 複数形の国名

  the United States of America（アメリカ合衆国）
  the Netherlands（オランダ）　など

(b) 山脈・群島など

  the Alps（アルプス山脈） the Rockies（ロッキー山脈）
  the Aleutians（アリューシャン列島）　など

(c) 家族全員

  the Yamadas（山田家の人々全員 / 山田夫妻）

  cf. **The Adams** are proud of their sons and daughters.
   （アダムズ夫妻は自分の息子たちや娘たちを誇りに思っている。）

2 不定冠詞の用法

　数えられる名詞の単数形には**不定冠詞** a [an] がつき，「単数」または「ある種類のもの全体」を表す。

　不定冠詞 a, an の使い分けについては，続く名詞の語頭音が子音であるか，母音であるかによって決まる。つづり字ではないので要注意。

(1) 子音の前 a [ə]：（例）a calendar / a desk / a picnic / a university / a European / a UFO
(2) 母音の前 an [ən]：（例）an apple / an artist / an example / an honest girl / an hour

1 不定冠詞の基本的な用法

《1》初めて話に出てくる単数可算名詞につく

> **17**　**A** police officer came to my house yesterday.　　　*707*

  17　昨日，警察官が家に来た。

A police officer のように,「ある一人の〜」という意味合いで不特定の人物を指すときには, 不定冠詞が使われる。

> ⚠️ 「(不特定の)学生が何人か会いに来ました」という文であれば **Students** came to see me yesterday. のように, 複数形が使われる。いずれの場合も, 聞き手にとって初めて話題にされる名詞については, 定冠詞はとらない。

《2》「ひとつの」という意味で

> **18** I'm almost <u>a year</u> past the deadline on my next book.　　*708*
>
> **19** It takes about <u>an hour</u> to get to the station from here. 　　*709*
>
> **20** Let's drop in for <u>a coffee</u> and chat. 　　*710*

> **18** 私は次の本の締め切りから, もう1年近く過ぎた状態だ。
> **19** ここから駅までは約1時間かかります。
> **20** 立ち寄ってコーヒーを飲んで, おしゃべりしよう。

　18 **19** では, 普通名詞の前に不定冠詞 a[an] が使われ, one の意味を表す。**20** の a coffee は「1杯のコーヒー」の意味。このように, ときに物質名詞の前に不定冠詞が使われることがある (▶ pp. 386-387)。

> ⚠️ もちろん, Excuse me, may I have **a glass of water**? (すみませんが, 水を1杯もらえますか。) のように, 数えられる名詞 glass などを伴う用法もある。

《3》「種類全体」について

> **21** **An** architect is a person who designs buildings. 　　*711*
>
> **22** Raising <u>a baby panda</u> is very difficult. 　　*712*

> **21** 建築家は建物の設計をする人です。
> **22** パンダの赤ちゃんを育てるのはとても難しい。

　〈a[an]＋普通名詞〉で, その種類全体を表すことがある。**21** の an architect は,「建築家というもの」すなわち「建築家一般」の意味。**22** の a baby panda は,「パンダの赤ちゃん一般」ということで, any baby panda の意味である。

> **Ex.** We should give **a child** an opportunity to develop his or her potential.
> (私たちは子供に自分の潜在能力を引き出す機会を与えるべきだ。)

《4》「～につき」という意味で

23 The computer operated twenty-four hours **a** day, seven days **a week**. 713

23 コンピューターは1日24時間、週に7日間稼動していました。

不定冠詞は、「ひとつにつき」という意味合いで、「単位」を表すことがある。a day は「1日につき」、a week は「1週につき」ということ。

Ex. once a week（週に1度）　　　　twice a month（月に2度）
four times a year（年に4度）
She goes swimming **twice a week**.（彼女は週に2度、水泳に行きます。）
He studies mathematics for an hour **a day**.（彼は1日1時間数学を勉強します。）

> **Tips on Grammar**　不定冠詞のユニークな用法
>
> 「類は友を呼ぶ」ということわざがありますが、英語では、Birds of a feather flock together.（同じ羽の鳥は群れをなす。）と言います。a feather は「1枚の羽」という意味ではなく、「同じ（色の）羽」という意味で使われています。ただし、このような用法はことわざの形で残っている珍しい用法で、現在ではあまり使われません。
> ところで、不定冠詞が few, many, great many, good many という表現の前に置かれて、複数名詞と一緒に使われることがあります。（たとえば、a great many years, a good many people のように。）複数名詞と使うのは矛盾ではないかと感じられるかもしれませんが、これは、もともと古英語の ān の複数形の āne に由来するもので、現在の some に相当します。このように英語の歴史をさかのぼると、意外な事実が明らかになることがあります。

❷ 不定冠詞を伴う慣用句

24 He comes to see me **once in a while**. 714
25 She was **at a loss** what to say. 715
26 **All of a sudden**, it began to pour. 716

24 彼は時々私に会いにやってくる。
25 彼女は何を言ったらいいのか途方に暮れていた。
26 突然、土砂降りになった。

英語には、不定冠詞を伴う数多くの慣用句が存在している。once in a while（時々）, at a loss（途方に暮れて）, all of a sudden（突然）はその例である。

Ex. Why don't you take a walk **once in a while**? (時々, 散歩したらどうですか。)
Separated from his parents, the boy was **at a loss** what to do.
(両親からはぐれてしまい, その少年は何をしたらいいのか途方に暮れていた。)
A good idea came upon me **all of a sudden**. (突然いいアイデアを思いついた。)

cf. 不定冠詞を伴う慣用句

a kind [sort] of ~ （一種の~）   as a rule （概して）
at a distance （離れて）   at a glance （一見して）
at a time （一度に）   come to an end （終わる）
for a while （しばらくの間）   for a time （一時, しばらく）
have a cold （風邪を引いている）   have a headache （頭痛がする）
have a talent for ~ （~の才能がある）   in a hurry （急いで）
in a sense （ある意味では）   in a position to do ~ （~する立場にある）
in a way （ある点で）   in a word （一言で言えば）
~ of a kind （同じ種類の~, 名ばかりの~） on an average （平均して）　など

Tips on Grammar　別の品詞を名詞に変えてしまう冠詞

冠詞の面白い働きとして, 他の品詞を名詞に変えるという機能があります。比較的よく使われる言い方を挙げておきましょう。

(1) This is **a must**. (これは, 絶対に必要だ。)
(2) It's only **an if**. (ほんの仮定の話だよ。)
(3) Is it **a he** or **a she**? (男の子ですか, 女の子ですか。)
(4) The truth lies somewhere in **between**. (真実はその中間あたりに存在する。)

(1) では must を名詞化し, (2) では接続詞を名詞に変えて使っています。(3) では代名詞の he / she がそれぞれ a male [boy], a female [girl] の代用として,「男の子」「女の子」の意味で使われています。(4) は前置詞 between が名詞化された例です。

最後に疑問詞が名詞化されている例を挙げておきましょう。

(5) Women wish to be loved without **a why** or **a wherefore**; not because they are pretty, or good, or well-bred, or graceful, or intelligent, but because they are themselves. — Henri Frédéric Amiel
(女性は, どうしてとか何故とかといった理由なしに愛されることを望むものである。きれいだからとか, 善良だとか, 育ちがいいとか, 優雅であるとか, 知的であるとかではなく, 彼女が彼女自身であるという理由によって愛されることを望むのである。)
— アンリ・フレデリック・アミエル[スイスの哲学者・詩人]

3 無冠詞の用法

1 無冠詞の基本的な用法

> **27** **Owls** are symbols of wisdom.　　　　　　　　　　　*717*
>
> **28** **Wine** is made from grapes. 　　　　　　　　　　　　*718*
>
> **29** **Honesty** is the best policy. 　　　　　　　　　　　　*719*
>
> **30** **Mary**, this is my friend **Mariko**. 　　　　　　　　*720*

> **27** フクロウは叡智の象徴だ。
> **28** ワインはブドウから作られる。
> **29** 正直が最善の策。［ことわざ］
> **30** メアリー，こちらは友達の真理子です。

第18章「名詞」で学んだように，名詞の種類によって冠詞をつけない場合がある。基本的に冠詞をとらないものは，以下の4つである。

冠詞をとらない名詞

無冠詞用法の名詞	説明	例
普通名詞（複数形）	種類全体を表す場合には，普通名詞の複数形が無冠詞で使われる。	**27** owls
物質名詞	物質名詞は無冠詞で使われる。ただし，a bottle of wine（ワイン1本），a white wine（白ワイン）のように，冠詞がつく場合もある。	**28** wine
抽象名詞	抽象名詞は無冠詞で使われる。	**29** honesty
固有名詞	固有名詞は通常，無冠詞で使われる。	**30** Mary, Mariko

2 普通名詞の単数形で無冠詞の場合

普通名詞は，普通何らかの冠詞を伴うが，次のような場合には無冠詞となる。

《1》呼びかけ

> **31** Watch your step, **Mother**! 　　　　　　　　　　　　*721*
>
> **32** **Professor**, could I ask a question? 　　　　　　　　*722*

> **31** お母さん，足元に気をつけて！
> **32** 先生，質問をしてもよろしいでしょうか。

31 の mother は普通名詞が無冠詞で使われている例で，呼びかけとして使われている。固有名詞化しているとも言える。**32** も同様に，普通名詞 professor が呼びかけとして使われている。

> ⚠ 職業・職位を表す名詞には呼びかけに使われるものと，使われないものがある。
> **(1) 呼びかけに使われるもの**
>
> doctor（博士・医者）　　　　waiter（ウェイター）
> driver（運転手）　　　　　　officer（警察官）　など
>
> **(2) 呼びかけに使われないもの**
>
> associate professor（准教授）　physician（内科医）
> surgeon（外科医）　　　　　　policeman（警察官）　など
>
> ［＊ teacher については，小学生が教師に対して使うことはあっても，大学生が教師に対して使うことはない。］

《2》食事・スポーツ・ゲームを表す名詞

33 Please join us for **dinner** at the Italian restaurant.　　*723*

34 Let's play **baseball** this afternoon. 　　*724*

35 I used to play **chess** with my father. 　　*725*

33 イタリアン・レストランでの夕食に，ご一緒してください。
34 今日の午後，野球をしよう。
35 私は父とチェスをしたものだった。

「食事・スポーツ・ゲーム」を表す名詞については，普通，無冠詞となる。

> ⚠ 食事に関して「特定の食事」や「食事の種類」について言う場合，冠詞つきで使われる。
> I enjoyed **the dinner** she made for us.（私は彼女が用意してくれた夕食を満喫した。）
> I had **a big breakfast** this morning.（今朝は朝食を十分にとった。）

《3》地位・役職を表す名詞

36 He was appointed **chief engineer** of our company. 　　*726*

37 He acted as **captain** of the baseball team. 　　*727*

36 彼はわが社のチーフ・エンジニアに任命された。
37 彼は野球チームのキャプテンを務めた。

36 の chief engineer のように，「地位・役職」などを表す名詞が補語として使われている場合には無冠詞となるのが一般的。また，**37** の as captain のように，〈**as ＋役職**〉の場

合も普通無冠詞となる。[＊ただし, chief engineer や captain が 2 人以上いる場合には, 不定冠詞を伴って使われることもある。また, ときに定冠詞を伴う場合もある。]

Ex. He is **President** of the United States. (彼は合衆国大統領だ。)

⚠ 補語以外の場合は, 冠詞つきになる。
Here comes **the captain**. (キャプテンが来た。)

《4》建物や場所の「目的・機能」に焦点がある場合

38 Hey. Didn't we **go to college** together?　　　　　728

39 It takes two hours to go there **by car**.　　　　　729

38 おい。君と僕は一緒に大学に通った仲じゃないか。
39 そこに行くには車で 2 時間かかる。

38 の go to college (大学に行く) のように, 場所などを表す名詞が,「目的・機能」に焦点を当てて使われるとき, 無冠詞となる。

Ex. go to school (学校に行く)　　go to church (教会に行く)
go to jail (刑務所に行く)　　go to bed (寝る)
School starts at nine in the morning. (学校は朝 9 時に始まります。)
I go to **church** every Sunday. (私は毎週日曜に教会に行きます。)

⚠ ただし, 実際に学校の建物に行く場合には冠詞が必要になる。
We went to **the school** and met the principal.
(私たちはその学校に行って, 校長に会った。)

39 の by car (車で) の場合, 具体的な車という意味ではなく,「交通手段」としての車の機能に焦点を当てて使われている。また,「通信手段」の場合も by e-mail (電子メールで) のように無冠詞で用いられる (▶ p. 506)。

Ex. by train (電車で)　　　　　　　　　　by bus (バスで)
by ferry [ferryboat] (フェリーボートで)　by plane (飛行機で)
They usually deliver the packages **by truck**.
(通常彼らは荷物をトラックで配達します。)
The news reached us **by word of mouth**.
(私たちは, その知らせを口伝えで知った。)

⚠ 《英》と《米》で, 用法の違いが見られる場合がある。通常, 冠詞つきが《米》, 冠詞なしが《英》である。
be in (the) hospital (入院している)　　go to (the) hospital (病院へ行く)
be discharged from (the) hospital (退院する)
be at (the) university (大学に通っている)　　in (the) future (これから先, 今後)

❸ 無冠詞の慣用句

> **40** The detective searched the house **from top to bottom**.　　730
> **41** The water kept rising **inch by inch**.　　731

> **40** 刑事は家をくまなく探した。
> **41** 水位はわずかずつ上昇していった。

冠詞を必要とする名詞が，慣用句の中では無冠詞になることが多い。from top to bottom（すっかり），inch by inch（ほんの少しずつ）はその例である。

cf. 無冠詞の名詞を含む慣用句

be at (the) table（食卓についている，食事中で）
by accident（偶然に，ふとしたことで）　　by chance（たまたま，思いがけなく）
step by step（一歩一歩）　　hand in hand（手に手をとって）
by hand（手作業で）　　from time to time（時々）
face to face（面と向かって）　　day after day（毎日，来る日も来る日も）
day and night（昼も夜も）　　day by day（日々，日ごとに）
day in (and) day out（明けても暮れても）
from top to toe（頭の先から足のつま先まで）
side by side（並んで，一緒に）　　young and old（老いも若きも）　など

❹ 冠詞の位置

特殊な形容詞（副詞）とともに用いられる場合，冠詞の位置に注意する必要がある。

❶ 注意すべき冠詞の位置

> **42** They lost **all** the money they had during the bubble economy.　　732
> **43** I've never known **so cold a** winter.　　733
> **44** I have never seen **such a** breathtaking scene in my life.　　734

> **42** 彼らはバブル経済の時に持っていたお金をすべて失った。
> **43** こんなに寒い冬は初めてだ。
> **44** 私は自分の人生で，これほど息をのむような光景を見たことはない。

《1》〈all[both / half / double]＋the ＋名詞〉（ **42** ）

一般に，all, both, half, double などの場合，上のような順序になる。all the money を the all money とするのは間違い。「半分のお金」は half the money（×*the half* money）となる。

> **Ex.** He let me borrow **all the books** he had about the history of the United States.
> (彼は自分が持っていたアメリカ史に関するすべての本を私に貸してくれた。)
> **All the girls** here think he is handsome.
> (ここにいる女の子はみな彼がハンサムだと思っている。)
> He visited almost **all the temples** in Kyoto.
> (彼は京都のほとんどすべてのお寺に行きました。)
> It was **double the size** of a normal bottle.
> (それは大きさが普通のビンの倍だった。)
> This coat is about **double the price** of that one.
> (このコートはあちらのコートのほぼ 2 倍の値段だ。)

⚠ all, both, half については、〈all[both / half] of the 〜〉の形で使われることもある。
　all of the money（お金のすべて）　　both of the authors（両方の著者）
　half of the world's population（世界の人口の半分）

⚠ half an hour, a half hour のように、不定冠詞の場合は両方が可能である。
　ただし、意味が異なる場合がある。half a bottle は「1 本のボトルの半分」であるが、a half bottle は、「(最初から半分のサイズの) ハーフボトル 1 本」の意味になる。

《2》〈so[as / too]＋形容詞＋a[an]＋名詞〉(43)

　so, as, too などの副詞を伴う場合、上のような順番になる。 so cold a winter（こんなに寒い冬）を× *a so* cold winter とするのは間違い。

> **Ex.** He is **as diligent a man** as ever lived.（彼は世にもまれな勤勉家だ。）
> He is **as honest a man** as I have ever known.
> (彼は私がこれまでに知っている中で、最も正直な男だ。)
> You can build **as large a house** as you please.
> (好きなだけ大きな家を建てることができるよ。)
> That's **too hard a task** for me.
> (それは私には難し過ぎる仕事だ。)
> It was **too difficult a diet** to maintain.
> (そのダイエットは難しくて続けられなかった。)
> Two years is **too short a time** to know the country well.
> (その国をよく知るには、2 年はあまりに短過ぎる。)

《3》〈such[quite / rather / what]＋a[an]＋(形容詞＋) 名詞〉(44)

　such, quite, rather, what などを伴う場合、通常、上のような順番になる。

> **Ex.** It was **such a beautiful day** yesterday.（昨日はとても天気がよかった。）
> It was **quite an exciting game**.（それはとてもわくわくした試合だった。）
> It was **rather a boring concert**.（それはかなり退屈なコンサートだった。）
> [* rather の場合には、It was **a rather boring concert**. という言い方も許容される。]

Step2　冠詞の基本的な用法

⚠ what で始まる感嘆文の語順に注意。
What a terrible thing to say!（何てひどいこと言うの。）
What a delicious meal you made!（あなたの作った料理は何ておいしいのでしょう。）

❷「一組になったもの」につける冠詞

45 Murakami Haruki is **a** famous novelist and translator. *735*

45 村上春樹は有名な小説家にして翻訳家でもある。

同一の人や事物を2つ以上の名詞で表すとき，普通冠詞は1つである。上例の a famous novelist and translator は，「小説家にして翻訳家」の意味。ただし，「小説家でありかつその上に翻訳家」のように強調したい場合，a famous novelist and a translator と言うこともある。

One-point Advice　the ＋身体部位を表す語

〈the ＋身体部位を表す語〉の用法についてはすでに p. 394 で扱いましたが，ここではその意味合いを他の類似表現との比較から考えてみましょう。はじめに，「ジャックはジルの手を取った」を英語にすると，以下の3通りの言い方が可能です。

(1) Jack took Jill's hand.
(2) Jack took Jill *by* **the** hand.
(3) Jack took Jill *by* **her** hand.

(1) は日本語と似た言い回しで，身体の部位に焦点を置いた表現です。(2) は最も一般的な言い方で，「人」に焦点が置かれます。一方，(3) は両方を融合した形ですが，He kissed his daughter *on* **her** *little* forehead.（彼は娘の小さな額にキスした。）のように，名詞の前に形容詞が来る時によく使われます。

ここで注意していただきたいのは，日本の英語教育では，(2) のような言い回しが強調して教えられるため，(1) のような言い方ができないかのような誤解を抱いてしまうことがありますが，事実は決してそうではありません。ただ，意味合いが異なるのです。

(1) は単純に行為の差し向けられた対象をとらえたものですが，(2) はその行為がそれを受けた人に，何らかの影響（例えば心理的な）を与えたという意味合いがあります。

例えば，次の例文 (4) (5) は，ともに「彼は女王の手にキスをした」という意味合いですが，ニュアンスが異なります。

(4) He kissed the Queen's hand.
(5) He kissed the Queen *by* **the** hand.

(4) は，たとえば外国の使節などが女王に謁見する際などに，差し出された手にただ儀礼的にキスしただけでしょうが，(5) を使うと，その行為が女王の側に何か心理的な影響のあるような状況を想像してもおかしくないでしょう。

第20章

代名詞

導入 ● **代名詞とは何か**
   1. 代名詞の種類   410
   2. 代名詞の使い方   410

基礎 ● **代名詞の基本的な用法**
   1. 人称代名詞：人称代名詞の格 /「一般の人々」を指す we, you, they / 所有代名詞 / 再帰代名詞   412
   2. it の用法：句・節・文などを指す it / 天候・時間などを表す文の主語として使う it / 状況を表す文の主語として使う it / 形式主語・形式目的語の it   417
   3. 指示代名詞：this [these], that [those] / so, such, the same   421
   4. 不定代名詞：one と none / another と other / some と any / all, both, each / either と neither / many, much, more, most / some-, any-, no-, every- がつく不定代名詞の基本的な用法   425

Step1 導入 代名詞とは何か

1 代名詞の種類

代名詞は，文字どおり**名詞の代わりをすることば**であり，その意味的な性質から以下の図のように分類される。

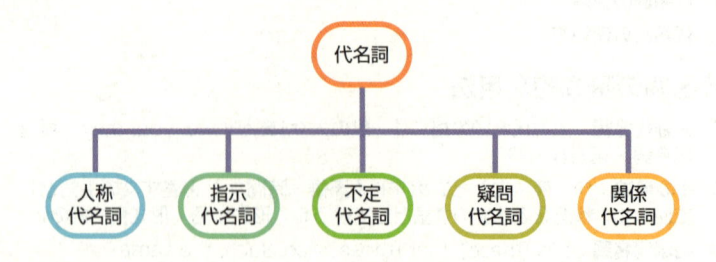

```
                    代名詞
        ┌─────┬─────┼─────┬─────┐
      人称   指示   不定   疑問   関係
      代名詞 代名詞 代名詞 代名詞 代名詞
```

① 人称代名詞：I, we, you, he, she, it, they など
② 指示代名詞：this / these, that / those など
③ 不定代名詞：one, none, some, any, all, both, each など
④ 疑問代名詞：who, which, what など（▶ pp. 308-310）
⑤ 関係代名詞：who, which, what, that など（▶ pp. 242-252）

この章では，上の①〜③の代名詞を中心に取り上げることにする。④〜⑤については，それぞれを扱った章を参照すること。

2 代名詞の使い方

日本語と英語では，同じ「代名詞」と呼ばれるものでも，用法が異なるので注意が必要である。ここで人称代名詞を使った用例 (1) を見てみよう。

(1) "Where's **Dad**?" "**He** is in the garden."（「お父さんはどこ？」「庭にいるよ」）

答えの文で，Dad を受けて代名詞 he が使われている。英語では名詞の反復を避ける傾向があるので，このように代名詞がしばしば使われる。一方，日本語では主語を省略して，「庭にいるよ」としてもよいし，名詞を反復して「お父さんなら，庭にいるよ」でもよい。ところが，

「彼は庭にいるよ」とすると，不自然になる。子供が父親のことを「彼」と呼ぶような習慣がないからだ。

そもそも日本語の「彼」ということば自体が，明治時代以降に英語からの翻訳を通じて日本語に導入されたものであるから，歴史が浅い。導入から百数十年経っても，英語の代名詞と違って，用法上かなり制約が加えられている。「彼女」については，日本語には従来存在していなかったとされており，「彼」よりもその歴史が浅い。このような事情もあり，便宜上，he / she を「彼」「彼女」に対応させて和訳することは許されているが，その用法はずいぶん異なる，ということである (▶ p. 414)。

人称代名詞の it も英語特有の代名詞である。日本語にはそれに対応する代名詞がない。

(2) a. **It** is still raining.（まだ雨が降っています。）
　　b. What time is **it**?（何時ですか。）
　　c. **It**'s my turn.（私の番です。）

このような用法の it は「天候・時間・状況」を表すとされるが，日本語の「それ」とは対応しない。単に文の形式上必要な主語の役割を果たしていると言ってもよい。

もうひとつ，別の例を見ておこう。

(3) **It** is fun **to play** sports with my friends.
　　（友達とスポーツをするのは楽しい。）

ここでは，it は先行する名詞を指しているのではなく，後続する to play sports with my friends を指す働きをしている。いわゆる**形式主語**の it である。To play sports with my friends is fun. も可能だが，主語が長過ぎて文として体裁が悪い。そこで文の主語として，形式的に it を立て，その意味内容を to 以下で表すこの表現形式が発達してきたのである。この種の用法を持つ代名詞は，日本語には存在しない。

このように，同じ代名詞と呼ばれるものでも，日本語と英語とでは大きな違いがあるので，その点に留意しながら英語の代名詞の用法を学んでいこう。

Step2 基礎 代名詞の基本的な用法

本章では，人称代名詞・指示代名詞・不定代名詞の用法を取り上げる。疑問代名詞（▶第14章「疑問詞と疑問文」）や関係代名詞（▶第11章「関係詞」）については，それぞれの章を参照すること。

1 人称代名詞

人称代名詞（personal pronoun）は，人や物を表す名詞の代わりに使う代名詞である。**所有代名詞，再帰代名詞**も人称代名詞に含まれる。

人称代名詞には，次のような人称の種類がある。

- 1人称：話し手，または話し手を含む2人以上の人を指す。
- 2人称：聞き手，または聞き手を含む2人以上の人を指す。
- 3人称：話し手や聞き手以外の人や物事を指す。

人称代名詞の種類

人称			人称代名詞			所有代名詞	再帰代名詞
			主格	所有格	目的格		
単数	1人称		I	my	me	mine	myself
	2人称		you	your	you	yours	yourself
	3人称	男性	he	his	him	his	himself
		女性	she	her	her	hers	herself
		中性	it	its	it	—	itself
複数	1人称		we	our	us	ours	ourselves
	2人称		you	your	you	yours	yourselves
	3人称		they	their	them	theirs	themselves

❶ 人称代名詞の格

1. I have **my** umbrella with **me** today. 736
2. If **you** see Alice and Bob, tell **them** about this. 737
3. Charlie lost one of **his** contact lenses. 738

1 今日, 私は傘を持ってきた。
2 アリスとボブとに会ったら, このことを伝えてください。
3 チャーリーはコンタクトレンズを片方なくした。

人称代名詞は, 主格 (≒「～が」)・所有格 (≒「～の」)・目的格 (≒「～を, ～に」) を有する。

《1》主格

1 の I や **2** の you のように, 主語として使われる形を主格と呼ぶ。

> Ex. "Is Eric at home?" "Yes, **he** is."
> (「エリックは家にいますか」「はい, おります」)

《2》所有格

1 の my や **3** の his のように, 所有を表す日本語の「～の」に相当する意味を表すものを所有格と呼ぶ。所有格の代名詞は単独で使わず, 必ず直後に名詞が続く。

> Ex. I am in **my** first year at high school. (私は高校1年生です。)
> May I borrow **your** pen? (君のペンをお借りしてもいいですか。)
> **Your** bag is as heavy as **my** bag. (あなたのバッグは私のバッグと同じくらい重い。)
> What language do they speak in **their** country?
> (彼らの国では何語が話されていますか。)

《3》目的格

文中で動詞や前置詞の目的語として使われる形を目的格と呼ぶ。**1** の me は前置詞 with の目的語, **2** の them は動詞 tell の目的語として使われている。

> Ex. "Do you like coffee?" "No, I don't really like **it**."
> (「コーヒーはお好きですか」「いいえ, 本当は好きではありません」)

⚠ 以下のような目的格の用法もある。
"Who is it?" "It's **me**." (「どなたですか」「私です」)
"I'm hungry." "**Me**, too." (「おなかがすいた」「私も」)
"Somebody ate my apple pie." "Not **me**."
(「誰かが私のアップルパイを食べてしまったんだ」「僕じゃないよ」)

❷ 「一般の人々」を指す we, you, they

4 **We** have a rainy season called *tsuyu* in Japan. *739*

5 **You** cannot change the past. *740*

6 **They** have many organic farms in Gunma Prefecture. *741*

4 日本には梅雨という雨の季節がある。
5 人は過去を変えることはできない。
6 群馬県には有機農場がたくさんある。

　人称代名詞の複数 we, you, they が，「世間一般の人々」を表すことがある。このような場合，日本語に訳さないことが多い。4 の we は「話し手を含む一般の人々」を，5 の you は「聞き手を含む一般の人々」を，6 の they は「話し手も聞き手も含まない一般の人々」を指す。

Ex. What language do **you** speak in your country?
（あなたの国では何語を話しますか。）

On a Street Corner

　下を流れる小川に通じる階段の入り口に掲げられていた掲示です。These steps and grass may be slippery. You proceed at your own risk. とありますが，ここでの人称代名詞 you は「一般の人々」を表す用法です。全体として，階段や芝生が滑りやすいので，自らの責任において（at your own risk）進め，という意味合いです。

THESE STEPS AND GRASS MAY BE SLIPPERY YOU PROCEED AT YOUR OWN RISK

English & Japanese in Contrast
英語の代名詞と日本語の"代名詞"の違い

　日本語では，「私の彼」とか，「ちょっと，そこの君（キミ）！」，『美しい日本の私』（川端康成の著書），などと言うことができます。しかし，英語では，"×my he" などとは，もちろん言いません。

　日本語の文法でも，"代名詞"という言い方をしますので，つい英語と同じものと考えがちですが，文法的には大きな違いがあります。日本語の"代名詞"は，文法的には名詞と同じような振舞いをします。一方，英語の代名詞は，あくまでも名詞の代わりをする品詞で，基本的には，形容詞などで修飾することができません。

　ただ，英語でも代名詞を〈**名詞化**〉して使うことはあります。たとえば，*The Gastronomical Me*（『このグルメな私』）という本のタイトルでは，頭に形容詞がついています。しかし，この場合の me が代名詞としてではなく名詞として使われていることは，the という定冠詞がついていることで分かります。（▶ p. 402 コラム）

　日本語の"代名詞"と英語の代名詞の違いは，使用頻度にも現れています。英語では，I put **my** pen in **my** pocket. とするのは自然ですが，日本語で「私は私のペンを私のポケットに入れた」とするのはいかにも不自然です。むしろ，「私はペンをポケットに入れた」と言うところです。一般的に，英語の代名詞の使用頻度は日本語のそれよりもはるかに高い，と言えます。これは英語圏の人々が「所有」にこだわりを持ち，日本人は「所有」に関心を示さないということではなく，純粋な言語表現の問題として捉えるべきでしょう。

❸ 所有代名詞

> **7** "Is this umbrella **yours**?" "No, it's not **mine**."　　　　*742*
>
> **8** These are the pictures I took during the trip. May I see **yours**?　　*743*
>
> **9** I recently received a letter from a friend of **mine**.　　　*744*
>
> **7** 「これはあなたの傘ですか」「いいえ，私のではありません」
> **8** これが旅行で私が撮った写真です。あなたのも見せてくれますか。
> **9** 最近，友人から手紙を受け取った。

所有代名詞 (possessive pronoun) は「～のもの」という意味を表し，〈所有格＋名詞〉の代わりをする。**7** の yours は your umbrella, mine は my umbrella の代わりをしている。**7** のように単数名詞も，**8** のように複数名詞も指すことができる。

所有代名詞は **7** や **8** のように単独で使うことができる。ただし，所有格は a [an], the, this, that, any, some, no などと一緒に使えないので，× *a my* friend とはせずに，**9** a friend of mine ように，〈名詞＋ of ＋所有代名詞〉を使う。ちなみに，a friend of mine は「何人かいる友達のうちの不特定の一人」，my friend は「特定の一人の友達」の意味。

> I like that red bicycle of **hers**. (私は彼女のあの赤い自転車が好きだ。)
> I love these cute puppies of **theirs**.
> (私はこれらのかわいい彼らの子イヌが大好きです。)
> 〔＊ *these cute their puppies* とはしない。〕

❹ 再帰代名詞

《1》 動詞や前置詞の目的語として使う再帰代名詞

> **10** We all *enjoyed* **ourselves** at the school festival.　　　*745*
>
> **11** You have to learn to *take care of* **yourself**.　　　　*746*
>
> **10** 私たちはみんな，文化祭を楽しんだ。
> **11** 君は自分のことは自分でできるようにならなければならない。

再帰代名詞 (reflexive pronoun) は myself, yourself, themselves など，-self (単数) / -selves (複数) のついた代名詞であり，動詞や前置詞の目的語となる。その場合，主語と目的語が同一の「人 / 物」を指す。

10 の他動詞 enjoy が enjoy oneself の形で使われ，全体で「楽しむ」という自動詞的な意味になる。**11** では，〈**take care of ～**〉(～の世話をする) という句動詞の目的語として再帰代名詞が使われ，全体で，「自分で自分の面倒を見る」といった意味になる。

Step2　代名詞の基本的な用法

Ex. May I introduce **myself**?（自己紹介してもいいですか。）
Please seat **yourself** here.（着席してください。）
The girl stared at **herself** in the mirror.
（その少女は鏡の中の自分の姿をじっとのぞき込んだ。）
The computer shuts **itself** down when the process is complete.
（処理が完了するとコンピューターは自動的にシャットダウンする。）

cf. 再帰代名詞を使う動詞
［＊日本語とは発想が違うので，慣用句として把握しておいた方がよい。］

absent oneself from ~（~を欠席する）
amuse oneself (by ~ ing)（［~して］楽しく過ごす）
avail oneself of ~（~を利用する）　behave oneself（行儀よくする）
devote oneself to ~（~に専念する）　dress oneself（［服を］着る）
enjoy oneself（楽しむ）
help oneself to ~（自分で~を取って食べる）
hurt oneself（けがをする）　　　　in spite of oneself（我知らず）
introduce oneself（自己紹介する）　kill oneself（自殺する）
make oneself at home（くつろぐ）
make oneself understood（自分自身を人に理解してもらう）
present oneself（現れる）　　　　pride oneself on ~（~を自慢する）
seat oneself（座る）　　　　　　talk to oneself（独り言を言う）　など

cf. 〈前置詞＋再帰代名詞〉の定型表現

beside oneself（我を忘れて）　　　by oneself（一人で，独力で）
for oneself（自分で，自分のために）　in itself（それ自体で）
in themselves（それら自体で）　　of oneself（ひとりでに）
to oneself（自分だけが使うのに）　など

《2》名詞や代名詞を強調する再帰代名詞

12 I talked to the governor **himself** at the reception.　　747

13 I did it **myself**.　　748

12 私はレセプションで知事本人と話した。
13 私は自分自身でそれをなし遂げた。

名詞や代名詞を強調するために再帰代名詞が使われることがある。**12** では名詞 the governor を強調して「知事本人」という意味合い。**13** では代名詞 I を強調して「私が自分自身で」という意味。

⚠ 主語を強調するときには，再帰代名詞を主語の直後に置き，I **myself** did it. とすることもできる。この際，再帰代名詞に強勢が置かれる。

2 itの用法

1 句・節・文などを指す it

14	"Do you know where *the principal's office* is?" "**It**'s on the third floor."	749
15	He tried *to fix his bike*, but **it** was not easy.	750
16	She said *that she would see me again*, but I doubt **it**.	751
17	"*I passed the exam*." "I can't believe **it**!"	752

> 14 「校長室はどこにあるか知っていますか」「3階です」
> 15 彼は自転車を修理しようとしたが, 容易ではなかった。
> 16 彼女はまた会おうと言ったが, 疑わしい。
> 17 「試験に受かったよ」「信じられない」

代名詞の it は, 句・節・文などを指して使われることがある。何を指しているのかは文脈から判断する。14 の it は前に出てきた単数の名詞句 the principal's office を指す。15 では不定詞句 to fix his bike, 16 では that 節全体, 17 では文全体の内容を指している。

2 天候・時間などを表す文の主語として使う it

18	Look! **It**'s snowing. ［天候］	753
19	**It** is a quarter to three. ［時間］	754
20	"What day is **it** today?" "**It**'s Wednesday." ［曜日］	755
21	How far is **it** from here to the nearest bus stop? ［距離］	756
22	**It** is cold and dark in this forest. Let's get out of here. ［温度・明暗］	757

> 18 見て！ 雪が降っている。
> 19 3時15分前です。
> 20 「今日は何曜日ですか」「水曜日です」
> 21 ここから最寄りのバス停まではどのくらい距離がありますか。
> 22 この森は寒くて暗い。ここから出ることにしましょう。

英語では，天候や時間などを表すとき，文の形式を整えるために it が主語として使われることがある。it が具体的に指す語句が，前の文脈にあるわけではないので通例「それ」とは訳さない。

❸ 状況を表す文の主語として使う it

> **23** "How's **it** going, Taro?" "Fine. How are you?" *758*
>
> **24** "**It**'s so quiet and peaceful in this coffee shop." "Yes, **it** is." *759*
>
> **23** 「調子はどう，太郎？」「いいよ。君は？」
> **24** 「この喫茶店の中は静かでのどかだね」「うん，本当に」

状況を表す文においても it が主語として使われることがある。**23** では相手の近況を漠然と指し，**24** では喫茶店の中の状況を指して使われている。

For Conversation
相手の近況を問う表現

通りなどで出くわした友人に「どう？」のように，近況を何気なく尋ねる表現は，**23** の他にもいろいろあります。覚えておいて使ってみましょう。

(1) What's up?（最近，どう？）
(2) What's new?（何か新しいことでも？）
(3) What have you been up to?（このところ，どうしてる？）
(4) How's everything?（すべて順調？）
(5) How's everything with you?（すべて順調ですか？）
(6) How's everything going?（うまく行ってる？）
(7) How's everything going with you?（うまく行ってますか？）
(8) How's the world treating you?（いかがですか。）
(9) How's life?（いかがですか。）

答え方にもいろいろあります。気分に合わせて使ってみましょう。
Great.（最高です。）/ Couldn't be better.（素晴らしいよ。）/ Pretty good.（なかなかいいよ。）/ Just fine.（順調です。）/ I'm OK.（大丈夫です。）/ I'm doing OK.（大丈夫です。）/ Not bad.（悪くないね。）/ So-so.（まずまずだね。）/ Just surviving.（何とか生き延びているよ。）/ Bad!（ひどいものさ。）/ Terrible!（最悪だね。）

❹ 形式主語・形式目的語の it

it が形式上，主語や目的語の位置に置かれ，後から現れる名詞句や名詞節の代わりをすることがある。これらの it を **形式主語**，**形式目的語** と呼ぶ。後から現れるものには，不定詞句，that 節，動名詞，Wh- 節などがある。

《1》形式主語の it

> **25** **It** is dangerous <u>**to ride** a bicycle while talking on your cellphone</u>. *760*
>
> **26** **It** is natural <u>**that** he was disappointed with the result</u>. *761*

25 携帯電話で話しながら自転車に乗るのは危険だ。
26 彼がその結果にがっかりしたのは当然だ。

主語が不定詞句や that 節の場合，形式主語（**仮主語**）の it を文の主語の位置に置いて，後から**真主語**である不定詞句や that 節が来ることを示す。**25** の it は to ride 以下の不定詞句の代わりに，**26** では that 節の代わりに使われている。

Ex. **It** will take (us) at least two hours **to get** there.
（そこに行くのに少なくとも 2 時間かかるだろう。）
How long does **it** take **to walk** to the bus stop?
（バスの停留所まで歩いてどのぐらいかかりますか。）
It is a pity **that** you cannot come to the party.
（君がパーティーに来られないのは残念だ。）
It is obvious **that** he committed the crime. （彼がその犯罪を犯したことは明白だ。）

cf. 不定詞句・that 節以外に，真の主語に動名詞・wh- 節（whether, why, where など）が来る場合もある。
It is no use **claiming** that you are innocent.
（自分が潔白だと主張してもむだである。）
It is no use **crying** over spilt [spilled] milk.
（こぼれたミルクのことを嘆いてもむだだ。→ 覆水盆に返らず。[ことわざ]）
It is not clear **whether** his story is reliable or not.
（彼の話が信用できるかどうかは，はっきりしていない。）

cf. it を使うその他の表現
- **It costs ＋費用＋ to 不定詞～**（～するのに [費用] がかかる）
  It cost (me) *five hundred dollars* **to fix** my car.
  （車を修理するのに 500 ドルかかった。）
- **It makes no difference ～**（～は関係ない，重要ではない）
  It makes no difference which country you are from.
  （どの国の出身なのかは，全然重要ではない。）
- **It doesn't matter ～**（～はかまわない，関係ない）
  It doesn't matter whether you are talented or not.
  （あなたに才能があるかないかは関係ない。）

Tips on Grammar 〈it is ＋形容詞＋ to 不定詞〉と〈it is ＋形容詞＋ that 節〉の使い分け

　これら2つの構文は，it が形式主語で，真の主語が後に置かれているという点では共通しています。さて，真の主語として，不定詞句をとる場合と，that 節をとる場合とでは，何らかの違いがあるのでしょうか。
　基本的な違いは，前者では話者の「観念」として to 不定詞の部分が述べられているのに対して，後者では「事実」（実際に起こったこと，または起こりそうなこと）として that 節の部分が述べられている，ということです。具体例を見てみましょう。
　基本例文 **25** において，to ride a bicycle 以下が話者の観念として述べられてますので，実際に誰かが自転車に乗ったということは含意されていません。それに対して，基本例文 **26** においては，that 節の内容は，実際に起こったことについて述べられています。
　〈it is ＋形容詞＋ to 不定詞〉でよく使われる形容詞としては，easy, difficult, hard, necessary などがあります。

(1) It is **easy** for you **to pass** the exam.（君が試験に合格するのは簡単だ。）
(2) It is **necessary** for you **to prepare** for the exam.
　　（君は試験の準備をすることが必要だ。）

　一方，〈**it is** ＋形容詞＋ **that** 節〉では，natural, strange, true, false, likely, probable, possible, obvious などが来ることが多いようです。

(3) It is **true that** he graduated from college two years ago.
　　（彼が2年前に大学を卒業したことは本当だ。）
(4) It is **possible that** she missed the bus.（彼女はバスに乗り遅れた可能性がある。）

　ただし，necessary については〈**it is** ＋形容詞＋ **that** 節〉で使われることもありますし，逆に possible が〈**it is** ＋形容詞＋ **to 不定詞**〉で使われることもありますので，残念ながら，簡単な切り分けはできません。

(5) It is **necessary that** you attend the meeting regularly.
　　（必ず会議に出席することが必要です。）
(6) It might be **possible** for me **to visit** you tomorrow afternoon.
　　（明日の午後あなたを訪問することができるかもしれません。）

《2》形式目的語の it

27 I found **it** impossible **to make** friends with her.   *762*

28 They took **it** for granted **that** I would help him.   *763*

　27 彼女と友達になるのは不可能だとわかった。
　28 彼らは，私が彼を助けてやることを当然のことと思っていた。

　〈SVOC〉の文型で，形式目的語 it を目的語（O）の位置に置いて，真の目的語（上例の下線部）を補語の後で示す形である。この形をとる動詞には，believe, consider, find, make, take, think などがある。

Ex. I make **it** a rule **to get up** at six every morning.
（私は毎朝決まって6時に起きるようにしている。）

I consider **it** rude **to keep** people waiting.
（私は人を待たせるのは無礼だと考える。）

I think **it** necessary **that** I should apologize to him once again.
（私は彼にもう一度謝る必要があると思う。）

Let's make **it** clear **what** we have to do. （何をすべきかはっきりさせておこう。）

Please see to **it that** the door is locked before you leave.
（出かける前にドアに鍵がかかっているよう注意して下さい。）

3 指示代名詞

指示代名詞 (demonstrative pronoun) は，具体的な人や物を指したり，前後の節や文などの内容を指したりするときに使われる。

1 this [these], that [those]

《1》具体的な人や物を指す this [these], that [those]

> **29** "Excuse me, but **that** is my drink."
> "Oh, I'm sorry. So, **this** must be mine, right?"　　　*764*
>
> **30** **Those** *seats* over there are reserved for the elderly.　　　*765*

29「すみません。それは私の飲み物です」
　　「すみません。じゃあ，これが私のに違いないですよね」
30 あちらの席はお年寄りのための席ですよ。

話し手にとって**距離的・心理的に近い位置にある人や物**を指す場合は this（単数）/ these（複数），**遠い位置にある人や物**を指す場合は that（単数）/ those（複数）を使う。

29 のように this [these], that [those] を単独で使う場合と，**30** のように後ろに続く名詞を修飾する形容詞として働く場合とがある。

cf. 時間的な近接関係に意味が拡張され，these days（最近），in those days（当時は）といった用法もある。

cf. 電話の会話では，this が以下のように使われる。
Hello, **this** is Taro speaking. Is **this** Ms. Yamada?
（もしもし，こちらは太郎です。そちらは山田さんでしょうか。）

《2》節や文の内容を指す this, that

> **31** You might think *that Harry was born with a silver spoon in his mouth*, but **that** is not true. 766
>
> **32** *They are just trying to keep things as they are.* **That** is the problem. 767
>
> **33** What happened was **this**: *our dog barked at the thief and he fell from the fence.* 768
>
> **31** ハリーは金持ちの家に生まれたと思っているかもしれないけれど，それは本当ではない。
> **32** 彼らはただ現状維持に努めているだけだ。それが問題だ。
> **33** こんなことがあったんだ。うちの犬がどろぼうに向かってほえて，どろぼうが塀から落ちたんだ。

this, that は節や文の内容を指すときにも使われる。**31** の that は直前の that 節の内容を指している。**32** の場合，that は直前の文全体の内容を指している。**33** の this は，これから述べることを指して，主に会話で使われる。

> **Ex.** I gave her my e-mail address, but **that** was a mistake.
> （彼女に自分のメール・アドレスを教えたけれど，それは失敗だった。）
> Taro is kind. **That** is why I like him. （太郎は親切だ。だから，彼が好きなんだ。）
> The most important thing is **this**: you must never forget those who helped you. （一番大切なことはこれだ。自分を助けてくれた人を決して忘れてはならない。）

> ⚠ 会話で相手の言った発言全体を指すときには，that を使う。（this は不可。）
> "Sorry, I'm late." "**That**'s all right." (× *This is all right.*)
> （「遅れてごめん」「かまわないよ」）

《3》名詞の繰り返しを避けるために使う that [those]

> **34** *The population* of New York is not as large as **that** of Tokyo. 769
>
> **35** *The digital cameras* today are much smaller than **those** of ten years ago. 770
>
> **34** ニューヨークの人口は東京（のもの）ほど多くない。
> **35** 今日のデジタル・カメラは10年前（のもの）よりずっと小さい。

the などで限定された名詞（句）の繰り返しを避けるために，that [those] が使われることがある。単数形の名詞の場合は that，複数形の場合は those を使う（▶ p. 215 コラム）。

34 の that は the population の代わりに，**35** の those は the digital cameras の代わりに使われている。

《4》 those who ~（~する人々）

> **36** The majority of **those who** attended the seminar were high school students. 771

36 そのセミナーに参加した人々の大多数は高校生だった。

〈those who ~〉の形で「~する人々」という意味。〈those people who ~〉と同義。

Ex. Heaven helps **those who** help themselves.
（天は自ら助ける者を助ける。[ことわざ]）
Those of you who belong to the tennis club, please raise your hands.
（テニスクラブに所属している人は，手を挙げてください。）
[*口語で，人に話しかけるときに，〈**those of you who** ~〉の形が使われる。]

2 so, such, the same

《1》〈S + V + so〉

> **37** "Is Mars the fourth planet from the sun?" "Yes, I think **so**." 772
>
> **38** He asked me to check his homework and I did **so**. 773

37 「火星は太陽から4番目の惑星ですか」「はい，そうだと思います」
38 彼が私に宿題のチェックをしてくれと頼んだので，私はそうした。

もともと副詞である so が，前に出てきた句や節，文を受けて，代名詞的に使われる場合がある。

37 の so は，前の文の内容を指し，動詞 think の目的語になる。**38** の so は，check his homework を指す。

Ex. "Is she joining our trip next week?" "I think **so**."
（「彼女は来週，私たちと一緒に旅行に行くだろうか」「行くと思いますよ」）
Do you think they'll win the championship this year?" "No, I don't suppose **so**."
（「彼らは今年優勝すると思いますか」「そうではないでしょうね」）

cf. 前の句・節・文の代わりに so を使う動詞
believe, expect, suppose, think, hope, be afraid, say, tell　など

Step2　代名詞の基本的な用法 | 423

《2》〈So + V + S〉

> **39** "I'm tired." "**So** am I." 774
>
> **40** "I've heard lesser pandas can stand on two legs." "**So** have I." 775
>
> > **39**「疲れた」「私も」
> > **40**「レッサーパンダは2本足で立つんだって」「私もそう聞いているよ」

so が前置されると、主語と動詞（助動詞）が倒置される。**39** では "I'm tired, too." の意味で、"So am I." が使われている（▶ p. 361）。**40** では、助動詞 have と主語の I が倒置されていることに注意。

⚠ 一般動詞の場合は do / does / did などを使う。
"I forgot to do my homework." "So did I."
(「私は宿題をするのを忘れてしまった」「私も」)

⚠ "John is tall." に対して、"So is his wife." とすると「彼の奥さんもそうだ」の意味だが、"So he is." と応じると、「本当にそうですね」という意味になる。

《3》such

> **41** People tend to sleep less as they get older, and **such** was the case with him. 776
>
> > **41** 年齢を重ねるにつれて睡眠時間が短くなる傾向があるが、彼の場合もまさにそうだった。

such は代名詞として、前に出てきた語句を受けて「そのようなこと[人・物]」という意味を表す。なお、such には、形容詞としての用法もある。

I have never met **such** a humorous person.
(私はそのようなユーモアのある人に一度も出会ったことがない。)

《4》the same

> **42** We have a severe problem of poverty in Bangladesh.
> **The same** is true of many other countries. 777
>
> > **42** バングラディシュでは貧困問題が深刻だ。ほかの多くの国についても同じことが言える。

the same は代名詞として、「同じ物[こと]」という意味を表す。

Ex. "Happy Holidays!" "(The) same to you!"(「楽しい休暇を！」「あなたもね」)
He has many shortcomings, but I like him all the same.
(彼には欠点がたくさんあるが，それでもやはり彼が好きだ。)
〔＊ all the same で「それでもやはり」(nevertheless) の意。〕

cf. the same には，形容詞としての用法もあり，⟨the same ～ as ...⟩ ⟨the same ～ that ...⟩の形で，「…と同じ～」という意味を表す。
My sister goes to the same school as you.
(私の妹はあなたと同じ学校へ行っている。)
This is the same program that we saw last week.
(これは先週見たのと同じ番組だ。)

4 不定代名詞

不定代名詞 (indefinite pronoun) は，不特定の人・物・数量などを指す。後ろに続く名詞を修飾する形容詞としての用法を持つものが多い。

❶ one と none

《1》 one [ones]

43	I need *a coin*. Do you have **one**?	778
44	There is something wrong with my *camera*. I wonder if I should buy a new **one**.	779
45	I prefer these white *jeans* to those black **ones**.	780

43 コインが1枚必要です。持っていますか。
44 どうもカメラの調子が悪い。新しいのを買おうかな。
45 私はこの白いジーンズの方がその黒いのよりいい。

　代名詞の one は，前に出てきた**不特定の可算名詞の繰り返しを避ける**ために使われる。one は単数名詞の代わりを，ones は複数名詞の代わりをする。
　43 の one は a coin の代わりで，不特定のコインを「どれでもいいから1つ」という意味。このように，one は⟨a [an]＋名詞⟩の働きをする。44 の a new one は a new camera のこと。このように，形容詞を伴って⟨a ＋形容詞＋ one⟩となることがある。45 の ones は jeans という複数名詞の代わりに置かれている。複数形の ones は単独では用いられず，必ず修飾語を伴って使われる。

Step2　代名詞の基本的な用法 | 425

Ex. "Do you have a red pencil?" "Yes, I have **one**."
（「赤鉛筆を持っている？」「ああ，1本あるよ」）

These jeans are too large for me. Can I try on those smaller **ones**?
（このジーンズは私には大き過ぎる。あの小さいのをはいてみていいですか。）

My children prefer these yellow peppers to green **ones**.
（私の子供たちは緑のピーマンよりこの黄色いピーマンの方が好きだ。）

"Which are your shoes?" "The black **ones** over there."
（「あなたの靴はどっちですか」「向こうの黒いのです」）

⚠ 代名詞 one と it の使い分けは要注意。one は，数えられない名詞を指して使うことはできない。また，所有格の直後に使うこともできない。
I prefer orange juice to apple juice. (× *apple one*)
This umbrella is mine. (× *my one*)
ただし，〈所有格＋修飾語＋ one(s)〉の場合は使うことができる。
I have two bikes. This is **my new one**.

Tips on Grammar　one と it の使い分け

one は「不特定の単数の物」に使い，it は「特定の単数の物」に使う，というのが基本的な使い分けの原理です。まず，以下の用例をごらんください。

(1) "May I borrow *an eraser* if you have **one**?" "Will this do? You can use **it** if you like."
（「もし持っていたら，消しゴムを貸してくれませんか」「これでいいですか。よかったら使ってください」）

ここでは，聞き手は特定の消しゴムを要求しているわけではありません。消しゴムならどれでもいいわけですから，one を使っています。一方，答えている人は，自分の持っている特定の消しゴムを出して，それでいいか聞いているので it を使っています。次の用例も同様です。

(2) "I've caught a fish. Have you (caught one)?" "Yes, I have caught **one**, but I released **it**."
（「魚を一匹釣ったよ。君も釣ったかい？」「ああ，一匹釣ったよ。だけど，逃がしてやったんだ」）

《2》the one [ones]

46 "Which is your bag?" "**The one** with the zipper."　　　　　*781*

47 "Which boots are yours?" "**The ones** with the shoelaces."　　　*782*

46「どちらがあなたのかばんですか」「ジッパーつきの方です」
47「どちらがあなたのブーツですか」「靴ひもつきの方です」

one に修飾語句がついて特定の人や物を表すとき，単数の場合は the one，複数の場合は the ones を使う。

> ⚠ 上例の one(s) は「物」を表しているが，「人」を表すときにも使われる。
> That *player* is **the** most experienced **one** on the team.
> （あの選手はチームの中で最も経験を積んだ選手だ。）
> Those *players* are **the** most experienced **ones** on the team.
> （あの選手たちはチームの中で最も経験を積んだ選手たちだ。）

> ⚠ one は「(話し手を含む) 人」「人は誰でも」という意味を表すことがある。主に書きことばで使われる。
> **One** can never be too careful. （人は用心するに越したことはない。）

《3》none

> **48** I wanted to buy *tickets* for that musical, but there were **none** left when I called.　　783
>
> **49** **None** *of the students* in this class have finished the test yet.　　784

> **48** あのミュージカルのチケットを買いたかったが，電話をしたときには 1 枚も残っていなかった。
> **49** このクラスの学生はまだ誰も試験を終えていない。

代名詞 none は，3 人[3 つ]以上の人・物について「誰[何]も～ない」という意味を表す。[＊2 人[2 つ]の人・物の場合は neither を使う。]

48 は〈none ＝ no tickets〉のことで，none は〈no ＋前に出てきた名詞〉に相当する。名詞が可算名詞の場合は複数扱い，不可算名詞の場合は単数扱い。

> I need some change, but there is **none** in my purse.
> （小銭が必要だが，財布には全然ない。）
> [＊この用例では，〈**none ＝ no change**〉ということ。]

49 のように，〈**none of ＋ (代) 名詞**〉は「…の中の誰[何]も～ない」という意味を表す。none of の直後の (代) 名詞が複数の場合は，複数扱いすることが多い。単数扱いは硬い文脈の場合に使われることがある。不可算名詞の場合は単数扱いをする。

> **Ex. None of the information** is reliable. （その情報はどれもあてにならない。）
> **None of the three children** could ride a bike.
> （3 人の子供の誰も自転車に乗ることはできなかった。）

> ⚠ none には形容詞としての用法はないので，直後に名詞が来ることはない。直後に名詞を置いて「どの～も…ない」という意味を表すには，〈**no ＋名詞**〉，または〈**not ... any ＋名詞**〉を使う。たとえば，「箱の中にはクラッカーは残っていなかった」と言う場合，以下のように

なる。
- There were **no crackers** left in the box.
- There weren**'t any crackers** left in the box.
- × There were *none crackers* left in the box.

❷ another と other

いずれも代名詞と形容詞の用法がある。「人」にも「物」にも使われる。another はもともと "an + other" からできた語で，その前に冠詞や形容詞はつかない。複数形もない。

《1》 another

> **50** This jacket doesn't fit me well. Would you show me **another**? *785*
>
> **51** Would you like **another** cup of tea? *786*

50 このジャケットは私にはあまり合いません。別のを見せてくださいますか。
51 お茶をもう一杯いかがですか。

代名詞 another は不特定の単数の物や人について「もうひとつ[一人]」「別のひとつ[一人]」という意味を表す。不特定の複数の場合は (some) others を使う。
50 では，不特定の「ジャケット」のうちの 1 着を指している。**51** のように形容詞の用法もあり，〈**another ＋単数形の名詞**〉の形で使う。

Ex. This printer is beyond my budget. Please show me **another**.
（「このプリンターは私の予算を超えています。別のを見せてもらえますか」）

⚠ 数量を表す名詞句をひとまとまりと見なすときは，another の直後に複数形の名詞が来ることもある。
We are going to stay here for **another three years**.
（我々は，あと 3 年ここに滞在する予定です。）

cf. another を含む慣用表現としては，以下のものがある。
　one another（互いに）　　　one after another（次から次へ）
　A is one thing, (and) B (is) another (thing)（A と B とは別物だ）

《2》 other

> **52** We have two dogs. One is a beagle and **the other** is a terrier. *787*
>
> **53** Two of the flowerpots are in the classroom and **the others** are outside. *788*
>
> **54** He went shopping while **the other** members had lunch at the café. ［形容詞］ *789*

428　第20章 ● 代名詞

52 我が家には犬が2匹いる。1匹はビーグルで，もう1匹はテリアだ。
53 植木鉢のうち2つは教室にあるが，それ以外は外にある。
54 彼は買い物に出かけたが，一方，ほかのメンバーはカフェで昼食をとった。

other の用法

用法	意味
other	ほかの人[物]
others	それ以外の人[物]
the other	(2つ[2人]のうちの) 残りのひとつ[一人]
the others	(3つ[3人]以上のうちの) 残り全部

「2匹のうちの残りの1匹」という意味を表すには，**52** のように，the other を使う。また，「3つ以上のうちの残り全部」という意味を表すには，**53** のように，the others を使う。other には，**54** のように形容詞としての用法もある。

Ex. Don't ride a bicycle holding the handle in one hand and your cellphone in **the other**. (片方の手でハンドルを持ち，もう一方の手で携帯電話を持って自転車に乗ってはいけません。)

Hybrid cars use two kinds of energy: one is gas energy and **the other** is electricity. (ハイブリッドカーは2種類のエネルギーを使う。ひとつはガソリンエネルギーで，もうひとつは電気だ。)

I have two souvenir T-shirts. One is for you and **the other** is for your brother. (私は2枚のお土産用のTシャツを持っている。1枚は君のためで，もう1枚は君の弟のためだ。)

Two students came here yesterday. One was Tim and **the other** was Vicky. (昨日2人の学生がここに来た。一人はティムで，もう一人はヴィッキーだった。)

I have three sisters. One lives in London, and **the others** in Paris. (私には姉妹が3人いる。一人はロンドンに住んでいて，ほかの姉妹はパリに住んでいる。)

⚠ 〈some ~ others ...〉は，「~もあれば，…もある」という意味を表す。
Some like spicy food, and **others** don't.
(辛い食べ物が好きな人もいるし，そうでない人もいる。)
Some eat rice and **others** eat bread for breakfast.
(朝食にご飯を食べる者もいれば，パンを食べる者もいる。)

⚠ 〈some other〉は，形容詞的に **some other** time (また別の時に) のように使われる。一方，よく似た〈some ~ or other〉は，「何らかの，どこかの~」という表現である。
I'll see you **some other time**. (また別の時にお会いしましょう。)
Some idiots **or other** must have done it. (どこかのばかがやったに違いない。)

cf. other を含む慣用表現

　　each other（互いに）　　　　　　every other ～（ひとつおきの～）
　　every other day（1日おきに）　　every other Monday（隔週の月曜日に）
　　other things being equal, ～（他の条件が同じならば, ～）
　　some other（他の何か[の]）　　　the other day（先日）
　　on (the) one hand ～, on (the) other hand ...（一方では～, 他方では…）
　　the one ～, the other ...（= the former ～, the latter ...）（前者は～, 後者は…）
　　など

3 some と any

《1》 some

> **55** My mother loves *flowers*. I gave her **some** for her birthday.　　790
>
> **56** You need milk for that recipe, right? Do you want me to buy **some** on my way home?　　791
>
> **57** Give me **some** time to think about it.　[形容詞]　　792

　55 私の母は花が大好きだ。母の誕生日に何本か贈った。
　56 そのレシピに牛乳が必要だよね。帰りに買ってこようか。
　57 それについて考える時間をください。

代名詞 some は主に肯定文で使い,「いくつか」「いくらか」という漠然とした数量を表す。可算名詞にも不可算名詞にも使える。**55** のように可算名詞について「いくつか」あることを, **56** のように不可算名詞について「いくらか」あることを表す。**57** のように形容詞としても使われる。可算名詞の場合は複数扱い, 不可算名詞の場合は単数扱いになる。

Ex. We have lots of apples. I'll give you **some**.
　　（私たちはたくさんのリンゴを持っています。いくつかあげましょう。）
　　Some of the information about the town needs to be updated.
　　（町に関する情報のいくらかは, 更新する必要がある。）
　　I wanted **some** ice cream, but there was none left.
　　（アイスクリームがほしかったけど, 全然残っていなかった。）

⚠ 特定の人の集団や物の集まりの一部を指すには〈**some of** ＋名詞（句）〉を使い, 不特定の集団や集まりの一部を指すときは〈**some** ＋名詞（句）〉を使う。
　　Some of my friends are crazy about baseball.
　　（私の友人の中には野球に夢中の人たちがいる。）
　　Some people like *sumo*.（相撲が好きな人もいる。）

⚠ some は「不特定の複数の物」について, they は「特定の複数の物」について使う。
　　I received a lot of chocolates for my birthday. Would you like **some**?
　　（誕生日にチョコレートをたくさんもらいました。少しいかがですか。）

Here are the macadamia nuts I bought in Hawaii. **They** taste really good.
（ハワイで買ったマカダミアナッツです。おいしいですよ。）

> some は肯定文で使われるのが基本だが，yes という答えを期待する場面や依頼・勧誘・申し出などの場合には，疑問文でも使われる。
> Is there **some** good news for me?（いい知らせが（あると思うのですが）ありますか？）
> Would you like **some** tea?（[yes を期待して]お茶はいかがですか。）
> Would you like to ask **some** questions?（[yes を期待して]質問はありますか。）
> cf. Would you like to ask **any** questions?（[中立的に]質問はありますか。）

《2》 any

> **58** Excuse me. I'm looking for Japanese *sensu* fans. Do you have **any**?　　793
>
> **59** We usually have snow at this time of the year, but we haven't had **any** so far.　　794
>
> **60** Could I have some tea if there is **any** left?　　795
>
> **61** "Do you have **any** brothers and sisters?" "No, I don't have **any**. I'm an only child."　[形容詞]　　796

　　58 失礼します。日本の扇子を探しているのですが，ありますか。
　　59 毎年この時期には雪が降るが，今のところ少しも降っていない。
　　60 お茶が（いくらかでも）残っていたら，もう少しいただけますか。
　　61 「兄弟がいますか」「いいえ，いません。ひとりっ子なんです」

代名詞 any は，主に否定文・疑問文・if 節で使う。可算名詞にも不可算名詞にも使える。**58** の疑問文では「少しでもあるかどうか」を尋ねている。**59** の否定文は「少しも〜ない」という意味を表す。**60** のように，if 節でも使い「少しでもあったら」という意味を表す。**61** のように形容詞としての用法もある。

> **Ex.** "Do you have **any** change?" "No, I don't have **any**."
> （「小銭はありますか」「いえ，ありません」）
> I didn't buy **any** flowers for her birthday.
> （私は彼女の誕生日のプレゼントに花を買わなかった。）

> any は肯定文で「どんな〜でも」という意味を表す。
> Choose **any** photos you like.（どれでも好きな写真を選んでください。）
> Come and see me **any** time you like.（いつでも好きな時に遊びに来てください。）

> 総称的に物を指す場合は some をつけない。
> I like oranges.（× I like *some* oranges.）（私はオレンジが好きだ。）
> また，数量を問題にしないときは，some も any も使わない。
> Are there wolves in Japan?（日本にオオカミはいますか。）

Step2　代名詞の基本的な用法 | 431

4 all, both, each

《1》 all（代名詞・形容詞）

> **62** **All** *were* pleased with the tour of the TV station.　*797*
> **63** **All** of the money *was* spent on the tour. 　*798*
> **64** The students **all** took the exam. 　*799*
> **65** "Are there any cookies left?" "No, I ate them **all**." 　*800*
> **66** **All** *children* are required to take this course.　［形容詞］　*801*

62 みんなが，テレビ局の見学に満足した。
63 そのお金はすべて旅行のために使われた。
64 学生たちは全員その試験を受けた。
65 「クッキー，残ってる？」「全部食べちゃった」
66 子供たちはみんなこの授業を受けなければならない。

---

all は，3 人以上や 3 つ以上の物の全体を指して，「すべて」という意味を表す。指す人や物が可算名詞の場合は **62** のように複数扱い，不可算名詞の場合は単数扱いになる。**63** のように〈all of ＋（代）名詞〉の形でも使う。また，**64** **65** では，all が（代）名詞の直後に置かれ，同格を表す。**66** のように「すべての～」という意味の形容詞としても使う。

⚠ 主語と同格の all は，be 動詞や助動詞がある場合，それらの直後に置く。
They were **all** safe.（彼らは全員無事だった。）
We must **all** be ready to go.（私たちはみな行く準備ができていなければならない。）

⚠ 特定の人の集団や物の集まりのすべてを指すには〈all ＋ the［代名詞の所有格／these／those］＋名詞〉を使う。これに対して，不特定の一般的な集団や集まりのすべてを指すときは〈all ＋名詞〉を使う。
You can take **all the cookies**.（クッキーを全部とっていいですよ。）
All the children in the class are playing outside.
（そのクラスの子供たちみんなは外で遊んでいる。）
cf. **All children** are full of curiosity.（子供はみんな好奇心に富んでいる。）

cf. **all** を使った慣用句
● **above all**（とりわけ）
　He is strong, brave, and **above all**, honest.
　（彼は，強くて勇敢で，何よりも誠実だ。）
● **all the** ＋比較級（それだけ～）
　He became **all the more patient** because of the hardship.
　（彼は苦難のために，それだけより忍耐強くなった。）（▶ p. 227）

432　第20章 ● 代名詞

《2》 both（代名詞・形容詞）

> **67** "Which do you like better, rice or noodles?" "Well, I like **both** (of them)." *802*
>
> **68** We **both** speak Spanish. *803*
>
> **69** He talked to us **both**[**both** of us]. *804*
>
> **70** There are many small shops on **both** sides of the street. [形容詞] *805*

67 「ご飯と麺類では，どっちが好きですか」「両方とも同じくらい好きです」
68 私たち2人はスペイン語を話す。
69 彼は私たち2人と話をした。
70 通りの両側にはたくさんの小さな店がある。

both は2人の人や2つの物を指す。「両方とも」という意味で複数扱い。**68** の both は主語と同格。**69** は前置詞 to の目的語 us と同格。**70** は形容詞としての用法で sides を修飾している。

Ex. "Would you like vanilla or strawberry?" "Could I have **both**?"
（「バニラがいいですか，それともストロベリーがいいですか」「両方いただけますか」）
Both of the movies were fantastic.（映画は2本とも素晴らしかった。）

⚠ 主語と同格の both は，be 動詞や助動詞がある場合，それらの直後に置く。
They are **both** from Okinawa.（彼らは2人とも沖縄出身だ。）
〔＊ただし，They both are from Okinawa. という言い方もされる場合がある。〕
You must **both** be tired.（2人ともお疲れでしょう。）

《3》 each（代名詞・形容詞）

> **71** We gave a speech in English class today. **Each** (of us) spoke for three minutes. *806*
>
> **72** **Each** student *has* their own e-mail address. [形容詞] *807*

71 今日英語の授業でスピーチをした。それぞれ3分ずつ話した。
72 生徒一人ひとりが電子メールアドレスを持っている。

代名詞 each は〈**each of** ＋（代）名詞〉の形で使い，「それぞれ」という意味を表す。また，文脈から明らかな場合，単独で使うこともある。**72** は形容詞としての用法で，単数可算名詞を伴って用いる。

Step2 代名詞の基本的な用法 | 433

Ex. **Each** computer in this lab has a preinstalled software program.
(この実習室のそれぞれのコンピューターには，ソフトウェアのプログラムが前もってインストールされている。)

⚠ **72** は〈**every** ＋単数可算名詞〉を使って，次のように表すこともできる。
72 ≒ **Every** student has their own e-mail address.

⚠ 〈**each** ＋人を表す名詞〉は単数扱いで，これを受ける代名詞は he or she (主格)，his or her (所有格)，him or her (目的格) となる。ただし，このような表現上の煩雑さを避けるために，現在では they, their, them で受けることが多くなっている。これは〈**every** ＋人を表す名詞〉についても同様である。

⚠ 人称代名詞と each を同格として使う場合，語順は次のようになる。
① 人称代名詞の後
  When the students arrive, give *them* **each** a textbook.
  (生徒が着いたら，テキストを一人ひとりに渡してください。)
  〔＊ただし，each of them とする方が普通。〕
② 一般動詞の前
  We **each** have our own cellphone.
  (私たちはそれぞれ自分の携帯電話を持っている。)
  〔＊動詞は主語に一致する。〕
③ be 動詞や助動詞の後
  They were **each** practicing on their musical instrument.
  (彼らはそれぞれ楽器の練習をしていた。)

cf. **every** を使った慣用表現

  every ten minutes (10 分ごとに)   every two weeks (2 週間おきに)
  every now and then ([不規則な間隔を置いて]時々)   など

❺ either と neither

either, neither ともに代名詞としても形容詞としても使われる。neither は "not ＋ either" から作られた語で，「どちらも～ない」を表す。

《1》 either (代名詞・形容詞)

73	We have tea and coffee here. You can have **either** (of them).	808
74	You'll need to have **either** of your parents sign this form.	809
75	"Shall we meet on Friday or Saturday?" "**Either** (day) will do."	810
76	They offered me beef or pork, but I didn't feel like having **either** (of them).	811

73 こちらにお茶とコーヒーがあります。どちらでもどうぞ。
74 両親のどちらかに，この用紙にサインしてもらう必要があります。
75 「金曜日か土曜日に会いましょうか」「どちらの日でもいいです」
76 牛肉と豚肉のどちらにするか聞かれたが，どちらも食べたくなかった。

2人の人や2つの物について，「どちらか一方」「どちらでも」と言うには，**73** のように either を使う。

74 のように〈**either of** + (代) 名詞〉の形で使うことも多い。〈**either of** + 複数名詞〉は単数扱いが原則だが，くだけた会話などでは複数扱いされることもある。

75 で Either day とするのは，形容詞としての用法。単数扱い。

76 のように，either を否定文で使うと「どちらの〜も…ない」という意味を表す。後半部分を 〜 I felt like having neither (of them) と言いかえることもできる。

⚠ either は否定語の後に置く。Either 〜 not という語順は不可。
　× *Either* of the two restaurants did*n't* have parking lots.
　○ **Neither** of the two restaurants had parking lots.
　　（2軒のレストランのいずれも駐車場がなかった。）

《2》 neither (代名詞・形容詞)

77 We have two computers in this room. However, **neither** (of them) can be used at the moment.　*812*

78 **Neither** of my two dogs can catch a Frisbee. 　*813*

79 I support **neither** team. ［形容詞］　*814*

77 この部屋にはコンピューターが2台あるが，現在，両方とも使えない。
78 私の飼っている2匹の犬は，いずれもフリスビーをキャッチすることができない。
79 どちらのチームも応援していない。

2人の人や2つの物について「どちらも〜ない」と言うには，**77** のように，neither を使う。〈**not 〜 either**〉を用いて，We cannot use either (of them) at the moment. と言いかえることもできる。

78 のように〈**neither of** + 複数名詞〉の形で使うことも多い。単数扱いが原則だが，くだけた会話などでは複数扱いされることもある。

79 は，形容詞の用法。neither を伴う名詞は単数扱い。

79 ≒ I do*n't* want to support **either** team. (どちらのチームも応援したくない。)

Ex. **Neither** of my two brothers can ride a bicycle.
（私の２人の兄弟のどちらも自転車に乗れない。）
Neither of the computers can access the Internet at the moment.
（このコンピューターはどちらも，現在，インターネットに接続できない。）

> 否定文または否定の節の後で，「～もまた…しない」と言うとき，〈**neither** ＋ (助) 動詞＋主語〉の語順となる。
> "I have never been abroad." "**Neither** have I."
> （「私は外国に行ったことがない」「私も」）
> "I don't like dogs." "**Neither** do I." （「私は犬が好きではない」「私もだ」）

6 many, much, more, most

80	**Many** of my friends are late risers.	815
81	I have spent **much** of my money on books.	816
82	I don't want to take up any **more** of your time.	817
83	**Most** of the people living in this village are farmers.	818

80 私の友達の多くは朝寝坊だ。
81 私は自分のお金の大半を本に費やしてきた。
82 あなたの時間をこれ以上とりたくありません。
83 この村に住んでいるほとんどの人は農家だ。

〈**many** [**much** / **more** / **most**] ＋ of ＋ the [one's / these / those など] ＋名詞[代名詞]〉の形で，数量を表す。many は可算名詞の複数形と共に，much は不可算名詞と共に用いられる。一方，more, most に関しては，その後に続く名詞が可算名詞であれば複数扱い，不可算名詞であれば単数扱いとなる。なお，これらの代名詞は，形容詞としての用法をあわせ持つ（▶ p. 451）。

> **cf.** 同じパターンで使われるものとして，ほかに〈**a few** [**little**] **of** ～〉がある。
> He ate a little of everything. （彼は何でも少しずつ食べた。）
> I enjoyed a cup of tea and a few of the cookies.
> （私は紅茶を一杯とクッキーを少しいただいた。）

> most は代名詞として，〈**most of the** [one's / this / these など] ～〉（～のほとんど）として使われるだけでなく，形容詞として，most ～（ほとんどの～）という形でも使われる。
> **Most people** like chocolate. （ほとんどの人は，チョコレートが好きだ。）
> **Most of the students** in this class are bilingual.
> （このクラスの学生のほとんどはバイリンガルだ。）
> He spent **most of his life** singing songs of love.
> （彼はその生涯のほとんどを愛の歌を歌って過ごした。）

7 some-, any-, no-, every- がつく不定代名詞の基本的な用法

some-, any-, no-, every- のつく不定代名詞

	人		物・こと	場所
	-one	-body	-thing	-where
some-	someone (誰か)	somebody	something (何か)	somewhere (どこか)
any-	anyone (誰か/誰でも)	anybody	anything (何か/何でも)	anywhere (どこか/どこでも)
no-	no one (誰も～ない)	nobody	nothing (何も～ない)	nowhere (どこにも～ない)
every-	everyone (みんな)	everybody	everything (すべて)	everywhere (どこでも)

形容詞などの修飾語句は -one, -body, -thing, -where の後ろに置く（▶ pp. 442-443）。

We need **someone** *new* on the orchestra.
（オーケストラに誰か新しい人が必要だ。）
There is **something** *strange* about this house. I keep hearing weird noises.
（この家は何か変だ。不気味な物音がずっと聞こえている。）
He said **something** *interesting* but nobody was listening to him.
（彼は何か面白いことを言ったが，誰も彼のことを聞いていなかった。）
I'm bored. I want to do **something** *else*. （退屈だ。何かほかのことをしたい。）
There is **nothing** *wrong* with taking a break once in a while.
（たまには休みをとるのも悪くはない。）
I have **nothing** *to say*. （何も申し上げることはございません。）
Nobody *else* can do it for you.
（君の代わりにそれができる人はほかに誰もいない。）

cf. something を使った慣用句
The cost is computed at **something like** $35,000.
（その費用は，約 35,000 ドルと計算されている。）
She is **something of** a celebrity. （彼女はちょっとした有名人だ。）
He went to a baseball game **or something**. （彼は野球の試合か何かに出かけた。）
I used to **see something of** your father. （私は君の父親と時々会ったものだった。）

cf. nothing を使った慣用句
He is **nothing more than** a dreamer. （彼は夢想家にすぎない。）
We will accept **nothing less than** complete victory.
（我々は完全な勝利以外は受け入れない。）
It **has nothing to do with** me. （それは私とは関係のないことだ。）
I got the ticket **for nothing**. （僕はただでチケットをもらった。）

Tips on Grammar　再帰代名詞の発想

　再帰代名詞の用法については，pp. 415-416 で扱いましたが，そもそも日本語には再帰代名詞を伴う動詞表現が発達していません。英語の Enjoy yourself. が「楽しんでください」という意味だと教わったとき，この yourself の役割が何なのか，理解しにくい感じがあったのを思い出します。また，Seat yourself.（座ってください）という表現も同様で，なぜ yourself がつくのか，素朴な疑問を抱いたものです。「自分自身」を目的語にとることに納得がいかなかったのです。

　考えてみると，このような疑問は，英語の再帰代名詞に初めて接した多くの日本人にとって，ごく自然なものではないでしょうか。そもそも日本語では，簡潔に「楽しむ」「座る」で済むところを，英語ではなぜか〈他動詞＋再帰代名詞〉の形で表現するわけですから，腑に落ちないのも当然です。

　しかし，なぜ再帰代名詞を目的語としてとる必要があるのか。この疑問に答えるには，かなりの専門性が必要となりますが，簡単に言えば，同じ状況をことばで表現しようとするとき，言語によって状況の捉え方が異なる，ということになるでしょう。もう少し説明を加えますと，英語は日本語と比べて他動詞構文が発達しており，日本語では〈S＋V〉で表現するところを，〈S＋V＋O〉で表現する傾向がある，ということです（▶第 16 章）。Enjoy yourself. という文は，まさにこうした英語の表現傾向に合致した形になっているのです。いわば，他動詞の顔を立てながら，実質的に自動詞の意味を表すために，〈S＋V＋再帰代名詞〉の形が採用されているのです。

　実は英語の enjoy にも自動詞用法があり，たとえば食事を「どうぞ」と勧めるときに，"Enjoy." のように使うこともあります。しかし，ふつうは他動詞用法が圧倒的に多く，I enjoyed playing tennis.（テニスをするのを楽しんだ。）のように目的語をとることになります。したがって，「〜を」に相当する部分がないと，何らかの欠落感があるのかもしれません。そのため，主語と同じものを指す再帰代名詞を目的語とすることで，形の上では他動詞表現でありつつ，実質的には自動詞的な意味を表すという解決法を生み出しているともいえるでしょう。

　このような発想に基づいて発達した慣用表現で，p. 416 では扱わなかったものを，いくつか取り上げておきましょう。

> Some people say history <u>repeats</u> **itself**.（歴史は繰り返すと言う人もいる。）
> She stretched **herself** up on tiptoe.（彼女はつま先だって伸びをした。）
> He <u>forced</u> **himself** to sit still with his legs crossed.
> （彼は無理やり足を組んで静かに座った。）

　これらは英語としてはごく一般的な表現ですので，その背後にある英語的な発想に親しんでおくようにしましょう。

第21章

形容詞

導入 ● **形容詞とは何か**
  1. 形容詞とは　　　　　　　　　　　　　　　　　　　　　　　　440
  2. 形容詞の種類　　　　　　　　　　　　　　　　　　　　　　　440
  3. 形容詞の用法　　　　　　　　　　　　　　　　　　　　　　　441

基礎 ● **形容詞の基本的な用法**
  1. **形容詞の基本的な用法**：名詞を修飾する用法(限定用法) / 補語としての用法(叙述用法)　　　　　　　　　　　　　　　　　　　　442
  2. **形容詞の限定用法と叙述用法**：限定用法のみの形容詞 / 叙述用法のみの形容詞 / 限定用法と叙述用法で意味が異なる形容詞　　　　　　444
  3. **分詞形容詞**：他動詞から派生した分詞形容詞 / 自動詞から派生した分詞形容詞　　　　　　　　　　　　　　　　　　　　　　　　449
  4. **不定の数量を表す形容詞**：many, much / a lot of, lots of, plenty of / (a) few, (a) little / enough　　　　　　　　　　　　　　　　450

発展 ● **数詞とさまざまな形容詞**
  1. **数詞**：基数と序数 / 数字・数式の表し方・読み方 / 数詞を使ったさまざまな表現　　　　　　　　　　　　　　　　　　　　　　　　455
  2. **さまざまな形容詞**：国名・大陸名などから派生した形容詞 / 派生による形容詞　　　　　　　　　　　　　　　　　　　　　　　　460

Step1 導入　形容詞とは何か

1 形容詞とは

形容詞は名詞を修飾し，名詞の性質・状態・数量などを表す働きをする。たとえば，a **red** car（赤い車），a **big** car（大きな車），**three** cars（3台の車）において，名詞の car に先行する語はすべて car についての説明を加える働きをする形容詞である。

2 形容詞の種類

形容詞は意味の上から，次の2種類に分類することができる。

(1) 性質・状態などを表す形容詞
　(a) 一般の形容詞
　　　a **small** car（小さい車），a **kind** person（親切な人）
　(b) 物質名詞からできた形容詞
　　　a **wooden** table（木製テーブル），a **plastic** bag（ビニール袋）
　(c) 固有名詞からできた形容詞
　　　a **German** shepherd（ドイツ種シェパード犬），**Japanese** tea（日本茶）
　(d) 分詞形容詞（現在分詞や過去分詞が形容詞になったもの）
　　　an **exciting** game（わくわくする試合），**excited** people（興奮した人々）

(2) **数量を表す形容詞**
　(a) **不定の数量を表す形容詞**
　　many (たくさんの), few (少しの) など
　(b) **数詞**
　　five (5人の, 5つの), fifth (5番目の) など

3 形容詞の用法

　形容詞には2つの基本的な用法がある。ひとつは, a **red** car, **three** cars などのように, 名詞を直接的に修飾する用法で, このような用法を**限定用法**と呼ぶ。限定用法には, 形容詞を名詞の直前に置く場合と, boxes **full** of books (本がぎっしり詰まった箱) や someone **special** (誰か特別な人) のように名詞や代名詞の後ろに置く場合とがある。

　もうひとつは, That car is **big**. のような用法で, 形容詞が主語の性質について叙述する役割を果たしている。このような用法を**叙述用法**と呼ぶ。

　多くの形容詞は, 両方の用法を兼ね備えているが, いずれかひとつの用法に限定されたものもある。また, 用法によって意味が異なる場合があるので注意が必要である。

What is your **present** occupation?
([限定用法] 現在の職業を教えていただけますか。)
All the students are **present** today.
([叙述用法] 今日は生徒が全員出席している。)

　形容詞の使い方に習熟するためには, 個々の形容詞の意味を暗記するだけでは不十分である。それらがどのような名詞と結びつくのか, またどのような用法で使われるのかに慣れ親しんでおくことが重要である。

Step2 基礎 形容詞の基本的な用法

形容詞は，名詞の前や後に置いて名詞を修飾したり，補語の位置に置いて名詞や代名詞の性質・状態などを説明したりする。

1 形容詞の基本的な用法

❶ 名詞を修飾する用法（限定用法）

1	I want a **new** *computer*.	*819*
2	The explorer entered a *cave* **full** of snakes.	*820*
3	They need *someone* **new** on the team.	*821*

1 新しいコンピューターがほしい。
2 その探検家はヘビでいっぱいの洞窟へ入っていった。
3 彼らはチームに新しい人を必要としている。

形容詞が名詞を直接修飾する用法を**限定用法**と呼ぶ。**1** のように，修飾する名詞の前に置くことが多い。

Ex. Okinawa has a **mild** climate.（沖縄は温暖な気候だ。）

ただし，**2** や **3** の用例も含めて，形容詞が名詞の後に置かれることがある。以下，名詞の後に置かれる場合を整理しておこう。

(1) 形容詞句として名詞を修飾する場合
　　○ the classroom **full** of students（学生でいっぱいの教室）
　　× *the full of students classroom*
(2) -one, -body, -thing で終わる代名詞を修飾する場合 (someone, anybody, everything など) (▶ p. 437)
　　There's something <u>wrong</u> with this toaster.（このトースターは何か変だ。）
(3) -able や -ible で終わる形容詞が，最上級の形容詞や all, any, every, no, only などと一緒に使われる場合。この種の形容詞には, available, imaginable, possible などがある (▶ p. 357)。
　　There are **no** tickets <u>available</u> for the 7 o'clock show.
　　（7時のショーのチケットはありません。）

> ただし, **every possible** means（あらゆる可能な方法）, **all available** strategies（すべての利用可能な方策）のように, 名詞の前に置かれる場合もある。また, 慣用表現の中には, 下記のように形容詞が名詞の後に置かれることがある。
> （例）court martial（軍法会議）, from time immemorial（太古［大昔］から）, God Almighty（全能の神）, Secretary-General（［国連の］事務総長）, the devil incarnate（悪魔の化身）, the sum total（総計）

❷ 補語としての用法（叙述用法）

> **4** *This music* is so **boring**. ［主格補語］　　　　　　　　　*822*
>
> **5** I find *this music* **boring**. ［目的格補語］　　　　　　　　*823*

4 この音楽はとても退屈だ。
5 この音楽は退屈だと思う。

　形容詞が補語として, 名詞を説明する働きをする用法を**叙述用法**と呼ぶ。**4** は〈SVC〉の文型において, 補語の boring が主語 (this music) について説明している。一方, **5** は〈SVOC〉の文型において, 同じく補語の boring が目的語について説明している。**4** のように主語を修飾するものを**主格補語**と呼び, **5** のように目的語を修飾するものを**目的格補語**と呼ぶ。

Ex. You look so **tired** after all the exams.
（試験を全部終えた後なので, あなたはとても疲れているように見える。）
He looked **happy** yesterday.（昨日, 彼はうれしそうだった。）
Turn that music down. It's driving me **crazy**!
（あの音楽の音を下げてくれ。いらいらするんだ！）
My brother painted his bookshelf **white**.（兄は自分の本棚をペンキで白く塗った。）

cf. 叙述用法の形容詞を用いた慣用表現

be capable of ～（～できる）	be certain to *do*（確かに～する）
be dependent on ～（～に依存する）	be different from ～（～とは異なる）
be familiar with ～（～に精通している）	be familiar to ～（～によく知られている）
be grateful for ～（～に感謝している）	be ignorant of [about] ～（～を知らない）
be ignorant that ～（～ということを知らない)	
be independent of [from] ～（～から独立している）	
be peculiar to ～（～に特有である）	be sure to *do*（きっと～する）(▶ p. 185)
be sure of ～（～を確信する）	be similar to ～（～に似ている）

21 ●形容詞

Step2　形容詞の基本的な用法　|　443

> ⚠ 〈**A is familiar with B**〉（A が B に精通している）と〈**B is familiar to A**〉（A は B を知っている）の使い分けには要注意。
> I'm quite **familiar with** this area.（このあたりについては精通しています。）
> Your name **is familiar to** me.（あなたのお名前はよく知っています。）
> 〔＊× *I'm familiar with your name.* とは言わない。〕

2 形容詞の限定用法と叙述用法

1 限定用法のみの形容詞

> **6** Taro is Jiro's **elder** brother. 824
>
> **7** I am an **only** child. 825

6 太郎は次郎の兄だ。
7 私はひとりっ子だ。

形容詞の中には限定用法でしか使われないものがある。上例の elder（年上の）や only（ただひとつ[一人]の）は，限定用法のみ。

> ⚠ elder は限定用法のみだが，older は限定用法としても叙述用法としても使うことができる。
> Taro is **older**[× *elder*] than Jiro.

cf. 限定用法のみの形容詞

① 元来比較級や最上級だった形容詞
　　elder（年上の）　　　former（前の）　　　inner（内の）
　　latter（後の）　　　outer（外の）　　　upper（上の）　など
② 意味を強めたり，限定したりする形容詞
　　lone（一人きりの）　　main（主な）　　　mere（ほんの）
　　only（唯一の）　　　utter（まったくの）　very（まさにその）（▶ p. 356）　など
③ 名詞から派生した形容詞
　　daily（日常の）　　　golden（貴重な）　　neighboring（近所の）
　　weekly（毎週の）　　western（西の）　　wooden（木造の）　など
④ -en で終わる分詞形容詞
　　drunken（酔っぱらった）　spoken（口語の）　written（書かれた）　など
⑤ その他
　　digital（デジタルの）　indoor（屋内の）　live[láiv]（生きている）
　　living（生きている）　total（全部の）　など

❷ 叙述用法のみの形容詞

8 He was **alone** in the library all Saturday afternoon.　　　*826*

9 I feel **well** today.　　　*827*

8 土曜日の午後ずっと彼は図書館に一人でいた。
9 今日は体調がよい。

形容詞の中には叙述用法でしか使われないものがある。上例の alone（一人だけで）や well（健康な）のような形容詞は限定用法を持たないため，名詞の前に置くことはできない。

Ex. The baby is **asleep**.（赤ちゃんが眠っている。）
The hikers were all **alive**.（ハイカーたちはみな生存していた。）

⚠ alone と lonely, well と healthy の使い分けに注意すること。
○ a **lonely** cowboy（孤独なカウボーイ）　　× *an alone cowboy*
○ a **healthy** child（健康な子供）　　× *a well child*

cf. 叙述用法のみの形容詞

afraid（恐れて）	alike（似て）	alive（生きて）
alone（単独で）	anxious（心配な, 切望して）	apart（離れて）
ashamed（恥じて）	asleep（眠って）	aware（気付いて）
content（満足して）	glad（喜んで）	pleased（喜んで）
sure（確かな）	unable（できない）	well（健康な）　など

⚠ anxious に関しては，続く語句によって意味合いが異なる。
Your mother **is anxious about**[for] you.
（君のお母さんは君のことを心配しているよ。）
I'm **anxious to** go to visit New York.
（私はニューヨークに行くことを切望している。）
I'm **anxious for him to** come back safe.（彼が無事に帰ることを切望している。）

⚠ 叙述用法の形容詞にはさまざまな後続語句をとるものがあるので，辞書で確認しておこう。ここでは ignorant を例にとって，用例を挙げておく。
I **was** totally **ignorant** (**of**) what was happening in the firm.
（私は，会社で何が起きているのかまったく知らなかった。）
He **is ignorant about** the danger of smoking.
（彼は喫煙の危険性について知らない。）
The politician seems to **be ignorant on** the issues of global warming.
（その政治家は地球温暖化の問題に関して無知であるようだ。）
Some people **are ignorant that** Mumbai used to be called Bombay.
（ムンバイがボンベイと呼ばれていたことを知らない人がいる。）

❸ 限定用法と叙述用法で意味が異なる形容詞

10 That hotel is open only at **certain** times of the year. ［限定用法］　*828*

11 I'm **certain** of his success. ［叙述用法］　*829*

10 あのホテルは1年のうちある特定の期間だけ開業している。
11 彼の成功を私は確信している。

10 の certain は限定用法で,「ある特定の」という意味を, **11** は〈**be certain of ～**〉の形の叙述用法で,「～だと確信している」という意味を表す。

Ex. I agree with you to a **certain** extent.（私はある程度までは君に賛成する。）
I am **certain of** your recovery（あなたの回復を確信している。）

cf. 限定用法と叙述用法とで意味が異なる形容詞

(1) a. At the **present** time, there is nothing we can do about the situation.
　　　（［限定］現在のところ, その状況について我々ができることは何もない。）
　b. We were **present** at the meeting.（［叙述］私たちは会議に出席した。）

(2) a. He is a very **able** engineer.（［限定］彼は大変有能な技師だ。）
　b. I was **able** to answer the question.（［叙述］私は質問に答えることができた。）

(3) a. She is a **responsible** person.（［限定］彼女は信頼できる人だ。）
　b. Who is **responsible** for this accident?
　　　（［叙述］この事故は誰に責任があるのか？）

(4) a. Take **due** care.（［限定］十分な注意を払いなさい。）
　b. She is **due** to speak this evening.（［叙述］彼女は今晩講演する予定だ。）
　c. The first installment of €100 is now **due**.
　　　（［叙述］分割払いの最初の100ユーロは今支払わねばならない。）

(5) a. That's a **likely** story.（［限定］それはもっともらしい話だ。→ 眉唾な話だ。）
　b. The typhoon is **likely** to hit the Kanto area tonight.
　　　（［叙述］その台風は今夜, 関東地方を直撃しそうだ。）

⚠ 以下の表が示すように, ある意味では［限定］・［叙述］ともに使われるが, 別の意味では［限定］の場合に限られるといった形容詞もある。

形容詞の用法

	[限定]・[叙述]	[限定]
late	「遅い」 We had a **late** breakfast. ([限定] 私たちは，遅い朝食を取りました。) She was late for school. ([叙述] 彼女は学校に遅れた。)	「亡くなった」 My **late** father built this house fifty years ago. ([限定] 亡くなった父がこの家を50年前に建てました。)
absent	「欠席した / 不在の」 I'll get in touch with the **absent** people. ([限定] 私が欠席者に連絡をとります。) Tom was **absent** from school with a cold. ([叙述] トムは風邪で学校を休んだ。)	「放心した」 She had an **absent** look [smile/expression] on her face. ([限定] 彼女は放心状態の顔つき[微笑，表情]をしていた。)
capable	「有能である」 He is a **capable** lawyer. ([限定] 彼は腕利きの弁護士だ。) He is capable as a lawyer. ([叙述] 彼は弁護士として有能だ。)	「(潜在)能力がある / 余地がある」 She is **capable** of doing better. ([限定] 彼女はもっとじょうずにやることができる。) The situation is **capable** of improvement. ([叙述] 状況は改善の余地がある。)

English & Japanese in Contrast
色を表す形容詞の比喩的・象徴的用法

　日本語では，「真っ赤なうそ」「白々しいうそ」のように，色を表す形容詞が比喩的・象徴的な意味で使われることがあります。英語にも，日本語に相当するような慣用表現もありますし，英語独自のものもあります。次の表現と日本語の意味を比較して，共通点・相違点を確認してみると，その背後に文化の違いが見えてくるかもしれません。

　　look blue（ブルーだ，気分がふさいでいる）
　　be born in the purple（王侯貴族の家に生まれる）　　blue blood（貴族の血統）
　　get into the red [black]（赤字[黒字]になる）　　a white flag（白旗[降伏・休戦]）
　　a red flag（赤旗）　　in the pink（とても元気で）
　　a green youth（未熟な若者）　　a green thumb（園芸の才）
　　be green with envy（ひどく妬んで，うらやんで）　　a white lie（罪のないうそ）　　など

English & Japanese in Contrast
人を主語にとらない形容詞

　以下に挙げる形容詞は，日本語の連想から，「人」を主語にして使ってしまいがちになるので注意しましょう。

(1) We could meet tomorrow at one o'clock if it is **convenient** for you.
　　（もしご都合がよろしければ，明日1時にお会いできるかと思いますが。）
　　（× *if you are convenient* とは言えない。）

(2) It is **impossible** for me to do the work. (その仕事は私にはできません。)
　　（× *I am impossible to do the work.* とは言えない。cf. I am unable to ～）

　ただし，人の性質・性格を表して，「どうしようもない，手に負えない」という意味では，She is **impossible**; she changes her mind every day. (彼女はどうしようもないね。毎日考えが変わるんだ) のように言えます。ここで，impossible についての注意点をもうひとつ挙げておきましょう。

(3) a. ○ It is impossible that she is still alive.
　　　　　（彼女がまだ生きているなんてありえない。）
　　b. × *It is impossible that I do the work.*

　(3a) のように，〈可能性の否定〉の場合，つまり「ありえない」という場合は，that 節をとることができますが，(3b) のように，〈能力の否定〉の際には，that 節をとることはできません。同じことが，肯定形の possible にもついても言えます (▶ p. 147)。

(4) a. ○ It is **possible** for me to do this job.
　　　　　（私はこの仕事をすることができます。）
　　b. × *I am possible to do this job.*
　　c. × *This job is possible for me to do.*
　　　［＊ただし，This job is **not possible** for me to do. は可能］

　形容詞 natural も人を主語にすることはできません。

(5) a. It is quite **natural** for you to think so.
　　b. It is quite **natural** (that) you (should) think so.
　　　　（君がそう考えるのはまったく当然のことだ）
　　c. × *You are natural to think so.*

3 分詞形容詞

英語の形容詞の中には，動詞の現在分詞と過去分詞から派生して形容詞化したものがある。これらは**分詞形容詞**と呼ばれる。

1 他動詞から派生した分詞形容詞

> **12** A **surprising** number of people came to the school festival. *830*
>
> **13** We were all **surprised** at the news. *831*

12 驚くほど多くの人が文化祭に来た。
13 そのニュースにみんな驚いた。

他動詞から派生した分詞形容詞のうち，現在分詞の形をとるものは「～する」という能動的な意味を表し，過去分詞の形をとるものは「～される」という受動的な意味を表す。たとえば上例の surprising は「驚かせる」という能動的な意味を表し，「驚くほどの」という意味の形容詞になるのに対して，surprised は「驚かされる」という受動的な意味を表す。

Ex. Feynman is a **leading** scholar in physics.
（ファインマンは物理学における卓越した学者だ。）
Boring people never get **bored** with themselves.
（退屈な人々は自分自身に退屈することは決してない。）
The boxing match was **exciting**.（そのボクシングの試合はエキサイティングだった。）

⚠ **13** の surprised は形容詞的意味合いの強い動詞の過去分詞と解釈するのが一般的である（▶ p. 126, p. 191）。一方，以下の用例では，十分に形容詞化されている。
There was a **surprised** look on his face.（彼の顔には驚きの表情があった。）

cf. 他動詞の現在分詞から派生した形容詞

amazing（驚くべき）　　　　　　amusing（愉快な）
astonishing（びっくりさせるような）　boring（退屈な）
charming（魅力的な）　　　　　　convincing（説得力のある）
embarrassing（当惑させるような）　exciting（わくわくさせるような）
interesting（興味深い）　　　　　misleading（誤解を招くような）　など

cf. 他動詞の過去分詞から派生した形容詞

amazed（驚いた）　　　　bored（退屈した）　　　confused（混乱した）
contented（満足した）　　crowded（込み合った）
disappointed（がっかりした）　excited（わくわくした）
frozen（凍った）　　　　　hidden（隠れた）
interested（興味を持った）　refined（洗練された）　tired（疲れた）　など

> **cf.** **-ed** [-id] で終わる発音に注意すべき形容詞
>
> aged [éidʒid]（老齢の）　　　　blessed [blésid]（神聖な，恵まれた）
> crooked [krúkid]（曲がった，ひねくれた）　learned [lə́ːrnid]（学識のある）
> naked [néikid]（裸の）　　　　one-legged [wʌ́n légid]（1本脚の）
> ragged [rǽgid]（ぼろぼろの）　　wicked [wíkid]（邪悪な）
> wretched [rétʃid]（悲惨な，みじめな）

❷ 自動詞から派生した分詞形容詞

> **14** The number of **working** mothers is increasing in Japan.　　*832*
>
> **15** **Advanced** technology may be the key to solving world hunger.　　*833*

14 日本では仕事を持つ母親の数が増えている。
15 先端技術が世界の飢饉を解決するカギとなるかもしれない。

14 の working は，自動詞 work の現在分詞から派生したものである。ただし，同じ動詞から派生した形容詞でも，a working knowledge of English（実用的な英語の知識），a working title（仮題）のように，違う意味で使われることもある。

15 の advanced は自動詞 advance の過去分詞から派生したもの。自動詞の過去分詞からできた形容詞の多くは，**結果としての状態**を表す。

> ⚠ 自動詞の現在分詞からできた形容詞は very で修飾することができない。したがって，very working mothers とはできない。

> **cf.** 自動詞の現在分詞から派生した形容詞
>
> acting（臨時の）　　　　decreasing（減少しつつある）　existing（現存の）
> increasing（増加しつつある）　leading（卓越した）　　　　living（生きている）
> remaining（残りの）　　　ruling（支配している）　など

> **cf.** 自動詞の過去分詞から派生した形容詞（▶ pp. 190-191）
>
> advanced（高度の）　　dated（時代遅れの）　　failed（失敗した）
> grown（成長した）　　learned [lə́ːrnid]（学識のある）　retired（引退した）　など

❹ 不定の数量を表す形容詞

不定の数量を表す形容詞には，(1) 可算名詞か不可算名詞のいずれか一方にしか使えないもの，(2) 両方に使えるものがある。（なお，some と any の用法については，▶ pp. 430-431。）

❶ many, much

16 Are there **many** *members* in the brass band？［数］ *834*

17 We don't have **much** *time*.［量］ *835*

16 ブラスバンドはメンバーがたくさんいますか。
17 私たちには時間があまりない。

「数」が多いことを表すには，many を可算名詞（複数形）の前に置く。「量」が多いことを表すには，much を不可算名詞の前に置く。

Ex. Many languages are spoken on this small island.
（多くの言語がこの小さな島で話されている。）
Are there **many** interesting places to visit around here？
（このあたりには，訪れて面白いような場所はたくさんありますか。）
Did you have **much** rain last month in Kyushu？
（九州では先月，たくさん雨が降りましたか。）
I don't have **much** money with me today.（今日はあまりお金を持参していません。）

⚠ many, much は疑問文と否定文で使われる傾向があるが，ときに肯定文で使われる場合もある。

① 主語を修飾する場合
  Many *students* take the train to school.（多くの学生が電車通学している。）
  Much *money* has been spent on national defense in recent years.
  （近年，多額の金が国防に使われている。）

② as, so, too に続く場合
  I have never seen **so many** *peach* trees as I saw when I visited Yamanashi.（山梨を訪れたときほど，たくさんの桃の木を見たことはない。）
  He spends **too much** *money* on snack foods.
  （彼はスナック菓子にお金を使い過ぎている。）

❷ a lot of, lots of, plenty of

18 They have **a lot of** *CDs* in the library. *836*

19 Hokkaido has **lots of** *snow* in winter. *837*

20 There is no need to rush. We have **plenty of** *time*. *838*

18 図書館にはたくさんの CD がある。
19 北海道では冬に雪がたくさん降る。
20 あわてる必要はない。時間はたっぷりある。

肯定文で「数・量」が多いことを表すには，a lot of, lots of, plenty of などを使う。いずれも可算名詞にも不可算名詞にも使うことができる。lots of は a lot of よりくだけた表現。

Ex. We have **a lot of** work to do today.（今日は仕事がたくさんある。）
Five hundred dollars is **a lot of** money for a pupil.
（生徒にとって 500 ドルは大金だ。）

+α
● **a great [large] number of** ＋可算名詞（多数の）
A **large number of** *traffic accidents* happened last year.
（昨年，多数の交通事故が起こった。）
If there are **a large number of** applicants, we will choose by lottery.
（応募者が多数の場合は，抽選になります。）

● **a small number of** ＋可算名詞（少数の）
All we need is **a small number of** *volunteers*.
（私たちが必要としているのは，少数のボランティアだ。）

● **dozens of** ＋可算名詞（何十もの，たくさんの）［＊字義どおりの「何ダースもの」というよりも，ほとんどの場合，漠然と多いことを表す。］

● **millions of** ＋可算名詞（何百万もの，無数の）
There are **millions of** stars in the sky.（空に何百万もの星がある。）

● **(tens of) thousands of** ＋可算名詞（何千（何万）もの）
Tens of thousands of people have accessed Dr. Goodall's home page.
（何万という人々が，グドール博士のホームページにアクセスした。）

● **a great deal of** ＋不可算名詞（多量の）
The typhoon caused **a great deal of** *damage* to the crop.
（台風は作物に多大な損害をもたらした。）

● **a large amount of** ＋不可算名詞（多量の）
We are wasting **a large amount of** water every year.
（私たちは毎年大量の水をむだにしている。）
They lost **a large amount of** money when the economic bubble burst.
（彼らは，バブルがはじけて多額の金を失った。）

● **a small amount of** ＋不可算名詞（少量の）
The project only required **a small amount of** *time and money*.
（そのプロジェクトは少しの時間とお金で済んだ。）

③ (a) few, (a) little

21	He knows **a few** *English songs*.	[a few ＋可算名詞]	*839*
22	We still have **a little** *time* left.	[a little ＋不可算名詞]	*840*
23	She knows **few** *Japanese songs*.	[few ＋可算名詞]	*841*
24	We have very **little** *time* left.	[little ＋不可算名詞]	*842*

21 彼は英語の歌を少し知っている。
22 まだ少し時間が残っている。
23 彼女は日本の歌をほとんど知らない。
24 ほとんど時間が残っていない。

a few / few は可算名詞の複数形を修飾し「数」が少ないことを，a little / little は不可算名詞を修飾し「量」が少ないことを表す。不定冠詞がつくと「少しはある」という肯定的な意味になり，不定冠詞がないと「少ししかない」という否定的な意味になる。

Ex. She has **a few** friends in Canada. (彼女はカナダに少数の友達がいる。)
We have **a little** time before we go home.
(私たちは帰宅するまで少し時間があります。)

⚠️ 「少ない」ことを強調するには，only や very を使う。
- **only a few** ＋可算名詞, **only a little** ＋不可算名詞 (ほんの少しの)
  Only a few students came to the concert.
  (コンサートに来た学生はわずかだった。)
- **very few** ＋可算名詞, **very little** ＋不可算名詞 (ほとんどない)
  Very few students came to the concert.
  (コンサートに来た学生はほとんどいなかった。)

⚠️ 次の用法は紛らわしいので，要注意。
- **quite a few** [**little**] (かなり多くの数[量]の)
  Quite a few people go abroad for their holidays.
  (かなり多くの人が休暇で海外へ行く。)
  My father has **quite a few** hobbies. (私の父は趣味がかなりたくさんある。)
- **quite few** [**little**] (非常に少ない数[量]の)
- **not a few** [**little**] (少なからぬ数[量]の)

⚠️ several は，不定の数量を表す。3〜4, 5, あるいは 10 以上を指すこともある。特にアクセントを置いて発音すると数が多いことを示す。
Several people present at the meeting expressed their concern about the decision. (会議に出席した数人の人々は決定に対して懸念を表明した。)

4 enough

> **25** There are **enough** *computers* for all the students in this room.　　*843*
>
> **26** They don't have **enough** *knowledge* of their own culture.　　*844*

　　25 この部屋には学生全員に十分な台数のコンピューターがある。
　　26 彼らは自らの文化を十分に知らない。

形容詞の enough は「十分な」という意味で，可算名詞（複数形）と不可算名詞の両方に使える。**25** では可算名詞を，**26** では不可算名詞を修飾している。

> ⚠ enough は通例〈enough ＋名詞〉の語順になるが，改まった英語では，〈名詞＋ enough〉の語順になることがある。
> We don't have **time enough** to go shopping.
> （私たちは買い物に行く十分な時間がない。）

Tips on Grammar　形容詞の順序

複数の形容詞がひとつの名詞を修飾する場合，どのような順序で形容詞を配列したらよいのでしょうか。これについては，だいたいの目安として以下のような基準が存在しています。

① all, both はすべての修飾語の前に置く
② 冠詞，冠詞に相当する語（指示代名詞や人称代名詞の所有格など）
③ 数量を表す形容詞（数詞など）
④ 性質・状態を表す形容詞（順序には厳密な規則はない。以下は目安。）
　　・話し手の主観的判断・評価を表す形容詞を前に置く
　　・名詞の本質に関係が深いものほど名詞の近くに置く

以上のことを表にまとめると以下のようになります。英文を書く時の参考にしてみましょう。

先行する要素			性質・状態を表す形容詞				
	a [an]		話者の判断	大小	性質	材料	
all both	the this / that these / those 所有格	数詞	評価	形	状態 年齢 新旧 色	所属	名詞

(例) all those brick houses
　　　all these five nice large brown leather bags
　　　her favorite round old Japanese table

Step3 発展 数詞とさまざまな形容詞

1 数詞

具体的な数を表すものを**数詞**と言う。one, two, three などのように個数を表すものを**基数詞**, the first, the second, the third などのように順序を表すものを**序数詞**と言う。

① 基数と序数

	基数	序数	
1	one	first	1st
2	two	second	2nd
3	three	third	3rd
4	four	fourth	4th
5	five	**fifth**	5th
6	six	sixth	6th
7	seven	seventh	7th
8	eight	**eighth**	8th
9	nine	**ninth**	9th
10	ten	tenth	10th
11	eleven	eleventh	11th
12	twelve	**twelfth**	12th
13	thirteen	thirteenth	13th
14	fourteen	fourteenth	14th
15	fifteen	fifteenth	15th

	基数	序数	
16	sixteen	sixteenth	16th
17	seventeen	seventeenth	17th
18	eighteen	eighteenth	18th
19	nineteen	nineteenth	19th
20	twenty	**twentieth**	20th
21	twenty-one	twenty-first	21st
22	twenty-two	twenty-second	22nd
30	thirty	**thirtieth**	30th
40	forty	**fortieth**	40th
50	fifty	**fiftieth**	50th
100	one hundred	one hundredth	100th
101	one hundred (and) one	one hundred (and) first	101st
102	one hundred (and) two	one hundred (and) second	102nd
200	two hundred	two hundredth	200th
1,000	one thousand	one thousandth	1,000th

【注】① 100 以上の場合,《米》では and は入れないことが特に多い。
② hundred, thousand の前に 2 以上の数字がきても複数形の s をつけない。
(× *two hundreds*, × *three thousands*)

【序数の表し方】
(1) 基数に th をつける。[太字はつづり方に注意する語]
① ve で終わる語は ve を f にして th をつける。(five → fi**f**th)
② t で終わる語は h をつける。(eight → eigh**th**)
③ e で終わる語は e を取って th をつける。(nine → nin**th**)
④ y で終わる語は y を ie にして th をつける。(twenty → twent**ieth**)
⑤ 20 以上の序数は，10 の位は基数読み，1 の位は序数読みにする。1 の位の数字の部分だけを序数にし，間にハイフンを入れる。(21 → twenty-**first**)
⑥ 数字を使って序数を表すときは，序数の終わりの 2 文字を付け加える。
(first → 1st, second → 2nd, third → 3rd, fourth → 4th)

(2) 序数には原則として the をつける。
the second Saturday (第 2 土曜日)，**the** tenth anniversary (10 周年記念日)

(3) 「第〜の」を表す言い方
primary (第 1 の，主要な)，secondary (第 2 の，二次的な)，tertiary (第 3 の)
[* *n*-ary (n 次の) という言い方もある。]

2 数字・数式の表し方・読み方

(1) **1,000 以上の数字**：3 桁ごとの単位で読む。
1,000　　one thousand
10,000　　ten thousand
100,000　　one hundred thousand
3,895　　three thousand (,) eight hundred (and) ninety-five
47,612　　forty-seven thousand (,) six hundred (and) twelve
511,971　　five hundred (and) eleven thousand (,) nine hundred (and) seventy-one

(2) **100 万 (million) 以上**：1,000 を単位にして 3 桁ごとに読む。
1,000,000　　one million (100 万)
1,000,000,000　　one billion (10 億)
1,000,000,000,000　　one trillion (1 兆)

(3) **0**：zero が普通。数字が連続してその間にある場合には，o [óu] と読むこともある。naught [主に《米》]，nought [主に《英》]と読むこともある。

(4) **小数**：小数点は point と読み，小数点以下は数字を 1 つずつ読む。
11.346　　eleven point three four six
0.705　　zero point seven zero five

(5) **分数**：分子（基数）を先に読み，分母（序数）を続けて読む。分子が2以上の場合は，分母の序数に複数の -s がつく。

$\frac{1}{3}$ a [one] third　　$\frac{1}{5}$ a [one] fifth　　$\frac{2}{3}$ two thirds

$2\frac{3}{5}$ two and three fifths　　$\frac{1}{2}$ a [one] half

$\frac{1}{4}$ a [one] quarter [fourth]　　$\frac{3}{4}$ three quarters [fourths]

⚠ 大きい数字の場合は over や upon 《英》を使い，$\frac{x}{y}$ は x over [upon] y と読む。
（例）$\frac{12}{67}$　twelve over [upon] sixty-seven

(6) **倍数**
2倍は twice, two times, 3倍以上は ~ times を使い, three times (3倍), four times (4倍) となる。3倍は thrice とも言えるがまれにしか使われない。

(7) **時刻**
1:00　one (o'clock)
2:10　ten (minutes) past two, ten (minutes) after two《米》
3:15　(a) quarter past three, (a) quarter after three《米》
4:30　four thirty, half past four〔*a quarter to ~ とは言えるが，× *half to ~* とは言えない。〕
5:45　five forty-five, a quarter to six, a quarter before [of] six《米》
6:15 a.m.　six fifteen a.m.
7:40 p.m.　seven forty p.m.

⚠ 話しことばでは，いずれも単純に，[時＋分]の順で数字を読んでもよい。

(8) **日付**
7月4日
《米》　July 4 = July (the) four(th)
《英》　4(th) July = the fourth of July, July 4(th) = July the fourth

(9) **年号・年代**：2桁ずつ区切って読むのが原則。
743年　seven (hundred and) forty-three
1800年　eighteen hundred
1976年　nineteen seventy-six
2008年　two thousand (and) eight
1980年代　the 1980s = the nineteen-eighties

(10) **電話番号**：数字を1つずつ読む。0は o [óu] または zero。
2318-6079　two three one eight, six o [zero] seven nine

(11) 番地
　　　372 Spring Street, Oakland
　　　three seven two [three seventy-two] Spring Street, Oakland

(12) 金額
　　　$ 3.50　three (dollars) (and) fifty (cents)
　　　£ 7.85　seven (pounds) (and) eighty-five (pence)
　　　€ 20.75　twenty (euros) (and) seventy-five (cents)
　　　￥10,000　ten thousand yen (yen は単複同形)

(13) 温度
　　　24℃ （摂氏） twenty-four degrees Celsius [centigrade]
　　　87°F （華氏） eighty-seven degrees Fahrenheit

　　⚠ 「0 度」の場合も, zero degrees のように複数形をとることに注意。

(14) 固有名詞
　　　Elizabeth II = Elizabeth the Second
　　　World War II = World War Two ［＊書きことばでは the Second World War］

(15) ページ, 行
　　　p.3　page three / pp.5-10　pages five to ten / l.4　line four

(16) 数式
　　　4＋5＝9　Four plus five equals nine. / Four and five are [is, make(s)] nine.
　　　　　　　　［＊and を使う場合, 動詞は単数でも複数でもよい。］
　　　8－6＝2　Eight minus six equals two. / Six from [out of] eight is [leaves] two.
　　　3×7＝21　Three (multiplied) by seven equals twenty-one. / Three (times) seven is [makes] twenty-one.
　　　8÷2＝4　Eight divided by two equals four. / Two into eight is four.
　　　$\sqrt{2}$　　　　the square root of 2 (2 の平方根)
　　　2^2　　　　the square of two / two squared
　　　2^3　　　　the cube of two / two cubed
　　　2^5　　　　two to the fifth power / the fifth power of two (2 の 5 乗)

❸ 数詞を使ったさまざまな表現

(1) 漠然とした多数を表す表現［＊数詞に -s がつく。］
　　　hundreds of ～　（何百もの～）　　　　thousands of ～　（何千もの～）
　　　millions of ～　（何百万もの～）　　　　tens of thousands of ～　（何万もの～）
　　　dozens of ～　（何ダースもの, 何十もの～）　scores of ～　（多数の～）など

(2) **in one's ＋基数の複数形**（～歳代で）
He stayed in India when he was in his sixties.
（彼は60歳代の時にインドに滞在した。）
My parents got married in their thirties.（両親は30代のときに結婚した。）

> teens（13～19歳）　　　　early twenties（20代前半）
> mid-thirties（30代半ば）　late forties（40代後半）

(3) **数詞＋複数名詞**
　時間（期間）・距離・金額などを表す数詞と複数名詞の組み合わせは、ひとまとまりとして捉えた場合には単数扱いにする。
Three weeks is not enough for us to do the class project.
（授業課題をするには3週間は十分ではない。）

> ひとまとまりとしてではなく、経過に焦点を合わせて表す場合は複数扱いにする。
> **Three weeks** have passed since I finished high school.
> （高校を卒業してから3週間経った。）

(4) **数詞＋名詞＝形容詞**
　数詞を名詞とハイフン（-）でつなぎ、年齢・時間・数量などを表す形容詞として使うことができる。このような場合、名詞は単数形にする。
a four-year-old child（4歳の子供）（× *a four-years-old child*）
a five-minute test（5分のテスト）（× *a five-minutes test*）
a six-foot-tall man（身長6フィートの男性）（× *a six-feet-tall man*）

(5) **その他の数量表現**
・**特殊な語 (a)**
fortnight (= two weeks)　2週間［主に《英》］
score (= twenty years)　20年［＊数の後では単複同形］
in a fortnight's time（2週間のうちに）
Four score and seven years ago our fathers brought forth on this continent …
［＊リンカーンの the Gettysburg Address の冒頭］

・**特殊な語 (b)**
annual（毎年の）　　　　biennial（2年に一度の、隔年の）
triennial（3年に一度の）　quadrennial（4年に一度の）

・**特殊な語 (c)**
centennial（100年［祭］の、100年ごと［間］の）　　centenary（百周年記念［日］の）
bicentennial（200年［祭］の、200年ごと［間］の）　millennial（1,000年の）
millenary（1,000年［期］の）　　millennium（1,000年間、1,000年祭）

・**通貨**：penny (pence)　　shilling　　sterling　など
・**度量衡**：pound　　acre　　yard　　foot (feet)　　inch　など

Step3　数詞とさまざまな形容詞

2 さまざまな形容詞

❶ 国名・大陸名などから派生した形容詞

国名・大陸名など	形容詞	個人	国民など
《形容詞が -an で終わるもの》			
Africa	African	an African	the Africans
Asia	Asian	an Asian	the Asians
America	American	an American	the Americans
Australia	Australian	an Australian	the Australians
Belgium	Belgian	a Belgian	the Belgians
Brazil	Brazilian	a Brazilian	the Brazilians
Cuba	Cuban	a Cuban	the Cubans
Europe	European	a European	the Europeans
Germany	German	a German	the Germans
Hungary	Hungarian	a Hungarian	the Hungarians
Iran	Iranian	an Iranian	the Iranians
Korea	Korean	a Korean	the Koreans
Norway	Norwegian	a Norwegian	the Norwegians
Russia	Russian	a Russian	the Russians
Ukraine	Ukrainian	a Ukrainian	the Ukrainians
《形容詞が -ese で終わるもの》			
China	Chinese	a Chinese	the Chinese
Japan	Japanese	a Japanese	the Japanese
Portugal	Portuguese	a Portuguese	the Portuguese
Vietnam	Vietnamese	a Vietnamese	the Vietnamese
《形容詞が -ish で終わるもの》			
Britain	British	a British person a Briton	the British
Denmark	Danish	a Dane	the Danes the Danish
England	English	an Englishman an Englishwoman	the English
Finland	Finnish	a Finn	the Finns the Finnish
Ireland	Irish	an Irishman an Irishwoman	the Irish
Poland	Polish	a Pole	the Poles the Polish

Scotland	Scottish / Scots / (Scotch)	a Scotsman / a Scotswoman / a Scot / (a Scotchman / a Scotchwoman)	the Scots the Scottish (the Scotch)
Spain	Spanish	a Spaniard	the Spaniards the Spanish
Sweden	Swedish	a Swede	the Swedes the Swedish
Turkey	Turkish	a Turk	the Turks

《その他》

Arabia	Arab / Arabic / Arabian	an Arab	the Arabs
France	French	a Frenchman a Frenchwoman	the French
Greece	Greek / (Grecian)	a Greek	the Greeks
Holland / the Netherlands	Dutch	a Dutchman a Dutchwoman a Hollander	the Dutch
Iraq	Iraqi	an Iraqi	the Iraqis
Israel	Israeli	an Israeli	the Israelis
Pakistan	Pakistani	a Pakistani	the Pakistanis
Switzerland	Swiss	a Swiss	the Swiss
Wales	Welsh	a Welshman a Welshwoman	the Welsh

【注】① 国民全体（国民一般）は，(the) Japanese people のように，〈**(the) 国籍を表す形容詞＋people**〉でも表すことができる。また，個人の場合は，-man, -woman の他に，男女共通の形として，〈国籍を表す形容詞＋ **person [citizen]**〉などでも表すことができる。
② 国籍を表す形容詞が，-ese, -(i)sh, -ch, -ss で終わるものは，〈**the ＋国籍を表す形容詞**〉の形で国民全体を表すことができる。
③ 米国の正式国名は the United States of America（アメリカ合衆国），簡単に the United States，略して the U.S.A. / the U.S. と言う。America は通称。
④ スコットランド人からは，Scotch, Scotchman, Scotchwoman, the Scotch が侮蔑的なものと受けとられることがある。
⑤ Arabia の形容詞は以下のように使い分けられる。
　Arab（アラブ人の），Arabian（アラビアの），Arabic（アラビア語の）
⑥ Grecian は，「(建築様式などが) ギリシア風の」の意味を表す。
⑦ 民族名など
　Anglo-Saxon（アングロサクソンの）　　　Celtic（ケルトの）

Caucasian (白人の)　　　　　　　Jewish (ユダヤ人の)
Native American (アメリカ先住民の)　Tibetan (チベットの) など。
[＊これらの多くは,「～人」という意味で名詞としても使われる。ただし, Celt (ケルト人),
Jew (ユダヤ人) となる。]

On a Street Corner

写真の垂れ幕では,「私たちはロンドン人(子)だ」という意味で, Londoners という言葉が使われています。また, 市民の一体感を強調する意味で, We ARE ONE (私たちはひとつだ) という部分が赤字になっているのも, なかなかしゃれています。ところで,「市民」「住民」を表す言葉としては, Londoner のほかにも, New Yorker (ニューヨーク市民), Bostonian (ボストン市民), Chicagoan (シカゴ市民), Washingtonian (ワシントン市民, ワシントン州人), Seattleite (シアトル市民), Roman (ローマ市民), Parisian (パリ市民), Tokyoite (東京都民) などがあります。

❷ 派生による形容詞

(1) 接頭辞 (～ない) ＋形容詞

important (重要な)	unimportant (重要でない)
dependent (依存した)	independent (独立した)
logical (論理的な)	illogical (非論理的な)
honest (誠実な)	dishonest (不誠実な)
kind (親切な)	unkind (冷たい)

(2) 同じ語から派生して接尾辞によって意味が異なる形容詞

childlike (子供らしい)	childish (子供っぽい)
comparable (匹敵する)	comparative (比較の)
considerable (かなりの)	considerate (思いやりのある)
continual (断続的な)	continuous (絶え間ない)
economic (経済[学]の, 経済上の)	economical (経済的な；節約になる)
historic (歴史上重要な)	historical (歴史 (上) の)
imaginary (架空の)	imaginative (想像性に富んだ)
industrial (産業の)	industrious (勤勉な)
memorable (記憶に残る)	memorial (記念の)
respectable (品のよい)	respectful (礼儀正しい)
respective (それぞれの)	sensible (分別のある)
sensitive (敏感な)	sensual (官能的な)
successful (成功している)	successive (連続する)

第22章

副詞

導入 ● **副詞とは何か**
   1. 副詞とは   464
   2. 副詞の使い方   465

基礎 ● **副詞の基本的な用法**
   1. 動詞を修飾する副詞：様態を表す副詞 / 場所を表す副詞 / 時を表す副詞 / 頻度を表す副詞 / 程度を表す副詞   466
   2. 形容詞・他の副詞を修飾する副詞   471
   3. 句・節を修飾する副詞   472
   4. 文全体を修飾する副詞   473

発展 ● **副詞の注意すべき用法**
   1. very, much：very / much   475
   2. ago, before, later   476
   3. already, yet, still：already / yet / still   477
   4. there, here   479
   5. 名詞や代名詞を修飾する副詞   479
   6. 文と文の論理関係を表す副詞   480
   7. 副詞の意味と形：〈形容詞＋-ly〉の形をした副詞 / 形容詞と同じ形の副詞 / -lyの有無で意味が変わらない副詞 / -lyの有無で意味が異なる副詞 / -lyの有無によって，意味の抽象度が異なる副詞   481

Step1 導入 副詞とは何か

1 副詞とは

副詞の典型的な機能は，動詞を修飾してさまざまな「色づけ」をすることである。たとえば，英語の発話動詞（say など）が，どのような副詞によって修飾されているのか，ルイス・キャロル (Lewis Carroll) の『不思議の国のアリス』(*Alice in Wonderland*) からいくつか取り出してみよう。（なお，引用に際して，コンマの削除など若干の修正を加えた。）

~ said Alice **sadly**（アリスは悲しそうに言った）
~ said Alice **seriously**（アリスは真面目そうに言った）
~ said Alice very **humbly**（アリスはとても謙虚に言った）
~ cried Alice **hastily**（アリスはあわてて大声を出した）
~ she began **in a low timid voice**（彼女は低いおどおどした声で話し始めた）
~ cried Alice **in a sorrowful tone**（アリスは悲しそうに声を出した）

言葉を発する行為ひとつをとってみても，さまざまな副詞(句)によって「色づけ」がなされ，話し手の気持ちや態度が鮮やかに表現されていることが分かる。副詞は一種の「飾り」ではあるが，それがなくなってしまえば，言語の世界がいかに味気ないものになるのかが想像できよう。

2　副詞の使い方

　副詞が動詞を修飾する例を見てきたが，副詞はこのほかにも，形容詞・副詞・文を修飾し，何らかの色づけをすることもできる。以下，それぞれの用例をまとめておこう。

副詞が修飾する要素

修飾される要素	用例
動詞	[様態] She *talked* **gently**. (彼女は優しく語った。) [場所] We *play* catch **here**. (ここでキャッチボールをする。) [時] How *are* you **today**? (今日はご機嫌いかがですか。) [頻度] He *is* **always** late. (彼はいつも遅刻する。) [程度] I **totally** *forgot* about it. (そのことをすっかり忘れていた。)
形容詞	We had a **really** *good* time. (私たちはとてもいい時間を過ごした。)
副詞	Thank you **very** *much*. (どうもありがとう。)
文全体	**Luckily**, *no one was injured*. (幸いにも，誰もけがをしなかった。)

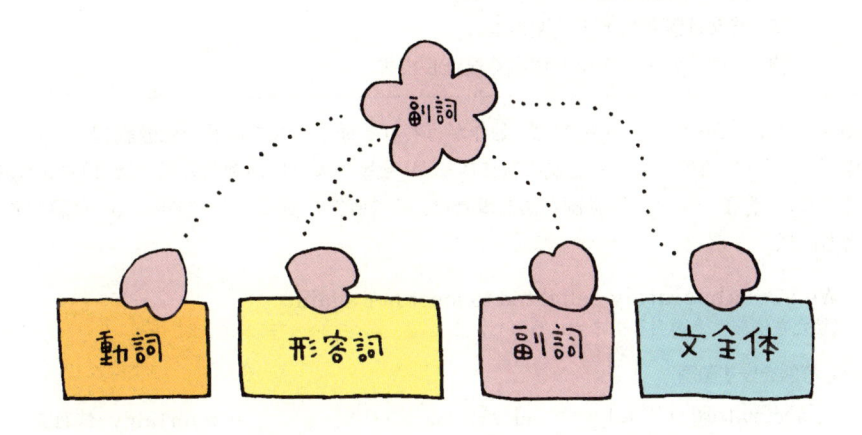

Step1　副詞とは何か　465

Step2 基礎 副詞の基本的な用法

副詞は，主に**動詞・形容詞・他の副詞・文全体を修飾**する。文中の位置は，文脈に左右されることも多いが，およそのルールがあるので確認しておこう。

1 動詞を修飾する副詞

動詞を修飾する副詞は，その意味によって，「様態」「場所」「時」「頻度」「程度」を表すものに分類される。以下，その具体例を見ていくことにしよう。

1 様態を表す副詞

1	He *drives* **carefully**.	*845*
2	She *shut* the door **quietly**.	*846*
3	I will **closely** *examine* the data.	*847*

1 彼は注意深く運転する。
2 彼女は静かにドアを閉めた。
3 私はそのデータを注意深く検査します。

carefully, quietly, closely など，動作が行われる様子を表す副詞を**様態副詞**と呼ぶ。様態副詞の位置は，**1** のように動詞の後に置くが，**2** のように他動詞の場合は目的語の後に置く。また，**3** のように助動詞がある場合は，その直後に置くことが多い。be 動詞がある場合も同様。

We *were* **absolutely** delighted to meet her again.
（私たちは彼女と再会して本当にうれしかった。）

cf. 様態を表す副詞

accurately（正確に）	clearly（はっきりと）	comfortably（快適に）
easily（簡単に）	effectively（効果的に）	fast（速く）
frankly（率直に）	hard（一生懸命に）	honestly（正直に）
kindly（親切に）	patiently（忍耐強く）	politely（丁寧に）
steadily（着実に）	well（じょうずに）　など	

⚠ 他動詞の目的語が修飾を伴って長い場合には動詞の前に置く。
He **flatly** refused *my suggestions about the homepage.*
（彼はホームページについての私の提案をきっぱりと拒否した。）

❷ 場所を表す副詞

> **4** Please *go* **upstairs** and open the window. *848*
>
> **5** Be sure to *come* **home** by eight o'clock. *849*

4 2階に行って，窓を開けてください。
5 必ず8時までに帰宅しなさい。

「場所」を表す副詞は，**4** **5** のように，動詞の後に置く。

Ex. My brother is *studying* **abroad** now.（私の兄[弟]は今留学している。）

⚠ home は「家に」を意味する副詞であるから，× Be sure to come *to home* by eight o'clock. とは言えない。abroad も副詞であるから前置詞を伴わない。
○ He's gone **abroad**.（彼は海外へ行った。）
× He's gone *to abroad*.
以下の例も同様である。
○ go **there**[**upstairs, downstairs**]
× go to *there*[*upstairs, downstairs*]
ただし，状態動詞 be や stay の場合，主に《英》で be[stay] **at home** となる。

cf. 場所を表す副詞

here（ここに）	there（そこに）	up（上へ）
down（下へ）	upstairs（階上へ）	downstairs（階下へ）
abroad（外国へ）	home（家に）	somewhere（どこかに）
anywhere（どこかに）	nowhere（どこにも～ない）	
everywhere（どこでも）	など	

【注】上例での日本語訳は簡略に示したもので，実際には here（ここに，ここで）のように方向と場所の両方を表す場合がある。

cf. 副詞の働きをする前置詞句

前置詞句が副詞の働きをすることもある。たとえば，次の文では前置詞句の at Narita International Airport が副詞として arriving を修飾している。
We'll be *arriving* shortly **at Narita International Airport**.
（まもなく成田国際空港に到着します。）

❸ 時を表す副詞

6 I *skipped* my guitar lesson **yesterday**. *850*

7 Let's *meet* for lunch **at one o'clock next Sunday**. *851*

6 昨日はギターの練習を休んだ。
7 今度の日曜日の 1 時に会って昼ごはんを食べよう。

「時」を表す副詞は，動作がいつ行われるかを表し，文末に置かれることが多い。yesterday のように 1 語の副詞の場合もあるが，at one o'clock や next Sunday のように，句として副詞の働きをする場合もある。また，**7** のように，時を表す副詞（句）が 2 つ以上あるときは，小さい単位を先に置く。

Ex. My grandson was born **on January 6th, 2007**.
（私の孫息子は 2007 年 1 月 6 日生まれだ。）

cf. 「時」を表す副詞（句）

afterwards（あとで）	before（以前に）	early（早く）
eventually（やがて）	in those days（その当時）	late（遅く）
lately（最近）	now（今）	recently（先ごろ）
soon（すぐに）	then（そのとき）	these days（今日では）
today（今日）	tomorrow（明日）	tonight（今夜）
last week（先週）	next month（来月）	on Monday（月曜日に）　など

+α 以下の副詞は一見意味が似ているようだが，時制との相性の良さに違いがあるので要注意。

	現在形	完了形	過去形
nowadays（近ごろ）	◎	―	―
these days（今日では）	◎	○	―
lately（最近，このごろ）	△	◎	△
recently（先ごろ，つい最近）	―	○	◎

❹ 頻度を表す副詞

8 That noodle shop **usually** *opens* at 9:00 a.m. *852*

9 It *is* **sometimes** very warm in March in Tokyo. *853*

10 You should **always** *be* on time. *854*

8 そのうどんのお店は，たいてい午前 9 時に開く。
9 東京は 3 月に時々とても暖かくなることがある。
10 いつも時間を守るべきだ。

「頻度」を表す副詞は，動作がどのくらいの頻度で行われるかを示す。一般動詞の前，be 動詞や助動詞の直後に置くのを原則とする。

Ex. They **often** go abroad on business.（彼らは仕事でよく海外へ行く。）
She **rarely**[**seldom**] goes to the supermarket by bicycle.
（彼女はめったに自転車でスーパーマーケットに行かない。）
He is **always** kind to us.（彼はいつも私たちに親切に接してくれる。）

⚠ ただし，sometimes は文頭や文末に置くことも可能。
9 ≒ **Sometimes** it is very warm in March in Tokyo.
≒ It is very warm in March in Tokyo **sometimes**.

cf. 「頻度」を表す副詞（句）

always（いつも）	constantly（絶えず）	continually（断続的に）
continuously（途切れなく）	frequently（たびたび）	
hardly ever（めったに〜ない）		mostly（たいてい）
never（一度も〜ない）	occasionally（時折）	often（しばしば）
once（一度）	periodically（定期的に）	rarely（めったに〜ない）
regularly（定期的に）	repeatedly（しばしば）	seldom（めったに〜ない）
sometimes（時々）	twice（二度）	usually（たいてい） など

+α この他に，「時々，しばしば」の意味の熟語がある。

| (every) once in a while | (every) now and then | (every) now and again |
| every so often | more often than not | as often as not　など |

5 程度を表す副詞

11 I'm sorry. I **completely** *forgot* our appointment.　　*855*

12 I can **hardly** *believe* that Robinson Crusoe was a real person. 　*856*

13 I *respect* Stephen Hawking **greatly**. 　*857*

11 すみません。私は約束をすっかり忘れていました。
12 私にはロビンソン・クルーソーが実在の人物だったとはほとんど信じられない。
13 私はスティーブン・ホーキングを大いに尊敬している。

「程度」を表す副詞は，動作がどの程度行われるかを示す。文中での位置は，一般動詞の前，be 動詞や助動詞の直後に置くのが普通だが，13 のように文末に置かれることもある。

Ex. I **really** *enjoyed* talking with you.（あなたとお話しできて楽しかったです。）
He has just moved here. He **hardly** knows his neighbors.
（彼はここに引っ越してきたばかりだ。近所の人をほとんど知らない。）
She *was* **nearly** hit by a tennis ball.
（彼女はもう少しでテニスボールがぶつかるところだった。）
The teacher *is* **highly** respected.（その教師は大変尊敬されている。）
〔＊ただし，highly を強調したい時には，文末に置くこともある。cf. The teacher is respected **highly**.〕
I could **totally** believe what he said last night.
（彼が昨夜言ったことは，完全に信じることができた。）
They have **almost** *finished* cleaning the classroom.
（彼らは教室の掃除をほぼ終えました。）

cf.「程度」を表す副詞（句）

absolutely（絶対に）	a great deal（すごく）	almost（ほとんど）
altogether（まったく）	awfully（ひどく）	badly（ひどく）
barely（かろうじて）	completely（完全に）	entirely（まったく）
extremely（極度に）	fully（完全に）	hardly（ほとんど〜ない）
highly（大いに）	just（ちょっと）	kind of 〜（ちょっと〜）
largely（主として）	nearly（ほとんど）	only（〜だけ）
quite（まったく）	rather（なかなか）	really（本当に）
slightly（やや）	somewhat（いくぶん）	scarcely（ほとんど〜ない）
totally（まったく）	utterly（まったく）	virtually（ほとんど）　など

〔＊ somewhat は動詞を修飾する場合，動詞の後に置かれる。
The situation improved **somewhat**.（状況はいくぶん改善した。）〕

On a Street Corner

　駐車禁止は，普通 No Parking とするのが一般的ですが，この掲示はなかなか奇抜な表現を使っています。Don't even think of parking here.（ここに駐車しようと考えることさえしないでください。）とありますが，駐車することは論外で，「駐車しようかな」と考えることさえ禁止と言っているのです。おそらく，No Parking という標準的な掲示では効果が薄いと判断し，強調表現を採用したものと思われます。even（〜すら，〜でさえ）が，その直後の動詞 think を修飾し，強調の意味を表していますが，この even という1語の副詞が文章の効果を高めています。

> **Tips on Grammar**　副詞を列挙する場合の順番は？
>
> いくつかの副詞（句）が列挙される場合，配列の規則はあるのでしょうか。以下の例を参照し，それぞれの副詞の意味を考えてみましょう。
>
> She was reading a book **silently** **in her room** **last night**.
> （彼女は，昨夜，部屋で黙って本を読んでいた。）
>
> silently は「様態」, in her room は「場所」, そして last night は「時」を表していますが，一般的に，動詞を修飾する副詞を並べる場合，〈様態＋場所＋時〉の順になることを覚えておきましょう。

2　形容詞・他の副詞を修飾する副詞

14　You are **absolutely** *right*.　　　　　　　　　　　*858*
15　Can you speak **more** *slowly*?　　　　　　　　　　*859*

14 君の言っていることはまったく正しい。
15 もう少しゆっくり話していただけますか。

副詞は，形容詞や他の副詞が表す意味を強める働きをすることがある。その場合，**14** **15** のように，形容詞や副詞の直前に置く。

Ex. Thank you. It's **very** *kind* of you. （ご親切にどうもありがとうございます。）
That's **too** *bad*! （それは大変ですね。）
We watch baseball games on TV **quite** *often*.
（私たちは野球の試合をしょっちゅうテレビで見る。）

⚠ 副詞 enough のように，形容詞・副詞・動詞（句）の後に置かれるものもある。
This tent is *large* **enough** for all of us.
（このテントは私たちみんなが入れるほど大きい。）
We practiced *hard* **enough** to pass the audition.
（私たちはそのオーディションに合格するために十分に練習した。）

cf. 形容詞・副詞を修飾する副詞
almost（ほとんど）　　awfully（とても）　　fairly（かなり, いくらか）
greatly（大いに）　　　nearly（ほとんど）　　pretty（かなり）
rather（かなり, いくらか）　　など

［＊このほかに基本的なものとして, little, much, quite, so, too, very などがある。］

What's on your mind?

Q：辞書で見ると，fairly と rather はどちらも「いくぶん，かなり」という訳語が与えられています。意味の違いはないのでしょうか。

A：この2つの副詞は使い分けが必要です。一般的な傾向として，fairly は好ましい意味の語 (good, nice, well など) を修飾し，rather は好ましくない意味の語 (bad, stupid, ugly など) を修飾します。

(1) John is **fairly** *clever*, but Tim is **rather** *stupid*.
（ジョンは結構賢いが，ティムはかなり愚かだ。）

ただし，It was a **rather** *good* show.（それはとてもいいショーだった。）のように，rather が好ましい意味の語を修飾して，「非常に，とても，予想外に」の意味で使われることもあります。

一方，中立的な意味を持つ語 (hot, cold, fast, slow など) については，fairly を使うと話者が好ましく感じていることを示し，rather を使うと好ましく感じていないことを示します。

(2) It's **fairly** *hot* today.（今日はいい暑さだ。）
(3) It's **rather** *hot* today.（今日は暑過ぎる。）

また，alike, like, similar, different などの形容詞を rather が修飾し，「いくらか，少し」という意味で使われることもあります。

(4) Spanish is **rather** *similar* to Italian.
（スペイン語はイタリア語といくらか似ている。）

3 句・節を修飾する副詞

16 I play the piano **just** *for fun*. 860

17 I fell asleep **soon** *after I went to bed*. 861

18 People are not necessarily happy **just** *because they are rich*. 862

16 私は単なる楽しみでピアノを弾いている。
17 私はベッドに入ってからすぐ寝入った。
18 人は単に金持ちだからと言って，必ずしも幸せとは限らない。

副詞は句や節を修飾する場合がある。**16** では just が副詞句 for fun を修飾し，**17** と **18** では副詞 (soon / just) がそれぞれ副詞節 (after I went to bed / because they are rich) を修飾している。このような場合，副詞は修飾する句や節の直前に置く。

Ex. The ATM is **just** *in front of the toy shop*.
（ATM はそのおもちゃ屋のすぐ前にある。）
The soccer game started **shortly** *after I got to the stadium*.
（私が競技場に着いた後，まもなくサッカーの試合が始まった。）

I went to Harajuku **simply** *because I wanted to.*
(私はただそうしたかったので，原宿に行った。)
〔＊ simply because の他にも，mainly [party, just, only, primarily] because 〜のような言い方もある。〕

On a Street Corner

Door is only for use in an emergency. とありますが，「ドアは緊急時にのみ使用可能」といった意味を表しています。この場合，only は，直後に続く句 (for use in an emergency) を修飾する副詞として機能しています。
　ちなみに，主語の door が定冠詞なしで使われていますが，これは状況から明白であるために省略されたものです。

Door is only for use in an emergency.

4 文全体を修飾する副詞

19 **Fortunately**, *his injury was not serious.*　　　*863*

20 *He was* **obviously** *annoyed by her attitude.*　　　*864*

19 幸いなことに，彼のけがは大したことはなかった。
20 彼は明らかに彼女の態度に腹を立てていた。

　文全体を修飾する副詞は，**19** の fortunately (幸いなことに) のように，発言内容について話者の態度を表明したり，**20** の obviously (明らかに) のように，発言内容の妥当性について話者の判断を表す働きをする。

cf. 文全体を修飾する副詞の中には，以下のように，〈**It is [was]** 〜 **that ...**〉で書きかえられるものがある。
　　19 ≒ **It was** *fortunate* **that** his injury was not serious.
　　20 ≒ **It was** *obvious* **that** he was annoyed by her attitude.

Ex. **Happily,** Bill won the game. ≒ *I consider it happy that* Bill won the game.
(幸いなことに，ビルがそのゲームに勝った。)
Honestly, that's exactly what he said.
≒ *I tell you honestly that* that's exactly what he said.
(正直に言うと，それはまさに彼が言った通りです。)

Frankly, he wasn't confident if he could persuade her.
≒ *I say frankly that* he wasn't confident if he could persuade her.
(率直に言うと，彼は彼女を説得できるかどうか自信がなかった。)

Evidently, she is mistaken. ≒ *It is evident that* she is mistaken.
(明らかに，彼女はまちがっている)

He will **probably** come. ≒ *It seems probable that* he will come.
(おそらく彼は来るでしょう。)

Finally, after seven years, she agreed to marry him.
(7年後，ついに彼女は彼との結婚に同意した。)

She **certainly** never expected to become a billionaire.
(彼女は明らかに，自分が億万長者になるとはまったく思っていなかった。)

⚠ この種の副詞は，文頭や動詞の前 (be 動詞や助動詞がある場合にはその後) に来るのが一般的だが，例外的に文末にくることもある。

The restaurant was closed yesterday, **unfortunately**.
(残念なことに，昨日そのレストランは閉まっていた。)

⚠ enough が別の副詞を伴って，文修飾の副詞句をつくる場合がある。

Strangely enough, he looked happy when he was arrested by the police.
(奇妙なことに，彼は警察に捕まった時，うれしそうに見えた。)

Sure enough, the concert was canceled due to the typhoon.
(案の定，台風のためにコンサートは中止になった。)

cf. 話者の態度表明を表す副詞

astonishingly (驚くべきことに)　　　happily (幸せなことに)
interestingly (興味深いことに)　　　ironically (皮肉なことに)
luckily (幸運なことに)　　　　　　　naturally (当然なことに)
oddly (奇妙なことに)　　　　　　　　sadly (悲しいことに)
strangely (奇妙なことに)　　　　　　surprisingly (驚くべきことに)
unfortunately (不幸なことに)　　など

cf. 妥当性に対する話者の判断を表す副詞

certainly (確かに)　　　clearly (明らかに)　　　definitely (確かに)
evidently (明らかに)　　likely (おそらく，たぶん)　maybe (たぶん)
obviously (明らかに)　　perhaps (たぶん)　　　　possibly (もしかすると)
presumably (たぶん)　　surely (確かに)　　　　　probably (たぶん)
undoubtedly (疑いなく)　など

Step3 発展 副詞の注意すべき用法

1 very, much

① very

> 21 Charles M. Schulz was a **very** *good* cartoonist.　　*865*
> 22 The traffic is moving **very** *slowly* this morning.　　*866*
>
> 21 チャールズ・M・シュルツは大変優れた漫画家だった。
> 22 今朝は交通がとてもゆっくり流れている。

上例に見るように, very（とても）は, 形容詞を修飾したり副詞を修飾したりするが, 単独で動詞を修飾することはない。

Ex. We are **very** *glad* to see you again.（またお目にかかれてうれしいです。）
Wrestling is a **very** *exciting* sport.（レスリングはとてもわくわくするようなスポーツです。）

⚠ very は, このほかに, **形容詞化した現在分詞**（amusing, boring, interesting, shocking など）や, **形容詞化した過去分詞**（confused, disappointed, tired, pleased, surprised など）を修飾する。
That was a **very** *boring* film.（あれはとても退屈な映画だった。）
We were **very** *puzzled* about the news.（そのニュースを聞いて大変戸惑った。）

⚠ very は形容詞・副詞の原級を修飾するのに用いられるが, 比較級を修飾することはない。
It is **much**［×*very*］*warmer* today than yesterday.（今日は昨日よりだいぶ暖かい。）

⚠ 強意的な形容詞・副詞や程度に段階のない形容詞・副詞には, 原則として very を用いずに, absolutely, totally, completely などを用いる。
You are **absolutely**［×*very*］wrong.（あなたは完全に間違っている。）
That's **totally**［×*very*］impossible.（それは完璧に不可能だ。）

② much

> 23 I don't travel **much**. ［否定文］　　*867*
> 24 Do you like sports **much**? ［疑問文］　　*868*
>
> 23 私はあまり旅行をしません。
> 24 スポーツがとても好きですか。

much（とても）は動詞を修飾するが，単独で使えるのは 23 24 のように，否定文と疑問文に限られている。肯定文では very much を使って，I like sports **very much**.（私はスポーツが大好きです。）などのようにする。

Ex. Do you eat out **much**?（よく外食しますか。）

⚠ much は，このほかに受動態の過去分詞を修飾する場合もある。［＊この場合の過去分詞は形容詞化したものではない。］
That farmer is **much** *respected* throughout the village.
（あの農夫は村じゅうでとても尊敬されている。）

very と much の用法の違い

very	much
(1) 動詞は修飾しない。	(1) 動詞を修飾する。
(2) 形容詞・副詞の原級を修飾する。	(2) 形容詞・副詞の比較級・最上級を修飾する。
(3) 形容詞化した現在分詞・過去分詞を修飾する。	(3) 受動態の過去分詞を修飾する。

⚠ ただし，very が形容詞の最上級 best や worst を強調して「本当に，まさしく」といった意味で使われることもある（▶ p. 219, p. 356）。
That's the **very** *best* movie.（それはまさしく最高の映画だ。）
That's the **very** *worst* game I've ever played.
（それは私がこれまでプレイしたまさに最悪の試合だ。）

2 ago, before, later

> 25 I sent him an e-mail *three days* **ago**.　　*869*
>
> 26 I told him that I had sent him an e-mail *three days* **before**. 　*870*
>
> 27 I'll talk to you **later**. 　*871*

　25 私は3日前に彼に電子メールを送った。
　26 私は彼に，3日前に彼に電子メールを送ったと言った。
　27 後で話しましょう。

　ago も before も期間を表す語句の直後に置き，「〜前」を表す。ただし，ago は現在を基準にして「今から〜前」，before は過去のある時を基準にして「その時から〜前」を表す。later は，ある時点より後であることを示す。

　25 では，電子メールを送ったのが「現在の時点から3日前」，26 では彼に話したという「過去の時点から見て3日前」ということを表す。

Ex. I met them two weeks **ago**. (私は2週間前, 彼らに会った。)
Our club was established ten years **ago**. (私たちのクラブは10年前に設立された。)
They got married two years **later**. (彼らは2年後に結婚した。)
See you **later**. (また後で。)

⚠ ago は過去形とともに使い, three days のような時を表す表現を伴って使われる。単独での用法はない。これに対して before には単独での用法があり,「(今より)前に」という意味で過去形や現在完了形とともに使う。

I saw [have seen] her somewhere **before**.
(私は以前にどこかで彼女を見た[ことがある]。)
I have been to Alaska **before**. (私は以前アラスカに行ったことがある。)
また, 過去完了形とともに用いられ,「その時より以前に」という意味を表す。
I told her that I had seen her somewhere **before**.
(私は以前どこかで彼女を見たことがあると彼女に言った。)

⚠ 〈期間＋ **later**〉は過去または未来のある時点を基準にして,「その時から~後」の意味で用い, 現在を基準にすることはない。**27** のように単独で使われると, 現在を基準にした意味で用いることができる。
○ I met him **three days later.** (私は3日後に彼と会った。)
× I will meet him *three days later*.
○ I will meet him **in three days**.
○ I will meet him **three days from now**.

3 already, yet, still

28	The game has **already** started.	*872*
29	The game hasn't started **yet**.	*873*
30	It is **still** raining.	*874*

28 試合がもう始まっている。
29 試合はまだ始まっていない。
30 まだ雨が降っている。

already, yet, still の用法

	already	yet	still
肯定文	[完了] もう (~した)	△	[継続] まだ (~している)
否定文	△	[未完了] まだ (~していない)	まだ (~していない)
疑問文	[驚き] もう (~したのか)	もう (~したか)	まだ (~しているか)

❶ already

〈肯定文〉=「もう」「すでに」

I'm **already** a week behind schedule.（私はすでに予想より1週間遅れている。）
I have **already** handed in my assignment.（私はすでに宿題を提出してしまった。）
He was **already** informed about the accident.
（彼はすでに事故のことを知らされていた。）

〈疑問文〉=「もう」〔＊話し手の驚きを表す。〕

Have you done your homework **already**?（もう宿題が終わったのですか。）
Wow, have you finished your meal **already**?（あら，食事はもう終わったの？）

> ⚠ 否定文・疑問文では yet を用いるのが原則だが，if 節・関係節・否定疑問文では not already（まだ〜ない）が使われることもある。以下の文では，「もうすでに会員かと思われますが」という肯定予想のニュアンスが感じられる。
>
> If you are not **already** a member of this club, please sign up right away.
> （もしもまだこのクラブの会員でないのなら，すぐに署名して入会してください。）

❷ yet

〈否定文〉=「まだ（〜していない）」

It's not warm **yet**.（まだ暖かくない。）
We haven't cleaned our classroom **yet**.（私たちはまだ教室の掃除を終えていない。）
The parcel hasn't arrived **yet**.（その小包はまだ届いていない。）
"Has Yuko arrived here?" "No, she hasn't arrived **yet**."（≒ "Not yet."）
（「優子はここに来ていますか。」「いえ，まだ来ていません。」）

〈疑問文〉=「もう」「すでに」

Have you had lunch **yet**?（もう昼ごはんを食べましたか。）

> ⚠ 肯定文では still が一般的だが，yet が驚きなどの感情を込めて，「まだ，依然として」の意味で使われることもある。
>
> She is talking **yet**.（彼女はまだおしゃべりしている。）
> ≒ She is **still** talking.

❸ still

〈肯定文〉=「まだ」〔＊状態や動作が継続していることを表す。〕

I am **still** working on my project.（私はまだプロジェクトに取り組んでいる。）

〈否定文〉「まだ（〜していない）」〔＊話し手のいら立ち・不安・驚きなどを表す。still not の語順になることに注意。〕

The game **still hasn't** started.（試合はまだ始まっていない。）

〈疑問文〉「まだ（〜していない）か」

Is he **still not** feeling well?（彼はまだ具合がよくないのですか。）
Have you **still not** washed your car?（まだ洗車していないのですか。）

4 there, here

> **31** **There** is *a post office* down the road.　　　*875*
>
> **32** **Here** is *the CD* you are looking for. 　　　　*876*

31 この道を行くと郵便局がある。
32 ここにあなたが探している CD がありますよ。

● **there is [are]＋主語＋場所を表す語句**（[ある場所に]〜がある）
　存在を表す構文。there は形式的に文頭に置かれているが，be 動詞は主語の数に一致する。there に「そこに」という意味はない（▶ pp. 45-46）。
There are some strawberries in the fridge.（冷蔵庫にイチゴがあるよ。）

● **here is [are]＋主語**（ここに〜がある）
　相手の注意を主語に向ける構文。Here は形式的に文頭に置かれているが，be 動詞は主語の数に一致する。
Here are some photographs I took in Italy.
（ここに私がイタリアで撮った写真があります。）

⚠ be 動詞以外に存在や移動の動詞が使われることもある（▶ p. 359）。
There *exist* numerous volcanoes in Japan.（日本には火山が多数存在する。）
There *seems to be* a problem.（問題があるようだ。）
Here *comes* the bus.（バスが来ましたよ。）

⚠ 主語が代名詞のときは，〈**there [here]＋主語＋動詞**〉の語順となる。
"Where is that statue of the dog? Oh, **there** *it* is."
（「そのイヌの像はどこだろう。あ，あそこにあるよ。」）
"Ken is late. Oh, **here** *he* comes."（「ケンは遅いね。ああ，来たよ。」）
[＊ただし，これらの用例において，there は「そこに」，here は「ここに」という指示的な意味を持つ。]

5 名詞や代名詞を修飾する副詞

> **33** **Even** *a young child* can do it.　　　　　　　　*877*
>
> **34** *The match* **yesterday** was really exciting.　　　*878*

33 幼い子供でもそれくらいできる。
34 昨日の試合は本当にわくわくするものだった。

副詞は動詞・形容詞・他の副詞などを修飾するのが一般的だが，例外的に，名詞や代名詞を修飾することもある。

33 の even は名詞（句）の前に置かれ，「〜でさえ」という意味を表す。名詞（句）の前に現れる副詞には，ほかに only（〜だけ），quite（並外れて）などがある。名詞（句）の後に現れる副詞としては，alone（〜だけ）がある。

> **Only** *he* can open the safe.（その金庫を開けられるのは彼だけだ。）
> She is **quite** *a pianist*.（彼女は大変なピアニストだ。）
> *She* **alone** knew the truth.（本当のことを知っているのは彼女だけだった。）

時や場所を表す副詞（句）は直前の名詞を修飾することがある。**34** の yesterday や，以下の例文の there（そこに）がその例である。

> *The population* **there** has been increasing for the past five years.
> （そこの人口は過去5年間ずっと増え続けている。）

他に，young people **today**（今日の若者），a trip **abroad**（外国旅行）など。

6 文と文の論理関係を表す副詞

> **35** New York is a great place to visit. **However**, I wouldn't want to live there. *879*
>
> **36** Let's leave at once. **Otherwise**, we might miss the train. *880*

35 ニューヨークは訪れるには素晴らしいところだ。しかし，そこに住みたいとは思わない。
36 すぐ出よう。さもないと，電車に間に合わないかもしれない。

副詞の中には，文と文との論理関係を示すものがある。**35** の however（しかしながら）は「逆接的な関係」を，**36** の otherwise（もしそうしなければ）は，「選択的な関係」を表す。

cf. 論理的な関係を表す副詞

① 逆接・対立
  however（しかしながら）   nevertheless（それにもかかわらず）
  nonetheless（それでも）   still（それでもなお）
  yet（しかし）   in contrast（対照的に）
  on the contrary（反対に） on the other hand（他方では）
  in the meantime（その間） meanwhile（一方では）　など

② 選択
  otherwise（そうでなければ） or else（さもないと）　など

③ 原因・結果
  accordingly（それゆえに）   consequently（その結果）
  hence（それゆえに）   therefore（したがって）

thus（したがって）　　　　　　　　as a result（その結果）
　　　in conclusion（要するに）　　　　in consequence（その結果）
　　　in the long run（結局は）　　　　after all（結局は）　　など
　④ **追加**
　　　besides（その上）　　　　　　　　furthermore（さらに）
　　　moreover（さらに）　　　　　　　in addition（さらに加えて）　など
　⑤ **例示・言いかえ**
　　　for example（たとえば）　　　　for instance（たとえば）
　　　in other words（換言すれば）

7 副詞の意味と形

副詞は，本来の副詞（fast, here, now, always, very など）の他に，他の品詞から派生したものもある。

❶ 〈形容詞＋ -ly〉の形をした副詞

副詞には，形容詞に -ly をつけた形のものが多い。ただし，語尾の形によって以下の表に示したようなつづりになる。

〈形容詞＋ -ly〉の副詞

形容詞の語尾	-ly のつけ方	形容詞	副詞
(1) 基本	そのまま -ly	slow	slowly
(2) -ful	そのまま -ly	careful	carefully
(3) 子音字 + -y	y を i にかえて -ly	lucky	luckily
(4) -le	e を取って -y	simple	simply
(5) -ue	e を取って -ly	true	truly
(6) -e	そのまま -ly	polite	politely
(7) -ll	-y をつける	full	fully

【注】(3) の例外として shy → shyly のような場合もある。

⚠ 語尾が -ly であっても副詞とは限らない。costly（高価な），friendly（好意的な），homely（平凡な），lively（活発な），lovely（すてきな），lonely（孤独な），orderly（整然とした），timely（タイムリーな），manly（男らしい），womanly（女らしい）など。

❷ 形容詞と同じ形の副詞

形容詞をそのまま副詞として使うものがある。形容詞の場合は，名詞の前か補語の位置にあるので，文中の位置によってどちらか判断できる。

　My grandparents are **well**. （[形容詞] 私の祖父母は元気だ。）
　He plays the flute **well**. （[副詞] 彼はフルートをじょうずに吹ける。）

> **cf.** 形容詞と同じ形の副詞には以下のものがある。
>
> | daily | weekly | monthly | yearly | early | far | fast |
> |---|---|---|---|---|---|---|
> | last | long | low | pretty | still | well | など |
>
> cf. He is a **fast** runner. (形容詞) / He runs **fast**. (副詞)

❸ -ly の有無で意味が変わらない副詞

形容詞と同じ形の副詞と，それに -ly をつけた副詞とがあり，両方ともほぼ同じ意味で使うものがある。ただし，-ly をつけない方がよりくだけた感じになる。

Speak **loud** and **clear**. (大きな声ではっきり話してください。)
cf. Speak **loudly** and **clearly**.

> **cf.** その他の例
>
> | bright − brightly | cheap − cheaply | clean − cleanly |
> |---|---|---|
> | clear − clearly | direct − directly | loud − loudly |
> | quick − quickly | slow − slowly | strong − strongly　など |

❹ -ly の有無で意味が異なる副詞

形容詞と同じ形の副詞と，形容詞に -ly をつけた副詞とでは，意味が違うものがある。

My father is trying **hard** to get slim. (父は痩せるよう懸命に努力している。)
She was so shocked that she could **hardly** speak.
(彼女はショックを受けてほとんど口もきけなかった。)

> **cf.** その他の例
>
> hard (熱心に) − hardly (ほとんど～ない)　　just (ちょうど) − justly (正当に)
> late (遅く) − lately (最近)　　　　　　　　most (最も) − mostly (たいてい)
> near (近くに) − nearly (ほぼ)　　など

❺ -ly の有無によって，意味の抽象度が異なる副詞

形容詞と同じ形の副詞と，形容詞に -ly をつけた副詞とでは，意味の抽象度が違うものがある。前者は具体的な意味，後者は抽象的な意味で使われることが多い。

He hit the ball **high** into the air. (彼は空中高くボールを打った。)
Space technology is **highly** developed in the U.S.A.
(宇宙工学は合衆国で高度に発達している。)

> **cf.** その他の例
>
> close (近くに) − closely (細かく)　　　high (高く) − highly (高度に)
> short (短く) − shortly (すぐに)
> sharp ([時刻]かっきり, 突然) − sharply (するどく, はっきりと)　　など

第23章

前置詞

導入 ● 前置詞とは何か	
1. 前置詞とは	484
2. 前置詞の目的語	484
3. 前置詞句の働き	485

基礎 ● 主な前置詞の意味と用法
1. **場所・方向を表す前置詞**：at, in, on / by, near / around, about / between, among / over, under / above, below / in front of, behind, opposite / from, to, toward, for / into, out of, onto / along, across, through ... 486
2. **時を表す前置詞**：at, in, on / for, during / from, since / by, until [till], in, within / before, after ... 496

発展 ● 前置詞の注意すべき用法
1. **前置詞の注意すべき用法**：at / in / on / from / of / by / with / to / for / over, under ... 501
2. 群前置詞 ... 510

Step1 導入 前置詞とは何か

1 前置詞とは

前置詞は, I go **to** school **by** bus. の to や by のように, **名詞（あるいは名詞相当語句）の前に置かれて位置・方向・手段・時間などを表す**。代表的な前置詞としては, 以下のようなものがある。

> about, above, across, after, along, among, around, at, before, below, between, by, during, for, from, in, into, near, on, over, since, through, under, until

2 前置詞の目的語

前置詞の後に置かれるものを**前置詞の目的語**と呼ぶ。前置詞の目的語になるものには, 次のようなものがある。

前置詞の目的語となるもの

	用例
(1) 名詞句	I found a letter **from** *my cousin* **on** *the table*. （私はテーブルの上にいとこからの手紙を見つけた。）
(2) 代名詞	He wrote a letter and sent it **to** *me*. （彼は手紙を書いて私に送った。）
(3) 動名詞	I phoned him two days **after** *receiving* his letter. （私は彼の手紙を受け取ってから2日後に彼に電話をかけた。）
(4) 名詞節	He told me **about** *what he was going to do during summer vacation*. （彼は夏休みに何をしようとしているかについて私に話してくれた。）

484　第23章 ● 前置詞

(5) その他	**【形容詞】** for free（無料で）　　for long（長い間）　　for sure（確かに） in short（要するに）　　in brief（要は） **【副詞】** for ever（永遠に）〔＊《英》の用法。《米》では forever となる。〕 from abroad（外国から）　　from here（ここから） from now（今から）　　until recently（最近まで） **【前置詞句】** from above the clouds（雲の上から） from among our friends（友達の中から） from behind the tree（木の後ろから） from under the table（テーブルの下から） until after dark（暗くなるまで）

3 前置詞句の働き

　前置詞とその目的語から構成される**前置詞句**は，名詞を修飾する**形容詞の働き**と動詞などを修飾する**副詞の働き**をする。たとえば，先に挙げた例文 I found a letter **from my cousin on the table.** において，from my cousin は a letter を修飾する形容詞の役割を，on the table は found を修飾する副詞の役割を果たしている。

　このように，前置詞句は文の中の核となる名詞や動詞を修飾し，多様な意味を伝える役割を担う。ここでは，さまざまな前置詞の基本的な意味と用法を取り扱う。

主な前置詞の意味と用法

Step2 基礎

ここでは〈場所・方向〉を表す前置詞と，〈時〉を表す前置詞を取り上げる。

	〈場所・方向〉を表す前置詞	〈時〉を表す前置詞
①	at, in, on	at, in, on
②	by, near	for, during
③	around, about	from, since
④	between, among	by, until [till], in, within
⑤	over, under	before, after
⑥	above, below	
⑦	in front of, behind, opposite	
⑧	from, to, toward, for	
⑨	into, out of, onto	
⑩	along, across, through	

1 場所・方向を表す前置詞

1 at, in, on

> **1** Mr. Tanaka was standing **at** the gate of his house. *881*
>
> **2** He lived alone **in** an old wooden house. *882*
>
> **3** There was a picture of his daughter **on** his desk. *883*

1 田中さんは家の門のところに立っていた。
2 彼は一人で古い木造の家に住んでいた。
3 彼の机の上には彼の娘の写真があった。

《at の基本的意味》＝「場所のある一点」

Ex. at Narita Airport（成田空港で）
at the party（パーティーで）
at the supermarket（そのスーパーマーケットで）

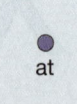

486 第23章 ● 前置詞

《in の基本的意味》＝「空間の中」

> **in** this box (この箱の中に)　　**in** the lake (湖で)
> **in** the living room (居間で)
> My uncle lives **in** a house by the lake.
> (おじは湖のそばの家に住んでいる。)
> Beauty is **in** the eye of the beholder.
> (美しさは見る人の目の中にある。[＊美しさの基準は人によって異なる，ということ。] [ことわざ])

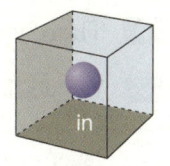

《on の基本的意味》＝「線や平面との接触」
線・平面に直接触れている状態を表す。

> **on** the floor (床の上に)　　**on** the ceiling (天井に)
> **on** the wall (壁に)
> [＊必ずしも上下関係から見て「上に」という意味ではない。したがって，on the ceiling は「天井の上の方」ではなく「天井の面に接して」という意味を，on the wall は「壁の上の方」ではなく「壁の面に接して」という意味を表す。]
> I tried to kill a fly **on** the ceiling. (私は天井のハエを殺そうとした。)
> There was a picture of a dog hanging **on** the wall. (犬の絵が壁にかかっている。)

❷ by, near

4	There was a tall tree **by** the house.	*884*
5	Some people were camping **near** the lake.	*885*

4 家のそばには高い木が生えていた。
5 数人の人が湖の近くでキャンプをしていた。

《by の基本的意味》＝「近接・そば」
近接して，すぐそばにある状態を表す。

> **by** the desk (机の脇に)
> **by** the post office (郵便局のそばに)
> She sat **by** the window. (彼女は窓際に座った。)

a tree by the house

《near の基本的意味》＝「近さ」
by ほどは接近していないが，近い状態を表す。

> **near** the station (駅の近くに)
> **near** my house (私の家の近くに)

Step2　主な前置詞の意味と用法

❸ around, about

> **6** There were several chairs **around** the table.　　*886*
>
> **7** We walked **about** the park. 　　*887*

　　6 テーブルの周りには椅子がいくつかあった。
　　7 私たちは公園を歩き回った。

《around の基本的意味》＝「〜の周りに」

《米》では around が，《英》では round が好まれる傾向にある。

Ex. Tall trees were planted **around** the library.
（図書館の周りに背の高い木が植えられた。）

⚠ 「〜の周りを」という動きを表す場合にも使える。
The moon goes **around** the earth.
（月は地球の周りを回っている。）

《about の基本的意味》＝「〜のあたりを」

⚠ about, around は〈数量・時間〉について「だいたい，およそ」の意味を表す。もともと about と around は「〜のあたりで」といった共通の意味を持ち，We walked about [around] the park. （私たちは公園のあたりを歩いた。）のような用法がある。この場合，特定の場所をはっきりと明示しているのではなく，だいたいの場所を示唆していることから，比喩的に「およそ」といった意味を持つに至ったものと思われる。
about[**around**] ten students（10人ほどの学生）
about[**around**] three years（3年ほど）

cf. about は「〜について」という〈主題・関連〉を表すことがある。
I am reading a book **about** global warming.
（私は地球温暖化についての本を読んでいるところだ。）
〔＊ a book **on** birds の on も「〜に関する」の意味で使われるが，より専門性が高いものや，特化されたものについて使われる傾向がある（▶ p. 503）。〕

❹ between, among

> **8** We put the table **between** the sofa and the bed.　　*888*
>
> **9** A beautiful church came into view **among** the trees. 　　*889*

　　8 私たちはソファーとベッドの間にテーブルを置いた。
　　9 美しい教会が木々の間に見えてきた。

《between の基本的意味》=「2つのものの間に」

〈**between A and B**〉という形で,「AとBとの間に」を表す。ただし,3つ以上のものであっても,2つの間の関係を個々に表すときには a treaty **between** three powers (3か国条約) のように使われる。

> **cf.** between you and me は,慣用表現で「ここだけの話だが」という意味。between ourselves とも言う。
> Let's keep this secret just between you and me.
> (この秘密はあなたと私の間のこととしておきましょう。)

《among の基本的意味》=「3つ以上のものの間に」

among the trees は,木が3本以上あることを含意している。

5 over, under

10	A beautiful rainbow appeared **over** the mountain.	890
11	The mother put a blanket **over** her sleeping child.	891
12	Our dog lay **under** the table, sleeping.	892
13	She wore a red sweater **under** her jacket.	893

10 山の上にきれいな虹が現れた。
11 母親は眠っている子供に毛布をかけてやった。
12 私たちの犬はテーブルの下で横になって眠っていた。
13 彼女は上着の下に赤いセーターを着ていた。

《over の基本的意味》=「～を越えてその上に,～の真上に」

ただし, **11** のように接触を伴って「～を覆ってその上に」という意味になることもある。また,以下の用例のように,動きを表すこともある。

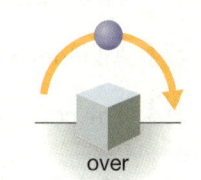

Taro's model plane flew **over** the house.
(太郎の模型飛行機は家を飛び越えていった。)
We jumped **over** [across] the stream.
(私たちは小川を跳び越えた。)

《under の基本的意味》=「〜の真下に」

over の反意語で，直接接触することなく「〜の真下に」という意味。ただし，**13** のように，接触を伴って「〜のすぐ下に」という意味になる場合もある。

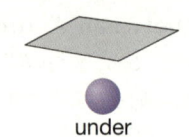

> **Ex.** My door key was **under** the newspaper.
> （玄関の鍵は新聞の下にあった。）

6 above, below

> **14** There were several helicopters flying **above** the city.　*894*
>
> **15** Those kids **below** us were making noise all night. 　*895*

> **14** 街の上空にはヘリコプターが数機飛んでいた。
> **15** 私たちの階下の子供たちが一晩中騒いでいた。

《above の基本的意味》=「〜の上に，〜より高いところに」

下にあるものに接触することなく，「〜の上に，〜より高いところに」の意味を表す。

《below の基本的意味》=「〜の下に，〜より低いところに」

above の反意語で，上にあるものに接触することなく「〜の下に，〜より低いところに」の意味を表す。

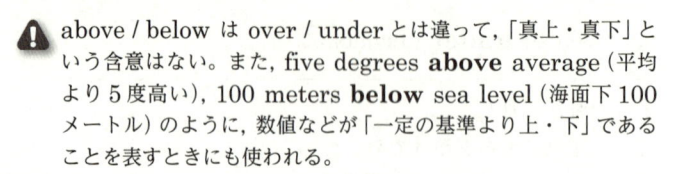

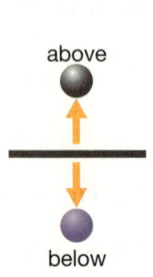

> ⚠ above / below は over / under とは違って，「真上・真下」という含意はない。また，five degrees **above** average（平均より5度高い），100 meters **below** sea level（海面下100メートル）のように，数値などが「一定の基準より上・下」であることを表すときにも使われる。

7 in front of, behind, opposite

> **16** There was a big demonstration **in front of** City Hall.　*896*
>
> **17** An elderly couple sat **behind** us.　*897*
>
> **18** The cafeteria is **opposite** the library.　*898*

> **16** 市役所の前で大きなデモがあった。
> **17** 年配の夫婦が私たちの後ろに座った。
> **18** カフェテリアは図書館の向かい側にある。

《in front of の基本的意味》＝「〜の正面に，〜の前に」

Ex. There was a long line of people **in front of** the museum.
（博物館の前には人々の長い列ができた。）

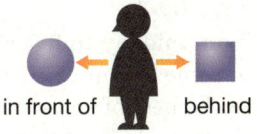

⚠ 通りを挟んで向かい側にある場合，in front of を使いがちであるが，across from を使う。この表現は，間を隔てている何かを意識しながら相対する二者を表すときに用いる。
The store is **across** (the street) **from** the station.
（店は（通りを隔てて）駅の向かいにあります。）のように言う。

《behind の基本的意味》＝「〜の後ろに，〜の裏に」

⚠ 「（予定より）遅れて」という意味で使われることもある。
The bus was running twenty minutes **behind** schedule.
（バスは予定より20分遅れて運行していた。）
なお，「（予定より）進んで」の場合は，ahead of schedule を使う。

《opposite の基本的意味》＝「〜の向かい側に」

18 ≒ The cafeteria is **across from** the library.

8 from, to, toward, for

19	I received an e-mail **from** George.	*899*
20	The children ran **to** the beach.	*900*
21	I saw a woman coming **toward** me.	*901*
22	We are leaving **for** Boston tomorrow.	*902*

19 私はジョージから電子メールを受け取った。
20 子供たちは海岸まで走っていった。
21 一人の女性が私の方に向かってやってくるのが見えた。
22 私たちは明日ボストンへ出発します。

《from の基本的意味》＝「〜から」（動作・運動の出発点を表して）

Ex. We set sail **from** Hawaii to Australia.
（私たちはハワイからオーストラリアに向けて出帆した。）

《to の基本的意味》=「〜へ向かって，〜まで」(動作・運動の向かう方向・到着点)

> ⚠ 具体的な「空間」の場合だけでなく，「時間」や「程度」を表すこともある。
> **from** midday **to** five o'clock（正午から 5 時まで）
> **to** some extent（ある程度まで）
> **to** the best of one's knowledge（知る限りでは）
> **to** the end（最後まで）
> 〔＊一般に前置詞は，本来の空間的意味だけでなく，時間や抽象的な概念についても拡張して使われる。〕

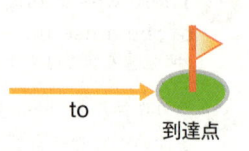

《toward の基本的意味》=「〜へ向かって」

もともと〈**to**（〜へ，〜に）＋ -ward（方向を表す形容詞・副詞語尾）〉から構成されたもので，方向のみを表し，到着点を含意しない。したがって，未完了の動作を表す進行形との相性がよい。

> **Ex.** I was walking **toward** the station.（私は駅の方に向かって歩いていた。）

> ⚠ 空間のみならず，〈時間〉や〈対象〉を表すことがある。
> It suddenly became cold **toward** the end of October.
> （10 月の終わりごろに急に寒くなった。）
> They were all friendly **toward** the guests.
> （彼らはみな訪問客に対して友好的だった。）
> 〔＊《英》では，towards が一般的。〕

《for の基本的意味》=「〜へ向かって」〈方向〉

to が方向と到着点の両方を表しているのに対して，for は方向のみを表す。leave, set off や take off のような出発・離陸を表す動詞や，aim のように狙い・志向を表す動詞とともに用いられることが多い。また，Is this train (bound) **for** Glasgow?（この電車はグラスゴー行きですか。）のように，移動の意味が含まれていることもある。

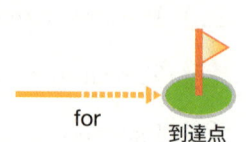

One-point Advice

listen が to を伴わない場合

動詞 listen は，しばしば前置詞 to を伴って，I'm **listening to** music.（私は音楽を聴いています。）のように使われます。しかし，次の用例 (1) (2) のように，listen は常に to を伴って使われるわけではありません。

(1) You need to **listen for** a change in pitch.
　　（音の高さの変化に耳をそばだてる必要がある。）
(2) She likes **listening in to** a telephone conversation.
　　（彼女は電話の会話を盗聴するのが好きだ。）

(1) の listen for ～は，「～を求めて耳をそばだてる」という意味合いで使われています。この場合の for は，long for ～（～を切望する）の for と同じ用法で，「～を求めて」の意味になります。また，(2) は，listen in to[on] ～で「～に聞き耳を立てる，盗聴する」という意味になります。定型表現として，listen to ～を知っていることは大切ですが，その他の前置詞や副詞と結合することもあるので，注意しましょう。

❾ into, out of, onto

23 He poured milk **into** his coffee.　　*903*

24 The students went **out of** the room as soon as the class was over. 　　*904*

25 The cat jumped **onto** the kitchen table. 　　*905*

　23 彼はコーヒーにミルクを注いだ。
　24 授業が終わるとすぐに生徒たちは部屋から出て行った。
　25 猫は台所のテーブルに飛び乗った。

《into の基本的意味》＝「～の中へ」〈運動〉,「～となる」〈変化〉

Ex. The dog jumped from a huge rock **into** the river.
（その犬は大きな岩から川へ飛び込んだ。）

cf. into は比喩的に意味が拡張して，「ある形態や状態への変化」を表す。
The caterpillar transformed **into** a beautiful butterfly.
（その毛虫は成長して，美しいチョウになった。）
John ran **into** debt.（ジョンは借金に陥った。）

《out of の基本的意味》＝「～の外へ」〈運動〉,「～の外に」〈位置〉

Ex. I'll be **out of** town next week.
（私は来週，町にはいないでしょう。）

cf. out of にも比喩的な用法がある。into とは逆に，out of は「ある状態から抜け出すこと」を表す。

They talked her **out of** marrying the man.
(彼らは彼女に話をして，その男と結婚するのをやめさせた。)

また，out of sight は，字義どおりの「視野の外に」ということから「見えない」ことを表す。反対は in sight となる。

Out of sight, **out of** mind.
(視野の外に出ると，心から外に出る。→ 去る者は日々に疎し。[ことわざ])

同様に，out of order は，「秩序の外に」ということから「調子[順番]が狂って，規則に違反して」を表す。この場合も反対は in order である。

This computer is **out of order** now. (このコンピュータは現在故障中です。)
[＊ちなみに，out of date (時代遅れの) の反対は up to date (最新の) である。]

《onto の基本的意味》＝「～の上へ」〈運動〉

前置詞の on と to が連結してできたもので，その両方の意味を兼ね備えている。

Ex. She hit the golf ball **onto** the green.
(彼女はゴルフボールを打ってグリーンに乗せた。)

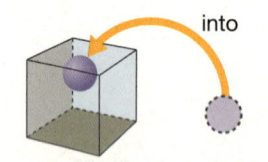

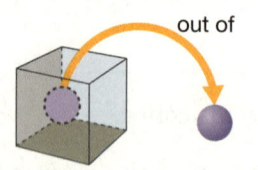

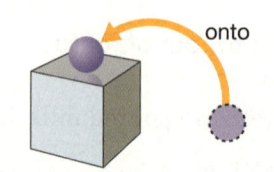

Scenes from Literature
動的な意味を表す英語

川端康成の『雪国』の冒頭の「国境の長いトンネルを抜けると雪国であった」という一節はあまりにも有名ですが，Edward Seidensticker による英訳では，"The train came **out of** the long tunnel **into** the snow country." となっています。原文では，「…を抜けると [動作] ～であった [状態]」のように表現されているところを，英訳では，〈**came out of ... into ～**〉(…から抜け出て [動作] ～へ入った [動作]) のように，より動的に表現されているのが特徴的です。一般に，英語では，動作の経路をより明示的に表す傾向が強いようです。

このことを明瞭に表す別の用例が，村上春樹「とんがり焼きの盛衰」(『カンガルー日和』所収，講談社文庫，1986 年) の英訳にも見受けられます。日本語の原文では複数の動詞が用いられているのに対して，英訳では動詞は followed のみで，他は経路を表す前置詞句や副詞が効果的に使われています。

[原文] 僕は彼の後について部屋を出て，廊下を歩き，エレベーターで六階に上り，それからまた廊下を歩いた。廊下のつきあたりに大きな鉄の扉があった。

[英訳] I followed the director **out of** the room, **down** the hall, **up in** a lift **to** the sixth floor, then **down** another hall, **at** the end of which was a large iron door.
 − Jay Rubin 訳, "The Rise and Fall of Sharpie Cakes" (*Blind Willow, Sleeping Woman* 所収，クノップフ社, 2006 年)

⑩ along, across, through

26	They walked **along** the shore and gazed at the sunset.	906
27	Fukuzawa Yukichi sailed **across** the ocean to America.	907
28	A young man suddenly appeared **through** the open door.	908

26 彼らは海岸沿いを歩いて、日が沈むのを見つめた。
27 福澤諭吉は海を渡ってアメリカに行った。
28 突然若い男が開いている扉から現れた。

《along の基本的意味》=「～に沿って」〈運動・位置〉

Ex. Cherry trees are planted **along** the banks of the river.
（川の土手に沿って桜の木が植えられている。）

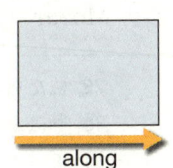

《across の基本的意味》=「～を横切って」〈運動・位置〉

Ex. They drove **across** the desert.（彼らは砂漠を車で横断した。）

《through の基本的意味》=「～を通りぬけて」〈運動〉

Ex. We walked **through** a hall into the classroom.
（私たちは廊下を通りぬけて教室に入った。）

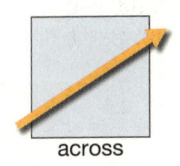

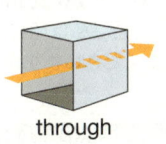

On a Street Corner

　この掲示は，駅の構内に掲げられていたもので，WALKING ON OR ACROSS THE TRACK IS FORBIDDEN と読めます。前置詞 on と across を2つ重ねて使っていることに注意してください。日本語にすると，「線路の上を歩いたり横切ったりすることは禁止されています」のようになるでしょう。

2 時を表す前置詞

ここでは，時を表す前置詞を扱うが，その中には**空間概念**を表す前置詞の意味が拡張され**時間概念**を表すようになっているものもある。

1 at, in, on

> **29** Our train leaves **at** 10:30. *909*
>
> **30** My mother usually goes shopping at the farmers' market **in** the morning. *910*
>
> **31** Mozart was born **on** January 27, 1756. *911*

29 私たちの列車は 10 時 30 分に出発する。
30 母はふだん午前中に産地直売市場へ買い物に出かける。
31 モーツァルトは 1756 年 1 月 27 日に生まれた。

《at の基本的意味》＝「時のある一点」

Ex. at 8:20（8 時 20 分に）　　at noon（正午に）
at dawn（夜明けに）　　at sunset（日没に）　など
Let's meet **at** noon tomorrow.
（明日の正午に会いましょう。）
I'm going out **at** 12:30 tomorrow, so would you come before noon?（私は明日 12 時 30 分に出かけますから，正午前に来てくださいますか。）

《in の基本的意味》＝「時間的な幅を持ったもの」

「年，季節，月，午前・午後」のような対象について用いられる。

Ex. in 2003（2003 年に）　　in spring（春に）
in December（12 月に）　　in the afternoon（午後に）
in the evening（夕方に）　など
Please wait here. I'll be back **in a minute**.
（どうかここで待っていてください。すぐに戻ります。）

cf. 慣用表現として in time (for ~)（(~に) 間に合って）などもよく使われる。
We arrived at the station just **in time for** the train.
（私たちはちょうど電車に間に合うように駅に着いた。）

496　第 23 章 ●前置詞

《on の基本的意味》＝「特定の日・曜日」

Ex. on Wednesday（水曜日に）　　on July 4（7月4日に）
on New Year's Day（元日に）　など
He was born **on** the morning of April 15.
（彼は4月15日の朝に生まれた。）

cf. 慣用表現として，on time（時間どおりに，定刻に）などがある。
The concert started right **on time**.（コンサートはまさに定刻に始まった。）

⚠️ 時間を表す in, at, on の使い分け
morning, afternoon, evening の場合は in the morning [afternoon/ evening] のように前置詞 in を使うが，night の場合は at night（夜に）のように at を用いる。ただし，「特定の日の午前（朝）・午後・夕方・夜」の場合は，on the morning of May 1（5月1日の朝に），on the night of October 31（10月31日の夜に）のように on を用いる。また，this, last, next, yesterday, tomorrow などがついた場合は，this week, next summer, tomorrow night などとなり，前置詞は不要。

❷ for, during

32	We stayed in Johannesburg **for** two weeks.	*912*
33	We visited many art museums **during** our stay.	*913*

32 私たちはヨハネスブルグに2週間滞在した。
33 滞在中に私たちは多くの美術館を訪れた。

《for の基本的意味》＝「〜の間」〈期間〉
「年，月，週，日，時間」などの継続する期間の長さを表す（数詞を伴った）語句が続く。

Ex. Toshio studied sociology in London **for** two years.
（俊夫はロンドンで社会学を2年間学んだ。）

《during の基本的意味》＝「〜の間に」〈特定の期間内〉

Ex. We visited the Metropolitan Museum several times **during** our stay in New York.（私たちはニューヨーク滞在中に何度かメトロポリタン美術館を訪れた。）

❸ from, since

34	He works **from** nine to five.	*914*
35	We have lived here **since** 1990.	*915*

34 彼は 9 時から 5 時まで働いている。
35 私たちは 1990 年からここに住んでいる。

《from の基本的意味》＝「～から」〈動作・状態の始まる時点〉

　　from は現在・過去・未来のいずれも基準にすることができる。しばしば，〈from ... to ～〉という形で，「…から～まで」という意味で使われる。

cf. I am busy **from** morning till night.（私は朝から晩まで忙しい。）

《since の基本的意味》＝「～以来（ずっと）」〈過去のある時点からの動作・状態の継続〉

　　完了形で使われることが多い。現在完了や現在完了進行形の中で使われ，ever を伴って継続の意味が強調される。（ever since）。

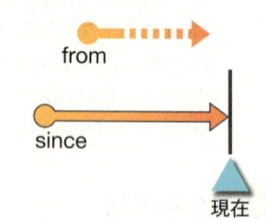

Ex. We've been good friends **ever since**.
（私たちはそれ以来ずっと良い友人です。）

4 by, until [till], in, within

36 You must hand in your report **by** next Friday. *916*
37 We will be staying here **until [till]** the end of next month. *917*
38 I sent the letter today, so it should arrive **in** a couple of days. *918*
39 He'll be here **within** half an hour. *919*

36 あなたは次の金曜日までにレポートを提出しなければなりません。
37 私たちは来月末までここに滞在する予定です。
38 きょう手紙を送ったから，2, 3 日のうちに着くだろう。
39 彼は，30 分以内に来るでしょう。

《by の基本的意味》＝「～までに」〈ある時点までの動作の完了〉

Ex. I will complete the payment **by** the end of this month.
（私は今月末までに支払を完了します。）

until [till] の基本的意味＝「〜まで」〈ある時点までの動作・状態の継続〉

　until と till は同義であるが，一般的には until が使われることが多い。

> **Ex.** You must come back **by** eleven tonight.
> (あなたは今夜 11 時までに帰ってこなければいけません。)
> I must hand in my term paper **by** next Monday.
> (来週の月曜日までに，学期末レポートを提出しなくてはいけない。)

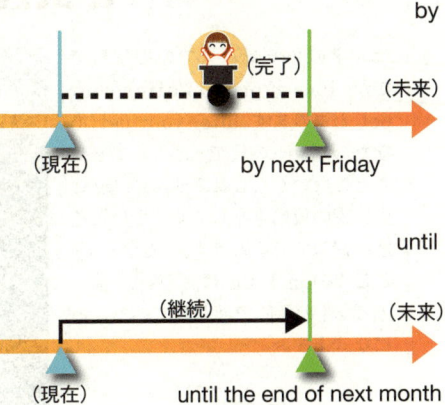

《in の基本的意味》＝「〜のうちに，〜の間に，〜の後に」〈時間の経過〉

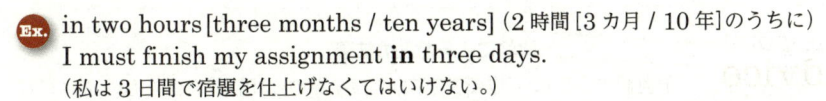

> **Ex.** in two hours [three months / ten years] (2 時間 [3 カ月 / 10 年]のうちに)
> I must finish my assignment **in** three days.
> (私は 3 日間で宿題を仕上げなくてはいけない。)

> ⚠ 「今から〜後に」という場合は later や after ではなく，in 〜 が使われることもある。

《within の基本的意味》＝「その時点以内に」〈時間の限度〉

　例文 **39** は，He'll be here in half an hour. と言ってもさほど意味の違いがあるわけではない。ただし，within の方が，「きっかりと 30 分以内」という意味合いが強く出る。

5 before, after

> **40** We had a lot of things to do **before** the meeting.　*920*
> **41** Don't forget to send him a thank-you note **after** the party.　*921*

　40 会合の前にしておくことがたくさんあった。
　41 パーティーの後で忘れずに彼に礼状を送りなさい。

《before の基本的意味》＝「〜の前に」
《after の基本的意味》＝「〜の後に」

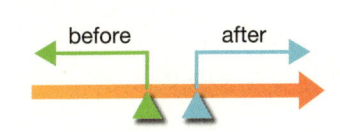

On a Street Corner

大学のキャンパスでの掲示板ですが, Please pick up **after** your pet. とあります。after your pet (あなたのペットの後で) と言ってもピンとこないかもしれませんが, 要は, 犬の糞の後始末をしてくださいと注意を促しているのです。したがって, ここでの pick up は, 「(糞を) 拾い上げる」の意味で使われていることになります。

One-point Advice

比喩による意味の拡張

前置詞の中には,〈場所・方向〉を表すものと〈時間〉を表すものを共有しているものがあります。at, in, on, before などがその例ですが, このことは偶然ではありません。実は英語に限らないことですが, 空間上の場所や方向を指す言葉が元になって, そこから比喩的に意味が拡張して時間を表すようになったものが数多くあります。例えば, before はもともと空間的な「前」を表した言葉ですが, そこから派生して, 時間的な「前」, すなわち時間的に先行することに対しても使われるようになりました。日本語の「前」についても同じことが言えます。

もうひとつ, 別の例を見てみましょう。back は, もともと「背中」という身体の部位を指すものでしたが, そこから派生して, 空間的な「後ろ」を指すようになり, さらに時間的な「過去」を表すようになりました。

(1) My **back** aches. (私の背中が痛い。)
(2) I sat in the **back** of the car. (私は車の後部座席に座った。)
(3) He went to the U.S. **back** in the 1960s. (彼は 1960 年代にアメリカに渡った。)

このように, 具体的ものからより抽象的なものへと意味が派生するというのは, 日英語に限らず, 広く言語一般に見られる意味変化の方向のように思われます。

Step3 発展 前置詞の注意すべき用法

ここでは，基本的な前置詞の注意すべき用法を取り上げる。また，いくつかの語がまとまってひとつの前置詞の役割を果たしている**群前置詞**も扱う。

① at	⑥ by
② in	⑦ with
③ on	⑧ to
④ from	⑨ for
⑤ of	⑩ over, under

1 前置詞の注意すべき用法

❶ at

> **42** I was surprised **at** the news of his early retirement.　*922*
> **43** My sister is good **at** playing the piano.　*923*

42 私は彼の早期退職の知らせに驚いた。
43 私の妹はピアノが得意だ。

● **be surprised at ～**（～で驚く）（ **42** ）
　at は「～で（驚く，喜ぶなど）」という意味で，〈**感情の原因**〉を表す。

● **be good at ～**（～が得意だ）（ **43** ）
　at は「～については」という意味で，〈**判断の対象**〉を表す。

> **cf.** **at** を用いた慣用表現
> 　at ease（くつろいでいる）　　at table（《英》食事中に）
> 　at a loss（途方に暮れている）　at least（少なくとも）
> 　at most（せいぜい）　　　　　at work（仕事中に）　など
>
> cf. Mr. Tanaka was **at** work when I visited him yesterday.
> 　（昨日私が訪ねたとき，田中さんは仕事中だった。）

❷ in

> **44** My aunt was **in** good spirits when I met her last month.　*924*
>
> **45** People who gathered for the party were all dressed **in** funny costumes. 　*925*
>
> **46** He spoke **in** a language I could not understand. 　*926*

> **44** 私のおばは先月会ったとき機嫌がよかった。
> **45** パーティーに集まった人々はみんな面白い服装をしていた。
> **46** 彼は私の理解できない言語で話した。

● **be in good spirits**（機嫌のよい状態にある）(**44**)
　in は何らかの状態を表す名詞を伴って，〈〜の状態にある〉ことを表す。
in good health（健康で），in love（恋している），in poverty（貧困で），in trouble（困って，面倒なことになって）など

● **be dressed in 〜**（〜を身に着けている）(**45**)
　衣類を「容器」として見立てる発想が背後に働いている。〈**着用・包装**〉を表す。

● **speak in 〜**（（言語名を伴って）〜語で話す）(**46**)
　in は，〈**手段・方法**〉を表す。
in ink（インクで）　　in pencil（鉛筆で）
in cash [dollars / euros / yen]（現金[ドル / ユーロ / 円]で）　など
Please fill out your application form **in** your own handwriting.
（申込書は本人の自筆で書いてください。）
Please refrain from speaking **in** a loud voice.（大きな声で話すのはご遠慮ください。）

On a Street Corner

　CCTV In Operation は「監視（防犯）カメラ動作中」という意味です。前置詞 in は「〜の状態にある」ということを表しています。CCTV は closed-circuit television（閉回路テレビ）の頭字語です。近年，イギリスでは監視カメラが至るところに設置され，監視カメラ大国と言われていますが，日本も，いずれイギリスに劣らぬ監視カメラ大国になるのかもしれません。なお「監視」のことを英語では，surveillance と言います。

❸ on

47	Professor Feynman gave a lecture **on** nanotechnology.	927
48	My brother usually goes to school **on** foot.	928
49	My mother is in New York **on** business.	929

47 ファインマン教授はナノテクノロジーについての講義をした。
48 弟はいつも歩いて学校へ行く。
49 母は仕事でニューヨークにいる。

● **a lecture on ~**（~についての講義）（ 47 ）
　on は, 「~について」という意味で,〈主題・関連〉を表す。基本的意味の「接触」からの派生である。about も同様の意味を表すが, on は about よりも専門性が高い内容, 特化された内容を表すことが多い。

● **on foot**（徒歩で）（ 48 ）
　on は「~によって」「~で」という意味で,〈手段・方法〉を表す。
on television（テレビで）　　on the radio（ラジオで）など
I heard the news **on the radio**.（そのニュースはラジオで聞いた。）

● **on business**（仕事で）（ 49 ）
　この用法の on は〈状態・従事〉を表す。これも「接触」のイメージと関連づけると分かりやすい。
on duty（勤務中）〔＊ off duty（非番で）〕　　on sale（発売中）
on purpose（わざと, 意図的に）　など
My father went to Sapporo **on** business last week.（先週, 父は仕事で札幌に行った。）
That man stepped on my foot **on** purpose.（あの男は私の足をわざと踏んだ。）

On a Street Corner

公園にあった掲示ですが, PETS ALLOWED ON LEASH IN MARKED AREAS ONLY で「ペットはつないだ状態で, かつ指定した場所でのみ許可されています」という意味です。前半部分を普通の言い方にすると, Pets are allowed on a leash. となります。掲示文ではよくあることですが, be 動詞と on a leash の冠詞が省略されています。leash は「革ひも・鎖」のことですが, on という前置詞の基本的な意味が「接触」であることを知っていると, この用法に納得することができるでしょう。

+α この他に, on が「接触」から「支え」に展開し,〈支点・基盤・依存〉などを表す場合がある。
　　stand on tiptoe（つま先で立つ）　　　live on rice（米を食べて生活する）
　　depend on a person（人に依存する）

❹ from

50	The painters <u>were all</u> **from** Liverpool.	*930*
51	My mother <u>is tired</u> **from** working in the garden.	*931*
52	Wine <u>is made</u> **from** grapes.	*932*

50 画家たちはすべてリバプールの出身だった。
51 母は庭仕事で疲れている。
52 ワインはブドウから作られる。

● **be from 〜**（〜の出身）(**50**)
　〈出身・出所・起源〉を表す。〈come from 〜〉を使うこともできる。
My father <u>comes from</u> Kagoshima.（父は鹿児島の出身だ。）

● **be tired from 〜**（〜で疲れている）〈原因〉(**51**)
● **be made from 〜**（〜から作られる）〈原料〉(**52**)
Cheese <u>is made from</u> milk.（チーズは牛乳から作られる。）

> **cf.**「材料」を表すwithを用いて，Wine <u>is made with</u> grapes. と言うこともできる。同様に，Yogurt <u>is made with[of]</u> milk.（ヨーグルトは牛乳から作られる。）とすることもできる。

❺ of

53	I am <u>a member</u> **of** the archery club.	*933*
54	Someone <u>robbed my wife</u> **of** her purse in the train.	*934*
55	<u>One</u> **of** <u>the students</u> stood up and made a speech.	*935*
56	Many people <u>died</u> **of** influenza before vaccines were developed.	*936*
57	The Liberty Bell <u>is made</u> **of** copper, tin, and several other kinds of metals.	*937*
58	He was <u>a man</u> **of** integrity.	*938*
59	The name **of** <u>Plato</u> is mentioned in almost every book on Western philosophy.	*939*
60	I tried to <u>convince him</u> **of** his error.	*940*

53 私はアーチェリー部の部員だ。
54 誰かが電車で妻の財布を奪った。
55 学生のうちの一人が立ち上がってスピーチをした。
56 ワクチンが開発される前には，多くの人がインフルエンザで亡くなった。
57 自由の鐘は銅，錫とその他数種類の金属でできている。
58 彼は高潔な人であった。
59 プラトンの名は西洋哲学のほとんどすべての本で言及されている。
60 私は彼に間違いを悟らせようとした。

- **a member of ~**（~に属する，~の一員）〈所属・所有〉（ 53 ）
- **rob A of B**（A から B を奪う）〈分離〉（ 54 ）

A young man in a yellow T-shirt **robbed** my brother **of** his bag.
（黄色い T シャツを着た若い男が弟のかばんを奪った。）

+α rob A of B (A から B を奪う) と同じパターンの表現

clear A of B（A から B [じゃまな物・者] を取り除く [排除する]）
cure A of B（A [人] から B [病気・悪癖など] を取り除く [治す]）
deprive A of B（A [人・物] から B [人・物・地位など] を奪う）
relieve A of B（A [人] から B [苦痛・心配・恐怖など] を取り除く）

He was deprived of the voting right.（彼は選挙権を奪われた。）

cf. **be independent of ~**（~から独立している）の of も〈分離〉の意味を表す。
You should be independent of your parents.（君は両親から独立すべきだ）

- **one of the ＋複数名詞**（~のうちの一人（ひとつ））〈部分〉（ 55 ）
- **die of ~**（~のために死ぬ）〈原因〉（ 56 ）

⚠ 〈die of ~〉は病気などの直接的な原因を表し，〈die from ~〉は過労や事故・けがなど間接的な原因を表すとされるが，実際には区別しないこともある。ただし，〈be tired of ~〉（[精神的疲労] ~に飽きる，~にうんざりする）と〈be tired from ~〉（[肉体的疲労] ~で疲れている）の場合には，明らかな区別が存在する。

After spending a week at his uncle's house, the boy **was tired of** the quiet country life.（おじの家で 1 週間過ごした後で，少年は静かな田舎の生活にうんざりした。）

- **be made of ~**（~で作られる）〈材料〉（ 57 ）

⚠ 一般に，〈made from ~〉は原料に加工が施され，その原形をとどめていない場合に用いられ，〈made of ~〉は材料自体が変質していない場合に用いられるとされる。ただし，この使い分けは必ずしも厳密に守られているわけではない。

- **a man of ~**（~という性質を持つ人）〈性質〉（ 58 ）

of の後に抽象名詞を伴って，先行する名詞を修飾する形容詞句の働きをする。
Leonardo da Vinci was **a man of** great genius.
（レオナルド・ダ・ヴィンチは大天才だった。）

cf. 同様の言い回しとして, of (no) importance（重要である[ない]）, of help「役に立つ」など。
The article says nothing **of importance**.（記事は重要なことは何も言っていない。）
Can I be **of help** to you?（あなたのお役に立つことができますか。）

● **the name of ~**（~という名前）〈同格〉（**59**）（▶ pp. 367-368）
● **convince A of B**（A に B のことについて確信[納得]させる）〈関連〉（**60**）

cf. 〈**think of ~**〉（~について考える）や〈**hear of ~**〉（~について聞いて知る）の of は意味の上で about（~について）に近い。〈**convince A of B**〉（A に B のことを確信させる）や, 〈**remind A of B**〉（A に B のことを思い起こさせる）の of も同じ用法である。

❻ by

61	Students are not allowed to submit their reports **by** e-mail.	941
62	It is half past two **by** my watch.	942
63	We sell gasoline **by** the liter.	943
64	The GDP has increased **by** two percent.	944

61 生徒は電子メールでレポートを提出してはいけないことになっている。
62 私の時計では 2 時半です。
63 当店ではガソリンはリットル単位で販売している。
64 国内総生産は 2 パーセント増加した。

● **by e-mail**（電子メールで）〈手段・方法〉（**61**）
　　　この用法の by は, 無冠詞の名詞を伴う（▶ p. 405）。
by air [land / sea / road / rail]（飛行機で, 航空便[陸路 / 海路 / 陸路 / 列車]で）
by car [bus / taxi / plane / ship / bike]（自動車[バス / タクシー / 飛行機 / 船 / 自転車]で）
by credit card（クレジットカードで）
Did you come here **by [on] foot** or **by bicycle**?
（徒歩で来たのですか, それとも自転車で来たのですか。）

⚠ 一般的に「自動車で来た」と言う場合には, I came by car. で十分だが,「自分の車で来た」のように, 特定の車を指す場合は I came in my (own) car. のようにする。

● **by my watch**（私の時計によると）〈判断の基準〉（**62**）
A man is known **by** the company he keeps.
（人はその人がつきあっている友達を見れば分かる。[ことわざ]）

● **by the liter**（1 リットルで）〈単位〉（**63**）
　　「~単位で」「~ごとに」の意味（▶ p. 397 単位）。

● **by two percent**（2 パーセントだけ）〈程度・差異〉（**64**）

❼ with

65	I went shopping **with** my mother yesterday.	945
66	He lives in a house **with** a beautiful garden.	946
67	There must be something wrong **with** this oven.	947
68	They jumped **with** joy when their favorite player hit a home run.	948
69	Please sign here **with** a pen.	949
70	The girl ran in the field **with** her hair blowing in the wind.	950
71	The mechanic repaired the car **with** ease.	951

65 私は昨日母と一緒に買い物に行った。
66 彼はきれいな庭のある家に住んでいる。
67 このオーブンはきっとどこか故障しているに違いない。
68 お気に入りの選手がホームランを打ったとき、彼らは喜んで飛び上がった。
69 ペンでここに署名してください。
70 少女は髪を風になびかせながら野原を走った。
71 整備士はその車を簡単に修理した。

● **go shopping with ～**（～と一緒に買い物に行く）〈同伴〉(**65**)
● **a house with ～**（～を持った家）〈付随〉(**66**)
● **There is something wrong with ～**（～に関して何かおかしい）〈関係・関連〉(**67**)

  cf. Something is wrong with my fax machine.（私のファックスは何かおかしい。）

● **jump with ～**（～のために飛び上がる）〈原因〉(**68**)
  ただし、jump for joy も可能。
  The children jumped for joy.（子供たちは喜んで飛び上がった。）
● **sign with ～**（～を使って署名する）〈道具〉(**69**)
● **with her hair blowing**（髪をなびかせながら）〈付帯状況〉(▶ p. 202)(**70**)
  A boy ran out of the school building **with** his arms swinging in the air.
  （一人の少年が腕を振り回しながら、校舎から走って出てきた。）

  cf. 〈with ＋名詞＋前置詞句〉で付帯状況を表す場合もある (▶ p. 202)。
  He was walking **with** his hands in his pockets.
  （彼は両手をポケットに入れて歩いていた。）

● **with ease**（簡単に）〈様態〉(71)

with の後に抽象名詞を伴い, 様態の副詞と同じ働きをする場合がある。

with ease ≒ easily　　　with courage（勇気を持って）≒ courageously

8 to

72	I was moved **to** tears by that novel.	952
73	**To** our joy, our missing dog came back safely.	953

72 あの小説を読んで私は感動のため涙を流した。
73 うれしいことに, 行方知れずになっていた私たちの犬が無事に戻ってきた。

● **be moved to tears**（感動して涙を流す）(72)

to は「その結果として～という状態になる」ことを表す。

● **to one's joy**（喜んだことには）(73)

to は〈結果〉を表す。一般的に,〈**to one's** ＋感情を表す名詞〉で「…が～したことには」の意味。

to one's astonishment（まったく驚いたことに）
to one's disappointment（がっかりしたことには）
to one's dismay（がっかりしたことに）　　to one's regret（残念なことに）
to one's shock（ショックを受けたことに）　to one's sorrow（悲しいことに）
to one's surprise（驚いたことに）

9 for

74	Martin Luther King, Jr. worked **for** civil rights in the sixties.	954
75	This is a good book **for** beginners.	955
76	She is known **for** her wonderful vegetarian recipes.	956
77	I bought this CD **for** 1,000 yen.	957
78	More than two-thirds of the population voted **for** him.	958

74 キング牧師は60年代に公民権のために働いた。
75 これは初心者にはいい本だ。
76 彼女は素晴らしい野菜だけのレシピによって知られている。
77 私はこのCDを千円で買った。
78 人口の3分の2以上が彼に投票した。

- **work for ～**（～のために働く）〈目的〉(74)
- **a book for ～**（～のための本）〈対象〉(75)
- **be known for ～**（～によって知られる）〈原因・理由〉(76)
- **buy ... for ～**（…を～で買う）〈代価・金額〉(77)
  I got this ticket **for free**.（私はこのチケットをただで手に入れた。）
  I got these shoes **for** 15,000 yen.（私は 15,000 円でこの靴を買った。）
- **vote for ～**（～に賛成の票を投じる）〈賛成〉(78)
  I'm all **for** it.（私はそれには大賛成です。）〔＊なお，「～に反対で」は against。〕

On a Street Corner

飛行機の座席につけられた掲示で，事故で海に不時着したときのために，「浮力を得るためには座席のクッションを使ってください」の意味です。for flotation の for は「目的」を表します。in order to gain flotation と言いかえることもできます。

Use Seat Bottom Cushion for Flotation
Fasten Seat Belt While Seated

❿ over, under

79	The man appeared to be well **over** eighty.	959
80	Let's talk about it **over** a cup of tea.	960
81	Our new school building is **under** construction.	961

79 その男は 80 歳をはるかに超えているように思われた。
80 お茶を飲みながら，その件について話をしましょう。
81 私たちの新しい校舎は建設中だ。

- **over ＋数字**（～を超えて）〈数量・程度〉(79)
- **over a cup of tea**（お茶を飲みながら）〈状況〉(80)
  We discussed the issue **over lunch**.
  （昼食を食べながらその問題について話し合った。）
- **under construction**（建設中）〈影響下・最中〉(81)

  cf. under investigation（調査中）
  under treatment for ～（～の治療中）

Step3 前置詞の注意すべき用法 509

On a Street Corner

　道路標識で，向こうからくる車両 (oncoming vehicles) よりもこちらからの車両に通行上の優先権があるという意味で，over という前置詞が使われています。over はもともと空間概念を表しますが，この用例では，priority over 〜で「〜に対する優先権」という抽象概念を表しています。ちなみに，〈have priority over 〜〉で，No job has priority over safety. (安全よりも優先されるような仕事はない。) のように使うことができます。

2 群前置詞

　2 語以上の語がまとまって，全体としてひとつの前置詞の働きをしているものを**群前置詞**と言う。すでに取り上げた in front of, out of, across from なども群前置詞である。ここでは，その他の群前置詞を紹介する。

82　**According to** the weather report, we will have heavy rain tomorrow. *962*

83　Our flight was canceled **because of** stormy weather. *963*

84　The museum has a vast collection of sculptures **in addition to** paintings and drawings. *964*

85　Today we can easily communicate with people all over the world **by means of** e-mail. *965*

86　**Thanks to** his help, we could finish the work earlier than we had expected. *966*

87　We have decided to eat *soba* **instead of** pizza. *967*

88　**In spite of** their best efforts, they could not defeat the visiting team. *968*

82 天気予報によると，明日は大雨になるだろう。
83 私たちの飛行機は荒天のためにキャンセルされた。
84 その博物館は絵画に加えて幅広い彫刻のコレクションを持っている。
85 今日，私たちは電子メールによって世界中の人たちと簡単にコミュニケーションができる。
86 彼の助けのおかげで，私たちは予想以上に早くその仕事を終えることができた。
87 私たちはピザの代わりにソバを食べることにした。
88 最善の努力にもかかわらず，彼らは遠征チームを破ることができなかった。

● **according to ～**（～によると，～にしたがって）(82)

According to the newspaper, the population of Japan is now decreasing.
（新聞によると日本の人口は今減少している。）

Everything was going **according to** my plan.
（すべて私の計画通りに進んでいた。）

● **because of ～**（～のために）〈原因・理由〉(83)

cf. He was late for work today **due to** the traffic jam.
（彼は今日交通渋滞のために仕事に遅れた。）

● **in addition to ～**（～に加えて）(84)

Mr. Tamura taught us physics **in addition to** mathematics.
（田村先生は数学に加えて物理も私たちに教えてくれた。）

● **by means of ～**（～によって）〈手段・方法〉(85)

Today we can get a lot of information **by means of** the Internet.
（今日私たちはインターネットによって多くの情報を入手できる。）

● **thanks to ～**（～のおかげで）(86)

Thanks to your cooperation, our sales have improved.
（あなたの協力のおかげで私たちの売り上げは改善した。）

● **instead of ～**（～の代わりに）(87)

There was something wrong with my computer, so I wrote him a letter **instead of** an e-mail.
（コンピューターの調子が悪かったので，私は彼に電子メールの代わりに手紙を書いた。）

● **in spite of ～**（～にもかかわらず）(88)

The marathon was held **in spite of** the rain.
（雨にもかかわらず，マラソンが開催された。）

cf. 〈**despite ～**〉もほぼ同義で使われる。

cf. その他の群前置詞

apart [aside] from ~ （～を別にして）　　as for [to] ~ （～に関して）
as of ~ （～の時点で，～現在）　　　　but for ~ （～がなければ）
by way of ~ （～経由で）
for the purpose of ~ （～の目的で）　　for the sake of ~ （～のために）
in charge of ~ （～を担当して，管理して）
in favor of ~ （～に賛成して）　　　　in terms of ~ （～の観点から）
in [during] the course of ~ （～の中で［間に］）
in the face of ~ （～に直面して，～にもかかわらず）
in the presence of ~ （～を前にして）　in place of ~ （～の代わりに）
in [with] regard to ~ （～に関して）
on account of ~ （～のために，～が原因で）
on behalf of ~ （～に代わって）　　　　on the part of ~ （～の側の）
owing to ~ （～のために，～が原因で）　regardless of ~ （とは関係なく）
with [for] all ~ （～にもかかわらず）
with a view to *V-ing* （～する目的で，～しようとして）

I would like to express my gratitude **on behalf of** all the members of the group. （グループのメンバーすべての人々に代わって，感謝申し上げたいと存じます。）
Who is **in charge of** the sales department? （販売部門の担当者は誰ですか。）
He thinks of everything **in terms of** money. （彼は何でも金を基準に考える。）
In the course of our talk, I found out that he had worked in Germany.
（会話中に，私は彼がドイツで働いたことがあることが分かった。）
He succeeded **in the face of** many difficulties.
（彼は多くの困難にもかかわらず成功した。）
Everybody was afraid to voice an opinion **in the presence** of the president
(≒ in his [her] presence).
（みんなは，社長がいるところで意見を口に出すことを恐れていた。）
Why don't you use spices **in place of** salt or soy sauce?
（塩や醤油の代わりにスパイスを使ってみてはどうですか。）
I stayed indoors **on account of** the bad weather.
（悪天候のため，私は屋内にとどまっていました。）
Owing to the rain, the baseball game was canceled. （雨で野球が中止になった。）
With all his wealth, he is still unhappy.
（裕福であるにもかかわらず，彼はそれでもやはり不幸だ。）
I have no complaints **with regard to** her work.
（彼女の仕事に関しては何の不満もない。）

cf. 現在分詞から変化した前置詞

この仲間には，concerning ~ （～に関して），considering ~ （～を考慮すると），including ~ （～を含めて）などがある。
Let me check the e-mails **concerning** the matter.
（その問題についてのメールを確認させてください。）
It cost $300, **including** tips. （チップを含めて300ドルかかった。）

第24章

接続詞

導入 ● 接続詞とは何か
- 1. 接続詞の種類 　　　　　　　　　　　　　　　　　　514
- 2. 等位接続詞 　　　　　　　　　　　　　　　　　　　514
- 3. 従属接続詞 　　　　　　　　　　　　　　　　　　　515

基礎 ● 接続詞の基本的な用法
- 1. **等位接続詞**：and / but / or / nor / for / so 　　　　516
- 2. **名詞節を導く従属接続詞**：that / whether, if 　　　　519
- 3. **副詞節を導く従属接続詞**：時を表す接続詞 / 原因・理由を表す接続詞 / 結果を表す接続詞 / 目的を表す接続詞 / 条件を表す接続詞 / 譲歩を表す接続詞 　　　　　　　　　　　　　　　　　　　　　　　　　521

発展 ● 接続詞の注意すべき用法
- 1. **等位接続詞を含む表現**：〈both A and B〉/〈either A or B〉/〈neither A nor B〉/〈not only A but (also) B〉/〈not A but B〉/〈命令文, and ...〉, 〈命令文, or ...〉 　　　　　　　　　　　　　　　　529
- 2. **注意すべきthat節**：名詞の内容を説明するthat節（同格節）/ 前置詞の目的語としてのthat節 　　　　　　　　　　　　　532
- 3. **注意すべきwhether節**：〈whether 〜 (or not)〉,〈whether A or B〉/ 名詞の内容を説明するwhether節（同格）/ 譲歩の副詞節としてのwhether節 　　　　　　　　　　　　　　　　　　　533
- 4. **その他の注意すべき接続詞**：さまざまな意味を表す as /〈in case 〜〉/〈as long as 〜〉,〈as far as 〜〉/〈for fear (that) 〜〉,〈lest S should 〜〉/〈suppose [supposing] (that) 〜〉,〈provided [providing] (that) 〜〉　　　　534

Step1 導入 接続詞とは何か

1 接続詞の種類

接続詞は，大きく分けて 2 種類に分類される。対等な語句や節を結びつける〈**等位接続詞**〉と，対等な関係にない語句や節を結びつける〈**従属接続詞**〉である。

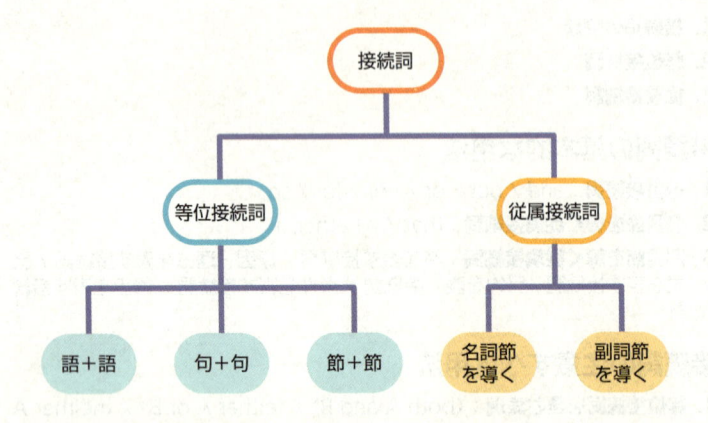

```
            接続詞
       ┌──────┴──────┐
    等位接続詞      従属接続詞
   ┌───┼───┐      ┌───┴───┐
  語+語 句+句 節+節  名詞節   副詞節
                   を導く   を導く
```

2 等位接続詞

ここで，等位接続詞の具体例 (1) 〜 (3) を見ていくことにしよう。

(1) You **and** I are friends. (あなたと私は友達だ。) ［語＋語］
(2) Which do you prefer, staying home **or** going out? ［句＋句］
（家にいるのと出かけるのと，どちらがいいですか。）
(3) I like cats **but** my brother likes dogs. ［節＋節］
（私は猫が好きだが，兄は犬が好きだ。）

　(1) and, (2) or, (3) but はそれぞれ対等な要素を結びつけているので，これらはすべて等位接続詞である。

```
[You] and [I]
 語   +   語

[staying home] or [going out]
      句     +      句

[I like cats] but [my brother likes dogs]
     文      +            文
```

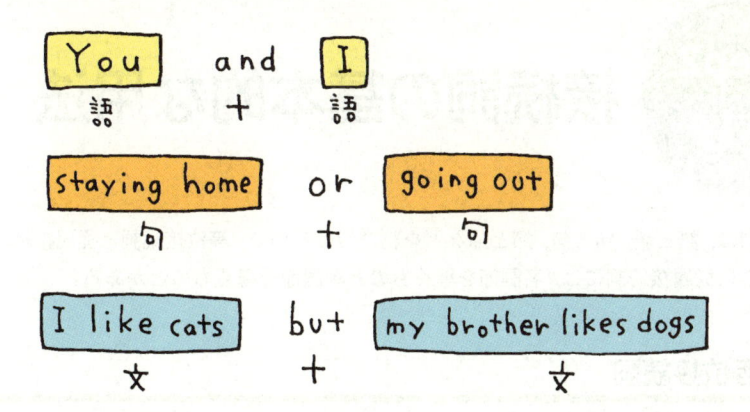

3 従属接続詞

次に，従属接続詞の具体例 (4) (5) を見てみよう。

(4) <u>I think</u> **that** <u>global warming is a serious problem</u>.
　　　主節　　　　　　従属節 (＝名詞節)
　　(地球温暖化は深刻な問題だと私は思う。)

(5) <u>He went to Alaska</u> **when** <u>he was sixteen</u>.
　　　　主節　　　　　　　　従属節 (＝副詞節)
　　(彼は16歳の時にアラスカに行った。)

　(4) は〈SVO〉の構文で，主節の動詞 think の目的語として that 節が組み込まれている。このように，主節の中に従属節が組み込まれているときに必要とされる that のような接続詞を従属接続詞と言う。
　(5) では，He went to Alaska が文の中心となる主節を構成し，when he was sixteen は主節について説明を加える副詞の働きをしている従属節である。
　以上，接続詞の種類と働きについて概要を述べたが，さらなる詳細は以下で扱う。

Step2 基礎 接続詞の基本的な用法

接続詞は，語と語，句と句，節と節などを結びつける語で，等位接続詞と従属接続詞とがある。さらに従属接続詞には，名詞節を導くものと副詞節を導くものとがある。

1 等位接続詞

等位接続詞は各要素を対等な関係で結びつける接続詞で，and, but, or, nor, for, so などがその代表である。

1 and

> **1** *Eating* **and** *drinking* are not allowed here. ［語＋語］　　969
>
> **2** I had *an omelet* **and** *some toast* this morning. ［句＋句］　　970
>
> **3** *We visited a museum* **and** *(we) went to the zoo* yesterday. ［節＋節］　　971

1 飲食は，ここでは認められていない。
2 今朝はオムレツとトーストを食べた。
3 昨日は博物館に行って，それから動物園へ行った。

接続詞 and は，**順接関係**にある2つ以上の要素をつなぐときに用いる。**1** は語と語，**2** は句と句，**3** は節と節をつなぐ用例である。

Ex. I met some friends last Saturday **and** we had lunch together.
（先週の土曜日，数人の友達にあって昼食をともにした。）

⚠ 2つの要素が**単一の物や概念**を表すときは単数扱い。
Bread **and** butter is my favorite breakfast.
（バターを塗ったパンは私の好きな朝食です。）
Hide-**and**-seek is little Molly's favorite game.
（かくれんぼはモリーちゃんの好きな遊びです。）

cf. 会話で〈動詞₁＋ and ＋動詞₂〉という形が命令文で使われることがある。この形は，〈動詞＋ to 不定詞〉と言いかえられることが多い。
Come **and** see us. ≒ Come to see us.（遊びにきて。）
Be sure **and** call me later. ≒ Be sure to call me later.（後で必ず電話して。）
動詞₁には，come, go, hurry up, learn, run, stop, try, wait などが使われる。《米》

では、これらの動詞の後で and が省略されることもある。
Let's **go see** Mariko's *kendo* match next weekend.
（次の週末，真理子の剣道の試合を見に行こうよ。）

2 but

4 This car is *small* **but** *comfortable*. ［語＋語］ 972

5 *He's going to the library*, **but** *I'm not*. ［節＋節］ 973

4 この車は小さいが乗り心地がいい。

5 彼は図書館に行くが，私は行かない。

接続詞 but は**逆接関係**にある語句や節をつなぐときに用いる。**4** は語と語，**5** は節と節をつなぐ用例である。

Ex. That jigsaw puzzle is difficult, **but** it's interesting.
（あのジグソーパズルは難しいが，面白い。）
The weather forecast said it would be fine, **but** it rained.
（天気予報では晴れると言っていたが，雨が降った。）

cf. **but** を伴う定型表現
- **It is true (that) A, but B**（A は本当だが，B である）
  It is true (that) she did her best, **but** in this case she was careless.
  （彼女が最善を尽くしたのは事実だが，この場合は不注意だったね。）
- **may A, but B**（A かもしれないが B である）
  I **may** do *so*, **but** not because you told me to.
  （私はそうするかもしれないが，あなたがそうしろと言ったからではない。）
- **of course A, but B**（もちろん A だが B である）
  I am very excited **of course**, **but** also a bit nervous.
  （もちろんわくわくしていますが，ちょっと不安もあるのです。）
- **no doubt A, but B**（確かに A だが B である）
  I **no doubt** deserved my enemies, **but** I don't believe I deserved my friends.
  ── Walt Whitman（私は確かに敵に値したかもしれないが，友達に値したとは思わない。── ウォルト・ホイットマン）
- **to be sure A, but B**（確かに A だが B である）
  To be sure he can act, **but** he can't sing.（確かに彼は演技はできるが，歌えない。）

3 or

6 Would you like *a window seat* **or** *an aisle seat*? ［句＋句］ 974

7 *Are you going to the station by yourself*, **or** *is somebody driving you there*? ［節＋節］ 975

6 窓側の席がよろしいですか，それとも通路側の席がよろしいですか。
7 駅まで一人で行くのですか，それとも誰かが車で送ってくれますか。

接続詞 or は「〜か（それとも）…か」と**選択の対象**を並べるときに使う。**6** は句と句，**7** は節と節をつなぐ用例である。

> **Ex.** Don't turn right **or** left. Just go straight.
> （右や左に曲がらないで，直進しなさい。）

> ⚠ ある語句を言いかえるときに，〈A, or B〉とすると，「A，すなわち B」という意味になる。
> Last month he lost *two pounds*, **or** *just about a kilo*.
> （先月，彼は2ポンド，つまり1キロばかり減量した。）

> ⚠ or はしばしば〈**not A or B**〉の形で使われ，「A でも B でもない」という意味になる。否定文では，A and B ではなく，A or B となることに注意。
> We **cannot** tell when **or** how this battle will end.
> （この戦いが，いつ，どのようにして終わるのか分からない。）
> このことは，not を使わないで否定の意味を表す場合も同様である。
> **Nobody** can tell when **or** how this battle will end.
> （誰もこの戦いが，いつ，どのようにして終わるのか分からない。）

4 nor

> **8** My English has *neither* improved **nor** gotten worse this year. *976*
>
> **9** I have *never* been to Australia, **nor** have I been to New Zealand. *977*

8 今年，私の英語力は上がってもいないし，下がってもいない。
9 私はオーストラリアへ行ったこともないし，ニュージーランドへ行ったこともない。

否定的な文脈にさらに否定を続けて「(〜でもないし) …でもない」という意味を表すときnor を使う。nor の後には，前で否定された要素と文法的に対等の要素が続く。
8 では neither improved という否定の語句の後に，対等の語句 nor gotten worse が続く（▶ p. 530）。**9** のように〈節, nor ＋節〉の場合，nor の後は Yes-No 疑問文の形になる。動詞が助動詞を伴っていない場合は，do, does, did などを使って倒置する（▶ p. 358）。

> **Ex.** He **didn't** like the music, **nor** *did she* (like it).
> （彼はその音楽が気に入らなかったし，彼女もそうだった。）
> I **can't** read Thai, **nor** (can I) speak it.
> （私はタイ語は読めないし，話すこともできない。）

5 for

> **10** She didn't go on the picnic, **for** she doesn't like outdoor activities. *978*
>
> **10** 彼女はピクニックに行かなかったが，それは野外活動が好きでないからだ。

10 のように，書きことばで結論や結果を述べた後でその**根拠や原因などを述べる**とき，for（～というのも…だから）が使われる。for の直前にコンマを置くことが多い。

> **Ex.** She has seen that movie five times, **for** she is a big fan of its leading actor.
> （彼女はあの映画を5回見たことがある。というのも，彼女はその映画の主演男優の大ファンだからだ。）

6 so

> **11** It was raining, **so** the open-air concert was canceled. *979*
>
> **11** 雨が降っていたので，野外コンサートは中止された。

11 のように，話しことばで出来事を述べた後でその**結果などを述べる**とき，so（だから～，…ので～）が使われる。so の直前にコンマを置くことが多い。

2 名詞節を導く従属接続詞

従属接続詞は，主従関係がある節を結びつける接続詞で，名詞節を導くものと副詞節を導くものとがある。

1 that

> **12** *It* is strange **that** *we should meet here.*　［主語］ *980*
>
> **13** E-mail is convenient, but the problem is **that** *we sometimes forget to speak face to face.*　［補語］ *981*
>
> **14** I can't believe **(that)** *she decided to study abroad.*　［目的語］ *982*

12 こんなところで会うとは不思議だ。
13 電子メールは手軽だが、問題は我々が時々顔を合わせて話すのを忘れることだ。
14 彼女が海外留学する決心をしたなんて、信じられない。

接続詞 that は「～が…すること」という意味の名詞節を作る。名詞節は、文の中にあって、主語・補語・目的語の働きをする。

12 では、that 節が主語の働きをしている。That we should meet here is strange. とすることができるが、形式主語の it を文頭に置くのが普通（▶ p. 418）。

13 では、that 節が補語の働きをしている。

cf. 補語になる場合、一般に that を省略しないが、次のような表現では省略されることもある。

> The fact is (that) ~　（事実は~ということだ）
> The trouble is (that) ~　（問題は~ということだ）
> The truth is (that) ~　（真実は~ということだ）
> The reason is (that) ~　（理由は~ということだ）

The fact is **(that)** my parents don't know how to use a cellphone.
（事実は私の両親が携帯電話の使い方を知らないことだ。）
The trouble is **(that)** I get seasick easily.（問題は私がすぐに船酔いすることだ。）

14 では、that 節が動詞 believe の目的語の働きをしている。

cf. think（思う）, know（知っている）のように**思考・認識**を表す動詞や、say（言う）, require（要求する）などのように**伝達や要求**を表す動詞には that 節を目的語にとるものが多い。that 節が think, hope, say などの動詞の目的語になっている場合、that は省略されることが多い。

❷ whether, if

15 **Whether** *you win or lose* is not so important. It's how you play the game. ［主語］　　　　　　　　　　　　　　　　　*983*

16 The question is **whether** *she can keep her stamina in the second set.* ［補語］　　　　　　　　　　　　　　　　　*984*

17 I asked him **whether** [**if**] *he would join our club.* ［目的語］　*985*

15 勝つか負けるかは重要ではない。試合をどう戦うかが重要だ。
16 問題は彼女が第 2 セットでスタミナを保てるかどうかだ。
17 彼に入部するつもりかどうかを尋ねた。

接続詞 whether と if は「〜かどうか」という意味の名詞節を作る。whether 節は主語（**15**），補語（**16**），動詞の目的語（**17**）となる。if 節は主に目的語（**17**）として使われるが，時に補語（cf. **16**）としても使われる場合がある。その際には if に強勢が置かれる。

> **Ex.** **Whether** she will run for office this year is uncertain.
> （彼女が今年公職選挙に立候補するかどうか，定かではない。）
> The important thing is **whether** we can meet the deadline.
> （重要なのは，私たちが締め切りに間に合わせることができるかどうかだ。）
> I don't know **whether** he will come or not.（彼が来るかどうか，私は知らない。）

> ⚠ 形式主語 it を使えば，真の主語として if 節を用いることもできる。
> **15** ≒ It is not so important **whether**[**if**] you win or lose.

> **cf.** whether, if 節を目的語にとるものとしては，ask, doubt, know, wonder といった動詞や，not sure, not certain といった形容詞の否定も用いられる。

3 副詞節を導く従属接続詞

副詞節は文中で副詞の役割を果たす節である。ここでは，①時，②原因・理由，③結果，④目的，⑤条件，⑥譲歩に分類し，接続詞の用法を紹介する。

1 時を表す接続詞

時を表す副詞節を導く接続詞には，さまざまな種類がある。以下，具体的な用例を見ていく。

《1》 when, while

> **18** Lafcadio Hearn came to Shimane **when** *he was forty*. 986
> **19** Our neighbor took care of our cat **while** *we were away*. 987
>
> **18** ラフカディオ・ハーンは 40 歳のとき，島根に来た。
> **19** 私たちが留守の間，近所の人が我が家のネコの世話をしてくれた。

接続詞 when は「〜するとき」「〜であるとき」という意味の副詞節を作る。when 節は **18** のように主節の後に置いても，文頭に置いてもよい。
「〜している間」「〜である間」という意味を表すには while を使う。while 節の中は **19** のように be 動詞や動作を表す動詞の進行形が使われることが多い。

> **Ex.** I went to the market **while** you were taking a nap.
> （私はあなたが昼寝している間に市場に行きました。）
> Strike **while** the iron is hot.（鉄は熱いうちに打て。[ことわざ]）

Step2 接続詞の基本的な用法 | 521

《2》before, after

> **20** Be sure to turn off the light **before** *you leave the room.*　988
>
> **21** She moved to Nagoya **after** *she graduated from high school.*　989

　20 部屋を出る前に，必ず電気を消してください。
　21 彼女は高校を卒業した後，名古屋に引っ越した。

「〜する前に」は **20** のように before，「〜した後に」は **21** のように after を使って表す。

Ex. Let's check out the weather forecast **before** we go out.
（出発する前に，天気予報をチェックしよう。）

cf. 日本語では「〜しないうちに」と言うことがあるが，英語では否定を伴う言い方はしない。
Please try to come home **before** *it gets dark.* （× 〜 before it *doesn't get dark.*）
（暗くならないうちに（≒暗くなる前に）家に帰るようにしてください。）

cf. before を使った慣用表現としては，It won't be a long time before 〜（〜するまでには長い時間がかからないだろう，まもなく〜するだろう）がある。
It won't be a long time before your daughter graduates from college.
（あなたの娘さんが大学を卒業するまでに，長い時間はかからないだろう。）

《3》since, until [till]

> **22** We have been friends **since** *we met in high school.*　990
>
> **23** Let's wait here **until** [till] *the rain stops.*　991
>
> **24** It was not **until** [till] *the game was over* that he arrived.　992

　22 私たちは高校で出会ってからずっと友達だ。
　23 雨が止むまで，ここで待とう。
　24 試合が終わるまで，彼は来なかった。
　　　［試合が終わって，やっと彼は到着した。］

● **since（〜して以来）**（**22**）

主節の動作や状態が始まる時点を示す。主節には継続を表す完了形，since 節には過去形を使うことが多い。

Ex. We've known each other well **since** we were kids.
（私たちは子供の頃からお互いをよく知っている。）

● **until [till] ~（~するまで（ずっと））**（ 23 24 ）

その時点まで主節の動作や状態が継続していることを示す。 24 は〈**it was not until [till] ~ that ...**〉（…したのは~してはじめてだった→~するまで…しなかった）の形の強調構文（▶ pp. 354-355）。

> **Ex.** I have to stay home **until** my mother comes home.
> （母が帰ってくるまで，私は家にいなくてはならない。）

> until [till] は，主節が否定文の場合，「~するまで…しない」，つまり「~して初めて…する」という意味を表す。
> I **didn't** realize I had left my commuter pass at home **until** I got to the station.（駅に着くまで定期券を家に忘れてきたことに気付かなかった。→ 駅に着いて初めて定期券を家に忘れてきたことに気付いた。）

On a Street Corner

FOOTPATH CLOSED / PLEASE WAIT HERE UNTIL CONSTRUCTION TRAFFIC HAS PASSED とありますが，工事現場で歩道が閉鎖していることを告げる案内です。「工事車両が通過し終わるまでここでお待ちください」という意味ですが，until 節の中で現在完了形が来ることもあることを確認しておきましょう。

《4》as soon as, once

> 25 **As soon as** *the baby saw his mother*, he stopped crying.　993
> 26 **Once** *you have learned how to ride a bicycle*, you never forget.　994

25 赤ん坊は母親を見たとたん，泣き止んだ。
26 いったん自転車の乗り方を覚えると，決して忘れない。

● **as soon as ~（~するとすぐに）**（ 25 ）

２つの出来事がほぼ同時に連続して起こることを表す。

> **Ex.** I will call you **as soon as** he arrives.（彼が到着したらすぐに電話します。）
> Give me a call **as soon as** you get there.
> （そこに到着したらすぐに私に電話をください。）

● **once ~（いったん~すると，~するとすぐに）**（ 26 ）

> 副詞の once（1度，かつて）と取り違えないこと。
> cf. I *once* lived in Kobe.（私はかつて神戸に住んでいた。）

+α 「〜するとすぐに」を表す表現

The moment the police dog sniffed at the suitcase, it started barking.
（警察犬はスーツケースのにおいをかいだ瞬間, ほえ始めた。）

The minute I saw you, I fell in love with you.
（あなたを見たとたん, 私は恋に落ちた。）

Let me know **the instant** *he comes in.*（彼が入ってきたらすぐに知らせてください。）
I had **hardly**[**scarcely**] returned home **when**[**before**] the package arrived.
（家に帰ったとたん, 荷物が着いた。）

《5》 whenever, now that

> **27** **Whenever** *it snows*, the transportation in the city gets disrupted.　　*995*
>
> **28** **Now that** *the term exams are over*, I'm going to relax. 　　*996*

　　27 雪が降るといつも, 市内の交通機関は混乱する。
　　28 今や期末試験も終わったので, のんびりするつもりだ。

● **whenever 〜**（〜するときは必ず）(**27**)
● **now that 〜**（今や〜なので）(**28**)
　新しい状況が実現したことを受けて述べる場合に使われる。くだけた場面では that は省略されることが多い。

《6》 each [every / next] time など

> **29** **Every time** *I called,* I got the busy signal. 　　*997*
>
> **30** **Next time** *you come to New York,* please give me a call. 　　*998*
>
> **31** **The first time** *I saw her,* I got hit by the thunderbolt. 　　*999*
>
> **32** **The last time** *I went to see him,* he was asleep in bed. 　　*1000*

　　29 電話するたびに通話中の信号音がした。
　　30 次にニューヨークにいらっしゃるときは, お電話ください。
　　31 初めて彼女を見た時は, 雷に打たれた気がした。
　　32 最後に彼に会いに行った時, 彼はベッドで眠っていた。

● **every [each] time 〜**（〜するたびに）(**29**)
　each は, 個々のものに対して「それぞれ」といった意味合い。every は, 人や物をひとまとめにして「どれも」という意味合い。ただし, この場合はほとんど意味の違いはない
（▶ pp. 257-258 whenever）。

- **(the) next time ~**（次に~する時は）(30)
- **the first time ~**（初めて~する[した]時）(31)
- **the last time ~**（最後に~する[した]時）(32)

> cf. **by the time ~**（~する頃までには）
> It was already dark **by the time** I returned home.
> (家に着いた頃までには，あたりは暗くなっていた。)

2 原因・理由を表す接続詞：because, since, as

> 33 We lost the game **because** *we hadn't trained enough.*　1001
>
> 34 **Because [Since / As]** *everyone is busy*, let's put off the meeting until tomorrow.　1002

33 十分練習をしていなかったから，私たちは試合に負けた。
34 みんな忙しいので，会議を明日まで延期しよう。

because, since, as はともに，原因・理由を述べる際に使われる。as はさまざまな意味用法を持つので，明確に述べるときには，because や since を用いる。because 節は，相手が知らない理由（**新情報**）を述べる場合に使われるのに対して，since や as は，相手が知っているだろうと話し手が思っている理由（**旧情報**）を述べる場合に使う。

理由を表す as 節は，主節の前または後にくる。いずれの場合も，コンマで区切る（▶ p.534）。

> **Ex. Since** it's noisy here, why don't we go to the next room?
> (ここは騒がしいので，隣の部屋に行きませんか。)
> **Since** it's been a busy day, I just want to take a bath and relax.
> (忙しい一日だったので，風呂に入ってゆっくりしたい。)
> **As** it was such a beautiful day, we decided to take a long walk in the country. (とても良い天気だったので，私たちは郊外を長時間散歩することにした。)

> ⚠ because 節とは異なり，since 節と as 節は，強調構文の強調部分にくることはない。
> It was **because** [× since / as] he had so much homework to do that he returned home right after school.
> (学校が終わってから彼がすぐに帰宅したのは，たくさんの宿題があったからだ。)

> ⚠ since 節と as 節は，Why ~? に対する答えとして用いることはできない。
> "**Why** did you come late?" "**Because** [× Since / As] I overslept this morning.
> (「どうして遅刻したんですか」「今朝，寝坊したからさ」)

> cf. 〈**due to the fact that ~**〉で原因や理由を表す場合もある。
> The project was canceled **due to the fact that** they could not raise enough funds. (彼らが充分な資金を集めることができなかったという事実によって，そのプロジェクトは撤回された。)

❸ 結果を表す接続詞：so ～ that ... , such ～ that ...

> **35** The safe was **so** heavy **that** he couldn't move it.　　*1003*
>
> **36** It is **such** a beautiful day **that** I want to go hiking. 　　*1004*

> **35** その金庫はとても重かったので，彼には動かせなかった。
> **36** とても天気がいい日なので，ハイキングに行きたい。

〈so ＋形容詞［副詞］＋ that ...〉, 〈such ＋（a［an］＋）形容詞＋名詞＋ that ...〉の形で，「とても～（な−）なので…」という意味を表す。（▶ pp. 163-164, p. 407）

⚠ ときに「…ほど～」のように程度を表すことがある。その場合，上の例文はそれぞれ以下のように解釈される。いずれの解釈をとるかは，文脈による。
　35 その金庫はどろぼうが持ち去れないほど重かった。
　36 山歩きに行きたくなるほど天気がよい。

⚠ **36** を以下のように書きかえることができる。その際，語順は〈so ＋形容詞＋ a［an］＋名詞＋ that ～〉となる。その際，くだけた表現では that が省略されることがある。
　36 ≒ It is **so beautiful a day** (that) I want to go trekking.

⚠ such の直後に名詞句が来ない場合もある。結果を表す場合と程度を表す場合がある。
The typhoon the other day was **such that** our whole neighborhood had a blackout.（≒ **Such** was the typhoon the other day **that** our whole neighborhood had a blackout.）
（［結果］先日の台風はとてもひどくて，近所中が停電になった。
　［程度］先日の台風は近所中が停電になるほどひどいものだった。）

❹ 目的を表す接続詞：so［in order］that ～ can ...

> **37** Let's exchange our e-mail addresses **so that** *we can contact each other.*　　*1005*
>
> **38** She practices *karate* **in order that** *she may have the means to protect herself.*　　*1006*

> **33** 連絡が取り合えるように，メールアドレスを交換しよう。
> **34** 彼女は自分の身を守る手段を身につけることができるように空手をやっている。

● **so that ～ can ...（～が…するように，～が…するために）（ 37 ）**
　so that 節の中では，助動詞 can, will, may などを使う。また，時に直説法現在が使われることもある。

Ex. I set the alarm clock for five o'clock **so that** I wouldn't miss the first bus.
（始発のバスに乗り遅れないよう，目覚まし時計を5時にセットした。）
They left early **so that** they wouldn't have to take a crowded train.
（混んだ電車に乗る必要がないように，彼らは早く出発した。）

⚠️ 「目的」を表す〈so + that〉の前には通例カンマを置かない。一方，「結果」を表して「その結果〜」となる時は，カンマが置かれる。

● **in order that 〜 can …**（〜が…するように，〜が…するために）（ 38 ）

so that とほぼ同じ意味を表すが，より硬い表現である。that 節内の助動詞は，can の他にも will や may が使われることもある。

5 条件を表す接続詞：if, unless

39 **If** *you have any questions*, please ask the staff.	1007
40 I won't go to the party **unless** *you go*.	1008

39 もし何か質問があれば，従業員に聞いてください。
40 あなたが行かないなら，私もパーティーには行かない。

if は「もし〜ならば」という意味で，仮定や条件を表す（▶第12章 仮定法）。unless は「もし〜でないなら」「〜でない限り」という意味で，〈if 〜 not …〉と言いかえられる場合が多い。

40 ≒ I won't go to the party **if** you **don't** go.

Ex. I don't take medicine **unless** it is necessary.（必要なとき以外，薬は飲まない。）
They cannot hear you **unless** you speak in a louder voice.
（もっと大きな声で話さないと，彼らには聞こえませんよ。）

⚠️ 以下のような場合には，if 節を unless 節で言いかえることはできない。
I'll be surprised **if** he does **not** make it to the presidency.
（もし彼が大統領にならなかったとしたら驚きだ。）
≠ I'll be surprised *unless* he makes it to the presidency.

6 譲歩を表す接続詞：though [although], even if

41 **Though [Although]** *this microwave is old*, it still works well.	1009
42 They were playing outside **even though** *it was raining*.	1010
43 Try again **even if** *you fail*.	1011

41 この電子レンジは古いけれども，まだきちんと作動する。
42 雨が降っていたけれども，彼らは外で遊んでいた。
43 たとえ失敗しても，もう一度やってみなさい。

though, although は「～であるけれども」という譲歩を表す。節の意味内容は 41 や 42 のように事実を表す。話しことばでは though がよく使われる。強調するときは、42 のように even though (× *even although*) を使う。

Ex. She attended the seminar **although** she didn't want to.
（彼女はそのセミナーに出席したくなかったのだが、出席した。）
Even though he is retired, he continues to teach as a volunteer.
（彼は退職したが、ボランティアで教え続けている。）

43 の even if は、「たとえ～だとしても」という譲歩を表す。節の意味内容は、42 とは異なって、事実かどうか分からないことを表す。

English & Japanese in Contrast

〈A and B〉の順番は？

接続詞 and は、並列的に語・句・節を結びつけて、「A と B」「A や B」「A そして B」といった意味を表します。さて、英語で〈A and B〉という形で A と B を並べる時に、その順番が慣用的に決まっている場合があります。しかもそれが日本語と違う場合もありますので、注意が必要です。

まず、英語の人称代名詞には、「2 人称→3 人称→1 人称」という順序が慣用的に決まっていますが、日本語では比較的自由に配列することができます。

(1) You [He / She] **and** I are good friends. (あなた [彼 / 彼女] と私はよい友達だ。)
(2) My parents **and** I are moving out next month.
　　（両親と私は来月引っ越すことになっている。）

次に慣用的に日英語で同じ順番になっている例を挙げておきましょう。

cup and saucer (茶碗と受け皿) / salt and pepper (塩とこしょう) / pencil and paper (紙と鉛筆) など

一方、以下の例では日英語で順番が異なっています。

mother and father (父母) / black and white (白黒) / this and that (あれこれ) / here and there (あちこち) / here and now (今この場で) / ladies and gentlemen (紳士淑女) など

最後に、形容詞の例ですが、英語には〈**nice and+** 形容詞〉の形をとった口語的な表現があり、nice and warm (× warm and nice) や nice and new (× new and nice) のように使われます。nice は後にくる形容詞を強調して「申し分なく～、とても～」といった意味を表しますが、日本語にはこれに対応する慣用表現は存在しません。

以上のような観点から日英語の違いを見てみると、意外な発見があるかもしれません。

Step3 発展 接続詞の注意すべき用法

1 等位接続詞を含む表現

❶ 〈both A and B〉

> **44** **Both** you **and** she are applying to the same university.　1012
> **45** This website is **both** interesting **and** useful. 　1013
>
> **44** あなたも彼女も同じ大学を志願している。
> **45** このウェブサイトは面白くて役に立つ。

〈both A and B〉は「A も B も両方とも」という意味を表す。**44** のように，主語をつなぐ場合には，複数扱いになる。

❷ 〈either A or B〉

> **46** **Either** my mother **or** I walk the dog every morning. 　1014
> **47** You can go there **either** by bus **or** (by) train. 　1015
>
> **46** 母か私かいずれかが毎朝，犬を散歩させている。
> **47** そこへはバスか電車かのどちらかで行ける。

〈either A or B〉は「A か B かどちらか」という意味を表す。**46** のように，主語をつなぐ場合，述語動詞は B に一致する。たとえば **46** では，動詞 walk は my mother に合わせて walks とするのではなく，I に合わせて walk となっている。**47** のように，同じ前置詞が現れる場合，話しことばでは 2 つ目は省略されることが多い。

> **Ex.** I guess they speak **either** Spanish **or** Italian.
> （彼らはスペイン語かイタリア語を話すと思います。）

❸ ⟨neither A nor B⟩

> **48** **Neither** you **nor** I can predict what will happen next. *1016*
>
> **49** She **neither** spoke **nor** smiled. *1017*
>
> **50** I have **neither** time **nor** money for that. *1018*

48 あなたも私も次に何が起こるかは予測できない。
49 彼女は話すこともほほえむこともなかった。
50 私には、そんなことをする時間も金もない。

⟨**neither A nor B**⟩は「AもBも（どちらも）〜ない」という意味を表す。**48** のように，主語をつなぐ場合，述語動詞はBに一致する。ただし，口語では複数形の動詞が続くこともある。**49** はくだけた場面では，She **didn't** speak **or** smile. と言うこともできる。

> **Ex.** I forgot **neither** her name **nor** her face.（彼は彼女の名前も顔も忘れなかった。）
> This data is **neither** accurate **nor** reliable.
> （このデータは正確でもなければ，信頼もできない。）

❹ ⟨not only A but (also) B⟩

> **51** **Not only** you **but (also)** I should write a thank-you letter to him. *1019*
>
> **52** She **not only** arrived late **but (also)** forgot to return my umbrella. *1020*
>
> **53** *Manga* are popular **not only** in Japan **but (also)** in the US. *1021*

51 あなただけではなく私も彼に礼状を書かなければならない。
52 彼女は遅れて着いただけではなく，私の傘を返し忘れた。
53 漫画は日本だけでなく，米国でも人気がある。

⟨**not only A but (also) B**⟩は「AだけでなくBも」という意味を表す。Bに重点を置いた表現なので，**51** のように主語をつなぐ場合，述語動詞はBに一致する。

> **Ex.** I **not only** left my ticket in the hotel room **but also** locked myself out yesterday.（昨日，私はチケットをホテルの部屋に置き忘れただけでなく，中に鍵を置いたまま部屋をロックしてしまった。）

5 〈not A but B〉

> 54 He is **not** a vocalist **but** a keyboard player.　　1022
>
> 55 They worked hard **not** to make money **but** to help people.　　1023
>
> 54 彼はボーカルではなく，キーボード奏者だ。
> 55 彼らはお金を稼ぐためでなく，人々を助けるために一生懸命に働いた。

〈**not A but B**〉は「AではなくてB」という意味を表す。

Ex. It is **not** your mistake **but** mine.
（それはあなたの間違いではなくて，私の間違いです。）
He is not a professor **but** a staff member of this university.
（彼はこの大学の教授ではなく，職員だ。）

cf. 上の例文を，次のように言いかえることもできる。
54 ≒ He is a keyboard player, **not** a vocalist.
55 ≒ They worked hard to help people, **not** to make money.

6 〈命令文, and ...〉, 〈命令文, or ...〉

> 56 Turn the light on, **and** you'll find it.　　1024
>
> 57 Hurry up, **or** we'll miss the train.　　1025
>
> 56 電気をつけなさい。そうすればそれが見つかるでしょう。
> 57 急ぎなさい。そうしないと電車に乗り遅れるよ。

命令文と次の節を and でつなぐと「～しなさい，そうすれば…」という意味に，or でつなぐと「～しなさい，そうしないと…」という意味になる。強調するときは or else とする。

Eat properly, **or else** you will eventually get sick.
（適切に食事をとりなさい。さもないとやがて病気になるよ。）

Ex. Do exercise regularly, **and** you'll be able to maintain a good health.
（規則的に運動しなさい。そうすれば健康を維持することができるでしょう。）
Drive slowly, **or** the children will get carsick.
（ゆっくり運転しなさい。さもないと子供たちが車酔いしてしまいます。）
Hurry up, **or** you'll be late for school.
（急ぎなさい，そうしないと学校に遅刻しますよ。）
Turn off the air conditioner, **or** it'll get too cold in here.
（エアコンを消してください。そうしないと，この中は冷え過ぎてしまいます。）

Step3 接続詞の注意すべき用法 | 531

2 注意すべき that 節

1 名詞の内容を説明する that 節（同格節）

> **58** I find it hard to accept **the fact that** he left without a word.　*1026*
>
> **59** What do you think of **the idea that** we paint this room blue?　*1027*

> **58** 彼が一言も言わずに去ってしまったという事実を受け入れることは難しい。
> **59** この部屋を青色に塗るという考えをどう思いますか。

58 **59** の that 節は，直前の名詞句 (the fact, the idea) の内容を説明している。このような that 節は**同格節**と呼ばれる。that が省略されることはまれである (▶ p. 368 同格の that 節)。

c.f. 「A すなわち B」のように言いかえる表現としては，that is to say や or がある。
She was here last Friday, **that's to say**, the 7th of July.
（彼女は，先週の金曜日に，つまり 7 月 7 日に，ここにいた。）
We all enjoyed watching fireworks on July 4th, **or** Independence Day.
（私たちはみな，7 月 4 日，すなわち独立記念日に花火見物を楽しんだ。）

2 前置詞の目的語としての that 節

> **60** I like my hometown **in that** it is rich in nature.　*1028*
>
> **61** The hotel was great **except that** the phone didn't work.　*1029*

> **60** 自然が豊かだという点で故郷の町が好きだ。
> **61** 電話が壊れていたという点を除けば，そのホテルはよかった。

⟨**in that** ～⟩は「～という点で (は)」という意味を表し，⟨**except [but] that** ～⟩は「～という点を除けば」という意味を表す。

Ex. You are right **in that** we are never certain about our future.
（私たちの未来が不確かだという点について，君は正しい。）
Our dog is well-behaved **except that** it sometimes hides my shoe away.
（私たちの犬は，時々私の靴を隠してしまうことを除けば，いい犬だ。）

3 注意すべき whether 節

❶ 〈whether ～ (or not)〉, 〈whether A or B〉

> **62** I don't know **whether** *he will help me* (***or not***).　　*1030*
>
> **63** **Whether** *you agree* **or** *disagree* doesn't make any difference to me.　　*1031*

> **62** 彼が手伝ってくれるかどうか分からない。
> **63** あなたが賛成するかしないかは，私には全然重要なことではない。

62 のように，動詞の目的語となっている〈**whether ～ (or not)**〉は「～か（どうか）」という意味を表す。or not を前置して，I don't know **whether or not** he will help me. とすることも可能。**63** のように，主語の〈**whether A or B**〉は，「A か B か」という意味を表す。

Ex. Let me know **whether or not** you can join us for a picnic.
（私たちと一緒にピクニックに行けるかどうか知らせてください。）
We weren't sure **whether** we were allowed to copy the CD **or not**.
（その CD のコピーが許されているのかどうか，私たちにはよく分からなかった。）

❷ 名詞の内容を説明する whether 節（同格）

> **64** This case raises the question of **whether** *he should resign*.　　*1032*

> **64** この事例は，彼が辞任すべきかどうかという問題を提起している。

64 の whether 節は，直前の名詞 question の内容を説明する同格節で，「～かどうか」という意味を表す。whether の前の of は省略されることがある。(▶ p. 369 同格の疑問節)

❸ 譲歩の副詞節としての whether 節

> **65** **Whether** *you agree* **or** *not*, I think that Hawaiian is the most musical language in the world.　　*1033*
>
> **66** I have to go there **whether** *it's sunny* **or** *rainy*.　　*1034*

65 あなたが賛成しようがしまいが，私はハワイ語が世界で最も音楽的な言語だと思います。
66 晴れていようが雨が降っていようが，そこに行かなくてはならない。

65 の〈whether ～ or not〉は「～であろうとなかろうと」という意味で，譲歩を表す。Whether or not you agree, ～とすることも可能。**66** の〈whether A or B〉は「AであろうとBであろうと」という意味を表す。

4 その他の注意すべき接続詞

1 さまざまな意味を表す as

67	Turn left at the traffic lights **as** *I told you*.	*1035*
68	The door closed **as** *I jumped in the elevator*.	*1036*
69	**As** *children grow older*, they become independent of their parents.	*1037*
70	**As** *it was windy*, we decided to stay home.	*1038*
71	*Small* **as** *the memory card is*, it stores a large amount of data.	*1039*

67 私が言った通りに，信号を左に曲がってください。
68 エレベーターに飛び乗ったときにドアが閉まった。
69 子供は成長するにつれて，親から独立していく。
70 風が強かったので家にいることにした。
71 そのメモリーカードは小さいが，大量のデータを保存する。

接続詞 as はさまざまな意味を表す。**67** は「～の通りに」という意味を表す。**68** は2つの動作が同時であることを表す。動作が同時であることを強調するには just をつける。**69** は「～につれて」という意味を表す。**70** は理由「～なので」を表す。**71** は「～ではあるが」の意味で譲歩を表し，必ず倒置を伴う。

2 〈in case ～〉

72	Let's leave now **in case** *traffic gets heavy*.	*1040*

72 道路が混むといけないので，もう出発しよう。

⚠ ⟨in case ~⟩は「~するといけないので、~する場合に備えて」という意味を表す。

⚠ in case 節内は現在形だが、起こる可能性が低いと判断される場合、should が使われることがある。
I'll make a backup copy of the data **in case** it **should** be lost.
(なくなるといけないので、データのバックアップコピーをとっておく。)

⚠ 関連表現として、just in case(万一のことを考えて)、in any case(いずれにせよ)がある。
Could you make a copy **just in case**?
(万が一の時のために、コピーをとっておいてくれませんか。)

❸ ⟨as long as ~⟩, ⟨as far as ~⟩

73	She will take care of you **as long as** *you stay here*.	*1041*
74	I don't mind a night game **as long as** *it doesn't get cold*.	*1042*
75	**As far as** *I know*, he is the best dentist around here.	*1043*

73 ここに滞在している間、彼女があなたのお世話をします。
74 寒くならなければ、ナイトゲームでもかまわない。
75 私が知る限り、彼はこのあたりで一番の歯科医だ。

⟨as long as ~⟩は、**73** のように、「~する限り、~しさえすれば」という意味で「時」を表す。また、**74** のように「~である限り」という「最低限の条件」を表す用法もある。

Ex. Any snacks will do **as long as** they don't contain peanuts.
(ピーナッツが入っていない限り、どんなスナックでもいい。)

⟨as far as ~⟩は、**75** のように、「~する限りでは」という意味で「程度・範囲」を表す。

Ex. **As far as** I know, she is still a member of our team.
(私が知る限り、彼女は今でも私たちのチームの一員だ。)
As far as I am concerned, I'm satisfied with my job.
(私に関する限り、自分の仕事に満足しています。)

❹ ⟨for fear (that) ~⟩, ⟨lest S should ~⟩

76	She turned on the heater **for fear (that)** *she might catch a cold*.	*1044*
77	Write it down **lest** *you should forget*.	*1045*

76 彼女は風邪を引かないように、暖房を入れた。
77 忘れないように書いておきなさい。

Step3 接続詞の注意すべき用法 | 535

〈for fear (that) ～〉は「～しないように，～するのを恐れて」という意味を表す。that 節の中では may, might, will, would などの助動詞を使う。〈in case～〉が「そうなってしまった場合の対策」を表すのに対して，〈for fear ～〉は「そうなることを未然に防ぐための予防策」を表す。

〈lest S should ...〉は「～が…しないように」という意味を表し，主に書きことばで使われる。lest 節では should, may, might などを使う。ただし，《米》では助動詞を省略して，動詞の原形をとることが多い。

5 〈suppose [supposing] (that) ～〉, 〈provided [providing] (that) ～〉

> **78** **Suppose [Supposing] (that)** *you were going to live for a week on an uninhabited island,* what would you bring? *1046*
>
> **79** You may borrow this video camera **provided [providing] (that)** *you agree to return it by next Monday.* *1047*

78 無人島に1週間住むとしたら，何を持っていきますか。
79 次の月曜日までに返してくれるならこのビデオカメラを借りてもいい。

〈**suppose [supposing] (that) ～**〉は「(仮に)～としたら」という仮定を表す。if 節と同様に，節の中の時制は直説法も仮定法も使われる。

〈**provided [providing] (that) ～**〉は「～という条件で」「もし～なら」という条件を示す。

cf. 「条件」を表す表現としては，ほかに on (the) condition (that) ～（～という条件付きで）がある。この場合，that 節の中の動詞は should を伴うか，原形を使用する。ただし，直説法が使われることもある。
I will do it **on (the) condition that** I be paid.
（報酬がいただけるという条件でそれをしましょう。）

+α 以下のような関連表現も確認しておこう。
〈**granted that ～**〉（～だとしても）
 Granted that you are right, I still think you should apologize to her.
 （あなたが正しいとしても，それでもあなたは彼女に謝罪すべきだと思う。）
 [*〈**granting that ～**〉という言い方もあるが，ごくまれにしか使われない。]
〈**given that～**〉（～と仮定して，～とすれば）
 Given that the radius is three feet, find the circumference.
 （半径が3フィートの場合の円周を求めなさい。）

■ 付録1　句動詞

　〈put up with ～〉（～をがまんする）のように，動詞が前置詞や副詞や名詞と結合して，意味上，単一の動詞の働きをするような場合，これを**句動詞**と呼ぶ。

1　〈動詞＋前置詞〉＝他動詞

> **1** This article **deals with** the problem of global warming.
> **2** I **came across** his blog by accident.
>
> 　**1** この記事は地球温暖化の問題を扱っている。
> 　**2** 私は偶然彼のブログを見つけました。

動詞と前置詞が結合して，慣用的に他動詞の働きをしている例である。**1** **2** は，それぞれ次のように言いかえることもできる。

　1 ≒ This article **treats** the problem of global warming.
　2 ≒ I **found** his blog by accident.

Ex. 以下，同種の句動詞の用例を挙げる。
Do you **agree with** him?（君は彼に賛成しますか。）
She **asked for** a short haircut.（彼女は髪をショートカットにしてくれと頼んだ。）
I **called at** the wrong address.（私は間違った住所を訪れたのである。）
This **calls for** immediate action.（これは即座の行動を必要とする。）
I will **call on** our new neighbor tomorrow.（明日，新しいお隣さんを訪ねてみよう。）
I don't **care about** it at all.（そんなことは何とも思わない。）
Can you **do without** the Internet?
（あなたはインターネットなしでやっていけますか。）
Go for it!（がんばれ！）
Have you ever **heard of** any such thing?（こんなこと聞いたことある？）
We need somebody who will **look after** our pets while we are away.
（私たちの留守中，ペットの世話をしてくれる人が必要だ。）
How long have you been **looking for** a job?
（仕事を探してどのくらいになりますか。）
They **looked into** the working conditions of that company.
（彼らはその会社の労働状況について調査した。）

Don't **rely** too much **on** your intuition.（直感に頼り過ぎてはいけない。）
I think we just **ran over** something.（たった今何かをひいたように思う。）
AAA **stands for** American Automobile Association.
（AAA は「アメリカ自動車協会」を意味する。）
We've been **searching for** the solution to the problem.
（私たちはその問題に対する解決策を探してきた。）
She **takes after** her grandmother.（彼女は祖母に似ている。）
Let's **talk about** something else.（何か他のことについて話そう。）
What do you **think of** his new novel?（彼の新しい小説をどう思いますか。）

cf.
account for ~ （~を説明する）	believe in ~ （~の存在[価値]を信じる）
call at ~ （[場所]に立ち寄る）	call for ~ （~を要求する）
call on ~ （[人]を訪問する）	care for ~ （~が好きである）
get over ~ （~を乗り越える）	hear from ~ （~から便りがある）
refer to ~ （~に言及する）	wait on ~ （~に仕える）　など

> **One-point Advice** 　「句動詞」の呼び方
> ここで,「句動詞」と呼んでいるものは, 英語で一般的に phrasal verb と呼ばれるものです。時に「群動詞」(verb group, verb cluster), または「複合動詞」(compound verb) と呼ばれることもあるので注意しましょう。

2 〈動詞＋副詞〉＝自動詞

3 My printer **broke down** again.

4 The old paint is **coming off**.

3 私のプリンターがまた壊れた。
4 古いペンキがはがれてきた。

動詞と副詞が結合して, 慣用的に自動詞の働きをしている例である。

Ex. 以下, 同種の句動詞の用例を挙げる。
War **broke out** in Spain.（戦争がスペインで勃発した。）
Do you know how this accident **came about**?
（この事故がどのようにして起きたか知っていますか？）
Things are **looking up**.（事態は好転している。）
Don't **give up** without even trying.（やってみることさえしないで, あきらめるな。）
Hang in there!（あきらめるな。）
The church **stands out** against the background of the city.

(その教会は街を背景として際立っている。)
The flight to New York **took off** on schedule.
(ニューヨーク行きの便は予定どおりに出発した。)
What's **going on** down there? (そこで何が起こっているのですか。)
Are you **going out** somewhere tonight? (今夜はどこかへ出かけるの。)
I **sat up** until 3 a.m. waiting for you!
(あなたを待って3時まで起きていたんですよ！)
When are you **setting out** on your trip?
(ご旅行にはいつ出かけるんですか。)

cf.
carry on（続ける）　　　　　　run away（逃げる）
stay up（寝ずに起きている）　　turn [show] up（現れる）　　など

3 〈動詞＋副詞〉＝他動詞

5 Can we **bring about** peace in the world?

6 I couldn't **make out** his words.

5 我々は世界に平和をもたらすことができるだろうか。
6 私には彼の言葉が理解できなかった。

動詞と副詞が結合して、慣用的に他動詞の働きをしている例である。

Ex. 以下、同種の句動詞の用例を挙げる。
It is not good timing to **bring up** the matter now.
(今その問題を持ち出すのはいいタイミングではない。)
He **brought up** three children by himself.（彼は3人の子供を一人で育てた。）
Can I **throw away** this old magazine?（この古い雑誌、捨てていいですか。）
I **saw** him **off** at the station.（彼を駅で見送った。）
They **played down** the danger of the epidemic.（彼らは疫病の危険を軽く見た。）
She **put away** her winter clothes.（彼女は冬物の衣類を片付けた。）

cf.
call off（〜を中止する）　　　　carry out（〜を実行する）
figure out（〜を理解する）　　　put off（〜を延期する）
put on（〜を着る）　　　　　　take off（〜を脱ぐ）
turn down（〜を拒絶する）　　　switch on（〜を点ける）
switch off（〜を消す）　　　　　turn on（〜を点ける）
turn off（〜を消す）　　　　　　take away（持ち去る、持ち帰る）　など

⚠ この構造における目的語の位置については，注意を要する。基本的には，〈動詞＋名詞＋副詞〉と〈動詞＋副詞＋名詞〉の両方の語順が可能である。

　　Please **turn on** the radio.（ラジオをつけてください。）
　　Please **turn** the radio **on**.（ラジオをつけてください。）
ただし，目的語が長い場合には〈動詞＋副詞＋名詞〉の形となる。英語では，文末に重い要素を持ってくる傾向が強いためである。

　　○ The president **turned down** the proposal to construct a space station.
　　　（大統領は宇宙ステーションを建設するという提案を拒絶した。）
　　× The president *turned* the proposal to construct a space station *down*.
また，目的語が代名詞の場合には〈動詞＋代名詞＋副詞〉の形のみが可能である。

　　○ Please **turn** it **on**.（それをつけてください。）
　　× Please *turn on* it.

On a Street Corner

　牧草地の道路沿いに掲げられていた手書きの看板。Please keep this area tidy by taking your rubbish away with you. とある。"take ～ away" は句動詞の一例。自分のゴミは持ち帰ることで，この場所をきれいに保ってください，という意味。

4 〈動詞＋副詞＋前置詞〉＝他動詞

7 How are you **getting along with** your roommate?

8 How can I **make up for** my mistake?

　　7 ルームメイトとはうまくやっていますか。
　　8 私は自分の誤りをどうしたら償えるのでしょうか。

動詞と副詞と前置詞が結合して，慣用的に他動詞の働きをしている例である。

Ex. 以下，同種の句動詞の用例を挙げる。
　　These figures **add up to** $13,000 per year.
　　（これらの数字を合算すると年間 13,000 ドルになる。）
　　They are trying to **cash in on** the health care industry.
　　（彼らはヘルスケア産業でひともうけをしようとしている。）
　　She **came down with** the flu.（彼女はインフルエンザにかかった。）
　　You don't have to **keep up with** the Joneses.

（世間の人たちに負けまいと見栄を張る必要はありません。）〔＊ the Joneses は，Jones が英米で一般的な姓であることから転じて，「近所[世間]の人たち」の意。〕

We are **looking forward to** seeing you.
（あなたにお会いするのを楽しみにしています。）
I can't **put up with** your attitude anymore.
（君の態度には，もはやがまんできない。）
The kids **set off on** a camping trip.（子供たちはキャンプ旅行に出発した。）
Is there anybody who can **sit in for** me while I'm away?
（私がいない間，代理を務めてくれる人はいませんか。）

cf.
catch up with ～（～に追いつく）　do away with ～（～を取り除く，～を廃止する）
look down on ～（～を低くみる）　look up to ～（～を尊敬する）
run out of ～（～を使い果たす）　など

5 〈動詞＋名詞＋前置詞〉＝他動詞

9 **Pay attention to** spelling.
10 He **took advantage of** my ignorance.

9 つづりに注意しなさい。
10 彼は私の無知に付け込んだ。

動詞と名詞と前置詞が結合して，慣用的に他動詞の働きをしている例である。

Ex. 以下，同種の句動詞の用例を挙げる。
Don't **give way to** your emotions.（感情に負けてはならない。）
Goodbye!　**Take care of** yourself!（さようなら。お身体を大切に。）
I **gave some thought to** my future.（私は自分の将来について少し考えてみた。）
Ichiro **gave credit to** his teammates for his success.
（イチローは自分の成功はチームメイトのおかげだと評価した。）
Are you trying to **make a fool of** me?（君は，僕のことをばかにしているのか。）
We couldn't **make heads or tails of** his story.
（私たちには彼の話はチンプンカンプンだった。）
We all **took part in** the *bon* dance.（私たちはみな，盆踊りに参加した。）

cf.
catch sight of ～（～を見つける）　　lose sight of ～（～を見失う）
devote oneself to ～（～に専念する）　find fault with ～（～のあら探しをする）
give rise to ～（～を引き起こす）　　make allowance for ～（～を大目に見る）
make fun of ～（～をからかう）　　　make much of ～（～を重視する）
make use of ～（～を利用する）　　など

6 〈動詞＋[名詞₁]＋前置詞＋[名詞₂]〉＝他動詞

このタイプの用法では，[名詞₁]は，pay **attention** to, take **advantage** of のように定型的な名詞ではなく，多種多様なものが入る。後続の[名詞₂]についても同様である。句動詞としての凝縮性に欠けるが参考までに取り上げておく。

Ex. 以下，この種の用例を挙げる。

This new self-driving car **is** not **equipped with** *a steering wheel or pedals.*
（この新しい自動運転車は，ハンドルもペダルもついていません。）

They **furnished** *the room* **with** *many decorations.*
（彼らはその部屋にたくさんの飾りつけを施した。）

Mr. Jackson **praised** *Lucy* **for** *the beauty of her work.*
（ジャクソン先生は，ルーシーの作品の美しさを讃えた。）

I **presented** *her* **with** *a bouquet.* （私は彼女に花を贈った。）

She **protected** *the children* **from** *every danger.*
（彼女は子供たちをあらゆる危険から守った。）

They **provided** *the refugees* **with** *food and clothes.*
（彼らは難民たちに食べ物と衣類を提供した。）

The pickpocket **robbed** *her* **of** *her purse.* （スリが彼女から財布を奪った。）

Foodbanks **supply** *food* **to [for]** *people in need.*
（フードバンクは困っている人々に食べ物を提供する。）

I must **thank** *you* **for** *your help.* （ご援助いただき，ありがとうございます。）

付録2　接頭辞と接尾辞

英語には，recycle の re-（再び）や，biology の -logy（〜学）のような接辞（affix）が数多く存在する。これらの接辞は，独立した語としては用いられることがないが，語の一部に付いて品詞を転換したり，意味を加えたりする働きをする要素がある。接辞には，re- のように，語の前に着く接頭辞（prefix）と，-logy のように，語の末尾に付く接尾辞（suffix）がある。接辞の基本的な意味を知っていると，未知の語の意味を推測することができるので，読解の際にも大いに役立つ。以下，接頭辞と接尾辞の種類とそれを使った単語リストを掲載する。

1 接頭辞

❶ 動詞をつくる接頭辞

en-, em-「〜にする」　　　　　　**en**courage, **en**large, **em**power

❷ 「否定」「反対」などを表す接頭辞

anti-「反〜，非〜，対〜」　　　　**anti**biotic, **anti**war, **anti**nuclear
contra-, counter-「逆〜，反〜」　　**contra**dict, **counter**clockwise, **counter**part
de-「〜から離れて，反〜，下降」　**de**centralize, **de**merit, **de**scend
dis-「無〜，不〜，非〜」　　　　　**dis**agree, **dis**appear, **dis**like
il-「否定」　　　　　　　　　　　**il**legal, **il**literate, **il**logical
in-, im-「否定」　　　　　　　　　**in**dependent, **im**polite, **im**possible
ir-「否定」　　　　　　　　　　　**ir**rational, **ir**regular, **ir**resistible
non-「否定」　　　　　　　　　　**non**-governmental, **non**sense, **non**stop
un-「否定」　　　　　　　　　　　**un**comfortable, **un**happy, **un**usual

❸ 位置関係などを表す接頭辞

ambi-「両側」　　　　　　　　　　**ambi**dextrous, **ambi**guous, **ambi**valent
ex-「前の，外へ」　　　　　　　　**ex**-husband, **ex**clude, **ex**pire
extra-「領域外の」　　　　　　　　**extra**curricular, **extra**ordinary, **extra**sensory
hypo-「下の，下方の」　　　　　　**hypo**dermic, **hypo**thermia, **hypo**thesis
in-, im-「中に」　　　　　　　　　**in**put, **im**port, **im**migrate
post-「後の」　　　　　　　　　　**post**graduate, **post**pone, **post**script
pre-「以前の，前部にある」　　　　**pre**face, **pre**liminary, **pre**requisite
pro-「前の，前に，代わりの」　　　**pro**ceed, **pro**duce, **pro**noun
sub-「下の，下に」　　　　　　　　**sub**conscious, **sub**marine, **sub**ordinate

| super-「上の, 上に, 超過した」 | **super**ficial, **super**natural, **super**vise |
| trans-「越えて, 通って」 | **trans**fer, **trans**form, **trans**late |

❹ 「共に」などを表す接頭辞

ad-「～へ, ～に」（方向・付加）	**ad**here, **ad**jacent, **ad**vice
co-「相互の, いっしょの」	**co**operation, **co**education, **co**exist
com-「共に, 全く」	**com**munity, **com**passion, **com**position
syn-「共に, 同時に」	**syn**chronize, **syn**onym, **syn**thesis

❺ 「過度」などを表す接頭辞

| hyper-「超, 過度の」 | **hyper**active, **hyper**correct, **hyper**sensitive |
| ultra-「超, 極端な」 | **ultra**conservative, **ultra**modern, **ultra**violet |

❻ さまざまな意味を表す接頭辞

re-「再び」	**re**cycle, **re**view, **re**write
mis-「悪く, 誤って」	**mis**lead, **mis**understand, **mis**spell
uni-「ひとつの」	**uni**cycle, **uni**form, **uni**sex
bi-「二つの」	**bi**cycle, **bi**lingual, **bi**weekly
tri-「三つの」	**tri**angle, **tri**color, **tri**cycle
mono-「ひとつの, 唯一の」	**mono**log, **mono**tonous, **mono**poly
poly-「多数の, 多量の」	**poly**gamy, **poly**glot, **poly**ester
multi-「多数の, 多量の」	**multi**lateral, **multi**ple, **multi**lingual
omni-「全～, 普遍的」	**omni**potent, **omni**present, **omni**scient
pan-「全～, 総～」	**pan**acea, **pan**demic, **pan**orama
demo-「人々の, 民衆の」	**demo**cracy, **demo**crat, **demo**graphic
theo-「神の」	**theo**logy, **theo**cracy, **theo**sophy
magni-「大きい, 偉大な」	**magni**tude, **magni**fy, **magni**ficent
macro-「大きい, 超～」	**macro**biotic, **macro**economics, **macro**scopic
mini-「微小の, ミニ～」	**mini**ature, **mini**mal, **mini**mum
philo-, phil-「～愛」	**philo**sophy, **philo**logy, **phil**anthropic
miso-「…嫌い」	**miso**gamy, **miso**gyny, **miso**logy
bene-「良い」	**bene**factor, **bene**fit, **bene**volent
mal-「悪～, 不調, 不全」	**mal**adjustment, **mal**apropos, **mal**function
ped-, pedi-「足の」	**ped**estal, **ped**estrian, **pedi**cure

❷ 接尾辞

❶ 名詞をつくる接尾辞

-ness	darkn**ess**, illn**ess**, kindn**ess**
-ion, -tion, -ation	communica**tion**, introduc**tion**, inform**ation**
-ty, -ity	difficul**ty**, creativi**ty**, possibil**ity**

-ology「〜学, 〜論」	bi**ology**, ec**ology**, psych**ology**
-ance	accept**ance**, entr**ance**, insur**ance**
-ence	confid**ence**, differ**ence**, sil**ence**
-ency	ag**ency**, flu**ency**, frequ**ency**
-ment	agree**ment**, encourage**ment**, move**ment**

❷ 形容詞をつくる接尾辞

-able「〜できる」	comfort**able**, reli**able**, understand**able**
-al, -ial	medic**al**, natur**al**, offici**al**
-full「〜に満ちた」	beauti**ful**, cheer**ful**, use**ful**
-ic	bas**ic**, poet**ic**, symbol**ic**
-ish「〜らしい」	fool**ish**, self**ish**, yellow**ish**
-ive「〜に関する, 〜の傾向がある」	act**ive**, creat**ive**, expens**ive**
-less「〜のない, 〜を欠く」	care**less**, end**less**, need**less**
-like「〜のような」	business**like**, child**like**, human**like**
-ous「〜の特性がある」	danger**ous**, fam**ous**, nerv**ous**
-y「〜に満ちた, 〜の傾向がある」	funn**y**, luck**y**, nois**y**

❸ 副詞をつくる接尾辞

-ly	careful**ly**, final**ly**, lucki**ly**

❹ 「〜にする」という意味の動詞をつくる接尾辞

-en「〜にする」	dark**en**, short**en**, soft**en**
-fy「〜にする, 〜化する」	falsi**fy**, puri**fy**, simpli**fy**
-ize「〜化する」	civil**ize**, real**ize**, special**ize**

❺ 「〜する人・物」「〜される人」などを表す接尾辞

-ee	employ**ee**, refug**ee**, return**ee**
-er, -or	driv**er**, photograph**er**, act**or**, elevat**or**
-ician	mag**ician**, phys**ician**, polit**ician**
-ist	art**ist**, journal**ist**, scient**ist**

❻ さまざまな意味を表す接尾辞

-cracy「政治, 支配（階級）」	demo**cracy**, aristo**cracy**, techno**cracy**
-graph「書かれたもの」	auto**graph**, epi**graph**, para**graph**
-ism「主義」	capital**ism**, skeptic**ism**, social**ism**
-nomy「学, 知識体系」	astro**nomy**, eco**nomy**, taxo**nomy**
-phobia「〜を恐れる」	agora**phobia**, claustro**phobia**, hydro**phobia**

■ 付録3　ラテン語由来の略語・用語

　ラテン語は，長い間，ヨーロッパにおける宗教と学問の言葉として広く使われてきた。その影響は英語圏にもおよぶこととなり，とりわけ学問の世界では，ラテン語に起源を持つ多くの専門用語が英語に導入された。ここでは比較的よく使われるラテン語由来の略語・用語をいくつか紹介しておこう。

略語・用語	ラテン語	解説
A.D.	Anno Domini	[Latin: "in the year of the Lord"] 「紀元前」 e.g. A.D. 695 〔*年代の前に付ける。「紀元後」を表す B.C. (← before Christ) は，350 B.C. のように年代の後に付ける。〕
ad hoc	ad hoc	[Latin: "toward this"] 「特別の，その場限りの」 e.g. ad hoc committee (特別委員会)
ad lib	ad libitum	[Latin: "to the desire"] 「アドリブで，即興的に，自由に」 〔* ad-lib:「即興の」(形容詞) e.g. He gave an ad-lib speech. /「アドリブで演奏[演説]する」(動詞)〕
a.m. (A.M.)	ante meridiem	[Latin: "before noon"] 「午前」(⇔ p.m., P.M.) e.g. 6:30 a.m. 〔*時間の後に来る。日本語では，「午前6:30」のように書くことから，a.m. 6:30 のような表記が見られるが，これは誤用。p.m. についても同様。〕
ca.	circa	[Latin: "round about"] 「おおよそ」e.g. ca. 3500 B.C. 〔*数字や年代の前に置いて使う。〕
cf.	confer	[Latin: "compare"] 「～と比較せよ，～を参照せよ」 e.g. cf. p. 357 (357ページを参照せよ)
CV	curriculum vitae	[Latin: "the course of one's life] 「履歴書」 e.g. Your CV must be submitted no later than August 1, 2017. (履歴書は2017年8月1日までに提出のこと。) 〔* vita は「人生の・生命の」, curriculum は「走路＝course」より。〕

de facto	de facto	[Latin: "factual"] 「事実上の」
e.g.	exempli gratia	[Latin: "for example"] 「たとえば」
etc.	et cetera	[Latin: "and so on"] 「～など，～その他」 〔＊日本語にも，「エトセトラ」というカタカナ言葉として導入されている。〕
ibid.	ibidem	[Latin: "in the same place"] 「同じ箇所に」 〔＊論文などで，直前に引用された文献の同じページからの引用であることを示す。〕
i.e.	id est	[Latin: "that is"] 「すなわち」
N.B.	nota bene	[Latin: "note well"] 「(重要な情報に) 注意せよ」 〔＊注釈を加えるときに用いる。〕
op. cit.	opera citato	[Latin: "in the work cited"] 「前掲の同一文献に」
per capita	per capita	[Latin: "by heads"] 「一人当たりの」 〔＊ capita は caput「頭」の複数形〕
per se	per se	[Latin: "by itself"] 「それ自体で，本質的に」 e.g. I'm not interested in English *per se*. (私は英語そのものに興味があるわけではない。)
p.m. (P.M.)	post meridiem	[Latin: "after noon"] 「午後」(⇔ a.m., A.M.) e.g. 7:30 p.m.
sic	sic	[Latin: "thus; so"] 「原文のまま」 〔＊ [sic] のように用いる。特に原文で誤りがある場合，それをそのまま引用するときに使う。〕
status quo	status quo	[Latin: "state in which"] 「現状」
vice versa	vice versa	[Latin: "the position being changed"] 「逆もまた同様に」
vs.	versus	[Latin: "turned around; against"] 「～に対して」 e.g. the game between the Giants vs. the Tigers
viz.	videlicet	[Latin: "that is; namely"] 「すなわち，つまり」 〔＊例の列挙，リストや項目を提示する時に用いる。〕

● ラテン語由来の略語・用語

547

付録4　英語の句読法

　英語で文章を作成する時には，語彙や文法の知識だけではなく，英語の句読法 (punctuation) の基本を知っている必要がある。日本語の句点［。］や読点［、］は，英語のピリオド［.］やカンマ［,］にほぼ対応しているように見えるが，実際はもっと厳密に規定されている。さらに，英語独自のコロン［:］やセミコロン［;］など，日本語にはない符号も存在しているので，注意が必要である。

❶ 終止符 (period) [.]

(1) 平叙文の文尾
　We meet new friends and teachers in April.

(2) 略語のあと
　Jan. = January / ad. = advertisement / etc. = et cetera / the U.S.A. = the United States of America

❷ 疑問符 (question mark) [?]

(1) 直接疑問文のあと
　Do you like coffee?

(2) 平叙文で疑問文の働きをする文のあと
　You're from Singapore? / Your mother works for this company?

❸ 感嘆符 (exclamation mark) [!]

(1) 感嘆文または，それに類する文の末尾
　What a lovely hat! / How close we came to an accident!

(2) 喜びや驚き，命令，警告などの強い感情を表すとき
　Hi Bob! / Happy birthday! / Leave! / Be careful!

(3) 間投詞のあと
　Oh! / Ouch!

❹ コンマ (comma) [,]

(1) 並列された語を区切るとき
　Last summer I visited Kyoto, Nara, and Kobe.

(2) 名詞の前にくる形容詞を区切るとき
　She is an intelligent, hardworking, and talented woman.

(3) **and, but, or** などの等位接続詞の前
I'm a bit better today, but I still feel weak.

(4) **if, when** などを使った副詞節の後
If you give me your e-mail address, I will send you the pictures.

(5) 挿入句や挿入節の前後
Our high school, founded in April 1996, is located in the center of the town.

(6) 同格名詞の前
Ms. Green, our English teacher, speaks good Japanese.

(7) 非制限用法の関係代名詞の前
John has three sons, who all became musicians.

5 コロン (colon) [:]

(1) 前で述べたことに解説を加えたりするとき
I have an idea: let's go to the movies tomorrow.

(2) 前で述べたことの具体例を挙げたりするとき
I met some of my friends: Manabu, Ken, and Taro.

(3) 引用符を導入するとき
Hamlet said to himself: "To be or not to be, that is the question."

(4) 時間を示すとき
Let's meet at the station at 3:30.

6 セミコロン (semicolon) [;]

(1) **and** や **but** など，接続詞を用いないで区切るとき
Keiko likes tea; Arisa likes coffee.

(2) 節を **for example, therefore** などでつなぐとき
She worked hard; therefore, she passed the test.

7 ダッシュ (dash) [—]

(1) 前に述べたことを要約したり，補足したりするとき
I know what you mean — I feel the same way, too.

(2) 挿入句を囲むとき
This house — the oldest in town — needs a lot of repair.

8 引用符 (quotation marks) [" "] [' ']

(1) 発言をそのまま引用するとき
Mariko said, "Let's go shopping."

(2) 外国語，専門用語など特に注意させたい語句の前後に
Could you explain what you mean by the 'Bambi syndrome'?
In London, the subway is called 'the tube.'

❾ アポストロフィ (apostrophe) [']

(1) **所有格を示すとき**
Ken's house / my parents' advice / Japan's economy (≒ Japanese economy, the economy of Japan)

(2) **短縮形を示すとき**
I'm [= I am] / don't [= do not] / can't [= cannot] / at 7 o'clock [= of the clock]

(3) **数字やアルファベットの文字の複数形を示すとき**
A's and B's / in the early 1990's〔*単に 1990s のようにすることもある (▶ p. 384, p. 457)。〕

❿ ハイフン (hyphen) [-]

(1) **複合語を形容詞として用いるとき**
Mr. Kato gave us a person-to-person English class.

(2) **ex, self などの接頭辞のあと**
There are many self-service shops in this town.

⓫ イタリック (italic) [*斜字体*]

(1) **語句を強調するため**
Mary *did* come to the party.

(2) **英語に馴染んでいない外国語の単語を用いるとき**
Wangari Maathai, the 2004 Nobel Peace Prize Laureate, popularized the term *mottainai*, meaning 'too good to waste.'

⓬ パラグラフのインデント (indent, indentation)

　パラグラフ（段落）の行頭は，日本語では1字分あけることになっているが，英語ではアルファベットで6～8字分あけることになっている。ただし，ビジネスレターなどでは，このようなインデントを設けるかわりに，パラグラフとパラグラフの間に1行分のあきを取ることもある。

索 引

用語索引（日本語）・・・・・・・・・ **552**

用語索引（英語）・・・・・・・・・・・・ **559**

表現索引（日本語）・・・・・・・・・ **577**

用語索引（日本語）

●あ

安定的状態	62
現在の――	62

●い

意志（助動詞）	109
will, would	106
意志（未来）	68
以前から決定済みの――	69
その場で決めた――	69
一時性	60
一時的な状態	64
1人称	52, 412
1回きりの行為	66
一般動詞	26, **53**
一般の人々を指すone	425
意味上の主語	134
動名詞	174
不定詞	142, 150
分詞	200
意味上の目的語	143
依頼表現	34
依頼・要請（助動詞）	
can	106
will, would	106
いろいろな文型に用いられる動詞	47
イントネーション	28, **30**, 317
選択疑問文	30
付加疑問文	317
Wh-疑問文	29
Yes-No疑問文	28
引用符	291, 296

●え

英語と日本語の語順	16
英語の語順感覚	36
婉曲表現	75

●お

音節	208
温度	458

●か

格	242
関係代名詞	242
代名詞	412
格助詞	41
過去	66
――の意志	107
――の可能性	111
――の後悔	112
――の非難	112
――の習慣的な動作	66, 107, 108, 109
――の状態	66
――の推量	111
――の動作	66
過去完了形	86
過去完了進行形	86
過去形	61, **66**, 78
過去進行形	67
過去のある時点	87
――までの完了・結果	87
――までの経験	87
――までの継続	87
過去分詞	52, 79
可算名詞	372, **374**, 452
a few +――	232
a great [large] number of +――	452
a small number of +――	452
dozens of +――	452
millions of +――	452
(tens of) thousands of +――	452
数えられない名詞	372
数えられる名詞	372
楽器	396
活用	52
一般動詞の――	53
beの――	52
doの――	52
haveの――	52
仮定法	272
願望を表す――	277
丁寧表現に見られる――	282
未来に関する――	278
――過去	272, **274**
――過去完了	273, **277**
――現在	280
――を使った慣用表現	286
可能性（助動詞）	95
can, could	97
関係形容詞	252
関係詞	240, **242**
関係節の中に節が入る場合	260
関係代名詞	240, **242**
――の省略	243, 260
――の省略（目的格以外）	259
句や節を先行詞とする――	251
先行詞を含んだ――	247
前置詞＋――	246
主格（who）	242
所有格（whose）	243
制限用法	249
先行詞	242
二重限定	261
非制限用法	249
目的格（whom）	243
I think などの挿入	260
of which	244
that	245
what	247
which	244
who	242
whom	243
whose	243
関係副詞	241, **252**
――の省略	260
制限用法	252
先行詞を含む用法	254
非制限用法	254
冠詞	20, **390**
――の位置	406
「一組になったもの」につける――	408
感情	
――・心理状態の表現（受動態）	126
――の原因を表す不定詞句	146
――を表す形容詞	146
強い――の表出	75
話し手の――・主観を表すthat節（助動詞）	116
間接疑問	314
間接目的語	**41**, 42, 128
間接話法	291, 296
感嘆符	17, **34**
感嘆文	25, **33**
間投詞	21
勧誘	
Let's ~	31, 109
Shall we ~ ?	108
Why don't we ~ ?	320
Won't you ~ ?	107
慣用化された疑問文	318
完了形	60, **78**, 135
受動態	124
動名詞	177
不定詞	157
分詞構文	198
完了・結果	80
過去完了形	86
現在完了形	80
未来完了形	89
完了不定詞	157
受動態	160
進行形	160

552　日本語索引

数字はページを表す。太字は，2箇所以上あるうち詳しく取り扱われているページを表す。
―― はその部分に見出し語が入ることを表す。

●き

祈願	
仮定法現在	281
助動詞	100
帰結節	274, 276
疑似関係代名詞	262
基数(詞)	455
規則動詞	54
過去・過去分詞形	54
規則変化	208
比較	208
名詞(複数形)	382
既知情報	42
機能語	20
基本文型	36
S＋V(主語＋動詞)	38
S＋V＋C(主語＋動詞＋補語)	39
S＋V＋O(主語＋動詞＋目的語)	40
S＋V＋O＋C(主語＋動詞＋目的語＋補語)	44
S＋V＋O₁＋O₂(主語＋動詞＋目的語₁＋目的語₂)	41
義務(助動詞)	95
must, have to	101
should, ought to	104
疑問形容詞	306, **310**
what＋名詞	311
疑問詞	29, 306
――＋be動詞＋S＋過去分詞	123
――＋do you think＋S＋V	315
――＋to *do*	166
――(What / Who)＋be動詞＋過去分詞	123
疑問節(同格)	369
疑問代名詞	308
what(主格)	308
which(主格)	309
who(主格)	308
whom(目的格)	309
whose(所有格)	310
疑問符	17
疑問副詞	306, **311**
when	311
where	311
why	311
how	312
疑問文	24, 27, **306**
選択――	306
付加――	306
Wh-――	307
Yes-No――	307
語順	307
逆接関係	517
旧情報	42, 360, 390, 525
強調	352, **354**
疑問詞の――	355
繰り返しによる――	357
動詞・名詞の――	356
否定の――	355
強調構文	354
疑問文・否定文	355
許可(助動詞)	95
can, could	98
may, might	98
距離感	61, 274
金額	458
禁止	
強い――(命令文)	32
must not	101
No＋V-ing	327

●く

句	22, **264**
句動詞	130, **537**
句読法	548
群前置詞	510
群動詞→句動詞の項参照	

●け

経験	81
過去完了形	86
現在完了形	81, 88
未来完了形	90
形式主語	411
――のit	**418**, 520
(不定詞句)	140
that節	520
形式目的語	
(動名詞)	173
――をとる動詞	420
継続(完了形)	83
過去完了形	86
現在完了形	83, 91
未来完了形	90
形容詞	20, **440**
――の順序	454
――の用法	441
――＋名詞	33
――＋enough to	164
色を表す――	447
過去分詞から派生した――	449, 450
感情を表す――	146
現在分詞から派生した――	449, 450
限定用法と叙述用法で意味が異なる――	446
限定用法のみの――	444
国籍を表す――	461
国名などから派生した――	460
叙述用法のみの――	445
派生による――	462
人を主語にとらない――	448
不定の数量を表す――	450
限定用法	442, **444**
叙述用法	443, **444**
形容詞句	22, **266**, 442
形容詞節	22, **268**
形容詞的用法	133
不定詞	142
分詞	190
原因・理由	
感情の原因(不定詞句)	146
群前置詞	510
接続詞	525
前置詞(at)	501
前置詞(for)	508
前置詞(from)	504
前置詞(of)	504
前置詞(with)	507
分詞構文	197
原級	206, **208**
原形	52
原形不定詞	138
現在	62, 106
――の安定的状態	62
――の意志	106
――の習慣・習性	107
――の習慣的動作	62
――の推量	106, 107
現在完了形	78, **80**, 91
――と一緒に使えない表現	85
――と過去形	78
――のhave	79
未来のことで使われる――	91
完了・結果	80
経験	81
状態の継続	83
現在完了進行形	84, 91
現在形	52, 60, **62**
現在進行形	60, **63**, 70
婉曲表現	75
比較級＋and＋比較級	226
現在進行中の動作	64
現在分詞	52, 132, 176, 188
限定用法(形容詞)	441, **442**
――と叙述用法	444
――と叙述用法で意味が異なる形容詞	446
――のみの形容詞	444

日本語索引 | 553

●こ

行為の継続性	85
肯定	31
——の命令文	31
肯定文	24, **26**
語形変化	208
固有名詞	381
a [an] +——	388
the +——	398
数字が含まれる場合	458
普通名詞への転用	388

●さ

再帰代名詞	415
最上級	206, **208**, 217
——と定冠詞	238
——の意味を表す原級・比較級	221
——の意味を強調する表現	218
3人称	52, 412

●し

子音字	54
使役(受動態)	130
使役動詞	154
——+O+原形不定詞	154
時間を表すit	417
時刻	457
指示代名詞	421
具体的な人や物を指す——	421
節や文の内容を指す——	422
名詞の繰り返しを避けるために使う——	422
〜する人々(those who 〜)	423
話法転換	296
so	423
soが代名詞的に使われる場合	423
such	424
that	421
the same	424
these	421
this	421
those	421
事実に反する仮定	272
過去の——	273, **276**
現在の——	272, **274**
時制	60
時制の一致	290, **292**
——と仮定法	294
——の原則	292
——の例外	294
実現されなかった意向	88

自動詞	39, **48**
——+ to *do*	161
——から派生した形容詞	450
——と間違えやすい他動詞	48
——の受け身	127
習慣・事柄(時制の一致)	295
現在も行なわれている——	295
習慣性	60
習慣的動作	62
過去の——	66, 107, 109
現在の——	62
習慣的な行為	66
集合名詞	374, **376**
修辞疑問	318
修飾語	19
従属節	**269**, 515
時制の一致	292
従属接続詞	515, **519**
重文	270
主格	242, 308
that (関係代名詞)	244
which (関係代名詞)	244
which (疑問詞)	309
who (関係代名詞)	242
whoとwhat (疑問詞)	308
主格補語	18, **39**
形容詞	443
不定詞	141
主語(S)	17, 36
主節	**269**, 515
時制の一致	292
述語動詞	17
述部	17
受動態	**120**, 136
句動詞の——	130
助動詞を含む——	123
by以外の前置詞をとる——	126
完了形	123
疑問文	122
肯定文	122
助動詞+完了形	125
進行形	123
動名詞	136, 178
否定文	122
不定詞	136, 160
分詞構文	197
Wh-疑問文	123
主部	17
順接関係	516
準動詞	132
準否定	336
状況を表すit	418
条件節	274, 276
条件や時を表す副詞節(時制)	73, 91
if	73

unless	73
小数	456
状態(受動態)	129
状態動詞	**65**, 91
状態の継続	83
過去完了形	86
現在完了形	83, 91
未来完了形	90
譲歩	
接続詞	527
複合関係代名詞	256
複合関係副詞	257
分詞構文	197
省略	353, **364**
関係代名詞の——	243, 259, 260
関係副詞の——	260
慣用表現における——	366
日常表現における——	367
副詞節の〈主語+be動詞〉——	365
不定詞の——	366
並行的な構文の——	364
叙述用法(形容詞)	441, 443
叙述用法のみの形容詞	445
序数(詞)	455
助動詞	20, 28, **94**
——+ be +過去分詞	125
——+ have been +過去分詞	125
——+ have +過去分詞	111
——+ S + be +過去分詞	125
——の過去形(丁寧表現)	282
——の過去形+動詞の原形	276, 277
——の過去形+ have +過去分詞	276
——を使った慣用表現	117
所有格	243
名詞	385
of which	245
whose (関係代名詞)	243
whose (疑問詞)	310
所有代名詞	415
進行形	60
新情報	42, 360, 390, 525
真理・事実	63, 295
現在も変わらない——	295

●す

推量(助動詞)	95
確信度の高い——	103
過去の——	111
現在の——	106, 107
近い将来に起こりそうな——	69
can, could	96

項目	ページ
may, might	99
must	103
should, ought to	104
will	106
数詞	455
――＋複数名詞	459
――＋名詞＝形容詞	459
――＋times as＋原級＋as	213
数字・数式の表し方・読み方	456
数量	216, 233, 456
――の差の表し方	216
――表現	458
下限	233
上限	233

●せ

項目	ページ
制限用法（関係代名詞）	249
節	22, 264
――，nor＋――	518
接続詞	20, 514
結果を表す――	526
従属――	519
条件や時を表す――	73
条件を表す――（if, unless）	527
譲歩を表す――	527
等位――	514, 516
時を表す――	521
文と文の論理関係を表す――	480
目的を表す――	526
that（話法）	296
接頭辞	543
接尾辞	544
選択疑問文	24, 30, 306
前置詞	20, 484
――＋再帰代名詞	416
――句の働き	485
――の目的語	484
時を表す――	496
場所・方向を表す――	486
全面否定	327
部分否定と――	327

●そ

項目	ページ
総称のthe	394
挿入	353, 362
句の――	363
語の――	362
節の――	364

●た

項目	ページ
態	120
大過去	87

項目	ページ
代不定詞	168
代名詞	17, 20, 410
再帰――	415, 438
指示――	421
所有――	415
数量を表す――	436
人称――	412
不定――	425
他動詞	40, 48
――から派生した形容詞	449
――と間違えやすい自動詞	49
単位	397
短縮形	27
単純未来	68
単数	52
単複同形（名詞）	377, 383
単文	270

●ち

項目	ページ
地位・役職を表す名詞（無冠詞）	404
知覚動詞	153
――＋O＋動詞の原形	154
注意すべき複数形	382
抽象名詞	380
前置詞＋――	380
a [an]＋――	387
of＋――	380
with [without]＋――	381
普通名詞への転用	387
直説法	272
直接目的語	41, 128
直接話法	291, 296
――から間接話法へ	296

●て

項目	ページ
提案	
仮定法現在	280
――＋・勧誘（助動詞）	108
定冠詞	390
最上級と――	238
――を伴う慣用句	397
――を伴う固有名詞	398
慣用的な用法	395
基本的な用法	392
種類全体を指す場合	394
定形動詞（finite verb）	156
程度	
――の差の表し方	215
――を表す副詞	336
丁寧表現	
依頼するときの――	34
仮定法	282
不定詞	118

項目	ページ
未来進行形	71
would like to do	118
天候を表すit	417
伝達動詞	297, 298, 301
電話番号	457

●と

項目	ページ
等位節	269
等位接続詞	514, 516
――を含む表現	529
同一の人[物]の中での比較	238
同格	353, 367
疑問節	369
不定詞句	144
名詞（句）	368
that節	368, 532
whether節	533
同格節	532
前置詞の目的語としての――	532
名詞の内容を説明する――	532
動作（受動態）	129
動作主	121
動作動詞	65, 92
動詞（V）	20, 36, 38
――＋前置詞	537
――＋副詞（自動詞）	538
――＋副詞（他動詞）	539
――＋副詞＋前置詞	540
――＋名詞＋前置詞（他動詞）	541
――＋名詞₁＋前置詞＋名詞₂（他動詞）	542
――＋and＋動詞	516
――の活用	52
往来・発着を表す――	70
動詞の原形	
――＋ed，または不規則変化形	188
――＋ing	132, 170, 188
to＋――	132
同族目的語	51
倒置	352, 358
慣用的な――	361
目的語・補語の――	360
仮定法	284
場所・方向を表す副詞	359
否定の副詞（句）	358
動名詞	52, 132, 170
――と現在分詞	176
――と不定詞	170, 182
――を目的語とする他動詞	182
目的語として使われる――	182
意味上の主語	174
完了形	177

日本語索引　555

受動態	178
否定形	175
動名詞の働き	170
主語	172
前置詞の目的語	173
補語	172
目的語	173
時	60
――を表す接続詞	521
――を表す前置詞	496
――を表す副詞(句)	468
――を表す副詞節	73, 91
――を表す分詞構文	196
時の表し方	60
独立不定詞	167
独立分詞構文	200

● な

内容語	20

● に

2人称	52, 412
人称	27, **52**
人称代名詞	412
――の格	412
主格	412
所有格	412
目的格	412
話法転換	296

● ね

年号・年代	457

● の

能動態	120
能力(助動詞)	95
can, could	96

● は

倍数表現	213, 457
場所	
――を表す前置詞	486
――を表す副詞	467
派生による形容詞	462
話し手の感情・主観を表すthat節	
(助動詞)	116
判断の根拠を表す不定詞	
番地	458
反復動作	64
過去の――	66
現在の――	64

● ひ

被害	
受動態	130
分詞	194
比較	206
同等――	211
toを使う――	228
比較級	206, **208**
――+and+比較級	226
――+than	214
――の否定	215
絶対――	229
非制限用法	249
関係代名詞	249
関係副詞	255
日付	457
否定	32, **322**
――短縮形	27
――に準ずる表現	336
――の意味の強調	326
――の意味を持つ代名詞	323
――の推量(cannot)	97, 103
――の副詞(句)(倒置)	358
――の命令文	32
――表現	323, 338
――を含む節を代用するnot	330
全面――	327
動詞・助動詞の――	324
部分――	327
二重――	328
否定疑問	315
否定形	134
現在完了の――	325
否定語	324, 329, 331
――の位置	329
――を含まない慣用表現	334
――を含む慣用表現	331
否定文	24, **26**
一組になったものにつける冠詞	408
描出話法(中間話法)	304
品詞	20

● ふ

付加疑問	316
命令文の――	317
付加疑問文	24, 306
不可算名詞	232, 372, **374**, 452
a great deal of+――	452
a large amount of+――	346, **452**
a little+――	232
a small amount of+――	452
不規則動詞	56

過去・過去分詞形	56
不規則変化	210
比較	210
名詞	382
複合関係詞	255
複合関係代名詞	255
「譲歩」の副詞節を導く――	256
名詞節を導く――	255
whatever	**255**
whichever	**255**, 269
whoever	**255**, 269
複合関係副詞	257
「譲歩」の副詞節を導く――	258
「場所」「時」を表す副詞節を導く
用法	257
however	257
whenever	168, 257
wherever	257, 269
副詞	20, **466**
――の意味と形	481
句・節を修飾する――	472
形容詞と同じ形の――	481
形容詞・副詞を修飾する――	471
妥当性に対する話者の判断を表
す――	474
程度を表す――	469
動詞を修飾する――	466
時を表す――	468
場所を表す――	467
頻度を表す――	468
文全体を修飾する――	473
名詞や代名詞を修飾する――	479
様態を表す――	465
話者の態度表明を表す――	474
形容詞+lyの形	481
副詞句	22, **267**
否定の――(倒置)	358
仮定表現	285
副詞節	22, **269**
――を導く従属接続詞	521
副詞的用法	133
不定詞	144
分詞	189
複数	52
複数形(名詞)	381
複文	270
付帯状況	
前置詞句	507
分詞	202
分詞構文	196
普通名詞	375, 403
――への転用	386
呼びかけに使う――	404
呼びかけに使わない――	404

固有名詞化		404
物質名詞	374, **378**,	403
a great deal of +——		
	378,	452
a large quantity of +——		378
a little +——		378
a lot of +——		378
普通名詞への転用		386
不定冠詞		399
——を伴う慣用句		401
「種類全体」を表す——		400
初出の単数可算名詞につく——		
		399
単位を表す——		401
「ひとつの」を表す——		400
不定詞	132,	**138**
——を目的語とする他動詞		183
感情の原因を表す——		146
形容詞を修飾し意味を限定する——		146
結果を表す——		145
直前の名詞の内容を説明する——		144
判断の根拠を表す——		146
目的を表す——		144
意味上の主語		142
意味上の目的語		143
完了形		157
形式目的語		142
形容詞的用法	139,	**142**
主格補語		141
主語		140
受動態		157
進行形		157
同格		144
否定形		152
副詞的用法	139,	**144**
補語		140
名詞的用法	138,	**140**
目的語		141
不定代名詞	**425**,	437
不定の数量を表す形容詞		450
部分否定		327
——と全面否定		327
文		17
分詞	133,	**188**
——+名詞		190
with + O +——		202
意味上の主語		200
形容詞的用法	188,	**190**
限定用法		190
叙述用法		192
副詞的用法	189,	195
分詞句		191
名詞+——		191
分詞形容詞	191,	**449**

自動詞から派生した——		450
他動詞から派生した——		449
分詞構文	189,	**195**
接続詞+——		199
慣用的な——		201
懸垂		201
完了形		198
原因・理由		197
受動態		197
譲歩・条件		197
同時		196
否定形		198
付帯状況		196
連続		196
分数		457
文の要素		17

●へ

ページ，行		458
平叙文	24,	**26**

●ほ

母音字		54
法助動詞		94
補語(C)	**18**,	39
倒置		360

●み

未知情報		42
未来	67,	89
意志——		68
単純——		68
未来完了形		89
未来完了進行形		89
未来進行形		70
未来のある時点		89
——までの完了・結果		90
——までの経験		90
——までの継続		90
未来を表す		67
——現在形		70
——現在進行形		70

●む

無冠詞		403
——となる名詞		403
——の慣用句		406
固有名詞		403
食事・スポーツ・ゲームを表す名詞		404
建物や場所の「目的・機能」に焦点がある		405

地位・役職を表す名詞		404
抽象名詞		403
普通名詞の複数形		403
物質名詞		403
無声音		54
無生物主語	341,	**345**
——+他動詞+目的語		341
——の他動詞構文	341,	**345**

●め

名詞	20, 372,	**374**
——の所有格		385
——の性		388
——+前置詞+疑問節		369
——+不定詞	144,	369
——+ enough		454
可算——		372
数えられない——		372
数えられる——		372
固有		381
集合	374,	**376**
職業・職位を表す——		404
食事・スポーツ・ゲームを表す——		404
建物や場所の「目的・機能」に焦点がある場合の——		405
地位・役職を表す——		404
抽象——		380
不可算——		372
普通——		372
物質——	374,	**378**
呼びかけるときの——		404
enough +——		454
規則変化		382
主格		386
不規則変化		382
複数形		381
分類		372
目的格		386
名詞句	22,	**265**
名詞(句)(同格)		367
名詞構文		340
名詞節	22,	**267**
——を導く従属接続詞		519
名詞的用法		132
名詞の所有格		385
——の表す意味		386
命令文	25,	**31**
——, and ...		531
——, or ...		531
肯定の——		31
否定の——		32
目の前で瞬時に終わる動作		74

日本語索引 | 557

●も

申し出（助動詞） 108
目的格
　　──以外の関係代名詞の省略 259
　　──の関係代名詞の省略 245, 260
　　──補語 19, **36**, 443
　　　人称代名詞の── 412
　　　名詞の── 386
　　which（関係代名詞） 244
　　whom（関係代名詞） 243
　　who [whom], what, which 309
目的語（O） 18, **36**, 40
　　倒置 360

●ゆ

有声音 54

●よ

要求・提案の that 節 115, 280
　「提案」等を表す動詞の後 115, 280
　「必要」等を表す形容詞の後 115, 281
様態 466, 471, 508
　　──を表す副詞 465, 467
予測 69
　　その時点での状況判断に基づいた── 69
　　話者の意見に基づいた── 69
呼びかけ 404
　　──に使う普通名詞 404
　　──に使わない普通名詞 404

●ら

ラテン語由来の略語・用語 546

●る

類別詞 379

●れ

歴史上の事実 295
歴史的現在 74

●わ

話題の継続性 121
話法 290, **291**
話法転換 292
　　感嘆文の場合の── 302
　　疑問詞のある疑問文の── 299
　　疑問詞のない疑問文の── 300
　　重文・複文の── 303
　　種類の異なる2文の── 304
　　命令文の── 301
　　Wh- 疑問文の── 299
　　Yes-No 疑問文の── 300

to *do* は to 不定詞（to ＋動詞の原形）を表す。
do は動詞の原形を表す。

用語索引（英語）

● A

項目	ページ
a [an]	399
──＋固有名詞	388
──＋抽象名詞	386
普通名詞	400
a bag of	379
a bar of	379
a bit	216
a bit of	379
a book for	508
a bottle of	379
a bouquet of flowers	385
a box of	385
a bunch of	385
a business	387
a cake of	379
a can of	378
a carton of	378, 385
a cup of	379
a few	453
──＋可算名詞	232, **453**
a few more ＋複数形名詞	216
a few of	436
a gallon of	379
a glass of	379
a grain of	379
a great deal	470
a great deal of ＋不可算名詞	378, 452
a great [large] number of ＋可算名詞	452
a house with	507
a kilogram of	379
a kind [sort] of	402
a kindness	387
a large amount of ＋不可算名詞	346, **452**
a large number of ＋可算名詞	452
a large quantity of ＋不可算名詞	378
a lecture on	503
a little	216
──＋不可算名詞	232, **453**
a little more ＋単数形名詞	216
a little of	436
a loaf [two loaves] of	379
a lot of	378, **451**
a lump of	379
a man of	504
a member of	504
a [one] quarter	213
a pair of	383
a piece of	377, 379, 380
a pinch of	379
a shame	387
a sheet of	379
a slice of	379
a small amount of ＋不可算名詞	452
a small number of ＋可算名詞	452
a spoonful of	379
a tablespoon of butter	379
A is no less ～ than B is (...).	232
A is no more ～ than B is (...).	231
A is one thing (and) B (is) another (thing).	428
A is to B what C is to D.	249
A of B	385
A ～比較級＋ than any other B ...	221
A ～比較級＋ than anyone [anybody] else	222
A ～比較級＋ than anything else	222
A, or B	518
A's	385
able	446
about	211, **488**
about whom	246
above	490
above all	363
above one's understanding	335
abroad	467
absence from	350
absent	447
absent oneself from	416
absolutely	470, 475
according to	510
accordingly	480
account for	131, 538
accurately	466
acoustics	384
across	495
acting	450
actor / actress	388
add	297
add up to	540
admit	
（動名詞の完了形）	177
（動名詞を目的語とする他動詞）	183
（話法転換）	297
advanced	450
advantage	368
advice	380
advise	
（仮定法現在をとる動詞）	280
（要求・提案・命令を表す that 節）	115
（話法転換）	297, 301
(SVO ＋ to *do*)	148
aeronautics	384
afraid	445
after	
（接続詞）	522
（前置詞）	499
after all	363, 481
afterwards	468
against	509
ago	85, 297, **476**
agree	115
（不定詞を目的語とする他動詞）	183
（要求・提案・命令を表す that 節）	115
（話法転換）	297
agree on	130
agree with	49, 537
agreement	230, 329, 334
aim	141, **183**
air	378
air / airs	384
alike	445
alive	445
all	432
all ＋名詞	432
all ＋ the [代名詞の所有格 / these / those] ＋名詞	432
all ... have to do is (to)	102
all of a sudden	401
all of the	407
all of ＋（代）名詞	432
all the same	425
all the ＋比較級	
（慣用句）	432
（程度の増大）	227
all the ＋名詞	406, 432
all things considered	200
allow	149
──＋ O_1 ＋ O_2	347
allow [permit] ＋人＋ to *do*	347
almost	211, 470
alone	445, 480
along	495
already	81, **477**
although	527
altogether	470
always	63, 75, 468
am [are, is] V-ing	63
amazed	449
amazing	449
among	489
amount	213

英語索引 | 559

amuse oneself (by～ing) 416	
amusing	449
analysis / analyses	383
and	516, 528
～and～(強調)	357
anger	380
angry	209
announce	297
another	428
──＋単数名詞	428
answer	297
anxiety for [about]～	350
anxious	445
any	431
any other＋単数名詞	222
anybody	437
anyone	437
anything	437
anything but	334
anywhere	437, 467
apart	445
apart [aside] from	512
apologize	49, 165, 274, 421
appear	
(状態動詞)	65
(seemとの使い分け)	159
(S＋V＋C)	39, 192
appoint	44
appointment	386
appreciate	283
apprehension	368
approach	48
argue	297
arm / arms	384
around	488
(an) article of	377
as	
──＋形容詞＋a [an]＋名詞	407
──＋形容詞＋a [an]＋名詞＋as	211
──＋原級＋a [an]＋名詞＋as ever	223
──＋原級＋as	207, 211
──＋原級＋as any (other)	223
──＋原級＋as ever	223
──＋原級＋as possible	224
──＋原級(A)＋as＋原級(B)	238
(疑似関係代名詞)	262
(接続詞)	525, 534
as a result	481
as a rule	402
as early as	225
as far as	225, 535

as [to] for	512
as good as	225
as if [though]	286
as is often the case with	262, 364
as is one's custom	262
as is usual with	262
as it is	364
as it were	364
as long as	225, 535
as many [much]	225
as many as	233
──＋数詞	225
as many [much]＋名詞＋as	212
as many [much] as＋数詞	225
as of	512
as often as	225
as soon as	73, 523
as soon as possible	224
as to	369
as was expected	262
ashamed	445
ask	
(仮定法現在をとる動詞)	280
(不定詞を目的語とする他動詞)	183
(要求・提案・命令を表すthat節)	115
(話法転換)	297, 301, 304
(SVO＋to do)	148
(S＋V＋O₂＋前置詞＋O₁)	43
ask a favor of	43
ask for	537
asleep	445
assumption	368
assure	297
astonish	348
astonishing	449
astonishingly	474
at	486, 496, 501
at a distance	402
at a glance	402
at a loss	401, 501
at a time	402
at best	235
at ease	501
at (the) earliest	235
at (the) latest	235
at (the) least	235, 501
at (the) longest	235
at (the) most	235, 501
at one's best	236
at one's worst	236
at table	501
at the expense of	397
at the very least	235

at work	501
at worst	235
athletics	384
attend	49
audience	376
avail oneself of	416
avoid	182
aware	445
awfully	470
● B	
baby / babies	382
back	500
bad	210
badly	210, 470
baggage	375
bear	57
barely	336, 470
be (助動詞)	94
be (動詞)	
──＋過去分詞	122, 126, 136
──＋形容詞＋to do	147
──＋自動詞の過去分詞	81
──＋分詞	192
──＋補語	150
──＋being＋過去分詞	124
──＋not＋過去分詞	122
──＋to do	76, 162, 279
──V-ing	63, 124
(活用)	52
(状態動詞)	65
(否定文)	27
(S＋V＋C)	39
be able to	96
be about to do	76
be absorbed in	127
be [get] accustomed [used] to V-ing	179
be afraid (that)	330, 423
be amazed at	127
be anxious about [for]	445
be anxious to do	147, 445
be bored with	127
be busy V-ing	203
be capable of	443
be caught in	127
be certain of	185, 446
be certain to do	147, 185, 443
be covered with	127, 245, 374
be crowded with	127
be delighted with [at / by]	126
be dependent on	443
be different from	443
be disappointed with	127, 419
be dressed in	502
be due to	76

be eager to	147
be excited about	127
be familiar to	443
be familiar with	443
be filled with	127
be free to	147
be frightened at	127
be from	504
be given to	128
be going to	68
be good at	501
be grateful for	443
be ignorant of[about / on / that 節 / wh 節]	443, **445**
be in good spirits	502
be independent of[from]	443, 505
be injured in	127
be interested in	127
be keen to	147
be known for	508
be known to	126
be likely to	76
be made from	127, **504**
be made of	504
be made with	504
be married to	126
be moved to tears	508
be on the point of V-ing	76
be on the verge of V-ing	76
be opposed to V-ing	179
be packed with	127
be peculiar to	443
be pleased with	127
be ready to	147
be said to *do*	131, 159
be satisfied with	126
be shocked at	127
be similar to	443
be supposed to	105
be sure	516
be sure[certain] of V-ing	185
be sure[certain] to *do*	185
be surprised at	126, 501
be tired from	503, 504
be tired of	505
be to *do*	76, 162
be to＋have＋過去分詞	163
be unable to	96
be[get] used to V-ing	179
be willing to	147
be worried about	127
be worth V-ing	181
be yet to	163
beat	57
because	312, 525
because of	248, 510
become	**39**, 47, 57
become friends with	384
before	
（期間を表す使い方）	476
（現在完了形と共に使用）	86
（接続詞）	522
（前置詞）	499
（時を表す副詞）	468
（話法）	297
beg	115, 280, 301
begin	56, 184
behave oneself	416
behind	490
being＋過去分詞	
（動名詞の受動態）	178
（分詞構文の受動態）	197
belief	368
believe	
（疑問文に挿入された場合）	315
（形式目的語をとる動詞）	420
（受動態）	131
（状態動詞）	65
（否定）	330
（so を代名詞的に使う動詞）	423
（SVO＋to *do*）	149
believe in	538
belong to	49, 65
below	490
beside oneself	416
besides	481
best	**210**, 218
best possible	357
better	210
between	489
beyond description	335
binoculars	384
blame～for V-ing …	180
bless	281
boast	297
boots	384
bored	209, 449
boring	449
both	433
――A and B	529
――of the～	407
――the＋名詞	406
box / boxes	382
brave	151
bread	378
break	56, 65
break down	538
break into	131
break out	538
bright / brightly	482
bring	43, 56, **348**
bring about	539
bring up	539
build	56
burn	57
business	387
but	
（疑似関係代名詞）	263
（接続詞）	517
but for	
（仮定法）	286
（群前置詞）	512
but that	532
butter	378
buy	41, 56, 128
buy ... for	508
buzz / buzzes	382
by	487, 498, 506
――＋数量	216
――＋単位・程度	506
――以外の前置詞をとる受動態	127
by accident	406, 537
by chance	406
by far	**218**, 357
by hand	406
by means of	510
by no means	328
by oneself	416
by the time	90
by the way	363
by the＋単位を表す名詞	**397**, 506
by way of	512
by word of	405
By whom～？	123

● C

call	44, 129
call at	537
call for	131, 538
call off	539
call on	538
call＋O＋C	129
can	96
（依頼）	98
（可能性・推量）	97
（許可）	98
（助動詞の種類と機能）	94
（能力・可能）	96
Can I～？	98
Can you～？	96, 106
cannot	97, 103
cannot but＋動詞の原形	331
cannot～enough	331
cannot help V-ing	331
cannot～too＋形容詞[副詞]	331

cannot [couldn't] have ＋過去分詞	112	come about	538	convincing	449
can't ... without～	329	come across	537	cook	42, 128
capable	447	come and see	516	cost	
captain	404	come down with	540	（活用）	57
care about	537	come from	504	（状態動詞）	65
care for	538	come near to V-ing	179	（文型）	41, 43
careless	151	come off	538	（無生物主語の他動詞構文）	349
carp	378, 383	come to	161	costly	481
carry on	539	come to an end	402	could	96
carry out	539	come to terms with	384	（依頼）	98
cash in on	540	comfortable	146	（可能性・推量）	97
catch	56	comfortably	466	（許可）	98
catch sight of	541	command		（助動詞の種類と機能）	94
catch up with	541	（間接話法でthat節を伴って使われる伝達動詞）	302	（能力・可能）	96
cattle	376	（伝達動詞＋人＋to doで使われる動詞）	301	could [might] have ＋過去分詞	113
cause	149	（要求・提案・命令を表すthat節）	115	Could I～?	99
――＋O＋to do	155, 345	comment	297, 368	Could you～?	34, 98, **282**
certain	446	committee	376	countable noun（可算名詞）	372
certainly	474	common	209	crew	376
chairman / chairperson	388	compasses	384	crisis / crises	383
chance	368	compel	149, 345	criterion / criteria	383
change seats	384	complain	274, 297	criticize～for V-ing ...	180
change trains	384	Complement (C)	20	crowd	376
charming	449	complete	182	crowded	449
cheap / cheaply	482	completely	469	cry	302
chicken / a chicken	375	compound verb（複合動詞）	538	cure A of B	505
child	388	concept	368	curriculum / curricula	383
child / children	383	concerning	369, 512	custom / customs	384
choose		conclude	297	cut	57
（活用）	56	conclusion	368		
（不定詞を目的語とする他動詞）	141	condition	368	● D	
（S＋V＋O₂＋前置詞＋O₁）	42	confidence	380	daily	444, 482
city / cities	382	confused	449	damage	380
claim	297	consequently	480	dangerous	147
class	376	consider		dare	114
classifier（類別詞）	379	（形式目的語をとる動詞）	420	dated	450
clause（節）	22	（動名詞を目的語とする他動詞）	182	datum / data	383
clean / cleanly	482	（SVO＋to do）	150	day	375
clear / clearly	482	considering	201, 512	day after day	406
clear A of B	505	considering that	201	day and night	406
clearly	466, 474, 482	consist of	65	day by day	406
clever	209	constantly	75, 469	day in (and) day out	406
clippers	384	contain	65	deal with	131, 537
close / closely	482	content	445	death	380
cloth / clothes	384	content words（内容語）	20	decide	
clothing	377	contented	449	（不定詞を目的語とする他動詞）	141, 183
club	376, 377	contents	384	（要求・提案・命令を表すthat節）	115
color / the colors	384	continually	75, 469	decide on	131
come		continue	184	decision	368
――＋分詞	192	continuously	469	declare	109, 280, 297
（活用）	57	convenient	147, 448	decreasing	450
（動詞₁＋and＋動詞₂）	516	convince A of B	506	decree	115
（goとの使い分け）	72			deer	378, 383
（there構文）	46				

definitely		474
delay		182
delighted		146
delivery / deliveries		382
demand		
（仮定法現在をとる動詞）		280
（間接話法でthatを伴う伝達動詞）		302
（同格のthat節を導く名詞）		368
（要求・提案・命令を表すthat節）		115
demonstrative pronoun		
（指示代名詞）		421
deny	177,	183
dependence on		350
dependent clause（従属節）		269
deprive A of B		505
desirable	116,	281
desire		
（仮定法現在をとる動詞）		280
（同格のthat節を導く名詞）		368
（SVO + to *do*）	148,	**183**
despite		511
determine		183
development		387
devote oneself to	416,	541
die		50
die from		505
die of		505
differ		65
difficult		146
digital		444
direct	115,	280
direct / directly		482
disappoint		348
disappointed		449
discuss		48
dislike	65,	184
dispose of		131
do		
（活用）		53
（強調）		356
（助動詞の種類と機能）		94
do away with		541
do not have anything to do with		165
do nothing but		332
do without		537
Do you mind～?	34,	318
doctor	388,	404
don't have to		101
don't need to		102
Don't＋動詞の原形		32
double＋the＋名詞		406
doubt		368
down		467

downstairs		467
dozens of	452,	458
draw		56
drink		56
dream	50, 57,	183
dress oneself		416
drive		56
driver		404
drunken		444
due	446,	511
due to	76,	511
due to the fact that		525
during		497
during the course of		512
dynamo / dynamos		382

●E

each		433
──＋人を表す名詞		434
each of＋代名詞		433
each other		430
each time		524
early	468,	482
easily		466
easy		147
eat		56
economics		384
editor(s)-in-chief		383
education		380
effectively		466
either	**434**,	529
either A or B		529
either of＋（代）名詞		434
either of＋複数名詞		435
elder	210,	444
eldest	149,	210
elect	44,	129
electronics		384
embarrassing		449
enable		149
──＋O＋to *do*		345
encourage		149
enjoy		182
enjoy oneself		415
enough	454,	471
enough to *do*		164
enter		49
entirely		470
envy		65
epoch / epochs		382
equip～with ...		542
escape		182
essential	116,	281
ethics		384
even		215
even if		527

even though		527
eventually		468
ever	82,	218
every		434
──＋単数可算名詞		434
──＋人を表す名詞		434
every now and then		434
every other		430
every ten minutes		434
every time		524
every two weeks		434
everybody		437
every～imaginable		357
everyone		437
everything		437
everywhere	437,	467
evidence		368
evidently		474
exactly		211
except that		532
excite		348
excited		449
exciting		449
exclaim		302
exist	46,	65
existing		450
expect		
（過去完了形）		88
（仮定法現在をとる動詞）		280
（不定詞を目的語とする他動詞）		183
（否定語の位置）		330
（soを代名詞的に使う動詞）		423
expectation		368
experience		380
explain	**49**,	297
extremely		470

●F

face to face		406
fail		183
fail to *do*		335
failed		450
failure to *do*		350
fall		56
fall asleep		346
falling		171
family		376
far	**210**, 215,	482
far from		334
farther		210
farthest		210
fast	466,	482
favor		380
fear	65,	330

英語索引 | 563

feel		
──＋分詞		192
──＋O＋分詞		193
（活用）		56
（現在完了進行形）		91
（自動詞＋to *do*）		161
（状態動詞）		65
（知覚動詞）		154
（S＋V＋C）		39
（SVO＋to *do*）		150
feel like V-ing		178
feeling		368
few	317,	336
──＋可算名詞		453
fight	50,	56
figure out		539
finally		474
find		
──＋O＋分詞		193
（活用）	56,	58
（形式目的語をとる動詞）		420
（文型）	42, 44,	47
（無生物主語の他動詞構文）		349
（SVO＋to *do*）		150
（SVO$_2$＋for＋O$_1$）		128
find fault with	130,	541
finish		182
finite verb（定形動詞）		156
fireman / firefighter		388
(the) first time		524
fish	377, 378,	383
fisherman / fisher		388
fly		56
folk		376
foolish		151
foot / feet		383
for		
（接続詞）		519
（前置詞）	84, 491,	498
for ... to *do*		151
for a time		402
for a while		402
for all		512
for ever		485
for example	363,	481
for fear (that)		535
for free		485
for instance	363,	481
for long		485
for oneself		416
for sure		485
for the most part		237
for the past [last] ... week(s) [month(s) / year(s)]		86
for the purpose of		512
for the sake of		512

forbid	149,	301
force	149,	345
force / forces		384
force＋O＋to *do*		345
forever		485
forget		
（活用）		56
（動名詞の完了形）		177
（動名詞・不定詞を目的語とする他動詞）		185
forgive		182
former		444
(the) former～, the latter ...		430
fortunately		473
found		58
frankly	466,	474
frankly speaking		201
free from		334
frequently		469
friend		388
friendly		481
frighten		348
from	491, 497,	504
from above the clouds		485
from abroad		485
from among our friends		485
from behind the tree		485
from here		485
from now		485
from time to time		406
from top to bottom		406
from top to toe		406
from under the table		485
from whom		247
frozen		449
fruit		377
fully		470
fun		380
function words（機能語）		20
furnish～with ...		542
furniture		376
further		210
furthermore		481
furthest		210
● G		
gender		388
generally speaking	201,	267
genetics		384
gerund（動名詞）		170
get		
──＋過去分詞		129
──＋現在分詞		193
──＋O＋過去分詞	130,	194
──＋O＋現在分詞		194

──＋O＋to *do*		155
（活用）		56
（S＋V＋C文型）		39
（S＋V＋O＋C文型）		44
（S＋V＋O＋to *do*）		149
（S＋V＋O$_2$＋for＋O$_1$）	42,	128
get acquainted with		129
get along with		540
get dressed		129
get injured		129
get lost		129
get married to		129
get over		538
get to *do*		161
give		
（活用）		56
（動作動詞の過去形）		66
（S＋V＋O$_2$＋前置詞＋O$_1$）		42
give a call		343
give～a push		343
give a shout		343
give a smile		343
give credit to		541
give it a try		343
give rise to		541
give some thought to		541
give up	182,	538
give way to		541
given that		536
glad	146,	445
glass / glasses		382
gloves		384
go		
──＋現在分詞		192
（活用）		56
（動作動詞の過去形）		66
（動詞$_1$＋and＋動詞$_2$）		516
（comeとの使い分け）		72
go for it		537
go on		538
go out		539
go shopping with		507
go to college		405
goggles		384
golden		444
good	210,	384
good luck		380
good / goods		384
goose / geese		383
gotta		102
government		376
grab		66
graduate from		50
gram		375
granted that		536

greatly	469
groceries	384
grow	39, 56
grown	450
grown-up / grown-ups	383
grumble	297

●H

had been V-ing	86
had best do	237
had better	109
（時制の一致）	293
（忠告・強い勧告）	110
had better not	110
had it not been for	286
had ＋ not [never] ＋ been ＋ 過去分詞	124
had to	101, 294
had ＋ 過去分詞	86
Had S better～?	110
half of the～	407
half ＋ the ＋ 名詞	406
hand	42, 408
hand in hand	406
hang	57
hang in	538
happen	46
happen to	161
happily	473
happiness	380
hard	466, 482
hardly	
（準否定）	336
（程度を表す副詞）	336, 469
（倒置）	358
（付加疑問）	317
（hardとの意味の違い）	482
hardly [scarcely] ever	337, 469
hardly [scarcely] ～ any ...	337
hardly ～ when [before] ...	337, 524
hate	65, 148, 184
have	79
――＋過去分詞	78, **80**
――＋ not [never] ＋ been ＋ 過去分詞	124
――＋ O ＋ 過去分詞	130, **194**
――＋ O ＋ 現在分詞	194
（活用）	53
（使役動詞）	154
（状態動詞）	65
（助動詞の種類と機能）	94
have a chat	342
have a cold	402
have a good sleep	343
have a hard time V-ing	203

have a headache	402
have a look	343
have a lot to do with	165
have a rest	343
have a talent for	402
have a talk (with)	343
have a try	343
have been to	82
have difficulty V-ing	203
have fun V-ing	203
have gone to	82
have got to *do*	102
have no other choice but to	333
have not been ＋ 過去分詞	122
have nothing to do with	165
have only to *do*	165
have something [anything / nothing] to do with	165
have to	101
have trouble V-ing	203
have [be] yet to	334
have been V-ing	84
having been ＋ 過去分詞	197
having never ＋ 過去分詞	178
having ＋ 過去分詞	135, **177**, 198
he	412
hear	
（活用）	56
（状態動詞）	65, **72**
（知覚動詞）	154
――＋ O ＋分詞	193
hear from	538
hear of	506, 537
heavy	213
height	213
help oneself to	416
help ＋ O ＋ (to)	155
hence	480
her	412
here	297, 467, **479**
――＋主語＋動詞	479
here is [are] ＋ 主語	479
Here ＋ V ＋ S ～.	74
hero / heroine	388
hers	415
herself	412
hidden	449
hide	56
high	213, 482
highly	470, 482
him	412
himself	412
hinder ＋ O ＋ from V-ing	346
his	412
hit	57, 66, 100

hold	56
home	467
homely	481
homework	380
honestly	466, 473
honesty	380
hope	
（状態動詞）	65
（同格のthat節を導く名詞）	368
（否定語の位置）	329
（不定詞を目的語とする他動詞）	141, 183
（soを代名詞的に使う動詞）	423
（wish / want との使い方の違い）	288
hour	375
house / houses	382
housewife / househusband / homemaker	388
how	
（関係副詞）	254
（感嘆文）	33
（疑問副詞）	311
How about ～?	320
How about V-ing?	178
How can you be so ～?	313
How come ～?	318
How dare ～?	114
How far ～?	313
How large ～?	313
How long ～?	313
How many ～?	313
How much ～?	313
How often ～?	313
How old ～?	313
How tall ～?	313
How ＋ 形容詞 ～?	313
How ＋ 形容詞 [副詞] ＋ S ＋ V	33
How ＋ 副詞 ～?	313
how to *do*	166
however	
（挿入）	362
（複合関係副詞）	257
（副詞）	480
hundreds of	458
hurry up	516
hurt	57
hurt oneself	416
husband / wife	388

●I

I	412
I am wondering if	75
I dare say [daresay]	115
I don't think	329
I should say	116

英語索引　**565**

I think		364	in charge of		512	indoor	445
I think so.		423	in conclusion		481	inferior to	228
I was wondering if	34, 283		in consequence		481	infinitive（不定詞）	138, 156
I wish ＋ S ＋仮定法過去		277	in contrast		480	inform A of B	347
I wish ＋ S ＋仮定法過去完了	277		in fact		363	information	368, **380**
I wonder if	34, 283		in favor of		512	-ing形	58
idea	141, 368		in front of		490	inner	444
if			in general		363	insist	
（仮定法）		274	in good health		502	（仮定法現在をとる動詞）	280
（条件を表す接続詞）		527	in ink		502	（間接話法でthatを伴う伝達詞）	302
（条件を表す副詞節）		91	in itself		416		
（名詞節を導く従属接続詞）		520	in love		502	（要求・提案・命令を表すthat節）	115
（if節に代わる表現）		285	in one's ＋基数の複数形		459		
（ifの省略）		284	in order not to		152	（話法転換）	297
if ever		366	in order that ～ can ...		526	insistence on	350
if it had not been for		286	in order to		145	instead of	510
if it were not for		286	in other words		481	instruct	301
if necessary		366	in particular		363	instruction	368
if not		365	in place of		512	intelligence	380
if ... not ～		527	in poverty		502	intend	
if only		287	in [with] regard to		512	（過去完了形）	88
if possible		366	in short	363, 485		（要求・提案・命令を表すthat節）	115
if so		365	in sorrow		302		
if you don't mind		364	in spite of		510	interested	449
If ＋ S ＋ should		278	in spite of oneself		416	interesting	449
If ＋ S ＋ were to		279	in terms of		512	interestingly	474
ignorance of ～		350	in that		532	into	493
ill		210	in the 1990s		85	introduce oneself	416
I'm afraid		364	in the afternoon		397	invite	149
I'm sure		364	in the course of		512	iron / an iron	375
imagine			in the dark		397	ironically	474
（疑問文に挿入された場合）		314	in the distance		397	it	417
（動名詞を目的語とする他動詞）			in the evening		397	it is ＋形容詞＋不定詞句	420
		182	in the face of		512	it is ＋形容詞＋that節	420
（否定語の位置）		330	in (the) future	141, 405		it is no use V-ing	181, 419
implication		368	in the long run	363, 397, 481		it goes without saying that ～	
important	116, 281		in the meantime		480		181
impossible	147, 448		in the morning		397	it seems	364
impression		368	in the presence of		512	It costs ＋費用＋ to do	419
in			in the rain		397	It doesn't matter ～.	419
（最上級に続く前置詞）		218	in the shade		397	It is certain that ...	185
（場所・方向を表す前置詞）		486	in the sun		397	It is important that ...	281
（時を表す前置詞）	496, 498		in the way		397	It is known that ～.	131
（その他の用法）		502	in the world		355	It is necessary that ...	281
in 1999		85	in themselves		416	It is not long before ～.	332
in a hurry		402	in those days	86, 468		It is ... of ＋人＋ to do	151
in a position to *do*		402	in time (for)		496	It is often said that ～.	131
in a sense		402	in trouble		502	It is said that ～.	131, 159
in a way		402	in V-ing		181	It is ～ that ...	354
in a word		402	in which		246	It makes no difference ～.	419
in addition		481	inch by inch		406	It takes ＋時間＋ to do	419
in addition to		510	including		512	It ... that ～.	158
in anger		302	increasing		450	It's about time ＋仮定法過去	288
in brief		485	indefinite pronoun（不定代名詞）			It's (high) time ＋仮定法過去	288
in case		534			425	its	412
in cash		502	indirect question（間接疑問）314			itself	412, 416

566　英語索引

●J

Japanese	383
(a) jewel	377
jewelry	377
job	380
judging from	201
jump with	507
junior to	228
juror	376, 377
jury	376, 377
just	
（句・節を修飾する副詞）	472
（現在完了形）	81
（程度を表す副詞）	211, 470
（justlyとの意味の違い）	482
just now	81
justly	482

●K

keep	
――＋現在分詞	192
――＋O＋C	44, 45, 129
――＋O＋from V-ing	346
――＋O＋分詞	193
（活用）	56
（S＋V＋C）	39
keep up with	540
keep V-ing	203
kick	65
kill oneself	416
kill time V-ing	203
kind	151
kind of	470
kindly	466
kindness	380, 387
know	
（活用）	53, 56
（自動詞＋to *do*）	161
（受動態）	131
（状態動詞）	65, 92
（SVO＋to *do*）	150
know better than to *do*	230
knowledge	368

●L

lady / ladies	382
large	213
largely	470
last	210, 482
last but not least	238
last night [week / year]	86, 297
last week	468
(the) last～but one	237
(the) last～to ...	334
(the) last＋関係節	335
late	
（限定・叙述用法）	447
（時を表す副詞）	468
（比較の語形変化）	210
（latelyとの意味の違い）	482
lately	86, 468, 482
latest	210
later	210, 476
期間＋――	477
latter	210, 444
laugh	51
laugh at	123, 131
lay	50, 58
lead	56, 348
leading	450
least	210
(the) least＋原級	220
learn	57, 141, 183
learned	450
leave	42, 44, 56
lend	
（活用）	56
（S＋V＋O₁＋O₂）	41
（S＋V＋O₂＋前置詞＋O₁）	42
length	213
less (of) A than B	230
less and less＋原級	226
less than	217
less＋原級＋than	217
lest S should	116, **535**
let	57, 154
Let's～	31, 109, 317
letter / letters	384
lie	50, 58, 65
lie＋過去分詞	130
light	57
like	
（自動詞＋to *do*）	161
（状態動詞）	65
（動名詞・不定詞を目的語にとる動詞）	183
（比較級）	209
（SVO＋to *do*）	148
likelihood	368
likely	446, 474
linguistics	384
listen to	72, 154
little	
――＋不可算名詞	453
（形容詞・副詞を修飾する副詞）	471
（準否定）	336
（倒置）	358
（比較の語形変化）	210
（付加疑問）	317
（物質名詞）	378

live	
（現在完了進行形）	91
（限定用法のみの形容詞）	445
（状態動詞）	65
（同族目的語をとる動詞）	50
（there構文）	46
lively	481
living	445, 450
lone	444
lonely	445, 481
long	213, 482
look	
――＋分詞	192
（状態動詞）	65
（S＋V＋C）	39
look after	130, 537
look at	154
look down on [upon]	130, 541
look for	199, 537
look forward to	**180**, 247, 541
look into	131, 537
look like＋名詞	40
look up	538
look up to	130, 541
lose	56
lose sight of	541
lots of	451
loud / loudly	482
love	
（自動詞＋to *do*）	161
（状態動詞）	65
（抽象名詞）	380
（動名詞・不定詞を目的語にとる動詞）	184
（SVO＋to *do*）	148
lovely	481
low	482
luckily	474
lucky	116
luggage	377

●M

(a) machine	377
machinery	377
main	444
main clause（主節）	269
make	
――＋O＋原形不定詞	345
（活用）	56
（形式目的語をとる動詞）	420
（使役動詞）	154
（S＋V＋O＋C）	44, 129
（S＋V＋O₂＋for＋O₁）	42, 128
make a call	343
make a choice [selection]	343

英語索引　567

make a decision	343	
make a fool of	541	
make a joke	343	
make a mistake	343	
make a point of V-ing	180	
make a promise	343	
make a speech	343	
make allowance for	541	
make friends with	384, 420	
make fun of	541	
make heads or tails of	541	
make it a rule to *do*	142, 180, 421	
make much of	541	
make oneself at home	416	
make oneself understood	416, 194	
make out	539	
make progress	343	
make the best of	236	
make the most of	236, 397	
make up for	540	
make use of	541	
man	383, 388	
man servant / men servants	383	
manage	183	
manage to *do*	97	
manly	481	
manner / manners	384	
many		
（数量を表す）	436, 451	
（倍数を表す表現）	213	
（比較の語形変化）	210	
many more＋複数形名詞	216	
many＋of＋theなど＋名詞	436	
marry	48	
mathematics	384	
may	98	
（祈願）	100	
（許可）	98	
（助動詞の種類と機能）	94	
（推量）	99	
may not	98	
maybe	474	
may [might] as well	117	
may [might] as well～as ...	118	
may [might] have＋過去分詞	111	
may [might] well	117	
May I～?	99	
May＋S＋動詞の原形	100	
me	412	
mean		
（活用）	56	

（不定詞を目的語とする他動詞）	183	
means	383	
meanwhile	480	
mechanics	384	
medium / media	383	
meet	56, 142	
(a) member of the club	377	
man / men	383	
mention	48	
mere	444	
message	42, 368, 385	
meter	375	
might	98	
（許可）	98	
（助動詞の種類と機能）	94	
（推量）	99	
might [may] have＋過去分詞	111	
millions of	452, 458	
mind	182	
mine	412, 415	
minute	375	
misleading	449	
miss	182	
modal auxiliary（法助動詞）	94	
Modifier (M)（修飾語）	20	
(the) moment ...	524	
month	375	
monthly	482	
more		
――＋原級＋than＋原級	230, 238	
――＋of＋theなど＋名詞	436	
（形容詞・副詞を修飾する副詞）	471	
（数量を表す）	436	
（代名詞）	436	
（比較級）	209, 210	
more (of) A than B	230	
more and more＋原級	226	
more or less	229	
more than (is) necessary	263	
more than (is) needed	263	
more than (is) welcome	263	
moreover	481	
most	209, 210, 436	
most of all	237	
most＋of＋theなど＋名詞	436	
mostly	469, 482	
mouse / mice	383	
much		
（形容詞・副詞を修飾する副詞）	471	
（最上級を強調する表現）	218	
（数量を表す代名詞）	436	

（注意すべき用法）	475	
（程度の差を表す表現）	215	
（倍数を表す表現）	213	
（比較の語形変化）	210	
（物質名詞）	378	
（不定の数量を表す形容詞）	451	
much less	229	
much more＋単数形名詞	216	
much＋of＋theなど＋名詞	436	
must	101	
（義務）	101	
（助動詞の種類と機能）	94	
（推量）	103	
（話法転換）	294	
(have to との使い分け)	102	
must have＋過去分詞	111	
must not	103	
my	412	
myself	415	
●N		
name	44, 129	
natural	116, 448	
naturally	474	
near	487	
near / nearly	482	
nearly	211, 470, 482	
necessary	115, 281	
need	114	
（状態動詞）	92	
（動詞，助動詞の用法）	114	
（動名詞を目的語にとる場合）	178	
need not	101, **114**	
need not have＋過去分詞	113	
needless to say	167	
negative question（否定疑問）	315	
neighboring	444	
neither	361, **435**	
――＋（助）動詞＋主語	436	
neither A nor B	530	
neither of＋複数名詞	435	
never		
（完了形）	82	
（全面否定）	328	
（否定語の用法）	325	
（否定の副詞）	358	
（否定の命令文）	32	
（頻度を表す副詞）	63, 469	
never fail to *do*	335	
never having＋過去分詞	178	
never to	145	
never ... without～	328	
nevertheless	480	
news	380	

next		
（最上級を伴う場合）		220
（倒置）		359
next month		468
(the) next time		525
next week		297
nice		151
no		
――＋形容詞＋名詞		326
――＋比較級＋名詞＋than		219
――＋比較級＋than		231
――＋固有名詞		326
――＋名詞		326, 427
（全面否定）		328
（倒置）		359
（否定語の用法）		325
（量の表現）		378
no～at all		326
no better than		231
no doubt		363
no later than		231
no less than		232
no less～than ...		231
no longer than		231
no longer		333
no matter＋疑問詞		257
no more～than ...		231
no more than		232
no one		437
no problem		326, 338
no sooner～than ...		333
no～whatever		355
no～whatsoever		355
no＋比較級＋名詞＋than		219
No (other) B～比較級＋than A.		221
No (other) B～as [so]＋原級＋as A.		221
No way!		338
nobody		437
Nobody [No one] (else)～比較級＋than A.		222
Nobody [No one] (else)～as [so]＋原級＋as A.		222
none		328, 427
none of		327, 427
none the less for [because]		228
none the＋比較級＋for [because]		228
nonetheless		480
nor		361, **518**
not		324
――＋比較級＋than		215
not (in) the least		237, 328
not a bit		356
not a few		453
not a little		453
not a (single)		332
not all		327
not altogether		328
not always		327
not any（＋名詞）		328, 427
not any more ... than～		231
not as＋原級＋as		212
not at all		186, 338
not～at all		326, 355
not～any longer		333
not～any more than ...		231
not bad		338
not both		328
not by any means		328
not completely		328
not entirely		328
not every		328
not having＋過去分詞		178, 199
not impossible		329
not less than		233
not more than		233
not necessarily		328
not only A but (also) B		359, 530
not quite		328
not really		328, 338
not so much A as B		224
not so much as＋*do*		224
not so＋原級＋as		212
not (in) the least		236, 328
not the least bit		356
not to mention		167
not to say		167
not to speak of		167
not to *do*		152
not too ... to～		164
not unusual		329
not ... until～		**332**, 523
not A but B		531
not A or B		518
nothing		437
nothing but		199, 332
nothing ever		356
nothing like		332
nothing less than		437
nothing more than		437
Nothing much.		338
Nothing～as [so]＋原級＋as A.		222
Nothing～比較級＋than A.		222
notice		154
now		297, 468
now that ...		524
Now is when～.		254
nowadays		468
nowhere		437, 467
number		213
nurse		388

●O

Object (O)（目的語）		20
object to V-ing		180
objection to		350
oblige＋O＋to *do*		346
observe		297
obviously		474
occasionally		469
odd		116
oddly		474
of		218, 504
――＋所有代名詞		415
――＋抽象名詞		266, 380, 505
(～) of a kind		402
of importance		380
of oneself		416
of one's own V-ing		181
of use		380
of value		380
of which		245
代名詞＋――		251
of whom		247
代名詞＋――		251
offer		183
officer		404
often		63, 67, 82, 479
old		210
older		210
oldest		210
on		486, 496, 503
on (the) one hand ... on (the) other hand～		430
on account of		512
on an average		402
on behalf of		512
on business		503
on December 13th		86
on duty		503
on earth		355
on foot		503
on Monday		468
on purpose		503
on sale		503
on television		503
on the contrary		363, 397, 480
on the decrease		397
on the increase		397
on the one hand		397
on the other hand		363, 397, 480
on the part of		512

英語索引　569

on the point of V-ing	181	(If notを1語で表す)	365	plead	115
on the radio	503	ought to	104	pleasant	209
on the spot	397	（義務・当然）	105	please	
on the way	397	（時制の一致）	293	（無生物主語）	348
on the whole	363, 397	（推量）	105	（話法）	301
on the [one's] way to	397	our	412	pleased	146, 445
on time	497	ours	412	plenty of	451
on V-ing	181	ourselves	415	pliers	384
on which	247	out of	493	poem	377
once（接続詞）	523	out of the question	397	poetry	377
once（副詞）	82, 469	outer	444	point out	297
once in a while	401	over	489, 509	police	376
one（代名詞）	425	──＋数字	509	police officer	376, 377, 388
one after another	428	over a cup of tea	509	policeman	388, 404
one another	428	overcome	57	polite	151, 209
one of the＋最上級＋複数名詞	219	owing to	512	politely	466, 481
		own	65	possess	65
one of the＋複数名詞	505	ox / oxen	383	possessive pronoun（所有代名詞）	415
ones	425			possibility	368
one-third	213	● P		possible	420, 442, 448
oneとit	426	paint	44	possibly	474
once a month	63	pants	384	postpone	182
only		paper	375, 386	potato /ˈpotatoes	382
（意味を限定する形容詞）	444	parent	388	power	380
（限定用法）	444	participle（分詞）	188, 195	practice	182
（程度を表す副詞）	470	pass	42	praise～for ...	180, 542
（名詞（句）の前に現れる副詞）	480	passer-by / passers-by	383	pray	115
		patiently	467	prefer	
only a few＋可算名詞	453	pay	42, 54, 56	（動名詞・不定詞を目的語にとる動詞）	184
only a little＋不可算名詞	453	pay attention to	**130**, 541	（要求・提案・命令を表すthat節）	115
only have to do	165	peace	380	（SVO＋to do）	148
only to do	145	peculiar to	445	prefer A to B	228, 426
onto	493	pencil	388	present	441, 446
opinion	368	people	376, 377	present oneself	416
opposite	490	perhaps	474	present～with ...	542
or	30, 517	periodically	469	presumably	474
or else	480, 531	permit	149	pretend	183
or something	437	person	388	pretty	471, 482
order		personal pronoun（人称代名詞）	412	prevent＋O＋from V-ing	346
（仮定法現在をとる動詞）	280	persuade	149	pride	380
（間接話法でthatを伴う伝達動詞）	302	phenomenon / phenomena	383	pride oneself on	416
（伝達動詞＋人＋to doで使われる動詞）	301	photo / photos	382	primary	456
（目的を表す接続詞）	526	phrasal verb（句動詞）	538	prince / princess	388
（要求・提案・命令を表すthat節）	115	phrase（句）	20, **22**	priority over	510
（SVO＋to do）	148	physician	404	probability	368
other	428	physics	162, 250, 384	probably	474
other things being equal	200, 430	piano	382, 397	prohibit＋O＋from V-ing	346
others	429	pity	116, 387, 419	promise	
otherwise		plan		（不定詞を目的語にとる他動詞）	141, 183
（仮定法）	285	（同格のthat節を導く名詞）	368	（文の主語が不定詞の主語になる）	150
（文と文の論理関係を表す副詞）	480	（不定詞を目的語とする他動詞）	141, 183	（話法転換）	297
		play	66		
		play down	539		
		play the＋楽器	396		

proof	368
proper	281
proposal	141, 368
propose	
（仮定法現在をとる動詞）	280
（間接話法でthatを伴う伝達動詞）	302
（動名詞・不定詞を目的語にとる動詞）	183
（要求・提案・命令を表すthat節）	115
protect ... from～	542
prove to	161
provide～with ...	542
provided (that)	536
providing (that)	536
public	376
punish～for V-ing	180
pupil	377
put	57
put away	539
put off	**182**, 539
put on	539
put up with	541

● Q

quick / quickly	482
quite	470, 471, 480
quite a few	453
quite a little	453

● R

rain	92
raise	50, 58
rarely	
（倒置）	359
（頻度を表す副詞）	337, 469
（付加疑問）	317
rather	470
reach	48
read	57, 127
real	209
really	470
reason	252, 253
recently	86, 468
recollect	177
recommend	
（仮定法現在をとる動詞）	280
（要求・提案・命令を表すthat節）	115
（SVO + to *do*)	148
record	368
refer to	131, 538
refined	449
reflexive pronoun（再帰代名詞）	415
refuse	183
regardless of	512
regret	177, 184
regrettable	116
regularly	469
rejection	386
relieve A of B	505
rely on	538
remain	39, 46
——＋過去分詞	192
——＋to *do*	335
remaining	450
remark	297
remember	
（状態動詞）	65
（動名詞の完了形）	177
（動名詞・不定詞を目的語とする他動詞）	184
remind A of B	**347**, 506
repeatedly	469
reply	297
report	
（受動態）	131
（同格のthat節を導く名詞）	368
（話法転換）	297
request	
（仮定法現在をとる動詞）	280
（間接話法でthatを伴う伝達動詞）	302
（要求・提案・命令を表すthat節）	115
require	
（仮定法現在をとる動詞）	280
（動名詞を目的語にとる場合）	178
（SVO + to *do*)	148
resemble	48, 65
respect	65, 380
responsible	446
retired	450
rhetorical question（修辞疑問）	318
right	116, 151, 209
rise	50, 58
river	388
rob A of B	504, 542
room	380, 387
rude	151
ruling	450
run	47, 57
run away	539
run out of	541
run over	538
runner-up / runner-ups	383

● S

sad	116, 146
sadly	474
safe	147
salmon	378, 383
satisfy	348
save	43, 349
say	56
（受動態）	131
（丁寧表現）	108
（伝達動詞の使い分け）	298
（無生物主語の他動詞構文）	347
（soを代名詞的に使う動詞）	423
say to A	301
scarcely	
（準否定）	336
（程度を表す副詞）	470
（倒置）	359
（付加疑問）	317
scarcely～when [before] ...	336, 524
scissors	383
scores of	458
search / searches	382
search for	538
seat oneself	416
secondary	456
secretary	388
see	
——＋O＋分詞	193
（活用）	56
（受動態）	131
（状態動詞）	65, **72**
（知覚動詞）	153
（動作動詞の過去形）	66
see [hear] that	154
see～off	539
seem	
——＋分詞	192
（状態動詞）	65
（不定詞の完了形）	157
（appearとの使い分け）	159
（S + V + C）	39
seldom	317, **337**, 469
sell	56, 127
send	41, 56, 128
sand / sands	384
senior to	228
sentence（文）	17
set	57
set off on	541
set out	539
shake	56
shake hands	196, 384
shall	108
（助動詞の種類と機能）	94

英語索引 | 571

（提案・勧誘）	109
（申し出）	108
~, shall we?（付加疑問）	31, 109, 316
Shall I~?	108
Shall we~?	108
shame	387
sharp / sharply	482
she	412
sheep	378, 383
shine	56
shock	348
shoes	384
shoot	56
short	482
shortly	472, 482
should	104, 115
（義務・当然）	104
（時制の一致）	293
（助動詞の種類と機能）	94
（推量）	105
（未来に関する仮定法）	279
（要求・提案・命令を表すthat節）	115
should [ought to] have＋過去分詞	112
Should S~ ...	116
show	56, 92, 128, 347
shut	57
side by side	406
sigh	302
sign with	507
silence	387
similar to	443
simple	209
simply	473
since	
（時制）	84
（接続詞）	522
（前置詞）	497
Since when ... ?	85
sing	
（活用）	56
（同族目的語をとる動詞）	50
（S＋V＋O$_2$＋前置詞＋O$_1$）	42
sit	
（活用）	56
——＋分詞	192
sit in for	541
sit up	539
size	213
sky	388
sleep	56, 92
slightly	216, 470
slow / slowly	481, 482
smell	39, 57, 65
——＋O＋分詞	193
smell like＋名詞	40
sneakers	384
so	
——＋形容詞[副詞]＋that	164, 526
——＋形容詞＋a[an]＋名詞	407
——＋形容詞＋a[an]＋名詞＋that	164, 526
（指示代名詞）	423
（接続詞）	519
（副詞を修飾する副詞）	471
so as not to	145, 153
so as to	145
so ... as to do	165
so far	86
so that	526
so ... that~	164, 526
so ... that~not	164
so to speak	167, 363
So＋助動詞[be動詞]＋主語 ...	361, 424
socks	384
solo / solos	382
some	430
——＋名詞（句）	430
some more＋単数形・複数形名詞	216
some of＋名詞（句）	430
some~or other	429
some other	429
some~others ...	364, 429
some-, any-, no-, every- のつく不定代名詞	437
somebody	437
someone	437
something	437
something like	437
something of	437
something wrong with	442, 507
sometimes	63, 469
somewhat	470
somewhere	437, 467
son / daughter	388
son-in-law / sons-in-law	383
soon	468, 472
sooner or later	230
sorry	146
sound	39
sound like＋名詞	40
soup	378
speak	56, 298
speak in a language	502
speak to	130, 183
speak well of	131
speaking of	201
species	383
spell	57
spend	56
——＋O＋V-ing	203
spill	57, 419
spoken	444
spokesman / spokesperson	388
staff	374, 376, 377
staff member	377
stand	56
stand for	538
stand out	538
stand＋分詞	192
start	183
statistics	**384**
stay up	355, 539
steadily	466
steal	56
step by step	406
steward / stewardess / flight attendant	388
still	
（形容詞と同じ形の副詞）	482
（注意すべき用法）	477
（程度の差を表す副詞）	215
（文と文の論理関係を表す副詞）	480
still less	229
strong / strongly	482
student	377
stomach / stomachs	382
stone	388
stop	
——＋O＋from V-ing	346
——＋to do	185
——＋V-ing	185
story	368
strange	116
strange to say	167
strangely	474
strictly speaking	201
study	92
stupid	151
Subject (S)（主語）	20
succeed in	97
such	424
such a[an]＋（形容詞）＋名詞	407
such＋(a[an]＋)形容詞＋名詞＋that	526
such ... as~	262
such that~	526
suffice	282
suggest	
（仮定法現在をとる動詞）	280

（間接話法でthatを伴う伝達動詞） 302
（丁寧表現） 34, 108
（動名詞を目的語とする他動詞） 182
（要求・提案・命令を表すthat節） 115
（話法転換） 297
suggest to~that ...（間接話法で提案・勧誘を表す） 302
suggestion 368
suit 40, 57
superior to 228
supply~to [for] ... 542
suppose 330
（soを目的語に取る動詞） 423
suppose (that) 536
supposing (that) 536
sure 445
surely 474
surgeon 404
surprise 348
surprised 146, 449
surprising 116, 449
surprisingly 474
S + V + C 39
（C = 不定詞） 141
（C = 形容詞） 443
（C = 分詞） 192
（S + V + O との違い） 42
S + V + O 40
――+ *do* 153
――+ to *do* 147, 345
（間接疑問） 315
（受動態） 120
（O = 不定詞） 141
（S + V + O + O との違い） 42
S + V + O + C 44
（受動態） 120, 129
（C = 形容詞） 443
（O = 動名詞） 173
（O = 不定詞） 142
（O = 形式目的語） 420
（V = 使役動詞、C = 過去分詞） 194
（V = 知覚動詞、C = 現在分詞） 193
S + V + O₁ + O₂ 41
（間接疑問） 315
（受動態） 120, 128
（S + V + O₂ + 前置詞 + O₁） 42
（tellの用法） 298
So + V + S 424
swim 57
switch off 539
switch on 539

● T

table 388
tag question（付加疑問） 316
take
（活用） 57
（形式目的語をとる動詞） 420
（無生物主語の他動詞構文） 348
take a bath 342
take a look 340
take a rest 342
take a walk 342
take advantage of 541
take after 538
take an interest 343
take away 539
take care of 130, 415, 541
take into consideration 201
take it for granted that 420
take off 539
take part in 541
take turns 384
talk 298
talk about 538
talk to oneself 416
taste 40, 65
taste like + 名詞 40
teach 42, 56, 128
team 376
tear 57
tell
（活用） 56
（伝達動詞の使い分け） 298
（伝達動詞 + 人 + to *do* で使われる動詞） 301
（無生物主語の他動詞構文） 347
（話法転換） 297
（soを代名詞的に使う動詞） 423
（SVO + to *do*） 148
（SVO₂ + to + O₁） 128
（S + V + O₂ + 前置詞 + O₁） 42
tell A to *do* 301
tell not to *do* 301
tense（時制） 60
tertiary 456
than 207, 214, 263
thanks to 510
thank~for ... 542
that
（関係代名詞） 244, **245**
（指示代名詞） 421
（接続詞） 519
（同格節） 532
（話法） 297
that day 297
that done 200
that night 297

that of（比較の対象） 215
That is where~. 254
That is why~. 254
that節
（仮定法現在） 280
（同格） **368**, 532
（要求・提案・命令を表す） 115
the 392
――+ 形容詞 395
――+ 国籍を表す形容詞 461
――+ 最上級 217
――+ 最上級 + 名詞 234
――+ 序数詞 + 最上級 219
――+ 身体部位を表す語 396, 408
――+ 単数固有名詞 398
――+ 比較級~, the + 比較級 226
――+ 比較級 + of the two 225
――+ 副詞の最上級 218
――+ 複数固有名詞 399
――+ very + (名詞) 356
the 1970s 384
the ABCs 384
the day before [the previous day] 297
the first time 524
the former~the latter ... 430
the heck 355
the instant 524
the last time 524
the length of 213
the minute 524
the moment 524
the name of 504
the next day [the following day] 297
the next week [the following week] 297
the night before [the previous night] 297
the one~the other ... 430
the one [ones] 426
the other 429
the other day 430
the others 429
the same 246, 262, 424
the same~as ... **262**, 425
the same~that ... 425
the size of 213
the three R's 384
the very + 名詞 356
the very best (+名詞) 219
the weight of 213
theirs 415
them 412

themselves	415	to *do*	132, 138	turn up	539
then	86, 297, 468	to be blunt	167	twice	213, 469
there	297, 467, **479**	to be brief	167	●U	
there being	200	to be frank with you	167	unable	445
there is no V-ing	178	to be honest	167	uncountable noun（不可算名詞）	
there is～＋名詞….	203	to be sure	167, 363		372
there＋主語＋動詞	479	to be＋過去分詞	136, 160	under	489, 509
there＋be動詞＋主語	45, 479	to be＋現在分詞	160	under construction	509
There＋V＋S	74	to begin [start] with	167	understand	56, 65, 150
therefore	362, 480	to have been＋過去分詞	160	undoubtedly	474
these	297, **421**	to have been＋現在分詞	160	unfortunately	474
these days	468	to have＋過去分詞	135, **157**	unless	73, 527
the [this / that / one's]＋very ＋名詞	356	to make matters worse	167	unlucky	116
		to not＋動詞	153	until	
they	412, 413	to oneself	416	（接続詞）	522
they say that	131	to one's astonishment	508	（前置詞）	498
think		to one's disappointment	508	until after dark	485
（過去完了形）	88	to one's dismay	508	until recently	485
（活用）	56	to one's joy	508	up	467
（疑問文に挿入された場合）	314	to one's regret	508	up to now	86
（形式目的語をとる動詞）	420	to one's shock	508	upper	229, 444
（現在完了進行形）	91	to one's sorrow	508	upstairs	467
（受動態）	131	to one's surprise	508	urge	302
（状態動詞）	65	to one's＋感情を表す名詞	508	us	412
（丁寧表現）	108	to say nothing of	167	used to	109
（否定語の位置）	329	to say the least (of it)	167, 237	（過去の習慣的な動作や状態）	
（so を代名詞的に使う動詞）	423	to tell the truth	167		109
（SVO＋C）	44	to the best of my knowledge		（時制の一致）	293
（SVO＋*do*）	149		237, 353, 492	（would との違い）	110
think of	64, 506, 538	to the contrary	397	usually	63, 469
this	297, **421**	to the point	397	utterly	470
this said	200	to whom	251	●V	
this week [month / year]	86	today	86, 297, 468	value	380
This is the way	254	tomato / tomatoes	382	verb cluster（群動詞）	538
(tens of) thousands of＋可算名詞		tomorrow	297, 468	verb group（群動詞）	538
	452	tonight	297, 468	Verb (V)（動詞）	20
those	297, **421**	too	471	very	444, 471, **475**
those people who	423	too … to～	163, 335	very few＋可算名詞	453
those who	423	tooth / teeth	383	very little＋不可算名詞	453
though	527	too＋形容詞＋a [an]＋名詞	407	very much	476
thought	368	total	444	virtually	470
thousands of	458	totally	470, 475	vital	281
(tens of) thousands of＋可算名詞		touch on	131	vote for	508
	452	toward	491	●W	
three times	82, 213	travel	66	wait	49, 92
through	495	trouble	380	wait on	538
throw	41, 57	trousers	384	waiter / waitress / waitperson	
throw away	539	trout	378, 383		388
thus	481	truth	380	walk	46, 65
till		try	184	want	
（接続詞）	522	tuna	378	——＋O＋分詞	193
（前置詞）	498	turn	39, 47	——＋O＋*do*	147
time（時）	60	turn down	539	（過去完了形）	88
tired	449	turn off	539		
to（前置詞）	492, 508	turn on	539		
to を使う比較の表現	228	turn out to	161		

（状態動詞）	65, 91	
（動名詞を目的語にとる場合）		178
（不定詞を目的語とする他動詞）		141, 183
（hope / wish との使い方の違い）		288
warn	297, 301	
warning		368
was[were] going to		69
was[were] V-ing		67
watch	72, 154	
water		378
water / waters		384
we	412, 413	
wealth		380
wear		57
weather permitting		200
week		375
weekly		444
weight		213
well		
（形容詞と同じ形の副詞）		482
（叙述用法のみの形容詞）		445
（比較の語形変化）		210
（様態を表す副詞）		466
were it not for		286
were to		279
western		444
what		
（関係代名詞）		247
（感嘆文）		33
（疑問形容詞）		310
（疑問代名詞）		308
what by A and (what by) B		249
what do you think + S + V		315
what is more		248
what is worse		248
what it used to be		248
what to *do*		166
what we call		248
what with A and (what with) B		248
what you are		248
What (a [an]) + 形容詞 + 名詞 + S + V		33
What about ~ ?		320
What about V-ing ?		179
What be 動詞 + 過去分詞 ~ ?		123
What do you say to V-ing ?		179, 320
What do you think of[about] ~ ?		320
What ~ for ?		318
What if ~ ?		320
What is [are] ~ like ?		318

What is the matter with ~ ?		318
What kind of ~ ?		310
What month ~ ?		311
What time ~ ?	86, 311	
What will [has] become of ~ ?		318
What year ~ ?		311
What's wrong with ~ ?		318
whatever	255, 355	
whatsoever		355
when		
（関係副詞）		253
（疑問副詞）		311
（現在完了形と一緒に使えない表現）		86
（時を表す副詞節を導く接続詞）		73, **521**
when it comes to V-ing		180
when to *do*		166
whenever	257, **524**	
where		
（関係副詞）		252
（疑問副詞）		311
where to *do*		166
wherever	**257**, 269	
whether		
（名詞節を導く従属接続詞）		520
（話法）		300
whether ~ (or not)		533
whether A or B		533
whether to *do*		166
whether 節		533
which		
（関係代名詞）		244
（疑問形容詞）		310
（疑問代名詞）		308
（選択疑問文）		30
which I think		260
which to *do*		166
whichever	255, 256, 269	
while		521
who		
（関係代名詞）		242
（疑問代名詞）		308
who + be 動詞 + 過去分詞 ~ ?		123
who + be 動詞 + S + 過去分詞 + by ~ ?		123
whoever	**255**, 269	
who(m) to *do*		166
whom		
（関係代名詞）		242
（疑問代名詞）		309
whose		310
（関係代名詞）		242
（疑問形容詞）		310

（疑問代名詞）		310
why		
（関係副詞）		253
（疑問副詞）		311
Why don't you [we] ~ ?		318
Why not ~ ?		320
Wh- 疑問文	**29**, 299, 307	
wide		213
width		213
will	68, 106	
（依頼・要請）		106
（現在の意志）		106
（現在の習慣・習性）		107
（現在の推量）		106
（助動詞の種類と機能）		94
（未来を表す）		68
will be V-ing		70
will have been V-ing		90
will have to		101
will have + 過去分詞	89, 106	
~, will you ? （付加疑問）	31, 317	
Will you ~ ?		106
win		56
wind		58
wish		
（願望を表す仮定法）		277
（状態動詞）		65
（不定詞を目的語とする他動詞）		183
（hope / want との使い方の違い）		288
wish / wishes		382
with		507
――＋抽象名詞		381
――＋O＋分詞		202
with a view to V-ing	180, 512	
with all		512
with care		381
with delight		302
with ease	381, 507	
with her hair blowing		507
with joy		302
with regard to		512
with regret		302
with whom		247
within		498
without	328, 381	
――＋抽象名詞		381
without （仮定）	285, 286	
without doubt		381
without patience		381
without so much as V-ing		224
woman	383, 388	
womanly		481
woman / women		383

英語索引 | 575

woman writer / women writers	383	（used toとの違い）	110
~, won't you？（付加疑問）	317	would like to *do*	34, 118
Won't you~？	107	would like~to *do*	118
wooden	444	would rather~(than) ...	118
word（語）	20	would sooner~(than ...)	118
work	92, 380	Would it be all right if~？	34
work / a work	375	Would you~？	34, 108, **282**
work for	508	Would you like to *do*？	30
worse	210	Would you mind if~？	282
worst	**210**, 219	Would you mind V-ing？	34, 107, 186
would	106	wouldn't	107
（過去の意志）	107	wound	58
（過去の習慣的な動作）	107	write	57
（助動詞の種類と機能）	94	written	444
（丁寧な依頼）	108	wrong	151, 209

● Y

yearly	482
yen	383
Yes-No疑問文	**28**, 300, 307
yesterday	86, 297
yet	81, 334, 477
you	412, 413
young and old	406
your	412
yours	412, 415
yourself	412, 415
yourselves	412
youth	380

表現索引（日本語）

●あ

相変わらず	as＋原級＋as ever	223
（AとBとの）間に	between A and B	489
（〜の）間［過程］に	during the course of〜	512
（不快な状況などに）あう		
	be caught in〜	127
赤字になる	get into the red	447
あきらめない	hang in	538
あきらめる	give up	538
（〜に）飽きる	be tired of〜	505
（〜と）握手する	shake hands (with〜)	196, 384
明けても暮れても	day in (and) day out	406
朝に	in the morning	397
（〜のような）味がする		
	taste like〜	40
足首をくじく	sprain one's ankle	135, 158
頭の先から足のつま先まで		
	from top to toe	406
（〜を）扱う	deal with〜	537
あまり〜ない	not really; not very	328
あやうく〜しそうになる		
	come near to V-ing	179
（〜に）謝る	apologize to〜	165, 274, 421
（〜の）あら探しをする		
	find fault with〜	130, 541
あらゆることを考慮すると		
	taking everything into consideration	201
現れる	present oneself	416
	turn up	539
ありうる	can	96
（〜は）ありうるのか	Can〜？	97
（…のことで〜に）ありがたく思う		
	thank〜for …	387, 542
（〜で）ありますように		
	May〜	100
（〜が）ある	there＋be動詞＋主語	45, 479
歩いて1時間の距離	one hour's walk	386
歩いて5分以内	within five minutes' walk	386
ある意味では	in a sense	402
ある程度は	more or less	229
ある点で	in a way	402
（〜で）あればよいのに		
	I wish〜	277
（〜で）あろうとなかろうと		
	whether〜or not	533
暗記する	learn by heart	143
案の定	sure enough	474

●い

いい加減にしてくれ	Give me a break!	343
（Aに〜と）言う	say to A〜	301
（独り言を）言う	talk to oneself	416
（Oに〜するように）言う		
	tell O to do	148, 298, 301
言うなれば	so to speak	167, 363
（〜は）言うに及ばず	to say nothing of〜	167
（〜は）言うまでもない		
	it goes without saying that〜	181
言うまでもなく	needless to say	167
（〜は）言うまでもなく		
	to say nothing of〜; not to mention〜	167
（〜と）言えば	speaking of〜	201
（〜）以外は…しない	nothing less than〜	437
（〜したら）いかがでしょう		
	I ('d like to) suggest〜	34
いかがですか（近況を問う）		
	How's the world treating you?; How's life?	418
（〜）以下の	not more than〜	233
いくらか多くの〜	some more〜	216
（〜すると）いけないので		
	in case〜	534
（〜）以上の	not less than〜	233
（〜に）意地悪くする	be mean to do	64
以前は〜だった	used to do	109
急いで	in a hurry	402
（〜するのに）忙しい	be busy V-ing	203
（〜への）依存	dependence on〜	350
（〜に）依存する	be dependent on〜	443
（〜して）いただきたい		
	I wonder [was wondering] if〜	34, 148
（〜して）いただけますか		
	Would you〜？	34, 108, 282
（〜して）いただけませんか		
	Would you mind〜V-ing？	34, 186
（〜の）一員	a member of〜	504
一度に	at a time	402
一度も〜したことがない		
	have never＋過去分詞	325
一回	once	82
いつか必ず	sooner or later	230
いつから	since when	85
一見して	at a glance	402
いつ〜しても	whenever	258
一種の〜	a kind [sort] or〜	402
一緒に	side by side	406
いつ〜すべきか	when to do	166
いったい全体	疑問詞＋on earth [in the world]	355
（〜に）行ったことがある		
	have been to〜	82
いったん〜すると	once〜	523
いつでも	whenever	257
（〜で）いっぱいだ	be filled [packed] with〜	127

日本語表現索引 | 577

一般的に	in general	363
一般的に言って	generally speaking	201, 267
一歩一歩	step by step	406
一方では〜	on (the) one hand〜	397
一方では〜，他方では…	on (the) one hand〜, on (the) other hand ...	430
(〜には)いつものことだが	as is usual with〜	262
いつものように	as is one's custom	262
意図的に	on purpose	503
(〜を)いとわない	be willing to *do*	147
今から	from now	485
今にも〜しそうだ	be on the verge of V-ing	76
今のままで	as it is	364
今や〜なので	now that〜	524
(〜を)意味する	stand for〜	538
いわば	as it were	364
	so to speak	363
いわゆる	what we call	248
(〜と)言われている	It is said that〜; S is said to *do*	131
インクで	in ink	502

● う

ウィンドサーフィンに行く	go windsurfing	192
疑いもなく	no doubt	363
疑うことなく	without doubt	381
(〜の)うちの一人(ひとつ)	one of the＋複数名詞	504
(AからBを)奪う	deprive A of B	505
(AからBを)奪う	rob A of B	504, 542
うまく行ってますか？	How's everything going with you?	418
うまく行ってる？	How's everything going?	418
(〜と)うまくやっていく	get along with〜	540
うらやんで	be green with envy	447
(〜に)うんざりする	be fed up with〜	296
	be tired of〜	505
(〜する)運命である	be to *do*	162

● え

永遠に	for ever; forever	485
(OをCに)選ぶ	elect O C	44
(〜を)延期する	put off〜	539
演説する	make a speech	343
遠方で	in the distance	397

● お

(〜に)追いつく	catch up with〜	541
老いも若きも	young and old	406
(〜に)応対する	wait on〜	49

(〜に)応募する	apply for〜	105
(〜と)大いに関係がある	have a lot to do with〜	166
多かれ少なかれ	more or less	229
大きな声で	in a loud voice	502
多くの家具	a lot of furniture	377
オーボエを吹く	play the oboe	397
(〜を)大目に見る	make allowance for〜	541
大喜びして	with delight	302
(〜で)覆われる	be covered with〜	127, 245, 374
(〜の)おかげで	thanks to〜	510
起きている	sit up	539
(〜に…を)贈る	present〜with ...	542
(…に〜を)送る	send〜to ...	42
怒って	in anger	302
起こる	come about	538
	go on	539
	break out	294
(〜に)押し入る	break into〜	131
おしゃべりをする	have a chat	342
遅かれ早かれ	sooner or later	230
遅くとも	at (the) latest	235
おそらく(〜だろう)	may [might] well〜	117
(〜するのを)恐れて	for fear (that)〜	535
(〜に)陥る	run into〜	493
お茶を飲みながら	over a cup of tea	509
(〜を)訪れる	call at〜	537
(〜より)劣っている	inferior to〜	228
驚いたことに	to one's surprise	508
(〜に)驚く	be surprised at〜	126, 501
	be amazed at〜	127
(…と)同じ(〜)	the same〜as [that] ...	425
(〜と)同じくらい…	as＋原級＋as〜	211
(〜と)同じくらいの…	as many [much]＋名詞＋as〜	212
(〜と)同じくらい悪い	no better than〜	231
同じ種類の〜	〜of a kind	402
お願いがあります	Can you do me a favor?	98
お願いがあるのですが	Could you do me a favor?	61
(〜に…の)お願いをする	ask ... of〜	43
(〜に)おびえる	be frightened at〜	127
思いがけなく	by chance	406
(AにBを)思い出させる	remind A of B	347, 506
(OをCと)思う	think O C	44
(Oが〜だと)思う	think O to be〜	149
(〜しようと)思っている	be thinking of〜	64
(〜のように)思われる	seem like〜	40

578　日本語表現索引

日本語	英語	ページ
(〜するほど)愚かではない	know better than to do	230
終わる	come to an end	402

●か

日本語	英語	ページ
(〜)回	〜times	82
外国から	from abroad	485
開催される	take place	295
概して	as a rule	402
外出する	go out	300
外食する	eat out	366, 476
買い物に行く	go shopping	192, 330, 496
(〜のために…に)買う	buy ... for〜	43
(…を〜で)買う	buy ... for〜	508
(病気に)かかる	come down with〜	540
(〜するのに[費用]が)かかる	It costs + 費用 + to do	419
(〜する)限り	as long as〜	535
(〜する)限りでは	as far as〜	535
(AにBのことについて)確信させる	convince A of B	504, 506
〈主語が〉確信している	be sure of V-ing; be certain of (V-ing)	185, 446
〈話し手が〉確信している	be sure [certain] to do	185, 443
(…を〜に)飾りつける	furnish〜with ...	542
(〜)かしらと思う	I wonder [was wondering] if〜	283
風邪を引いている	have a cold	402
(〜を)片付ける	put away〜	539
(〜する)価値がある	be worth V-ing	181
価値のある	of value	380
がっかりしたことには	to one's disappointment; to one's dismay	508
(〜に)がっかりする	be disappointed with〜	127, 419
学校に行く	go to school	405
かつて(現在完了)	ever	82
(〜と)仮定して	given that〜	536
(〜)かどうか	whether〜(or not)	533
悲しいことに	to one's sorrow	508
悲しんで	in sorrow	302
必ずしも〜ない	not necessarily	328
必ず〜する	never fail to do	335
かなり多くの数[量]の	quite a few [little]	453
(Oが〜することを)可能にする	enable + O + to do	346
かまうもんか	Who cares?	318
(〜は)かまわない	It doesn't matter	419
(〜を)がまんする	put up with〜	537, 541
紙1枚	a sheet [piece] of paper	379

日本語	英語	ページ
(〜)かもしれない	may	99
(A)かもしれないがBである	may A, but B	517
(〜を)からかう	make fun of〜	541
(私を)からかっているのか	Are you kidding me?	318
(…)から〜まで	from ... to〜	498
仮にあるとしても	if ever	366
仮に〜なら	If S were to do	279
(〜を)軽く見る	play down〜	539
(〜に)代わって	on behalf of〜	512
(〜の)側の	on the part of〜	512
変わりない	Nothing much.	338
(〜の)代わりに	in place of〜	512
	instead of〜	510
間一髪で	by a hair's breath	386
考えうる限りの〜	every〜imaginable	357
考えられる最善の〜	best possible〜	357
(〜について)考える	give (some) thought to〜	541
(〜と)関係していない	have nothing to do with〜; do not have anything to do with〜	165, 437
(〜と)関係している	have something to do with〜	165
(〜は)関係ない	It doesn't matter	419
	It makes no difference〜	419
(〜とは)関係なく	regardless of〜	512
元日に	on New Year's Day	497
(〜に)関して	as for [to]〜; in [with] regard to〜	512
(〜ということに)関しては	when it comes to〜	180
(〜に)感謝している	be grateful for〜	443
(…について〜に)感謝する	thank〜for ...	542
(Oが〜するのを)感じる	feel + O + do	193
完全に〜というわけではない	not completely	328
簡単に	with ease	507
(〜の)観点から	in terms of〜	512
がんばる	go for it	304, 537
(〜を)管理して	in charge of〜	512

●き

日本語	英語	ページ
(〜を)聞いたことがある	hear of〜	537
(〜する)機会が得られる	get to do	161
(〜についての)気がかり	anxiety for [about]〜	350
(Oが〜するのを)聞く	hear + O + do	193
機嫌のよい	be in good spirits	502

日本語表現索引 579

日本語	英語	ページ
(〜が〜するのが)聞こえる	hear + O + do	154
(〜のように)聞こえる	sound like〜	40
起床する	get up	62
(〜を)犠牲にして	at the expense of〜	397
(〜を)期待する	hope for〜	49
(〜を)気にする	care about	537
気分はいかがですか	How do you feel?	313
決まって(〜)するように努力する	make a point of V-ing; make it a rule to do	180, 421
奇妙なことに	strangely enough	474
奇妙な話だが	strange to say	167
(〜に)決める	decide on〜	131
(〜することに)決める	decide to do	141
休憩する	take [have] a rest	98, 343
休憩をとる	take a break	149
休戦	a white flag	447
牛乳1パック	a carton of milk	378
教会に行く	go to church	405
行儀よくする	behave oneself	416
(〜に)興味を持つ	be interested in〜	127
	take an interest	343
(〜を)拒絶する	turn down〜	539
(服を)着る	dress oneself	416
(〜を)着る	put on〜	539
(〜を)議論する	discuss (他動詞)	48
際立つ	stand out	538
きわめて〜	as+原級+a[an]+名詞+as ever〜	223
(〜に)気をつける	take care of〜	541
(〜)禁止	No V-ing	327
(Oに〜することを)禁止する	forbid O to do	301
勤務中	on duty	503

● く

日本語	英語	ページ
偶然(〜)する	happen to do	161
偶然に	by accident	406, 537
釘づけにされる	remain glued	130
薬を飲む	take a medicine	69, 366
(〜して)くださいね	〜, will you?	31
口伝えで	by word of mouth	405
くつろいで	at ease	501
くつろぐ	make oneself at home	416
暗がりで	in the dark	397
暗くなるまで	until after dark	485
来る日も来る日も	day after day	406
車の修理をしてもらう	have one's car repaired	130
車を荒らされる	have one's car broken into	130
クレジットカードで	by credit card	506
(〜して)くれますか	Will you〜?	106

日本語	英語	ページ
(〜するのに)苦労する	have trouble V-ing; have a hard time V-ing	203
黒字になる	get into the black	447
(〜に)加えて	in addition to〜	510

● け

日本語	英語	ページ
警告する	warn	297, **301**
刑務所に行く	go to jail	405
(〜)経由で	by way of〜	512
けがをする	get injured	129
	hurt oneself	416
(〜を)消す	switch off〜	539
	turn off〜	531, 539
結局	in the long run	397
結局(〜)しただけだった	only to do	145
けっこういける	not bad	338
(〜と)結婚している	be married to〜	126
(〜と)結婚する	get married to〜	48, 129
決して…しない〜	the last〜to do ; the last〜+関係節	334
決して〜ではない	anything but〜; far from〜	334
決して〜ない	by no means; never; not by any means	328
(〜を)決心する	make a decision	343
(〜への)欠席	absence from〜	350
欠席する	absent oneself from〜	416
(〜を)決定する	agree on〜	130
(〜が)原因で	on account of〜	512
	owing to〜	512
(〜に)言及する	refer to〜	131, 538
現金で	in cash	502
健康で	in good health	502
(〜)現在	as of〜	512
減少して	on the decrease	397
建設中	under construction	509
厳密に言うと	strictly speaking	201

● こ

日本語	英語	ページ
恋している	in love	502
(〜と)合意に達する	come to terms with〜	384
後悔して	with regret	302
後悔のため息をつく	sigh with regret	302
航空便で	by air	506
合計〜になる	add up to〜	540
校則	school regulation	346
交代する	take turns	384
交通規則	traffic rule	105
交通渋滞	a traffic jam	276, 511
好転する	look up	538
(〜の)後輩の	junior to〜	228
(〜に)興奮する	be excited about〜	127
(〜を)超えて	over+数字	509
(〜を)超えない	not more than〜	233

日本語	英語	ページ
コーヒー[紅茶]1杯	a cup of coffee [tea]	379
(〜を)考慮すると	considering〜	201
午後(に)	in the afternoon	397, 497
ここにできない	here is [are] +主語	479
ことばにできない	beyond description	335
(〜とは)異なる	be different from〜	443
このところ、どうしてる？	What have you been up to?	418
困って	in trouble	502
(〜で)混み合っている	be crowded with〜	127
これから先	in (the) future	141, 405
これから(〜する)ことになっている	be yet to do	163
これに反して	on the contrary	397
これは誰の〜ですか	Whose〜is this?	310
これまで〜した誰[何]にも劣らず…	as +原級+ a [an] +名詞+ as ever〜	223
これまでと同じくらい〜	as +原級+ as ever	223
壊れる	break down	538
(Oに〜するように)懇願する	beg O to do	301
(〜するのに)困難を感じる	have difficulty V-ing	203
今日では	these days	468

●さ

日本語	英語	ページ
最悪だね。	Terrible!	418
最悪の	at one's worst	236
最悪の場合には[でも]	at worst	235
最近、どう？	What's up?	418
最近まで	until recently	485
最高です。	Great.	418
最高の状態で	at one's best	236
最後から2番目の〜	the last〜but one	237
最後に〜する[した]時	the last time〜	524
最後になるが	last but not least	238
(〜を)最大限に活用する	make the most of〜	236, 397
〜歳代で	in one's +基数の複数形	459
最大でも	at (the) most	235, 501
最低でも	at (the) least	235, 501
	at the very least	235
(〜の)才能がある	have a talent for〜	402
(〜)さえしない	not so much as + do	224
(〜)さえしないで	without so much as V-ing	224
(〜)さえすればなあ	if only〜	287
(〜し)さえすれば	as long as〜	535
(〜し)さえすればよい	all ... have to do is (to)〜	102
	have only to do; only have to do	165
(〜を)探す	look for〜	309, 537
	search for〜	538
叫ぶ	give a shout	343
差し支えなければ	if you don't mind	364
(Oに〜)させない	keep [hinder, prevent, prohibit, stop] O from V-ing	346
(Oに〜)させる	cause + O + to do	155
(Oに(強制的に)〜)させる	make + O + do	154, 345
砂糖1さじ	a spoonful of sugar	379
さもないと	or else	480
さらに悪いことに	to make matters worse	167
	what is worse	248
(〜)されている	be being +過去分詞	124
(Oを〜)される	have [get] + O +過去分詞	194
(〜に)参加する	take part in〜	541
(〜に)賛成して	in favor of〜	512
(〜に)賛成する	agree with〜	49, 446, 537
(〜に)賛成の票を投じる	vote for〜	508
残念ながら	I'm afraid	364
残念なことに	to one's regret	508
散歩する	take a walk	22, 342

●し

日本語	英語	ページ
(〜するより)仕方がない	have no other choice but to do	333
(〜)しかない	no more than〜	232
時間どおりに	on time	497
(〜して)時間をつぶす	kill time (V-ing)	203, 245
時間を守る	be on time	468
試験に合格する	pass the examination	174
自己紹介する	introduce oneself	416
仕事中	at work	501
仕事で	on business	503
仕事を辞める	quit one's [the] job	64, 69, 274
自殺する	kill oneself	416
(Oに〜するように)指示する	instruct O to do	301
事実は〜ということだ	The fact is (that)〜	520
(〜という)事実によって	due to the fact that〜	525
(〜)しそうだ	be likely to do	76
(〜)したい	want to do	141
(〜)したい気がする	feel like V-ing	178
(〜)したいと思う	would like to do	118
(〜)したかもしれない	may [might] have +過去分詞	111
(〜を)したがる	be eager to do	147

日本語表現索引 | 581

日本語	英語	ページ
(〜と)親しくなる	make friends with〜	384, 420
(〜)したに違いない	must have＋過去分詞	111
(〜)したはずがない	cannot[couldn't] have＋過去分詞	111
(〜)したはずだ	should[ought to] have＋過去分詞	111
(〜)した方がよい	should	104
	had better	110, 293
(〜を…に)したままにする	leave O C	44
(〜を)下回らない	not less than〜	233
(〜)したものだ	used to do	293
しっかり〜の面倒を見る	take good care of〜	130
(〜を)実行する	carry out〜	539
実際のところ	in fact	363
知ったことではない	Who knows?	318
実をいうと	to tell the truth	167
(〜)していただけませんか	Can you〜?	98
(〜)して初めて…する	not ... until〜	332
(Oに〜)してほしい	want O to do	148
(〜に…)してほしいと思う	would like〜to do	118
(〜)してもかまわない	may[might] as well〜	117
(〜)してもよろしいでしょうか	Would it be all right if〜?	34
	Would you mind if〜?	282
(Oに〜)してもらう	have[get]＋O＋過去分詞	194
	have＋O＋do;	
	get＋O＋to do	154
(〜の)時点で	as of〜	512
自動車で	by car	506
(〜を)しないこと	failure to do	350
(〜)しないことにしましょう	Let's not〜.	32
(〜)しないように	in order[so as] not to do	152
	for fear (that)〜	535
(〜が…)しないように	lest〜should ...	535
(Oが〜)しないようにしておく	keep[hinder, prevent, prohibit, stop] O from V-ing	346
(〜)しなければならない	be to do	162
	have to do	102, 294
	must	101
(〜)しなさい、そうしないと[そうすれば]…	命令文, or [and] ...	531
死に絶える	die out	155
(〜のために)死ぬ	die of〜	504

日本語	英語	ページ
(〜については)しばしばそうなのだが	as is often the case with〜	364
(〜)し始める	get＋現在分詞	193
しばらく	for a time[while]	39, 402
自筆で	in one's own handwriting	502
自分が〜しているのに気付く	find myself〜	196
自分自身で(〜)した	of one's own V-ing	181
自分だけが使うのに	to oneself	416
自分で	for oneself	416
自分のために	for oneself	416
(〜)しましょう	Let's〜	31
(私が〜)しましょうか	Shall I〜?	108
(一緒に〜)しましょうか	〜, shall we?	31
	Shall we〜?	108
(〜)しませんか	Why don't we〜?	320
	Won't you〜?	107
(〜を)自慢する	pride oneself on〜	416
(〜に)謝罪する	apologize to〜	49, 536
(〜に…について)謝罪する	apologize to〜for ...	49
じゃまになって	in the way	397
(〜を)重視する	make much of〜	541
週に1度	once a week	63, 401
自由に〜できる	be free to do	147
(〜するくらいに)十分…な	... enough to do	164
(〜は)重要ではない	It makes no difference〜	419
重要な	of importance	380
(〜を)主張すること	insistence on〜	350
出産する	have a baby	70
(〜の)出身である	come [be] from〜	63, 504
(〜に)出席する	attend (他動詞)	49
(〜に)出発する	set off on〜	541
順調です。	Just fine.	418
(〜する)準備ができている	be ready to do	147
奨学金を申し込む	apply for a scholarship	294
小学校	elementary school	253
(〜という)条件付きで	on (the) condition (that)〜	536
(〜という)条件で	provided [providing] (that)〜	536
正午に	at noon	496
正直なところ	to be honest	167
少数の	a small number of＋可算名詞	452
(Oが〜された)状態で	with＋O＋過去分詞	202
(Oが〜している)状態で	with＋O＋現在分詞	202

日本語	英語	ページ
冗談を言う	make a joke	343
消費税	consumption tax	281
(～)しようとして	with a view to V-ing	512
(～の)正面に	in front of～	491
将来	in (the) future	141, 405
少量の	a small amount of＋不可算名詞	452
食事中で	be at (the) table	406, 501
(～に)ショックを受けたことに	to one's shock	508
(～に)ショックを受ける	be shocked at～	127
(～を)処分する	dispose of～	131
(～が)所有する	belong to～	49
(～を)知らない	be ignorant of[about]～	443
(～ということを)知らない	be ignorant that～	443
(～を)知らないこと	ignorance of～	350
白旗	a white flag	447
(～に)知られている	be known to～	127
(～であると)知られている	It is known that～; S is known to do	131
(～と)知り合いになる	get acquainted with～	129
(～の)知る限りでは	to the best of one's knowledge	237, 353, 492
新幹線	bullet train	211
進行して	on the way	397
真実は～ということです	The truth is (that)～	520
(～の存在[価値]を)信じる	believe in～	538
(OをCと)信じる	believe O C	44
(Oが～だと)信じる	believe O to be～	149
(～に)侵入する	break into	87
(～についての)心配	anxiety for[about]～	350
(～のことで)心配している	be anxious about～	445
	be worried about～	127
進歩する	make progress	343

● す

日本語	英語	ページ
(BよりもAの方が)好きだ	prefer A to B	228, 426
(～が)好きである	care for～	538
(…)過ぎて～できない	too ... to do; so ... that～not	164
(～)過ぎて…ない	too～to do	334
(～に)すぎない	nothing more than～	437
少なからずの数[量]の	not a few[little]	453
少なくとも	at (the) least	235, 501
(～すると)すぐに	as soon as～	73, 523
	hardly [scarcely]～when[before] ...	337
	no sooner～than ...	333
	on V-ing	181
すぐに～すべきだ	It's (high) time＋仮定法過去	288
(～より)優れている	superior to～	228
スケートに行く	go skating	192
少し多くの～	a few more＋複数形名詞; a little more＋単数形名詞	216
少しも～でない	no～at all	326
	not～at all	326, 355
少しも～ない	not (in) the least～	237, 328
	not the least	237
(Oに～するように)勧める	advise[recommend] O to do	148
頭痛がする	have a headache	402
すっかり	from top to bottom	406
ずっと多くの～	many more＋複数形名詞; much more＋単数形名詞	216
(～を)捨てる	throw away	539
素晴らしいよ。	Couldn't be better.	418
(～)すべきかどうか	whether to do	166
(～)すべきだ	had best do	237
	ought to	105, 293
	should	104, 293
(～)すべきだった(のに)	should[ought to] have＋過去分詞	112
すべて順調？	How's everything?	418
すべて順調ですか？	How's everything with you?	418
すべての～が…というわけではない	not all of～	327
すべて～というわけではない	not all[every]	328
すべてを考慮に入れると	all things considered	200
(OをCに)する	make O C	44
(～)することになると	when it comes to V-ing	180
(～)するつもりで	with a view to V-ing	180
(Sが～)するといけないので	lest S should～	116
(～)するとき	in V-ing	181
(～)するときは必ず	whenever～	524
(～)するときには必ず…する	never～without V-ing	329
(～)するとは、人は…だ	It is ... of＋人＋to do	151
(…)するのは～するようなものだ	may[might] as well～as ...	118

日本語表現索引 | 583

日本語	英語	ページ
(〜)する必要はなかった(のに)	need not have ＋ 過去分詞	113
(〜)する方がいい	would prefer to *do*	118
(…するなら〜)する方がましだ	may [might] as well 〜 as …	118
(〜)するほど…ではない	not too … to *do*	164
(〜が…)するよう[ため]に	so that 〜 can …; in order that 〜 can …	526
(〜)すればするほど，ますます…	the ＋ 比較級 〜, the ＋ 比較級 …	226
座る	seat oneself	416

●せ

日本語	英語	ページ
性急に	without patience	381
せいぜい	at (the) most	235, 501
	at best	235
(〜に)精通している	be familiar with 〜	443
セールで	on sale	268
(〜)せざるをえない	have no other choice but to *do*	333
(〜)せずにはいられない	cannot help V-ing	331
石鹸1個	a cake of soap	379
絶対反対だ	I couldn't agree less.	234
(〜を)説得して…させる	talk 〜 into V-ing	299
(〜を)説得して…をやめさせる	talk 〜 out of V-ing	299
(Oに〜するように)説得する	persuade O to *do*	149
(〜することを)切望する	be anxious to *do*	147, 445
(〜を)切望する	long for 〜	493
(〜について)説明する	account for 〜	538
	explain (他動詞)	49
(〜の)世話をする	attend to 〜	49
	look after 〜	130, 537
	take care of 〜	148, 415
先日	the other day	430
前者は〜，後者は…	the former 〜, the latter …	430
先進国	a developed country	191
全体的に	on the whole	363, 397
選択する	make a choice [selection]	343
先端技術	advanced technology	450
(〜に)専念する	devote oneself to 〜	416, 541
(〜の)先輩の	senior to 〜	228

●そ

日本語	英語	ページ
増加して	on the increase	397

日本語	英語	ページ
総計	the sum total	443
(〜も)そうだ(倒置)	So ＋ 助動詞 [be動詞] ＋ 主語	361
そうであれば	If so,	365
そうでなければ	If not,	365
	otherwise	285, 365
そうでもない	not really	338
(〜を)育てる	bring up	246, 539
卒業式	graduation	267
	graduation ceremony	377
(〜を)卒業する	graduate (from) 〜	50
率直に言えば	to be frank with you	167
	frankly speaking	201
(…を〜に)備える	equip 〜 with …	542
そのうえ	what is more	248
その後(〜)することはなかった	never to *do*	145
(〜する)その瞬間に	the instant 〜	524
それ自体で	in itself	416
それだけいっそう	all the ＋ 比較級 〜	227, 432
それでもやはり	all the same	425
それどころか	on the contrary	397
それを終えると	that done	200
そろそろ〜する時だ	It is time 〜	288
損害賠償の訴訟を起こす	sue for damages	366
(〜を)尊敬する	look up to 〜	130, 541

●た

日本語	英語	ページ
退院する	be discharged from (the) hospital	405
大学に行く	go to college	405
大学に通っている	be at (the) university	405
大歓迎して	more than welcome	263
(〜に)退屈している	be bored with 〜	127
大賛成だ	I couldn't agree more.	234
(〜に)大賛成です	be all for 〜	509
大丈夫です	I'm OK.; I'm doing OK.	418
大胆にも〜する	dare	114
大部分は	for the most part	237
(〜の)代理を務める	sit in for 〜	541
互いに	each other	430
	one another	428
たくさんの	dozens of 〜	452
(〜する)だけでいい	all you have to do is (to) *do* 〜	141
(〜することは)確かだ	be certain to *do*	147
確かに	to be sure	167, 363
	for sure	485
確かにAだがBである	no doubt A but B; to be sure A, but B	517
確かに〜する	be certain to *do*	443
多数の	a great [large] number of ＋ 可算名詞	452
多数の〜	scores of 〜	458

日本語	英語	ページ
(〜を)訪ねる	call on〜	537
(〜の…を)讃える	praise〜for ...	542
ただ〜だけ	nothing but〜	332
ただちに	on the spot	397
ただで	for nothing	437
(〜するために)立ち止まる	stop + to do	185
(〜する)立場にある	in a position to do	402
たったひとつの〜もない	not a (single)〜	332
(〜)だったようだ	seem to have + 過去分詞	158
たとえ〜だとしても	even if	527
たとえば	for example; for instance	363
(〜)だと思う	I should say〜	116
(〜)だとしても	granted that〜	536
(〜して)楽しく過ごす	amuse oneself (by〜ing)	416
(〜することを)楽しみにしている	look forward to V-ing	180, 541
楽しむ	enjoy oneself	415
(〜して)楽しむ	have fun V-ing	203
他の条件が同じならば	other things being equal,	200, 430
(Aは)他のどのBよりも〜	A〜比較級 + than any other B ...	221
(〜を)頼む	ask for〜	537
(Oに〜するように)頼む	ask O to do	301
(〜する)たびに	each [every] time〜	524
他方では	on the other hand	363, 397
たまたま	by chance	406
たまたま(〜)する	happen to do	161
試しにやってみる	give it a try	342
(〜する)ために	in order to do [so as to do]	145
(〜の)ために〈目的〉	for the sake of〜	512
(〜の)ために〈原因・理由〉	because of〜	510
	on account of〜; owing to〜	512
(〜から)便りがある	hear from〜	538
(〜に)頼る	rely on〜	537
多量の	a great deal of + 不可算名詞; a large amount of + 不可算名詞	452
誰が〜しても	whoever	257
誰が〜だと思いますか	Who do you think〜?	315
(〜する人は)誰でも	whoever	255
誰によって	By whom〜?	123
(〜の中の)誰も〜ない	none of + (代)名詞	427
誰を〜すべきか	who(m) to do	166
(〜)だろう	will	106

日本語	英語	ページ
(〜を)担当して	in charge of〜	512

●ち

日本語	英語	ページ
(〜に)違いない	must	103
(〜に)近づく	approach (他動詞)	48
地球温暖化	global warming	165, 226, 345
(〜に)注意する	pay attention to〜	541, 130
注意深く	with care	381
(〜に)注意を払う	pay attention to〜	130
(Oに〜するように)忠告する	advise O to do	301
(〜を)中止する	call off〜	539
(〜を)調査する	look into〜	131, 537
(〜の)調子が悪いのですか	What's wrong with〜?	318
調子はどう?	How's it going?	418
チョーク1本	a piece of chalk	379
ちょうど(〜しようと)するところだ	be on the point of V-ing	76
(〜に)直面して	in the face of〜	512
チョコレート1枚	a bar of chocolate	379
ちょっとした〜	something of〜	437

●つ

日本語	英語	ページ
ついさっき	just now	81
ついに	at last	237
(〜することに〜を)費やす	spend + O V-ing	203
(〜を)使い果たす	run out of〜	541
(〜に)仕える	wait on〜	538
(〜で)疲れている	be tired from〜	504
次から次へ	one after another	428
次に(〜)する時は	(the) next time	524
(〜を)償う	make up for〜	540
(〜から)作られる	be made from〜	127, 504
	be made with [of]〜	504
(〜に)付け込む	take advantage of〜	541
(〜を)点ける	switch on〜	539
	turn on〜	69, 254, 539
(人に〜するように)告げる	tell O to do	301
続ける	carry on	539
(〜し)続ける	keep + 現在分詞	192
常に〜というわけではない	not always〜	327
(〜する)つもりである	be to do	162
釣りに行く	go fishing	192
(Oを導いて〜に)連れて行く	bring [lead / take] O to〜	348

●て

日本語	英語	ページ
(〜に…を)提供する	provide [supply]〜with ...	542
定刻に	on time	497
(〜を)提出する	hand in	73
出かける	go [set] out	153, 539

日本語表現索引 | 585

日本語	英語	ページ
(〜)できただろうに	could [might] have＋過去分詞	112
(〜)できない	fail to do	334
(〜することは)できない	There is no V-ing〜.	178
(〜)できる	be capable of〜	443
できるだけのことをする	make the best of〜	236
できるだけ早く	as soon as possible	224
(〜に)出くわす	come across	196
手作業で	by hand	406
(Oが〜するのを)手伝う	help O (to) do	155
手に手をとって	hand in hand	406
手短に言うと	to be brief	167
(A)でもBでもない	not A or B	518
テレビで	on television	503
(〜に…を)手渡す	hand ... to〜	42
天気予報	weather forecast	298
電子メールで	by e-mail	506
電車で	by train	405
電車を乗り換える	change trains	384
(〜という)点で(は)	in that〜	532
(〜という)点を除けば	except [but] that〜	532
(Oに)電話をかける	give O a call	343
電話をする	make a call	343

●と

日本語	英語	ページ
どういたしまして	not at all	186, 338
	no problem at all	326
(〜について)どう思いますか	What do you think of [about] 〜?	313, 318, 532
どうかしましたか	What is the matter with〜?	318
(〜は)どうしているだろう	What has become of〜?	320
どうして〜するのですか	How come〜?	318
どうしても(〜)しようとしなかった	wouldn't	107
どうしても(〜)する	will	106
同じ[同量] (の〜)	as many [much] (〜)	225
(〜も)同然だ	as good as〜	225
(〜も)同然である	no better than〜	231
(〜を)当然のことと思う	take it for granted that〜	420
どうぞ	no problem	338
	Yes, of course.; Yes, certainly.	99
(〜に)到着する	arrive in [at]〜	48, 70
	reach〜	48
(〜するのは)どうですか	How about V-ing?	178
	Why don't you〜?	318
(〜については)どうですか	What do you say to〜?	179
(〜は)どうですか	What is [are]〜like?	318
(〜は)どうなるのだろう	What will become of〜?	318
時々	from time to time	406
	once in a while	401
(〜が)得意だ	be good at〜	324, 501
(〜に)特有である	be peculiar to〜	443
(〜から)独立している	be independent of [from]〜	443, 505
独力で	by oneself	416
どこで〜しても	wherever	258
どこでも	wherever	257
どこへ[どこで]〜すべきか	where to do	166
ところで	by the way	363
(〜より)年上の	senior to〜	228
(〜より)年下の	junior to〜	228
(仮に)〜としたら	suppose [supposing] (that)〜	536
(〜)とすれば	given that〜	536
(〜の)途中で	on the [one's] way to〜	22, 397
途中で	on the way	397
(〜のうちの)どちらか一方	either of＋複数名詞 [代名詞]	434
(〜のうちの)どちらでも	either of＋複数名詞 [代名詞]	434
どちらの〜も…ない	neither of＋複数名詞	435
どちら(の…)を〜すべきか	which (...) to do	166
突然	all of a sudden	255, 401
(自分で〜を)取って食べる	help oneself to〜	416
とても元気で	in the pink	447
とても〜な一なので…	so＋形容詞[副詞]＋that〜	526
	such＋(a[an]＋)形容詞＋名詞＋that〜	526
どのくらい〜ですか	How＋形容詞[副詞]〜?	313
(ほかの)どの〜にも劣らず	as＋原級＋as any (other)〜	223
どのようにして〜したのですか	How did you〜?	313
どのように〜すべきか	how to do	166
(〜)とは言うものの	this said	200
(〜)とは言えないまでも	not to say〜	167
途方に暮れて(いる)	at a loss	401, 501
徒歩で	on foot	503
(〜と)友達になる	become friends with〜	384
	make friends with〜	420

日本語	英語	ページ
トラックで	by truck	405
(~を)取り扱う	deal with~	131, 537
(AからBを)取り除く	clear[relieve] A of B	505
(~を)取り除く	do away with~	541
努力する	make efforts	148
とりわけ	above all	363, 432
	in particular	363
	most of all	237
(~のために…を)取る	get ... for~	42
どれが~しても	whichever	257
(~するものは)どれでも	whichever	255
どんな種類の~	What kind of~?	310
どんなに~しても	however	258
どんなに…しても~しすぎることはない	cannot~too+形容詞[副詞]	331
どんなによくても	at best	235

●な

(~が)ない	free from~	334
(~で)ない限り	if~not ...	527
(~では)ないでしょうか	I was wondering if~	75
(~では)ないと思う	I don't think~	329
(A[人]のBを)治す	cure A of B	505
長い間	for long	485
長い目で見れば	in the long run	363, 397
長くとも	at (the) longest	235
(~が)なかったら	if it were not for~	286
(~の)中で	in the course of~	512
なかなかいいよ。	Pretty good.	418
亡くなる	pass away	116
投げ捨てる	throw away~	539
なけなしの金	what little money	248
(~が)なければ	but for~	512
(~)なしでやっていく	do without~	537
(~が…のは)なぜだと思いますか	Why do you think~?	315
(OをCと)名づける	name O C	44
(AにBのことについて)納得させる	convince A of B	504
(~か)何か	or something	437
何か新しいことでも?	What's new?	418
(~に関して)何かおかしい	there is something wrong with~ ; something is wrong with~	442, 507
何が~しても	whatever	257
(~の中の)何も~ない	none of+(代)名詞	427
何より	most of all	237

何を~すべきか	what to do	166
名ばかりの	~of a kind	402
並外れて	as+原級+a[an]+名詞+as ever~	223
並んで	side by side	406
(~から)なる	consist of~	63
(~するように)なる	come[get] to do	161
(~ということに)なる	prove[turn out] to do	161
(~するのに)慣れている	be accustomed[used] to V-ing; get accustomed[used] to V-ing	179
何時だと思いますか	What time do you think~?	315
何十もの~	dozens of~	452, 458
何千もの~	thousands of~	452, 458
何ダースもの~	dozens of~	458
(~するものは)何でも	whatever	255
何とか生き延びているよ。	Just surviving.	418
(~は)何のためですか	What~for?	318
何百万もの~	millions of~	452, 458
何百もの~	hundreds of~	458
何万もの~	tens of thousands of~	458
何らかの~	some~or other	429

●に

(Oに)似合う	become O	47
	suit O	40
(~のように)におう	smell like~	40
2回	twice	82
逃げる	run away	539
にっこり笑う	give a smile	343
(~に)似ている	be similar to~	443
	resemble(他動詞)	48
	take after~	538
(~)にもかかわらず	despite~	511
	in spite of~	510
	in the face of~	512
	~to the contrary	397
	with [for] all~	512
入院している	be in (the) hospital	405
入浴する	take a bath	342
(~)によると	according to~	510
(OをCに)任命する	appoint O C	44

●ぬ

(~を)脱ぐ	take off~	539
(OをCに)塗る	paint O C	44

●ね

| 寝ずに起きている | stay up | 21, 355, 539 |

日本語表現索引 | 587

日本語	英語	ページ
(〜を)熱望する	be keen to *do*	147
眠りにつく	fall asleep	346, 472
眠る	have a sleep	343
寝る	go to bed	405

●の

日本語	英語	ページ
(〜のために…を)残す	leave ... for〜	42
(3つ[3人]以上のうちの)残り全部	the others	429
(2つ[2人]のうちの)残りの1つ[一人]	the other	429
(〜することを)除いて	but[except] (to) *do*	142
(〜について)述べる	mention (他動詞)	48
(〜に)乗り遅れる	miss	111, 329, 480
(〜を)乗り越える	get over〜	538

●は

日本語	英語	ページ
(〜する)場合に備えて	in case〜	534
(〜の―)倍	数詞＋times as＋原級＋as〜	213
バイオリンを弾く	play the violin	397
ハイブリッドカー	hybrid car	429
(〜を)ばかにする	make a fool of〜	541
(〜)ばかりしている	do nothing but〜	332
はがれる	come off	538
(Oに〜するように)励ます	encourage O to *do*	149
恥を知らないのか	Have you no shame?	318
初めて〜する[した]時	the first time〜	524
(まず)初めに	to begin[start] with	167
(〜の)はずがない	cannot〜	97
(〜の)はずだ	should	105
	ought to *do*	105
バスで	by bus	405
バター小さじ1	a tablespoon of butter	379
はっきり言うと	to be blunt	167
(…のことで〜)を罰する	punish〜for V-ing	180
発売中	on sale	503
(Oと)話し合う	speak with〜	299
(〜に)話しかける	speak to〜	130
(〜と)話をする	have a talk (with〜)	343
(Oに[と])話をする	talk to[with]〜	298
(〜について)話す	speak about〜	299
(Oに向かって)話す	speak to〜	299
(〜語を)話す	speak〜	299
(〜について)話す	talk about	298, 538
花束	a bouquet of flowers	385
バナナ1房	a bunch of bananas	385
花火大会	fireworks display	147
花1束	a bunch of flowers	385
離れて	at a distance	402

日本語	英語	ページ
〜はもちろんのこと	not to speak of〜	167
早いもの勝ち	First come, first served.	256
早くとも	at (the) earliest	235
パン1斤[2斤]	a loaf[two loaves] of bread	379
パン1枚	a slice of bread	379
犯罪を犯す	commit the crime	419
(〜に)反対している	be opposed to V-ing	179
(〜に)反対する	be opposed to〜	179
	object to V-ing	180
(〜に)反対すること	objection to〜	350
(それと)反対に	to the contrary	397
(〜から)判断すると	judging from〜	201
(〜)番目に…	the＋序数詞＋最上級	219

●ひ

日本語	英語	ページ
ピアノを弾く	play the piano	397
控えめに言っても	to say the least (of it)	167, 237
日陰で	in the shade	397
(〜を)引き起こす	give rise to〜	541
(〜を)ひく	run over〜	538
飛行機で	by air	506
	by plane	405
日ごとに	day by day	406
非常に少ない数[量]の	quite few [little]	453
必要以上に	more than necessary[needed]	263
(〜を)必要とする	call for	538
(〜の)必要はない	need not	101
(〜を)一押しする	give〜a push	343
ひどいものさ。	Bad!	418
ひどく妬んで	be green with envy	447
一言で言えば	in a word	402
ひとつおきの	every other	430
(〜する)人々	those who〜	423
一人で	by oneself	416
ひとりでに	of oneself	416
日向で	in the sun	397
(…ということで〜を)非難する	blame[criticize]〜for V-ing ...	180
(〜を)非難する	discriminate against〜	49
日々	day by day	406
病院へ行く	go to (the) hospital	405
(O₁にO₂の)費用がかかる	cost O₁ O₂	43
(〜のおかげだと)評価する	give credit to〜	541
昼も夜も	day and night	406
貧困で	in poverty	502

●ふ

日本語	英語	ページ
フェリーボートで	by ferry [ferryboat]	405
服を着る	get dressed	129
不思議なことに	strange to say	167

負傷して倒れる	lie injured	130
(~で)負傷する	be injured in~	127
ブドウ1房	a bunch of grapes	385
ふとしたことで	by accident	406
(~に)触れる	touch on~	131
文化祭	school festival	144, 415, 449
(~しないくらいの)分別はある		
	know better than to do	230

●へ

平均して	on an average	402
(~の)平方根	the square root of~	458
(~を)別にして	apart [aside] from~	512
(~を)減らす	cut down on~	105

●ほ

(~する)方がいい	would prefer to do	118
(~を)訪問する	call on~	538
勃発する	break out	538
(~)ほど…でない	less＋原級＋than~	217
(~)ほど…ない	not as＋原級＋as~	212
(~の)ほとんど	most of one's [the] ＋名詞;	
	most of (代)名詞	436
ほとんど~と同じ	as good as~	225
(~は)ほとんどない	hardly [scarcely] any~	337
	very few＋可算名詞	453
	very little＋不可算名詞	453
(…のことで~を)ほめる		
	praise~for V-ing	180
	speak well of~	131
(Aは)本当だが，Bである		
	It is true (that) A, but B	517
ほんの少しの~	only a few [little]	453

●ま

迷子になる	get lost	116, 129
毎日	day after day	406
(~の)前に	in front of~	491
(~を)前にして	in the presence of~	512
(~に)負ける	give way to~	541
まさに(~しようと)している		
	be about to do	76
	on the point of V-ing	76, 181
まさにその~	the＋very＋名詞	356
(~に)勝るものはない		
	(there is) nothing like~	332
(…するなら~する方が)ましだ		
	may [might] as well~as …	118
ましてや~でない	much [still] less~	229
ますます~	比較級＋and＋比較級	226
まずまずだね。	So-so.	418
ますます~でなくなる		
	less and less＋原級	226
まだ~していない	have [be] yet to do	163, 334
まだ~ない	remain to do	335
また別の時に	some other time	429

間違える	make a mistake	343
(~を)待つ	wait for~	49
まったく気にしていない		
	couldn't care less	234
まったく~でない	not~at all	326, 355
まったく~ではない	no~what(so)ever	355
まったく~というわけではない		
	not entirely [quite]	328
まったく~ない	not any	328
	no＋名詞	326
	not the least bit	356
まったくの~というわけではない		
	not altogether	328
(~)までに	no later than~	231
(~することを)学ぶ	learn to do	142
(~に)間に合って	in time (for~)	496
(~を)免れている	free from~	334
(~された状態の)ままである		
	remain＋過去分詞	192
(OをCの)ままにしておく		
	keep O C	44
(~から)守る	protect … from~	542
まるで~であるかのように		
	as if [though] ~	286
万一~すれば	If S should~	278
(~に)満足する	be satisfied with~	126

●み

(~を)見失う	lose sight of~	541
(~のように)見える	look like~	40
(~を)見送る	see~off	80, 539
(~を)見下す	look down on [upon]~	
		130, 541
右に曲がる	turn right	201, 518
水1杯	a glass of water	379
ミスを犯す	make a mistake	173
道に迷う	get lost	116, 129
(~を)見つける	catch sight of~	541
	come across~	537
(~のために…を)見つける		
	find … for~	42
(~を)身に着けている		
	be dressed in~	502
見る	have a look	343
(Oが~するのを)見る		
	see＋O＋do	154, 193

●む

(…するより)むしろ~したい		
	would rather~(than …);	
	would sooner~(than …)	118
(Aより)むしろBだ	not so much A as B	224
(~するのは)ムダだ	It is no use V-ing~.	181
(~に)夢中で	be crazy about~	430
(~に)夢中になっている		
	be absorbed in~	127

日本語表現索引 | 589

日本語	英語	ページ
無理だ	No way!	338
無理やり(Oに〜)させる	force O to *do*	149
無料で	for free	485

●め
日本語	英語	ページ
(人に〜するように)命令する	command [order] O to *do*	301
(〜に)迷惑をかける	give〜trouble	177
目覚める	wake up	196
めったに〜ない	hardly [scarcely] ever〜	337
面倒なことになって	in trouble	502
(〜の)面倒を見る	look after〜	131
面と向かって	face to face	406

●も
日本語	英語	ページ
(数量が〜)もある	no less than〜	232
(…)もあれば，(〜)もある	some ... others〜	429
(〜で)もうける	cash in on〜	540
(〜する)目的で	with a view to V-ing; for the purpose of〜	512
もし可能ならば	if possible	366
もし(〜)でないなら	if〜not ...	527
もし〜なら	provided [providing] (that)〜	536
もし必要ならば	if necessary	366
(〜を)もたらす	bring about〜	539
持ち帰る	take away〜	539
(〜を)持ち出す	bring up〜	539
もちろんAだがBである	of course A, but B	517
(〜のために…を)持ってくる[いく]	bring ... for〜	43
最も…な	the＋最上級	217
(〜するのは)もっともだ	may [might] well *do*	117
最も〜でない	the least＋原級	220
最も〜なもののひとつ	one of the＋最上級＋名詞(複数形)	219
もはや〜ではない	no longer〜	333
(〜の)文句を言う	complain about〜	75
問題にならない	out of the question	397
問題は〜ということだ	The trouble is (that)〜	520

●や
日本語	英語	ページ
約束する	make a promise	343
(Oに〜すると)約束する	promise O to *do*	150
役に立つ	of use	380
休みをとる	take a break	437
痩せる	get slim	482
やってみる	give it a try; have a try	343
やっと	at last	237

●ゆ
日本語	英語	ページ
(〜することを)やめる	stop＋V-ing	185
夕方(に)	in the evening	397, 497
勇気を持って	with courage	508
優勝する	win first place	177
(Oが〜するのを)許す	let＋O＋原形不定詞	154
	allow [permit]＋人＋to *do*	149, 347
(O₁にO₂を)許す	allow＋O₁＋O₂	347

●よ
日本語	英語	ページ
夜明けに	at dawn	496
(〜しても)よい	can	96
	may	98
(〜する方が)よいくらいだ	may [might] as well〜	117
(〜しても)よいでしょうか	Is it all right if〜?	99
容易に	with ease	381
(〜を)要求する	call for〜	131, 538
要するに	in short	363, 485
(〜の)ようだ	appear to *do*	160
	seem to *do*	157, 159
(〜する)ようにしている	make it a rule to *do*	142, 421
要は	in brief	485
要領を得た	to the point	397
(〜には)よくあることだが	as is often the case with〜	262, 364
よく売れる	sell well	127
よく〜したものだった	would (often)	107
(〜に)よく知られた	be familiar to〜	443
よくも〜できるね	How dare〜?	114
予想されたように	as was expected	262
(〜に)よって	by means of〜	510
(〜する)予定だ	be due to〜	76
	be to *do*	76, 162
(OをCと)呼ぶ	call O C	44
(〜する)余裕がない	cannot afford to *do*	142
(〜)より…	比較級＋than〜	214
(〜)より高い	higher than〜	206
(〜)より…ということはない	not＋比較級＋than〜	215
(〜に)喜ぶ	be delighted with [at / by]〜	127
	be pleased with〜	127
喜んで	with joy	302

●ら
日本語	英語	ページ
来週の月曜日	next Monday	70
ラジオで	on the radio	503

● り

(自分を)理解してもらう	make oneself understood	194, 416
(～を)理解する	figure out~	539
	make heads or tails of	541
	make out~	539
(～の)理解を超えている	above one's understanding	335
留学する	study abroad	172, 265
理由は～ということだ	The reason is (that)~	520
(～の)理由を説明する	account for~	131
(～を)利用する	avail oneself of~	416
	make use of~	541
両方は～ない	not both~	328
(～に)旅行する	travel to~	85

● わ

(～ということが)分かる	prove to *do*	161
(…は～だと)分かる	find it~to *do*	141
(OがCと)分かる	find O C	44
わざと	on purpose	503
(～に…を)渡す	pass ... to~	42
(～を)笑う	laugh at~	131
我知らず	in spite of oneself	416
我を忘れて	beside oneself	416
悪くないね。	Not bad.	418

● 英数字

13～19歳	teens	459
1990年代に	in the 1990s	85
2対0で	two to nothing	40
20代前半	early-twenties	459
30代半ば	mid-thirties	459
40代後半	late forties	459
A, すなわちB	A, or B	518
Aが～である[ない]のは、Bが～である[ない]のと同じである	A is no less[more]~than B is~	232
AかBかどちらか	either A or B	529
AだけでなくBも	not only A but (also) B	359, 530
AであろうとBであろうと	whether A or B	533
AではなくてB	not A but B	531
Aほど～なBはない	No (other) B~as[so]＋原級＋as A	221
AもBも～ない	neither A nor B	530
AもBも両方とも	both A and B	529
AやらBやらで	what with A and (what with) B	248
AやらBやらを使って	what by A and (what by) B	249
Aより～なBはない	No (other) B~比較級＋than A	221
BであるだけでなくAでもある	as A as B	238
BというよりもむしろA	more A than B	238

日本語表現索引 | 591

執筆者(50音順)
岩佐洋一，大月 実，堺 和男，霜崎 實，東泉裕子

英文校閲
J. James Duggan

アートディレクション
下野ツヨシ(tsuyoshi＊graphics)

表紙イラストレーション
引地 渉

本文イラストレーション・図版
カワチ・レン(OFFICE 609)，佐藤 誠(アルデザイン)

本文写真
大月 実，霜崎 實，東泉裕子

2008年 3月20日　初版発行
2010年11月 1日　第2版発行

クラウン総合英語 第3版

2016年11月 1日　第1刷発行

編著者　霜崎 實
発行者　株式会社 三省堂
　　　　代表者 北口克彦
印刷者　三省堂印刷株式会社
発行所　株式会社 三省堂
　　　　〒101-8371
　　　　東京都千代田区三崎町二丁目22番14号
　　　　TEL　(編集)03-3230-9411　(営業)03-3230-9412
　　　　振替口座　00160-5-54300
　　　　商標登録番号　663092
　　　　http://www.sanseido.co.jp/

©Shimozaki Minoru 2016　　Printed in Japan
落丁本・乱丁本はお取り替えいたします。
〈3版 クラウン総合英語・592pp.〉
ISBN 978-4-385-20099-6

Ⓡ 本書を無断で複写複製することは、著作権法上の例外を除き、禁じられています。本書を
コピーされる場合は、事前に日本複製権センター(03-3401-2382)の許諾を受けてくださ
い。また、本書を請負業者等の第三者に依頼してスキャン等によってデジタル化すること
は、たとえ個人や家庭内での利用であっても一切認められておりません。